U0624683

本書的編纂出版，承蒙日本國冲繩縣教育委員會大力協助，
謹致謝忱！

中國第一歷史檔案館 編

中琉歷史關係檔案

同治朝（五）

國家圖書館出版社

中琉歷史關係檔案

總 主 編：孫森林
副總主編：李國榮

中琉歷史關係檔案

同治朝（五）

主　編：伍媛媛
編　輯：王　徵　郭　琪　朱瓊臻　郭子梦

目録

一、禮部爲已故琉球官生跟役回國事致内務府片

同治十年三月十三日（1871.5.2）

内容提要

禮部致内務府片：國子監文稱已故琉球官生葛兆慶跟役衡向輝懇請附便歸國，經本部議令，即附此次琉球貢使攜帶回國，并奏准照例給賞，該從人於三月初十日咨送到部，其應用衣服等項於是日扣止，相應知照内務府。

檔案來源：内務府來文

已編入《清代中琉關係檔案三編》第七六二頁

內務府

禮部為知照事准國子監文稱琉球已
故官生葛兆慶跟役衛向輝懇請附便
歸國等因前來經本部議令即附此次
琉球貢使攜帶回國並奏准仍照例給
賞在案茲准國子監將該從人衛向輝於三月
初十日咨送到部相應知照內務府將該
從人應用衣服等項於是日扣止可也須至片者

右片行

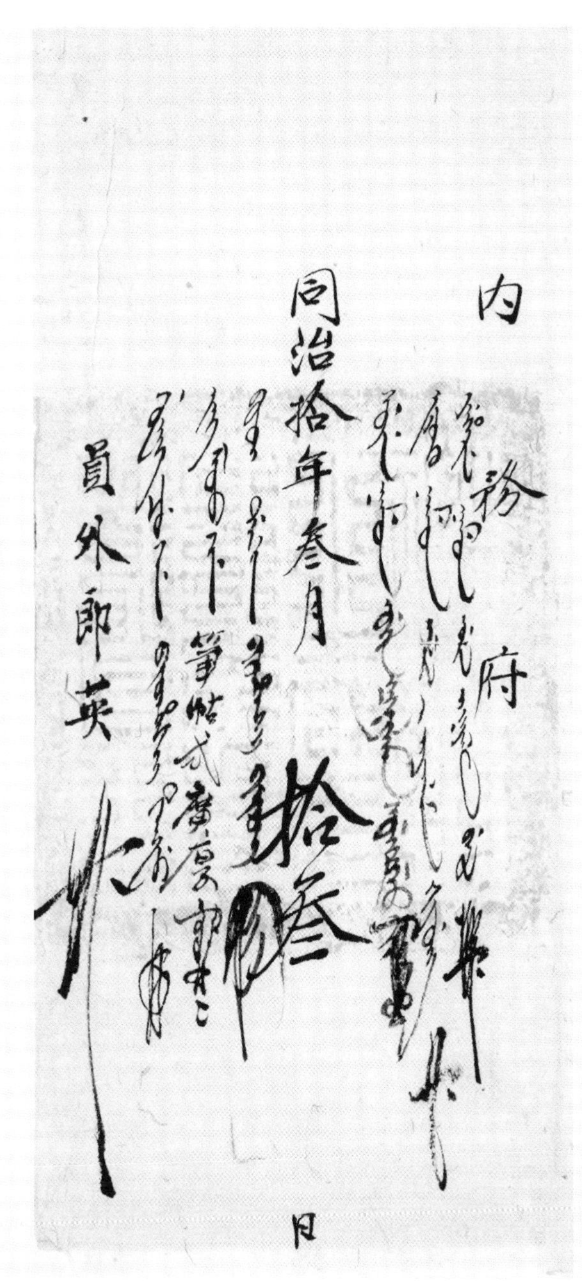
內務府
同治拾年叁月拾叁日
員外郎英

二、禮部爲琉球國陪臣楊光裕展緩起程事致内務府咨文

同治十年三月十六日（1871.5.5）

内容提要

禮部致内務府咨文：琉球國陪臣楊光裕等稟請展緩起程留京叩祝萬壽聖節一摺，於同治十年三月十二日奏，本日奉旨：知道了。欽此。相應知照内務府。

檔案來源：内務府來文
已編入《清代中琉關係檔案三編》第七六三頁

领催海岳

库使永和

咨

禮部爲知照事主客司案呈據琉球國陪臣楊光裕等稟

請展緩起程留京叩祝

萬壽聖節據情轉奏一摺於同治十年三月十二日奏本日奉

旨知道了欽此相應知照内務府查照可也須至咨者

右咨

内務府

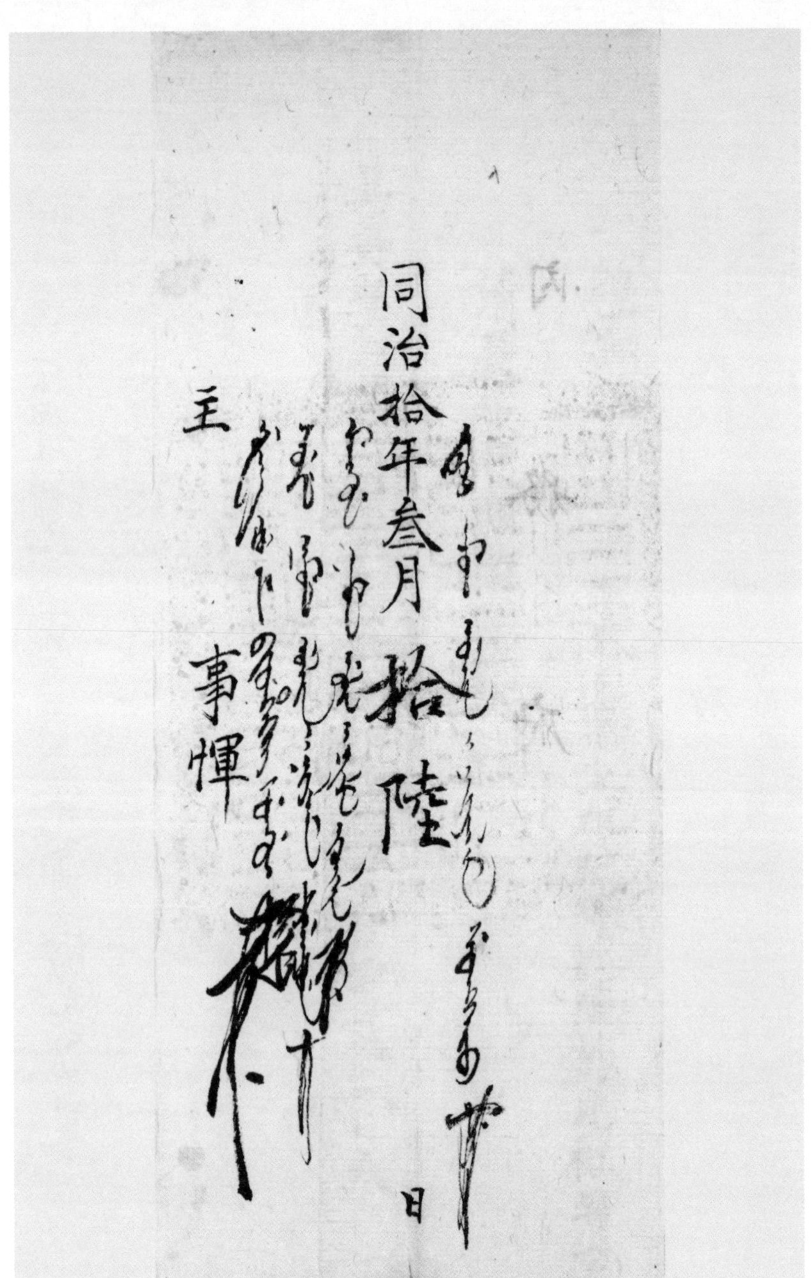
同治拾年叁月拾陸日

主事惲

過稱外藩
拾号
十
三
十八

三、國子監爲琉球官生應領四月份煤炭燭事致内務府咨文

同治十年三月十八日（1871.5.7）

内容提要

國子監致内務府咨文：查琉球國官生入監讀書，今應領四月份硬煤二百二十五斤，共折價銀二錢八分一厘二毫，折錢一吊一百二十五文；木炭七十五斤，折價銀二錢八分，折錢一吊八十文；蠟燭六十斤。相應行文貴府查照，送監給發。

檔案來源：内務府來文

已編入《清代中琉關係檔案三編》第七六四頁

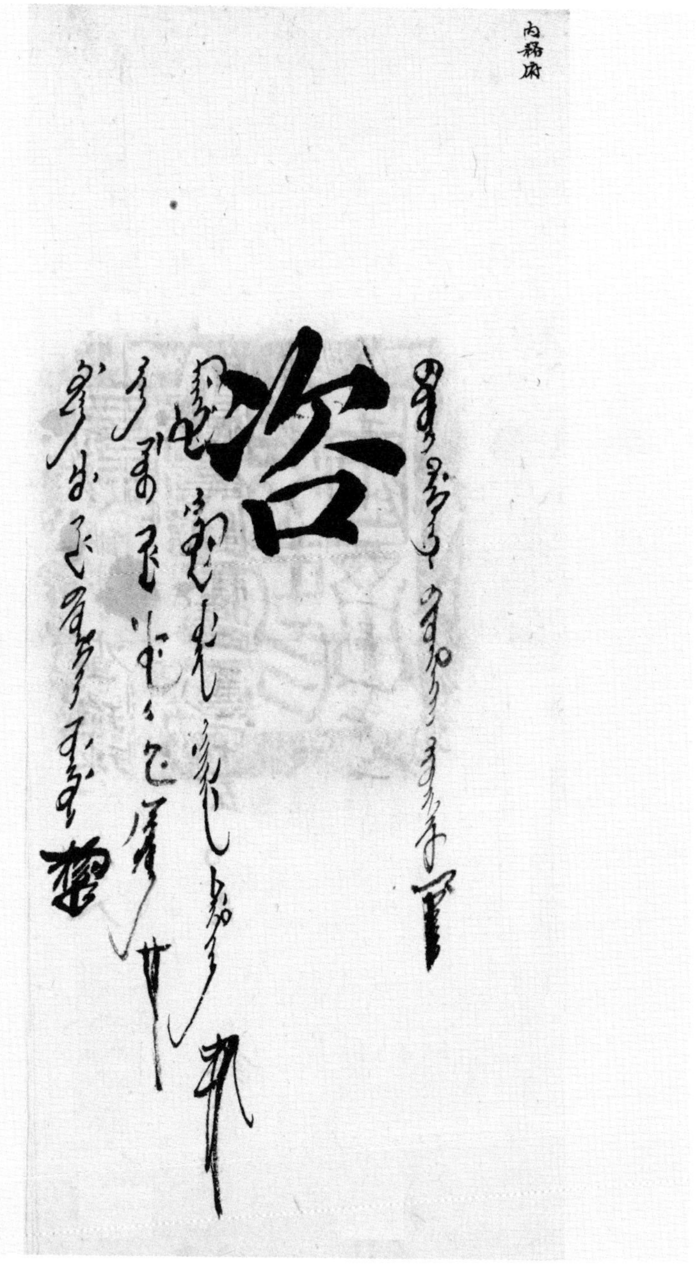
内務府

旨

國子監為咨取事查琉球官生入監讀書今四
月分共應領硬煤二百二十五觔共折價銀二錢八
分一釐二毫折錢一吊一百二十五文木炭七十五觔
折價銀二錢八分折錢一吊八十文蠟燭六十觔相
應行文
貴府查照送監給發可也須至咨者
右　咨
内務府

同治拾年叁月拾捌日

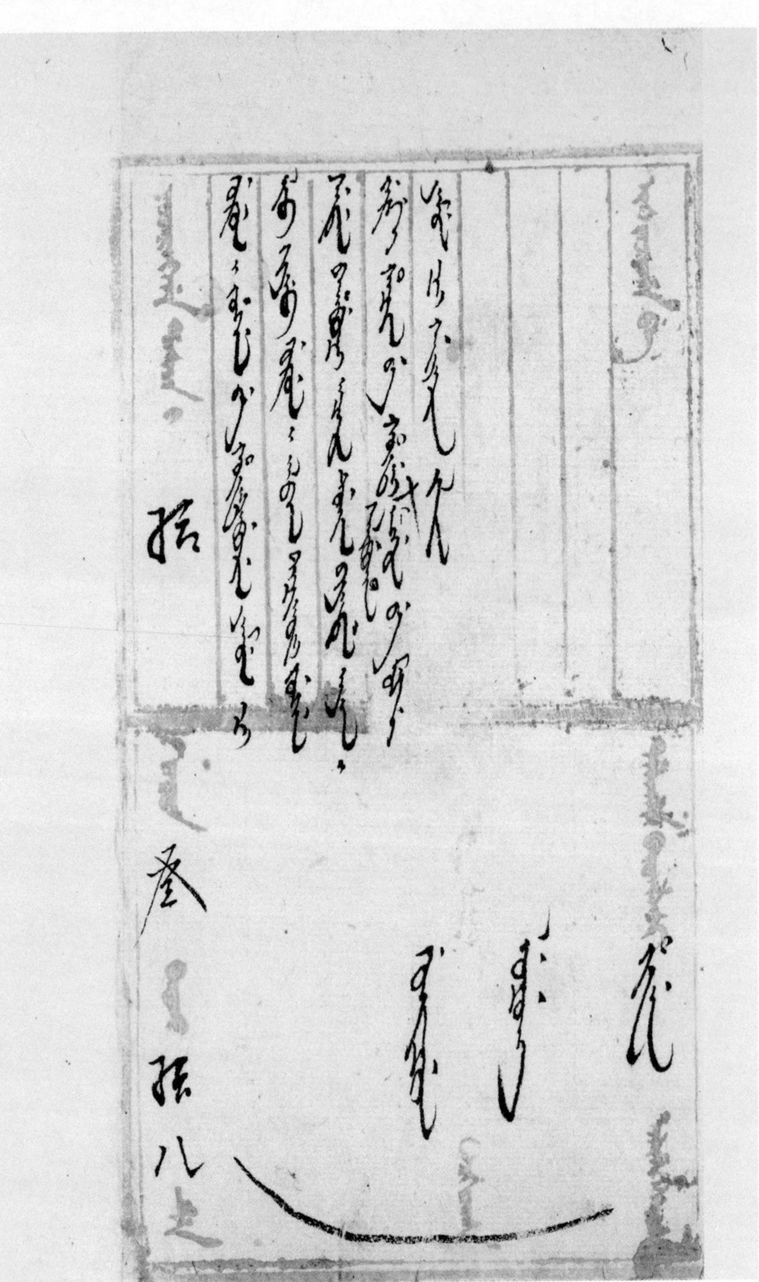

四、禮部爲請預備頒給琉球國王及使臣例賞事致内務府咨文　賞單一

同治十年三月二十三日（1871. 5. 12）

内容提要

禮部致内務府咨文：本年琉球國恭進例貢使臣來京，今定於三月二十五日在午門前驗看頒賞琉球國王及使臣緞綢布匹，相應將數目開單，移咨内務府備辦。

賞單：頒賞琉球國王及使臣緞綢布匹數目。

檔案來源：内務府來文

已編入《清代中琉關係檔案三編》第七六五頁

禮部為移取事主客司案呈本年琉球國恭進例

貢使臣來京所有例

賞事宜業經本部奏明在案今定於三月二十晉日已刻在

午門前頒給相應將緞紬布疋數目開單移咨内務府預備屆期送至

午門前驗看頒給可也須至咨者

計抄單壹紙

右　　咨

内　　務　　府

同治拾年叁月　貳拾叁　日

員外郎王

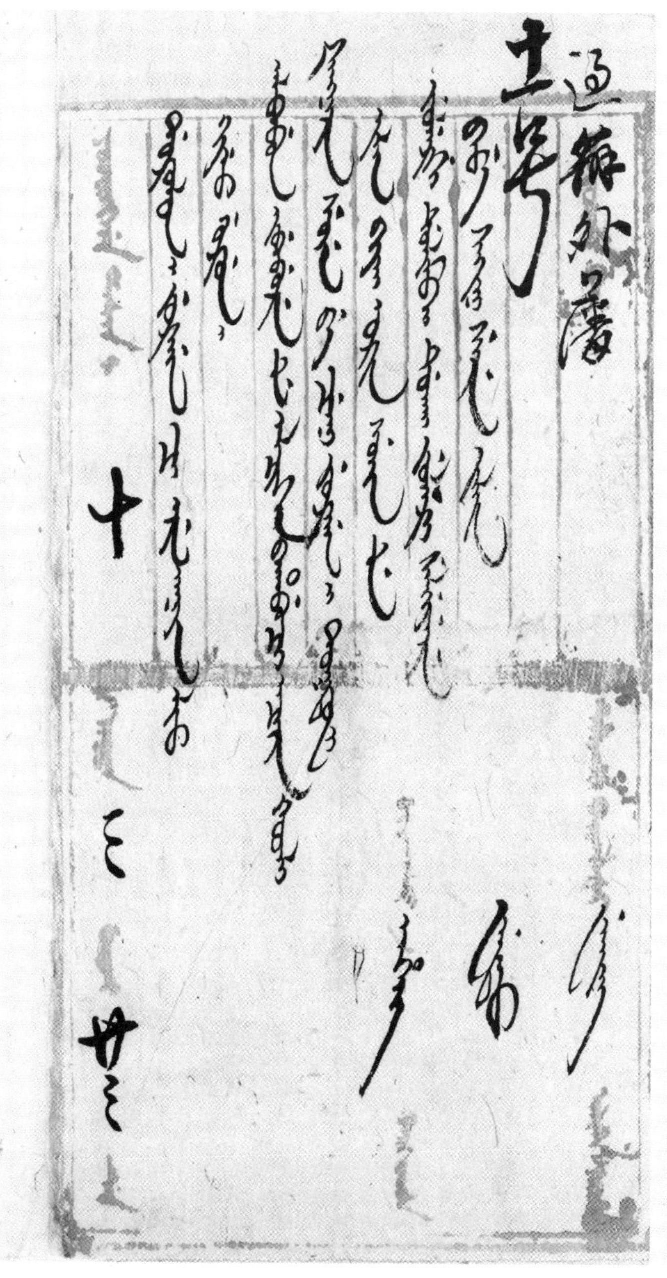

計開

賞國王　蟒緞捌疋　粧緞捌疋　圓金捌疋　圓金捌疋　紗拾貳疋　緞拾捌疋　羅拾捌疋

賞正副使二員　圓金各叁疋　緞各捌疋　羅各伍疋　棉紬各伍疋　紡絲各貳疋　布各壹疋

賞都通事一員　緞伍疋　羅伍疋　棉紬叁疋

賞來京從人十五名　棉紬各叁疋　布各捌疋

賞伴送官三員　土通事二名　留邊通事一名　留邊從人十七名　彭緞袍各壹件又

賞給已故官生葛兆慶之從人一名　毛青布陸疋並

加賞緞壹疋

五、禮部爲琉球貢使自京起程回國事致内務府咨文

同治十年三月二十六日（1871.5.15）

内容提要

禮部致内務府咨文：琉球國差來恭進例貢使臣事竣，正使耳目官楊光裕、副使正議大夫蔡呈楨、都通事蔡呈祚，及福建伴送來京之泉州府知府章倬標等人，添附已故官生從人衡向輝，定於四月初二日自京起程回國，相應知照内務府。

檔案來源：内務府來文

已編入《清代中琉關係檔案三編》第七六六頁

内務府
咨

禮部為知照事。主客司案呈，琉球國差來恭進例貢使臣事竣回國，所有正使耳目官楊光裕、副使正議大夫蔡呈楨、都通事蔡呈祚，自福建伴送來京之三品銜候選道泉州府知府章倬標、同知銜准升惠安縣知縣吳同盛，閩浙補用總兵朱名登暨琉球之跟役並土通事等，又加添附搭此次貢使回國已故官生之從人衛向輝一名，今本部定於肆月初貳日自京起程，相應知照內務府可也。須至咨者。

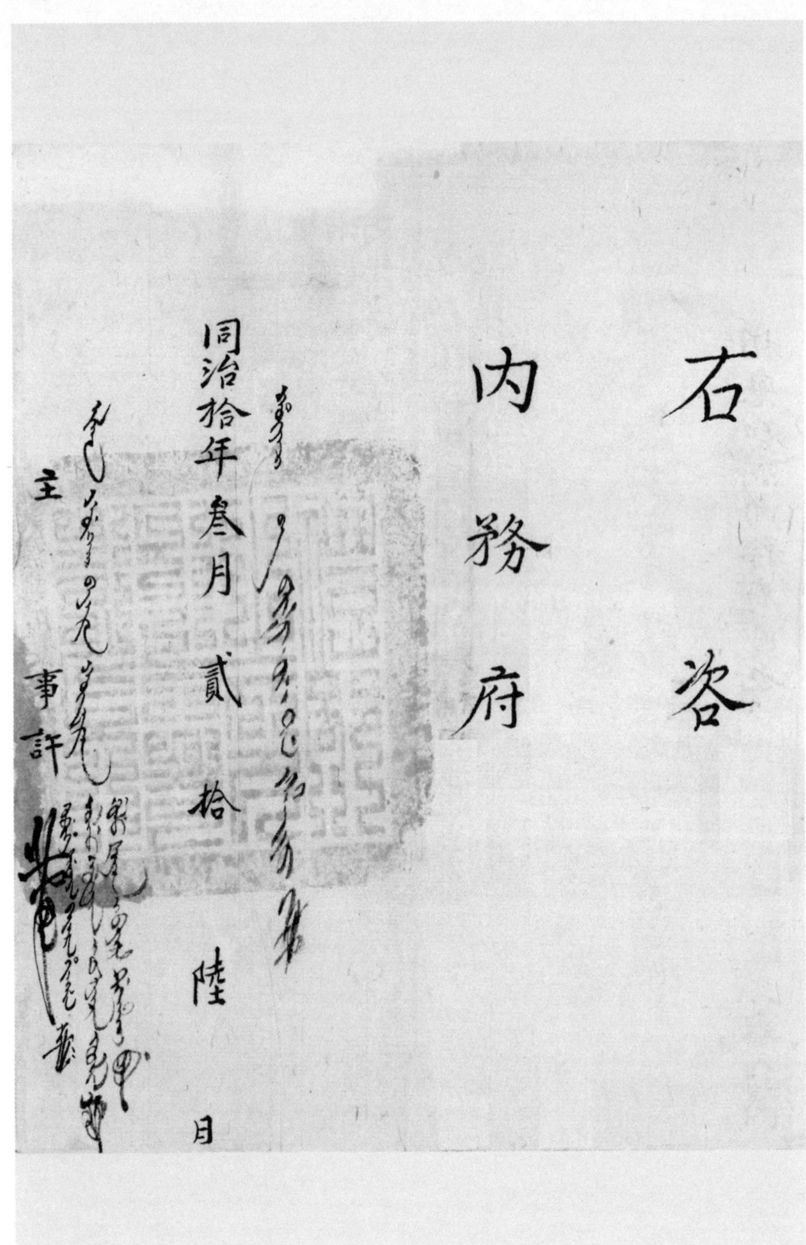

右咨

内務府

同治拾年叁月貳拾陸日

主事許

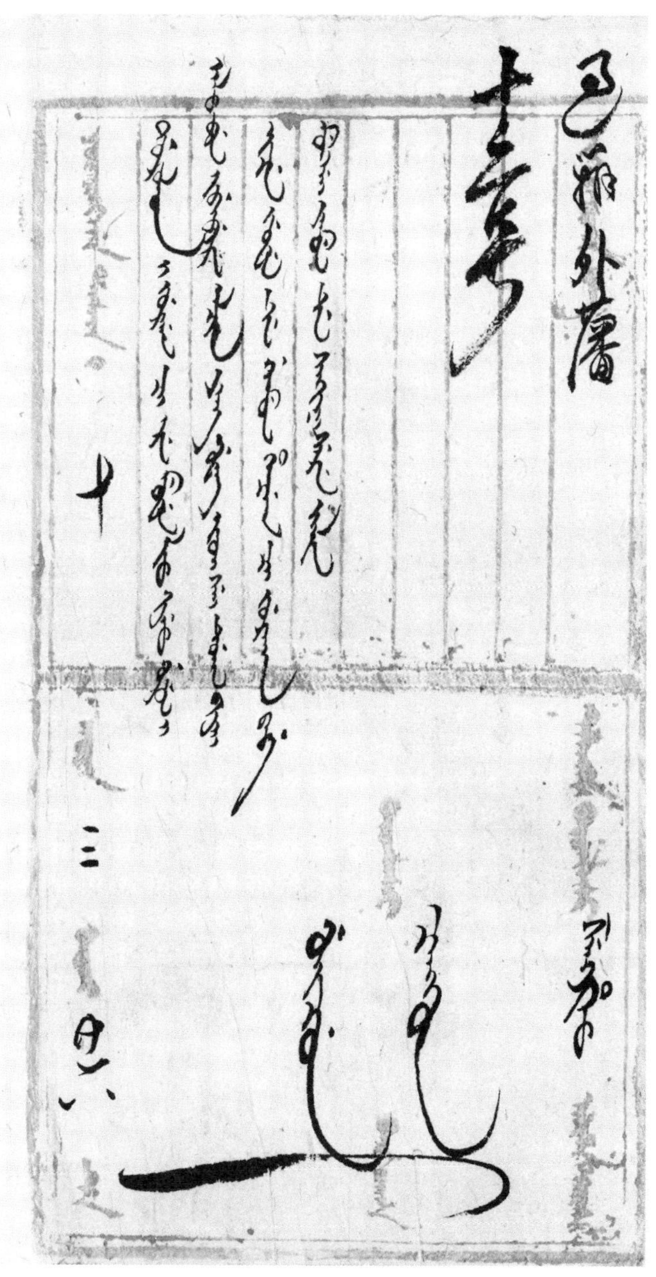

六、内務府堂主事文璧等爲辦理琉球國貢使人等飯食用過銀兩數目事呈稿　清單一

同治十年四月初十日（1871. 5. 28）

内容提要

内務府堂主事文璧等呈報，琉球國進貢使臣人等在館居住六十日，職等備辦飯食及厨役人等工價共用銀一萬零三百一十七兩六錢，前經領過銀四千兩，應找領實銀六千三百一十七兩六錢，請由廣儲司銀庫支領。再，厨房需用煤炭、雇覓車輛及聽差人等飯食等各項用過實制錢一千七百九十二串九百文，一并向銀庫支領。伏候堂臺批准，交各該處照數給發。

清單：琉球國貢使人等居住用過飯食、厨役人等工價，厨房需用煤炭等各項用過銀錢數目。

檔案來源：内務府呈稿

已編入《清代中琉關係檔案六編》第九八七頁

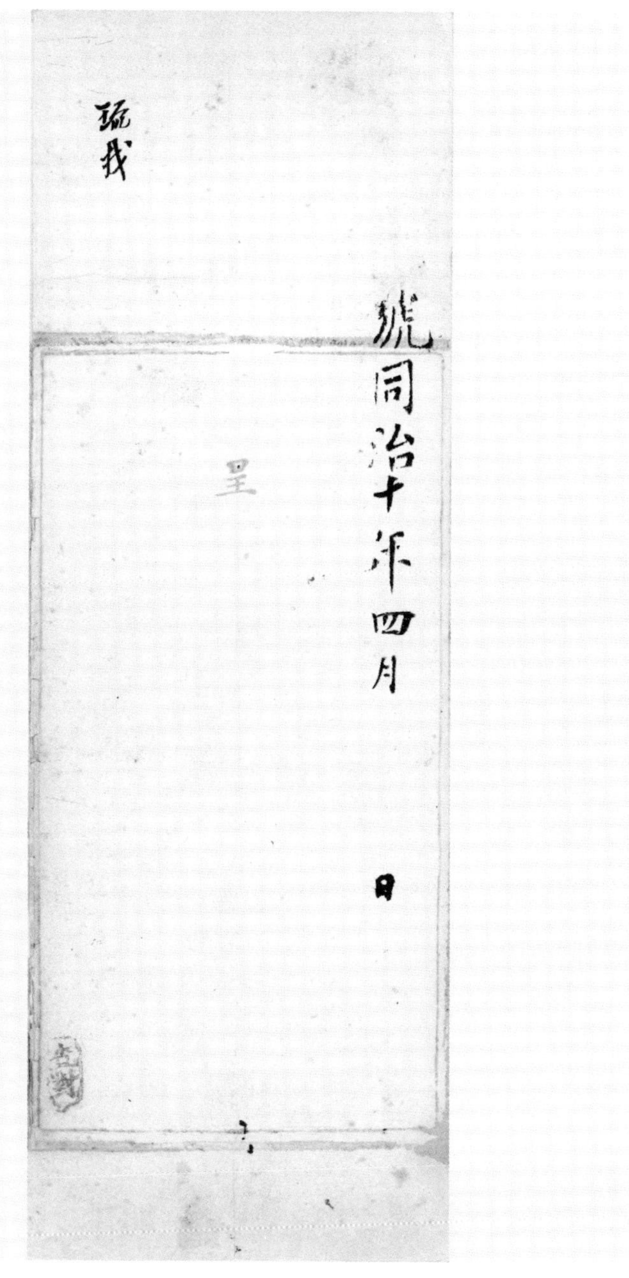
琉球
號同治十年四月
呈
日

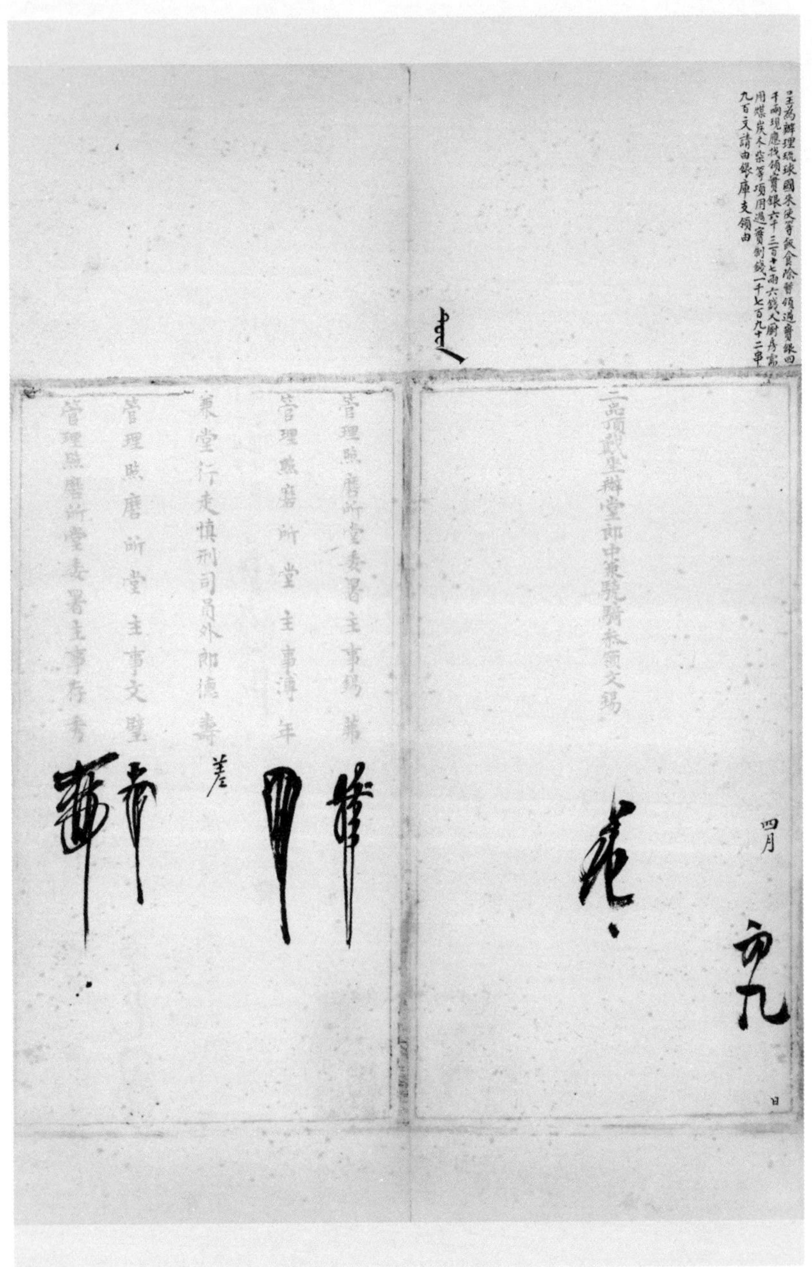

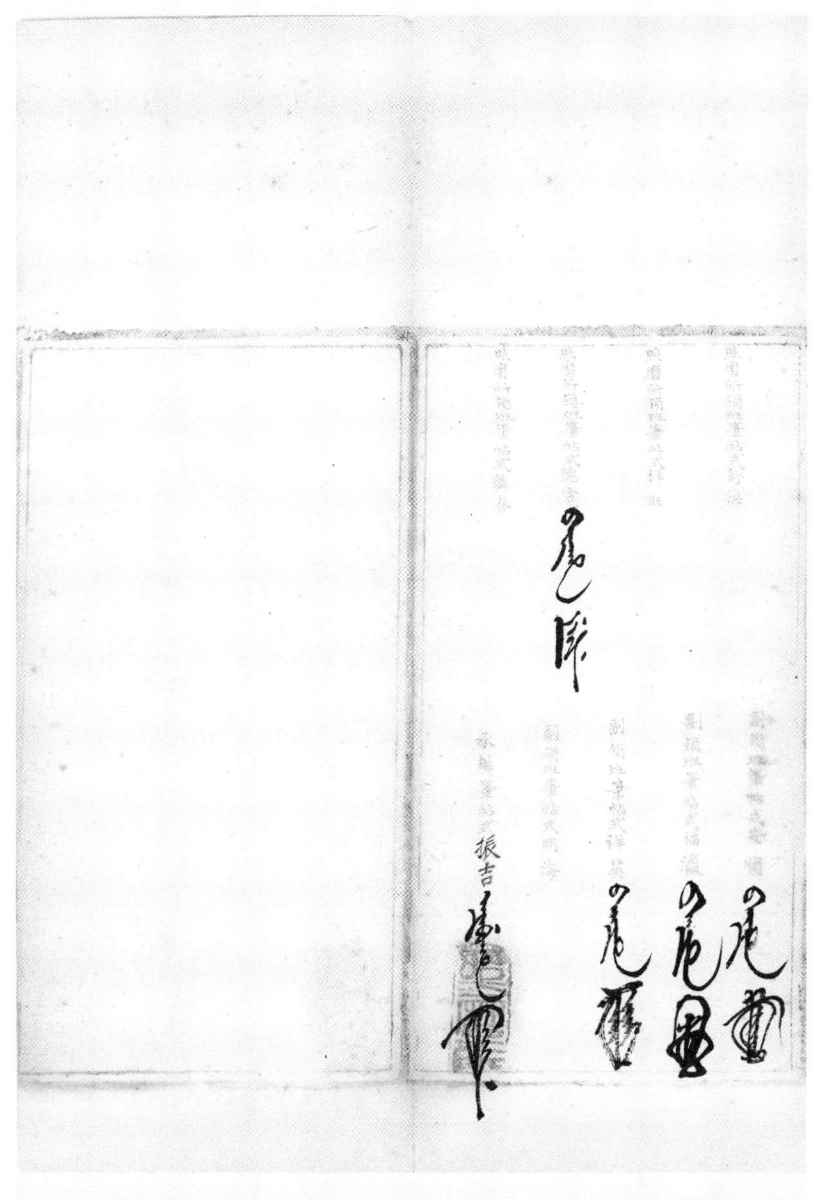

[illegible]所領班筆帖式訥海

[illegible]所領班筆帖式祥旺

[illegible]所領班筆帖式德[illegible]

[illegible]所領班筆帖式[illegible]春

副領班筆帖式安順

副領班筆帖式福瀛

副領班筆帖式祥英

副領班筆帖式明海

承辦筆帖式振吉

堂主事文壁等呈為辦理琉球國來使人等飯食用過銀
兩錢文事竊職等奉派辦理琉球國進
貢使臣飯食查來使人等居住館內每日需用柴炭蠟燭及食
用白米數日開列粘單應由各該處按日照例覈銷至應用
猪肉雞鴨魚尾菜蔬茶葉並廚房應用煤炭木柴蠟燭什
物等項均係買辦此次進
貢使臣通事從人等於本年二月初二日到京於四月初二日起程回
國在館居住六十日職等備辦該貢使通事從人等飯食照例
辦買猪肉雞鴨魚尾菜蔬等項以及廚役人等工價共用銀
壹萬零叁百拾柒兩陸錢並前經領過銀肆千兩淨應找領實銀
陸千叁百拾柒兩陸錢請由廣儲司銀庫支領再廚房需用煤
炭木柴茶葉蠟燭並給來使人等雇覔車輛館內辦買鋪墊

鋪墊簾什物傢俱及聽差坐更打掃蘇拉人等飯食等項用過

實制錢壹千柒百玖拾貳串玖百文一併請向廣儲司銀庫領

取謹將用過銀錢各項細數另繕清單一併呈明伏候

堂台批准交各該處照數給發可也為此具呈

同治十年四月　　日

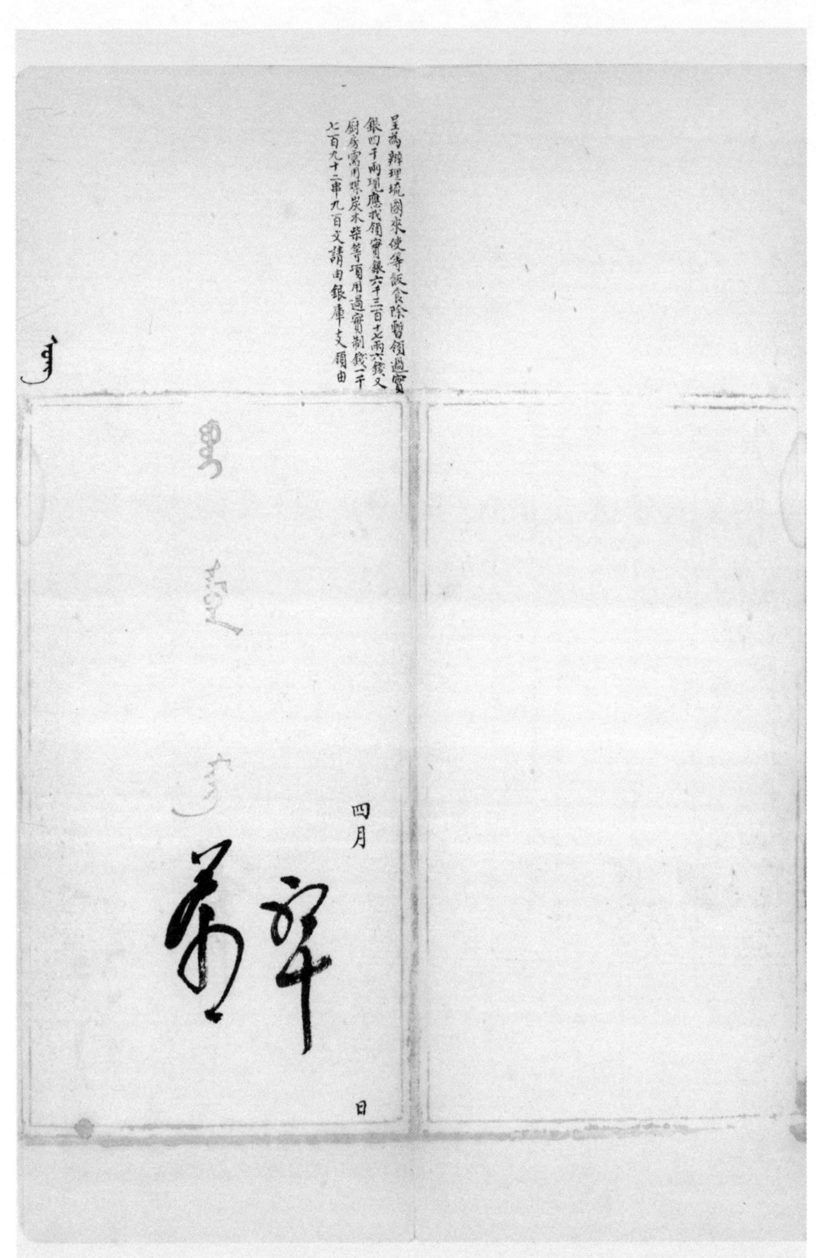

呈為辦理琉國來使等飯食除暫領過實
銀四千兩現應找領實銀六千三百十七兩六錢又
廚房需用煤炭木柴等項用過實制錢一千
七百九十二串九百文請由銀庫支領由

四月　日

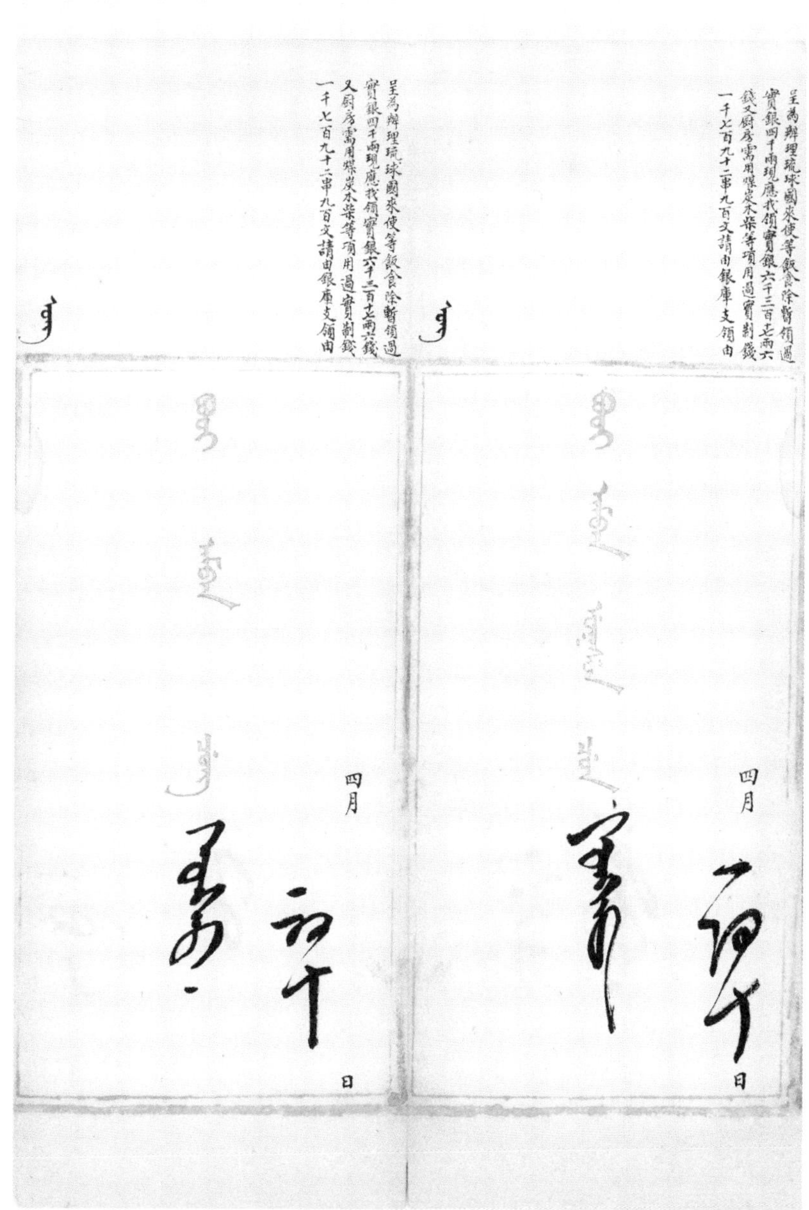

呈為辦理琉球國來使等飯食除暫領過
實銀四千兩現應找領實銀六千三百七十兩六
錢又廚房需用煤炭木柴等項用過實制錢
一千七百九十二串九百文請由銀庫支領由

四月　日

呈為辦理琉球國來使等飯食除暫領過
實銀四千兩現應找領實銀六千三百七十兩六錢
又廚房需用煤炭木柴等項用過實制錢
一千七百九十二串九百文請由銀庫支領由

四月　日

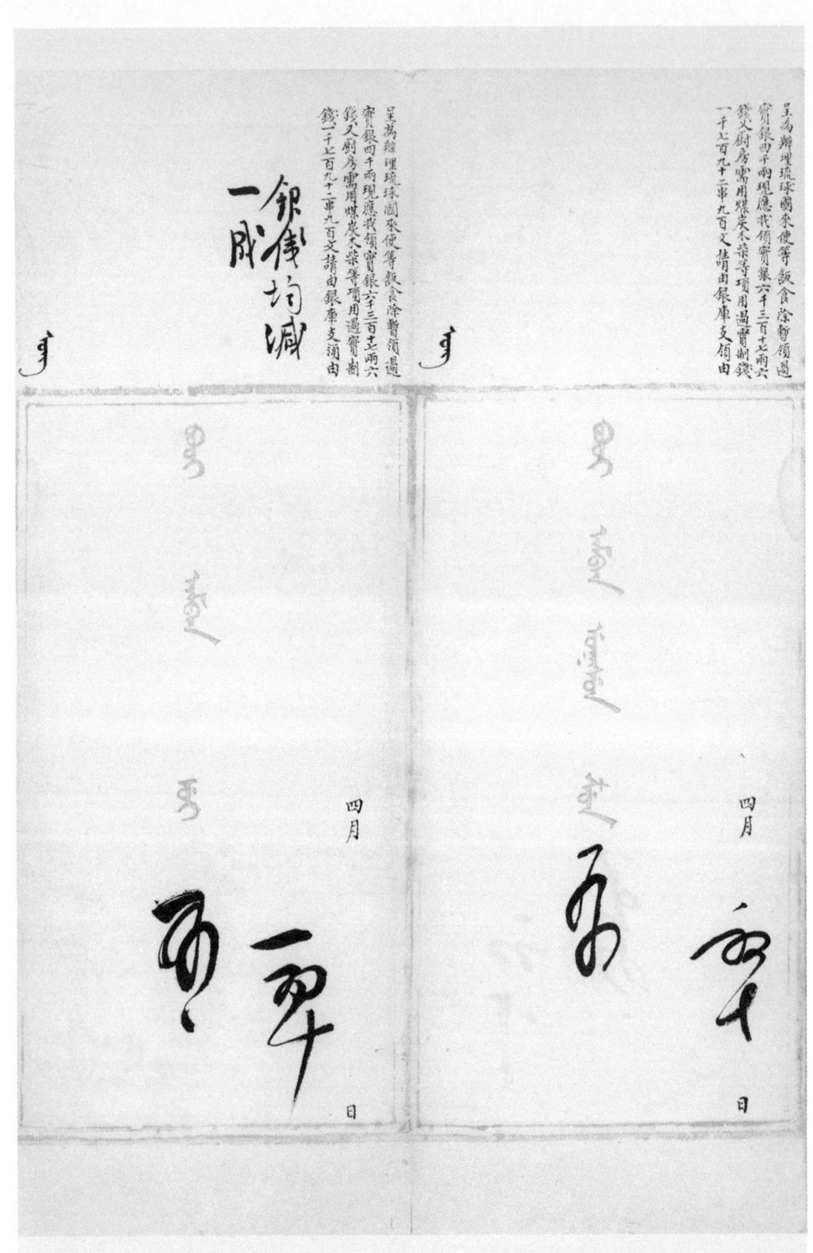

呈為辦理琉球國來使等飯食除暫領過
實銀四千兩現應找領實銀六千三百十七兩六
錢又廚房需用煤炭木柴等項用過實制錢
一千七百九十二串九百文請由銀庫支領由

四月　日

呈為辦理琉球國來使等飯食除暫領過
實銀四千兩現應找領實銀六千三百十七兩六
錢又廚房需用煤炭木柴等項用過實制錢
一千七百九十二串九百文請由銀庫支領由

銀俱均減一成

四月　日

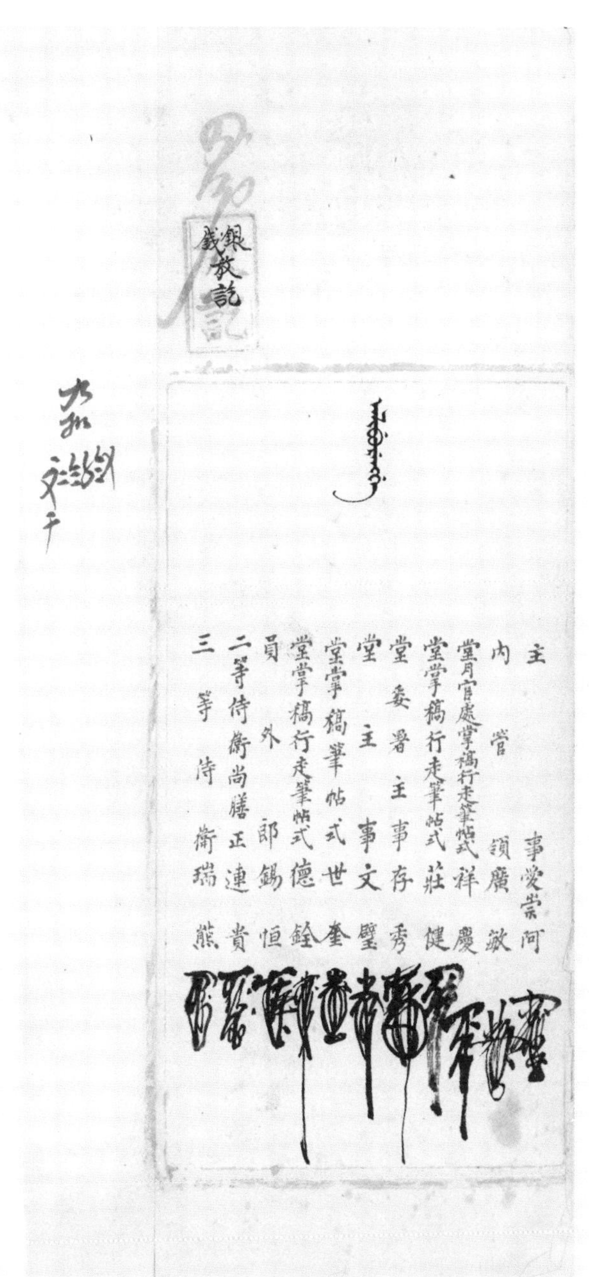

銀錢放記

主事愛崇阿
內管領廣敏
堂月官處掌稿行走筆帖式祥慶
堂掌稿行走筆帖式莊健
堂委署主事存秀
堂主事文璧
堂掌稿筆帖式世奎
堂掌稿行走筆帖式德銓
員外郎錫恒
二等侍衛尚膳正連貴
三等侍衛瑞熊

琉球國貢使等自十年二月初二日起至四月初二日止計六十日

貢使通事共五員每員飯一桌 每日早晚飯十桌 午用菓五桌

共用飯六百桌 每桌隨片吃蒸食粥湯 共合銀三兩六錢

共用菓三百桌 每桌銀一兩七錢

每日早晚點心粥湯 每員銀五錢

共用銀二千八百二十兩

跟役十五名從人跟伴三十四名每二名飯一桌 每日早晚飯四十九桌

共用飯二千九百四十桌 每桌隨蒸食粥湯共合銀一兩七錢 午用菓品每人銀四錢早晚點心每人銀二錢六分

共用銀六千九百三十八兩四錢

每日應用

晝夜厨役八名計十六工 每工銀一錢五分

共用銀二兩四錢

晝夜茶役六名計十二工 每工銀一錢五分

共用銀一兩八錢

晝夜油活廚役八名計十六工 每工銀一錢二分 共用銀一兩九錢二分

打掃院落坐更看守火燭蘇拉八名 每名銀二錢 共用銀一兩六錢

聽差官役八名 每名銀二錢 共用銀一兩六錢

計六十日共用銀五百五十九兩二錢

貢使通事從人等進表文貢領賞筵宴瞻仰

文廟

朝賀

萬壽跪班等事共十五次

每次用車十二輛 每輛制錢三串文 計用制錢五百四十串

文貢抬運夫役四十二名 每名制錢一串二百文 計用制錢五十串零四百文

辦買炭斤茶葉等項 每日制錢十二串 計用制錢七百二十串

辦買坐褥鋪墊毡簾等項 計用制錢五十八串

辦買筲帚簸箕席片等項　計用制錢二十四串五百文

辦買蠟扦燈籠等項　計用制錢三十七串

辦買夾板木箱十分　計用制錢六十二串

辦買毡片棉花鎖鑰　計用制錢四十五串

租賃桌椅等項　計用制錢一百六十八串

添買磁器傢俱等項　計用制錢五十六串

由倉支領米石拉運車輛計十二次　計用制錢三十二串

以上共用制錢一千七百九十二串九百文

貢使通事跟役從人共五十四員名每日支領

羊燭十五斤　黑炭十簍

木柴四百斤　每員名白老米九合

七、福州將軍文煜爲琉球國進貢船回國循例免税事奏摺

同治十年六月初六日（1871.7.23）

内容提要

福州將軍文煜奏報，琉球國進貢船二隻事竣回國，隨船置買内地貨物應徵税銀六百二十二兩七錢五厘，照例免税。

檔案來源：宫中朱批奏摺

已編入《清代中琉關係檔案選編》第一〇七八頁

奏

福州將軍兼管閩海關稅務奴才文煜跪
兼署閩浙總督

奏爲琉球國進
貢船隻回國隨帶貨物循例免稅恭摺奏
聞事竊照琉球國進
貢船二隻進口隨帶貨物循例免稅緣由前經奴才
於本年正月二十六日恭摺
奏明在案兹於本年五月十六日據南臺口委員
協領成基禀報該兩船事竣回國過口據在船

使者向文煥等開送置買內地貨物清冊二本
復驗貨冊相符按則共應徵收稅銀六百二十
二兩七錢五釐等情具稟前來當經奴才查照向
例批令免稅以廣
聖主柔遠深仁該使者向文煥等歡欣感激赴闕望
闕叩謝
天恩開行出口所有琉球船隻回國過口免稅緣由
理合循例具

奏並將免過稅銀數目另繕清單恭呈

御覽伏乞

皇太后

皇上聖鑒謹

奏

軍機大臣奉

旨知道了欽此

同治十年六月初六日

八、福建巡撫王凱泰爲琉球國船回國日期事題本

同治十年七月十六日（1871.8.31）

内容提要

福建巡撫王凱泰題明，遣發琉球國船長行回國日期。

檔案來源：内閣禮科史書

已編入《清代中琉關係檔案四編》第六四八頁

福　　建　　巡　　撫臣王凱泰謹

題爲琉球夷船長行回國日期事蠲請具

題事同治十年七月十六日題九月十七日奉

旨該部知道

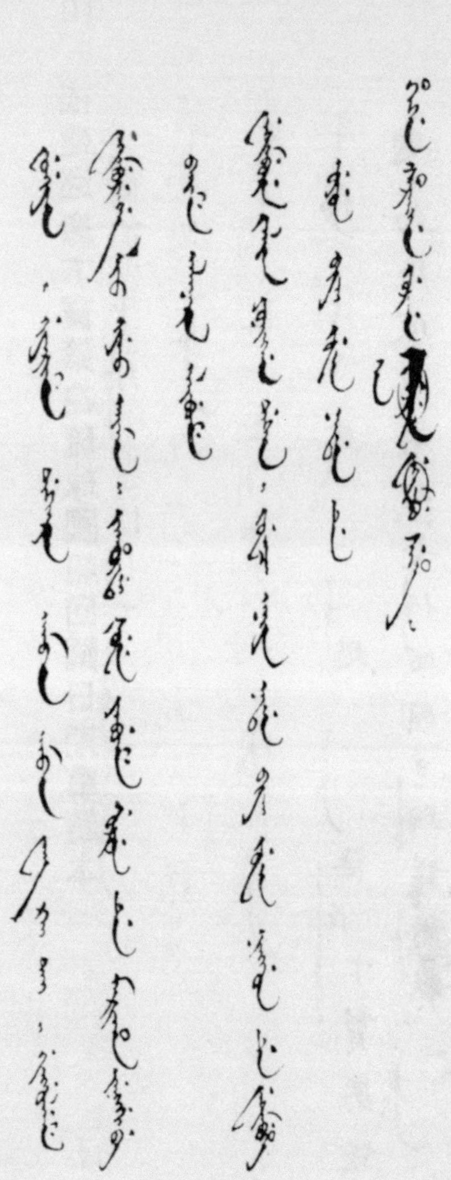

九、福建巡撫王凱泰爲琉球國船回國事題本（尾缺）

同治十年七月十六日（1871.8.31）

内容提要

福建巡撫王凱泰題明，查上年琉球國王尚泰遣正使耳目官楊光裕等恭進表文方物來閩，進貢頭貳两號船内有官伴水梢二百員，除進京官伴、存館存留官伴各十八員外，附搭前年接貢存留官伴六員及遭風難民等九名，通共回國一百七十九員名，於同治十年五月初十日乘風放洋，長行回國，謹具題聞。

檔案來源：内閣禮科題本

已編入《清代中琉關係檔案續編》第一五〇五頁

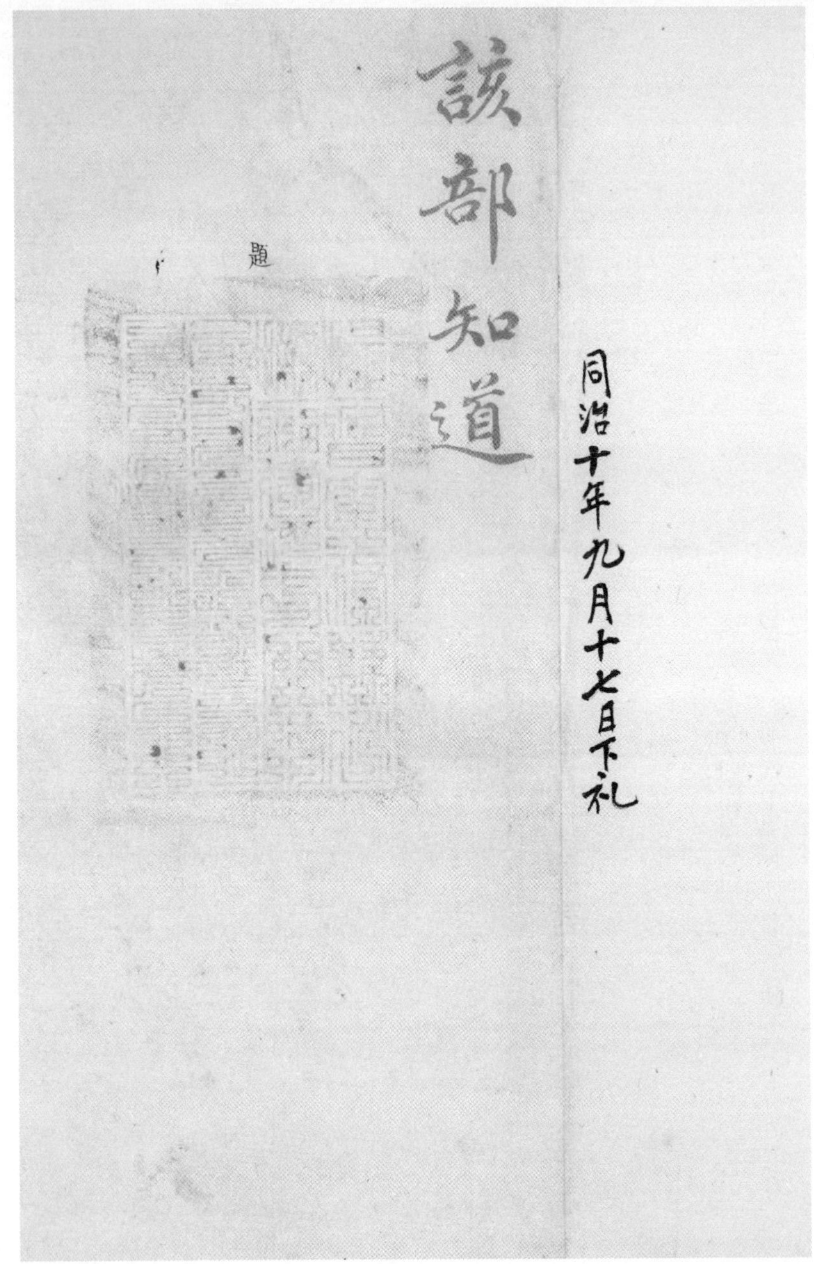

題

該部知道

同治十年九月十七日下社

兵部侍郎兼都察院右副都御史巡撫福建等處地方提督軍務兼理糧餉臣王凱泰謹

題爲琉球夷船長行回國日期詳請具

題事據福建布政使潘霨呈詳竊照上年琉球國

王尚泰遣正使耳目官楊光裕副使正議大夫

蔡呈楨等率領官伴水梢貳百員名駕坐海船

貳隻恭進同治庚午年常貢

表文方物當有頭號貢船駕駛到閩妥爲安插館

驛詳蒙分別

題奏并聲明貳號船在洋遭風漂入廈門港俟船
隻修竣到省需時查照前辦成案先將頭號船
分載一半方物暨附搭上年貢物派員伴送進
京其貳號船一半方物俟到省後暫存司庫歸
入下屆并進另有淡水廳送到琉球國遭風難
夷渡嘉敷壹名又浙江温州府送到遭風難夷
仁克明等捌名均經譯訊撫恤詳奉
奏咨各在案續據代理福防同知謝昌霖詳琉球

國進
貢頭貳兩號船上原報官伴水梢貳百員名除進
京官伴拾捌員名又進貢存館存留官伴拾捌
員名外附搭前年接貢存留官伴陸員名又遭
風難夷渡嘉敷壹名並難夷仁克明等捌名計
兩船共壹百柒拾玖員名據報拾年肆月貳拾
貳日離驛登舟又經詳奉給咨遣發并取長行
回國日期去後茲據福防同知謝昌霖詳報琉

球國進
貢頭貳兩號夷船均於同治拾年伍月初拾日乘
風放洋長行回國等由到司合就詳請察核具
題等情前來臣覆查無異理合具
題伏祈
皇上聖鑒勅部查照施行爲此具本謹具
題
聞

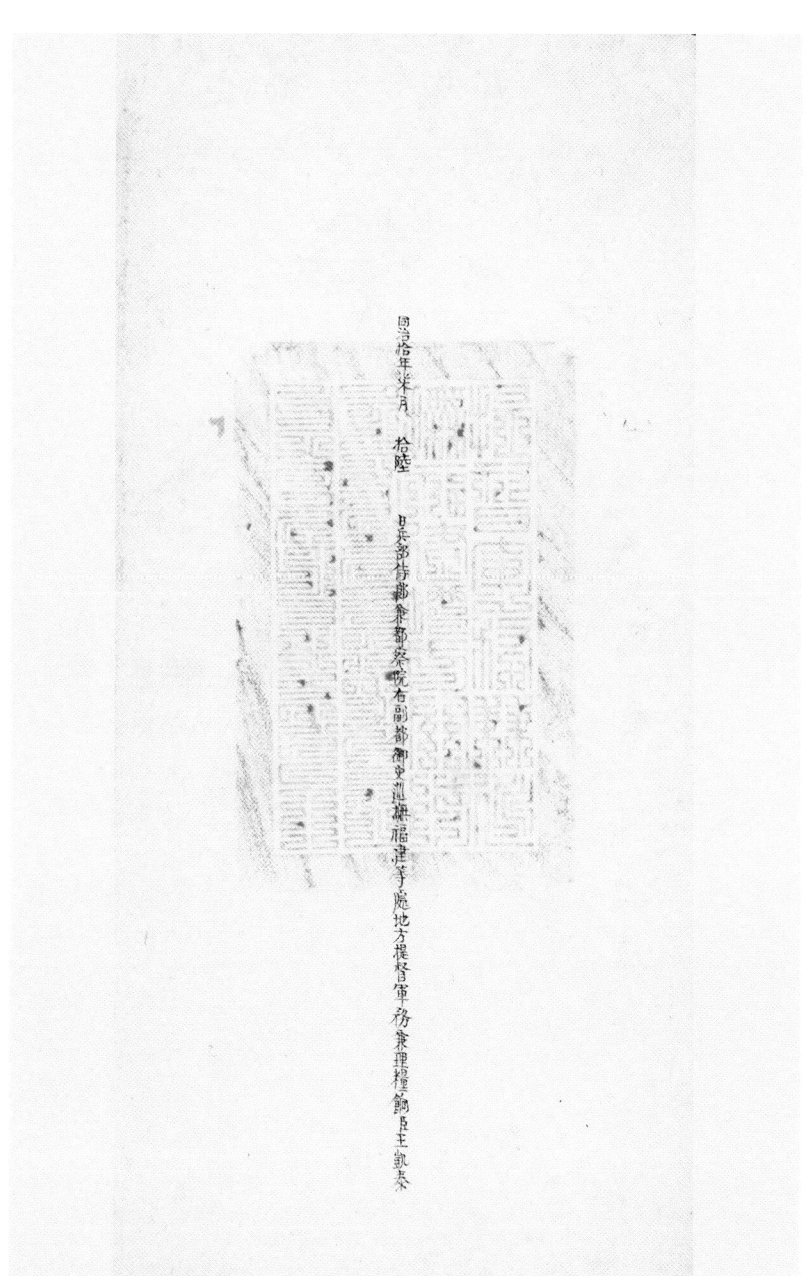

同治拾年柒月　拾陸　日兵部侍郎兼都察院右副都御史巡撫福建等處地方提督軍務兼理糧餉臣王凱泰

兵部侍郎兼都察院右副都御史巡撫福建等處地方提督軍務兼理糧餉臣王凱泰謹

題爲琉球夷船長行回國日期詳請具

題事。據福建布政使潘霨呈詳：竊照上年琉球國

王尚泰遣正使耳目官楊光裕、副使正議大夫

蔡呈楨等率領官伴水梢貳百員名，駕坐海船

貳隻，恭進同治庚午年常貢

表文方物，當有頭號貢船駕駛到閩，安爲安插館

驛，詳蒙分別

題奏，并聲明貳號船在洋遭風，漂入廈門港，俟船

隻修竣到省，需時查照前辦成案，先將頭號船

分載一半方物暨附搭上年貢物派員伴送進

京，其貳號船一半方物俟到省後暫存司庫，歸

入下屆并進。另有淡水廳送到琉球國遭風難

夷渡嘉敷壹名，又浙江温州府送到遭風難夷

仁克明等捌名，均經譯訊撫恤，詳奏

奏咨各在案續據代理福防同知謝昌霖詳琉球
國進
貢頭貳兩號船上原報官伴水梢貳百員名除進
京官伴拾捌員名又進貢存館存留官伴拾捌
員名外附搭前年接貢存留官伴陸員名又遭
風難夷渡嘉敷壹名並難夷仁充明等捌名計
兩船共壹百柒拾玖員名據報拾年肆月貳拾
貳日離闢登舟又經詳奉給咨遣發并取長行
回國日期去後茲據福防同知謝昌霖詳報琉
球國進
貢頭貳兩號夷船均於同治拾年伍月初拾日乘
風放洋長行回國等由到司合就詳請察核具
題等情前來臣覆查無異謹具
題
聞

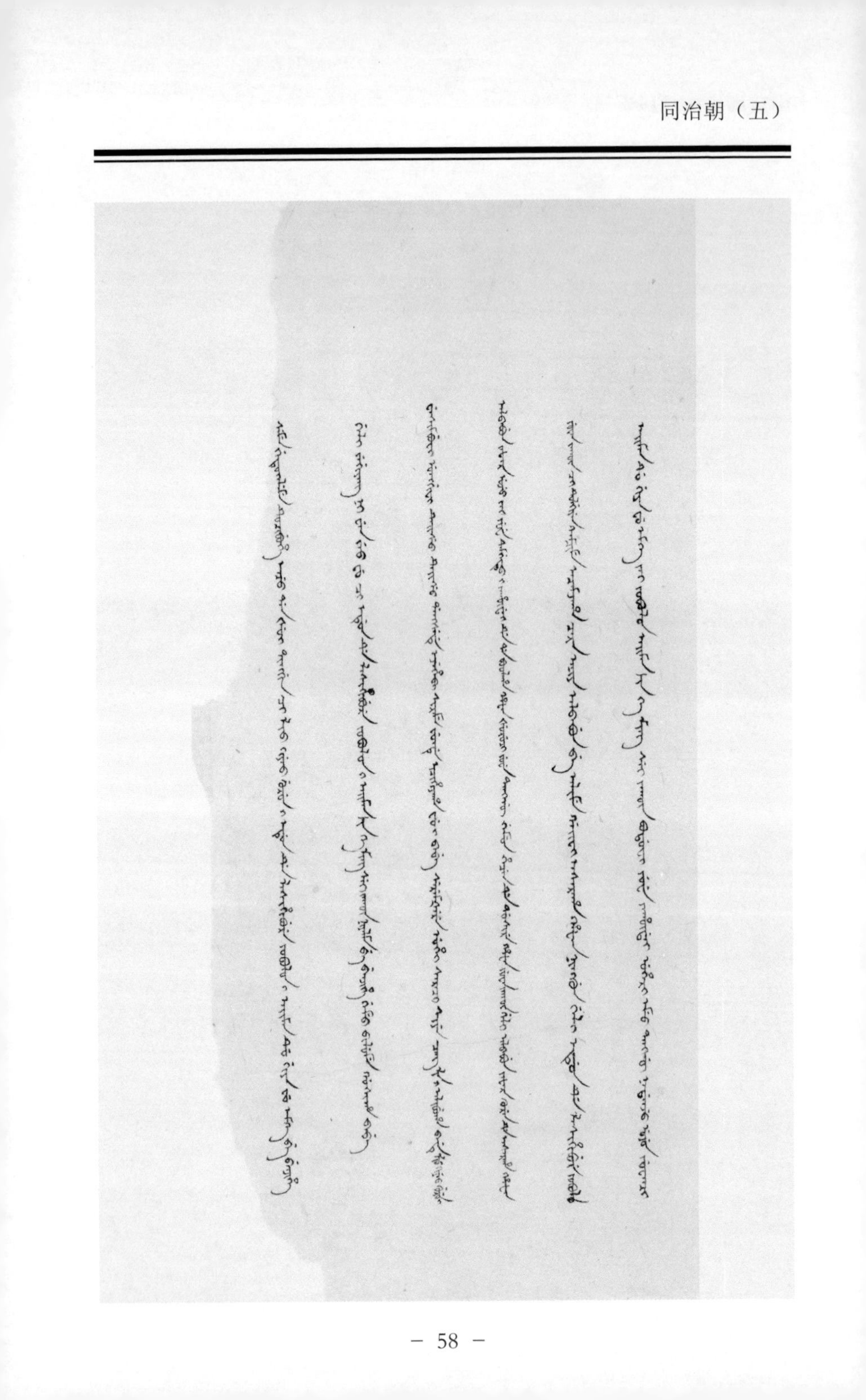

一〇、國子監爲琉球官生應領次年正月份煤炭燭事致内務府咨文

同治十年十二月十二日（1872. 1. 21）

内容提要

國子監致内務府咨文：查琉球國官生今應領次年正月份硬煤二百二十五斤，共折價銀二錢八分一厘二毫，折錢一吊一百二十五文；木炭七十五斤，折價銀二錢八分，錢一吊八十文；蠟燭四十斤。相應行文貴府查照，送監給發。

檔案來源：内務府來文
已編入《清代中琉關係檔案三編》第七六七頁

國子監為咨取事查琉球官生應領次年正
月分共硬煤二百二十五觔共折價銀二錢八分
一厘二毫錢一吊一百二十五文木炭七十五觔共
折價銀二錢八分錢一吊八十文蠟燭四十觔
相應行文
貴府查照送監給發可也須至咨者
右　　咨
内務府

庫使文啟

同治拾年拾貳月　貳　日

一一、國子監爲請按季賫送琉球官生衣物過監事致内務府咨文

同治十一年正月二十九日（1872. 3. 8）

内容提要

國子監致内務府咨文：查本監琉球官生林世功等二名及跟伴二人，按禮部奏定數目，應領同治十一年份衣服靴帽并鋪蓋等項，所有備辦送監事宜，相應咨行内務府。

檔案來源：内務府來文
已編入《清代中琉關係檔案三編》第七六八頁

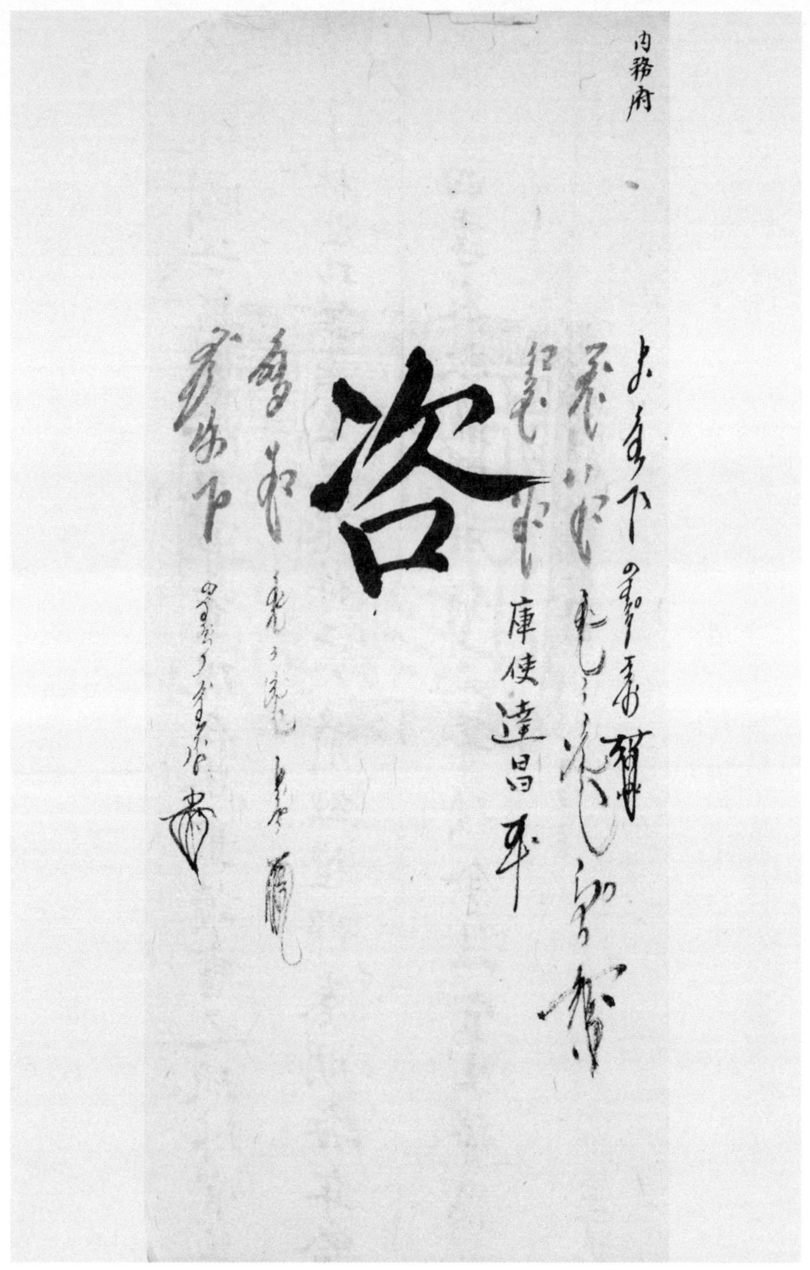

内務府

咨

庫使達昌來

國子監為咨取事查現在本監讀書之琉球官生
林世功等二名及跟伴二人前經禮部奏明每年給
四季衣服靴帽并鋪蓋等項今該官生等應領
同治拾壹年分衣服靴帽并鋪蓋等項相應行文
貴府查照禮部奏定數目備辦齊全按季
飭令該處早為賫送過監以便給發可也須至咨者

右　　咨

内務府

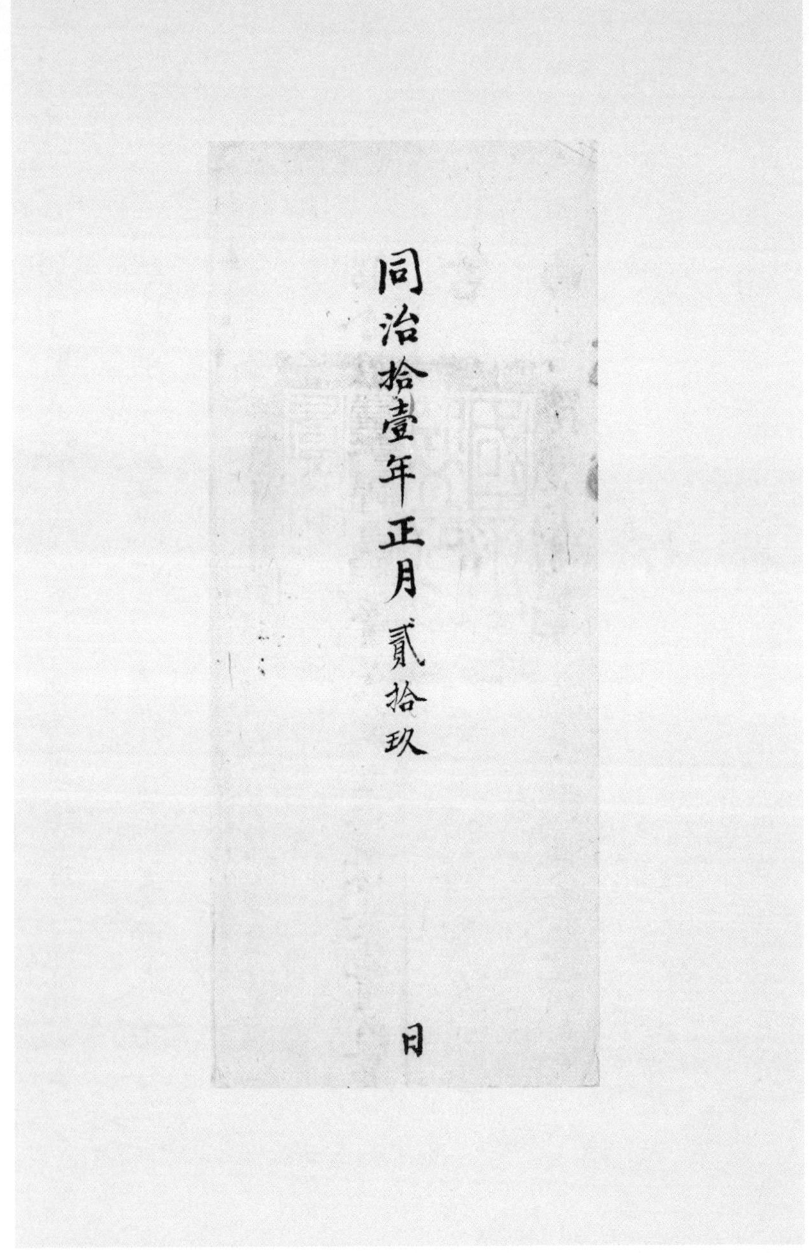

同治拾壹年正月贰拾玖

日

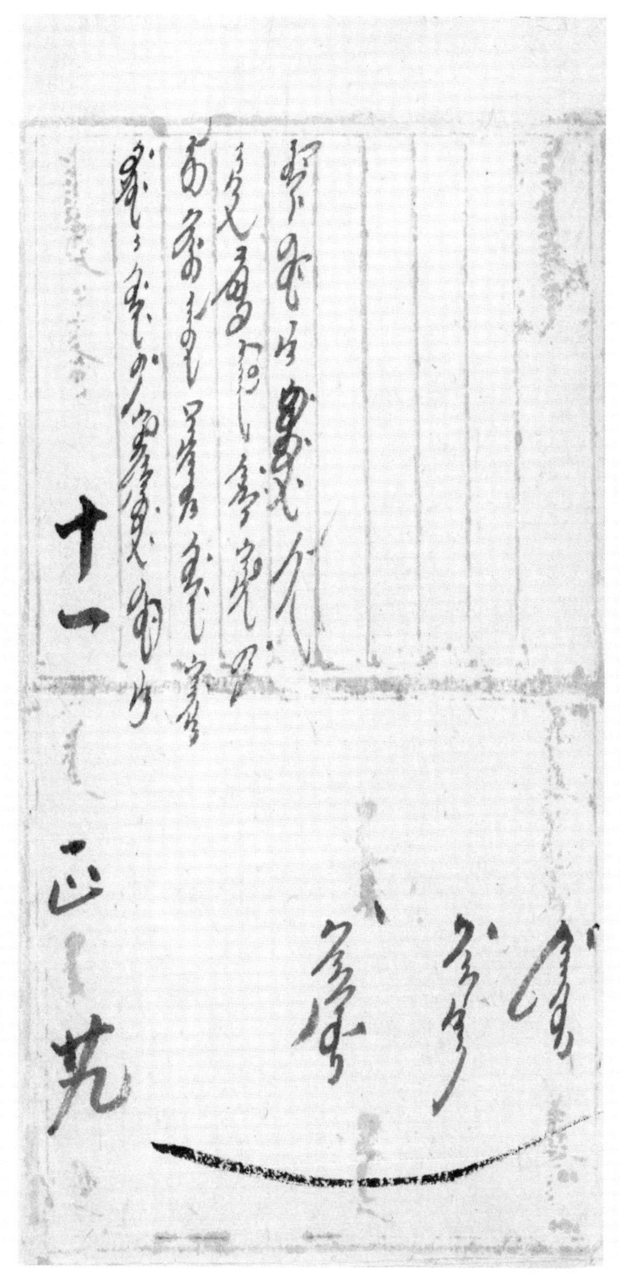

一二、福州將軍文煜等爲琉球國遭風難民循例撫恤事奏摺

同治十一年二月二十五日（1872. 4. 2）

内容提要

福州將軍文煜等奏報，琉球國難民松大著等四十六人、島袋等六十九人所駕船隻均於同治十年十月二十九日夜在洋遭風，除溺斃、患痘身故及被牡丹社生番殺害外，兩起難民共餘五十七人，由臺灣縣委員護送到省，當即安插館驛，照例撫恤，因原船俱已傾覆，擊碎無存，俟有琉球便船即令搭附回國。

檔案來源：軍機處録副奏摺

已編入《清代中琉關係檔案選編》第一〇七九頁

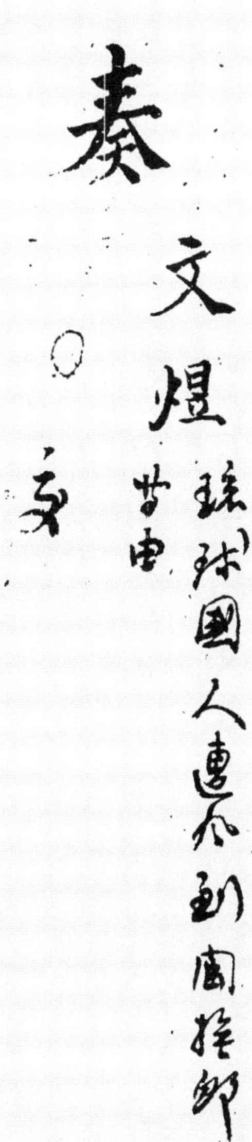

奏

文煜

琉球國人遭風到閩撫卹

摺由

奏

三月十五日

福州將軍兼署閩浙總督臣文煜

福建巡撫臣王凱泰跪

奏為琉球國夷人遭風到閩循例譯訊撫䘏夷伴有被台灣生番殺害現飭認真查辦恭摺馳

奏祈

聖鑒事竊據署福防同知張夢元詳報同治十一年正月十七日准台灣縣護送琉球國難夷松大著島袋等五十七名到省當即安插館驛妥為撫䘏一面飭傳該國留閩通事謝維垣譯

訊據難夷松大著供伊是頭目友馬依浩呈貴長
連同跟丁舵水一共四十六人俱係琉球國八重山
島人坐駕小海船一隻裝載方物往中山府交納事
竣於同治十年十月二十九日由中山府開行
是夜陡遇颶風漂出大洋折斷帆桅船隻任
風漂流十一月十二日漂至臺灣洋面幸遇民
船救護伊等四十四人登岸原船沖礁擊碎
該處民人將伊等帶赴鳳山縣衙門轉送臺灣縣

安頓公所尚有全伴二人並蒙鳳山縣送至臺灣府衙門蒙給衣食袍又經跟伴永森宣一名患痘身故給棺收殮一面派委員弁將伊等配船護送來省又據難夷島袋供同船上下六十九人伊是船主琉球國太平山島人伊等坐駕小海船一隻裝載方物往中山府交納事竣於十年十月二十九日由該處開行是夜陡遇颶風漂出大洋船隻傾覆淹斃同伴

三人伊等六十六人覓水登山十一月初七日誤入
牡丹社生番鄉內初八日生番將伊等身上衣物
剝去伊等驚避保力莊地方生番探知率眾圍
住上下被殺五十四人祇賸伊等十二人因匿在
土民楊友旺家始得保全二十一日將伊等送到
鳳山縣衙門轉送台灣縣安頓均蒙給有衣食
由台護送來省現在館驛等供由布政使潘
霨造冊詳請具

臺灣所牡丹社生番因殺琉球夷難由臺灣文武前
往查辦等情前來。臣等查琉球世國守外藩甚為
恭順。該夷人等在洋遭風，盡有同伴被生番
殺害多人，情殊可憫。雖自安插館驛之日起，每
人日給米一升，鹽菜銀六厘，回國之日另給行糧
一箇月，照例加賞物件，折價給領，於存公銀內動
支，一併造冊報銷。該難夷等船隻傾覆擊碎無
存，俟有琉球便船，即令附搭回國。至牡丹社生番

見人嗜殺，殊形仇視，飭台灣鎮府道認真查辦，以儆強暴而示懷柔。除咨部外，臣等謹合詞恭摺馳

奏，伏乞

皇太后

皇上聖鑒。謹

奏。

同治十一年三月十二日軍機大臣奉

旨：覽奏已悉。著照所議辦理，並著督飭該鎮道等認真查辦，以示懷柔。欽此。

二月二十五日

一三、管光禄寺事務載齡等奏聞給過琉球國官生林世功等物品并厨役工價銀事黄册

同治十一年二月二十七日（1872. 4. 4）

内容提要

管光禄寺事務載齡等據國子監來文奏聞，琉球國官生林世功等两名入監讀書，并跟伴两名，於同治十年十一月初一日至十二月三十日止，所有用過物品按依例價核算，用實銀三十八两一錢一分九厘，又厨役五十九工，每工例價一錢五分，用實銀八两八錢五分。

檔案來源：内閣黄册

已編入《清代中琉關係檔案五編》第三五五頁

一據國子監來文琉球國官生林世功等貳名入監讀書跟伴貳
名於本年拾壹月初壹日至拾貳月叁拾日止所有用過物品按
依例價覈算用實銀叁拾捌兩壹錢壹分玖釐又廚役伍拾玖工
每工例價壹錢伍分用實銀捌兩捌錢伍分

一四、管光禄寺事務載齡等奏聞筵宴越南琉球貢使用酒銀事黄册

同治十一年二月二十七日（1872. 4. 4）

内容提要

管光禄寺事務載齡等據禮部來文奏聞，越南國并琉球國進貢來使筵宴，用燒酒十二瓶半，計重一百八十七斤八兩，每斤例價二分一厘，用實銀三兩九錢三分七厘。

檔案來源：内閣黄册

已編入《清代中琉關係檔案五編》第三五六頁

一據禮部來文筵宴越南國並琉球國進

貢來使用燒酒拾貳瓶半計重壹百捌拾柒斤捌兩每斤例價貳分

壹釐用實銀叁兩玖錢叁分柒釐

一五、福建巡撫王凱泰爲琉球國接貢船抵閩事題本

同治十一年五月初一日（1872.6.6）

内容提要

福建巡撫王凱泰題明，查琉球國中山王尚泰遣都通事林長溎來閩恭迎敕書及接回進貢使臣歸國，接貢船於同治十一年三月二十七日護送進口，照例會驗明白，次日安插館驛，備造花名貨物清册，扣除在船病故都通事林長溎一名外，查核無異，謹具題聞。

檔案來源：内閣禮科題本

已編入《清代中琉關係檔案續編》第一五〇八頁

該部知道

題

同治十年七月二十五日下礼

兵部侍郎兼都察院右副都御史巡撫福建等處地方提督軍務兼理糧餉臣王凱泰謹

題爲詳請具

題事據福建布政使潘霨呈詳據署福防同知翁

學本詳稱查琉球國接

貢海船壹隻內配官伴水梢捌拾玖員名經閩安

協副將閩安巡檢於同治拾壹年叁月貳拾柒

日護送進口會同福州城守營副將德安閩海

關委員成基前赴該船驗明官伴水梢人數并

隨帶土產物件防船軍器卽於叁月貳拾捌日
安插館驛備造花名貨物清冊中報察轉尚有
都通事林長溁壹名先已在船病故於花名冊
內扣除等由到司據此竝准琉球國中山王尚
泰咨開案照敝國欽遵
貢典業於同治玖年秋遣耳目官楊光裕正議大
夫蔡呈楨等賫棒
表章方物入貢

天朝咨請轉詳起送赴
京叩祝
聖禧在案茲當還國之期例應撥船接回特遣都通
事林長淩等坐駕海船壹隻前詣閩省恭迎
皇上勅書
欽賜物件并接京回使臣楊光裕蔡呈楨都通事蔡
呈祚與在閩通事蔡瑚等歸國仍祈轉詳督撫
仰體

皇上懷柔遠人至意將來船員伴照例安頓館驛除
存留官伴外其餘官伴水梢俟事務完竣准於
夏間早䑺同貢使等坐駕原船遣發返棹庶航
海末員得免驚濤之虞備咨查照等因到司准
此該布政使潘霨查得琉球國中山王尚泰遣
都通事林長湙等率領官伴水梢坐駕海船來
閩恭迎
勅書接回進

貢使臣歸國據署福防同知翁學本詳報經閩安
協副將閩安巡檢將該船於同治拾壹年叁月
貳拾柒日護送進口照例會驗明白卽於叁月
貳拾捌日安插館驛備造花名貨物清冊申送
聲明都通事林長溎壹名先已在船病故於花
名冊内扣除合就轉造清冊同抄白執照詳請
察核具
題等情到臣據此該臣查得琉球國中山王尚泰

遣都通事林長湙等率領官伴水梢坐駕海船

來閩恭迎

敕書接回進

貢使臣歸國。據署福防同知翁學本詳報經閩安

協副將閩安巡檢將該船於同治拾壹年叁月

貳拾柒日護送進口，照例會驗明白，即於叁月

貳拾捌日安插館驛，備造花名貨物清册聲明

都通事林長湙壹名先已在船病故，於花名册

内扣除送由福建布政使潘霨轉造清冊同抄

白執照詳請察核具

題前來臣覆查無異除冊送部外臣謹恭疏具

題伏祈

皇上聖鑒勅部查照施行為此具本謹具

題

聞

同治拾壹年伍月　初壹　日兵部侍郎兼都察院右副都御史巡撫福建等處地方提督軍務兼理糧餉臣王凱泰

兵部侍郎兼都察院右副都御史巡撫福建等處地方提督軍務兼理糧餉臣王凱泰謹

題為詳請具

題事該臣查得琉球國中山王尚泰遣都通事林長溇等率領官伴水梢坐駕海船來閩恭迎

勅書接回進

貢使臣歸國據署福防同知翁學本詳報經閩安協副將閩安巡檢將該船於同治拾壹年叁月貳拾柒日護送進口照例會驗明白即於叁月貳拾捌日安插館驛備造花名貨物清冊聲明都通事林長溇壹名先已在船病故於花名冊內扣除送由福建布政使潘霨轉造清冊同杪白執照詳請察核具

題前來臣覆查無異除冊送部外謹具

題

聞

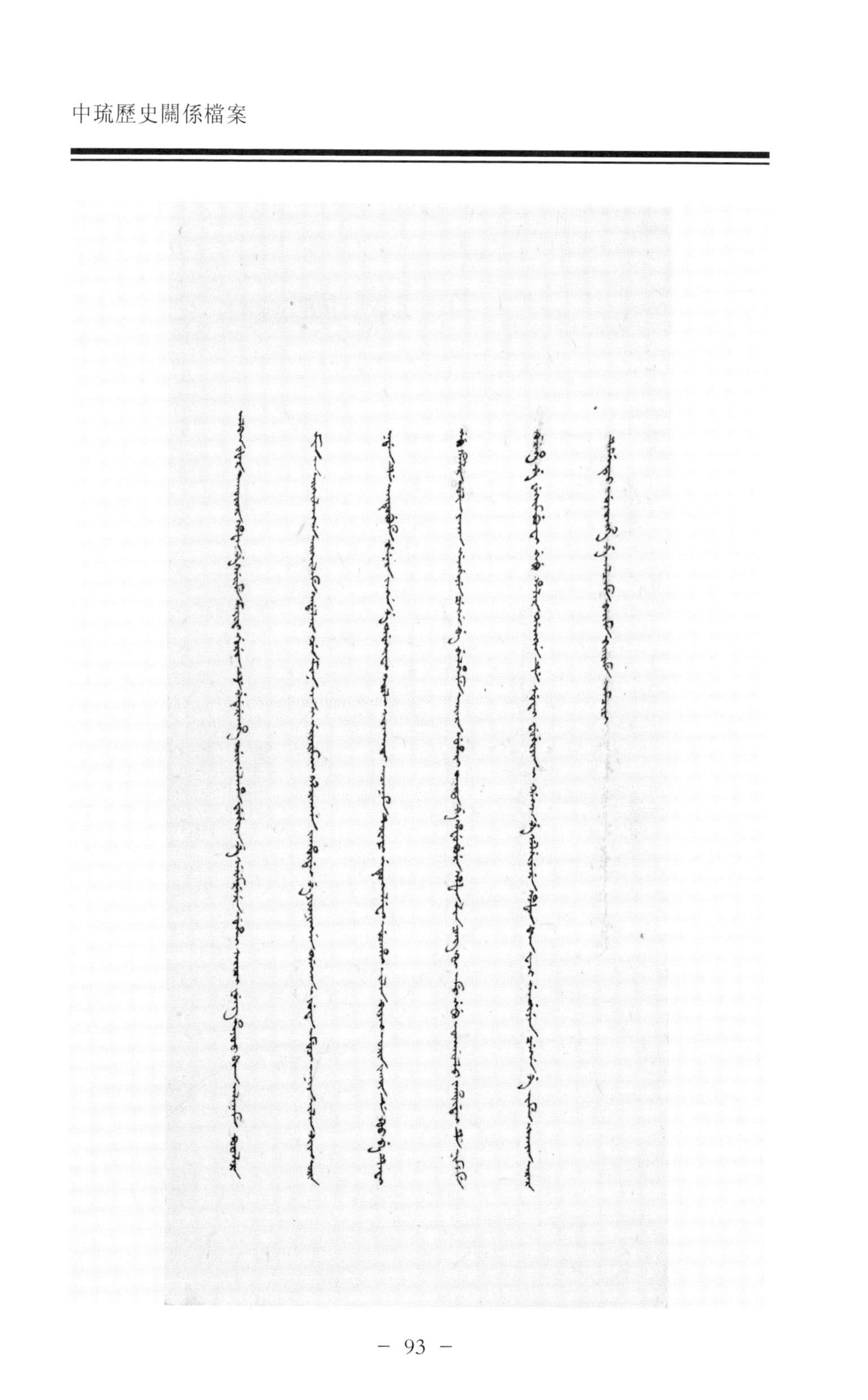

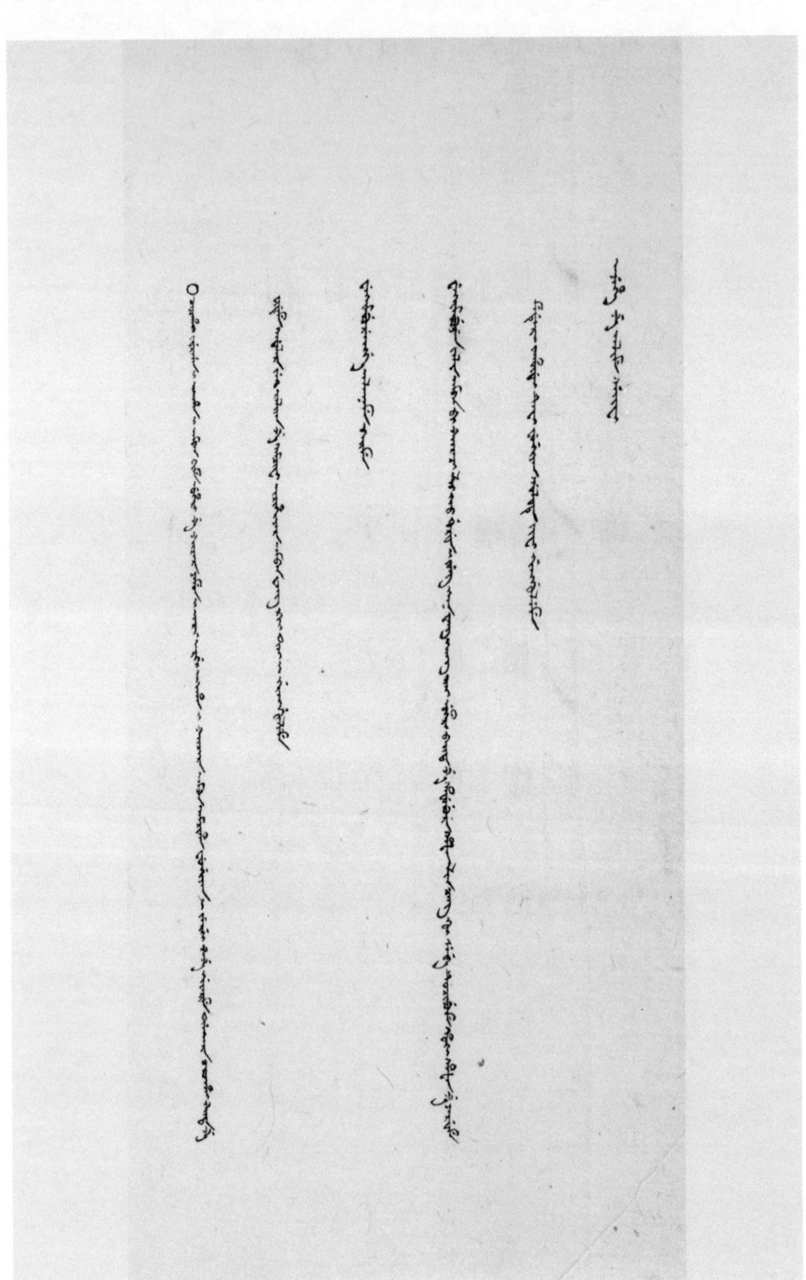

一六、福建巡撫王凱泰爲琉球國接貢船回國事題本

同治十一年七月十六日（1872.8.19）

内容提要

福建巡撫王凱泰題明，查上年琉球國王尚泰遣都通事林長泼來閩恭迎敕書等，接貢船内有官伴水梢八十九員，除存留官伴六員及在船病故都通事林長泼外，附搭前年進貢官伴一十七員、前年進貢存留官伴一十八員、前年入監官生跟伴一名及遭風難民二十六名，通共回國一百四十四員名，於同治十一年六月初二日乘風放洋，長行回國，謹具題聞。

檔案來源：内閣禮科題本

已編入《清代中琉關係檔案續編》第一五一一頁

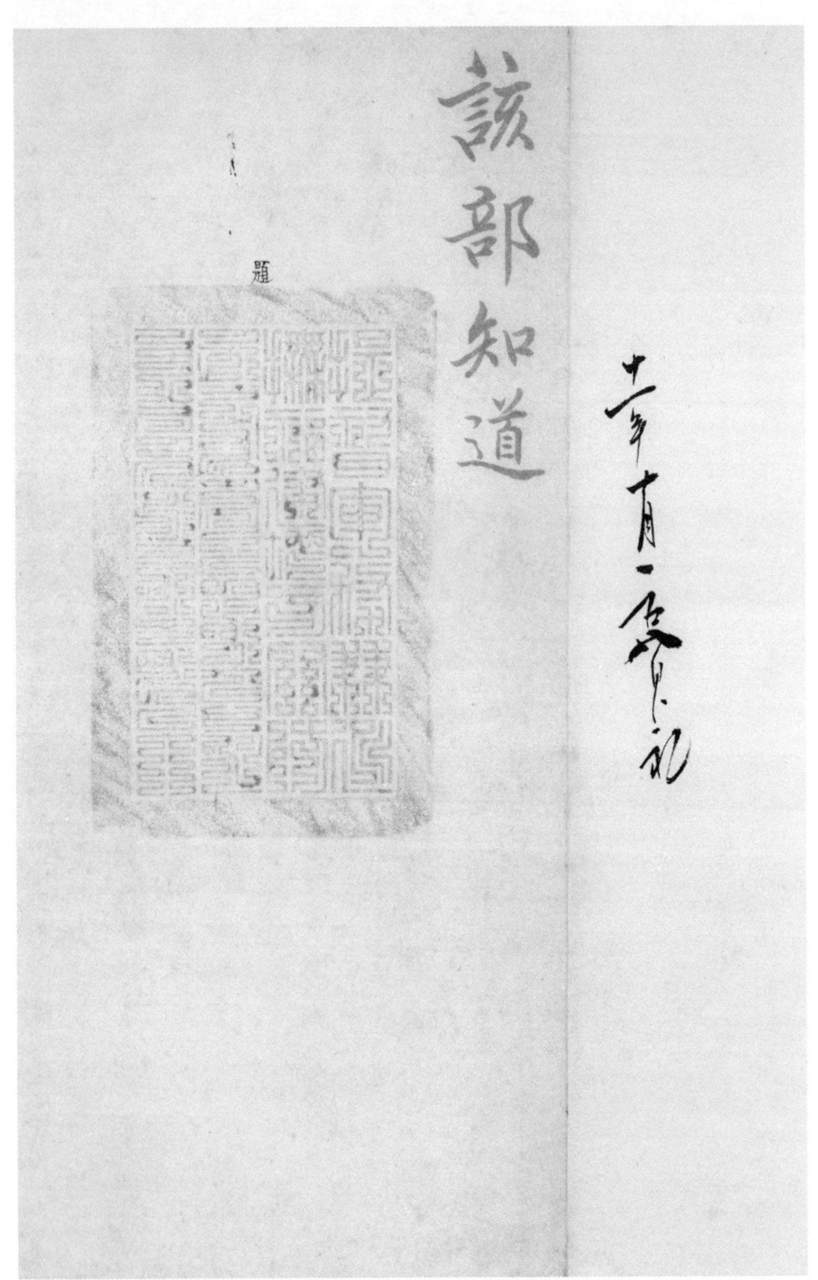
該部知道
題

兵部侍郎兼都察院右副都御史巡撫福建等處地方提督軍務兼理糧餉臣王凱泰謹

題爲琉球國海船長行回國日期詳請具

題事。據福建布政使潘霨呈詳：竊照上年琉球國

王尚泰遣都通事林長淎率領官伴水梢共捌

拾玖員名駕坐海船來閩恭迎

皇上勅書

欽賜物件，並接使臣歸國，當經詳請具

題，並將另由臺灣送到之琉球國遭風難夷松大

著島袋等伍拾柒名譯訊撫恤詳奏
奏咨續據署福防同知翁學本詳報琉球國接
貢海船壹隻內配官伴水梢捌拾玖員名除存留
官伴陸員名又在船病故都通事林長溁壹員
外附搭前年進
貢官伴壹拾捌員名內有在途病故跟伴向善美
壹名又前年進
貢存留官伴壹拾捌員名又前年入監官生葛兆

慶在京病故附回跟伴衛向輝壹名又松大著
島袋等兩起遭風難夷除先後病故外尚存肆
拾柒名因人數過多先行勻搭貳拾陸名其餘
貳拾壹名俟來歲
貢船遣回再行附搭統計實共回國壹百肆拾肆
員名於同治拾壹年伍月貳拾叁日離驛登舟
又經詳奉給咨遣發回國並飭取長行回國日
期去後茲據福防同知翁學本具詳琉球國接

貢船隻於拾壹年陸月初貳日乘風放洋長行回

國等由到司據此合就詳請察核具

題等情前來臣覆查無異理合具

題伏祈

皇上聖鑒勅部查照施行爲此具本謹具

題

聞

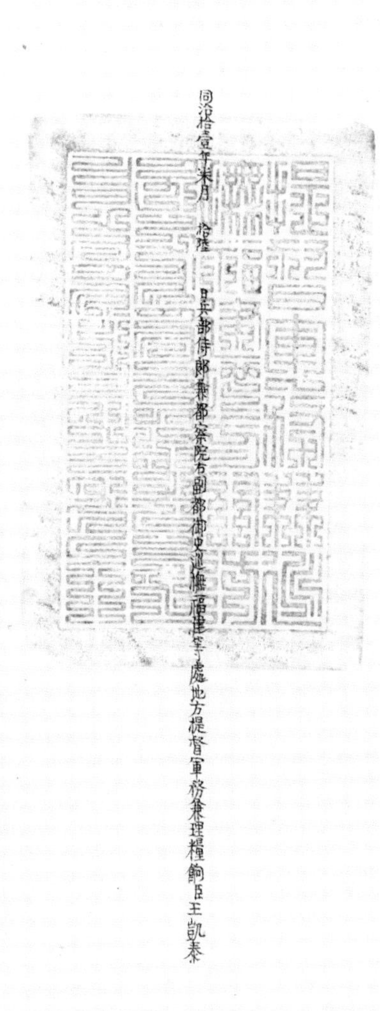

同治拾壹年柒月拾陸日兵部侍郎兼都察院右副都御史巡撫福建等處地方提督軍務兼理糧餉臣王凱泰

兵部侍郎兼都察院右副都御史巡撫福建等處地方提督軍務兼理糧餉臣王凱泰謹

題爲琉球國海船長行回國日期詳請具

題事據福建布政使潘霨呈詳竊照上年琉球國

王尚泰遣都通事林長癸率領官伴水梢共捌

拾玖員名駕坐海船來閩恭迎

皇上勅書

欽賜物件並接使臣歸國當經詳請具

題並將另由臺灣送到之琉球國遭風難夷松大

著島袋等伍拾柒名譯訊撫恤詳奉

奏咨續據署福防同知翁學本詳報琉球國接

貢海船壹隻內配官伴水梢捌拾玖員名除存留

官伴陸員名又在船病故都通事林長癸壹員

外附搭前年進

貢官伴壹拾捌員名內有在途病故跟伴向善美

壹名又前年進
貢存留官伴壹拾捌員名又前年入監官生葛兆
慶在京病故附回跟伴衛向輝壹名又松大著
島袋等兩起遭風難夷除先後病故外尚存肆
拾柒名因人數過多先行勻搭貳拾陸名共餘
貳拾壹名俟來歲
貢船遣回再行附搭統計實共回國壹百肆拾肆
員名於同治拾壹年伍月貳拾叁日離驛登舟
又經詳奉給咨遣發回國並飭取長行回國日
期去後茲據福防同知翁學本具詳琉球國接
貢船隻於拾壹年陸月初貳日乘風放洋長行回
國等由到司據此合就詳請察核具
題等情前來臣覆查無異謹具
題
聞

一七、福州將軍文煜爲琉球國接貢船進口循例免税事奏摺

同治十一年七月二十一日（1872. 8. 24）

内容提要

福州將軍文煜奏報，琉球國接貢船一隻進口，隨帶貨物應徵税銀一百三十九兩七錢四分八厘二毫五絲，照例免其輸納。

檔案來源：宫中朱批奏摺
已編入《清代中琉關係檔案選編》第一〇八〇頁

奏

福州將軍兼管閩海關稅務奴才文煜跪
兼署閩浙總督

奏為琉球國接
貢船隻進口隨帶貨物循例免稅恭摺奏
聞仰祈
聖鑒事同治十一年五月十五日據南臺口委員協
領成基稟稱琉球國接
貢船一隻進口據通事王瑞芝開送該船隨帶貨
物清冊按則覈計應徵稅銀一百三十九兩七

錢四分八釐二毫五絲當即查照向例批令免

其輸納以廣

聖主柔遠深仁宣示洋使去後隨據該口委員協領

成基報稱該通事王瑞芝率領官伴水梢人等

赴闕望

闕叩謝

天恩稟報前來除安頓館驛事宜由督撫衙門照例

辦理外所有免過稅銀數目另繕清單恭呈

御覽伏乞

皇太后

皇上聖鑒謹

奏

軍機大臣奉

旨知道了欽此

同治十一年七月　二十一　日

一八、福州將軍文煜等爲廣東省護送琉球國遭風難民到閩循例撫恤事奏摺

同治十一年七月二十九日（1872.9.1）

内容提要

福州將軍文煜等奏報，廣東派員護送琉球國遭風難民長興善庸等五十三人及船隻行李等已於七月初一日抵閩，安插館驛，并循例發給口糧、鹽菜銀等。該難民等於同治十年十一月十九日漂收越南國，後於本年五月十八日送到廣東省，先後已均有賞恤，閩省毋庸再行加賞，其所坐原船是否堪駛回國，現正飭查辦理。

檔案來源：宫中朱批奏摺

已編入《清代中琉關係檔案選編》第一〇八一頁

奏

福州將軍兼署閩浙總督臣文煜
福建巡撫臣王凱泰跪

奏為廣東省送到琉球國遭風難夷循例譯訊撫

卹恭摺奏祈

聖鑒事竊據署福防同知翁學本詳報同治十一年

七月初一日准廣東省文武委員護送琉球國

遭風難夷長興善庸等五十三人及船隻行李

到省當飭安頓館驛妥為撫卹一面飭傳存留

通事詳細譯訊據供該難夷長興善庸文林方

保錦芳用富都是夷官新衡是船主宮城是舵
工連同跟伴水梢共五十五名俱係琉球國八
重山島人坐駕小海船一隻並無牌照軍器船
内裝載方物往中山王府投納同治十年十月
十八日交納事竣開船因風不順收泊馬齒山
二十九日夜突遇狂風船隻漂出大洋折斷帆
桅任風漂流十一月十九日漂至越南國洋面
經該處官員救護將船牽進内港賞給衣食銀

物内有嘉善永吉方春保二名因病身故就地
收埋並將原船修葺堅固於本年五月十八日
送到廣東省灣泊蒙賞食物番銀並派輪船委
員轉送來閩七月初一日到省安插等情由藩
司潘霨覈詳請
奏前來臣等查該難夷等在洋遭風情殊可憫應
請自同治十一年七月初一安插館驛之日起
每人日給口糧米一升鹽菜銀六釐回國之日

各另給行糧一箇月統於存公銀內動支事竣
造册報銷該難夷在越南國並廣東省已均有
賞䘏閩省毋庸再行加賞所坐原船是否堪駛
回國飭查分别辦理廣東前取供情間有舛錯
現已譯訊更正除分咨外臣等謹合詞恭摺具
奏伏乞
皇太后
皇上聖鑒謹

奏

軍機大臣奉

旨知道了欽此

同治十一年七月　二十九　日

一九、管光禄寺事務載齡等爲給過琉球國官生林世功等食物并厨役工價銀事黄册

同治十一年九月二十七日（1872. 10. 28）

内容提要

管光禄寺事務載齡等據國子監來文奏聞，琉球國官生林世功等一名入監讀書，跟伴兩名，於本年四月初一日起至五月三十日止，所有用過物品按依例價核算，用實銀二十一兩六錢六分，又厨役六十工，每工例價銀一錢五分，用實銀九兩。

檔案來源：内閣黄册

已編入《清代中琉關係檔案五編》第三五七頁

一據國子監來文琉球國官生林世功等壹名入監讀書跟伴貳名於本年肆月初壹日起至伍月叁拾日止所有用過物品按依例價覈算用實銀貳拾壹兩陸錢陸分又廚役陸拾工每工例價銀壹錢伍分用實銀玖兩

二〇、宗室瑞聯等爲琉球國頭號貢船届期未至恐難依限入都事奏片

同治十一年十月二十三日（1872. 11. 23）

内容提要

宗室瑞聯等奏報，琉球國間年一貢，貢船向於九月中或十月初旬抵閩，趕於十二月二十日以前到京，間有愆期隨時奏明辦理在案。現届該國進貢之年，先經飭派舟師探護，至今僅到二號一船，其頭號貢船尚未據報進口，即使該船日内駛到，而部署起程尚需數日，貢使人等恐難依期入都。除再咨行水師各營及沿海督撫一體飭查迎護并咨禮部外，謹會同閩浙總督李鶴年附片陳明。

檔案來源：宫中朱批奏摺

已編入《清代中琉關係檔案選編》第一〇八三頁

再琉球國間年一貢每次應貢方物向於九月
中國十月初旬抵閩例派文武委員伴送趕於
十二月二十日以前到京間有愆期隨時
奏明辦理在案現居該國進
貢之年先經飭派舟師探護至今僅到二號一船
其頭號貢船尚未據報進口竊念海洋風帆靡
常遲速難以預定即使該船日內駛到而部署
起程尚需數日為時已晚恐難依期入都設或

再有遲延則隆冬雨雪載途更恐不無阻滯據

藩司潘霨具詳前來除再咨行水師各營及沿

海督撫臣一體飭查迎護並咨禮部外臣謹會

同閩浙督臣李鶴年附片陳明伏乞

聖鑒謹

奏

軍機大臣奉

旨知道了欽此

二一、閩浙總督李鶴年等爲琉球國進貢使臣起程進京日期事奏摺

同治十一年十一月二十八日（1872. 12. 28）

内容提要

閩浙總督李鶴年等奏報，琉球國向係間年一貢，本年貢期已届，該國王遣耳目官向德裕等恭賫表文方物入貢，并以琉球官生林世功在監讀書已逾三年，請准回國。該使臣等賫解表文方物暨附搭同治元年份存剩貢物，報明十一月二十七日自閩起程。已委補用知府張文斌，本任閩縣知縣陳星聚，留閩補用副將羅洪標等沿途妥爲照料，并飛咨經各省一體派員接護，約計來歲二月中旬可以到京。

檔案來源：宫中朱批奏摺

已編入《清代中琉關係檔案選編》第一〇八三頁

奏

閩浙總督兼署福州將軍臣李鶴年
福建巡撫臣王凱泰跪

奏為委員伴送琉球國進

貢使臣據報由閩起程日期恭摺奏祈

聖鑒事竊照琉球國向係間年一貢近因本年貢期

已屆祇到二號一船其頭號船尚未進口當經

附片具

奏續據舟師迎護頭號貢船到閩該國王尚泰係

遣耳目官向德裕等恭齎

表文方物入
貢並以琉球官生林世功在監讀書已逾三年請
准回國復將安插館驛日期恭疏
題報各在案茲該使臣等齎解
表文方物暨附搭同治元年分存賸貢物報明十
一月二十七日自閩起程已委補用知府張文
斌本任閩縣知縣陳星聚留閩補用副將羅洪
標等沿途妥為照料並飛咨經由各省一體派

員接護暨飭沿途地方官將例給夫船車輛等
項預為備應約計來歲二月中旬可以到京據
藩司潘霨具詳前來除分咨禮部國子監外臣
等謹合詞恭摺具奏伏乞
皇太后
皇上聖鑒謹
奏
軍機大臣奉

旨知道了欽此

同治十一年十一月二十八日

二二、國子監爲琉球官生領生活用品事致内務府咨文　附片一

同治十一年十二月初十日（1873.1.8）

内容提要

國子監致内務府咨文：琉球官生林世功一名，今應領次年正月份硬煤一百十二斤八兩，共折價銀一錢四分六毫，錢五百六十二文；木炭三十七斤八兩，共折價銀一錢四分，錢五百四十文；蠟燭二十斤。相應行文貴府查照，送監給發。

國子監致内務府片：所有賞給琉球官生暨跟伴四季衣服靴帽、鋪蓋等項，除領到夏季、冬季不計外，核與禮部奏定單開尚短給本年官生一名及跟伴二人被褥各一床，并春秋季衣服等件。相應知照貴府查照，飭令該處早爲賫送過監，以便給發。

檔案來源：内務府來文

已編入《清代中琉關係檔案三編》第七六九頁

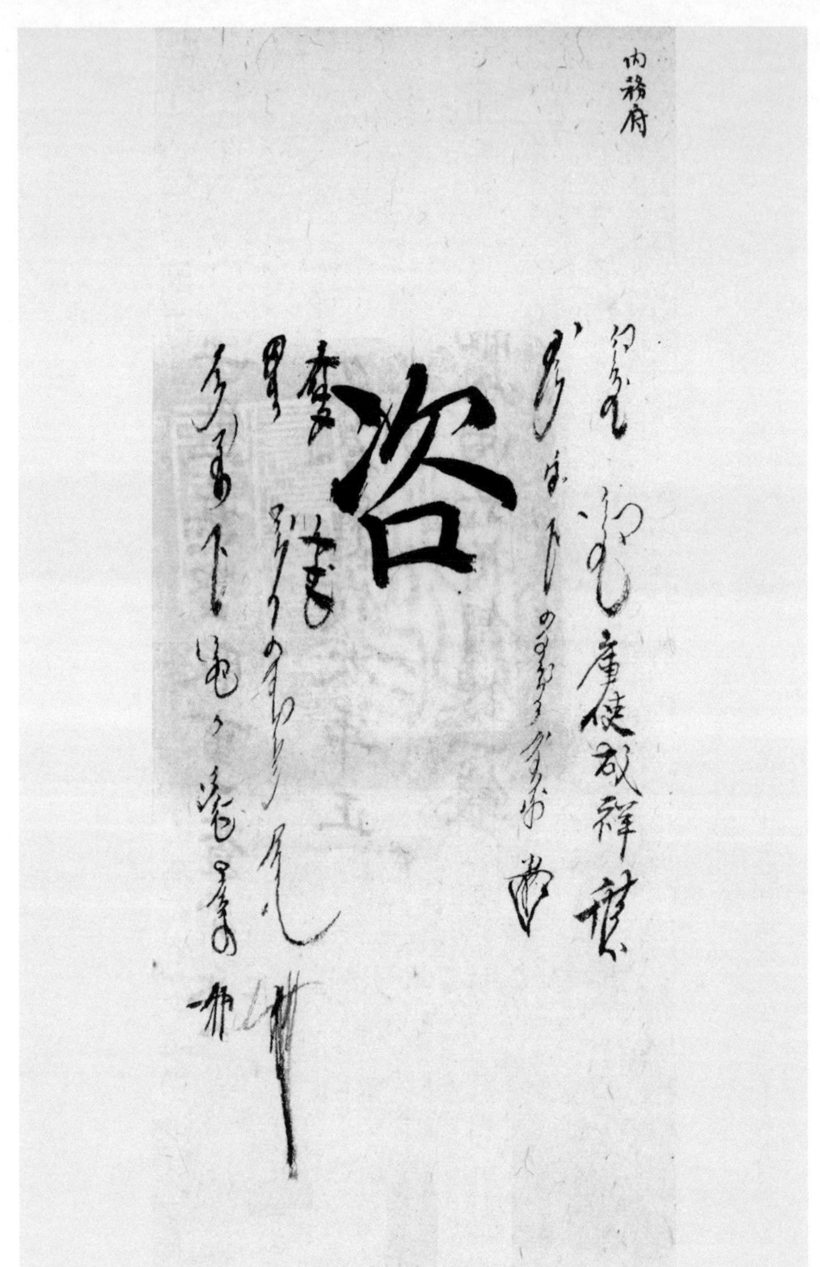

内務府

咨

國子監為咨取事查琉球官生林世功一名今應領次年正月分硬煤一百十二觔八兩共折價銀一錢四分六毫錢五百六十二文木炭三十七觔八兩共折價銀一錢四分錢五百四十文蠟燭二十觔相應行文
貴府查照送監給發可也須至咨者

右咨

內務府

同治拾壹年拾貳月初拾日

國子監為片行事所有

賞給琉球官生暨跟伴四季衣服靴帽鋪

蓋等項除領到夏季冬季不計外核與禮部奏

定單開尚短給本年官生一名及跟伴二人被

褥各一床並春秋季衣服等件相

應知照

貴府查照飭令該處早為賚送過監

以便給發幸勿遲延可也須至片行者

右片行

內務府

同治拾壹年拾貳月初拾日

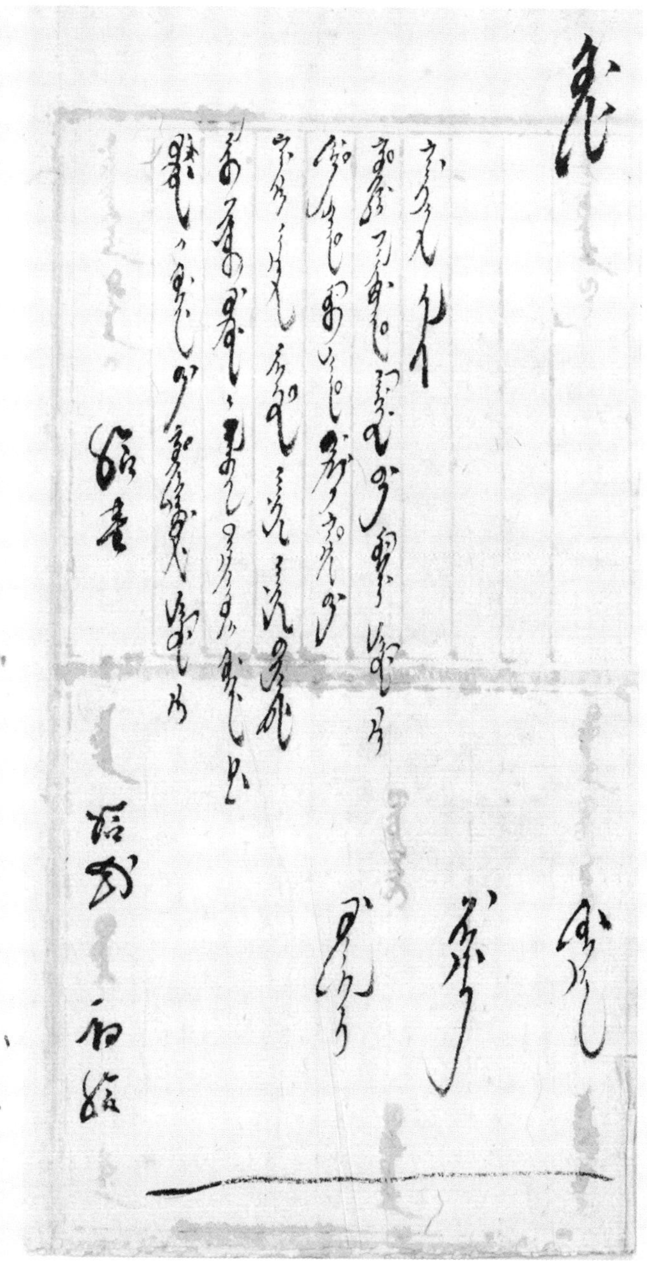

二三、琉球國官生入監讀書成做衣服被褥料估清册

同治十一年（1872）

内容提要

琉球國官生入監讀書成做衣服被褥等料估清册。

檔案來源：内務府呈稿
已編入《清代中琉關係檔案六編》第九九二頁

國官生入監讀書衣服

料估

署理裁作事務候補八品司匠海全為支領材料事十一年　月　日據

國子監來文為

琉球國官生入監讀書衣服率同領催

料估得

緞面杭細裡袷袍二件 身長四尺三寸 袖長二尺八寸

每件面用緞二丈一尺五寸　裡用杭細二丈一尺五寸

袖用月白緞五寸

二件共用　藍緞四丈三尺　杭細四丈三尺

月白緞一尺　衣線二兩　銅鈕十個

石青緞面紡絲裡袷褂二件 身長三尺五寸五分 袖長二尺五寸

每面用緞一丈四尺二寸　裡用紡絲一丈七尺八寸

二件共用　石青緞二丈八尺四寸　衣線一兩四錢

紡絲三丈五尺六寸　銅鈕十個

藍緞单袍二件 尺寸同

每件用藍緞二丈一尺五寸 袖用月白緞五寸

二件共用 藍緞四丈三尺 衣線一兩六錢

月白緞一尺 銅鈕十個

石青緞单褂二件

每件用緞一丈四尺二寸

二件共用石青緞二丈八尺四寸 衣線一兩四錢 銅鈕十個

藍紗袍二件

每用紗二丈一尺五寸 袖用月白紗五寸

袖襯用月白紗一尺五寸

二件共用 藍紗四丈三尺 衣線一兩六錢

月白紗四尺 銅鈕十個

石青紗褂二件

每用紗一丈四尺二寸

二件共用石青紗二丈八尺四寸 衣線一兩四錢 銅鈕十個

白紡絲衫二件 長三尺七寸 袖長二尺五寸

每用紡絲二丈二尺

二件共用紡絲四丈四尺 衣線一兩二錢 銅鈕十個

白羅衫二件尺寸同

每用羅二丈二尺

二件共用白羅四丈四尺　衣線一兩二錢　銅鈕十個

白羅中衣二件挺長二尺六寸 腰大三尺六寸

每用羅一丈

二件共用白羅二丈　衣線八錢

緞袷襪二雙

每雙用緞一尺五寸　下庄用布五尺

裡用布七尺

二雙共用　月白緞三尺　衣線四錢
布二丈四尺
月白領二條長一尺三寸寬三寸
每用緞一寸九分一厘　裡用杭細二寸〇五厘
二條共用　月白緞三寸八分二厘　衣線二錢
杭細四寸一分
布空单五塊見方五幅　每用布二丈五尺
共用布十二丈五尺　衣線一兩二錢五分
藍布袷袍二件身長四尺二寸袖長二尺八寸

每面用藍布三丈三尺六寸　　裡用月白布三丈五尺五寸

二件共用　藍布六丈七尺二寸　　衣線二兩

月白布七丈一尺　　銅鈕十個

青布袷褂二件 身長三尺五寸 袖長二尺五寸

每用青布二丈四尺四寸　　裡用月白布二丈六尺二寸

二件共用　青布四丈八尺八寸　　衣線一兩四錢

月白布五丈二尺四寸　　銅鈕十個

藍布单袍二件 尺寸同

每用藍布三丈三尺六寸　　貼捎用布三尺

托肩用布一尺　　　　襯袖用布二尺
袖裡用布一尺
二件共用藍布七丈九尺二寸　　衣線六錢
月白布二尺　　銅鈕十個
青布单褂二件
每用青布二丈四尺四寸　　貼掯用布二尺
二件共用青布五丈六尺八寸　　衣線一兩六錢　　銅鈕十個
白布衫二件長三尺七寸袖長二尺八寸
每用布三丈三尺五寸　　托肩用布一尺五寸

二件共用布七丈　衣線一兩二錢　銅鈕十個

白布褲二條長二尺六寸腰大三尺六寸

每用布一丈八尺一寸

二條共用布三丈六尺二寸　衣線八錢

布襪二雙

每用布一丈三尺二寸

二雙共用布二丈六尺四寸　衣線四錢

紡絲面布裡袷被二床長七尺寬五尺

每用紡絲二十五尺　裡用布三丈八尺八寸八分

二床共用　紡絲五丈　衣線二兩

布七丈七尺七寸六分

紡絲面布裡袷褥二床（長六尺　寬三尺一寸五分）

二床共用　紡絲二丈七尺　衣線一兩四錢

布四丈二尺

官用藍紗袍二件（尺寸同前紗袍褂一樣）

二件共用　藍紗四丈三尺　衣線一兩六錢

月白紗四尺　銅鈕十個

青紗褂二件

二件共用青紗二丈八尺四寸 衣線一兩四錢
銅鈕十個
紡絲枕頭二個長一尺四寸寬二尺六寸 頂見方六寸
每身用紡絲二尺六寸布四尺〇四分 頂用紡絲五寸一分四厘布八寸
二個共用紡絲六尺二寸二分八厘 衣線四錢
布九尺六寸八分
白布護當二分長五尺寬一幅
二分共用白布一丈 衣線一錢
朧布二個長二尺六寸寬一幅半 每用布三尺九寸

二個共用布七尺八寸　衣線一錢

藍布被二床長七尺寬五尺

每用布三丈八尺八寸八分　裡用白布三丈八尺八寸八分

二床共用布十五丈五尺五寸二分　衣線二兩

藍布褥二床長六尺寬三尺一寸五分

每用布四丈二尺

二床共用布八丈四尺　衣線一兩四錢

枕頭二個長一尺三寸五分寬二尺六寸徑六寸

每用布七尺八寸　頂用布一尺六寸

二個共用布一丈八尺八寸

青布邊刷竹簾五架

一架 高七尺 寬五尺三寸　一架 高五尺七寸 寬五尺四寸

共高三丈〇九寸 寬二丈〇八寸

腰二面 寬一幅 用布二丈〇八寸

立邊二面 寬一幅 用布二丈一尺八寸

四邊用細布十丈〇四尺四寸

耐磨十個 長三寸 寬二寸

衣線四錢

一架 高七尺四寸 寬五尺二寸　二架 高五尺四寸 寬二尺五寸

刷 高一幅 用布四丈一尺六寸

下托 寬七寸 用布二丈七尺九寸二分

滑帶十根用布五尺七寸二分

用布五寸七分

五架共用 青布十六丈八尺四寸
布十丈〇四尺四寸
珠兒線一兩五錢

以上共用

藍緞八丈六尺

石青緞五丈六尺八寸

月白緞五尺三寸八分

上用藍紗四丈三尺

上用石青紗二丈八尺四寸

上用月白紗四尺

白羅六丈四尺
紡絲二十一丈八尺八寸八分
杭細四丈三尺四寸
布一百二十丈〇八尺四寸
官用藍紗四丈三尺
官用石青紗二丈八尺四寸
官用月白紗四尺
衣線二斤三兩七錢五分
光袍鈕六十個

花褂鈕六十個
銅鈕三十個
同治十一年

二四、禮部爲琉球貢使抵京日期事致内務府片

同治十二年三月初四日（1873. 3. 31）

内容提要

禮部致内務府片：據伴送琉球使臣福建委員張文斌等遣家丁報稱，琉球貢使約於三月初六日可以到京，相應片行貴府查照。

檔案來源：内務府來文

已編入《清代中琉關係檔案三編》第七七一頁

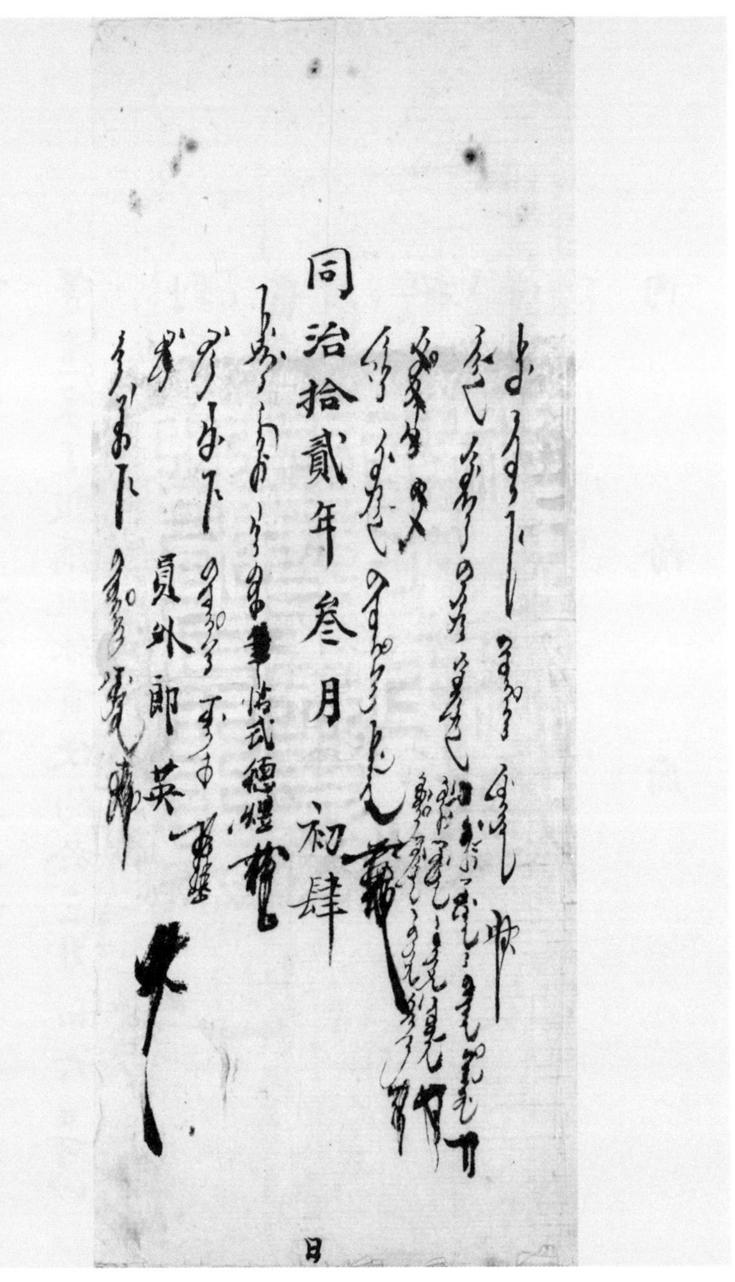

同治拾貳年叁月初肆日

筆帖式德煜

員外郎英

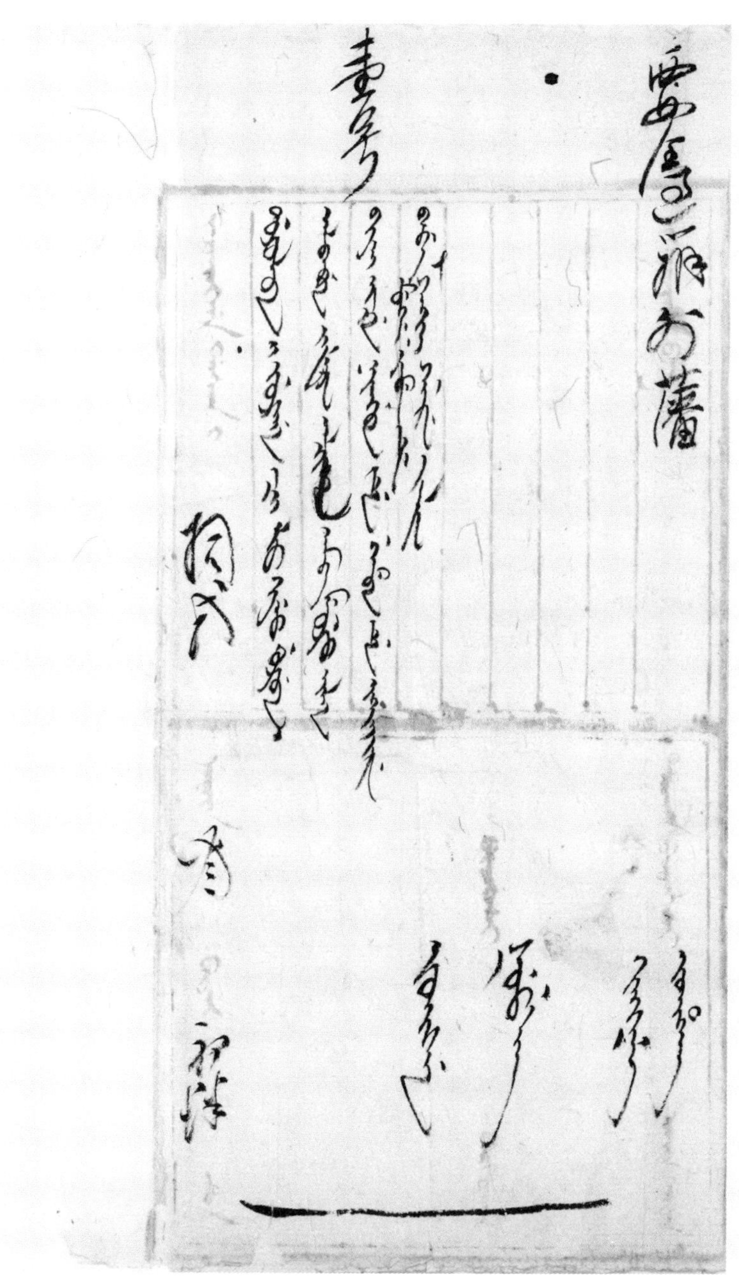

二五、奏爲琉球國使臣到京照成案擬賞單呈覽事

同治十二年三月十六日（1873. 4. 12）

内容提要

查琉球國例貢使臣到京恭與紫光閣筵宴向有加賞物件，即到京在筵宴之後，亦仍照例頒賞。此次琉球使臣到京雖在筵宴之後，臣等謹查照同治十年成案擬寫賞單并開列該使臣銜名呈覽，候旨頒發。

檔案來源：軍機處上諭檔

已編入《清代中琉關係檔案五編》第七三一頁

查琉球國例
貢使臣到京恭與
紫光閣筵宴向有
加賞物件即到京在筵宴之後亦仍照例
頒賞此次琉球國使臣到京雖在筵宴之後臣等謹
查照同治十年成案擬寫
賞單並開列該使臣銜名呈
覽候
旨頒發謹
奏

次日
發下賞件錦改用斤金雕漆器改用黑漆木盌餘俱照單

二六、擬加賞琉球國王物件清單

同治十二年三月十六日（1873. 4. 12）

内容提要

擬加賞琉球國王物件清單。

檔案來源：軍機處上諭檔

已編入《清代中琉關係檔案五編》第七三二頁

擬

加賞琉球國王物件

蟒緞二疋

福字方一百幅

大小絹箋四卷

筆四匣

墨四匣

硯二方

雕漆器四件上屆抵用紅漆盒洋漆盒各二件

玻璃器四件

二七、擬加賞琉球國使臣物件清單

同治十二年三月十六日（1873. 4. 12）

内容提要

擬加賞琉球國使臣物件清單。

檔案來源：軍機處上諭檔

已編入《清代中琉關係檔案五編》第七三四頁

擬

加賞琉球國使臣物件

正使一員

錦三疋　上屆抵用圓金

漳絨三疋

大卷八絲緞四疋　上屆抵用彭緞

小卷五絲緞四疋　上屆抵用羽綢

大荷包一對

小荷包四箇

副使一員

錦二疋　上屆抵用圓金

漳絨二疋

大卷八絲緞三疋上屆抵用彭緞

小卷五絲緞三疋上屆抵用羽綢

大荷包一對

小荷包四箇

二八、琉球國貢使名單

同治十二年三月十六日（1873. 4. 12）

内容提要

琉球國貢使名單。

檔案來源：軍機處上諭檔

已編入《清代中琉關係檔案五編》第七三六頁

琉球國正貢使耳目官向德裕
副貢使正議大夫王兼才

二九、奏爲萬壽節琉球貢使寧壽宮聽戲照成案擬賞單事

同治十二年三月二十一日（1873. 4. 17）

内容提要

查同治十年三月二十二、二十三兩日，琉球國使臣入寧壽宮聽戲，每日俱有加賞物件。茲琉球國使臣到京恭逢皇上萬壽聖節，奉旨令入寧壽宮聽戲。臣等謹開寫使臣名單并查照同治十年成案繕擬加賞物件單，候旨欽定。所有加賞該使臣及都通事物件應請由内頒發。

檔案來源：軍機處上諭檔

已編入《清代中琉關係檔案五編》第七三六頁

查同治十年三月二十二二十三兩日琉球國
使臣入
寍壽宫聽戲每日俱有
加賞物件兹琉球國使臣到京恭逢
皇上萬壽聖節奉
旨令入
寍壽宫聽戲臣等謹開寫使臣名單並查照十年
成案繕擬

加賞物件單伏候
欽定所有
加賞該使臣及都通事物件應請由内
頒發再此次都通事據禮部文稱係蔡大鼎合併聲
明謹
奏

三〇、琉球國貢使名單

同治十二年三月二十一日（1873. 4. 17）

内容提要

琉球國貢使名單。

檔案來源：軍機處上諭檔

琉球國正使耳目官向德裕

琉球國副使正議大夫王兼才

三一、擬加賞琉球國貢使物件清單

同治十二年三月二十一日（1873. 4. 17）

内容提要

擬加賞琉球國貢使物件清單。

檔案來源：軍機處上諭檔
已編入《清代中琉關係檔案五編》第七三八頁

擬

加賞琉球使臣物件單

二十二日

加賞正使茶葉二瓶

茶膏二匣

甆盌三箇

甆碟一箇

副使茶葉二瓶

茶膏二匣

甆盌二箇

甆碟一箇

都通事茶葉一瓶

茶膏二匣
甆盌二箇
甆碟一箇
二十三日
加賞正使錦三疋
漳絨三疋
八絲緞四疋
小卷緞四疋
大荷包一對
小荷包二對
副使錦二疋
漳絨二疋

八絲緞三疋
小卷緞三疋
大荷包一對
小荷包二對
都通事綢一疋
漳絨一疋
漆盤一箇
緞一疋
荷包二對
鼻煙壺一箇

三二、内務府堂委署主事存秀等爲暫領辦理琉球國來使等飯食銀兩事呈稿

同治十二年三月二十一日（1873.4.17）

内容提要

内務府堂委署主事存秀等呈報，備辦琉球國進貢來使人等飯食，每日應買所需猪鴨、鷄魚、菜蔬等項，請照案批領實銀四千兩以便備辦。伏候堂臺批准，請交廣儲司銀庫發給。

檔案來源：内務府呈稿

已編入《清代中琉關係檔案六編》第一〇〇七頁

琉暫
呈
號同治十二年十二月
日

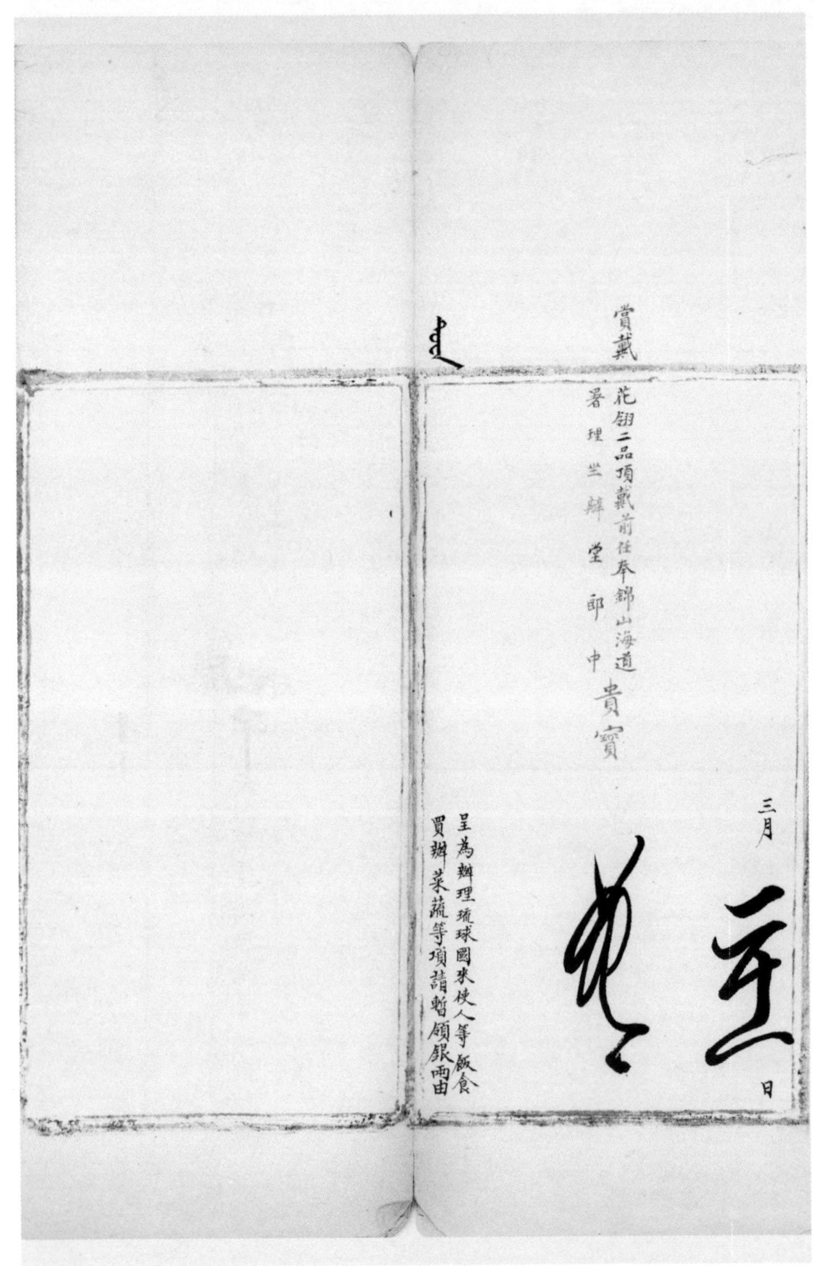

賞戴花翎二品頂戴前任奉錦山海道署理堂辦堂郎中貴寶

呈為辦理琉球國來使人等飯食買辦菜蔬等項請暫領銀兩由

三月 日

貢

堂

堂委署主事存秀等呈為辦理琉球國來使人等飯
食呈請暫領銀兩事。職等奉派備辦此次琉球國進
貢來使人等飯食，每日應買所需猪鴨鷄魚菜蔬等項，
請照案批領實銀四千兩，以便備辦食物等項。理合
呈明，伏候
堂台批准，請交廣儲司銀庫發給可也。為此具呈。

同治十二年三月廿一日

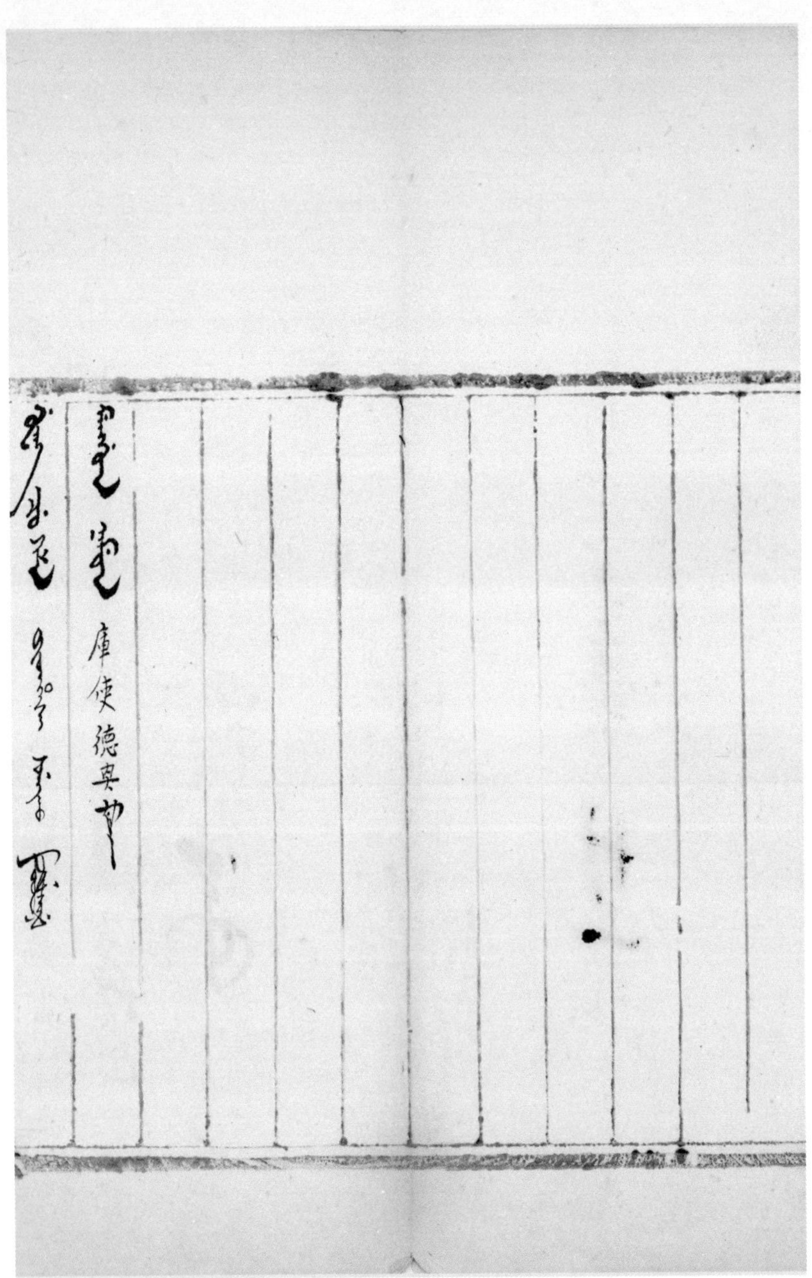

庫使德奥

三月　日

呈為辦理琉球國來使人等飯食辦買蔬菜等項請暫領銀兩由

三月　日

呈為辦理琉球國來使人等飯食辦買菜蔬等項請暫領銀兩由

三月廿二日

呈為辦理琉球國來使人等飯食辦買菜蔬等項請暫領銀兩由

三月廿三日

呈為辦理琉球國來使人等飯食辦買菜蔬等項請暫領銀兩由

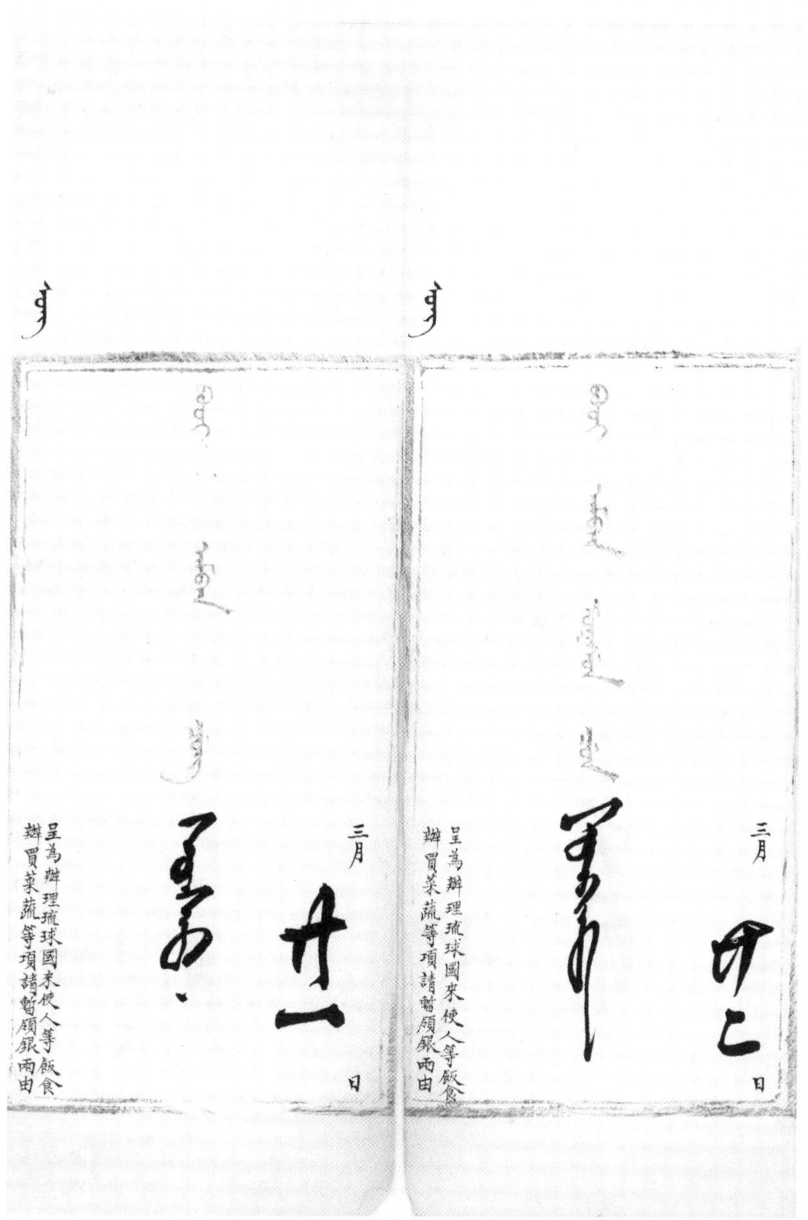
三月廿二日

呈為辦理琉球國來使人等飯食
辦買菜蔬等項請暫領銀兩由

三月廿一日

呈為辦理琉球國來使人等飯食
辦買菜蔬等項請暫領銀兩由

三等侍衛榮文
内管領滿裕
堂掌稿筆帖式文德
堂掌稿筆帖式文珮
堂委署主事文瑛
堂委署主事存秀
堂掌稿筆帖式慶陞
堂掌稿筆帖式增浩
員外郎安存
委署主事平祥
三等侍衛文桂

三三、總管内務府爲琉球國貢使向德裕等到京請照成案賞給棉夾事奏片

同治十二年三月二十七日（1873. 4. 23）

内容提要

總管内務府奏報，此次琉球國貢使向德裕等二十員名於三月初六日到京，安置館舍居住，所有應行賞給飯食等項照例備辦。查向例該國貢使等到京，例應奏請每人賞給皮袍、棉襖、靴帽等物各一份。溯查同治十年二月間琉球國使臣到京，因天氣已暖，曾經奏請賞給棉夾衣服等項各在案。今該使臣於三月初六日抵京，現值天氣融和，擬請援例賞給棉夾衣服等項。

檔案來源：内務府奏案

已編入《清代中琉關係檔案六編》第三八一頁

二月間琉球國使臣到京因天氣已暖曾經臣
衙門奏明每人
賞給棉袷衣服等項各在案今該使臣於三月初
六日抵京現值天氣融和擬請援照同治十年
二月間成案
賞給棉袷衣服等項為此謹
奏

等因於同治十二年三月二十七日具奏奉

旨知道了欽此

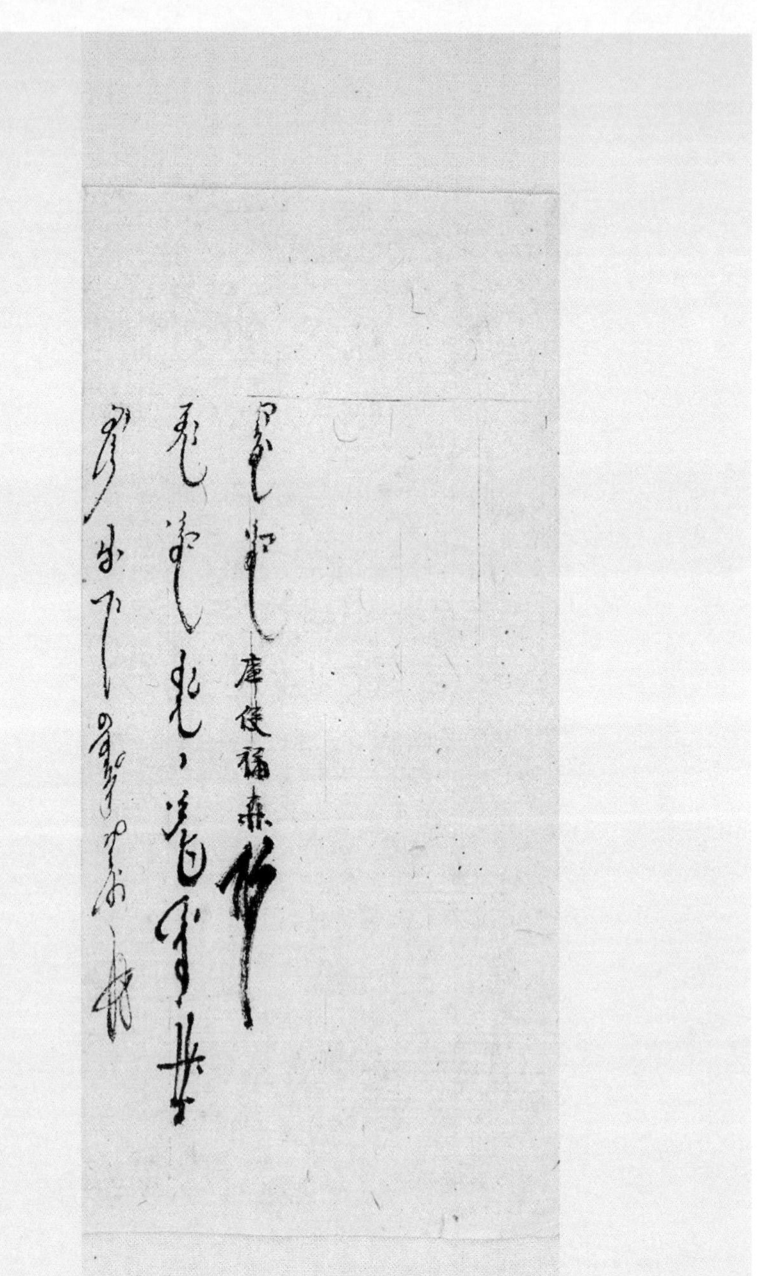

庫使福森

三四、江蘇布政使恩錫爲琉球國貢使過境事奏片

同治十二年三月二十八日（1873. 4. 24）

内容提要

江蘇布政使恩錫奏報，琉球國使臣耳目官向德裕等進京入貢，於同治十一年十一月二十七日由閩起程，照例派委候補參將鮑松山，會同候補同知陳修齊，大挑知縣張振璜在江浙交界地方迎探。該貢使於十二年正月十四日行抵江蘇吳江縣境，於二月十五日送出江蘇省境，交山東郯城縣，由東省委員接護北上。

檔案來源：内務府來文

已編入《清代中琉關係檔案三編》第七七二頁

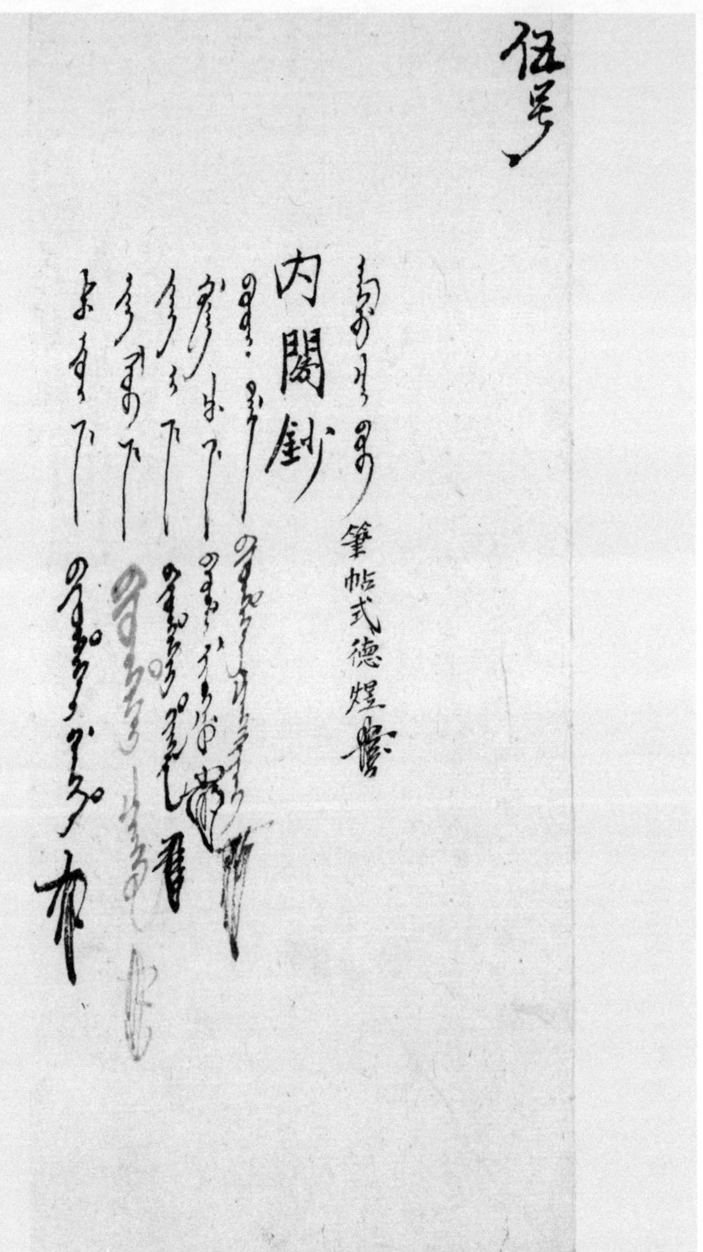

伍号

筆帖式德煜謄

内閣鈔

恩賜片

再准福建撫臣王凱泰咨會琉球國遣使耳目官向

德裕等進京入

貢於同治十一年十月二十七日由閩起程照例派員送北上當

因即飭轄道照並派委候補參將鮑松山會同

候補同知陳修存大挑知縣張振璜在江浙交界

地方迎操設貢使於十二年正月十四日行抵江蘇吳江

縣境當即接護伴送逐站應付前進於二月十

資送出江蘇省境，交山東郯城縣由東省委員接護北上。據署江蘇按察使勒方錡會同署江蘇藩司應寶時詳報前來，除咨禮、兵二部外，理合附片具陳，伏乞

聖鑒。謹

奏。

同治十二年三月二十八日奉

硃批：知道了。欽此。

三五、禮部爲請旨賞收琉球國王恭進方物事致内務府咨文

原奏一　附片一　清單一

同治十二年四月初五日（1873. 5. 1）

内容提要

禮部致内務府咨文：主客司案呈本部具奏，琉球國恭進同治十一年例貢方物一摺，又附片奏琉球國前進同治元年貢物因道途梗阻存儲福建藩庫，今貢使附帶元年貢物紅銅二千斤到京，均應請賞收等因，於同治十二年三月二十五日奏。本日奉旨：着賞收。欽此。相應抄録原奏、附片、貢單知照内務府。

原奏：禮部奏報，琉球國王尚泰遣使恭進同治十一年例貢，該使臣等於同治十二年三月初六日到京，除硫磺一項應照例收存閩省備用外，其紅銅、白鋼錫二項賫送到京，請旨賞收。恭候命下，移咨内務府查收。

禮部致内務府片：禮部奏報，同治元年琉球國恭進例貢，因使臣到閩逾期、道路梗阻，將方物暫存藩庫。今該國恭進同治十一年例貢，使臣將元年進貢紅銅二千斤附帶到京，請旨賞收。恭候命下，移咨内務府查收。

清單：琉球國恭進同治十一年例貢清單。

檔案來源：内務府來文

已編入《清代中琉關係檔案三編》第七七二頁

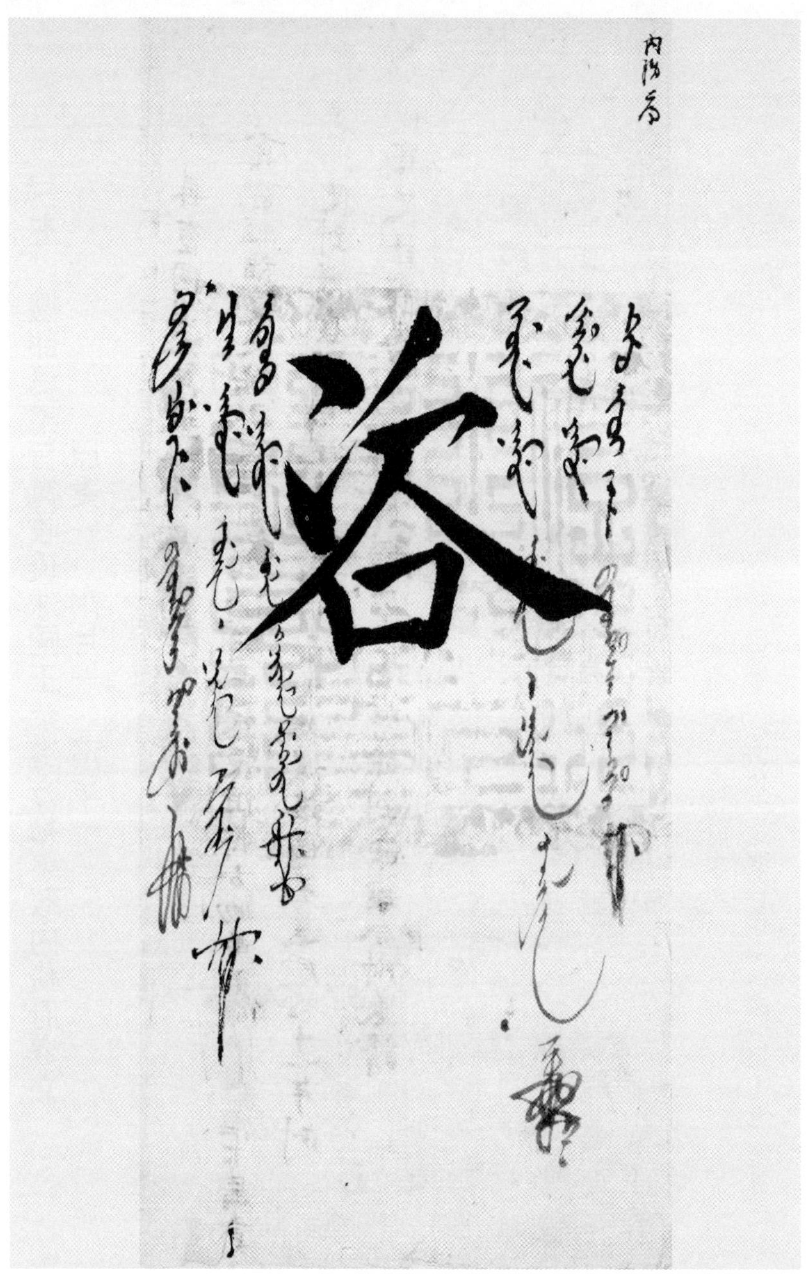

禮部為知照事主客司案呈本部具奏
琉球國恭進同治十一年例
貢方物一摺又附片奏琉球國前進同治元年貢
物因道途梗阻存儲福建藩庫今貢使附帶
元年貢物紅銅貳千斤到京均應請
賞收等因於同治十二年三月二十五日奏本日奉
旨着賞收　欽此相應抄錄原奏附片貢單知照内
務府可也須至咨者

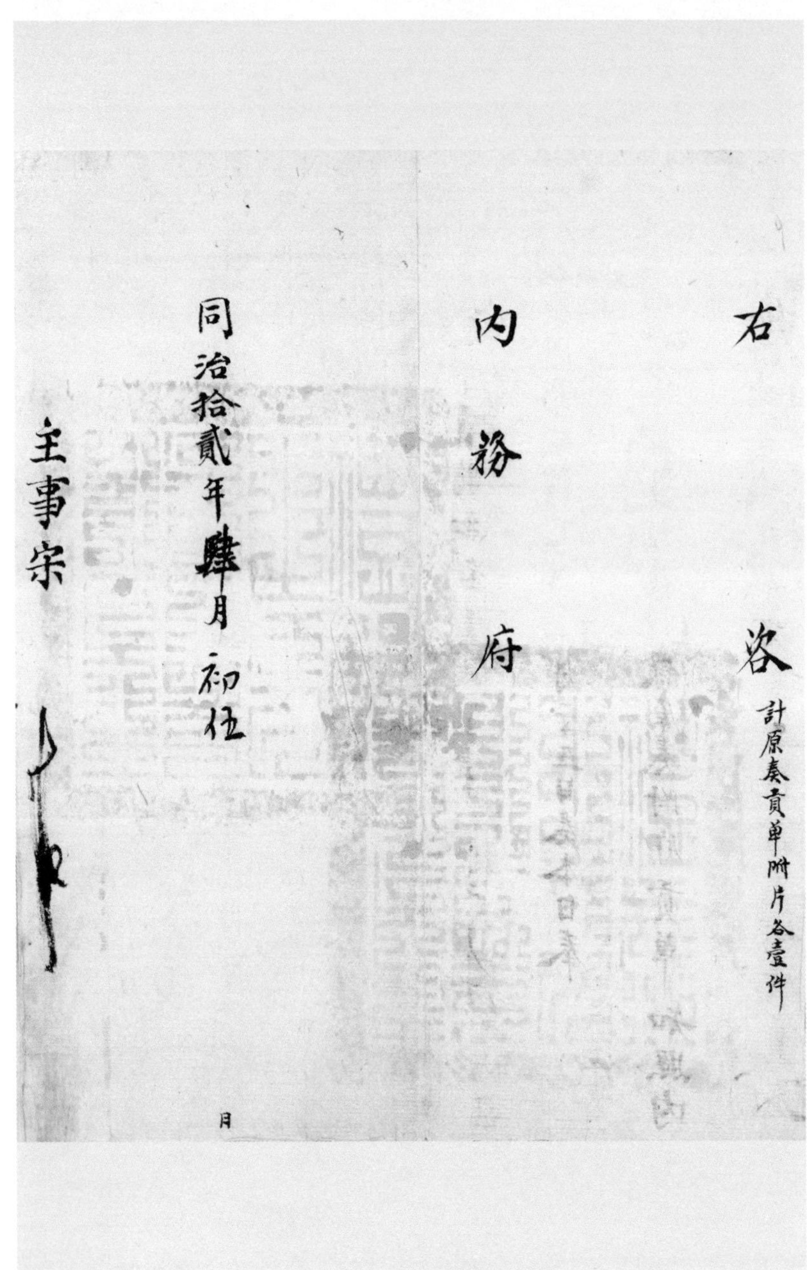

右咨

計原奏貢單附片各壹件

内務府

同治拾貳年肆月初伍

月

主事宗

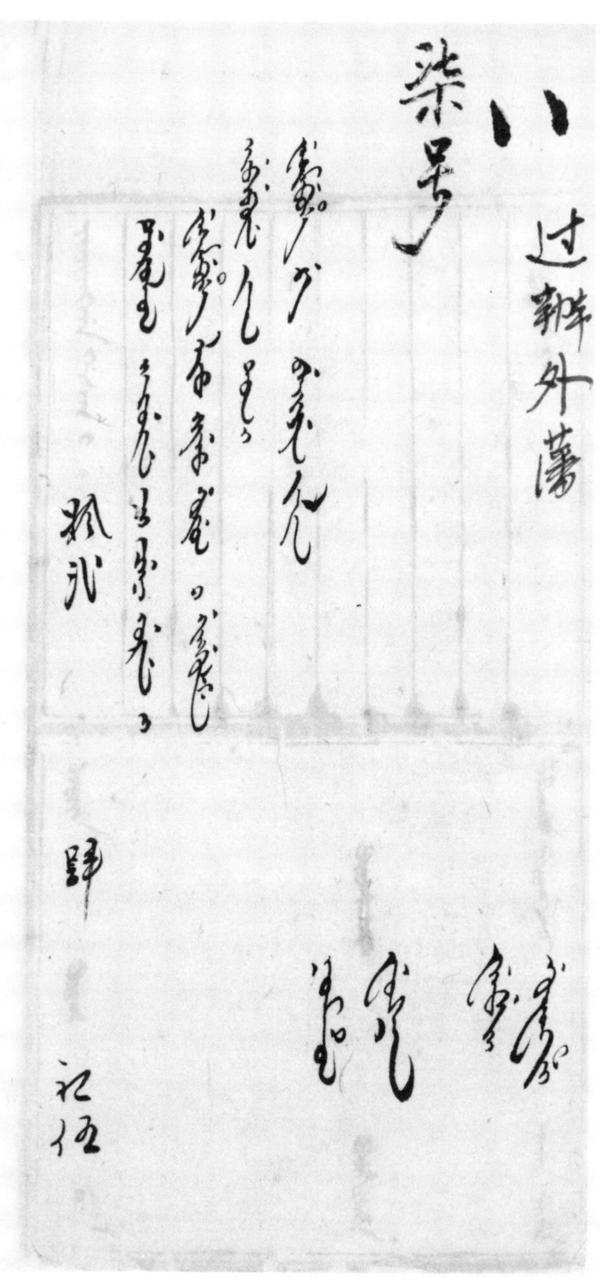

八

柒号

禮部謹

奏爲請

旨事竊照琉球國王尚泰遣使恭進例

貢該使臣等於同治十二年三月初六日到京當經臣部奏

聞在案查例開琉球貢物由臣部奏請

賞收得

旨將到京貢物交内務府查收其硫磺一項預存福建藩庫知照該督聽工部

於應用時取用等語歷經辦理在案此次琉球國恭進同治十一年例

貢方物除硫磺一項應照例收存該省備用外其紅銅白銅錫二項現據該
貢使等賫送到京理合恭摺具
奏請
旨賞收謹將進到貢物繕具清單恭呈
御覽伏候
命下　臣部移咨內務府查收並行知琉球國王為此謹
奏請
旨

再查同治元年琉球國恭進例
貢前經福建巡撫以使臣到閩逾期道路梗阻將方物暫存藩庫俟下屆貢
使到閩彙同恭進等因奏明在案今據該國恭進同治十一年例
貢使臣將元年進貢紅銅貳千斤附帶到京理合附奏請
旨賞收恭候
命下移咨内務府查收謹附片具
奏
謹將琉球國恭進同治十一年例

貢方物開後

煎熟硫磺壹萬貳千陸百斤例存福建藩庫

紅銅叁千斤

煉熟白鋼錫壹千斤

國子監爲咨取事查琉球官生今應領
四月分硬煤一百十二觔八兩共折價銀一錢
四分六毫錢五百六十二文木炭三十七觔
八兩共折價銀一錢四分錢五百四十文蠟
燭二十觔相應行文
貴府查照送監給發可也須至咨者
右　咨
内務府

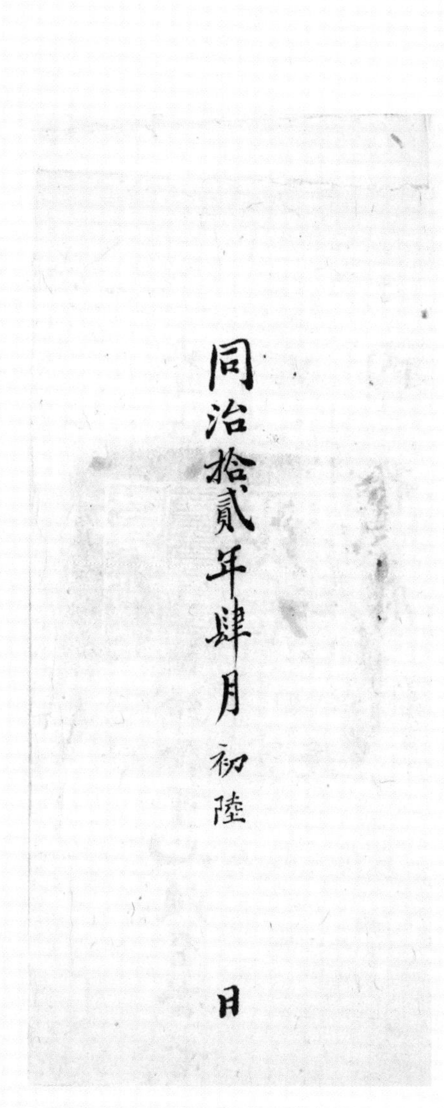

同治拾貳年肆月初陸日

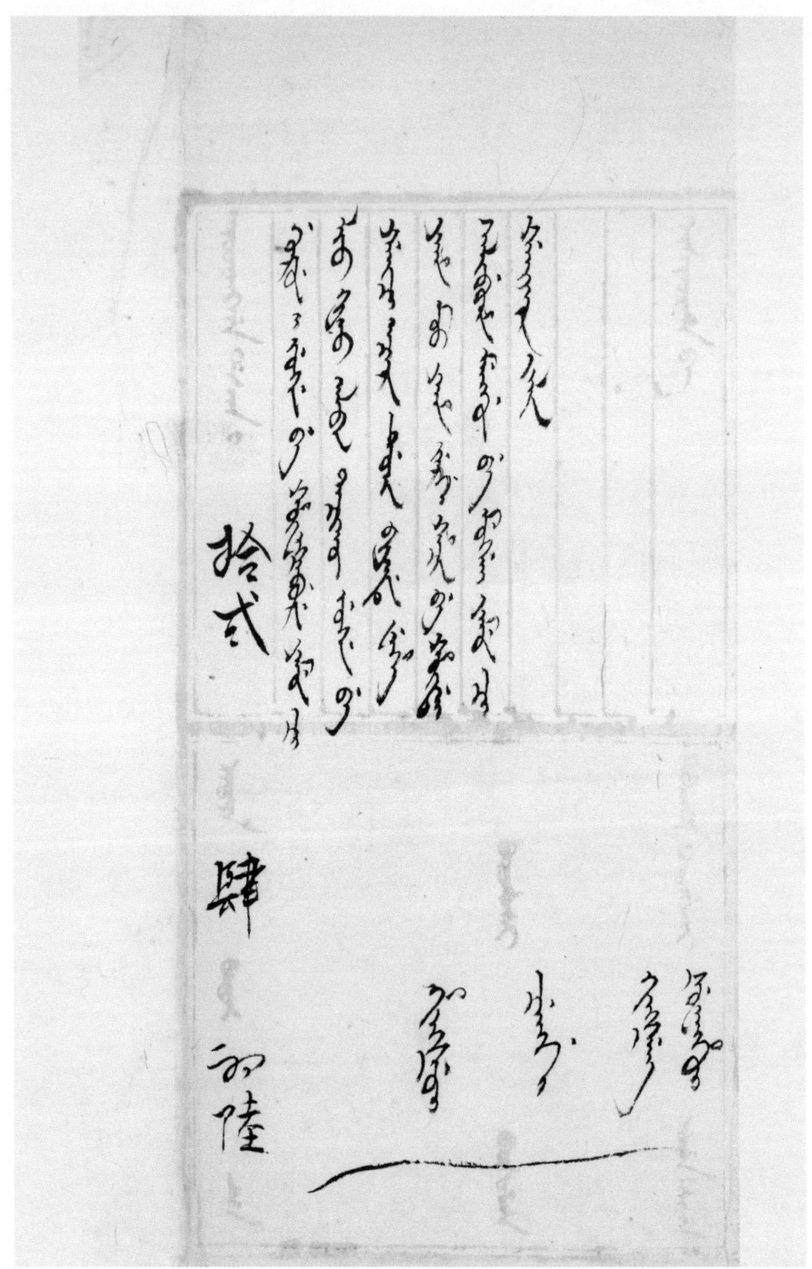

拾贰

肆

陆

三七、總管内務府大臣崇綸等爲頒賞琉球國王等緞匹將庫内現有并采辦數目繕單呈覽事奏摺　清單一

同治十二年四月初十日（1873.5.6）

内容提要

總管内務府大臣崇綸等奏報，此次應行頒給琉球國王等緞綢等項，除庫内現有款項外，其餘庫内無存緞綢，遵照成案采辦抵用，謹將庫内現有并采辦抵用緞綢款項數目敬繕清單，恭呈御覽，伏候訓示遵行。

清單：賞琉球國王等用綢緞數目并抵用及采辦各項清單。

檔案來源：内務府奏案

已編入《清代中琉關係檔案六編》第三八五頁

廿五號　同治十二年四月初拾日

廣儲司　奏爲賞琉球國王等緞綢等項數目事　抄存　單存

入　旨初后入

奏

總管內務府謹

奏為奏

聞事現據禮部來文此次應

賞琉球國王等緞綢等項是否名目相符有無抵

用別項之處聲覆過部等因前來查向來

頒賞外國緞綢如遇庫存不敷均係採辦別項緞綢

奏明抵用歷經辦理在案此次應行

頒賞該國王等緞綢除庫內現有款項外其餘庫內

無存緞綢遵照成案採辦抵用謹將庫內現有

並採辦抵用緞綢款項數目敬繕清單恭呈

御覽伏候

訓示遵行為此謹

奏等因於同治十二年四月初十日具　奏奉

旨知道了欽此

同治十二年四月初十日

總管內務府大臣臣崇綸

總管內務府大臣臣宗室春佑

總管內務府大臣臣魁齡

總管内務府大臣臣桂清
總管内務府大臣臣明善
總管内務府大臣臣誠明

賞琉球國王等用

錦八匹照案採辦

織金緞八匹照案採辦蟒緞抵用

織金紗八匹照案採辦圓金抵用

織金羅十四匹照案採辦圓金抵用

緞三十九匹現有

紗十二匹現有

羅三十三匹照案採辦

綢五十八匹照案以庫存綿綢抵用

裏綢四匹照案以庫存紡絲抵用

布一百二十二匹現有

三八、總管内務府爲查收琉球國進到例貢存庫備用事奏片

同治十二年四月十六日（1873. 5. 12）

内容提要

總管内務府奏報，琉球國遣使恭進例貢方物紅銅三千斤、煉熟白鋼錫一千斤，附帶同治元年例貢紅銅二千斤，謹將收到貢物存庫以備各處支領應用。

檔案來源：内務府奏案

已編入《清代中琉關係檔案六編》第三八九頁

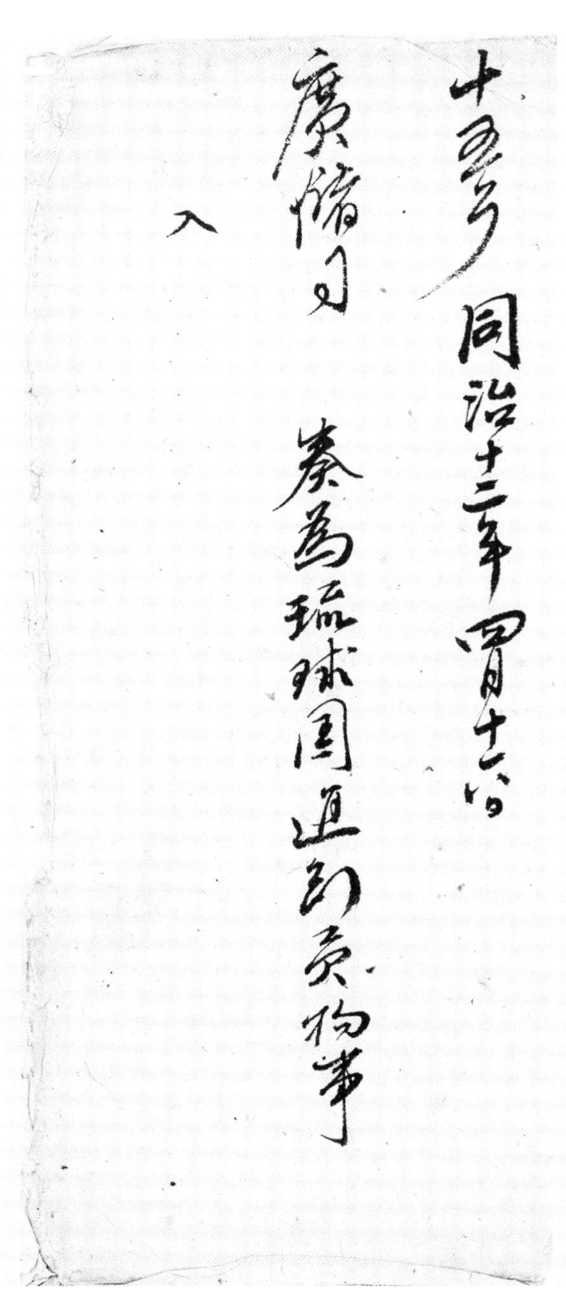

十五號 同治十二年四月十六日

廣儲司 奏為琉球國進到貢物事

入

三九、禮部爲頒賞琉球各項緞匹名目是否相符事致内務府片

同治十二年四月二十一日（1873. 5. 17）

内容提要

禮部致内務府片，琉球使臣等現在將及事竣起程回國，相應片催貴府務於文到日刻即將所有琉球貢使例賞各項緞匹名目是否相符并有無抵用别項之處，趕緊開單聲復過部，以便按單具奏，萬勿再延。

檔案來源：内務府來文

已編入《清代中琉關係檔案三編》第七七五頁

禮部為片催事所有琉球恭進例

貢使臣來京應領例

賞各項緞疋名目是否相符並有無抵用別項之處務即聲覆

等因行查內務府去後迄今多日未據咨覆查琉球使臣

等現在將及事竣起程回國相應片催

貴府務於文到日刻即將各項緞疋名目並有無抵用別項

趕緊開單聲覆過部以便按單具奏萬勿再延可也須至片催者

右片催

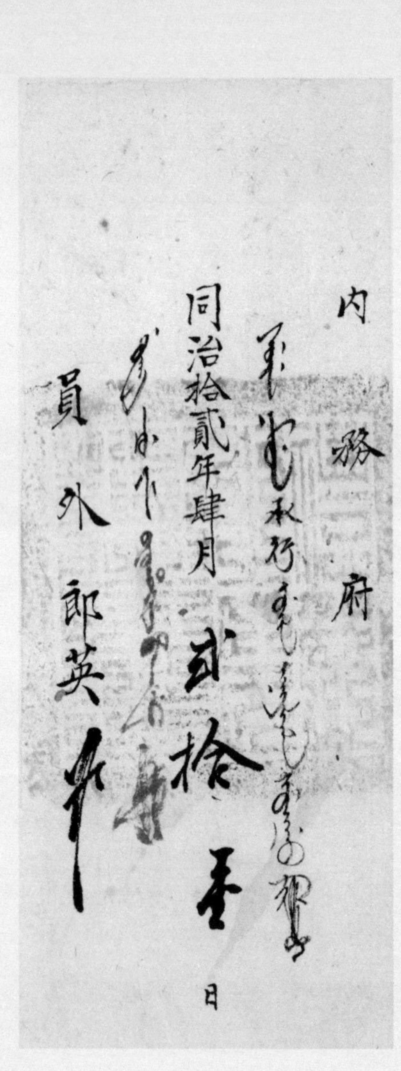
内務府

同治拾貳年肆月貳拾叁日

員外郎英

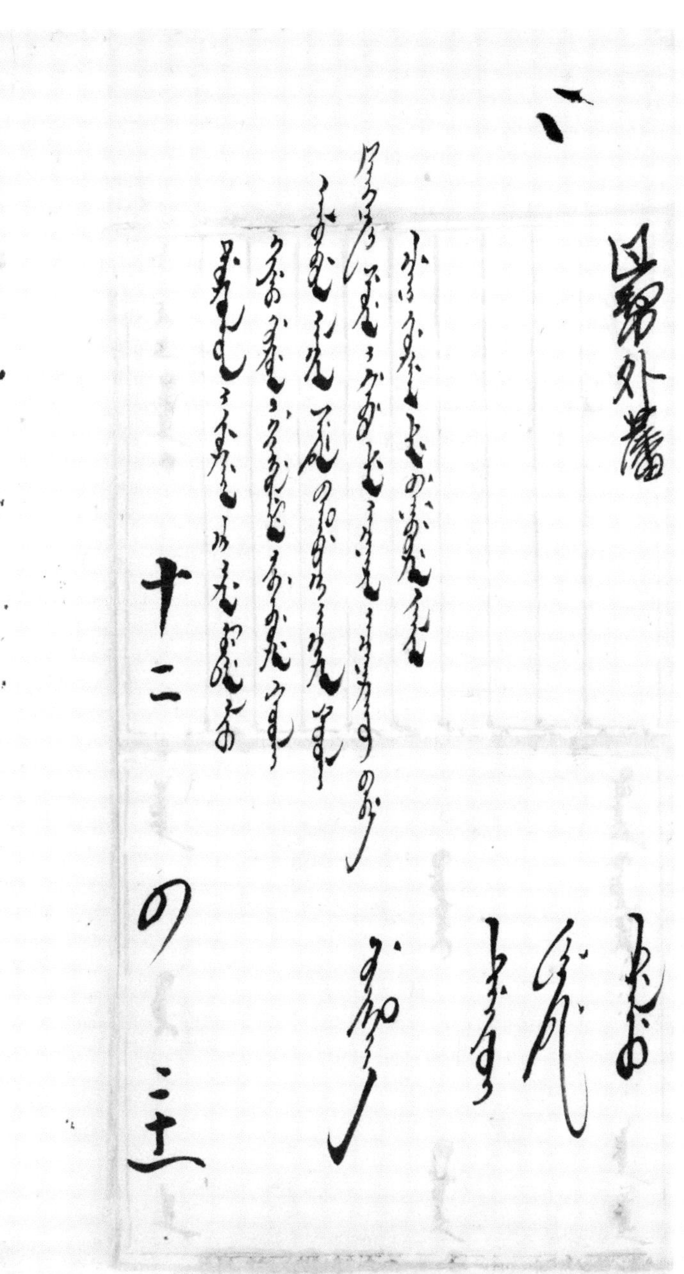

四〇、禮部爲琉球官生回國加賞事致内務府咨文　原奏一　附片一

同治十二年四月二十一日（1873. 5. 17）

内容提要

禮部致内務府咨文，琉球國入監讀書官生林世功并跟伴等回國，請旨賞給緞布一摺，并加賞緞匹附片一件，於同治十二年四月十九日奏，本日奉旨：知道了。欽此。相應抄録原奏、附片移咨内務府。

原奏：禮部奏報，琉球國官生林世功入監讀書三年有餘，該國王奏請回國。查同治八年該國王遣送官生四名，除毛啓祥等三名先後病故均經奏請恤賞外，其官生林世功於同治八年九月入監讀書，至今已逾三年，與回國之例相符，應如該國王所請，准其回國，照道光二十五年之例，賞給官生一名大彩緞二匹，裏二匹，毛青布六匹，賞跟伴二名毛青布各六匹。其賞給物件，照例由内務府送至午門前，同貢使一體頒給，并筵宴一次，行給驛馬，令隨貢使向德裕等一同回國。

禮部致内務府片：禮部奏報，查道光二十五年琉球國入監讀書官生阮宣詔、鄭學楷、向克秀、東國興等回國，經臣部照例奏明賞給，并請旨加賞官生緞各二匹，裏各二匹，加賞跟伴緞各一匹，欽遵在案。此次該國官生林世功回國，應請仍照向例加賞。

檔案來源：内務府來文

已編入《清代中琉關係檔案三編》第七七六頁

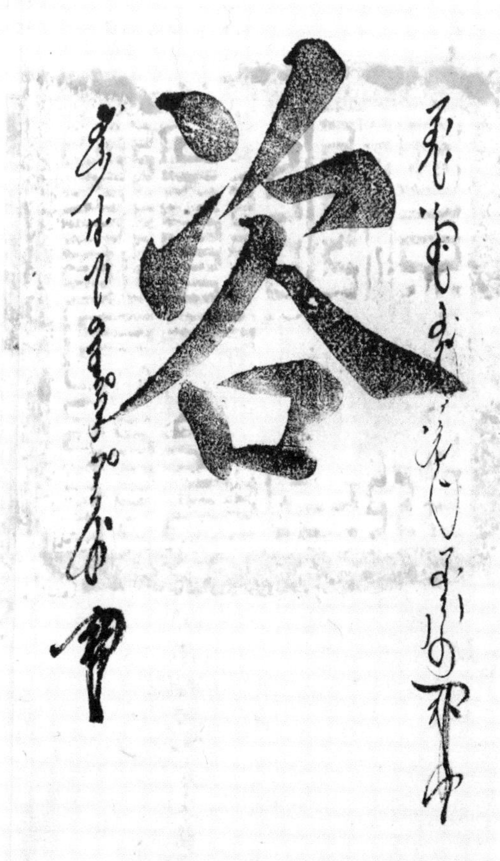

禮部為知照事主客司案呈本部奏琉球國入監讀書官
生林世功並跟伴等回國請
旨賞給緞布一摺並
加賞緞疋附片一件於同治十二年四月十九日奏本日奉
旨知道了欽此相應抄錄原奏附片移咨内務府可也須至咨者
計原奏附片各壹件
右　　咨
内務府

同治拾貳年肆月貳拾壹日
員外郎英

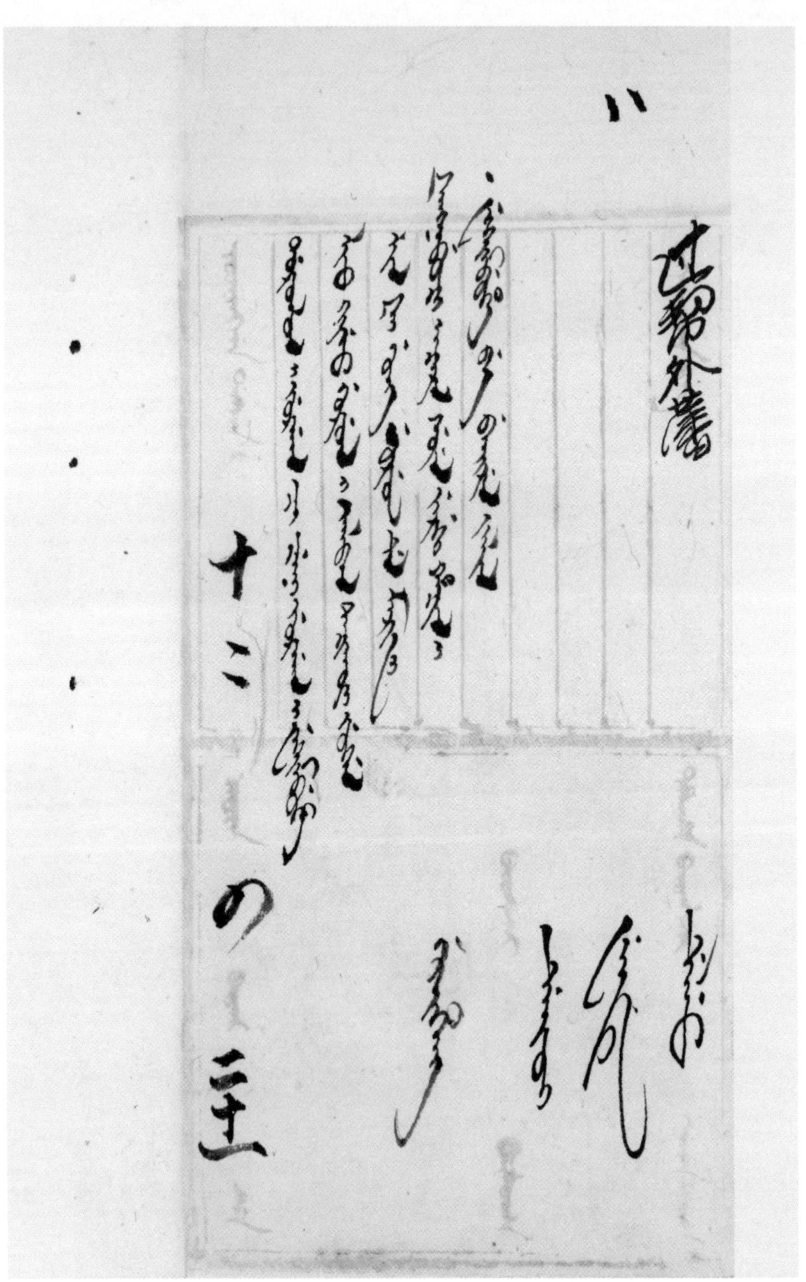

禮部謹

奏為請

旨事禮科抄出琉球國王尚泰遣陪臣耳目官向德裕正議大夫王兼才等齎捧

表文奏請入監讀書官生林世功回國等因一疏于同治十一年八月初七日奏十二年四月初九日奉

旨覽王奏知道了該部知道欽此欽遵到部臣等查例開琉球國官生入監讀書三年有餘該國王奏請回國

照例筵宴奏給驛馬與貢使同歸又查道光二十一年琉球國王尚育遣官生阮宣詔鄭學楷向克秀東

國興等入監讀書嗣于道光二十五年該國王奏請回國經臣部議奏照例賞給官生大綵緞各二疋裏

各二疋毛青布各六疋賞跟伴毛青布各六疋筵宴一次令隨貢使一同回國等因各在案今查同治

八年該國王遣送官生共四名內除毛啓祥葛兆慶林世忠等三名先後病故均經

奏請

卹賞外其官生林世功一名于同治八年九月入監讀書至今已逾三年與回國之例相符應如該國王所請准其回國照

道光二十五年之例賞給官生一名大緞二疋裏二疋毛青布六疋賞跟伴二名毛青布各六疋其賞

給物件照例由內務府送至

午門前同貢使一體頒給並筵宴一次行給驛馬令隨貢使向德裕等一同回國恭候

命下日部遵奉施行為此謹

奏請

旨

附片

再查道光二十五年琉球國入監讀書官生阮宣詔鄭學楷向克秀東國興等回國經部照

例奏明賞給並請

旨加賞官生緞各二疋裏各二疋加賞跟伴緞各一疋欽遵在案此次該國官生林世功回國應請仍照向例

加賞理合繕寫夾單一併恭呈

御覽謹

奏請

旨

四一、内務府堂主事存秀等爲支領成做賞琉球國貢使衣服用綢布銀兩事呈稿　清單一

同治十二年四月二十九日（1873. 5. 25）

内容提要

内務府堂主事存秀等呈報，此次琉球國貢使等到京，經援案奏准每人賞給棉夹衣服靴帽等物各一份。查該來使人等共二十員名，需用綢布請向廣儲司緞庫領用。其辦買靴帽、絲帶等物并成做工價共需用實銀二百七十四两六錢，請向廣儲司銀庫領取。伏候堂臺批准，請交各該庫如數發給。

清單：辦理琉球國貢使人等衣服靴帽需用綢布銀两及辦買領帽靴襪等項并成做衣服工價應用銀两數目清單。

檔案來源：内務府呈稿

已編入《清代中琉關係檔案六編》第一〇〇九頁

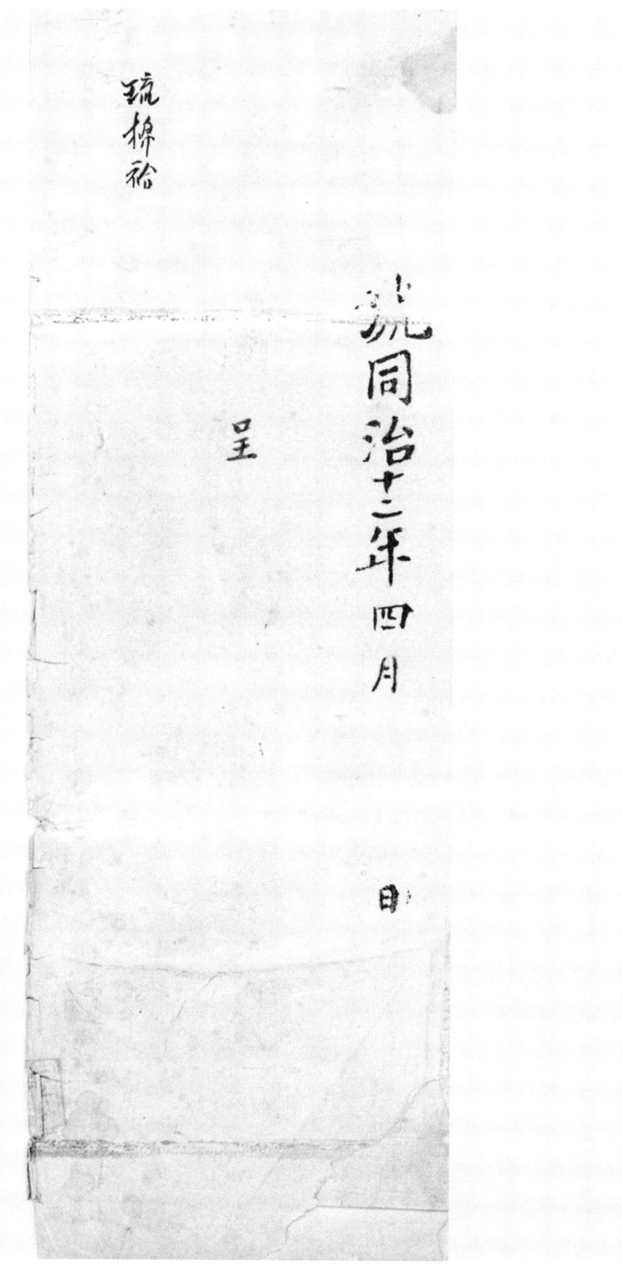
琉同治十二年四月　日

呈

琉棉裕

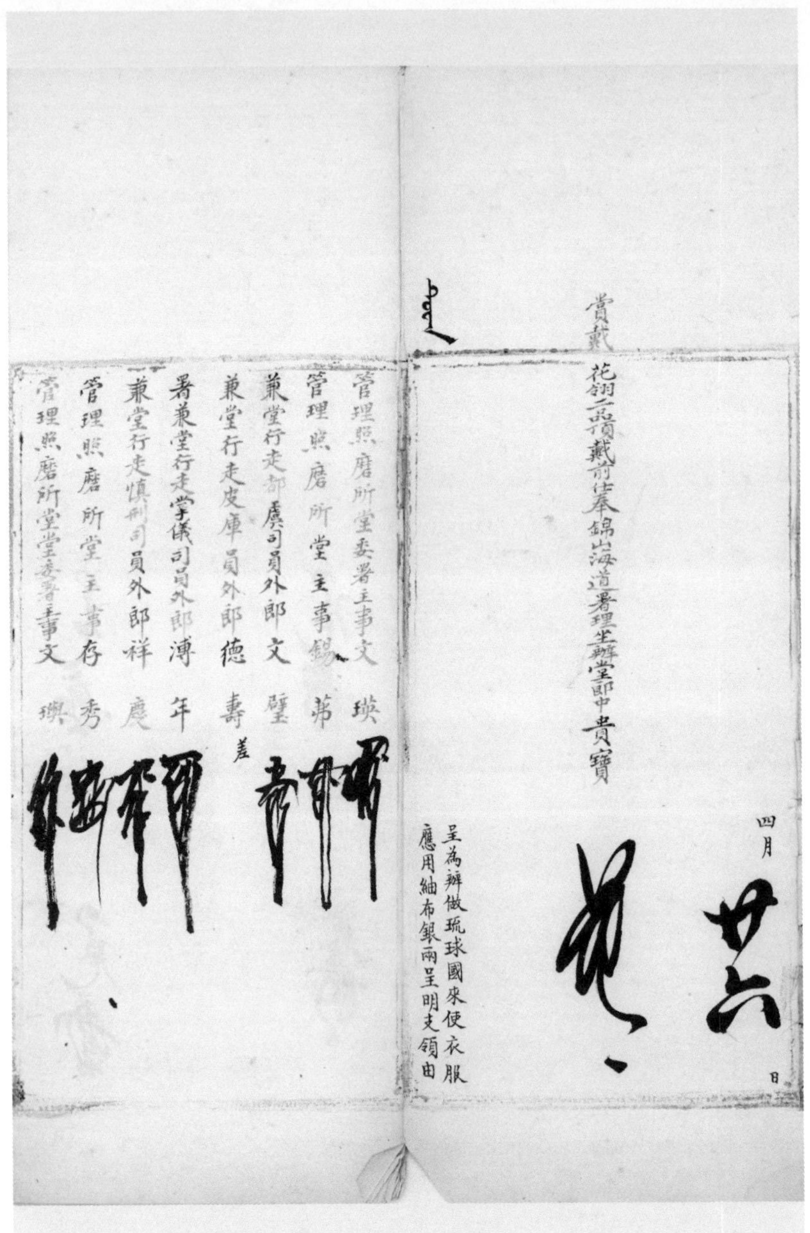
賞戴

花翎二品頂戴前任奉錦山海道署理坐辦堂郎中貴寶

四月廿六日

呈為辦做琉球國來使衣服應用紬布銀兩呈明支領由

管理照磨所堂委署主事文瑛

管理照磨所堂主事錫第

兼堂行走都虞司員外郎文璧

兼堂行走皮庫員外郎德壽 差

署兼堂行走掌儀司員外郎溥年

兼堂行走慎刑司員外郎祥慶

管理照磨所堂主事存秀

管理照磨所堂堂委署主事文璵

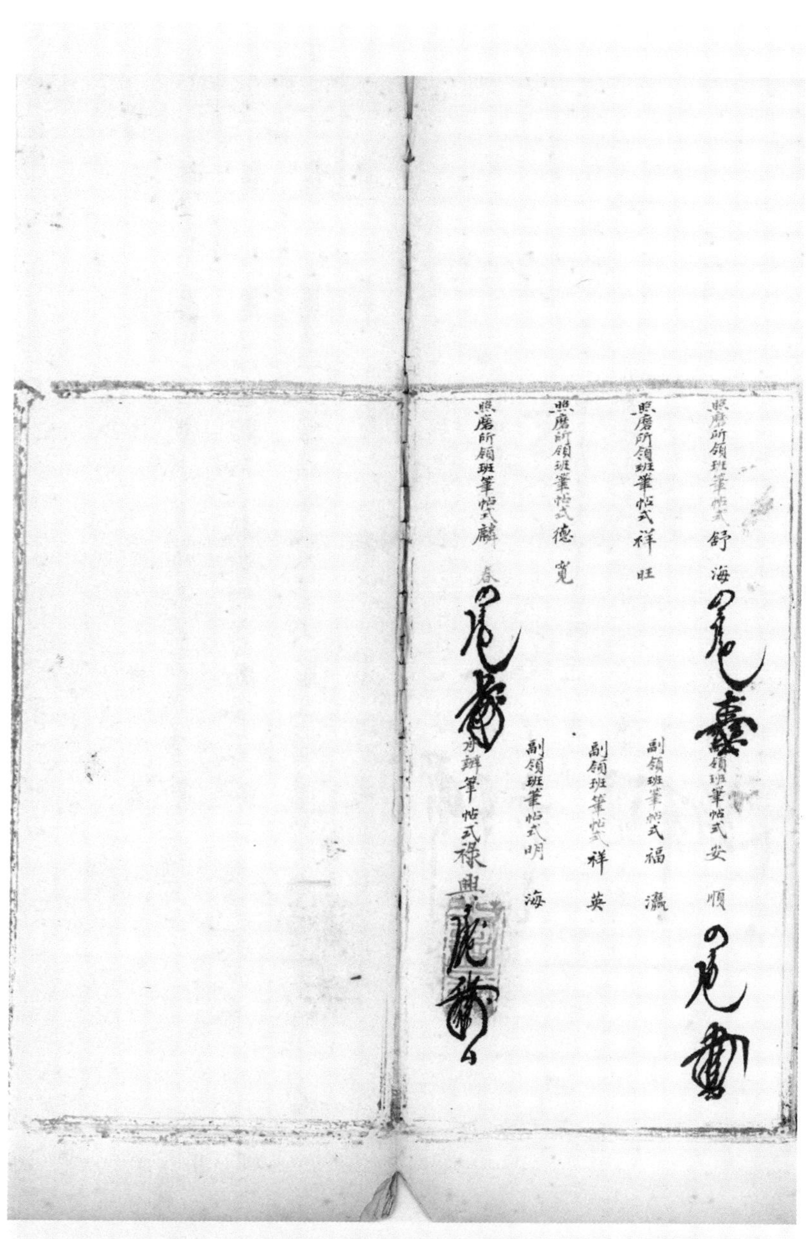
照磨所領班筆帖式舒海
領班筆帖式安順
照磨所領班筆帖式祥旺
副領班筆帖式福瀛
照磨所領班筆帖式德寬
副領班筆帖式祥英
照磨所領班筆帖式麟春
副領班筆帖式明海
方辦筆帖式祿興

派出辦理琉球國來使人等飯食堂主事存秀等呈

為呈明支領紬布銀兩事竊照此次琉球國進

貢來使等到京經本府援案奏准每人

賞給棉袷衣服靴帽等物各一分職等應照數成做

賞給查該來使人等共二十員名應做給棉袷衣服等物計

二十分需用綢布請向廣儲司緞庫領用其辦買靴帽

絲帶等物並成做工價共需用實銀貳百柒拾肆兩陸錢

請向廣儲司銀庫領取其文領知會借用廣儲司印信

洛行謹將成做衣服應用紬布及辦買靴帽等物應用

銀兩數目分繕清單附稿呈明伏候

堂台批准請交各該庫如數發給照例覈銷可也為此具呈

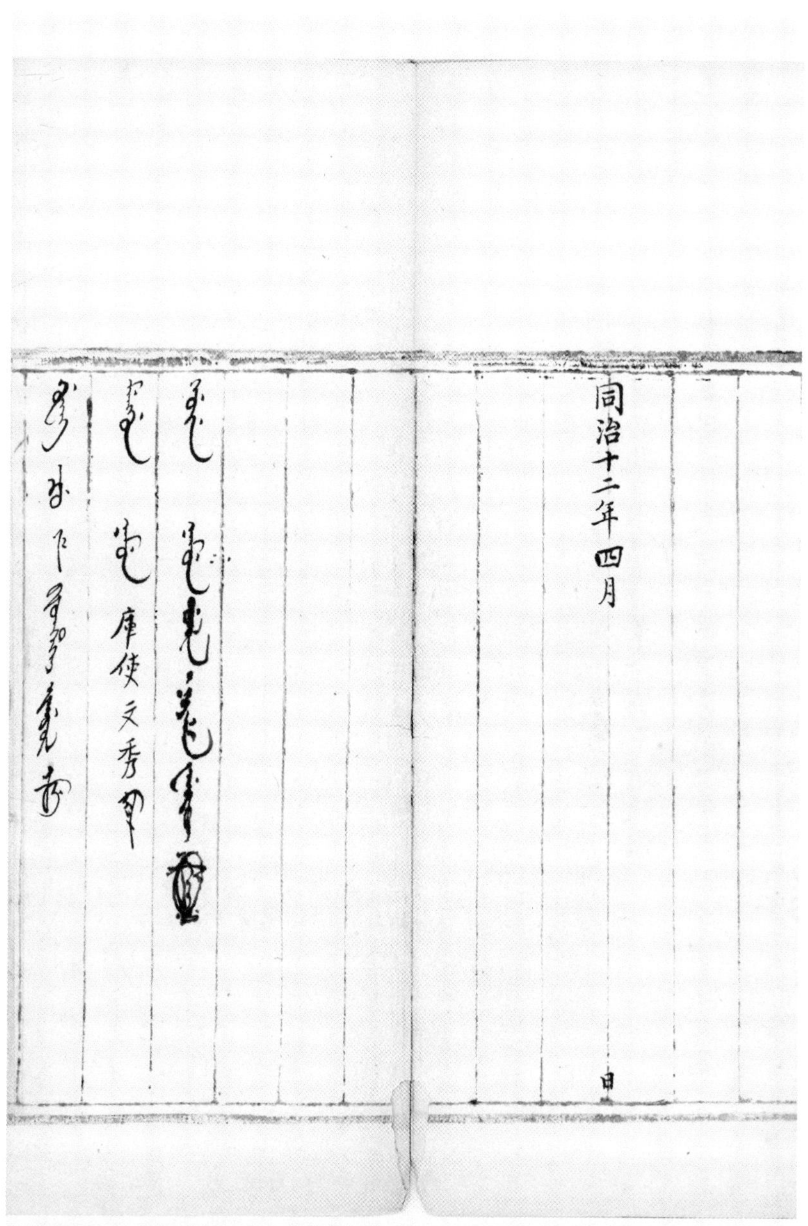

同治十二年四月　日

庫使文秀

四月　日

呈為辦做琉球國來使衣服應用紬布銀兩呈明支領由

四月　日

差

呈為辦做琉球國來使衣服應用紬布銀兩呈明支領由

呈為辦做琉球國來使衣服應用紬布銀兩呈明支領由
四月　日

呈為辦做琉球國來使衣服應用紬布銀兩呈明支領由
四月　日

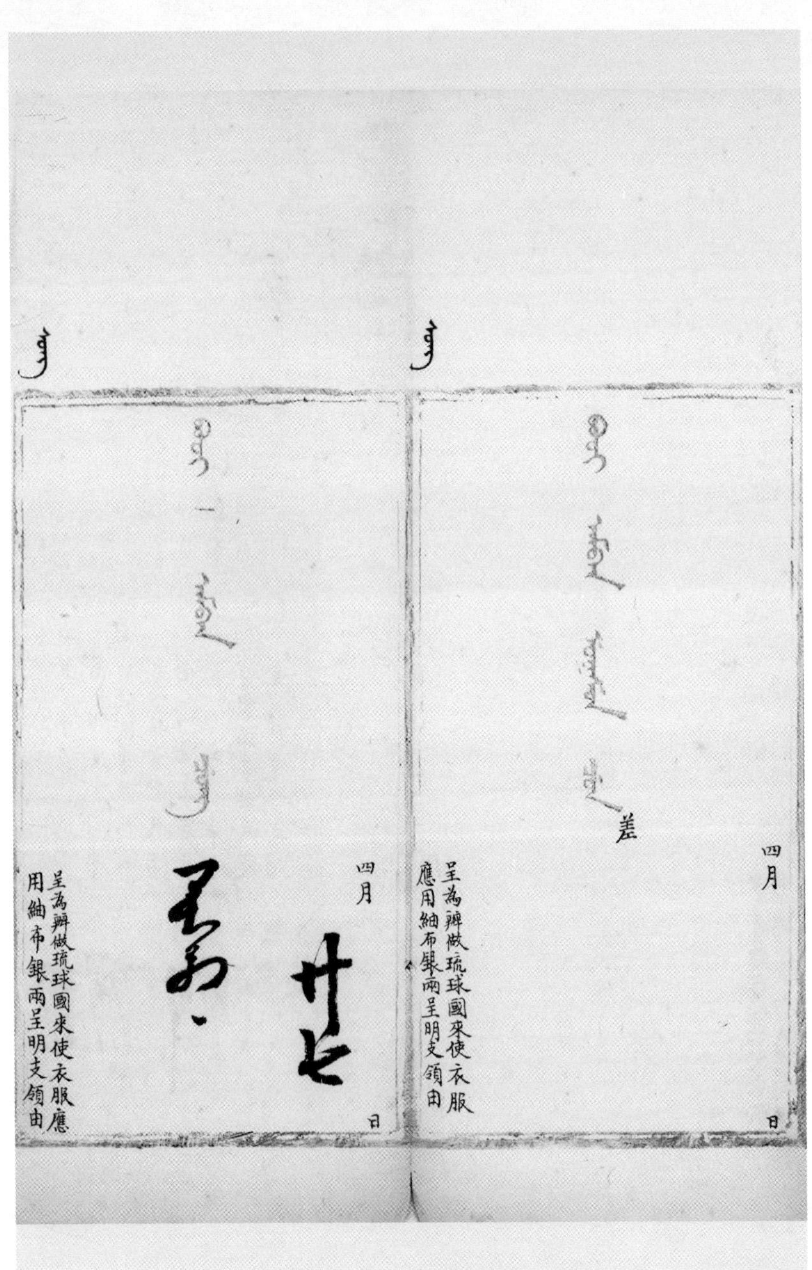

差

四月 日

呈為辦做琉球國來使衣服
應用紬布銀兩呈明支領由

四月廿七日

呈為辦做琉球國來使衣服應
用紬布銀兩呈明支領由

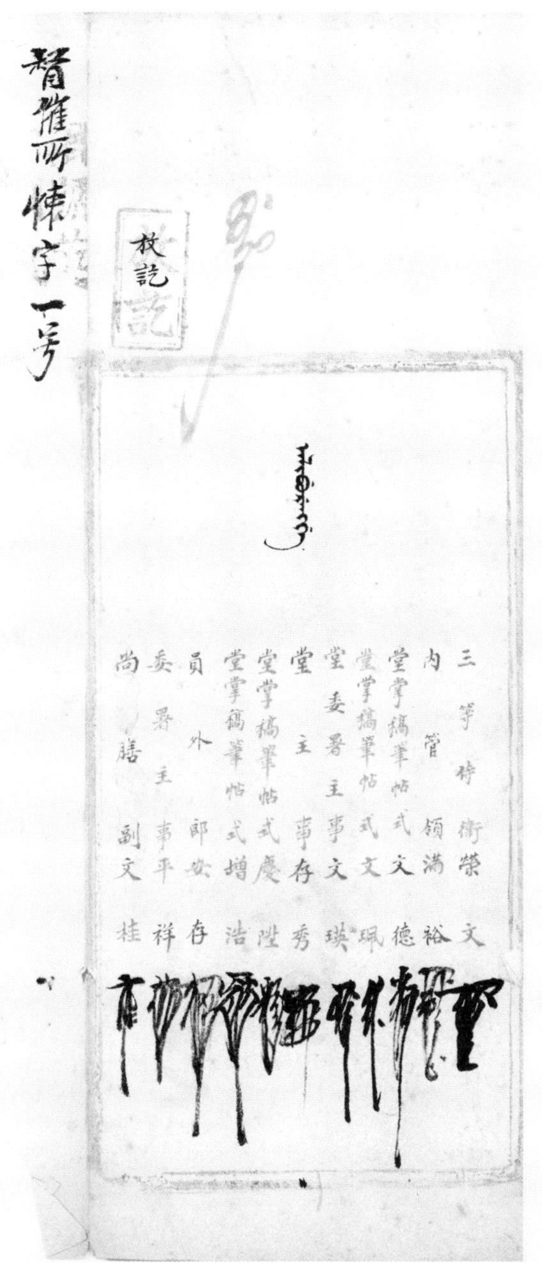

校記

三等侍衛榮文
內管領滿裕
堂掌稿筆帖式文德
堂掌稿筆帖式文琨
堂委署主事文瑛
堂主事存秀
堂掌稿筆帖式慶陞
堂掌稿筆帖式增浩
員外郎安存
委署主事平祥
尚膳副文桂

辦理琉球國貢使人等衣服靴帽需用紬布銀兩數目

正貢使一員副貢使一員都通事一員通事一員副通事一員共五員每員

江紬面紡絲裡棉袍各一件　計用江紬五疋 紡絲五疋

繭紬面紡絲裡袷襖各一件　計用繭紬五疋 紡絲五疋

紬面布裡袷褲各一件　計用繭紬二疋半 布二疋半

紬面布裡袷套褲各一雙　計用繭紬二疋 布二疋

紬面布裡袷領衣各一件　計用繭紬一疋 布一疋

布包袱各一塊　計用布五疋

從人十五名每名

宮紬面布裡棉袍各一件　計用宮紬十五疋 布十五疋

紬面布裡袷襖各一件　計用繭紬十五疋 布十五疋

布裡面袷褲各一件　計用布十五疋

布裡面袷套褲各一雙　計用布七疋半

布裡面袷領衣十五件　計用布二疋

布包袱各一塊　計用布十五疋

以上用大卷江紬五疋大卷宮紬十五疋縐紬二十五疋

半紡絲十疋高麗布八十疋

辦買領帽靴襪等項價銀數目

正貢使一員副貢使一員都通事一員通事一員副通事一員共五員每員

月白緞領各一條每條價銀六錢　計用銀三兩

呢帽各一頂每頂價銀一兩六錢　計用銀八兩

杭纓各一頭每頭價銀二兩　計用銀十兩

緞靴各一雙每雙價銀二兩八錢　計用銀十四兩

緞襪各一雙每雙價銀二兩二錢　計用銀十一兩

絲線帶各一條每條價銀一兩八錢　計用銀九兩
月白素緞挖杭二尺半每尺價銀一兩八錢　計用銀四兩五錢
共用銀五十九兩五錢

從人十五名每名
月白緞領各一條每條價銀六錢　計用銀九兩
呢帽各一頂每頂價銀一兩六錢　計用銀二十四兩
線纓各一頭每頭價銀一兩六錢　計用銀二十四兩
布靴各一雙每雙價銀一兩八錢　計用銀二十七兩
布襪各一雙每雙價銀六錢　計用銀九兩
棉線帶各一條每條價銀一兩四錢　計用銀二十一兩
月白素緞挖杭七尺半每尺價銀一兩八錢　計用銀十三兩五錢
共用銀一百二十七兩五錢

成做棉袍二十件每件工線棉花鈕扣銀一兩八錢計用銀三十六兩

成做袷襖二十件每件工線鈕扣銀一兩二錢計用銀二十四兩

成做袷褲二十件每件工線銀六錢計用銀十二兩

成做袷套褲二十件每件工線銀四錢計用銀八兩

成做領衣二十件每件工線銀二錢計用銀四兩

成做包袱二十件每件工線銀一錢八分計用銀三兩六錢

共用銀八十七兩六錢

以上三款共用銀二百七十四兩六錢

四二、禮部爲請備齊頒給琉球使臣并官生各項賞件事致内務府片

同治十二年五月初一日（1873. 5. 26）

内容提要

禮部致内務府片：查琉球國恭進例貢使臣來京應頒例賞緞匹等項暨琉球入監官生等回國應賞緞布，現在該使臣等業經事竣，急應頒給，以便令其起程回國。相應片行内務府，務於文到日將各項賞件趕緊備齊知照過部，以便本部定期頒給。

檔案來源：内務府來文

已編入《清代中琉關係檔案三編》第七七八頁

禮部為片行事查琉球恭進例

貢使臣來京應領例

賞緞疋等項暨琉球入監官生等回國應

賞緞布現在該使臣等業經事竣急應

頒給以便令其起程回國相應片行內務府務於文到日

將各項

賞件赶緊備齊知照過部以便本部定期頒給可也須至片者

右　片　行

國子監為咨取事查琉球官生林世功一名今應領五月分硬煤一百十二觔八兩共折價銀一錢四分六毫錢五百六十二文木炭三十七觔八兩共折價銀一錢四分錢五百四十文蠟燭二十觔相應行文貴府查照送監給發可也須至咨者

右　咨

内務府

同治拾貳年伍月拾叁日

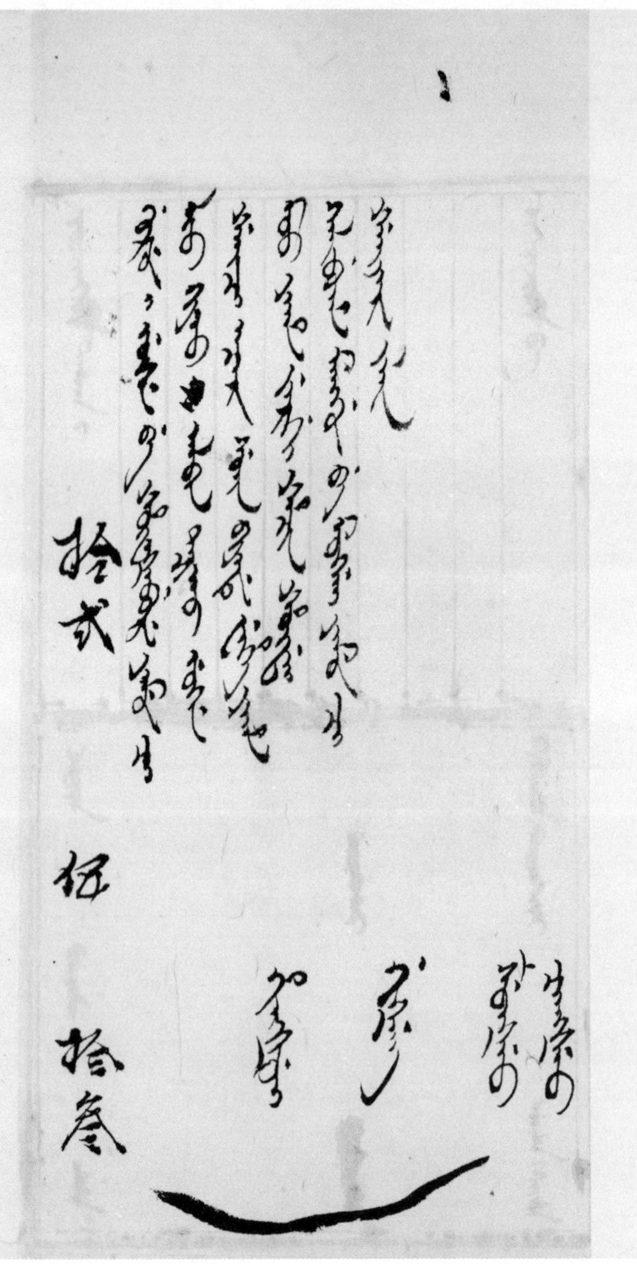

拾贰

拾

拾叁

四四、禮部爲請預備頒給琉球國王及使臣例賞事致内務府咨文 清單一

同治十二年五月十五日（1873.6.9）

内容提要

禮部致内務府咨文：主客司案呈本年琉球國恭進例貢使臣來京，所有例賞事宜業經本部奏明在案。今本部定於五月十八日辰刻在午門前頒給，相應將緞綢布匹數目開單移咨内務府預備，届期送至午門前驗看頒給。

清單：琉球國恭進例貢使臣來京應頒例賞清單。

檔案來源：内務府來文

已編入《清代中琉關係檔案三編》第七八〇頁

禮部爲移取事主客司案呈本年琉球國恭進例

貢使臣來京所有例

賞事宜業經本部奏明在案今本部定於五月十八日辰刻在

午門前頒給相應將緞紬布疋數目開單移咨内務府預

備届期送至

午門前驗看頒給可也須至咨者

右　　　咨計抄單壹紙

内　　務　　府

禮部為移取事主客司案呈查本年琉球官生林世功岡國𣁽
賞賜筵宴事宜業經本部奏准並聲明在
午門前同該使臣等一体頒
賞所有例
賞琉球國王及使臣等物件定期五月十八日辰刻頒給前經行文知
照在案今將頒給該官生等物件開列清單移咨内務府照數
預備屆期送至
午門前一体頒給可也須至咨者

右片 行計抄單壹紙

內務府

同治拾貳年伍月 拾伍 日

員外郎英

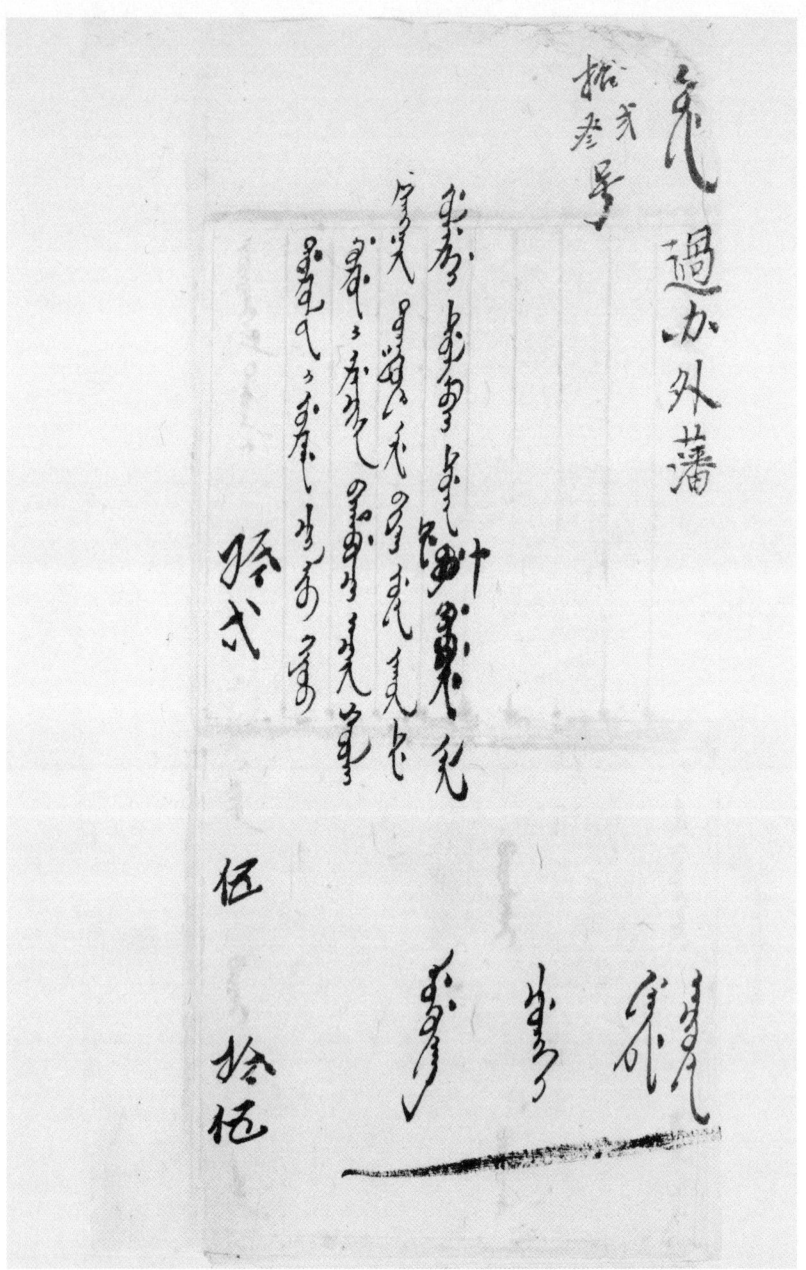

過办外藩

捌拾叁號

拾弍

伍

拾伍

計開

賞賜琉球官生及從人等緞疋清单

賞官生林世功壹名　綵緞貳疋　裏貳疋　毛青布陸疋

賞從人貳名　毛青布各陸疋又

加賞官生壹名　緞貳疋　裏貳疋又

加賞從人貳名　緞各壹疋

四六、内務府堂主事存秀等爲辦理琉球國貢使等飯食用過銀兩數目事呈稿　清單一

同治十二年六月十七日（1873. 7. 11）

内容提要

内務府堂主事存秀等呈報，此次琉球國貢使等於本年三月初六日到京，五月二十一日起程回國，在館居住七十五日，其備辦飯食并厨役人等工價以及該貢使等前往燕郊等處接駕沿途租住房間并往返車輛共用銀一萬二千八百三十一兩五錢，除領過實銀四千兩外，現應找領實銀八千八百三十一兩五錢。再，厨房需用煤炭、木柴、茶葉、蠟燭并給來使人等雇覓車輛、館内辦買鋪墊氈簾什物傢具及聽差坐更打掃蘇拉人等飯食等項，用過實制錢二千七十九串八百文，一并請向廣儲司銀庫照數領取。

清單：琉球國貢使人等自十二年三月初六日起至五月二十一日止備辦飯食、租賃房間、應用煤炭蠟燭等項用過銀兩及制錢數目清單。

檔案來源：内務府呈稿

已編入《清代中琉關係檔案六編》第一〇一六頁

琉球

同治十二年六月　日

呈

呈爲辦理琉球國來使等飲食除暫領過實銀四千兩現應找領實銀八千八百三十一兩五錢又厨房需用煤炭木柴等項用過實制錢二千七十九串八百文請由銀庫支領由

賞戴花翎二品頂戴前任奉錦山海道署理坐辦堂郎中貴寶

十月初七日

堂委署主事上行走德銓
管理照磨所堂委署主事文瑛
管理照磨所堂主事存秀
兼堂行走慎刑司員外郎祥慶
兼堂行走都虞司員外郎德壽差
管理照磨所堂主事錫蕃
管理照磨所堂委署主事文瑛
堂委署主事上行走海齡
堂委署主事上行走廣敏

照磨所領班筆帖式郡海
照磨所領班筆帖式祥旺
照磨所領班筆帖式德寬
照磨所領班筆帖式麟春
副領班筆帖式安順
副領班筆帖式福意
副領班筆帖式祥益
副領班筆帖式明海
承辦筆帖式祿寬

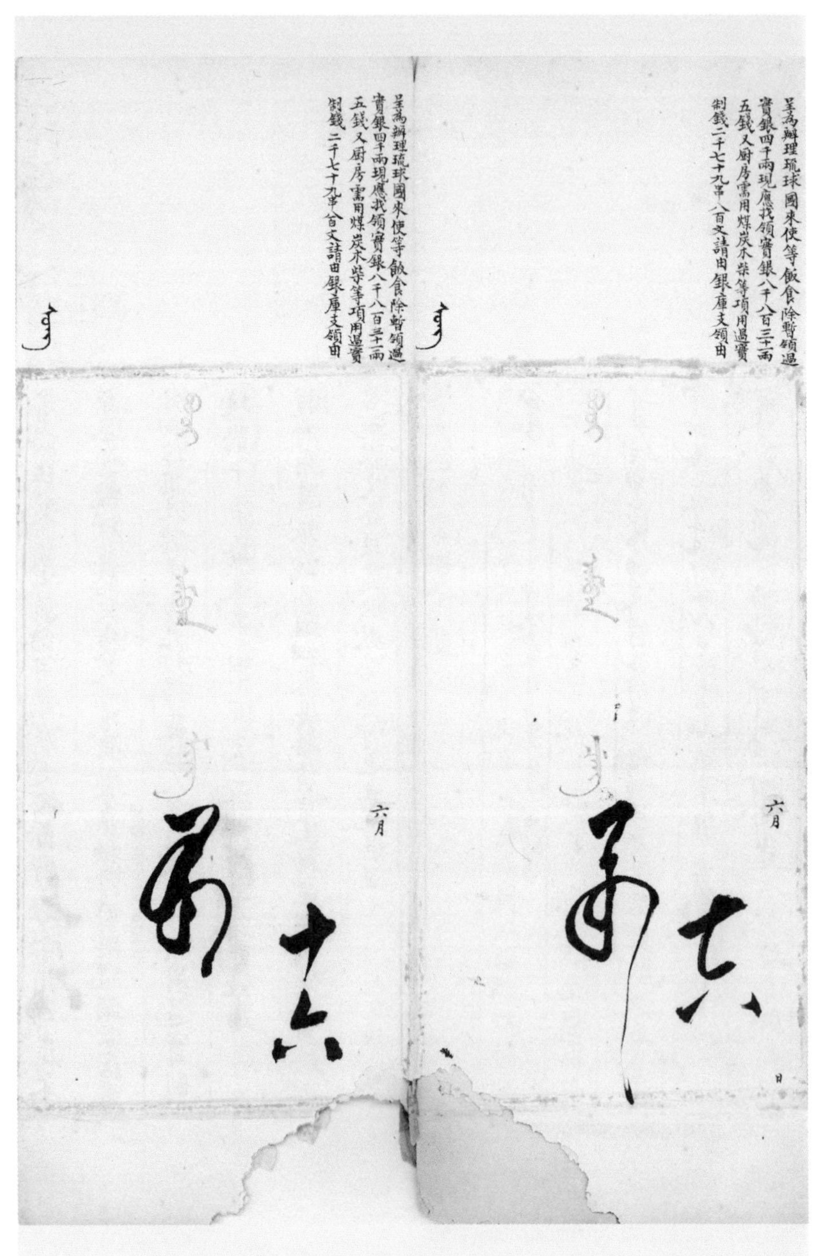
呈為辦理琉球國來使等飯食除暫領過
實銀四千兩現應找領實銀八千八百三十兩
五錢又廚房需用煤炭木柴等項用過實
制錢二千七十九串八百文請由銀庫支領由

六月　六　日

呈為辦理琉球國來使等飯食除暫領過
實銀四千兩現應找領實銀八千八百三十兩
五錢又廚房需用煤炭木柴等項用過實
制錢二千七十九串八百文請由銀庫支領由

六月　十六

呈為辦理琉球國來使等飯食除暫領過
實銀四千兩現應找領實銀八千八百三十一兩
五錢又廚房需用煤炭木柴等項用過實
制錢二千七十九串八百文請由銀庫支領由

六月 十六 日

呈為辦理琉球國來使等飯食除暫領過
實銀四千兩現應找領實銀八千八百三十一
兩五錢又廚房需用煤炭木柴等項用過實制
錢二千七十九串八百文請由銀庫支領由

六月 十六

呈為辦理琉球國來使等飯食除暫領過
實銀四千兩現應找領實銀八千八百三十一
兩五錢及廚房需用煤炭柴等項用過實制
錢二千七十九串八百文請向銀庫支領由

六月　十七　日

呈為辦理琉球國來使等飯食除暫領過
實銀四千兩現應找領實銀八千八百三十一
兩五錢又廚房需用煤炭木柴等項用過實
制錢二千七十九串八百文請由銀庫支領由

六月　十六

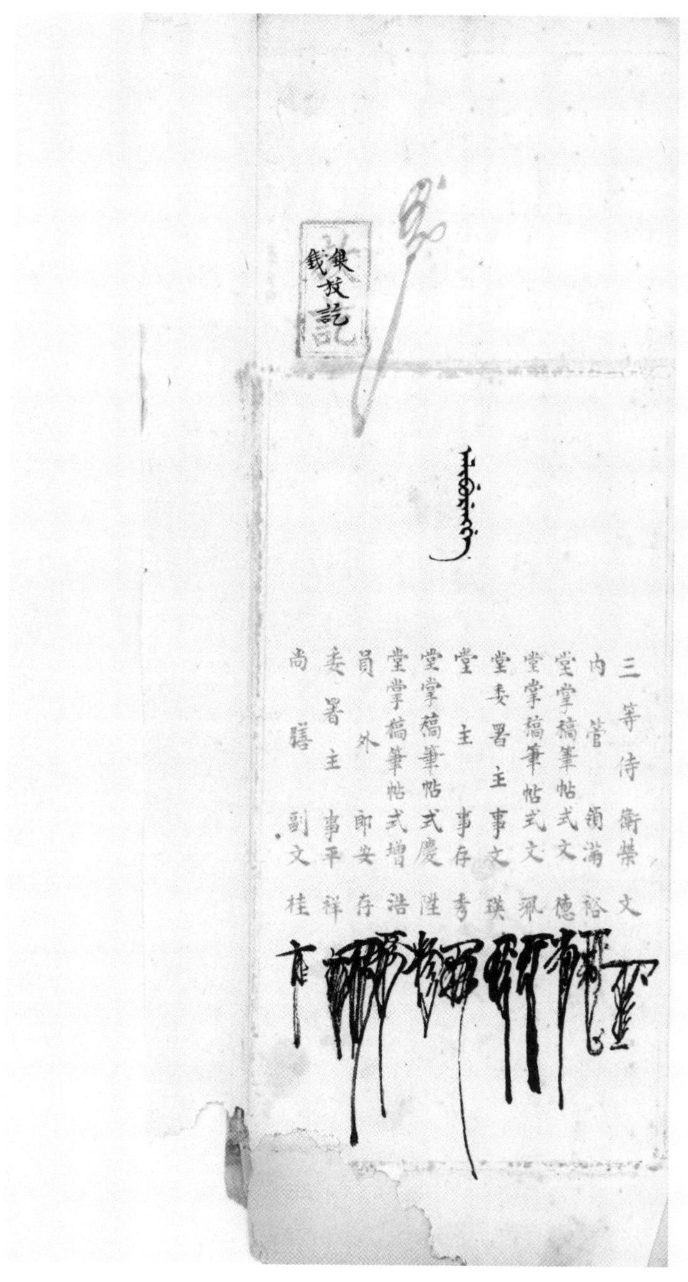

錢糧投記

三等侍衛榮文
內管領滿裕
堂掌稿筆帖式文德
堂掌稿筆帖式文秉
堂委署主事文瑛
堂主事存秀
堂掌稿筆帖式慶陞
堂掌稿筆帖式增浩
員外郎安存
委署主事平祥
尚膳副文桂

琉球國貢使等自十二年三月初六日起至五月二十一日止計七十五日

貢使通事共五員每員飯一桌 每日早晚飯十桌 午用菓五桌

共用飯七百五十桌 每桌隨店吃蒸食粥湯 共合銀三兩六錢

共用菓三百七十五桌 每桌銀一兩七錢

每日早晚點心粥湯 每員銀五錢

共用銀三千五百二十五兩

跟役十五名從人跟伴三十三名每二名飯一桌 每日早晚飯四十八桌

共用飯三千六百桌 每桌隨蒸食粥湯共合銀一兩七錢 午用菓品每人銀四錢早晚點心每人銀二錢六分

共用銀八千四百九十六兩

每日應用

晝夜厨役八名計十六工 每工銀一錢五分 共用銀二兩四錢

晝夜茶役六名計十二工 每工銀一錢五分 共用銀一兩八錢

晝夜油活廚役八名計十六工 每工銀一錢二分 共用銀一兩九錢二分

打掃院落坐更看守火燭蘇拉八名 每名銀二錢 共用銀一兩六錢

聽差官役八名 每名銀二錢 共用銀一兩六錢

計七十五日共用銀六百九十九兩

貢使通事從人等前往燕郊暨朝陽門大橋接

駕沿途租賃房間等項

拉運行李用大車十輛 每輛銀四兩 計三日 共銀四十兩

貢使等乘坐轎車十五輛 每輛銀一兩 計三日 共銀十五兩

租賃房間兩處 每處銀十五兩 共銀三十兩

廚役人夫拉運飯食車六輛 每輛銀四兩 共銀二十四兩

廚役夫役二十五名 每名加工銀一錢 共銀二兩五錢

共用銀一百十一兩五錢

貢使通事從人等進表交貢領賞筵宴瞻仰

文廟

朝賀

萬壽跪班等事共十五次

每次用車十二輛每輛制錢三串文　計用制錢五百四十串文

交貢指運夫役四十二名每名制錢一串二百文　計用制錢五十串四百文

辦買炭斤茶葉等項每日制錢十三串文　計用制錢九百七十五串文

辦買坐褥鋪墊毡簾等項　計用制錢五十五串文

辦買笤帚簸箕席片等項　計用制錢二十二串四百文

辦買蠟燭燈籠等項　計用制錢三十八串文

辦買夾板木箱十分　計用制錢五十九串文

辦買毡片棉花鎖鑰　計用制錢四十三串文

租賃桌椅等項　計用制錢二百十串文

添買磁器傢俱等項　計用制錢五十二串文

由倉支領米石拉運車輛計十四次　計用制錢三十五串文

以上共用制錢二千七十九串八百文

貢使通事跟役從人共五十三員名每日支領

羊燭十五斤　黑炭十簍

木柴四百斤　每員名白老米九合

四七、閩浙總督李鶴年等爲琉球國遭風難民到閩循例撫恤事奏摺

同治十二年六月二十八日（1873. 7. 22）

内容提要

閩浙總督李鶴年等奏報，琉球國難民林廷芳等九人於本年四月十一日在洋陡遇颶風，漂至臺灣琅嶠海口，鳧水上岸，誤入生番鄉内，均被生番拘留，幸經附近汛弁諭由土民楊天寶等備銀贖回，送到鳳山縣衙門，轉送臺防廳安頓，并蒙給有衣食，由臺護送來閩，照例撫恤。據該國留閩通事周兆麟面禀，本届進貢船隻即日揚帆回國，該難民林廷芳等因原船擊碎，已准令其附搭貢船回國。

檔案來源：宫中朱批奏摺

已編入《清代中琉關係檔案選編》第一〇八四頁

奏

頭品頂戴閩浙總督臣李鶴年
福建巡撫臣王凱泰跪

奏為琉球國夷人遭風到閩循例譯訊撫卹恭摺

奏祈

聖鑒事竊據署福防同知謝昌霖詳報同治十二年

五月初九日准臺防廳護送琉球國遭風難夷

林廷芳等九名到省當即安插館驛妥為撫卹

一面飭傳該國留閩通事譯訊據供該難夷林

廷芳是船主蔡克秀比嘉長濱與那城具志堅

仲元土城岸本都是水手伊等一共九人俱係
琉球國那霸府人駕坐小海船一隻裝載糧米
往太平山島交納本年四月初一日由太平島
開行在洋陡遇颶風十一日隨風漂至臺灣琅
嶠海口船隻冲礁擊破該難夷等鳧水上岸誤
入生番鄉内均被生番拘留幸經附近汛弁諭
由土民楊天寶等備銀贖回將伊等送到鳳山
縣衙門轉送臺防廳安頓並蒙給有衣食由臺

護送來省現在館驛等供暨據該國留閩通事
周兆麟面禀本屆進
貢船隻即日揚帆回國該難夷林廷芳等擬請附
搭等語由布政使潘霨造册詳請具
奏前來臣等查琉球國世守外藩甚為恭順該夷
人等在洋遭風情殊可憫應自安插館驛之日
起每人日給米一升鹽菜銀六釐回國之日另
給行糧一箇月照例加賞物件折價給領於存

公銀內動支事竣造册報銷至該難夷等原船

擊碎已令附搭貢船回國除將清册送部外臣

等謹合詞恭摺具

奏伏乞

皇上聖鑒謹

奏

知道了

同治十二年六月　　　　廿八　　　　日

四八、福建巡撫王凱泰爲琉球國船回國事題本

同治十二年閏六月初八日（1873. 7. 31）

内容提要

福建巡撫王凱泰題明，上年琉球國王尚泰遣耳目官向德裕等駕船來閩，恭進同治十一年表文方物，并接官生林世功回國。另有一隻遭風難夷原船，均於同治十二年五月二十日乘風放洋長行回國。

檔案來源：内閣禮科題本

已編入《清代中琉關係檔案續編》第一五一四頁

十二年八月十七日下札

該部知道

題

兵部侍郎兼都察院右副都御史巡撫福建等處地方提督軍務兼理糧餉臣王凱泰謹

題爲琉球夷船長行回國日期詳請具

題事據福建布政使潘霨呈詳竊照上年琉球國

王尚泰遣正使耳目官向德裕副使正議大夫

王兼才等率領官伴水梢貳百員名駕坐海船

到閩恭進同治壬申年

表文方物并棲官生林世功回國當經詳奉具

題並

奏明派員伴送進京另有廣東省送到遭風球夷
長興善庸等伍拾叁人又經詳奉
奏咨續據署福防同知謝昌霖詳琉球國進
貢頭貳號船原配官伴水梢貳百員名除進京官
伴拾捌員名又存留官伴拾捌員名又病故伙
長蔡櫟水梢宮太良西峯仲高利肆名又撥水
梢高江例具志堅內眞叁名爲難夷長興善庸
等船上引導外附搭前年接

貢存留官伴陸員名又前年臺灣送到松大著島

裘等兩起難夷除先後病故并匀搭前年接

貢船回國外尚存貳拾壹名計兩船共壹百捌拾

肆員名又另船難夷長興善庸等原報伍拾叁

名除病故叁名實存伍拾名又撥貢船水梢高

江例具志堅內眞叁名代爲引導共伍拾叁名

於同治拾貳年伍月拾壹日離驛登舟詳奉給

咨遣發回國並飭取長行回國日期旋於伍月

初玖日由臺防廳送到遭風球夷林廷芳等玖
名詳蒙
奏咨附搭貢船回國各在案茲據署福防同知謝
昌霖詳報琉球國進
貢頭貳兩號夷船并遭風難夷原船壹隻均於同
治拾貳年伍月貳拾日乘風放洋長行回國等
由到司合就詳請察核具
題等情前來臣覆查無異理合具

題伏祈

皇上聖鑒勅部查照施行爲此具本謹具

題

聞

同治拾貳年閏陸月初捌日兵部侍郎兼都察院右副都御史巡撫福建等處地方提督軍務兼理糧餉臣王凱泰

兵部侍郎兼都察院右副都御史巡撫福建等處地方提督軍務兼理糧餉臣王凱泰謹

題爲琉球夷船長行回國日期詳請具

題事據福建布政使潘霨呈詳竊照上年琉球國

王尚泰遣正使耳目官向德裕副使正議大夫

王兼才等率領官伴水梢貳百員名駕坐海船

到閩恭進同治壬申年

表文方物并接官生林世功回國當經詳奏具

題竝

奏明派員伴送進京另有廣東省送到遭風球夷

長興善庸等伍拾叁人又經詳奏

奏咨續據署福防同知謝昌霖詳琉球國進

貢頭貳號船原配官伴水梢貳百員名除進京官
伴拾捌員名又存留官伴拾捌員名又病故伙
長蔡機水梢宮太良西峯仲高利肆名又機水
梢高江例具志堅內真叁名爲遭風球夷長興
善庸等船上引導外附搭前年接
貢存留官伴陸員名又前年臺灣送到松大著島
袋箏兩起難夷除先後病故并勻搭前年接
貢船回國外尚存貳拾壹名計兩船共壹百捌拾
肆員名又另船難夷長興善庸等原報伍拾叁
名除病故叁名實存伍拾名又機貢船水梢高
江例具志堅內真叁名代爲引導共伍拾叁名

於同治拾貳年伍月拾壹日離驛登舟詳奉給
咨遣發回國並飭取長行回國日期旋於伍月
初玖日由臺防廳送到遭風球夷林廷芳等玖
名詳蒙
奏咨附搭貢船回國各在案茲據署福防同知謝
昌霖詳報琉球國進
貢頭貳兩號夷船并遭風難夷原船壹隻均於同
治拾貳年伍月貳拾日乘風放洋長行回國等
由到司合就詳請察核具
題等情前來臣覆查無異謹具
題
聞

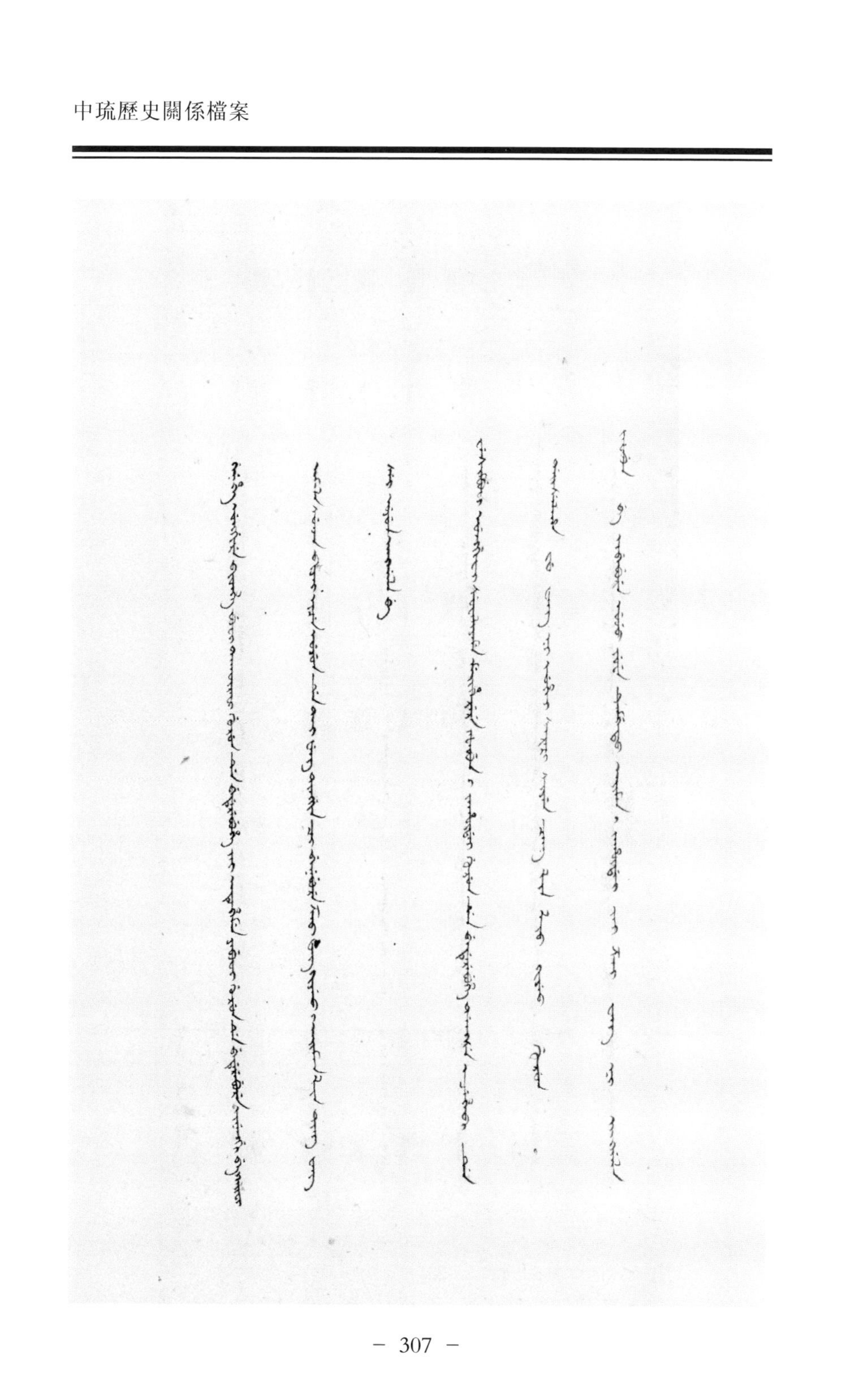

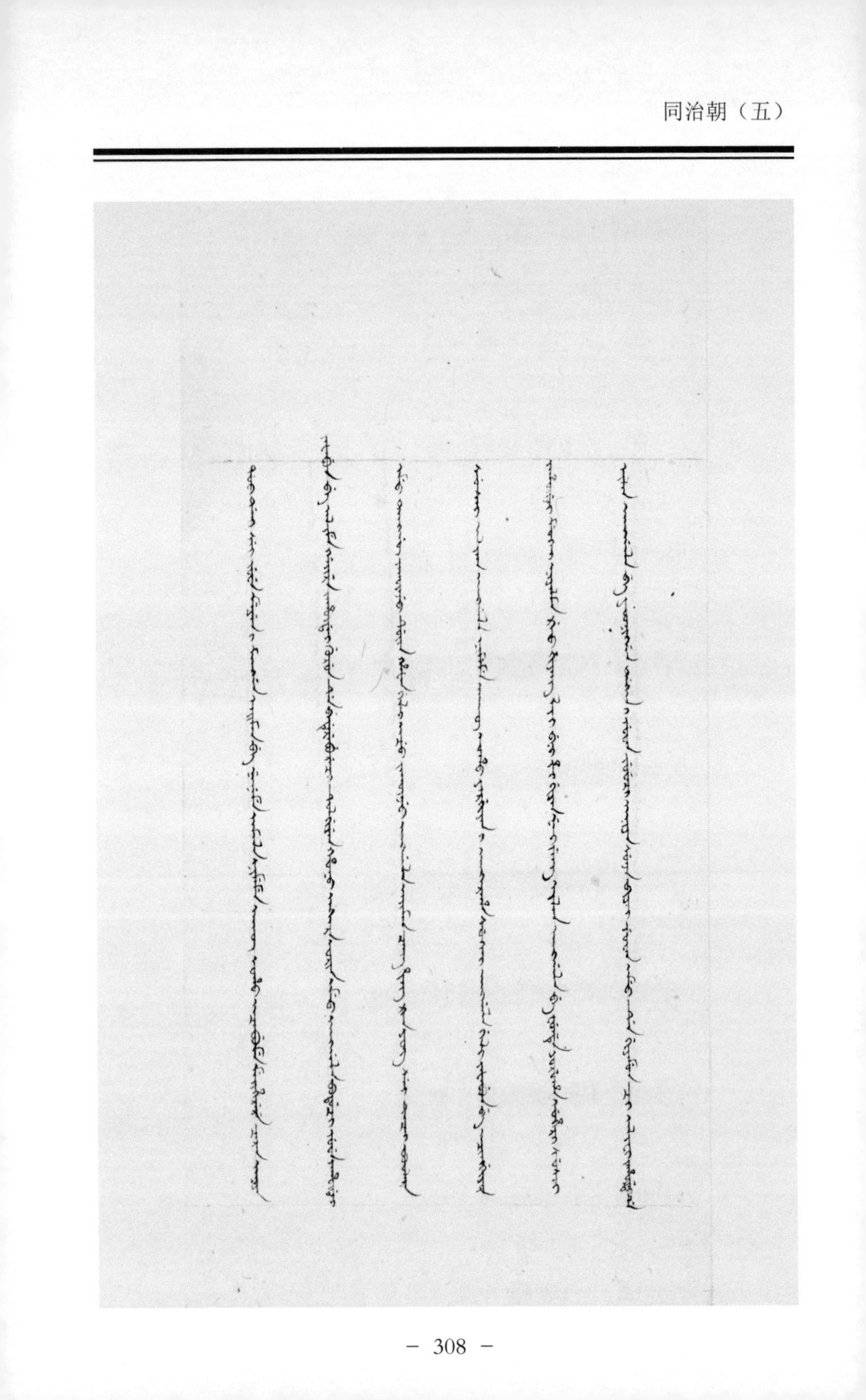

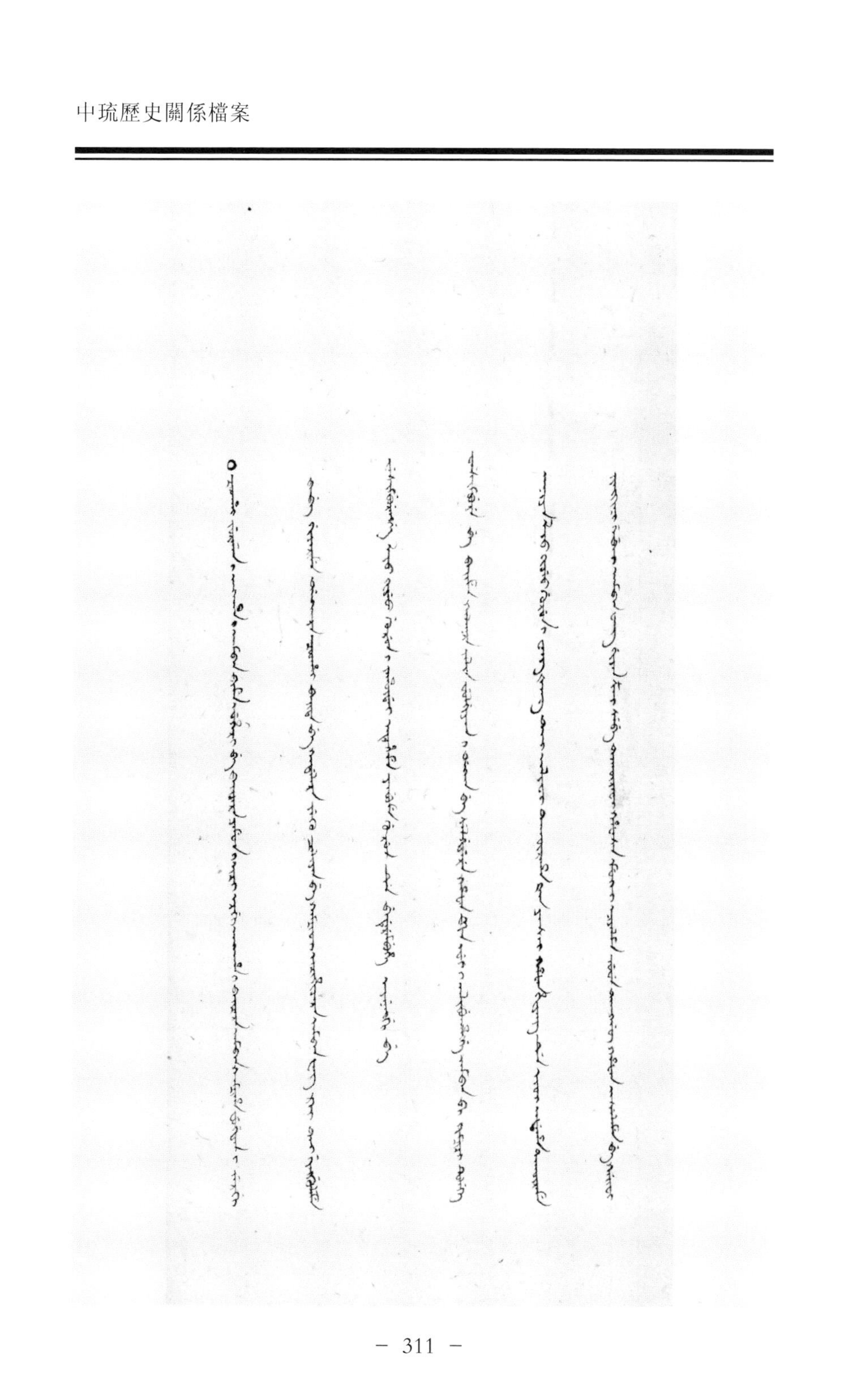

四九、江蘇巡撫張樹聲爲琉球國使臣出入蘇境情形事奏片

同治十二年七月初十日（1873.9.1）

内容提要

江蘇巡撫張樹聲奏報，琉球國貢使向德裕及跟伴回國，於同治十二年六月十一日護送途經江蘇境内，跟伴在途染患暑熱病故，照例給與棺衾殯殮，并附運回閩，於閏六月初八日送出江蘇省境。

檔案來源：宫中朱批奏摺

已編入《清代中琉關係檔案選編》第一〇八六頁

再准禮部咨琉球國恭進例
貢正使耳目官向德裕等事竣回國於同治十二
年五月二十一日自京起程咨行照例應付護
送等因即經轉行遵照並派委候補游擊高保
泰會同候補知縣李作霖候補同知陳修齊在
山東交界地方迎探該貢使於六月十一日由
山東委員護送至江蘇宿遷縣境當即接護伴
送逐站應付前進十九日行抵高郵州據報該

貢使向德裕跟伴屋富祖一名因在途染患暑
熱醫治罔效於是日病故當由該地方官照例
給與棺衾殯殮附運回閩並將該跟伴口糧扣
除仍按站護送南下茲據吳江震澤二縣申報
於閏六月初八日送出江蘇省境交浙江嘉興
秀水二縣接護前進由藩臬兩司詳報前來除
咨明禮兵二部外理合附片具陳伏乞
聖鑒謹
奏
知道了

五〇、福州將軍文煜爲琉球國進貢船回國循例免税事奏摺

同治十二年七月二十三日（1873.9.14）

内容提要

福州將軍文煜奏報，琉球國進貢船二隻事竣回國，隨船置買内地貨物應徵税銀六百五十兩八錢六分二厘，照例免税。

檔案來源：宫中朱批奏摺

已編入《清代中琉關係檔案選編》第一〇八七頁

奏

福州將軍兼管閩海關稅務奴才文煜跪

奏為琉球國進

貢船隻回國隨帶貨物循例免稅恭摺奏

聞事竊照琉球國進

貢船二隻進口隨帶貨物循例免稅緣由經前兼

署將軍閩浙督臣李鶴年於本年正月二十七

日恭摺

奏明在案茲於本年六月二十一日據南臺口委

員協領訥欽稟報該兩船事竣回國過口據在
船使者向昌辰等開送置買内地貨物清冊二
本復驗貨冊相符按則共應徵收稅銀六百五
十兩八錢六分二釐等情具稟前來當經奴才查
照向例批令免稅以廣
聖主柔遠深仁該使者向昌辰等歡欣感激赴闕望
闕叩謝
天恩開行出口所有琉球船隻回國過口免稅緣由

理合循例具

奏並將免過稅銀數目另繕清單恭呈

御覽伏乞

皇上聖鑒謹

奏

知道了

同治十二年七月　二十三　日

兵部侍郎兼都察院右副都御史巡撫福建等處地方提督軍務兼理糧餉臣王凱泰謹

題爲詳請具

題事。據福建布政使潘霨呈詳，據署福防同知謝

昌霖詳稱，查琉球國接

貢海船壹隻，内配官伴水梢捌拾玖員名，經閩安

協副將閩安巡檢於同治拾貳年拾月貳拾玖

日護送進口，會同福州城守營副將德安、閩海

關委員成基前赴該船驗明官伴水梢人數，并

隨帶土產物件防船軍器，即於拾壹月初壹日

安插館驛，備造花名貨物清冊，申報察轉等由

到司。據此，並准琉球國中山王尚泰咨開：案照

敝國欽遵

貢典，業於同治拾壹年秋遣耳目官向德裕、正議

大夫王兼才等齎捧

表章方物入貢

天朝，咨請轉詳起送赴

京叩祝
聖禧在案茲當還國之期例應撥船接回特遣都通
事鄭良佐等坐駕海船壹隻前詣閩省恭迎
皇上勅書
欽賜物件并接京回使臣向德裕王秉才都通事蔡
大鼎與在閩通事周兆麟等歸國仍祈轉詳督
撫仰體
皇上懷柔遠人至意將來船員伴照例安頓館驛除

存留官伴外其餘官伴水梢俟事務完竣准於

來夏早颿同貢使等坐駕原船遣發返棹庶航

海未員得免驚濤之虞備咨查照等因到司准

此該布政使潘霨查得琉球國中山王尚泰遣

都通事鄭良佐等牽領官伴水梢坐駕海船來

閩恭迎

勅書棱回進

貢使臣歸國據署福防同知謝昌霖詳報經閩安

協副將閩安巡檢將該船於同治拾貳年拾月
貳拾玖日護送進口照例會驗明白即於拾壹
月初壹日安插館驛備造花名貨物清冊申送
前來合就轉造清冊同抄白執照詳請察核具
題等情到臣據此該臣查得琉球國中山王尚泰
遣都通事鄭良佐等率領官伴水梢坐駕海船
來閩恭迎
敕書接回進

貢使臣歸國，據署福防同知謝昌霖詳報，經閩安協副將閩安巡檢將該船於同治拾貳年拾月貳拾玖日護送進口，照例會驗明白，即於拾壹月初壹日安插館驛，備造花名貨物清冊，送由福建布政使潘霨轉造清冊，同抄白執照，詳請察核具題前來。臣覆查無異，除冊送部外，臣謹恭疏具題伏祈

兵部侍郎兼都察院右副都御史巡撫福建等處地方提督軍務兼理糧餉臣王凱泰謹

題爲詳請具

題事該臣查得琉球國中山王尚泰遣都通事鄭
良佐等率領官伴水梢坐駕海船來閩恭迎

敕書棱回進

貢使臣歸國據署福防同知謝昌霖詳報經閩安
協副將閩安巡檢將該船於同治拾貳年拾月
貳拾玖日護送進口照例會驗明白即於拾壹
月初壹日安插館驛備造花名貨物清冊送由
福建布政使潘霨轉造清冊同抄白執照詳請
察核具

題前來臣覆查無異除冊送部外謹具

題

聞

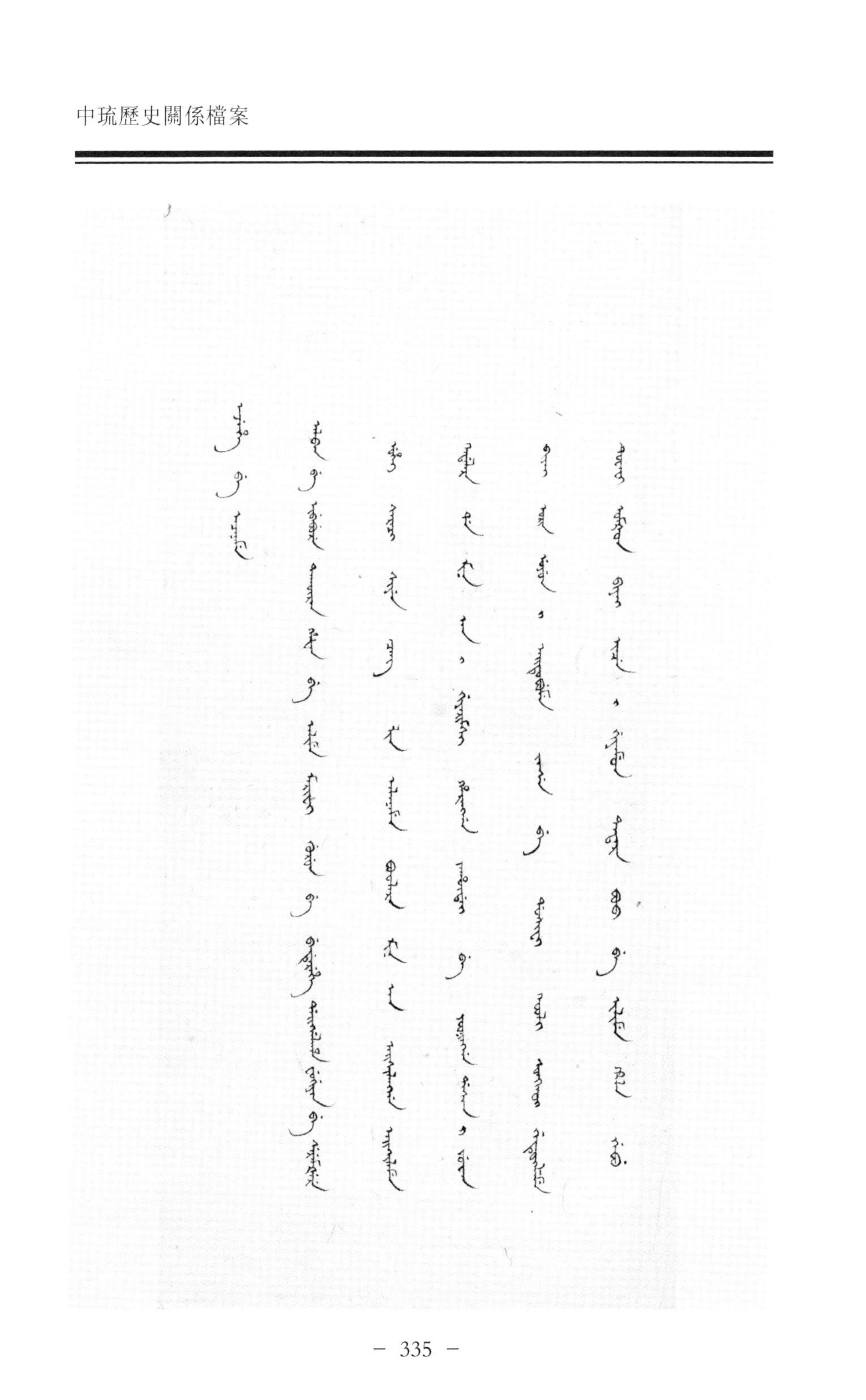

五二、總理各國事務衙門彙抄琉球船隻在臺灣生番地方遭風事清册

同治十二年（1873）

内容提要

總理各國事務衙門按查，琉球難民前被生番殺害係同治十年十月二十九日之事，同治十二年三月日本向中國理論此事，五月閩浙總督將此案特奏總理衙門，六月北洋大臣函報稱，前又有日本人利八等四人因查辦前事遇遭風難入臺灣那突地方，被邀入伊家住宿待飯，并護送到縣，未有被搶等情。

檔案來源：外務部檔案

已編入《清代中琉關係檔案七編》第六頁

五

外國船隻在生番地方遭風彙鈔

同治十三年

按查琉球難民前被生番殺害係同治十年十
月二十九日之事同治十二年三月二十九三
十等日南北洋大臣咨抄上海沈道來稟近閱
新聞紙屢言台灣土民生啖琉球難民日本欲
向中國理論特將新聞紙彙錄送閱並據沈道
稟稱此番副島到滬卻未提及前事沈道遂陳

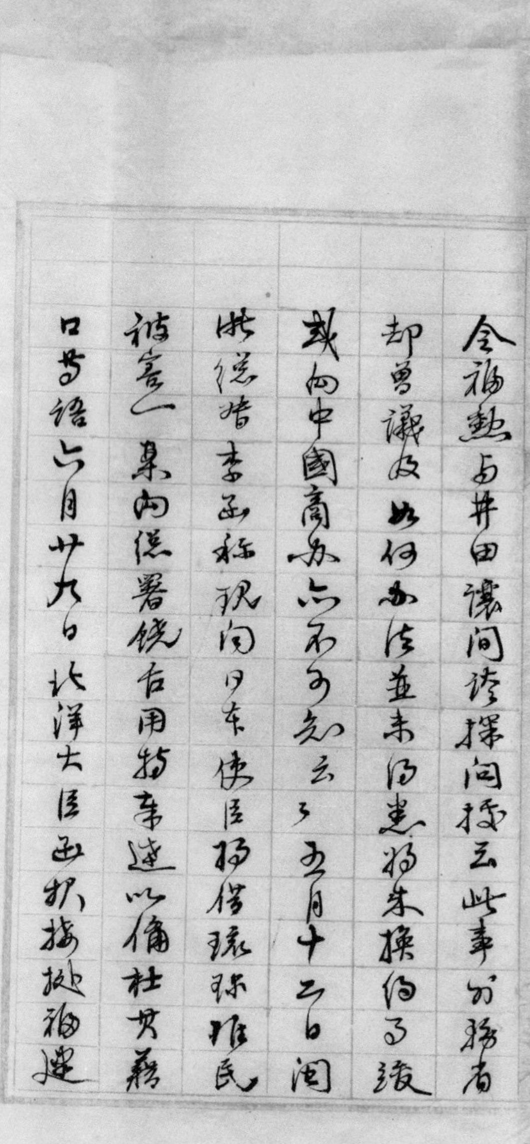

全權勳與井田讓問談探問據云此事外務省卻曾議及如何辦法並未得悉將來換約乃援我國中國商人亦不可知云云　五月十二日閩浙總督李函稱現聞日本使臣將借琉球難民被害之案內侵署鎮台用兵來滋以備杜其藉口等語六月廿九日　北洋大臣函抄據擬福建

台灣府等称台灣後山有日本人孔龍為琉球難民一事由滬望路直至南路並不停留經西厦門潮又有日本人利八等の名到後山查亦為事經委員會縣將其採護到縣章來被戕等語以上各節或由上海道遣員向該島隨從採問或該倭人自行陳查均各向地方大吏覽也

方良明白宣露必欲查办各语唯上年副岛在
京所提三事内有此件是为初次吐露往亦未
言用兵如去日李难民在台失风即係六月二
十九日北洋大臣函称初八前往查问山之事
事在上年五月十五日该船遭风后逃入那突
地方经商人李成忠会同土番郎同陈安生邀

入伊家住宿付飯台灣道用海東雲輪船將利八號附搭內渡至上海就近查明製給衣履服物送由上海日本田總領事查收除飭咨復准駐滬領事品川忠道函咨並送給福建委員台灣委員商人李成忠黃自陳安生礼物並來提及有某社誘擄衣物等情乃本年四月初八

日擬日本中將西鄉照會閩省以生番嗜殺行劫該

國遭風備中州民人利八等四名口是以往攻

其心猶未饜延仍提及琉球遭風民人之事云云

五三、福州將軍文煜爲琉球國接貢船進口循例免税事奏摺

同治十三年二月初二日（1874. 3. 19）

内容提要

福州將軍文煜奏報，琉球國接貢船一隻事竣回國，隨船置買内地貨物應徵税銀一百三十四兩三分三厘七毫五絲，照例免税。

檔案來源：宫中朱批奏摺

已編入《清代中琉關係檔案選編》第一〇八八頁

奏

福州將軍兼管閩海關稅務㚞文煜跪

奏為琉球國接

貢船隻進口隨帶貨物循例免稅恭摺奏

聞仰祈

聖鑒事同治十二年十二月初六日據南臺中委員

協領成基稟稱琉球國接

貢船一隻進口據通事楊廷鼎開送該船隨帶貨

物清冊按則覈計應徵稅銀一百三十四兩三

分三釐七毫五絲當即查照向例批令免其輸
納以廣
聖主柔遠深仁宣示洋使去後隨據該口委員協領
成基報稱該通事楊廷鼎率領官伴水梢人等
赴闕望
闕叩謝
天恩禀報前來除安頓館驛事宜由督撫衙門照例
辦理外所有免過税銀數目另繕清單恭呈

御覽伏乞

皇上聖鑒謹

奏

該部知道單併發

同治十三年二月　初二　日

五四、總理各國事務王大臣奕訢等爲日本兵駐扎臺灣請飭沿海各督撫將軍會籌全域先事預防事奏摺

同治十三年五月三十日（1874. 7. 13）

内容提要

總理各國事務王大臣奕訢等奏報，日本兵赴臺灣，兵扎番社，牡丹社已爲攻破，在臺地設防刻不容緩，并請旨飭下各督撫將軍統籌全域，體查各省沿海形勢，在扼要處必應設防，聯繫一氣，以操勝算。

檔案來源：軍機處録副奏摺
已編入《清代中琉關係檔案七編》第一一頁

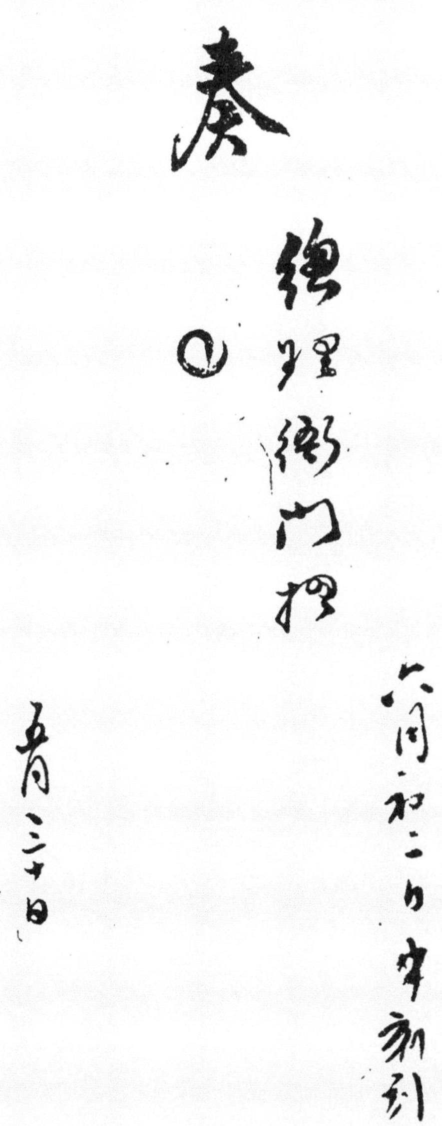

六月初二日未刻到

總理衙門摺

奏

五月二十日

臣吳 等跪

奏為日本兵擾番社濱海防務宜籌擬請

飭下沿海各督撫將軍合籌全局先事豫防以資

守禦恭摺密陳仰乞

聖鑒事竊據沈葆楨咨鈔具奏到臺日將籌

大略情形一摺臣等公同閱看所叙水陸路後船

運料僱兵駐紮及與生番殺傷情形並籌理

諭設防開禁三事深中肯綮臣等伏查前准臣

本兵赴臺灣並船泊廈門，曾由日都門办其思
會兩次詰問該國外務省，因何興兵遠來，見覆
稱日本國使日柳原前光來滬，經該閣以逕廢商
詰責隆援柳原前光函致日皆兩意存推諉全一
切實語日皆復又照會柳原前光嚴詞切責在
案。至沈葆楨等原奏內稱倭兵約二千餘人，
一紮大埔角，一紮琅璚，一紮龜山，並另隨船還
軍將在料良牡丹社已為攻破，近另兵船載兵爲

係名由臺南繞後山一帶過噶瑪蘭入雞籠口買煤而去臺地設防萬不容緩要以郡城為根本其精華又在北路淡水噶瑪蘭雞籠一帶蘇澳民番關鍵尤他族所垂涎因派輪船迎提督羅大春鎮之並飭長勝輪船同通曉算法之藝生轉入後山量水深淺探明形勢由鎮道等添招勁勇訓練以備不虞等因臺灣地方既經沈葆楨等竭力籌備而各省沿海沿岸甚多不乘此時振刷精神

為有備無患之計，則積弱之勢胥由奮興。設
一旦事變猝乘，又將何以禦之？臣等承辦各國
事務，遇筆舌相爭時，無一事不防決裂，實無
一日敢忘戰守。應請
飭下南北洋兩大臣暨兩廣、兩江、閩浙、山東、奉天各
督撫將軍統籌全局，體察各該省沿海形勢，
何處可以扼要，何處必應設防，應如何聯爲一氣，
得操勝算之處，會商妥籌。請

旨辦理謹將臣等行知日本外務省及柳原前光
照會三件柳原前光覆函二件鈔單恭呈
御覽所有日本兵犯番社濱海防務宜籌辦由合
暨擬將軍等體察情形先事籌辦緣由謹
恭摺密陳請
旨伏乞
皇上聖鑒訓示遵行謹
奏
同治十三年五月二十日奉
硃批[illegible] 欽此

五五、軍機大臣密寄欽辦臺灣等處海防等事務沈葆楨等着各妥速辦理海防事上諭

同治十三年五月三十日（1874. 7. 13）

内容提要

軍機大臣就日本兵占據臺灣番社濱海之事寄信密諭，着沈葆楨等各省巡撫詳細奏聞，各省沿海口岸甚多，亟應一體設防，妥速嚴密海防，未雨綢繆，有備無患。

檔案來源：軍機處録副奏摺

已編入《清代中琉關係檔案七編》第一四頁

軍機大臣　密寄

欽差辦理臺灣等處海防兼理各國事務大臣前江

西巡撫沈　大學士兩廣總督瑞　大學士直

隸總督一等肅毅伯李

盛京將軍都

盛京户部侍郎兼管奉天府府尹志　奉天府府

尹恭　福州將軍文　兩江總督李　閩浙總

督兼署福建巡撫李　漕運總督署山東巡撫

文 江蘇巡撫張 浙江巡撫楊 廣東巡撫

張 傳諭福建布政使潘霨 同治十三年五

月三十日奉

上諭總理各國事務衙門奏日本兵紮番社濱海防

務請飭先事籌辦一摺日本有事生番占踞臺灣

牡丹社一帶前據沈葆楨等奏擬於海口及北路

淡水等處嚴密設防當諭該大臣等妥速籌辦又

據文煜等奏馬祖澳等處已有日本兵船游弋淺

諭該將軍等於沿海各口妥爲籌布刻下辦理情
形若何及該國近日作何動靜著沈葆楨文煜
李鶴年潘霨詳細奏聞以慰廑系各省沿海口岸
甚多亟應一體設防爲未雨綢繆之計著實聯絡
聲勢務壯兵威以期有備無患著瑞麟 李鴻章
都興阿恩和恭鏜李宗羲文彬 張樹聲楊昌濬
張兆棟統籌全局於各該省沿海地方形勢詳細
體察何處最爲扼要何處必當設防並如何聯爲

方能預操勝算之要務，當悉心會商，妥籌布置，奏

明辦理。原摺均著抄給閱看。將此由六百里密

諭沈葆楨、瑞麟、李瀚章、都興阿、志和、恭鏜、文煜、

李宗羲、李鶴年、文彬、張樹聲、楊昌濬、張兆棟，並傳

諭潘霨知之。欽此。遵

旨寄信前來。

五六、總理各國事務衙門爲遵旨抄録會籌海防以御日本一摺事致山東巡撫咨文　原奏一

同治十三年六月初四日（1874. 7. 17）

内容提要

總理各國事務衙門致山東巡撫咨文：本衙門同治十三年五月三十日密奏日本兵扎臺灣濱海，請飭下沿海各督撫將軍會籌全局一摺。相應抄録原奏，恭録朱批，密咨山東巡撫欽遵查照。

原奏：總理衙門謹奏，據沈葆楨密抄具奏到臺大略情形一摺，内稱日本已兵扎臺灣濱海大埔角等處，現臺灣既經沈葆楨竭力籌備，爲有備無患之計，應請飭下南北洋兩大臣暨兩廣兩江等各督撫將軍體察會商各該省沿海形勢，先行籌辦防務。謹奏。

檔案來源：外務部檔案

已编入《清代中琉關係檔案七編》第一七頁

咨
六月初八日

欽命總理各國事務衙門　爲

密咨事同治十三年五月三十日本衙

門密奏日本兵紮番社濱海防務

請

飭下沿海各督撫將軍會籌全局先事

預防以資守禦一摺軍機大臣奉

硃批另有旨欽此相應鈔録原奏恭録

硃批密咨

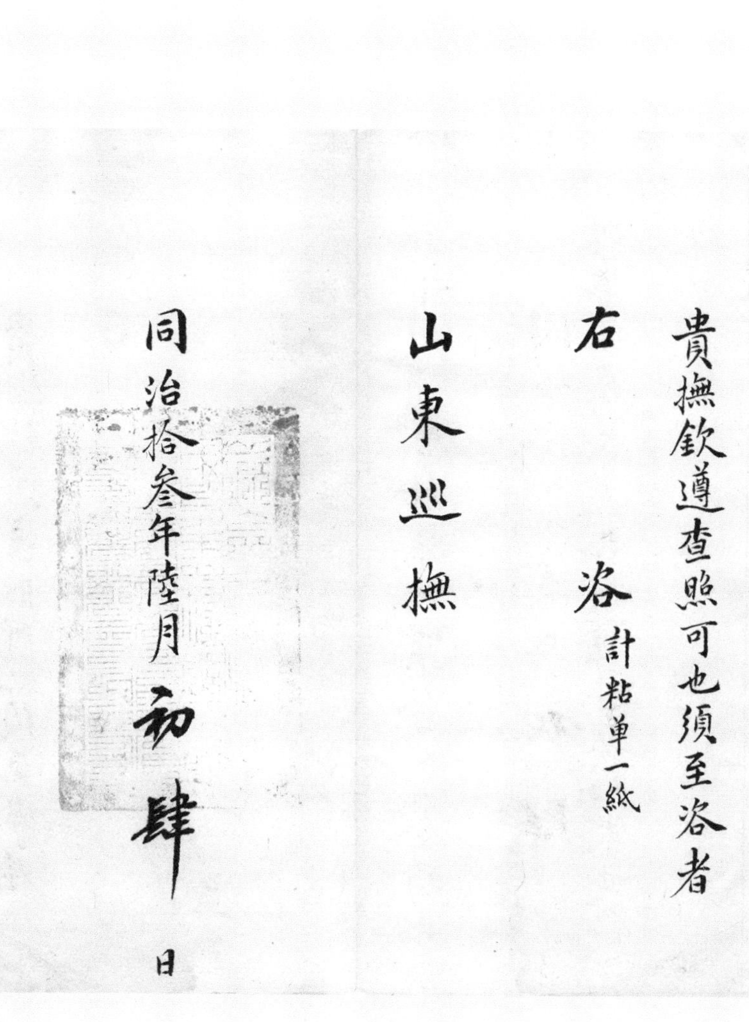
貴撫欽遵查照可也須至咨者

右　咨　計粘单一紙

山東巡撫

同治拾叁年陸月初肆日

謹
奏為日本兵船在滬海防務宜籌辦請
飭下沿海各督撫將軍會籌全局先事預防以資守禦恭
摺密陳伏乞
聖鑒事竊據沈葆楨咨抄具奏到臺日期並籌大略情
形一摺片并公同閱看一片敘水路陸路倭船運糧倭兵

駐紮內山生番殺傷情形並籌擬設防開禁三
事深中肯綮臣等伏查前次日本兵赴台灣並船
泊廈門曾由臣衙門兩具照會兩次詰問該國外務省
因何興兵之處未見覆嗣日本國使臣柳原前光來滬
經該關道屢向詰責維挑柳原前光並致臣等函意
存推諉嗣一切寔情臣等復又照會柳原前光嚴詞切
責在案旋沈葆楨等原奏內稱倭兵約二千餘人一紮大
埔角一紮琅𤩝一紮龜山並有輪船運軍裝糧食牡丹
社已為攻破近有兵船載兵万餘名由台南繞後山一帶
至噶瑪蘭入雞籠口買煤為久占地設防萬不容緩要
以郡城為根本其精華又在北路淡水噶瑪蘭雞籠
口一帶蘇澳民番關鍵尤他族所垂涎因以輪船運糧

皆罗大臣镇之并饬长胜轮船回通晓算法之学生
附入该山量水深浅探明形势由镇道亲临指点勇训
练以备不虞其兵是台湾地方防经沈葆桢竭力筹
备而各省沿海口岸甚多不容此时振刷精神预为备
御患之计则横行之势易由寇兴设一旦事发猝然
又将何以御之臣等承办各国事务遇事常相争时事
可不防决裂宜豈一日敢忘战守应请
饬下南北洋两大臣暨两广两江闽浙山东奉天各督抚将
军统筹全局体察各该省沿海形势何处可以扼要
何处必应设防应如何联为一气以筹储练[illegible]之需
会商妥筹请
旨办理谨将臣等行知日本节略抄折恭呈

併抄錄前後復函一件抄單恭呈

御覽。所有日本兵船聚集社寮海口防務宜籌撥由各省撥解

軍需餉需情形先行籌畫緣由，謹恭摺密陳，請

旨。伏乞

皇上聖鑒訓示遵行。謹

奏。

五七、照録總理衙門王大臣爲臺灣及琉球歸屬等事與日本駐華公使柳原前光會晤問答節略

同治十三年六月二十五日（1874.8.7）

内容提要

總理衙門王大臣於同治十三年六月二十五日與日本駐華公使柳原前光會晤，就牡丹社傷人事及琉球歸屬等事談判。

檔案來源：外務部檔案

已編入《清代中琉關係檔案七編》第二一四頁

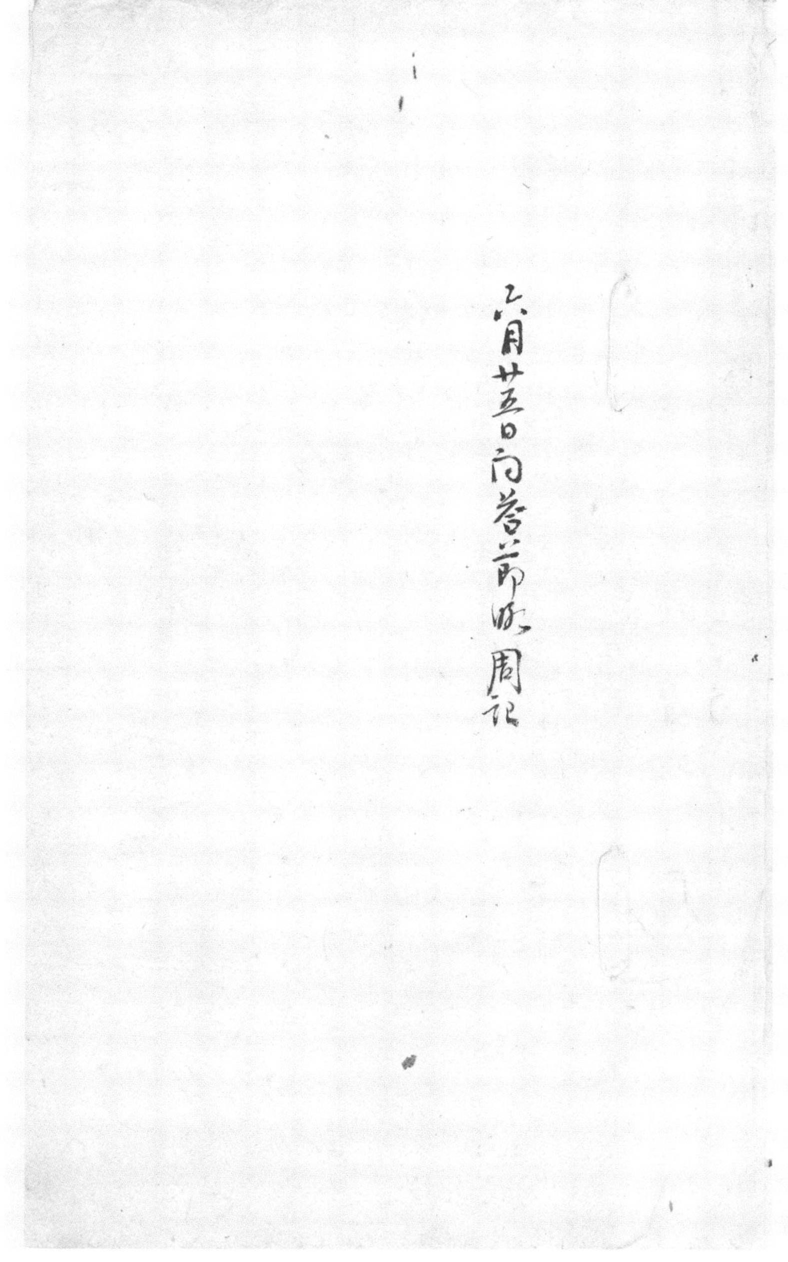
六月廿五日向答二節略周記

柳原大臣起立問

聖躬萬安答曰

聖躬安又問

各大臣好勞動總辦傳信今

柳原大臣來拜見進

國書副本

柳原說天熱彼此問俱好

中堂問何日到上海

柳原大臣云在上海五十日四月二十八日到

六月十六日動身問

王爺貴恙答以尚未出來濕氣須避風

柳原大臣云

覲見的事請早辦
中堂云既有
國書
覲見自要辦的但有次序先要奏到再論
覲見又云請早答以須
王爺出來我們總與各國一體相待

柳原云請教貴衙門有位姓赫專人送信到日
本來此人能辦電綫相天氣日日要互相看訪
說現在
貴國辦此事已依議答以無有或是丹國公司
辦此事鄭曰因此為各國均可來往知照俾行
船人免難鄭回此事須問明總理衙門辦理因

二

屬書其名寫得赫爾德又李仙得即先年同
副島大臣來者署答以赫管稅務此事未准申明
又問赫有事上衙門否答以有公事來或總辦
去又云須去見赫有面談事問以從前應與赫
來往閩過鄭云那時有說英話姓丁的去見過
他我信未見過欲為介紹

成大人答以中國事可從此介紹去見如爲日
本事
柳原大臣可自去問其住址告以另有公所告又
以赫爾德不知即赫稅司否鄭謂外國之爾字
在音內也
中堂云去年

二

中堂云鄭老爺不亦記得兩國和好有話均好說

台湾是中國邦土自一定若說野蠻是我們邦

土的野蠻如要辦亦該我們自己辦若中國實

在不辦再說今日之事與前言不對

柳云因台灣一事早已經

貴衙門明白問以如何明白

柳云俱有照會

沈大人云還是不對

柳云各位大人云有不對但自己意見都在公

文上在上海與潘大人寫信潘大人說過此二

處已辦過別的地方不能

中堂云今日照會所謂野蠻一層須知野蠻是

中國野蠻不應別國去伐應聽中國辦法

柳大臣云既是貴國所屬邦土從前殺人之慘

何以不辦貴國如早已有辦法自好為中國未

曾辦

中堂云說中國不辦從前日本有照會否既無

照會則琉球我們自已屬國已經地方官辦理

要辦事總要動文書照會辦事即此事將來尚
有照會去相好是相好詳論是非必要詳論的
柳原云琉球是貴國屬國日本國渠亦是屬國
已久琉球國王那時有告狀來日本國不得不
替他辦
沈大人云不得不辦亦要看是誰家地方

六

柳原云自己本國人亦到台灣看起那裏實不是中國地方把中國人的頭放在墻邊算不得中國地方

中堂云

大皇帝大度如天不繩以法律如此等地方甚多都要如此説亦難了

沈大人云沈潘公文已接到否答要寫回信問到底如何柳云在上海與潘大人面議後來有不對處

沈大人問如何不對

柳原云先在上海面議潘大人説到阜南牡丹兩社是應辦　柳大人云牡丹社傷幾人性命

柳云外務省公文不説詳細的話詳細話須柳

原説外務省文不周到

董大人云來文彷彿你們之去是我們主意

柳云外務來文於兩位大人見柳原時光景知但

云　毛大人　董大人在座是以言及

董大人云説到兩人原可何以言據其旨趣下

手是我使之也

柳云外務省不是如此解不過云此事見

兩大人說過不曾說指使

沈大人云固非指使亦未答應何以有此言

柳原云不過說上年告訴過

董大人云貴國同文之國文義一樣旨趣兩字

九

請教如何

柳云雖同文那能及得中國文理好

沈大人云不講文理高下如此是加我們罪名

中堂云此文不但

大皇帝看見不知如何即

恭親王閱之亦當奇怪也

沈大人問到底毛董大人答應否答云未[没]有總[答应]
理衙門從無應許之事[話]
沈大人問然前該處是那一國地方[答]生番地界
之事怕貴國不明白
大人曰無不明白
柳云自己未到過生番生番是有不是貴國地

十

方的光景貴國有了台灣之地從不問過

沈大人云若說這等地方多着台灣是中國地方

該處是否中國地方何以不問中國一句

柳云日本朝廷之意只曉得台灣是

大皇上地方生番不過比鄰台灣府所以告愬一聲

中堂云中國要滅生番請問力量能否

大皇帝如天之仁聽之而已日本有事何不告中國今若氏

是使其名不加兵於生番其實將加兵於

毛董大人矣

柳云生番地方從前有中國總督要辦仍舊未

辦是中國終不辦也

沈大人云然則不管是誰地方乎

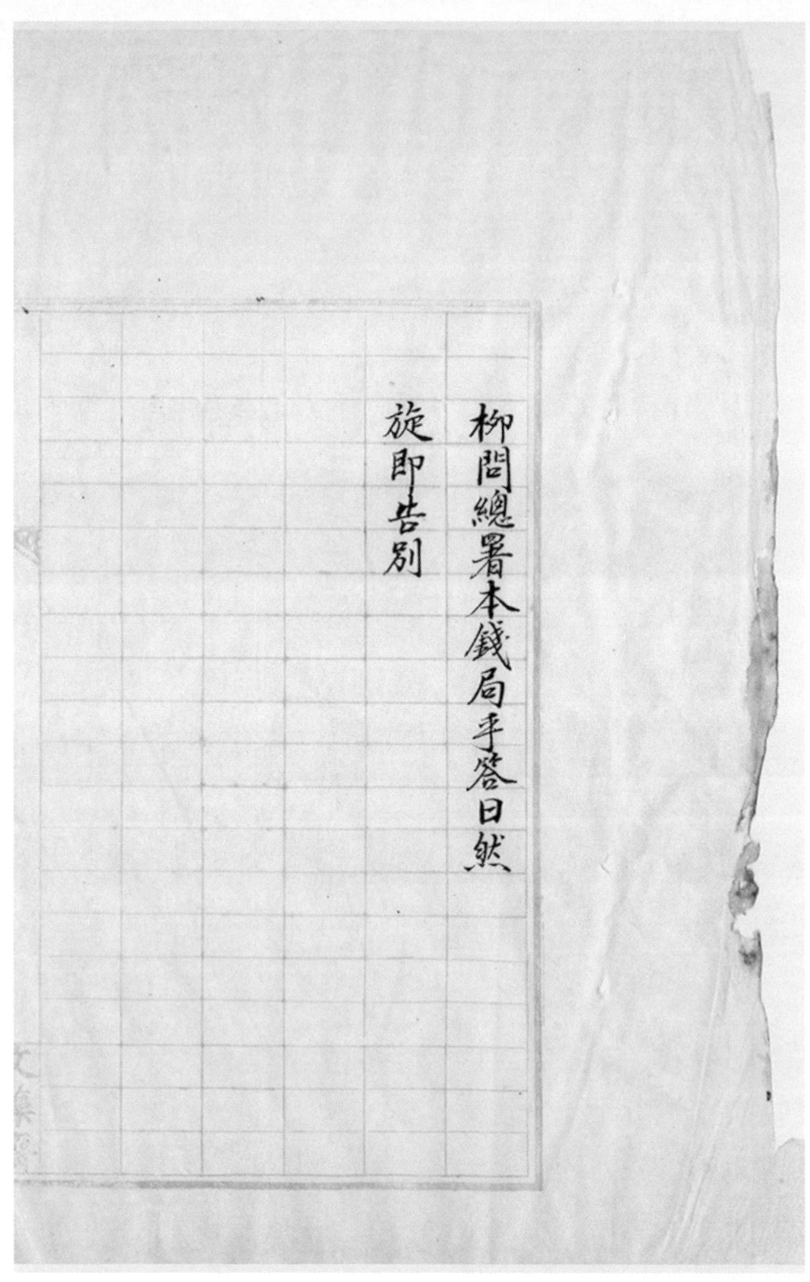
柳問總署本錢局手答曰然
旋即告别

五八、日本利八等遭風案清檔

同治十三年六月（1874.8）

内容提要

同治十二年六月十九日閩浙總督奏報，日本國利八等四人遭風難後漂至臺灣，被當地商人李成忠救出後，妥爲安置，製給衣履服物以示矜恤，并護送至臺灣府城，經由上海轉送回國，并無受害。又同治十二年九月二十四日南洋大臣奏報，利八等人對李成忠及番目陳安生的救助不勝感激，備禮相酬以申謝悃。然同治十三年間日本國在理論同治十年十一月琉球島人遭風難後漂至臺灣，五十四人被番人殺害事時，并重提利八等一案中四名日本人有被卑南番人搶掠船貨衣物等情形。

檔案來源：外務部檔案

已編入《清代中琉關係檔案七編》第三七頁

八

日本利八等遭風恩恤矜俻　同治十二年間

查日本和八等遭風送回一案，曾在上年夏間來咨
日本大臣及領事照報稱番人擄掠情形，但據品似領
事函謝和八等遭風經番人接察（旨飭）旅經資送等情，並
果情船民至琉球人在台灣生番界被害多命矣
此出人口經閩省督撫資送回國，王係謝並經將
撫衙飭識完案辦事，在同治十年日本國遣使

大臣東華議立兩國修好條規彼此保護人民兩國所屬邦土不相侵越在同治十一年彼時未提琉球之事至兩國互換條規在同治十二年彼時亦有照會亦有談有不言照會提及今將新八一案先後照會函係敘各節摘錄于後

同治十二年閏六月十九日到

閩浙總督李文內開據鳳山縣稟五月十五日風港山後地方有洋船遭風擊破派丁探查尚有商人李成忠救出日本人四名業由生番頭目護送並據續後探知日本人船隻在山後遭風擊碎逃入加那哭地方查有土番頭目陳安生往救逃入伊家住宿給

予飯食住商人李成忠查知與該番目陳安生協並設
日本人四名前來給以紙筆書寫該四人姓名係利
八兵吉榛吉治郎均日本國柏島村人由本國乘小
船運鹽在洋遇風船隻沉沒鳧水上岸被番人留住
船内一共四人並已受害遂即妥爲安置一面遣信
該番目陳安生既將等伴並給還住宿用費俱不敢

受並給台灣現今日本國領事所有和八等四名一
面製給衣履服物以示矜恤即令海東雲輪船送至
上海由局委員護送交上海道衙門就近查收附便
轉送回國

同治十二年閏六月二十六日到

南洋大臣李 授蘇松太道抄送日本國領事品川忠
道函稱前本國難民和八等四名以船隻在台灣山
後遭風擊破逃入加那哭地方幸蒙商人李成忠及
營目陳安生假館授餐復又協役送至貴國鳳山縣李
收留寄報又蒙貴大憲安附輪船差員護送到申又蒙

貴道派令會審委員陳目爲會同來員護送到東領
而已收其所以垂憐而援卹之者至密且周歷表鄰
民曷勝感激東領事當即附搭輪船安送該和八等
四名回國并將一切救護情形具達東國外務大臣
以憑詳晰具
東之後并奉東國外務大臣札開嘗貴國官民救護

本國難民利八等四名同獲生全厚德深仁有加之已感佩莫名札令本領事查明救護利八等四名之

貴國地方官備禮相酬以柬謝悃

同治十三年三月廿四日閩浙總督接到
日本國陸軍中將西鄉照會內稱明治四年十二月
我琉球島人民六十六名遭風壞船漂到台灣登岸
是處屬牡丹社之被番人劫殺五十四名死之十二
名逃生經蒙貴國救護送回本土又於明治六年二
月我備中州人民佐藤利八等四名漂至台灣卑南

蕃地亦被劫掠傷脫生命等害貴國恒典送交領事
旋即回國凡我人民蠢愚息往歇處未經示我政府
獨係土蕃野人之災肆其劫殺若置不問安所底止
是以遣使往質其心庶使感發天良知有人道而已
故本中將領之率兵而往惟備土蕃一味悍暴或敢
抗拒來使從而加害不得已則稍示膺懲之舉耳

同治十三年六月初一日到

柳原大臣照會內開副島大臣自烟台回和東京云

由該處給予護照備中民户上春漂到臺地受難者

當據該供從遇田司生番搶擄之後其名又見船到

者倖有數百土人擁圍東海濱搶劫貨物將船拆開取去

家分贓更將所有行李及行李之物取難民身上衣服一

并近來留隨頭加力恩古老人傳遇普勒餘字方名

還著聽其只貴給伊帽撥錢以飭外人數

同治十三年六月二十八日到

柳原大臣致潘大臣照復内開以來文係卑南覔社小蕃之殺害乃蕃為救護之勞苦係以為卑南覔社總之其罪不嫁累及之辜之交查牡丹社狠办來爭不暇办及卑南之事何以使據業已不得而來我中備民已被劫掠實係該社醜番乃為貴大臣部办止知陳

安生救获一[illegible]未经查知该社带人抢掠船货衣物

一空人证实在等贼情

五九、照録總理衙門王大臣與日本駐華公使柳原前光爲日本兵船赴臺灣事會晤問答節略

同治十三年七月初二日（1874.8.13）

内容提要

總理衙門王大臣於同治十三年七月初二日與日本駐華公使柳原前光會晤，就日本兵船赴臺灣事等事談判，王大臣指出日本派兵船赴臺之事性質與前例絶不相同，屬侵越國土，日本方則因番人殺害琉球人一事未妥善解决而詢問處理辦法，雙方斡旋。

檔案來源：外務部檔案

已編入《清代中琉關係檔案七編》第四六頁

同治十三年七月初二日

成大人
沈大人
董大人
崇大人
夏大人
答拜柳原問答節略

七月初二日

沈董崇成夏五堂大人答拜日本柳原周方兩章京隨同前往至彼柳原同鄭永寧接見寒暄畢

沈大人說

寶中堂與

毛大人均有差使是以不能同來鄭傳柳原話曰貴

衙門早間送來公文信函已收到
沈大人問本衙門約柳原初六日到署會晤之函收
到否鄭答收到隨問
王爺好了麽
沈大人說尚未見大好可以出來當差初六日是必
到署的是日

文中堂精神如好亦是要見的又說日前柳原送去
國書副本已請
王爺閱過
王爺囑問柳原大臣台灣之事究竟如何鄭先回以謝
謝並傳柳原話日本國派來外務省行走田邊太一同廈門領事福島九成
到京意欲謁見

各位大人未知可否
各位大人云可邀來相見少刻田邊福島偕出並各
通官銜名帖二紙鄭指田邊說此是外務省派來聽
柳原信的指福島云此是廈門領事曾到過生番地
方的齋入坐鄭傳柳原話曰今日天氣陰雨道路不好走多承
各位大人惠臨柳原有幾句話要談談未識何如

董沈大人云我們亦有話要說鄭云彼此公文往來徒
費筆墨不如面商一定局
董沈大人說能如此便好鄭云日本朝廷以琉球島向
歸所屬如同附庸之國視如日本人一樣其人被生
番傷害日本是應前來繼辦的從先英美兩國亦有
兵船到生番地方並未知照中國

沈大人說英美兩國之事與貴國現在辦法決不相
似英國到彼係屬巡船並非兵船後經本衙門照會
駐京欽差英公使亦以為該船到生番是錯的此事
仍由中國地方官辦結的美國一案亦係由台灣鎮
道同美領事商辦的周章京云領事即李讓禮當時
中國官要重辦李領事轉為求情辦結後議定章程十條

沈崇大人說均有檔案可稽如要看不妨鈔閱鄭無說旋又云本國朝廷總以生番為無主野蠻伊殺琉球人日本又嘗受其害前次副島來京亦曾說過因見三四年來中國總不辦故爾帶兵船來辦的莫說是生番地方就是中國台灣府民人傷了日本人中國不辦日本亦是要辦的周章京云琉球人被害之事果出自何時鄭云大約即伊達到

津議約之年周云那時伊達何以不說後來副島同柳原
及閣下到京又何以不明說且貴國人受害一事內中
並無人命鄭云搶其衣物幾乎致死幸有人救了後
承貴國官送回的又云副島回國後方知日本朝廷
有重懲生番之意周云如此說來此事不過相隔一年
之久何云遲至三四年中國不辦況辦事總以公文

為憑不是空口說的鄭又傳柳原話曰此事中國
大皇帝曾有
上諭亦未見查辦
沈大人云並無此項
上諭鄭又云本國朝廷以此事副島前次說過西鄉到閩
後又照會李制台並不算錯

董大人云從前副島派柳原來署雖提起生番不過
說將來要去查並無帶兵勦辦的話鄭云彼時貴衙
門卻無不准去查的話
董大人云那時因
覲事未成本衙門自不必深論後來
覲事完竣

文中堂曾與副島說過兩國所屬邦土不可侵越迨本大臣等與

副島送行時又說兩國所屬邦土不可侵越此約是要永遠遵守的話

經鄭老爺傳副島話云固所願也鄭云此些話均是有的

董云那時副島曾說過生番非中國所屬邦土日後必要去征伐的話否

鄭云副島大臣實未說過

沈大人云那時如副島說生番非中國所屬邦土日本是要侵越的

本衙門必有辯論嗣鄭傳福島的話日本國派伊為厦門領事因伊知生番路逕日本兵船到厦渠可指引緣生番地界與中國台灣府毗連恐有傷中國民人福島到琅嶠地方要租地紮營詢之該處居民據云此地並無生番伊等不肯要租銀惟訴說生番屢屢傷害求為報仇又說該地完稅係與生番頭目並無交與中國官之說聞有些道陸心源給福島公文說生番納稅一節僅就台灣府誌書說

董大人云台灣誌書至今已有百餘年豈當時作者即知此時有日本要來生番地方預書此以為地步沈大人云誌書所載俱是實據猶如貴國史書豈是混説的又云如中國要占貴國某某地方自著一書以為憑據貴國即肯相讓耶鄭又傳福島話曰後來到風港島詢其居民亦説常受生番之害中國不為

經理求日本代為懲治

董沈大人說熟番與生番向來不睦故如此說且見福島帶兵到彼鄉民畏懼要他何說無不可得陸道公文是憑誌書說的不為無據鄭又傳福島話曰從先日本人亦有在生番地方居住者周云貴國人在該處居住大約不是本朝時候之事無庸說及

沈大人云生番納稅一層不但載在誌書戶部亦有
册檔鄭無説嗣又傳田邊話曰日本朝廷派伊來聽
柳原的確信在日本朝廷看生番究是無主的因他
殺琉球人並要傷日本人便可帶兵往勦連前次副
島問貴衙門提及此事都以爲多如今中國説生番
係所屬邦土實在不鮮

沈大人云日本朝廷視生番為無主者大約以先是
成
不知道如今想已明白生番實係中國地方貴國民
人如有被害之事應行文中國由中國辦理鄭又云
以先外國人屢遭其害、即該處居民亦時受欺淩、中
國何以不辦
沈大人云日前柳原到署

寶中堂曾說中國不強生番以法律是

大皇帝大度包容之意鄭云此等話貴衙門已行文本國

外務省並照會柳原均已明白無須再說了但日本

既已帶兵到生番地方應如何歸著刻下柳原之意

是要求

各位大人示以定見好令田邊回覆本國

沈大人說公文往來此有一說彼有一答固屬徒勞、不如面議辦法然似今日此様議論恐亦是徒費口舌鄭云今日談論已久難為

各位大人了答以我們不要緊不過鄭老爺傳話辛苦耳鄭傳栁原話云日本朝廷看生番是一定要如此辦的、初六日栁原到貴署、亦就是這一句話、貴國

朝廷是何主意、務求示一覆音以便由邊回國

各位大人云我們自當回明

王爺並告知

各位中堂

大人我們先有一言奉復生番是中國地方必應由

中國辦理的至初六日

王爺與
各堂有何話説屆時再談鄭隨指
崇大人向田邊福島説此位大人出過外洋
崇大人答以到過英法兩國問鄭如今駐法國日本
欽差尚是那位大人麽鄭云是
崇大人云我同那位大人搭過船話畢同去

六〇、照録法國軍官日意格爲日本意圖侵占臺灣敬陳用兵之法事致沈葆楨信函

同治十三年七月初七日（1874.8.18）

内容提要

法國軍官日意格致信南洋大臣沈葆楨，爲日本意圖侵占臺灣敬陳用兵之法，信中稱臺灣一事中國無理曲之處，英國駐華公使威妥瑪有意幫助中國購船，并密報日本出兵登岸臺灣的具體情形，指出李鴻章所撥兵丁恐有不敷，需添丁以守鎮；并請赫總税務司派漂風輪船來閩訓練，以備萬一用兵；且建議在中日通商各口約明不得用兵，以不影響各國通商；并爲交戰所需物資提供保障幫助。附威妥瑪回復日意格信函，信中表示願爲中國所欲辦之事提供幫助。

檔案來源：外務部檔案

已編入《清代中琉關係檔案七編》第五七頁

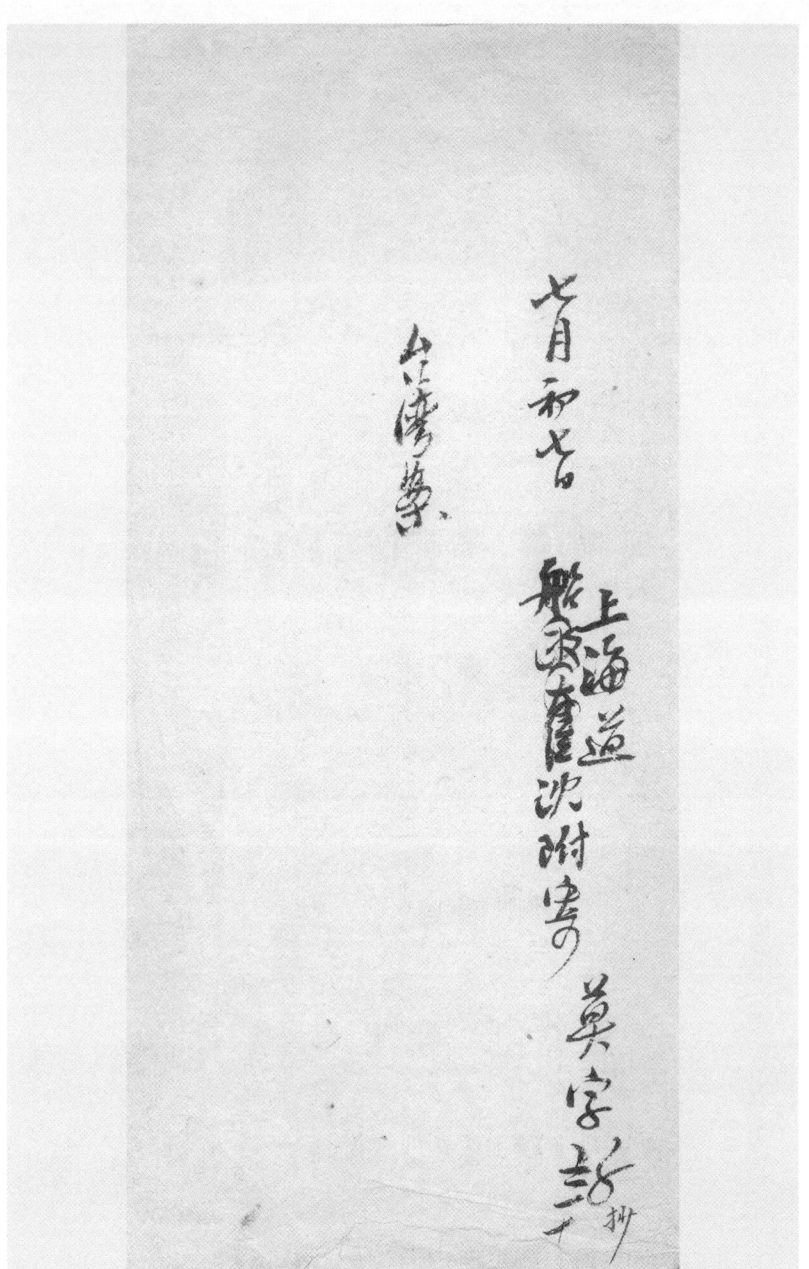

七月初七日　上海道船交雇沪附寄　莫字三十号　抄

日意格致沈幼帥書

敬肅者監督仰叨

帥庇、於初六日安抵馬江、購辦鐵甲船一事、監督經函請駐京英國欽差

威轉函本國允辦在案、今將威大臣覆文繙譯漢字呈

覽、查威大臣頗有相助之心、只須

總理衙門與若商酌則可、若非威大臣轉請英國照辦、勢不

能行、此事不可使外人聞管、恐致躭誤不成、中國與東洋所

議撤兵辦法、來函綦稱至妙、威大臣有意幫助購船、無非

明知臺灣一事、中國無理曲之處、倘將此事、請各駐京使

臣審論公平、諒威大臣無不表其友好之情、此信秘密、求弗
示人、監督在厦門聞之知識東洋内勢友人言日本已備兵
一萬五千、若中國不允准前日琅璠所議撤兵之欵、該國即
遣兵來攻臺灣北邊鷄籠蘇澳等處、其載兵之船、有鐵
甲船一隻、護帶前往、另有鐵甲船一隻、彼時當赴澎湖攻
戰、此次東洋出兵、事事均備極精、臺灣登岸之地、皆已擇
定、兩處處水路淺深、伊國兵船、早經墬線量更有該國探
子、在臺灣要地游歷畫圖、只看中國稍有不順其意、即行
發兵、此處意圖侵佔臺灣闔島、只是琅璠紮兵、該國並不

欲添多、如中國攻擊、該兵只得設法相敵而已各等因、監督敢
據所聞、並將愚見布達於後、
一李中堂所撥兵丁六千五百名、恐有不敷可否請李中堂再
備六七千名、待我
帥要用即撥、所聞東洋備齊一萬五千人、監督想此言當係確實、
二李中堂所撥兵丁、可否點一半往北路、其餘一半、留在南路、
再添臺灣土兵一千五百名、足資守鎮、
三前請赫總税務司派凛風輪船來閩訓練、兹得赫總税司
函復、准與撥付、即日可以前來、除福星、興長勝、海東雲、永保、琛

航、大雅、六船另供差運外、其餘各船、均請

飭其回工、以便查勘該船上缺何器件、立為添補齊全、然後統

令駛往澎湖訓練、以備萬一用兵之舉、

四

兵事若興、各口均須守禦、查萬國公法、不論何國、何船、何

屋、何人、出入往來、可以隨時稽查、惟中國一時難以遽辨、且

口岸交戰、別國人未免受虧、可否咨請

總理衙門、商諸各國駐京公使、將中國及東洋國通商各口、

約明不得用兵、如果照行、則可專就臺灣蘇澳一帶並力

攻守、以免分口設防之舉、監督一面已函商法英兩公使察奪、如

回信為然、再行布陳

帥聞、便可咨請總署辦理矣、

五東洋既欲乘機來攻中國、自應慎之、諸事不可使日本有詞為

柄、所議設電線、實乃軍務至要、只惜四月後方可修成、如兩

國動兵、則承工公使司不得安插海裏之線、鐵甲船雖可購、

則不能離外國口、或不能於沿途各口辦買所需煤炭食物

等項、船上所募洋人、亦必退撤、因此無論中國與東洋何時

交兵、須先將兩國不睦之處、請各國公使會同論理、若東

洋肯聽判斷、勢可息兵、若不應允、中國即可將我有理之

處、宣布各國聞知、方纔動兵為是、
六日耳曼鐵甲船、旂昌行尚須二三天方有電線回信、一俟到
時、再行飛布、吳提調云、上海小鐵甲船七號、尚未接到清單、
俟单寄來閱核再定、其里明東洋鎗六千桿、已打電報兑
銀往辦、

威公使覆日意格書

數日前、欣接

閣下四月十九日來教、所陳洵屬善言、並承

許以臺事相告、感感謝謝、中國欲使公評曲直、以復臺疆、

是舉不爲無見、

沈欽使才德兼優、誠使臺土通商、更有起色、則不特

日本不敢垂涎、即他國詎能希冀、來書有云、鐵甲船爲

中華禦侮利器、惟

總理衙門並未與弟道及、訪聞外間華人託英國素無責

任之人偵探、英國肯否售賣、不知此事、若未經先達弟處、則

朝廷必不題其言、故外間商議、似屬無益有損、顧華人深知此

意也、如

總理衙門與弟商購、自當代請

朝廷妥爲照辦、至於出洋學習事宜、

閣下在都時、弟已函允辦理、弟固不能使

朝廷爲所不爲、但中國能將所欲辦之事直達弟處、斯

無難事矣、

來書自當秘密、願

閣下同具此心也、肅此布

聞還乞

惠教

六一、照録日本駐華公使柳原前光爲日本出兵臺灣事致總理衙門信函

同治十三年七月初九日（1874. 8. 20）

内容提要

日本駐華公使柳原前光爲日本伐番之役致函總理衙門，提出此舉爲保恤己民起見，并以惠及他國爲利，敦促王大臣三日内給明決回文裁復。

檔案來源：外務部檔案

已編入《清代中琉關係檔案七編》第六三頁

同治十三年七月初九日

照錄 日本柳原信 七月初九日

逕啟者茲為本國伐番之役經數月間兩相辯論彼此是非今既疊文累函在案頃因我朝專派田邊來宣事不可緩當即面訂于本月十七日踵

貴衙門便聆

裁示于十五日再具公文附申前訂之言屆日承

貴王大臣相示云以我兩國唇齒比隣同文之邦無論誰家勝負總不是我兩國之利既明此道理即不必辯論今日肺腑的話是講了結

今日之事我中國不肯令貴國下不了場貴國亦不可令中國下
不了場等情又引鬩墻禦侮之義近取養病却酒之譬勸本大臣歸
寓亦由肺腑想出辦法兩邊懷恕可以落臺本大臣具徵
貴國深思隣誼退而細思昨本大臣特奉本朝來諭云夫我伐番義
舉非惡其人非貪其地務為保恤己民起見並以惠及他國為利所以不
憚鉅費漸次綏撫設官施政道德齊禮一歸風化否則野性難移復蹈
禽獸相食之行使吾此役終屬徒勞無效故我在事員弁仰體此旨
不避艱險誓死奉行樂觀其盛兹聞清國以生番為屬地言論不置

然此義務既誓我民爰發我師為天下所共知事在必行刻不可忽
著該公使即向該國政府以明本朝心蹟並請確答覆文繳回等因奉
此經本大臣于十五日備文陳請在案况邇風聞
貴國中外物議洶洶備糗聚兵等語原夫兵凶器戰死地誰敢樂為
而以伐一野蠻致失隣好殊為惋惜語云色斯舉矣翔而後集祇遵本
國功令不敢耽悮力請
貴王大臣仍速查照十五日文决定裁覆而已俯冀函到期以三日即給
明决回文如過三日不見裁覆萬不得已發回差員應在本國斷為

貴國
朝廷並無異議此本大臣今日之公事也回憶五載奉使渥承
貴王大臣優待克尋盟好上當斯任幸蒙猶以同病相憐却酒論藥
為喻如獲再剖一層熱腸即將
貴國別有何等施設方法指明後局使本國此役不屬徒勞可令下得
了場以固睦誼是本大臣肺腑之望耑肅以陳順頌
台祉

六二、照録總理衙門王大臣爲日本出兵臺灣事致日本駐華公使柳原前光信函

同治十三年七月十一日（1874.8.22）

内容提要

總理各國事務衙門王大臣爲日本出兵臺灣事致信日本駐華公使柳原前光，回復其同治十三年七月初九日來函之事，稱臺灣生番確是中國地方，唯有日本退兵後，由中國妥爲查辦此前琉球人遭風難在臺被害一事。

檔案來源：外務部檔案

已編入《清代中琉關係檔案七編》第六七頁

照録給 日本柳原信 七月十一日

逕覆者本月初九日接

貴大臣來函所稱各節本王大臣等查

貴國派兵前赴中國所屬生番一事經本王大臣與

貴大臣數次晤譚自比文函往來較為明切初六日承

貴大臣來署本王大臣復將委折情由覿面剖陳並說明毋庸辯

論想一了結辦法若必要

貴大臣立刻說出辦法來我們也不肯如此相迫過一兩日鄭少丞或來見

各位大臣彼此相商即要見中堂亦可先期約定況此事不由中國而起中國應問

貴國辦法云云經鄭少丞傳

貴大臣話云過一兩天王爺大人一面想法本大臣亦去想法再給回信

何如等語本王大臣答以為可此方是忠恕之道理等因在案茲查

來函所云非惡其人非貪其地務以保恤己民起見並以惠及他國為

利本衙門查生番所居係中國輿地中國現在辦理一經辦理妥協自

然利及他國是以從前因外國有遭風被害情事即經創立章程

以期漸次整理妥善俾中外獲益又

來函所云漸次撫綏設官施政本衙門查生番所居既屬中國輿地
自應由中國撫綏施政又
來函所云誓衆發師為天下所共知本衙門查此件是非曲直本為天
下所共知自東師涉吾土地中國並未一矢加遺亦為天下所共知以上所
及明知
來函所稱係
貴國起先用意並非
貴大臣此時之意既言及此不能不一為剖明又

來函所云以中國備糗聚兵示及兵凶戰危之意本衙門查中國向以
黷武為戒苟非為人逼迫萬不得已斷不首禍至
來函下問有何設施方法指明後局使此役不屬徒勞可令下塲並
囑决定裁復本衙門查現在下場辦法自應還問
貴國緣兵事之端非中國發之由
貴國發之也若欲中國决定裁復則曰台灣生番確是中國地方若問
後局方法則曰惟有
貴國退兵後由中國妥為查辦查辦既妥各國皆有利益況中國既不

深求而
貴國所云恤民之心已白並不徒勞足可下場至
來函囑本王大臣仍速查照十五日文决定裁復期以三日即給明决
回文如過三日不見裁復斷為貴國朝廷並無異議等語與前
面談情形不合且彼此辦事從無不見裁復即斷為並無異議之
理至限日回文揆之情理豈可謂平仍請
貴大臣酌之復頌
日祉

六三、浙江巡撫楊昌濬爲琉球國船回國事題本

同治十三年七月十六日（1874. 8. 27）

内容提要

浙江巡撫楊昌濬於同治十三年七月十六日題明，琉球國海船回國事，十月十九日奉旨：該部知道。

檔案來源：内閣禮科史書

已編入《清代中琉關係檔案四編》第六四九頁

浙江巡撫臣楊昌濬謹

題為琉球國海船回國事同治十三年七月十六日題十月十九日奉

旨該部知道

六四、福建巡撫王凱泰爲遣發琉球國接貢船等回國事題本

同治十三年七月十六日（1874. 8. 27）

内容提要

福建巡撫王凱泰題明，上年來閩恭進表文方物之琉球國貢船現搭官伴水梢等一百十四員名，定於同治十三年四月二十三日放洋長行回國。又琉球國遭風難民金城等船隻於四月二十二日放洋長行回國。

檔案來源：内閣禮科題本

已編入《清代中琉關係檔案續編》第一五二〇頁

該部知道
題
十三年十月十九日下札

兵部侍郎兼都察院右副都御史巡撫福建等處地方提督軍務兼理糧餉臣王凱泰謹
題爲琉球國海船長行回國日期詳請具
題事據署福建布政使葆亨呈詳竊照同治拾貳
年琉球國王尚泰遣都通事鄭良佐率領官伴
水梢共捌拾玖員名駕坐海船來閩恭迎
皇上勅書
欽賜物件并接使臣歸國當經詳請具
題並將五虎門巡檢護送到省之琉球國遭風難

國日期去後茲據署臨防同知孫壽銘詳報琉
球國遭風難夷金城等船隻於拾叁年肆月貳
拾貳日放洋又據
貢船隻於肆月貳拾叁日放洋均各長行回國等
由到司據此合就詳請察核具
題等情前來臣覆查無異理合具
題伏祈
皇上聖鑒敕部查照施行為此具本謹具
題
聞

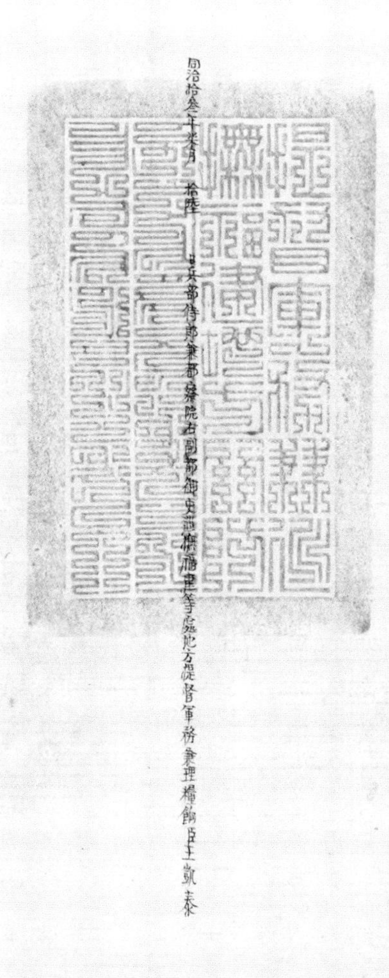

同治拾叁年柒月拾陸日兵部侍郎兼都察院右副都御史巡撫福建等處地方提督軍務兼理糧餉臣王凱泰

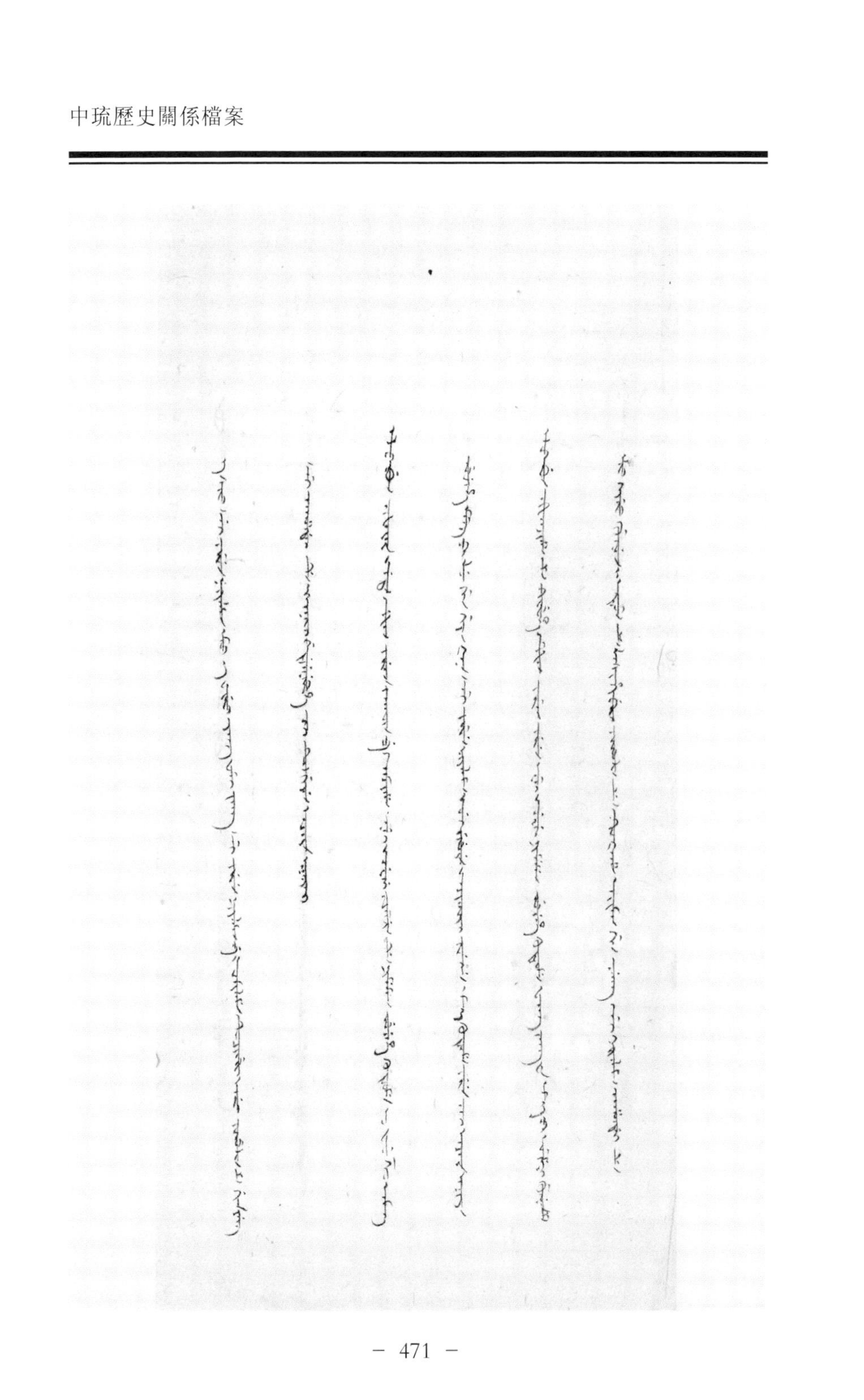

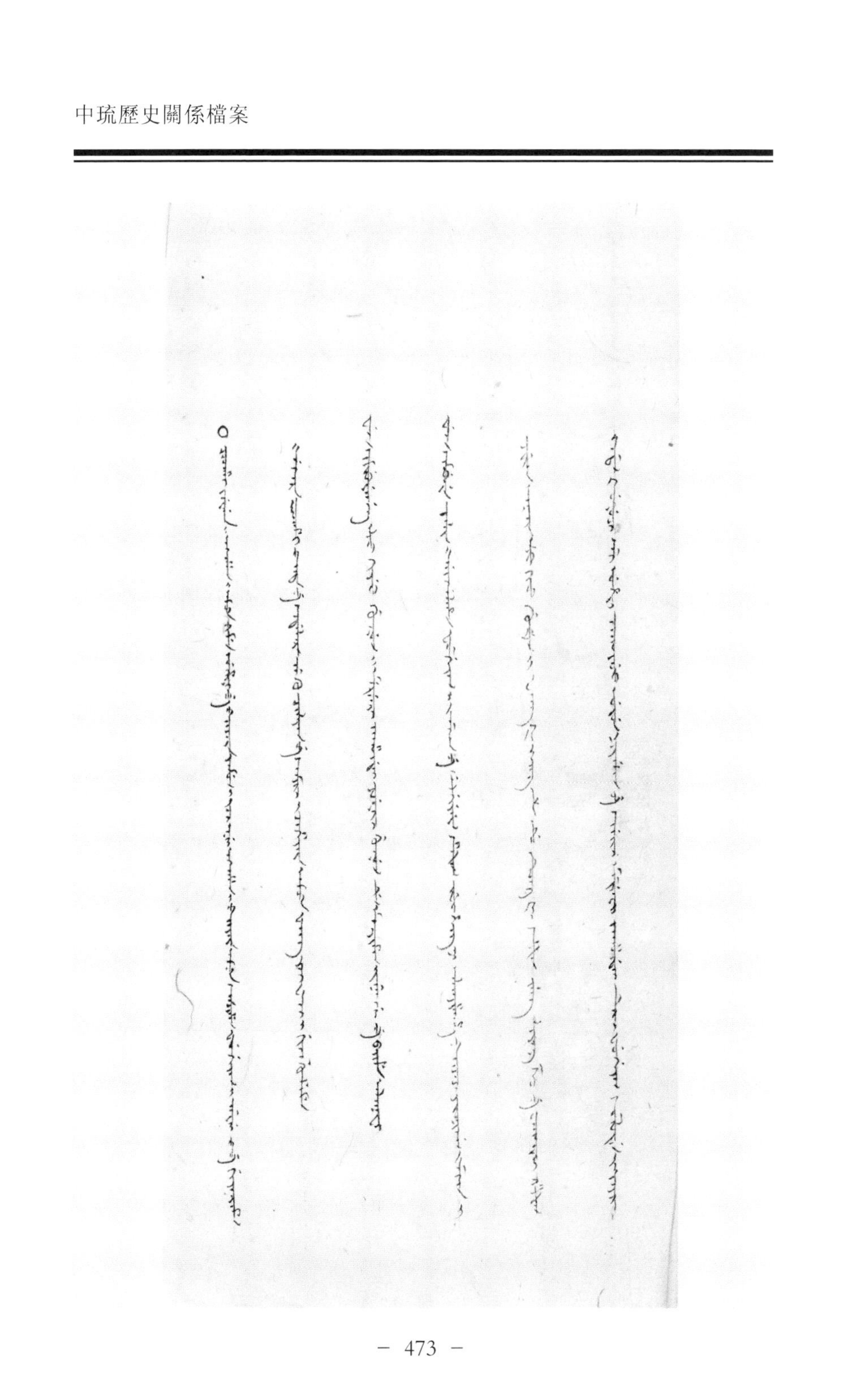

六五、照録總理衙門王大臣與日本駐華公使柳原前光爲日本退兵及臺灣生番歸屬事會晤問答節略

同治十三年七月十九日（1874.8.30）

内容提要

總理衙門王大臣與日本駐華公使柳原前光爲臺灣歸屬事於同治十三年七月十九日會晤，柳原前光稱日本駐扎臺灣之兵不肯退，詢問中國對此事的處理辦法。總理衙門王大臣答曰，中國以和好爲初心，但日本出兵不退無法妥談。并就臺灣生番是否歸屬中國產生分歧。

檔案來源：外務部檔案

已編入《清代中琉關係檔案七編》第七一頁

七月十九日問荅記

兩國俱下得去不必待貴王文信函、柳原大臣要辦
照會信函來、本衙門不得不辦、所説肺腑的話、我已
經説過、做話又不能説、總要備[illegible]數[illegible][illegible][illegible][illegible]
柳原云、上次領教肺腑的話、要想兩國都下得去的
法子、回去想不出、過一兩天、要討回話不得、是以又
寫公文來、要問定局、中國要日本退兵之後辦理東

二

國之兵不肯退，中國究竟作何办法。
中堂云：我所說的話，以是和好的心，話是和好的話，
不是逼迫的話。今日柳原所說是逼迫的話，不是和
好的話，說不得了。我原先的話，是要兩边下得場；今
日柳原的話，是要中國下不了場。柳原不應說，我亦
不应答。随令書大意數語，以便交柳原帶回。

中堂云我明白了柳原说不是自己的意思是国家
的意思我们代国家办事所说的话就是国家的意
思郑先翁你明白道理彼时是东土之国要说亲睦
的话你晓得易地而处之义乎
董大人云就是彼此换个坐儿　中堂说你晓得易
地之义一切话便好说了

鄭因柳原說　中堂云、那天所說的話、是兩面設想、

今日柳原所說是一面的話、

鄭云、是日本朝廷一定要如此、

中堂云、如我們亦說中國朝廷是一定要如此、如何辦

閣下云、如柳原一人在此可如此說今日是兩國人

在座便不可如此說

鄭云、中堂是分開說了、故覺是一面、柳原是要中國定見、

中堂云、柳原要分開、我們並沒否要分開的意思、

鄭云、他們不是要分開、是日本朝廷意思、看出當為免生疑惑、聽中國議論、是心上不相信、

中堂問誰不相信、

五

鄭云、是國家不相信、

中堂云、我說過我們办事、是代國家办事、柳原即國家、如國家不信柳原、柳原所用、我說的話、即國家的話、我在此說話、不能上請〔時時進內〕

大皇帝的示、

鄭云、是柳原即一小國家乎、

中堂云：柳原並不小，我們敘柳原，即是敘日本國家，
如柳原不是奉日本國家之命而來，我們的和交，就
要因為說了。
鄭云：再請教一下。中堂云：柳原同國家一樣，但如
今兩卿在坐當亦可，如貴國把兩卿殺了，便怎麼。
中堂云：誰要殺他。

六

鄭云、不是　中堂要殺他、自有人要殺他、

中堂云、如西又鄉要殺中國人、使如此、如果中國不

派人如西鄉都到貴國查究去、豈如此、

鄭云、要回報的、

中堂云、又說到從前之話了、若再說、我就要回衆人、

不必再說了、如今我有兩句話、不知柳原肯聽否、内

成大人云（述其意），不但柳原不信，日本帝國人都不信我們的話。

中堂云，既不相信，今日何必來說話。鄭所預備節略，交與閱看。

中堂云，那節略不必看了，那是和好的話，如今既說不和好的話了，那節略可不看。我總所說的話，鄭老爺可以看看，對不對，拿來看看。隨將先備不宜說不和好的話一節略交給。

八

又云我說話好得多、不比前後及露、這不是貴國作出來的不是中國作出來、故要貴國自想、辦法我說前略內的話有一也字係要領略、不可迫我、

鄭云、將原說中國從前不辦生番的那些話等語、如今議論到生番而中國地方總有這話、係指易伴前略而言

成大人解其意云、你的意思是從先日來不辦生番、

本書的編纂出版，承蒙日本國冲繩縣教育委員會大力協助，

謹致謝忱！

中國第一歷史檔案館 編

中琉歷史關係檔案

同治朝（四）

國家圖書館出版社

中琉歷史關係檔案

總主編：孫森林
副總主編：李國榮

中琉歷史關係檔案

同治朝（四）

主編：伍媛媛
編輯：王徵 郭琪 朱瓊臻 郭子梦

前言

封貢是我國封建社會特有的一種國與國之間的交往制度，源於先秦，形成於兩漢。它由最初的中央政權處理地方政權和屬國關係，逐步發展演變爲中國封建王朝處理與周邊國家和地區關係的一種制度。

追溯中琉歷史關係，可謂源遠流長。據文獻記載，早在隋朝大業元年（六〇五）隋煬帝就曾遣羽騎尉朱寬等出使琉球，中琉間有了初步交往。到了明代，朱元璋更是在開國之初的洪武五年（一三七二），就遣使琉球，與琉球國建立了宗藩關係。自此，中琉關係歷經王朝更迭，宗藩再續，即使相隔於海，往來交通不便，也册封不止，朝貢不輟，常來常往，頻繁密切。直至清光緒朝初年，日本明治政府藉口臺灣牡丹社事件强行吞并琉球，廢藩置縣，中琉藩屬關係始告終結，歷時凡五百餘年。在歷史的長河中，五百餘年衹是轉眼瞬間，但兩國通過交往結成的密切關係，却留在了人們的記憶裏。

一九九二年，隨着中日文化交流的發展，中國第一歷史檔案館將收藏保管的清代中琉歷史關係檔案的整理工作列上日程，先後整理影印出版了《清代中琉關係檔案選編》《清代中琉關係檔案續編》《清代中琉關係檔案三編》《清代中琉關係檔案四編》《清代中琉關係檔案五編》《清代中琉關係檔案六編》及《清代琉球國王表奏文書選録》，共收録檔案史料三千餘件。這些檔案都是清政府有關機構及地方督撫在辦理琉球國事務過程中形成的，主要記載了清代中琉在宗藩封貢、海難救助、經濟貿易、文化交流等各個方面的密切交往，反映出清朝統治者以禮儀之邦、天朝上國自居，册封朝貢，『厚往薄來』，推行封建的封貢制度，目的在於爲清王朝統治營建一個和平安定的周邊環境。在與琉球交往的過程中，傳播了中華文化，加强了聯繫，密切了關係。在一八四〇年以前，中國與外國没有現代意義上的外交關係，與外國的交往，特别是周邊國家，主要是以宗藩封貢關係來維繫友好交往。結藩而不干涉内政，是清朝統治者自始至終奉行的一貫藩封政策。正如清末同治十一年（一八七二），總理各國事務衙門大臣曾對外宣稱的『内政外交聽其自主，我朝向不與聞』，説明清政府與屬國之間，衹是一種單純的册封朝貢關係。從這些檔案中，我們不難看到一個以大國自居的皇帝及其政府與其屬國的友好交往，與近代西方殖民主義宗主國和殖民地的關係有着本質上的不同。

清初，清政府的機構設置、文書制度等多沿明制，隨着其統治的日益鞏固及軍事、政治等方面的需要，逐步摒弃并設置了更適應社會發展、更有利於提高辦事效率的封建集權統治機構，形成了上行、下行、平行等諸多文書種類。選編出版的清代中琉關係檔案，文書種類有：朱批奏摺、録副奏摺、上諭檔、題本、表文、起居注、咨文、移會和專爲編史而輯録成册的史書，以及乾隆十三年（一七四八）即已宣布廢止不用，衹有琉球、朝鮮等清王朝屬國的國王纔使用的奏本等。豐富翔實的檔案史料，真實地展現了清代中琉友好交往的史實，爲中外史學者的研究提供了彌足珍貴的清代中琉關係檔案史料。

遺憾的是，最初在編纂出版清代中琉關係檔案時，由於檔案開發與急迫利用的矛盾，爲盡速出版，主要是按檔案的文書種類進行編排，因而忽略了這些檔案在某一事件或問題中的相互關聯性。因爲是按單純的文種彙輯檔案，讀者很難瞭解其不同機構間的往來行文關係、機構職掌，給中琉關係的研究和清代文書制度的研究等帶來不便。此外，由於資金和技術手段的限制，有的檔案影印畫幅太小，以致文字難以辨認。故此，自二〇〇五年開始，我們重新整理出版《中琉歷史關係檔案》。此次編纂采用編年體例，按朝年月日排序，并逐件摘寫内容提要，注明出處，全書一體單欄影印，以方便學者的利用研究。《中琉歷史關係檔案》第一至十册的編纂工作，主要由我館原保管利用部承擔，朱淑媛、高换婷、顔景卿、孔未名、葛慧英、李保文、齊銀卿等共同編輯完成。該書從第十一册開始，其編纂工作由我館編研處承擔，編纂體例一仍其舊，合作形式沿襲不變。

《中琉歷史關係檔案》的編纂出版，承蒙日本國冲繩縣教育委員會熱忱協助，并得到國家圖書館出版社大力支持，謹致謝忱！

中國第一歷史檔案館

二〇二〇年十二月

目録

一、總管内務府爲琉球國貢使向文光等到京請照例賞給皮袍等事奏片

同治八年九月初五日（1869.10.9）

内容提要

總管内務府謹奏，此次琉球國恭進例貢使臣向文光等共二十六員名於八月二十日到京，已安置館舍居住，所有應行賞給飯食等項均照例備辦。查向來該國貢使等到京，照例每人賞給皮袍棉襖靴帽等物各一份，歷經辦理在案。今可否仍照向例賞給衣服等物，伏候訓示遵行。

檔案來源：内務府奏案

已編入《清代中琉關係檔案六編》第三六〇頁

知道了。

同治八年九月初五日

奉旨

奏為賞給琉球國使臣等衣服事

總管內務府謹
奏為奏
聞請
旨事此次琉球國恭進例
貢使臣向文光等共二十六員名於八月二十日
到京已安置館舍居住所有應行
賞給飯食等項由臣衙門照例備辦查向來該國
貢使等到京均由臣衙門

奏明照例每人
賞給皮袍棉襖靴帽等物各一分歷經辦理在案
今該使臣等來京可否仍照向例
賞給衣服等物之處臣等未敢擅便伏候
訓示遵行為此謹
奏請
旨

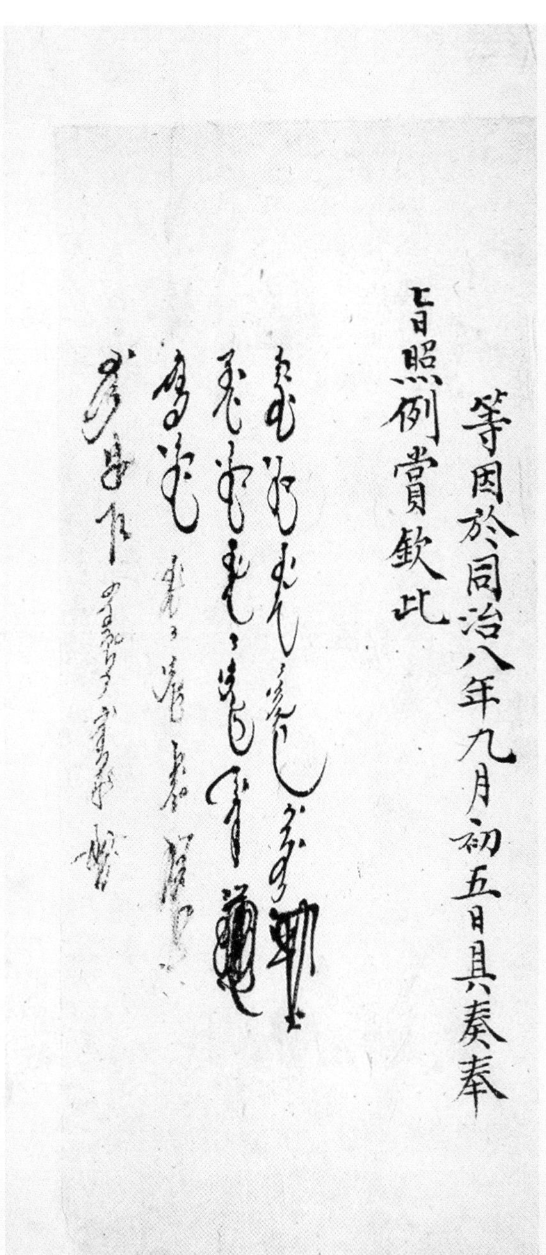

等因於同治八年九月初五日具奏奉
旨照例賞欽此

二、總管内務府爲頒賞琉球國王等緞匹將庫貯現有并抵用款項繕單呈覽事奏片　清單一

同治八年九月初十日（1869. 10. 14）

内容提要

總管内務府謹奏，現據禮部來文，此次應賞琉球國王等緞綢等項經查庫款諸多不敷，事關外國賞需，謹將庫存現有并抵用款項敬繕清單恭呈御覽，伏候訓示遵行。

清單：賞琉球國王等緞匹庫貯現有并抵用款項清單。

檔案來源：内務府奏案

已編入《清代中琉關係檔案六編》第三六三頁

十二
同治八年九月初十日
廣儲司 奏爲 賞給琉球國王貢緞紬等項改用名色事

總管内務府謹

奏為奏

聞事現據禮部來文此次應

賞琉球國王等緞綢等項是否名目相符有無抵

用別項之處聲覆過部咨行前來當經檢查庫

款諸多不敷事關外國

賞需臣等公同商酌謹將庫存現有並抵用款項

敬繕清單恭呈

御覽是否有當伏候
訓示遵行爲此謹
奏請
旨
等因於同治八年九月初十日具
奏奉
旨知道了欽此

賞琉球國王等用

錦八匹（以蟒緞四匹倭緞四匹抵用）

織金緞八匹（以蟒紗抵用）

織金紗八匹（以蟒襴紗抵用）

織金羅十四匹（以官用蟒緞抵用）

紗十二匹（現有）

緞三十九匹（現有）

羅三十三匹（以綾抵用）

絹五十八匹（以繭綢抵用）

裏綢四匹（以綿綢抵用）

布一百二十二匹（現有）

三、内務府堂主事海全等爲支領成做賞琉球國貢使等衣物用綢布銀兩事呈稿　清單一

同治八年九月初十日（1869.10.14）

内容提要

内務府堂主事海全等呈報，此次琉球國進貢來使人等共二十六員名，應做給皮棉衣服等物二十六份，需用綢布請向廣儲司緞庫領用，其辦買皮甬領袖靴帽絲帶等物并成做工價共應領實銀一千一百零九兩九錢八分八厘，請向廣儲司銀庫領取。謹將成做衣服應用綢布及辦買皮甬領袖等物應用銀兩數目分繕清單附稿呈明，伏候堂臺批准，請交各該庫如數發給照例核銷。

清單：辦理琉球國貢使等皮衣棉衣等物需用綢布數目及辦買皮甬領袖等物應用銀兩數目清單。

檔案來源：内務府呈稿

已編入《清代中琉關係檔案六編》第九六五頁

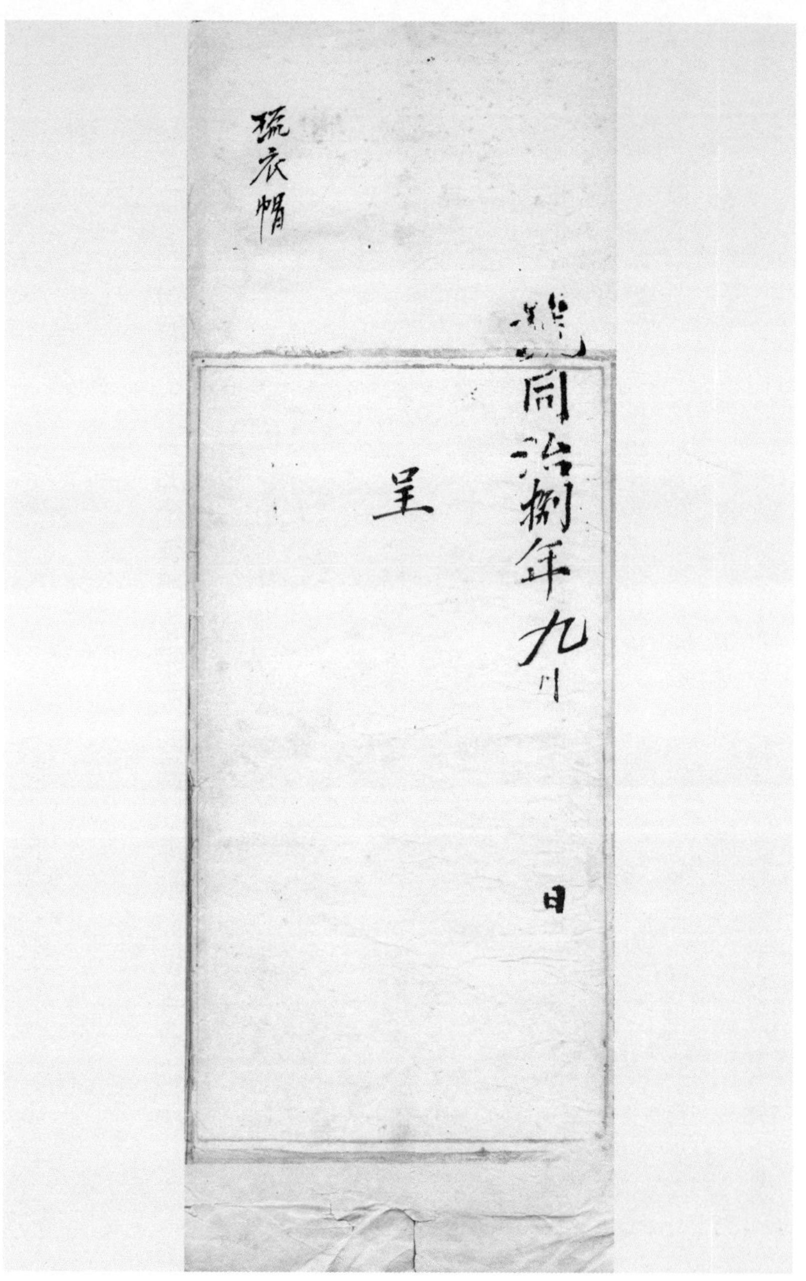

琉衣帽
同治捌年九月　日
呈

派出辦理琉球國來使人等飯食堂主事海全等呈為呈明
支領綢布銀兩事竊照此次琉球國進
貢來使等到京經本府奏准每人
賞給皮棉衣服靴帽等物各一分職等應照數成做
賞給查該來使人等共二十六員名應做給皮棉衣服等物
計二十六分需用綢布請向廣儲司緞庫領用其辦買皮
甬領袖靴帽絲帶等物並成做工價共需用實銀壹千貳
百叁拾叁兩叁錢貳分奉
堂諭覈減壹成實共應領實銀壹千壹百零玖兩玖錢捌分
捌釐請向廣儲司銀庫領取謹將成做衣服應用綢布及辦買
皮甬領袖等物應用銀兩數目分繕清單附稿呈明伏候
堂台批准請交各該庫如數發給照例覈銷可也為此具呈

辦理琉球國貢使等皮衣棉衣靴帽等物需用紬布

數目

正貢使一員副貢使一員都通事一員副通事二員入

監官生三員共八員 每員

江紬面狐皮袍各一件　計用江紬八尺

繭紬面紡絲裡棉襖各一件　計用繭紬八尺 紡絲八尺

紬面布裡棉褲各一條　計用繭紬四尺 布四尺

紬面布裡棉套褲各一雙　計用繭紬三尺 布三尺

紬面布裡袷領衣各一件　計用繭紬一尺半 布一尺半

布包袱各一塊　計用布八尺

跟伴十八名 每名

宮紬面羊皮袍各一件　計用宮紬十八尺

紬面布裡棉襖各一件　計用繭紬十八尺 布十八尺

布裡面棉褲各一條　計用布十八尺

布裡面棉套褲各一雙　計用布十四尺

布袷領衣各一件　計用布三尺半

布包袱各一塊　計用布十八尺

以上用大卷江紬八尺大卷宮紬十八尺繭紬三十四尺半紡絲

八尺熟高麗布八十八尺

辦買皮甬領袖靴帽等項並成做衣服工價銀兩數目

正貢使一員副貢使一員都通事一員副通事二員入監官生

三員共八員 每員

狐皮袍甬各一件 每件價銀二十九兩　計用銀二百三十二兩

貂皮袖各一副 每副價銀六兩　計用銀四十八兩

水獺皮領各一條　每條價銀二兩五錢　計用銀二十兩

染貂皮帽各一頂　每頂價銀五兩五錢　計用銀四十四兩

杭纓各一頭　每頭價銀二兩　計用銀十六兩

緞靴各一雙　每雙價銀二兩八錢　計用銀二十二兩四錢

緞襪各一雙　每雙價銀二兩二錢　計用銀十七兩六錢

絲線帶各一條　每條價銀二兩　計用銀十六兩

共用銀四百一十六兩

跟伴十八名　每名

羊皮袍甬各一件　每件價銀十八兩　計用銀三百二十四兩

水獺皮袖各一副　每副價銀四兩九錢　計用銀八十八兩二錢

水獺皮領各一條　每條價銀二兩五錢　計用銀四十五兩

染銀鼠皮帽各一頂　每頂價銀四兩五錢　計用銀八十一兩

線纓各一頭　每頭價銀一兩六錢　計用銀二十八兩八錢

布靴各一雙　每雙價銀二兩　計用銀三十六兩

布襪各一雙　每雙價銀六錢　計用銀十兩零八錢

絲線帶各一條　每條價銀一兩六錢　計用銀二十八兩八錢

共用銀六百四十二兩六錢

成做皮袍二十六件　每件工線鈕扣貼邊銀二兩六錢　計用銀六十七兩六錢

成做紬布棉襖二十六件　每件工線鈕扣棉花銀一兩六錢　計用銀四十一兩六錢

成做紬布棉褲二十六條　每件工線棉花銀九錢四分　計用銀二十四兩四錢四分

成做棉套褲二十六雙　每雙工線棉花銀六錢八分　計用銀十七兩六錢八分

成做皮領二十六條　每條工線領面鈕扣銀四錢　計用銀十兩四錢

成做紬布領衣二十六件　每件工線銀二錢五分　計用銀六兩五錢

成做布包袱二十六塊　每塊工線銀二錢五分　計用銀六兩五錢

共用銀一百七十四兩七錢二分
以上三款共用銀一千二百三十三兩三錢二分

四、禮部爲琉球官生赴監前期應需各物辦理送監事致内務府咨文

原奏一　清單一

同治八年九月初十日（1869.10.14）

内容提要

禮部致内務府咨文：本部具奏琉球國王遣送入監讀書官生葛兆慶等應用器皿食物并賞給衣服鋪蓋等因一摺，於同治八年八月二十七日奏。本日奉旨：知道了。欽此。所有該官生入監讀書應俟國子監奏明選擇吉期到部之日再行知照外，相應抄録原奏并開列清單移咨内務府遵照，并於該官生赴監前期將伊等應需各物辦理送監。

原奏：禮部謹奏，賞給琉球入監官生四季衣服鋪蓋等，遵照道光二十一年該國遣送官生阮宣詔等四名入監讀書之例核減辦理。其應給紙筆、銀兩、口糧行文户部，所需食物行文光禄寺，其四季衣服、鋪蓋、器皿、煤炭等項行文内務府辦理。謹繕寫清單恭呈御覽，伏候命下，臣部行文各該處遵照辦理。

清單：賞給琉球入監讀書官生葛兆慶等應用器皿食物并四季衣服鋪蓋等項清單。

檔案來源：内務府來文

已編入《清代中琉關係檔案三編》第七一七頁

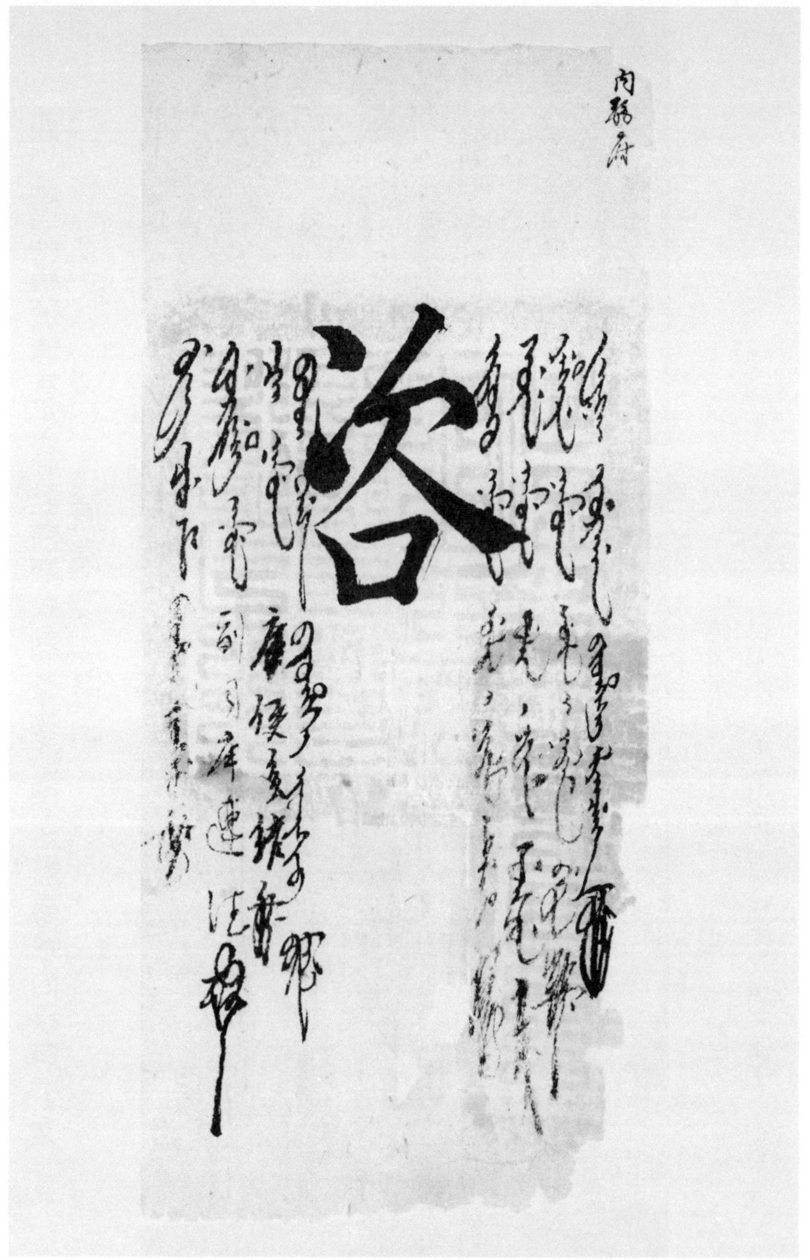
内務府
咨

禮部爲知照事主客司案呈本部具奏
琉球國王遣送入監讀書官生葛兆慶等
應用器皿食物並
賞給衣服鋪蓋等因一摺於同八年八月二
十七日奏本日奉
旨知道了欽此所有該官生等入監讀書應俟
國子監奏明選擇吉期到部之日再行知
照外相應抄録原奏並開列清單移咨

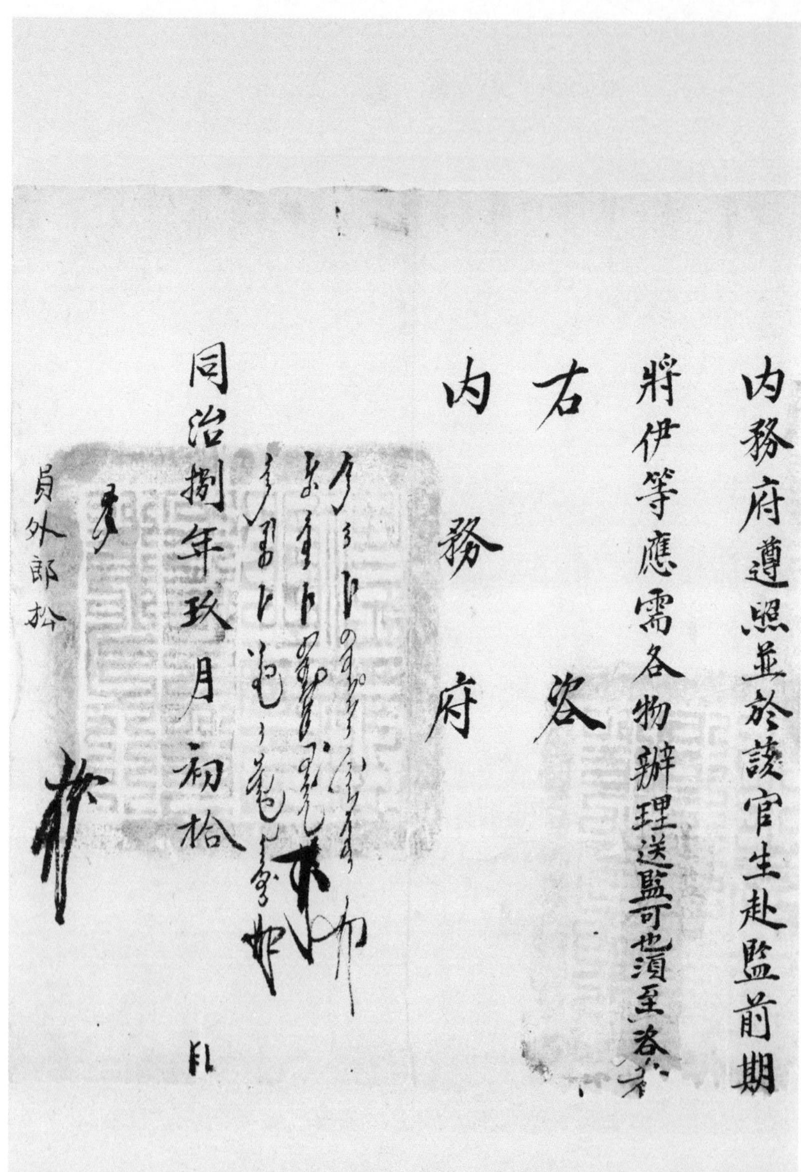

内務府遵照並於該官生赴監前期

將伊等應需各物辦理送監可也須至咨者

右　　咨

内務府

同治捌年玖月初拾日

員外郎松

賞給四季衣服鋪蓋臣等遵照道光二十一年該國遣送

阮宣詔等四名入監讀書之例核減辦理其應給紙筆銀兩

口粮行文户部所需食物行文光祿寺其四季衣服鋪蓋

器皿煤炭等項行文內務府辦給理合繕寫清单恭呈

御覽伏候

命下臣部行文各該處遵照辦理為此謹

奏請

旨

謹將琉球國王尚泰遣送入監讀書官生葛兆慶等叁名跟伴叁名
應用器皿食物等項並
賞給四季衣服鋪蓋繕寫清單恭呈
御覽

一官生叁名每年冬季給緞面細羊羔皮襖羊皮褂紡絲綿小襖中衣各壹件染貂皮帽各壹頂鹿皮靴連氊襪各壹雙春秋二季給緞綿袍褂袄[illegible]衣各壹件線纓涼帽各壹頂馬皮靴緞襪各壹雙夏季給紗袍褂羅衫中衣各紬被褥各壹床

一跟伴三名每年冬季給布面老羊皮襖綿布小襖中衣各壹件路皮帽各壹頂
牛皮靴布襪各壹雙春秋二季給布棉袍褂各一件夏季給[illegible]壹件雨
帽各壹頂綿布被褥各一床

一官生等所用器皿蓆子八領白毡陸條書桌叁張高桌肆張椅子陸張板凳陸條錫燈
臺叁個錫燈臺叁個錫茶壺貳把錫酒壺貳把茶鍾拾貳個酒鍾捌個大磁碗拾伍
個小磁碗拾伍個筷子貳把木盤貳個磁碟拾貳個廣鉄鍋貳口鍋蓋貳個小磁盤[illegible]
個大水缸貳口小水缸貳口連勺扁担水桶壹副連繩椰罐壹個瓢貳個笤箒叁把掃箒
叁把鉄通條貳根大小砂鍋陸個連蓋冬夏門簾[illegible]銅盆叁個[illegible]木叁把
盥櫃叁頂鉄火盆叁個每日應用硬煤拾壹斤肆兩木炭叁斤[illegible]

以上各物行文內務府辦給

五、國子監爲琉球官生及跟伴應領秋冬季衣帽鋪蓋等事致内務府咨文

同治八年九月十二日（1869. 10. 16）

内容提要

國子監致内務府咨文：琉球官生葛兆慶等三名及跟伴三人前經禮部奏明每年給與四季衣服、靴帽并鋪蓋等項。今該官生應領同治八年秋冬二季衣服、靴帽、鋪蓋各一分，相應行文貴府查照禮部奏定數目即照定例備辦齊全，飭令該處早爲賫送過監，以便給發。

檔案來源：内務府來文
已編入《清代中琉關係檔案三編》第七一九頁

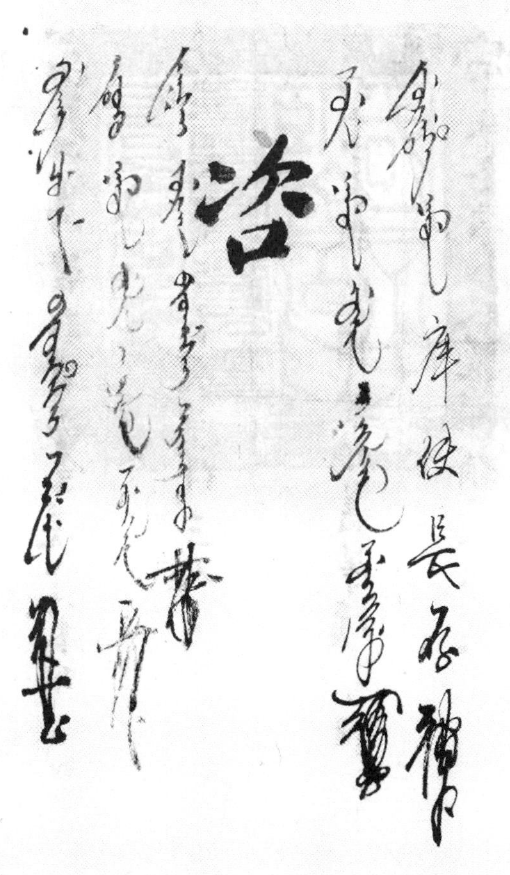

國子監為咨取事查現在本監讀書之琉球官
生葛兆慶等三名及跟伴三人前經禮部奏明每年
給與四季衣服靴帽并鋪蓋等項今該官生應領同
治八年秋冬二季衣服靴帽鋪蓋各一分等項相應行文
貴府查照禮部奏定數目即照舊例備辦齊全飭令
該處早為賫送過監以便給發可也須至咨者

右　咨

內務府

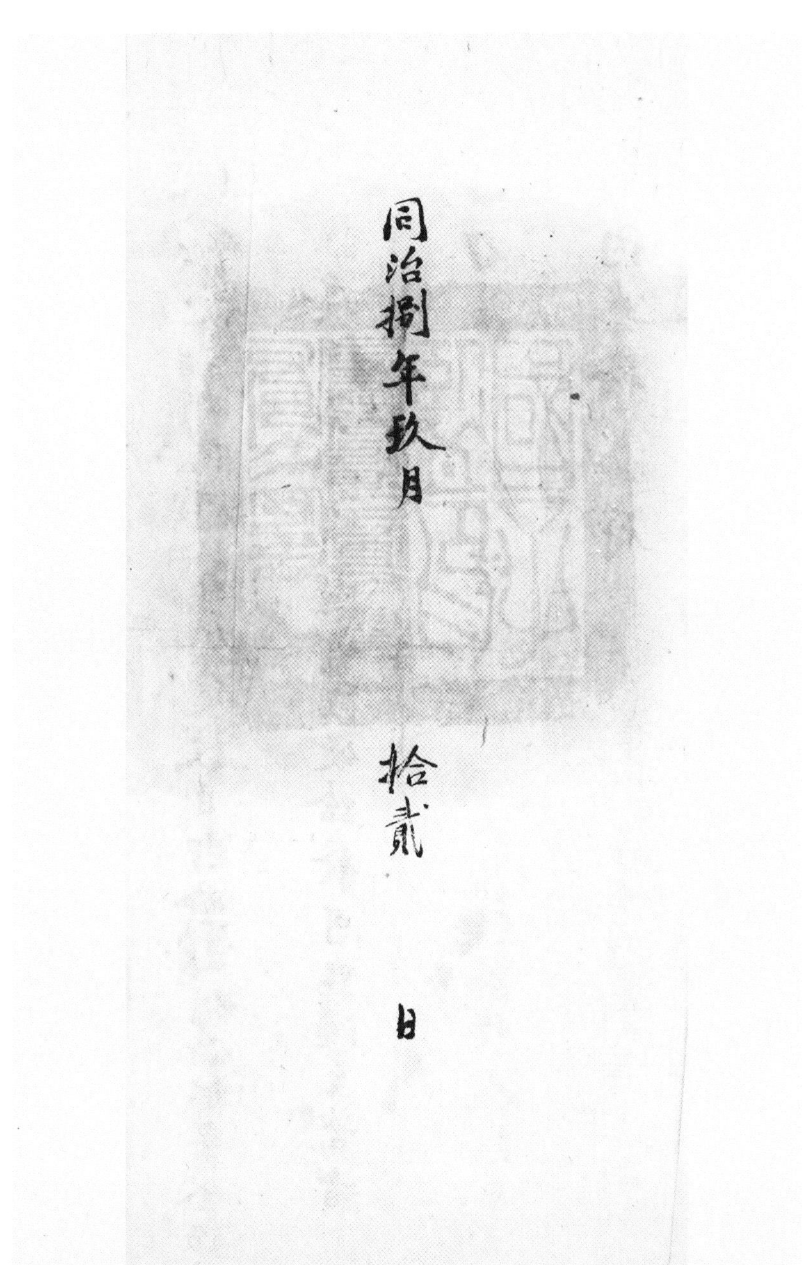

同治捌年玖月　　拾貳　　日

六、國子監爲琉球官生應用器皿及煤炭燭等事致内務府咨文

同治八年九月十二日（1869.10.16）

内容提要

國子監致内務府咨文：琉球官生葛兆慶等三人入監讀書，所應用器皿、席子、白氈、書桌、高桌、椅子、板凳、大木床、錫燭臺、錫燈臺、錫茶壺、錫酒壺、茶鐘、酒鐘、瓷碗、小瓷碗、筷子、木盤、瓷碟、廣鐵鍋、鍋蓋、小瓷盤、大水缸、小水缸、連勾扁擔水桶、連繩柳罐、瓢、笤帚、掃帚、鐵通條、大小砂鍋、連蓋冬夏門簾、洗面銅盆、木杓、盛書竪櫃、鐵火盆等，并每日應用硬煤十一斤四兩，木炭三斤十二兩，蠟燭二斤，自九月二十六日起至十月二十五日止共三十日，應領硬煤三百三十七斤八兩，木炭一百一十二斤八兩，蠟燭六十斤等項，相應行文貴府查照，備辦齊全，飭令該處九月二十六日以先早爲賫送過監，以便給用。

檔案來源：内務府來文

已編入《清代中琉關係檔案三編》第七一九頁

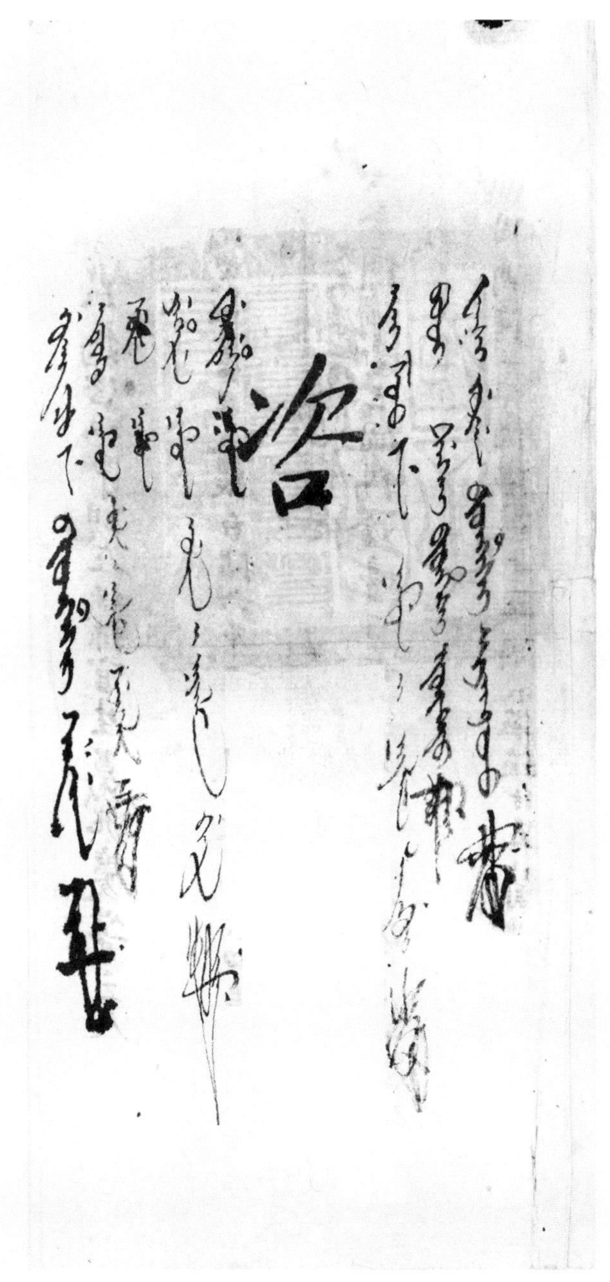

國子監為咨取事現在琉球官生葛兆慶等二人入監讀書所
應用器皿蓆子八張白毡六條書桌三張高桌四張椅六張板櫈
六條大木床二張小木床八張錫燭臺三個錫燈臺三個錫茶壺二把錫酒壺二把茶鍾十
二個酒鍾八個磁碗十五個小磁碗十五箇筷子二把木盤二個
磁碟十二箇廣鉄鍋二口鍋蓋二箇小磁盤六箇大水鉄二口小水
缸二口連勺扁担水桶一副連繩柳罐一個瓢二箇笤箒三把掃
箒三把鉄通條一根大小砂鍋六個連蓋冬夏門簾各五掛洗面
銅盆三個木杓三把盛書竪櫃三項鐵火盆三個並每日應用硬煤十

一觔四兩，木炭三觔十二兩，燭二觔，自九月二十六日起至十月二十五日止，
三十日共應領硬煤三百三十七觔八兩，木炭一百十二觔八兩，燭六十觔等項，相應行文
貴府查照備辦，齊全飭令該處九月二十六日以先早為買送遇盤，以便給用可也。須
至咨者。

右　　　咨

內　務　府

同治捌年玖月　　　拾貳　　　日

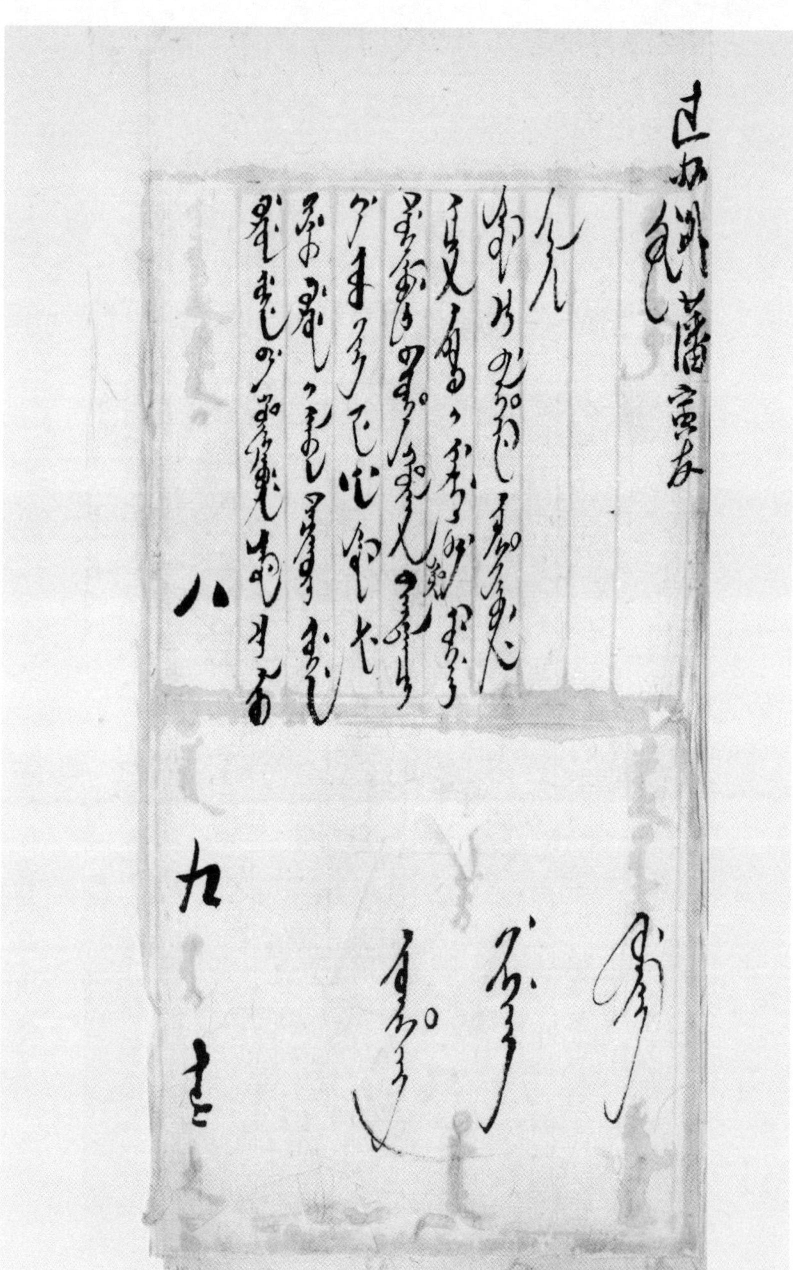

七、禮部爲琉球國王恭進例貢方物等事致内務府咨文
原奏一　奏片一　清單一

同治八年九月十三日（1869. 10. 17）

内容提要

禮部致内務府咨文：本部具奏琉球國王恭進例貢方物并遣送官生葛兆慶等入監讀書隨貢方物一摺，又片奏琉球國前進咸豐十年貢物因道途梗阻存儲福建藩庫，今貢使附帶該年貢物紅銅一千斤到京等因，於同治八年九月初六日具奏。本日奉旨：知道了。欽此。相應抄録原奏附片貢單知照内務府。

原奏：禮部謹奏，琉球國王尚泰特遣正使耳目官向文光等賫捧表文例貢方物，并遣送官生葛兆慶等入監讀書，隨貢方物一并呈進前來。所有例貢内硫磺一萬二千六百斤，行令福建巡撫照例收儲藩庫，聽工部於應用時取用，其餘例貢并遣送官生隨貢方物均與定例相符，一并交内務府查收。

奏片：禮部謹奏，琉球國前進咸豐十年例貢，經福建巡撫以使臣到閩逾期，道路梗阻將方物等項存儲福建藩庫，俟下届貢使到閩彙同恭進。等因奏准在案。今據該國恭進同治七年例貢使臣將咸豐十年進貢紅銅一千斤附帶到京，恭候命下，移咨内務府查明收存。

清單：琉球國王恭進同治七年例貢方物及附貢入監官生讀書方物清單。

檔案來源：内務府來文

已編入《清代中琉關係檔案三編》第七二一頁

禮部爲知照事主客司案呈本部具
奏琉球國王恭進例
貢方物並遣送官生葛兆慶等入監讀書隨
貢方物一摺又片奏琉球國前進咸豐十
年貢物因道途梗阻存儲福建藩庫令
貢使附帶該年貢物紅銅一千斤到京等
因於同治八年九月初六日具奏本月奉
旨知道了欽此相應抄錄原奏附片貢單知照內

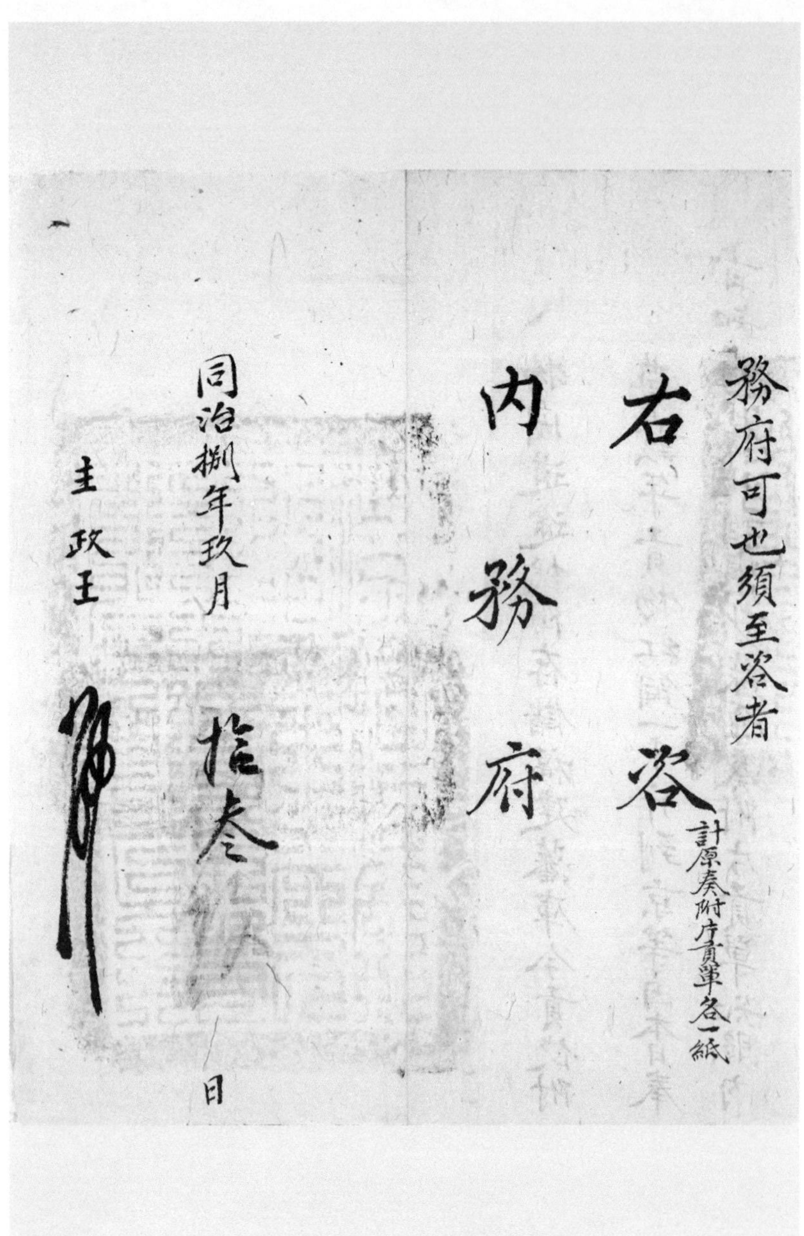

務府可也須至咨者

右　咨

計原奏附片貢單各一紙

内務府

同治捌年玖月　　日

主政王

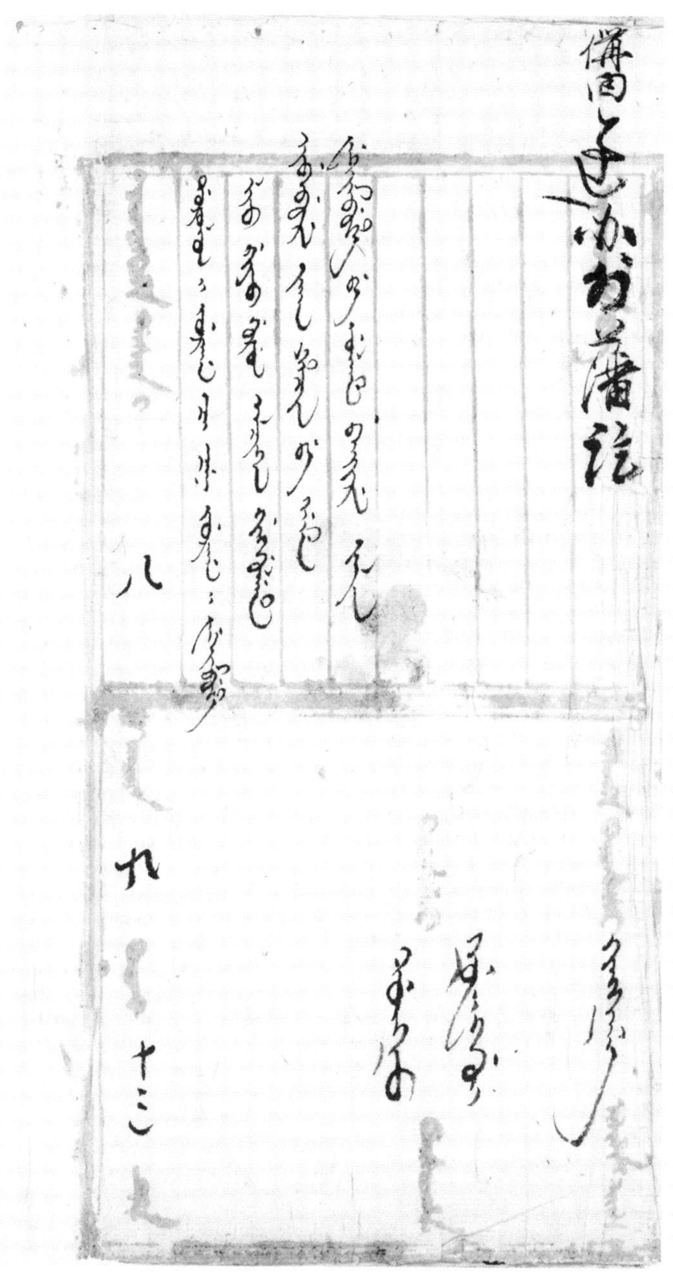

禮部謹

奏為奏

聞事據琉球國王尚泰特遣正使耳目官向文光副使正議大夫林世

爵等賫捧

表文例

貢方物並遣送官生葛兆慶等入監讀書隨

貢方物一併呈進前來所有例貢內硫磺一萬二千六百斤行令福建巡

撫照例收儲藩庫聽工部於應用時取用其餘例

貢並遣送官生隨
貢方物臣等覈與定例均屬相符應由臣部一併送交內務府查收
理合分晰繕寫清單恭呈
御覽為此謹
奏

再查琉球國前進咸豐十年例貢經福建巡撫以使臣到閩逾期
道路梗阻將方物等項存儲藩庫俟下屆貢使到閩彙同恭進
等因奏准在案今據該國恭進同治七年例貢使臣將咸豐十年
進貢紅銅一千斤附帶到京理合奏明恭候
命下移咨內務府查明收存謹附片具
奏請
旨

謹將琉球國王恭進同治七年例貢方物開单恭呈

御覽

煎熟硫磺壹萬貳千陸百斤例存福建藩庫

紅銅叁千斤

煉熟白剛錫壹千斤

又附

貢入監官生讀書方物

圍屛紙叁千張　細嫩蕉布五十疋

八、禮部爲預先知照收貢處所日期事致内務府片

同治八年九月十三日（1869. 10. 17）

内容提要

禮部致内務府片：琉球國恭進例貢方物現已到京，除付四譯館派員前赴交貢外，相應移咨内務府於收貢之前將收貢日期并收貢處所先行知照過部，以便行知護軍統領衙門届期前往彈壓。

檔案來源：内務府來文

已編入《清代中琉關係檔案三編》第七二三頁

內務府

禮部為片行事道光十一年二月本部奏准嗣後各國貢物
到京其交貢處所在
禁城之内請援照
午門頒賞之例預行知照護軍統領按期帶領章京護軍等
前往彈壓以昭嚴肅等因當經抄録原奏知照内務府在
案今琉球國恭進例
貢方物現已到京除付四譯館派員前赴交貢外相應移咨内
務府於收貢之前將收貢日期並收貢處所先行知照過部以

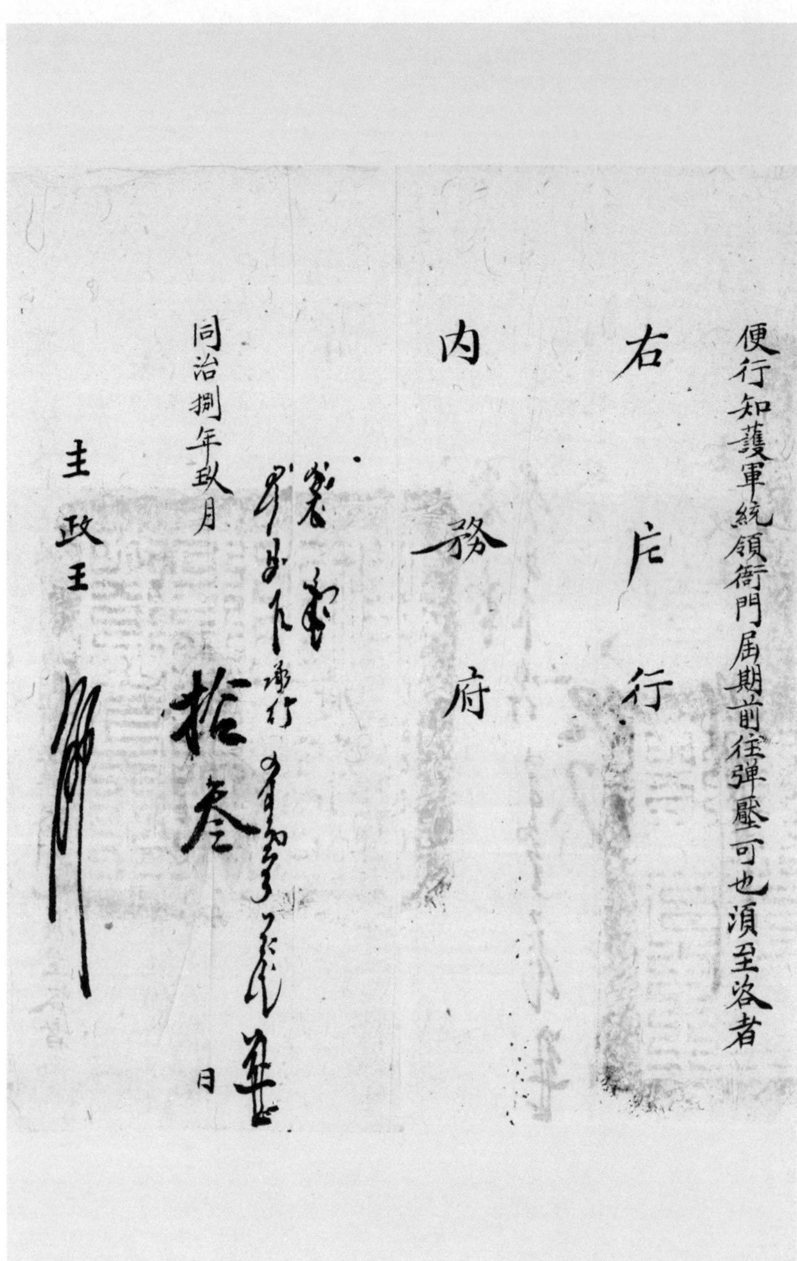
便行知護軍統領衙門届期前往彈壓可也須至咨者

右咨行

内務府

同治捌年玖月　　日

主政王

九、禮部爲知照琉球官生入監讀書日期事致内務府咨文

同治八年九月十四日（1869.10.18）

内容提要

禮部致内務府咨文：琉球國王遣送官生葛兆慶等入監讀書，經本部奏交國子監肄業。今准國子監選擇九月二十六日令該官生等入監肄業，相應將官生葛兆慶、林世忠、林世功等三名并跟伴蔡光地等三名委員送監，相應知照内務府。

檔案來源：内務府來文

已編入《清代中琉關係檔案三編》第七二四頁

内務府
洛

禮部為知照事主客司案呈查琉球國王遣送
官生葛兆慶等入監讀書經本部奏交國子監
肄業今准國子監選擇九月二十四日令該官生等入
監肄業相應將官生葛兆慶林世忠林世
功等叁名並跟伴蔡光地衡向輝茹行仁
等叁名委員送監相應知照内務府可也須
至咨者

右　咨

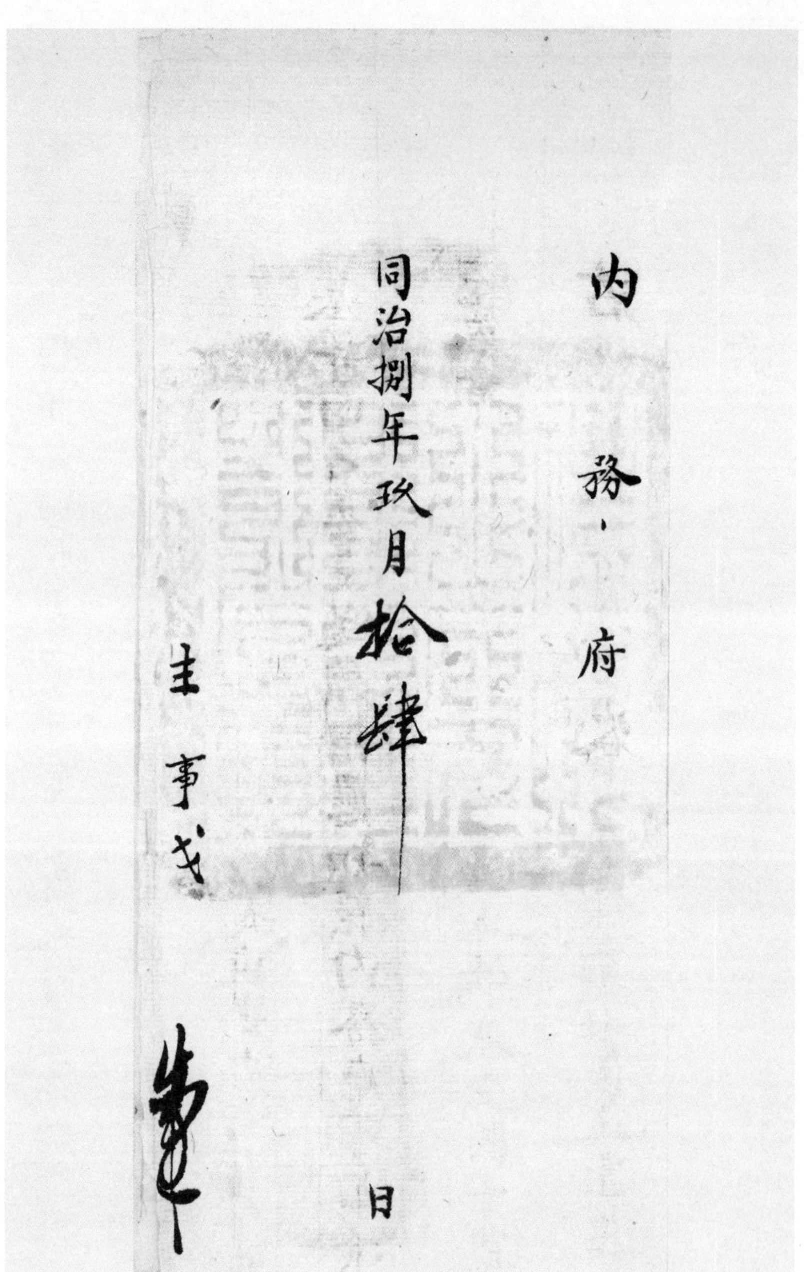

内務府

同治捌年玖月拾肆日

主事戈

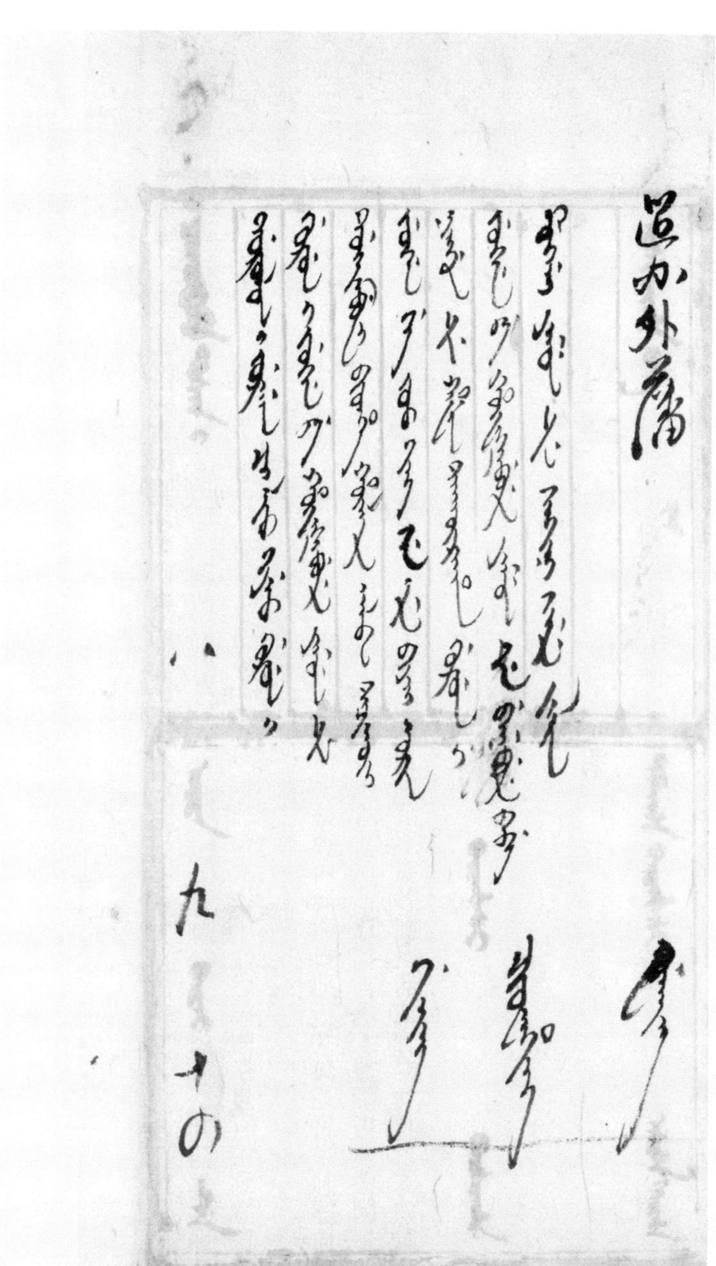

道內外簽

九十の

一〇、禮部爲琉球官生入學請將所需物品送監事致内務府片

同治八年九月十四日（1869. 10. 18）

内容提要

禮部致内務府片：國子監咨報琉球入監官生葛兆慶等三名入監讀書，今擇定九月二十六日入學，相應片行内務府於前期將伊等應需各物辦理送監。

檔案來源：内務府來文

已編入《清代中琉關係檔案三編》第七二五頁

内務府

禮部為片行事准國子監咨報琉球入監官生葛兆慶
等三名入監讀書今本監擇定九月二十六日入學讀書
等因前來相應片行内務府於前期將伊等應需各
物辦理送監可也須至片者

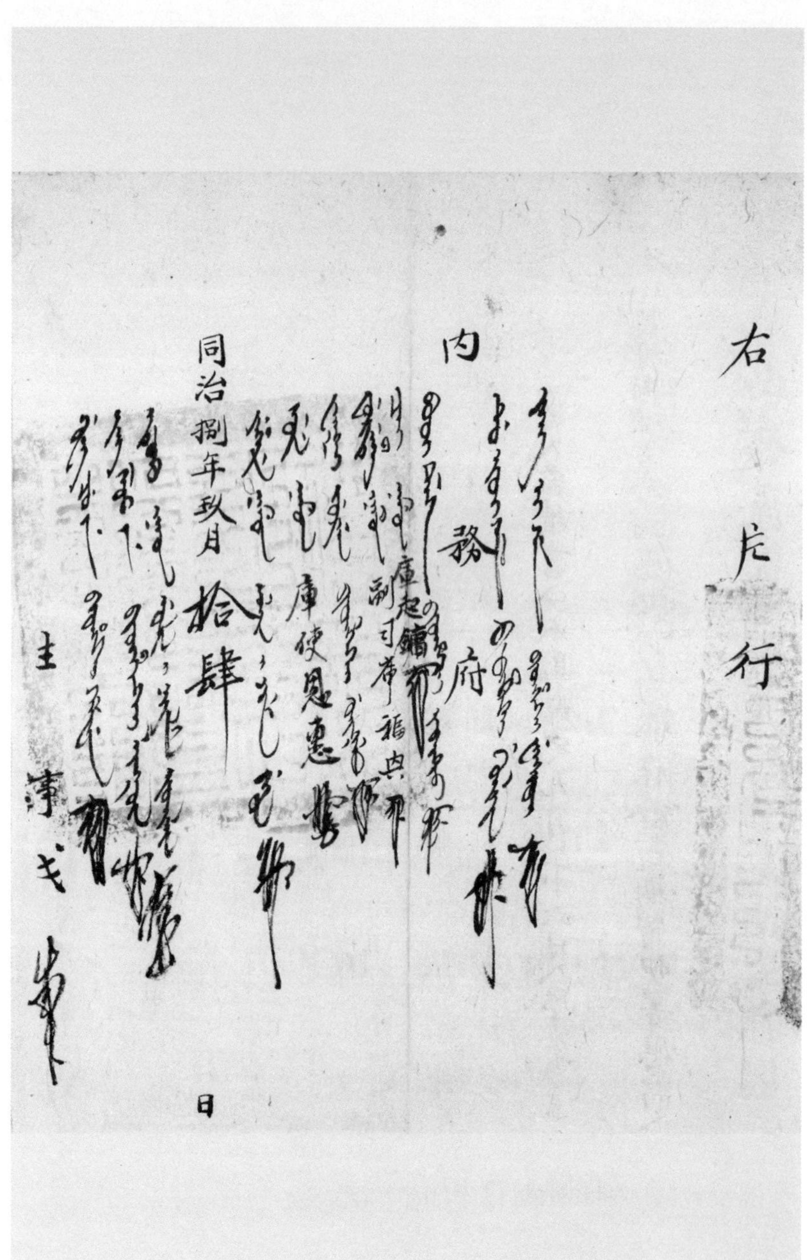

右片行

内務府

庫起鑄

副司庫福興

庫使恩惠

同治捌年玖月拾肆日

主事

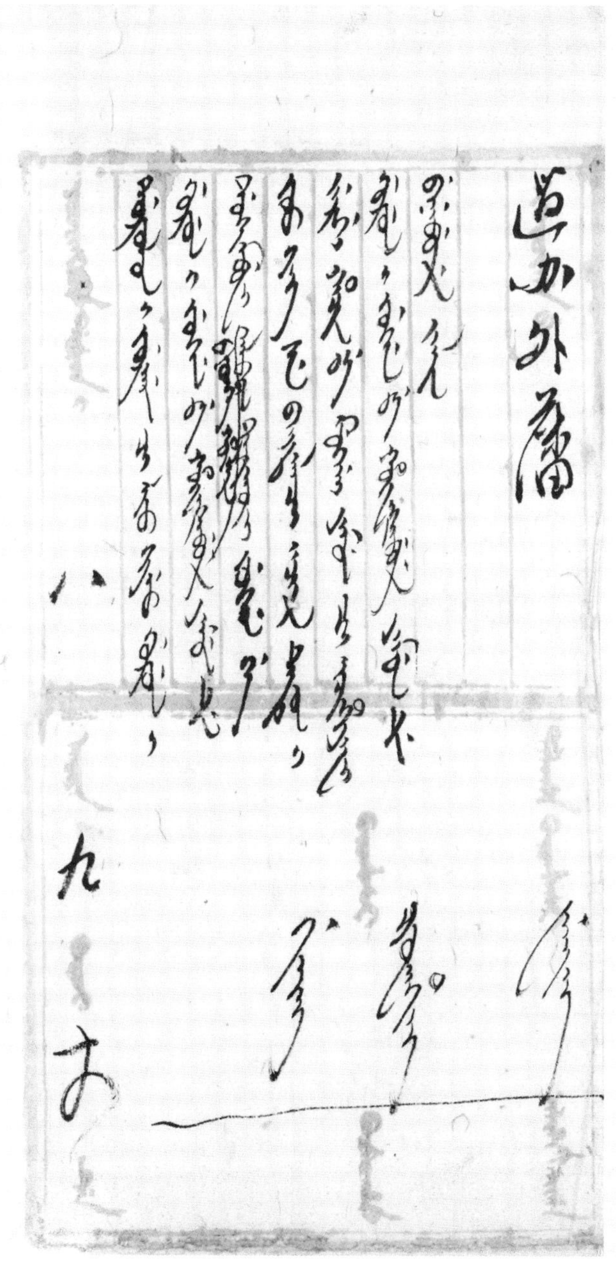

一一、國子監爲催送琉球官生生活用品到監事致内務府片

同治八年九月十六日（1869. 10. 20）

内容提要

國子監致内務府片：琉球官生葛兆慶等於本月二十六日入監讀書，所應用一切器皿并煤炭、蠟燭、衣服、鋪蓋等項前經行文内務府備辦在案，迄今未准送監。現該官生到學在邇，相應再行貴府查照前咨，務於本月二十六日以前即送到監，幸勿遲延。

檔案來源：内務府來文

已編入《清代中琉關係檔案三編》第七二六頁

國子監為片催事琉球官生葛兆慶等

於本月二十六日入監讀書所應用一切器皿

並煤炭蠟燭衣服鋪蓋等項前經行文內務

府備辦在案迄今未准送監現該官生到

學在邇相應再行

貴府查照前咨務於本月二十四日以前即送到監

幸勿遲延可也須至片行者

右片行

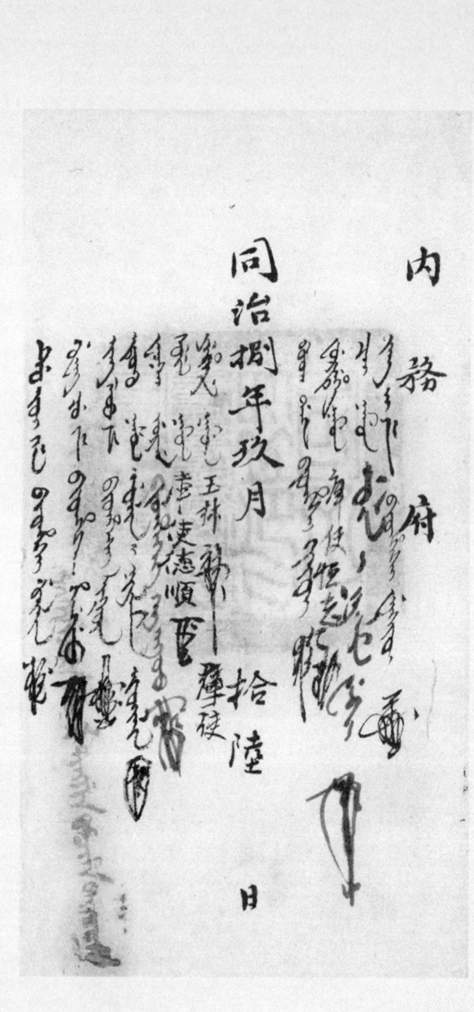

內務府

同治捌年玖月拾陸日

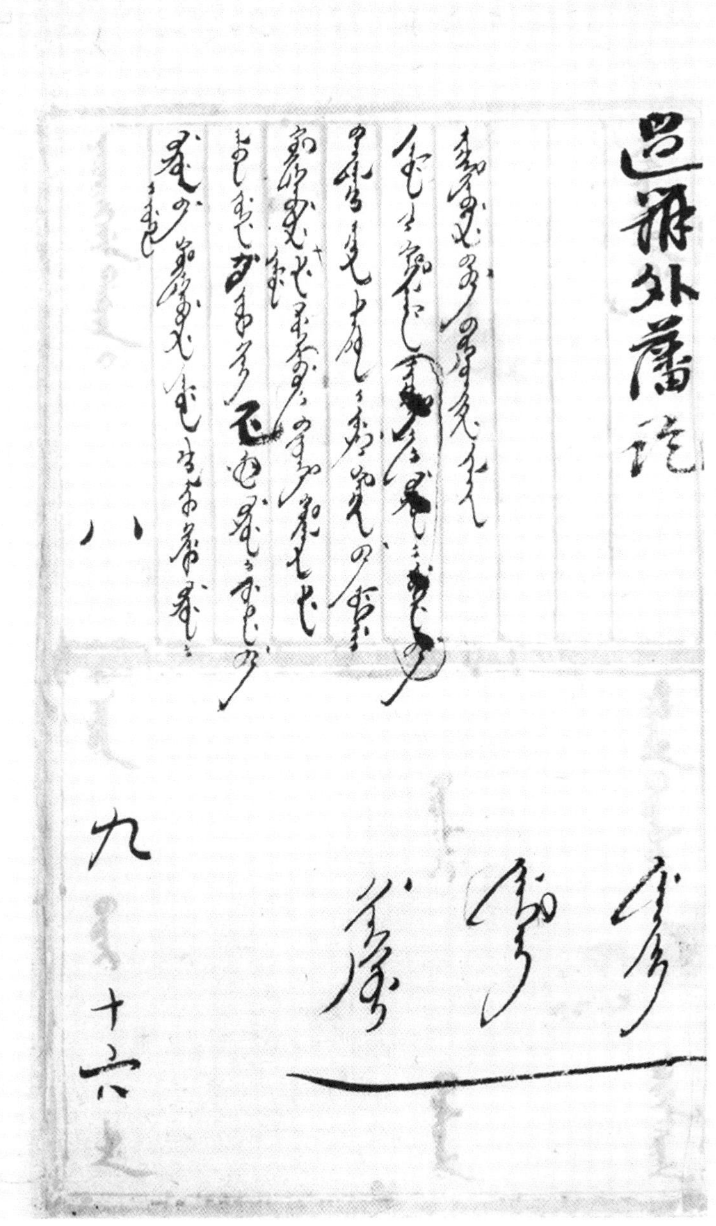

一二、總管内務府大臣瑞常等爲廣儲司查收琉球國進到貢物呈覽事奏摺　清單一

同治八年九月二十日（1869.10.24）

内容提要

總管内務府大臣瑞常等呈報，琉球國王遣使恭進例貢方物於本月十八日逐一按款查收，除紅銅、白鋼錫各提出一塊隨同圍屏紙三千張、細嫩蕉布五十匹一并安設呈覽，其餘紅銅、白鋼錫暫存磁庫并另繕清單恭呈御覽。

清單：琉球國王恭進同治七年例貢方物又附貢入監官生讀書方物，附帶恭進咸豐十年例貢方物清單。

檔案來源：内務府奏案

已編入《清代中琉關係檔案六編》第三六七頁

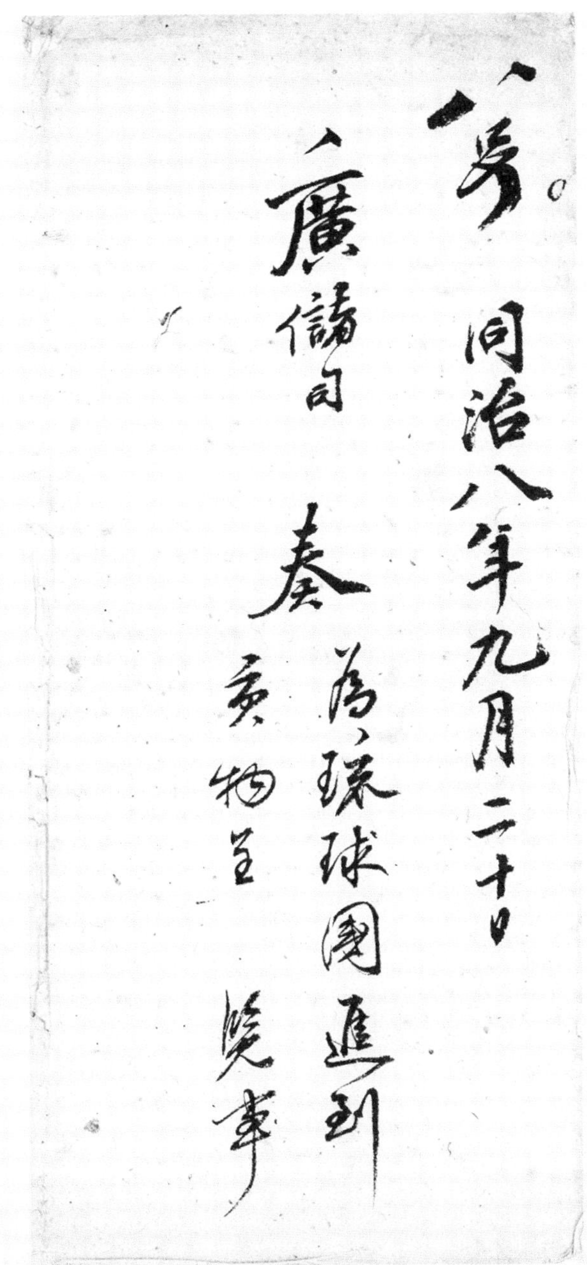

旨。同治八年九月二十日

廣儲司　奏為琉球國進到

貢物呈　覽事

等因於同治八年九月二十日具

奏安設呈

覽奉

旨細嫩焦布五十匹内留圍屏紙三千張紅銅四千觔煉熟白鋼錫一千觔

交外庫欽此

奏

總管内務府謹

奏爲奏

聞事准禮部咨稱琉球國王遣使恭進例

貢方物解交内務府查收等因移送前來臣等於

本月十八日將所進

貢物逐一按款查收除紅銅白鋼錫各提出一塊

隨同園屏紙三千張細嫩焦布五十匹一併安

設呈

覽其餘紅銅白鋼錫暫存磁庫並另繕清單恭呈

御覽為此謹

奏

同治八年九月二十日

總管内務府大臣 臣 瑞 常

總管内務府大臣 臣 宗室存誠

總管内務府大臣 臣 崇 綸

總管内務府大臣 臣 宗室春佑

總管内務府大臣 臣 明 善

琉球國王恭進同治七年例
貢方物
紅銅三千觔
煉熟白銅錫一千觔
又附
貢入監官生讀書方物
圍屏紙三千張
細嫩焦布五十疋
附帶恭進咸豐十年例
貢方物
紅銅一千觔

一三、國子監爲催辦琉球官生應領物品事致内務府片

同治八年九月二十二日（1869. 10. 26）

内容提要

國子監致内務府片：琉球官生葛兆慶等於本月二十六日入監讀書，所有應用一切器皿并煤炭、蠟燭、衣服、鋪蓋等項前經行文内務府備辦在案，迄今未准送監。現該官生不日到學，相應再行貴府查照前咨，務即剋期送監，萬勿遲延。

檔案來源：内務府來文

已編入《清代中琉關係檔案三編》第七二七頁

國子監爲再行庀催事查本監琉球官生

葛兆慶等於本月二十六日入監讀書所有

應用一切器皿並煤炭蠟燭衣服鋪蓋等

項前經行文内務府備辦在案迄今未准送

監現該官生不日到學相應再行

貴府查照前咨務即尅期送監萬勿遲延可

也須至庀行者

右　庀　行

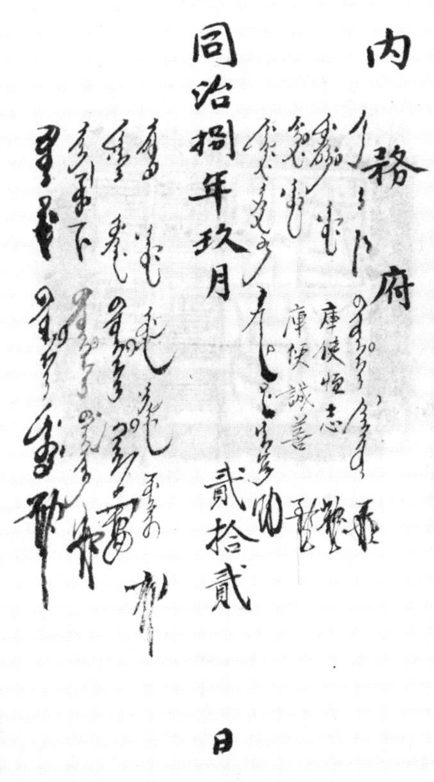
內務府

庫使恆志

庫使誠善

同治捌年玖月貳拾貳日

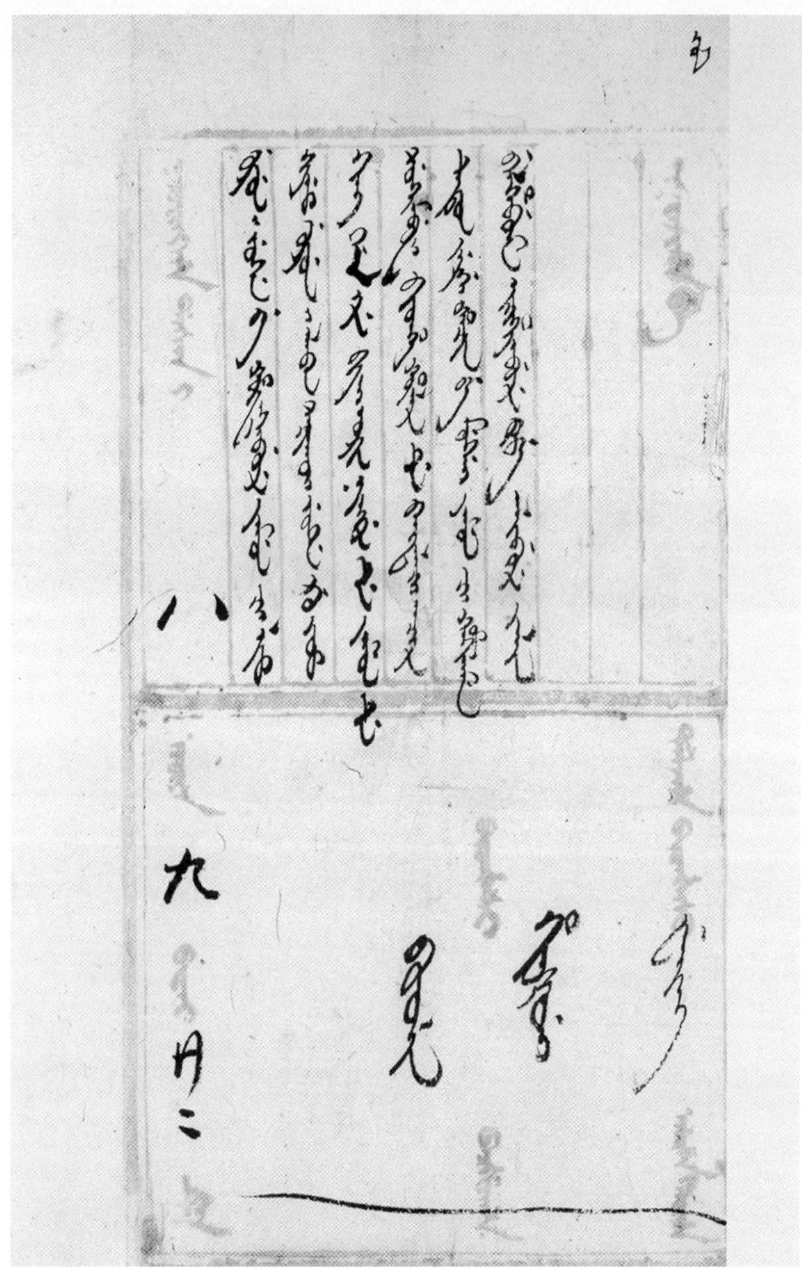

一四、禮部爲琉球使臣赴國子監瞻仰文廟事致內務府咨文

同治八年九月二十三日（1869.10.27）

內容提要

禮部致內務府咨文：本部具奏琉球國使臣向文光等呈請瞻仰文廟一摺，同治八年九月二十二日具奏。本日奉旨：知道了。欽此。今定於九月二十六日令該使臣向文光、林世爵、孫得才等前赴國子監瞻仰文廟，相應知照內務府。

檔案來源：內務府來文

已編入《清代中琉關係檔案三編》第七二八頁

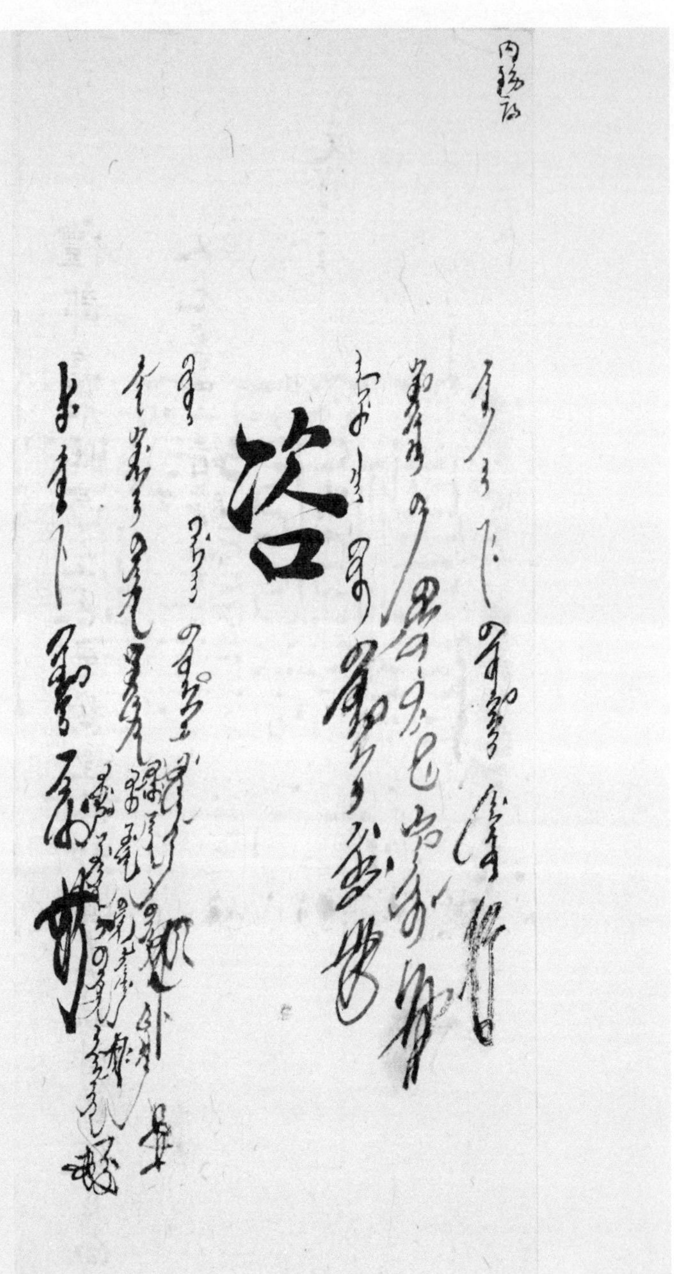

禮部為知照事主客司案呈本部具奏琉球國使臣向

文光等呈請瞻仰

文廟一摺同治八年九月二十二日具奏本日奉

旨知道了欽此今定于九月二十六日令該使臣向文光林世爵孫

得才等前赴國子監瞻仰

文廟相應知照內務府可也須至咨者

右　咨

內務府

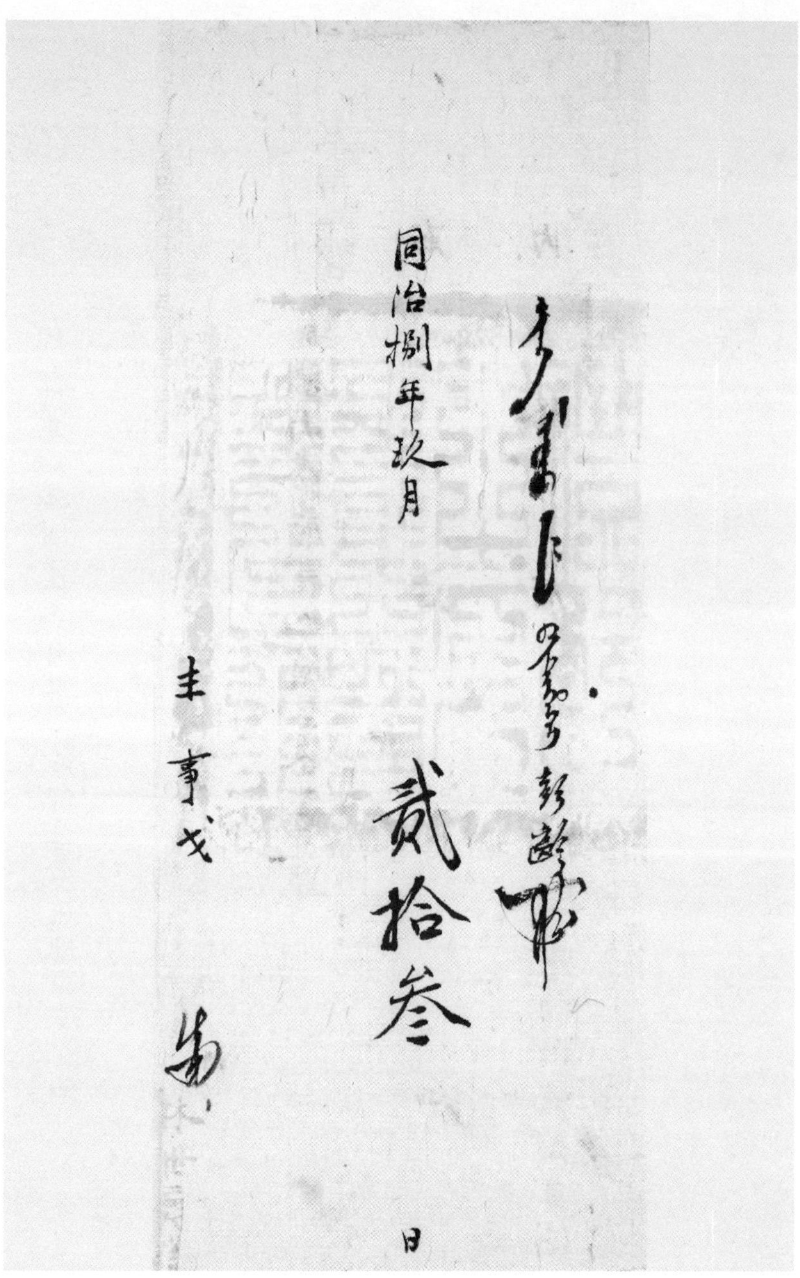
同治捌年玖月　　　貳拾叁　　日

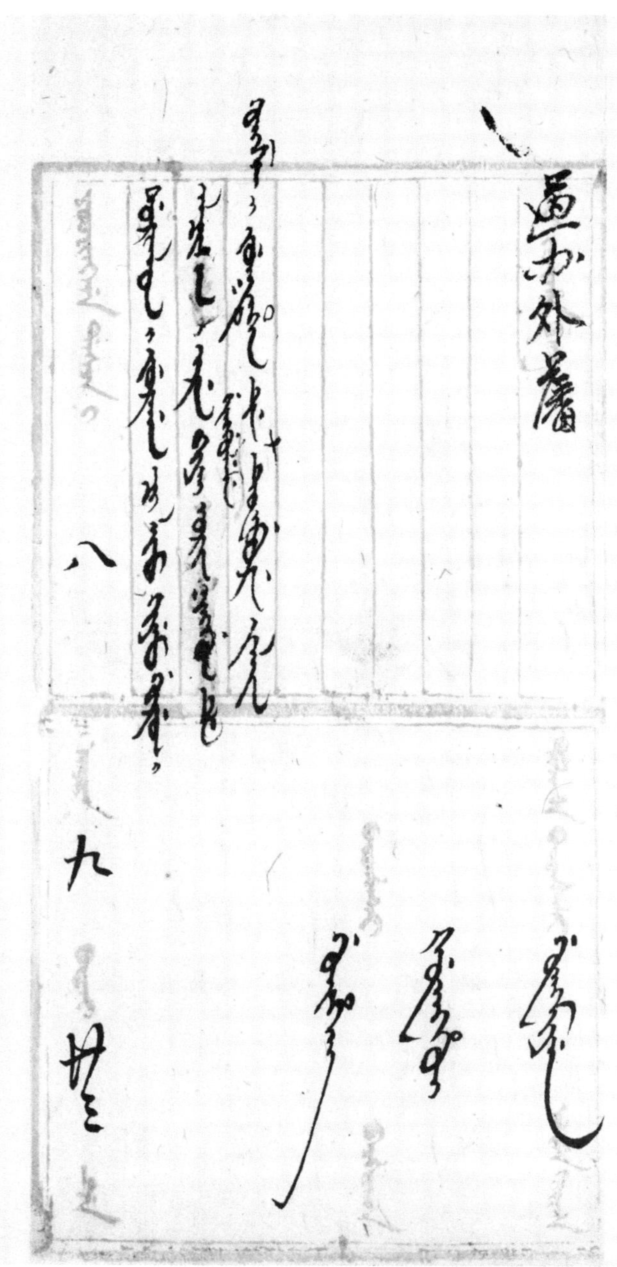

一五、國子監爲琉球官生應領煤炭折錢請按市價事致内務府片

同治八年十月初三日（1869.11.6）

内容提要

國子監致内務府片：所有琉球官生入監讀書應用煤炭前經行文内務府備辦在案。兹據承領皂役回稱，煤每百斤折錢五百文，炭每百斤折錢二吊五百文，查所折數目核與市價大相懸殊，相應行文貴府將煤炭折給實數分晰開清，迅速知照本監，以便支領。

檔案來源：内務府來文

已編入《清代中琉關係檔案三編》第七二九頁

國子監爲片催事所有琉球官生入監
讀書應用煤炭前經行文內務府備辦在
案兹據承領皂役回稱煤每百觔折錢伍百文
炭每百觔折錢二吊五百文查所折數目核與
市價大相懸殊相應行文
貴府將煤炭折給實數分晰開清迅速
知照本監以便支領可也須至片行者
右片行

内務府
同治捌年拾月初叁　日

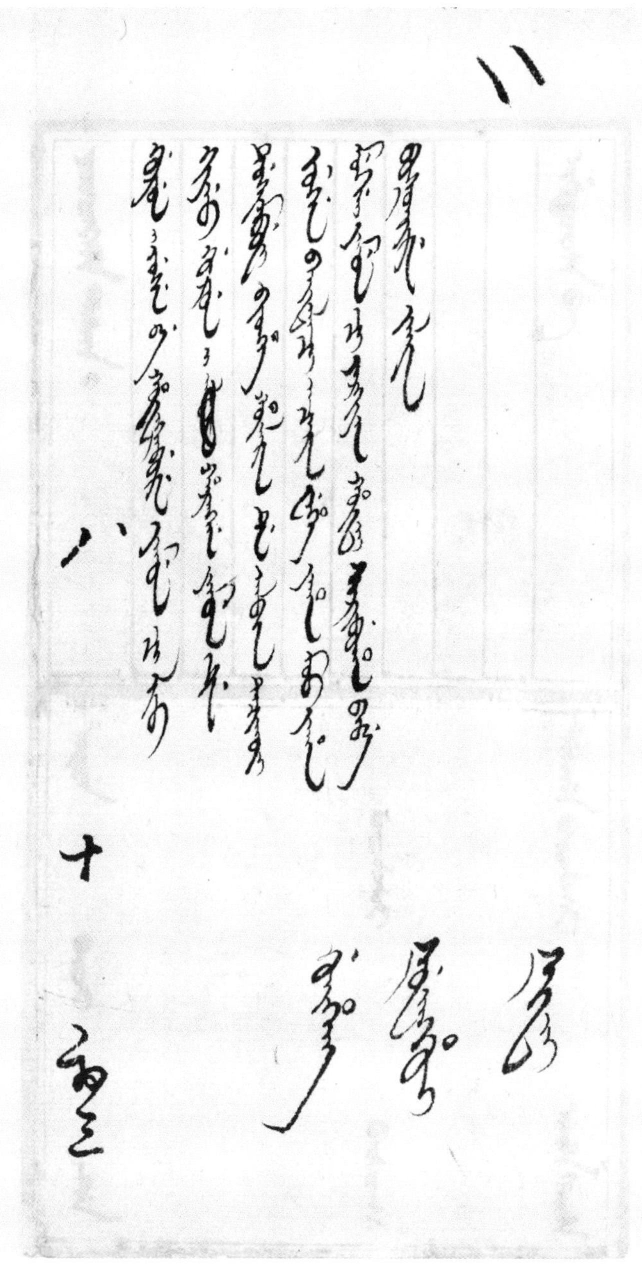

一六、禮部爲頒給琉球國王及貢使例賞事致内務府咨文　清單一

同治八年十月初三日（1869. 11. 6）

内容提要

禮部致内務府咨文：琉球國恭進例貢使臣來京，所有例賞事宜業經本部奏准在案。今定於十月初五日巳刻在午門頒給，相應將緞綢布匹數目開單移咨内務府預備，屆期送至午門前驗看頒給。

清單：琉球國王恭進例貢使臣來京應頒例賞清單。

檔案來源：内務府來文

已編入《清代中琉關係檔案三編》第七三〇頁

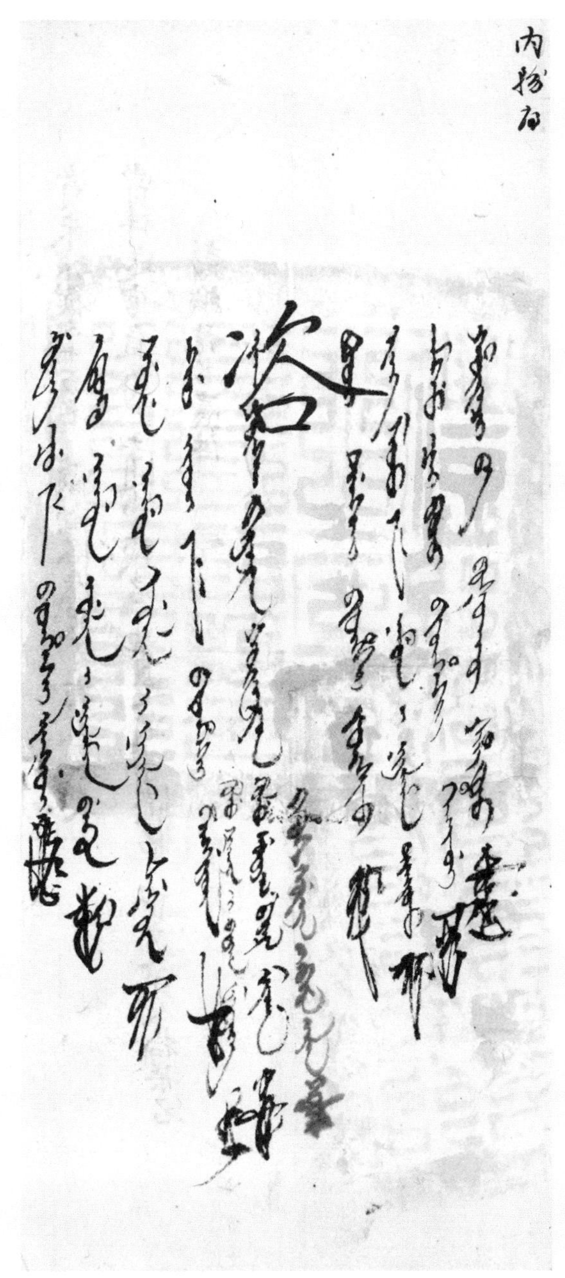
内務府

禮部為移取事主客司案呈本年琉球國恭進例
貢使臣來京所有例
賞事宜業經本部奏准在案今定於十月初五日巳刻在
午門頒給相應將緞綢布疋數目開單移咨内務府
預備屆期送至
午門前驗看頒給可也須至咨者
右　　　咨　計單壹紙
内務府

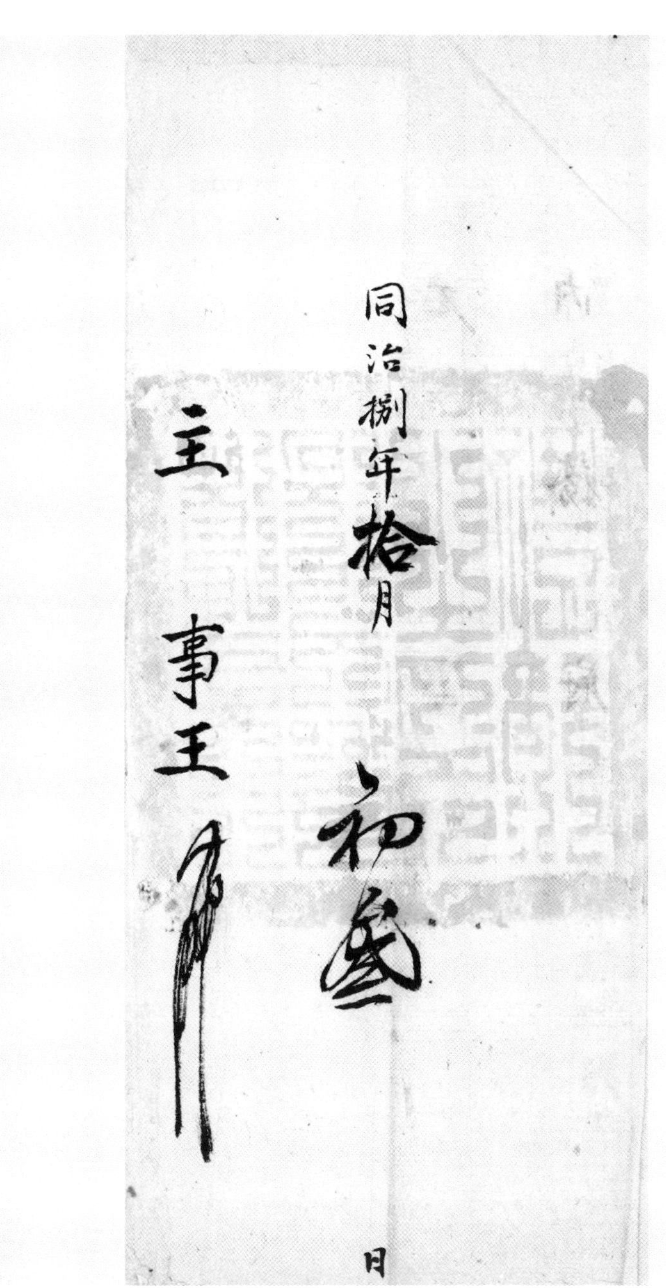
同治捌年拾月初叁日

主事王[illegible]

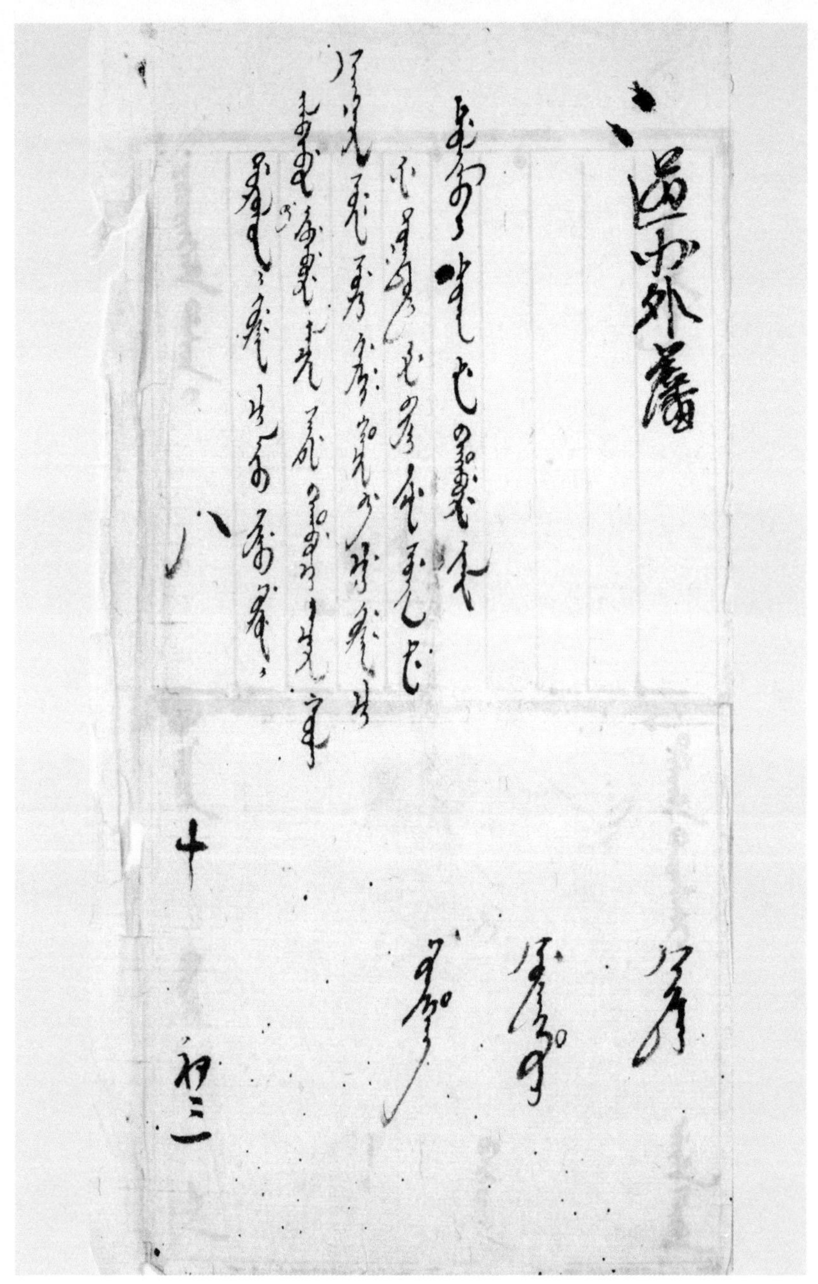
照外藩
八
十
初三

琉球國王恭進例
貢使臣來京應頒例
賞清單　計開
賞國王　蟒緞肆疋　倭緞肆疋　蟒紗捌疋　蟒襴紗捌疋　蟒緞捌疋　紗拾貳疋
緞拾捌疋　綾拾捌疋
賞正副使二員　蟒緞各叁疋　緞各捌疋　綾各伍疋　藍紬各伍疋　綿紬各貳疋
布各壹疋
賞都通事壹員　緞伍疋　綾伍疋　藍紬叁疋
賞來京從人十五名　藍紬各叁疋　布各捌疋
賞伴送官叁員　大通事貳名　留邊通事壹名　留邊從人拾柒名
彭緞袍各壹件

一七、江蘇巡撫丁日昌爲琉球國貢使進京過境事奏片

同治八年十月初三日（1869. 11. 6）

内容提要

江蘇巡撫丁日昌奏報，琉球國遣貢使向文光等進京入貢并入監官生謝恩，於四月十八日由閩起程。該貢使於六月二十九日行抵江蘇省吴江縣境，照例委員接護伴送，於八月初三日送出江蘇省境，交山東郯城縣由東省委員接護北上。

檔案來源：軍機處録副奏摺

已編入《清代中琉關係檔案選編》第一〇六八頁

○奏

丁日昌片

再准福建撫臣卞寶第咨會琉球國遣使耳目

官向文光等進京入

貢並入監官生謝

恩於四月十八日由閩起程照例應付護送北上等

因即經飭行遵照並派委候補遊擊金振聲

會同候補同知樊毓桂試用知縣高毓清在浙

浙交界地方迎探該貢使於六月二十九日行抵

江蘇省吳江縣境當即接護伴送迤逦詣省付前

進於八月初三日送出江蘇省境交山東郯城縣

由東省委員接護北上此次該貢使等存江

蘇途次適值雨多水漲萬之守風渡江以致行

走稍遲據江蘇按察使應寳時詳報前來

除咨禮兵二部外理合附片具陳伏乞

聖鑒謹

奏

同治八年十月初三日軍機大臣奉

旨知道了欽此

一八、内務府堂主事海全等爲辦買琉球國來使飯食用過銀兩數目事呈稿清單一

同治八年十月二十六日（1869. 11. 29）

内容提要

内務府堂主事海全等呈報，琉球國來使人等於本年八月二十日到京，於十月二十二日起程，在館居住六十二日，備辦該貢使通事從人等飯食，照例辦買猪肉鷄鴨魚尾菜蔬等項以及厨役人等工價并修理四譯館房間，淨應領銀一萬零七十二兩零六分二厘，前經領過實銀四千兩，現應找領實銀六千零七十二兩零六分二厘，請由廣儲司銀庫支領。再厨房需用煤炭木柴茶葉蠟燭并給來使人等雇覓車輛館内辦買鋪墊氈簾什物傢具及聽差坐更打掃蘇拉人等飯食等項用過實銀一千五百四十四串，一并請向廣儲司銀庫領取。伏候堂臺批准，交各該處照數給發。

清單：備辦琉球國貢使人等飯食等項用過銀錢細數清單。

檔案來源：内務府呈稿

已編入《清代中琉關係檔案六編》第九七二頁

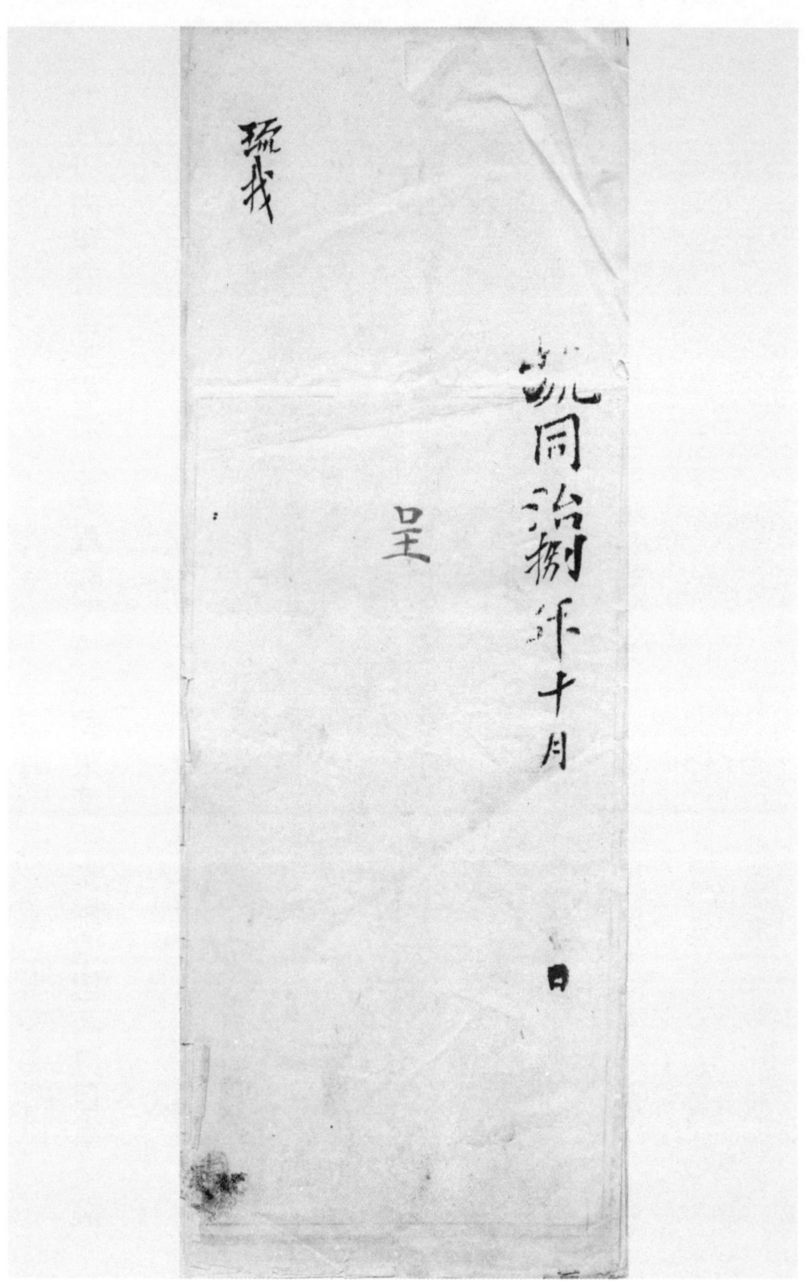

琉同治捌年十月　　日

呈

琉我

計六十二日

貢

堂主事海全等呈爲辦理琉球國來使人等飯食用過銀兩錢文事竊職等奉派辦理琉球國進

使臣飯食查來使人等居住館内每日需用柴炭蠟燭及食用白米數目開列粘單應由各該處按日照例覈銷至應用猪肉雞鴨魚尾菜蔬茶葉並廚房應用煤炭木柴蠟燭什物等項均係買辦查貢使通事從人等於本年八月二十日到京於十月二十二日起程在館居住六十二日職等備辦該貢使通事從人等飯食照例辦買猪肉雞鴨魚尾菜蔬等項以及廚役人等工價並修理四譯館房間共用銀壹萬壹千壹百玖拾壹兩壹錢捌分除撙節覈減壹成銀壹千壹百拾玖兩壹錢壹分捌釐淨應領銀壹萬

零柒拾貳兩零陸分貳釐前經領過實銀肆千兩
現應找領實銀陸千零柒拾貳兩零陸分貳釐請
由廣儲司銀庫支領再厨房需用煤炭木柴茶葉
蠟燭並給來使人等雇覓車輛館内辦買鋪墊
毡簾什物傢俱及聽差坐更打掃蘇拉人等飯
食等項用過實錢壹千伍百肆拾肆串一併請向
廣儲司銀庫領取謹將用過銀錢各項細數另繕
清單一併呈明伏候
堂
台批准交各該處照數給發可也為此具呈

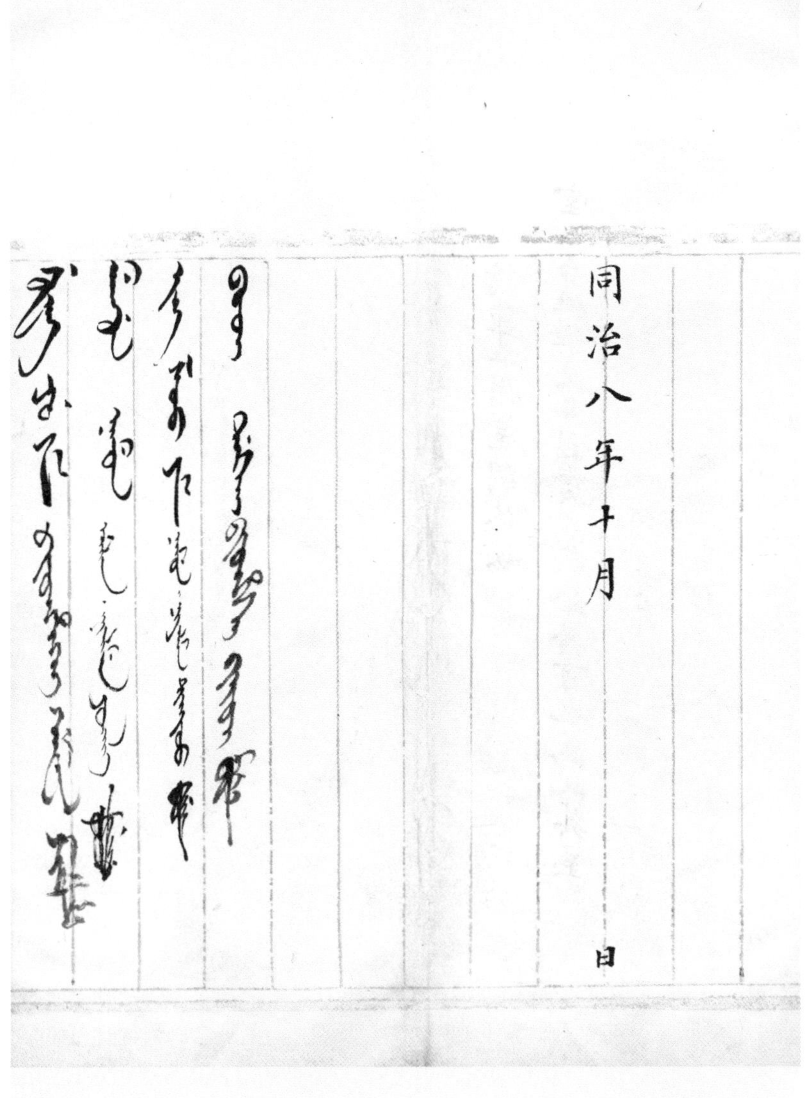

同治八年十月　日

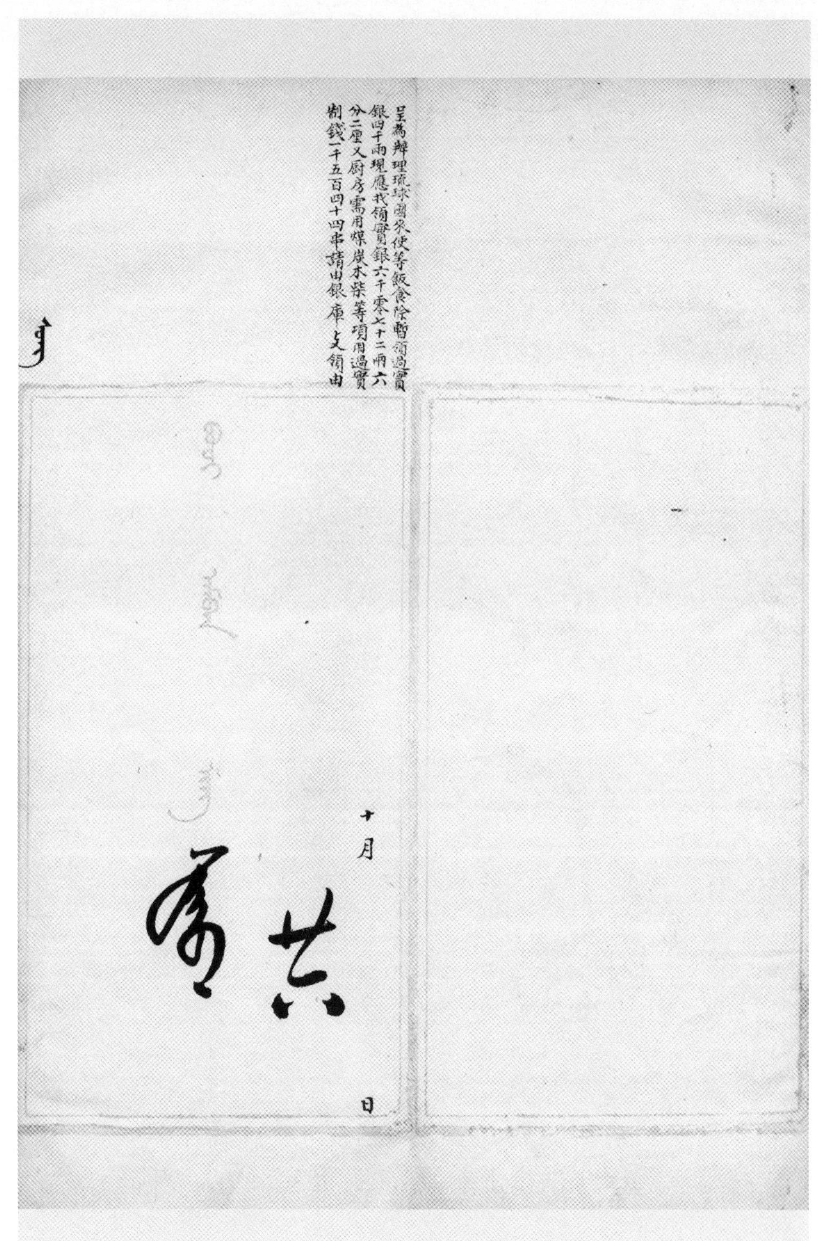

呈為辦理琉球國來使等飯食除暫領過實銀四千兩現應找領實銀六千零七十二兩六分二厘又廚房需用煤炭木柴等項用過實制錢一千五百四十四串請由銀庫支領由

十月　日

粘单

琉球國貢使等自八年八月二十日起至九月二十五日止計

三十六日

貢使通事入監官生共八員每員飯一桌 每日早晚飯十六桌 午用菓八桌

共用飯五百七十六桌 每桌隨片兒蒸食粥湯 共合銀三兩六錢

共用果二百八十八桌 每桌銀一兩七錢

每日早晚點心粥湯 每員銀五錢

共用銀二千七百零七兩二錢

跟役十八名從人跟伴二十八名每二名飯一桌 每日早晚用飯四十六桌

共用飯一千六百五十六桌 每桌隨蒸食粥湯共合銀一兩七錢 午用果品每人銀四錢早晚點心每人銀二錢六分

共用銀三千九百零八兩一錢六分

又自九月二十六日起至十月二十二日止計二十六日

貢使通事共五員每員飯一桌 每日早晚飯十桌 午用果五桌

共用飯二百六十桌每桌隨片吃蒸食粥湯共合銀三兩六錢

共用果一百三十果每桌銀一兩七錢

每日早晚點心粥湯每員銀五錢

共用銀一千二百二十二兩

跟役十五名從人跟伴二十八名每二名飯一桌每日早晚飯四十三桌

共用飯一千一百十八桌每桌隨蒸食粥湯共合銀一兩七錢午用果品每人銀四錢早晚點心每人銀一錢六分

共用銀二千六百三十八兩四錢八分

每日應用

晝夜廚役八名計十六工每工銀一錢五分　共用銀二兩四錢

晝夜茶役六名計十二工每工銀一錢五分　共用銀一兩八錢

晝夜油活廚役八名計十六工每工銀一錢二分　共用銀一兩九錢二分

打掃院落坐更看守火燭蘇拉八名每名銀二錢　共用銀一兩六錢

聽差官役八名每名銀二錢　共用銀一兩六錢

計六十二日共用銀五百七十七兩八錢四分

修理四譯館房間並糊飾棚頂窗户出運院内積

土共用銀一百三十七兩五錢

六共用銀一萬一千一百九十一兩一錢八分

貢使通事從人等進表禮交貢領賞筵宴瞻仰

文廟跪班等事八次

每次用車十二輛每輛制錢二串五百文　計用制錢二百四十串

交貢抬運夫役五十二名每名制錢一串　計用制錢五十二串

辦買炭斤茶葉等項每日制錢十二串　計用制錢七百四十四串

辦買坐褥鋪墊毡簾等項　計用制錢五十五串

辦買笤箒簸箕席片等項　計用制錢二十串

辦買蠟阡燈籠等項　　計用制錢四十八串
辦買夾板木箱十分　　計用制錢五十八串
辦買毡片棉花鎖鑰　　計用制錢六十四串
租賃桌椅等項　　計用制錢一百八十二串
添買磁器傢俱等項　　計用制錢四十六串
由倉支領米石拉運車輛十四次　　計用制錢三十五串
以上共用制錢一千五百四十四串
貢使通事跟役從人共五十四員名每日支領
羊燭十五斤　　黑炭十簍
木柴四百斤　　每員名白老米九合
應領白老米自九月二十六日起每日撤六員名

一九、國子監爲請速發琉球官生煤炭折價銀兩事致内務府咨文

同治八年十月二十八日（1869. 12. 1）

内容提要

國子監致内務府咨文：琉球入監讀書官生每日應用硬煤十一斤四兩，木炭三斤十二兩。今自十月二十六日起至十一月二十五日止，共應領硬煤三百二十六斤四兩，共折價銀四錢零七厘八毫，錢一吊六百三十一文；木炭一百零八斤十二兩，共折價銀三錢九分一厘五毫，錢一吊五百六十六文。相應行文貴府查照，速即給發。

檔案來源：内務府來文

已編入《清代中琉關係檔案三編》第七三一頁

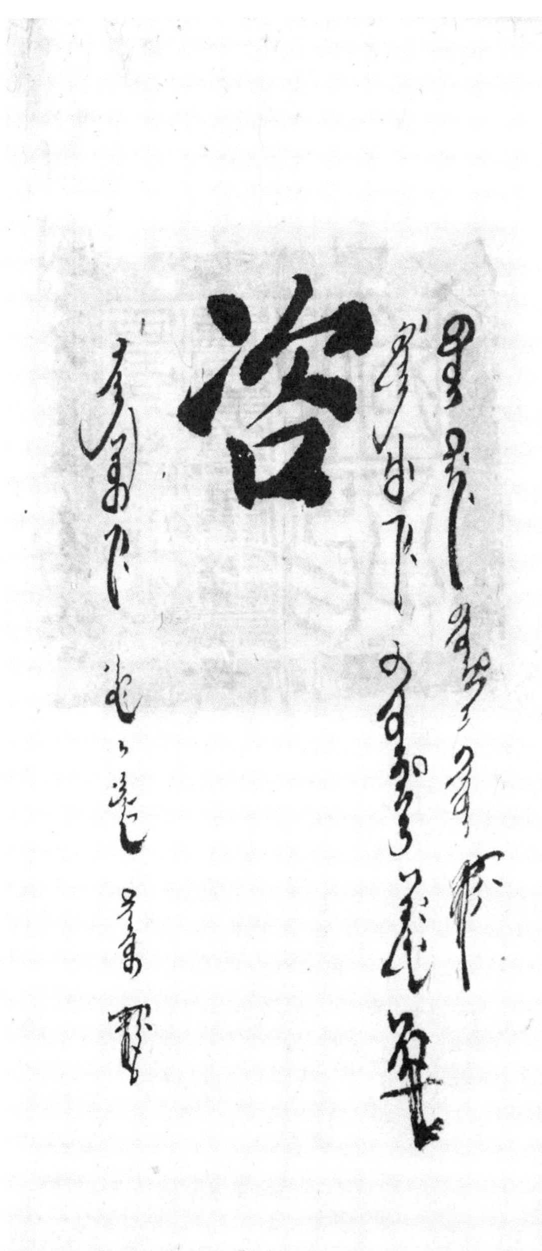
咨

國子監爲咨取事查本監讀書
之琉球官生每日應用硬煤十一觔四
兩木炭三觔十二兩今自十月二十六日起
至十一月二十五日止共應領硬煤三百二
十六觔四兩共折價銀四錢零七厘八毫錢
一吊六百三十一文木炭一百零八觔十二兩共折
價銀三錢九分一厘五毫錢一吊五百六十六文
相應行文

貴府查照速即給發可也須至咨者

右　咨

內務府

同治捌年拾月貳拾捌日

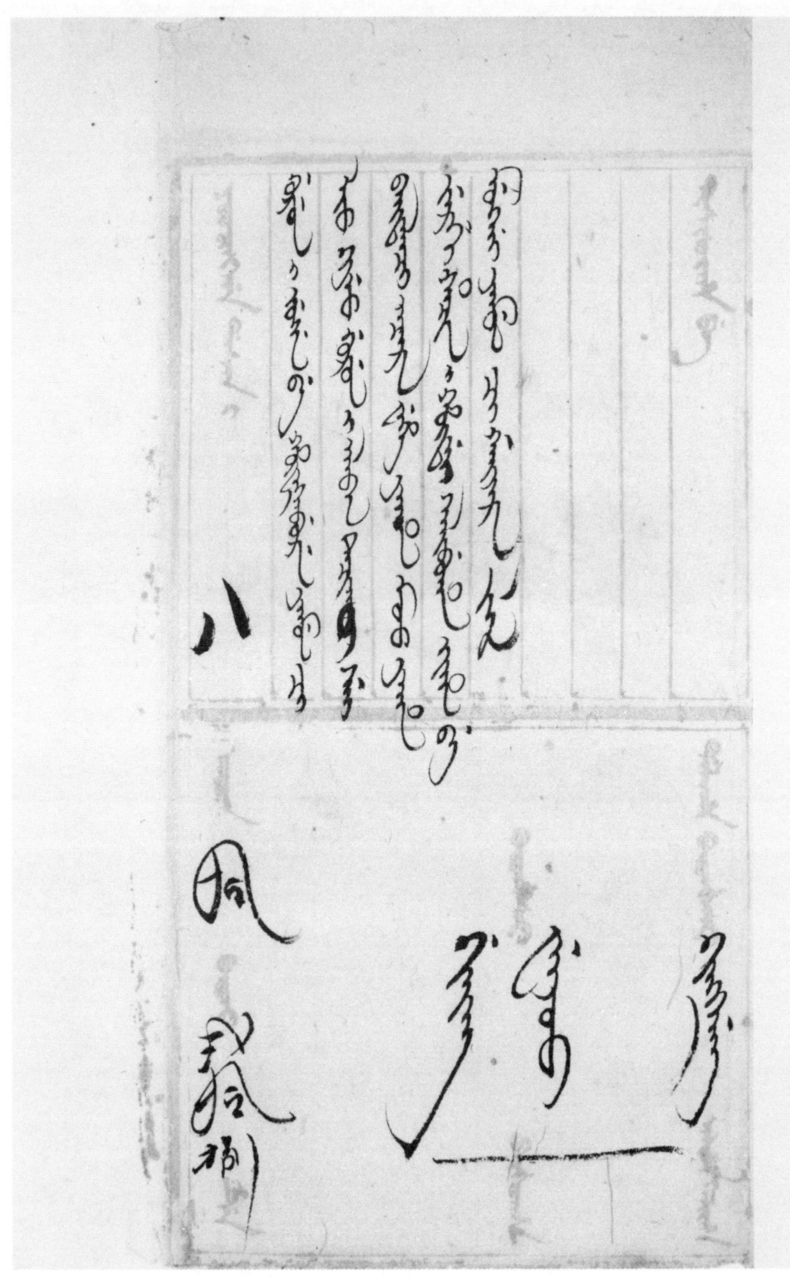

二〇、國子監爲催送琉球官生應用烤炭事致内務府片

同治八年十一月初三日（1869. 12. 5）

内容提要

國子監致内務府片：所有琉球官生入監讀書應用烤炭前經行文内務府備辦在案，迄今未准送監，相應再催貴府查照前咨，務即尅期送監，幸勿遲延。

檔案來源：内務府來文

已編入《清代中琉關係檔案三編》第七三二頁

國子監為片催事所有琉球官生入監讀書應用烤炭前經行文內務府備辦在案迄今未准送監相應再催

貴府查照前咨務即尅期送監幸勿遲延可也須至片行者

右片行

內務府

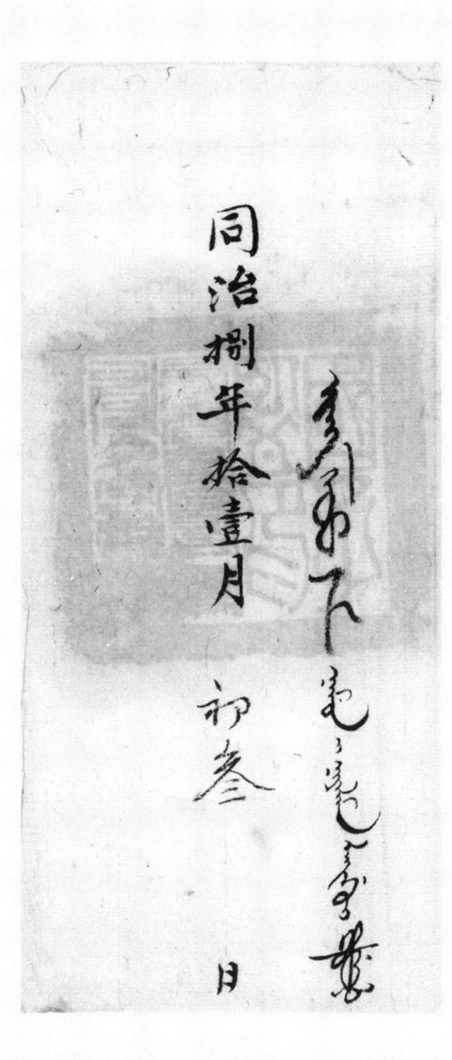

同治捌年拾壹月初叁日

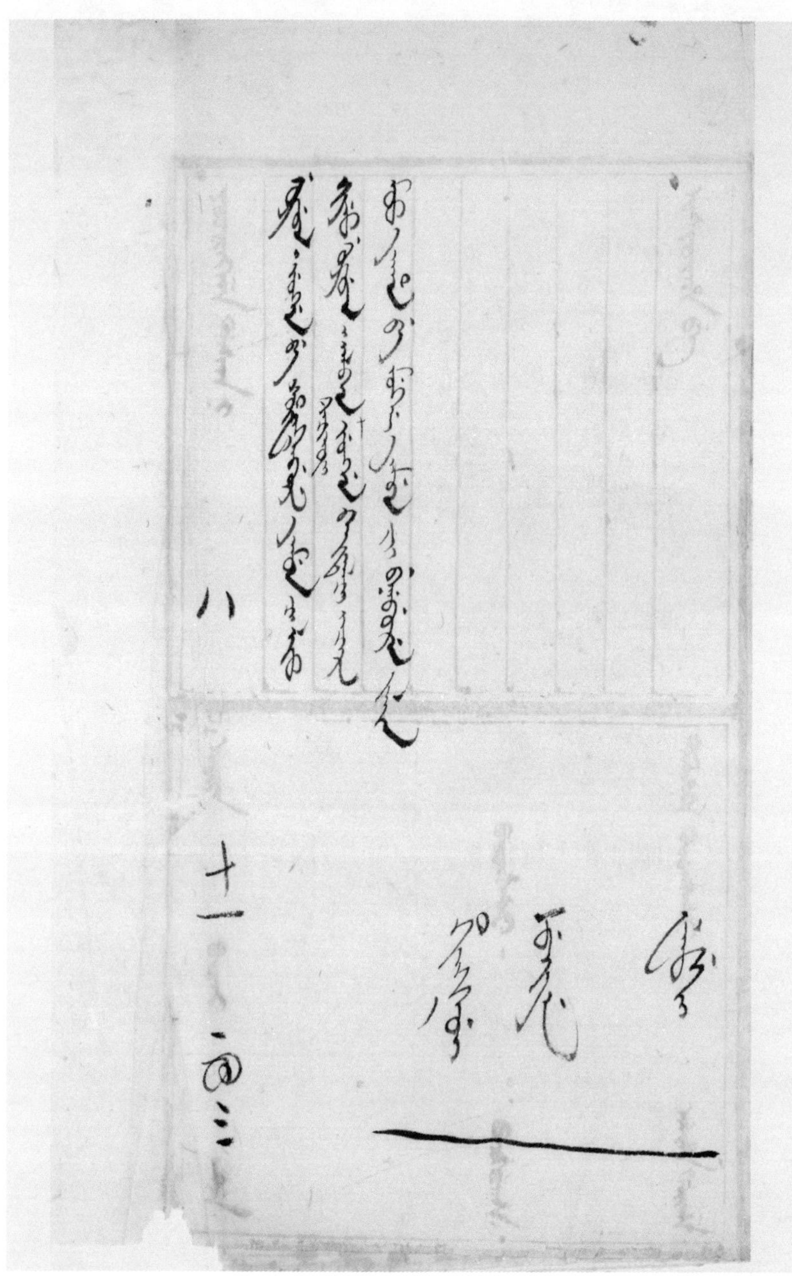

二一、國子監爲請發琉球官生煤炭燭等折價銀事致内務府咨文

同治八年十一月初九日（1869. 12. 11）

内容提要

國子監致内務府咨文：琉球官生入監讀書，每日應用硬煤十一斤四兩，木炭三斤十二兩，蠟燭二斤。自十一月二十六日起至十二月二十五日止共三十日，共領硬煤三百三十七斤八兩，折價銀四錢二分一厘八毫，錢一吊六百八十七文；炭一百十二斤八兩，共折價銀四錢零五厘，錢一吊六百二十文；蠟燭六十斤。相應行文貴府查照，送監給發。

檔案來源：内務府來文

已編入《清代中琉關係檔案三編》第七三三頁

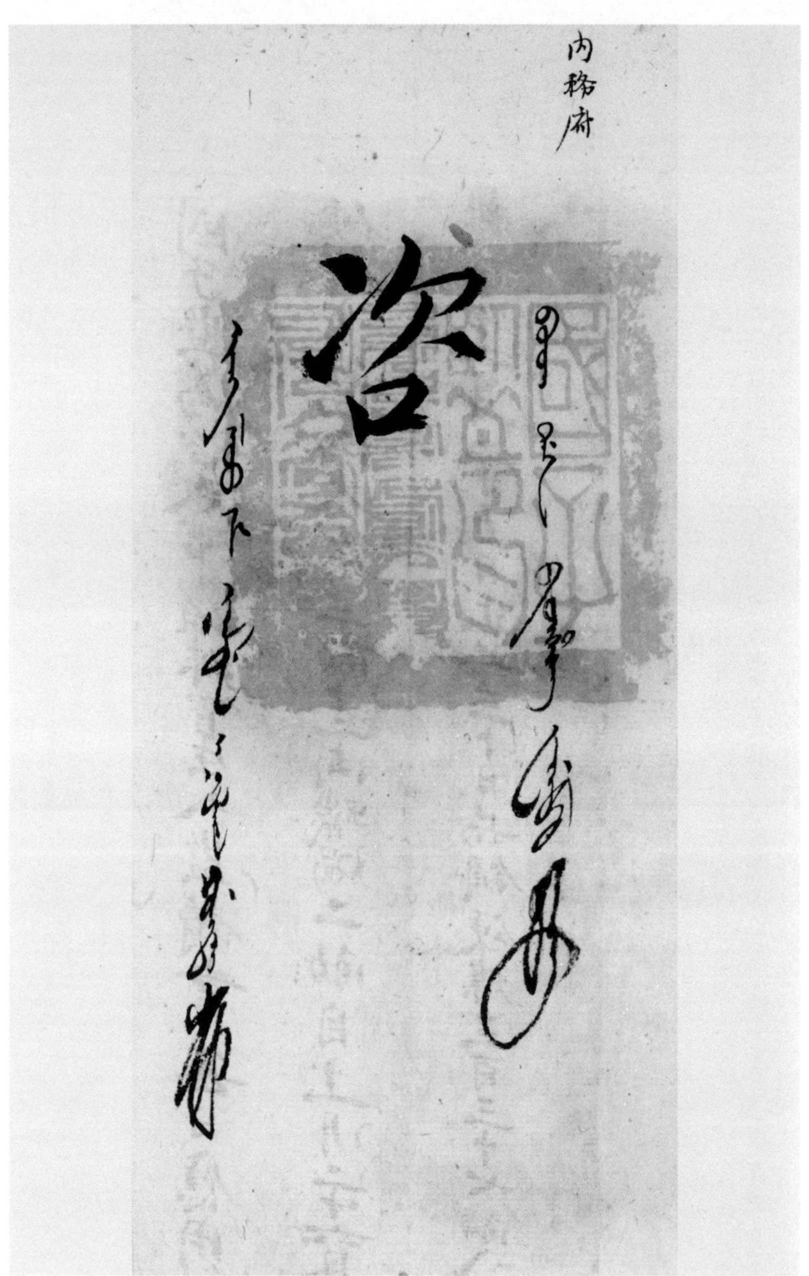

内務府

咨

國子監為咨取事。琉球官生入監讀書，每日應用硬煤十一觔四兩、木炭三觔十二兩、蠟燭二觔，自十一月二十六日起至十二月二十五日止，共三十日，共領硬煤三百三十七觔八兩，共折價銀四錢二分一厘八毫，錢一吊六百八十七文；炭一百十二觔八兩，共折價銀四錢零五厘，錢一吊六百二十文；蠟燭六十觔。相應行文

貴府查照送監給發可也。須至咨者。

右　咨

內務府

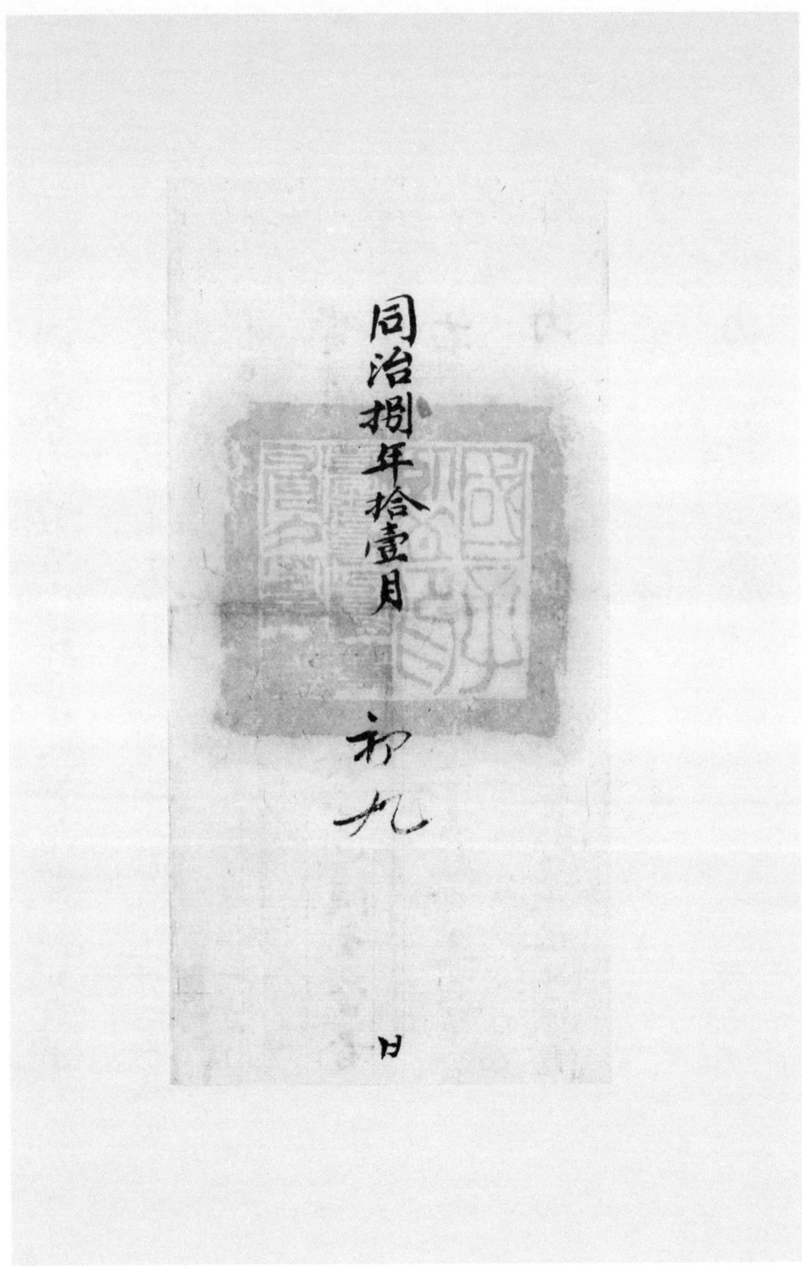
同治捌年拾壹月
初九
日

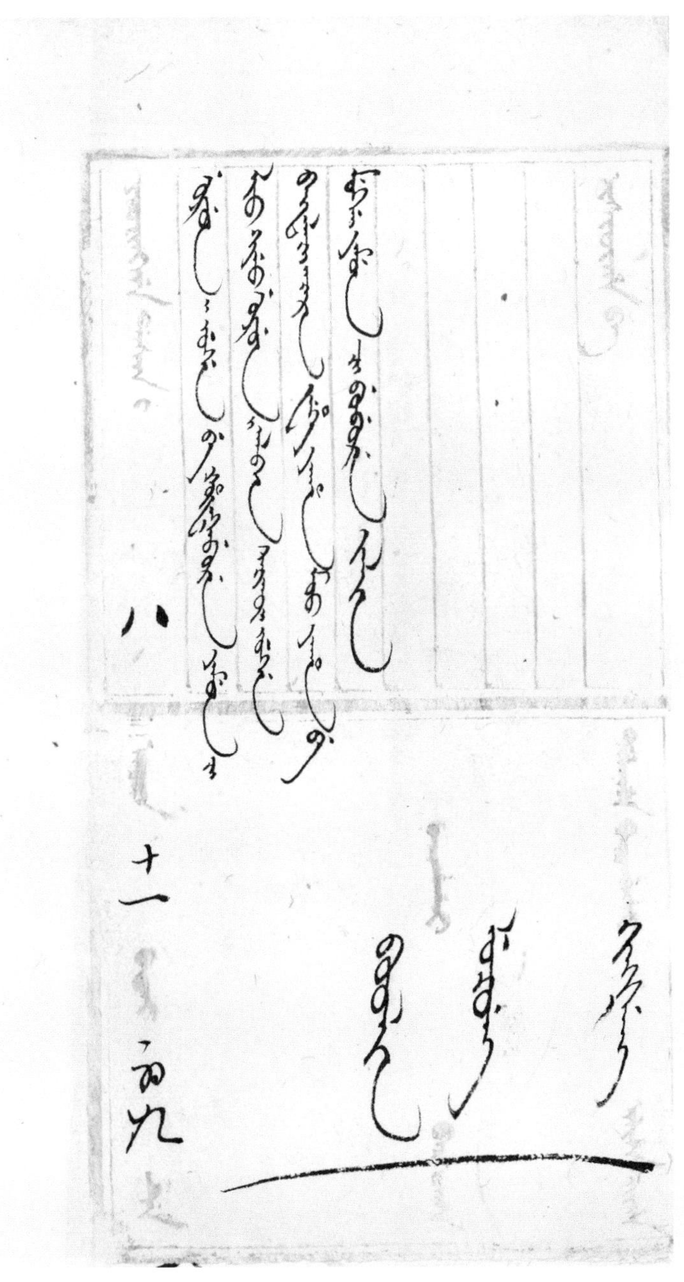

二二一、國子監爲琉球官生應領煤炭折價銀事致内務府咨文　附片一

同治八年十二月初八日（1870.1.9）

内容提要

國子監致内務府咨文：琉球官生入監讀書，每日應用硬煤十一斤四兩，木炭三斤十二兩，蠟燭二斤。今自十二月二十六日起至次年正月二十五日止，共應領硬煤三百二十六斤四兩，共折價銀四錢零七厘八毫，錢一吊六百三十一文；木炭一百零八斤十二兩，共折價銀三錢九分一厘五毫，錢一吊五百六十六文；蠟燭五十八斤。相應行文貴府查照給發。

國子監致内務府片：所有琉球官生入監讀書應用烤炭前經行文内務府備辦在案，迄今未准送監，相應再催貴府查照前咨，務即剋期委員送監，幸勿遲延。

檔案來源：内務府來文

已編入《清代中琉關係檔案三編》第七三四頁

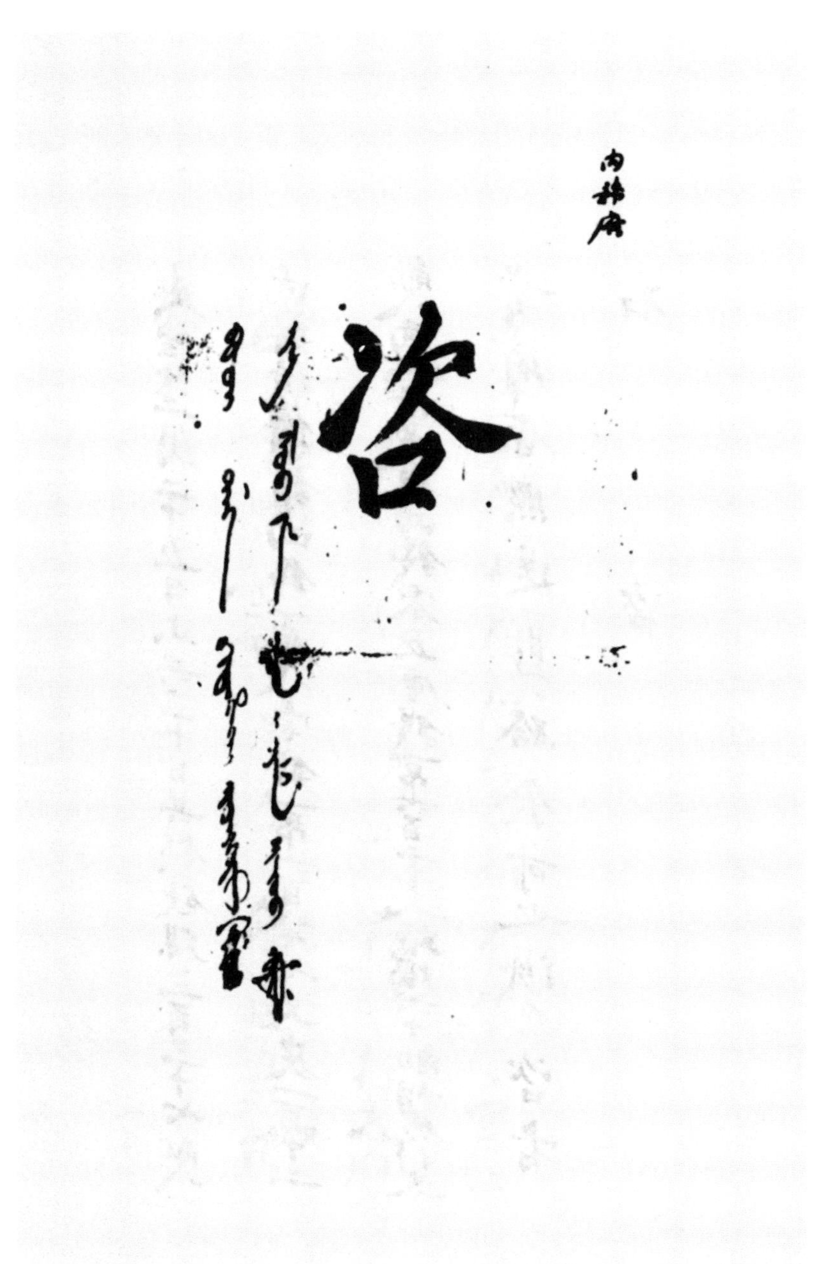
内弘府
咨

國子監為咨取事查本監讀書之琉球官
生每日應用硬煤十一觔四兩木炭三觔十二兩蠟
燭二觔今自十二月二十六日起至次年正月二十五日止
共應領硬煤三百二十六觔四兩共折價銀四錢零七厘八
毫錢一吊六百三十二文木炭一百零八觔十二兩共折價銀
三錢九分一厘五毫錢一吊五百六十六文蠟燭五十八
觔相應行文
貴府查照給發可也須至咨者

右咨

内務府

同治捌年拾貳月初捌日

國子監為片再催事所有琉球官
生入監補書應用烤炭前經行文內
務府備辦在案迄今未准送監現時
值隆冬待用[illegible]急相應再催
貴府查照前咨務即剋期委員送監
幸勿遲延可也須至片行者

右片行

內務府

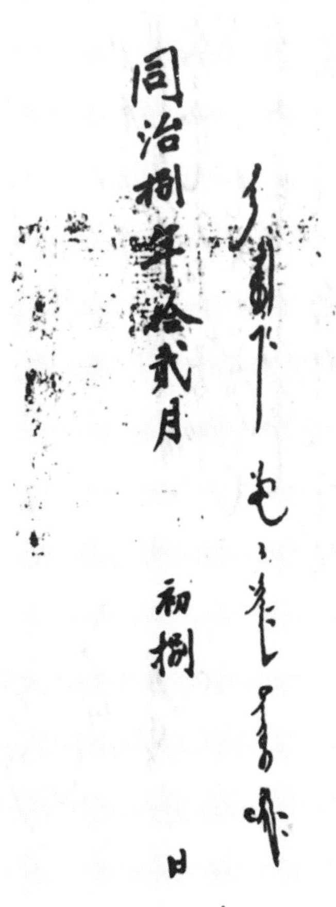

同治拾年拾貳月初捌日

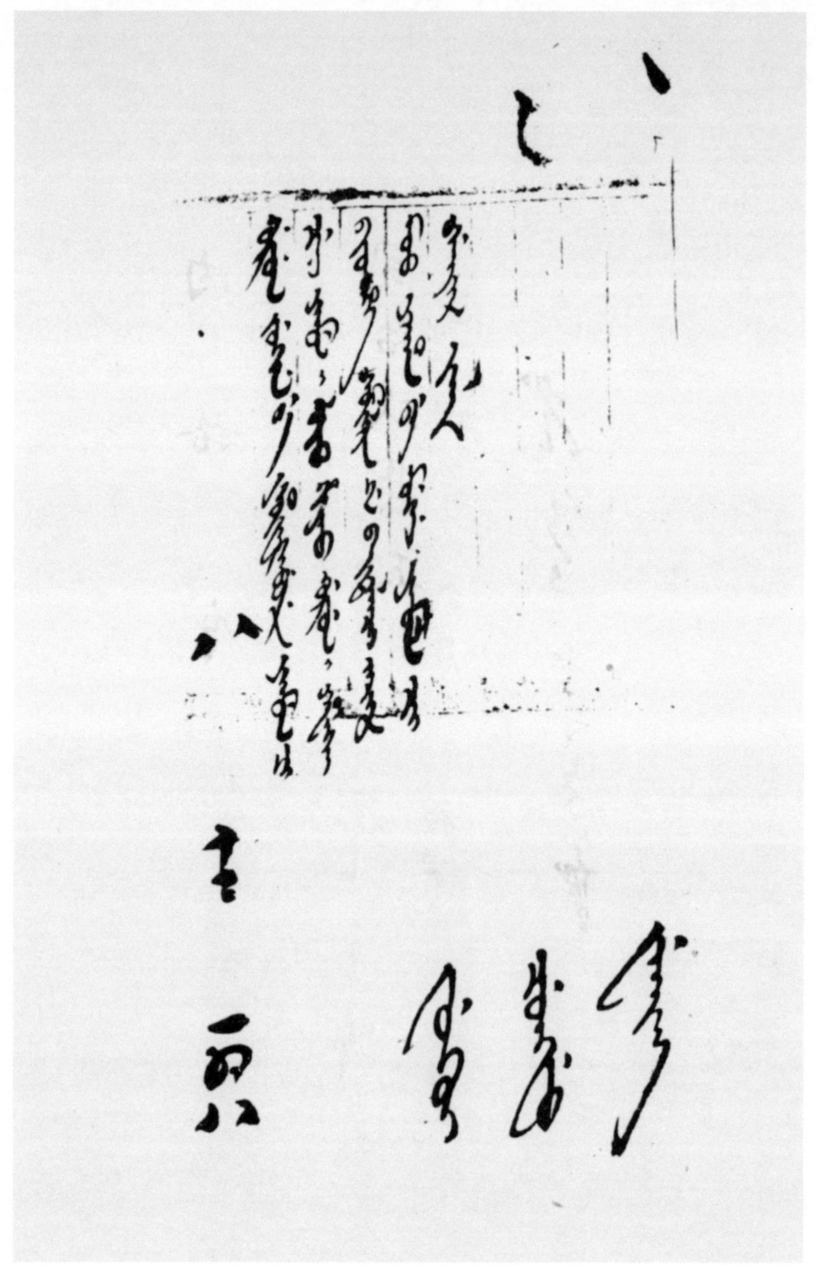

二三、國子監爲琉球官生應領煤炭燭折價銀事致内務府咨文

同治九年正月十九日（1870.2.18）

内容提要

國子監致内務府咨文：琉球官生入監讀書，每日應用硬煤十一斤四两，木炭三斤十二两，蠟燭二斤。自正月二十六日起至二月二十五日止共三十日，應領硬煤三百三十七斤八两，折價銀四錢二分一厘八毫，錢一吊六百八十七文；木炭一百十二斤八两，共折價銀四錢零五厘，錢一吊六百二十文；蠟燭六十斤。相應行文貴府查照，送監給發。

檔案來源：内務府來文

已編入《清代中琉關係檔案三編》第七三六頁

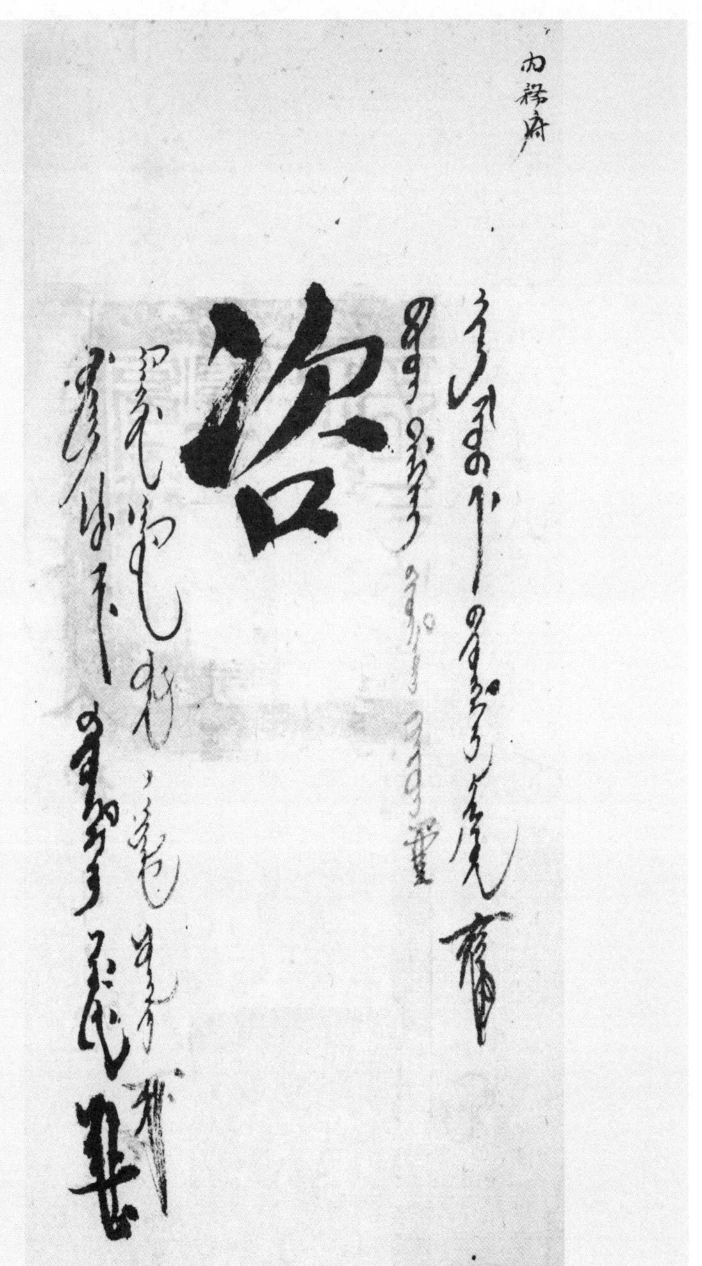
内務府

國子監爲咨取事。今琉球官生入監讀書，應
用硬煤十二觔四兩，木炭三觔十二兩，蠟燭二觔。自正
月二十六日起至二月二十五日止，共三十日，應領硬煤三百三
十七觔八兩，共折價銀四錢二分一釐八毫，錢一吊六
百八十七文；木炭一百十二觔八兩，共折價銀四錢零五
釐，錢一吊六百二十文；蠟燭六十觔。相應行文
貴府查照送監給發可也。須至咨者。

右　　咨

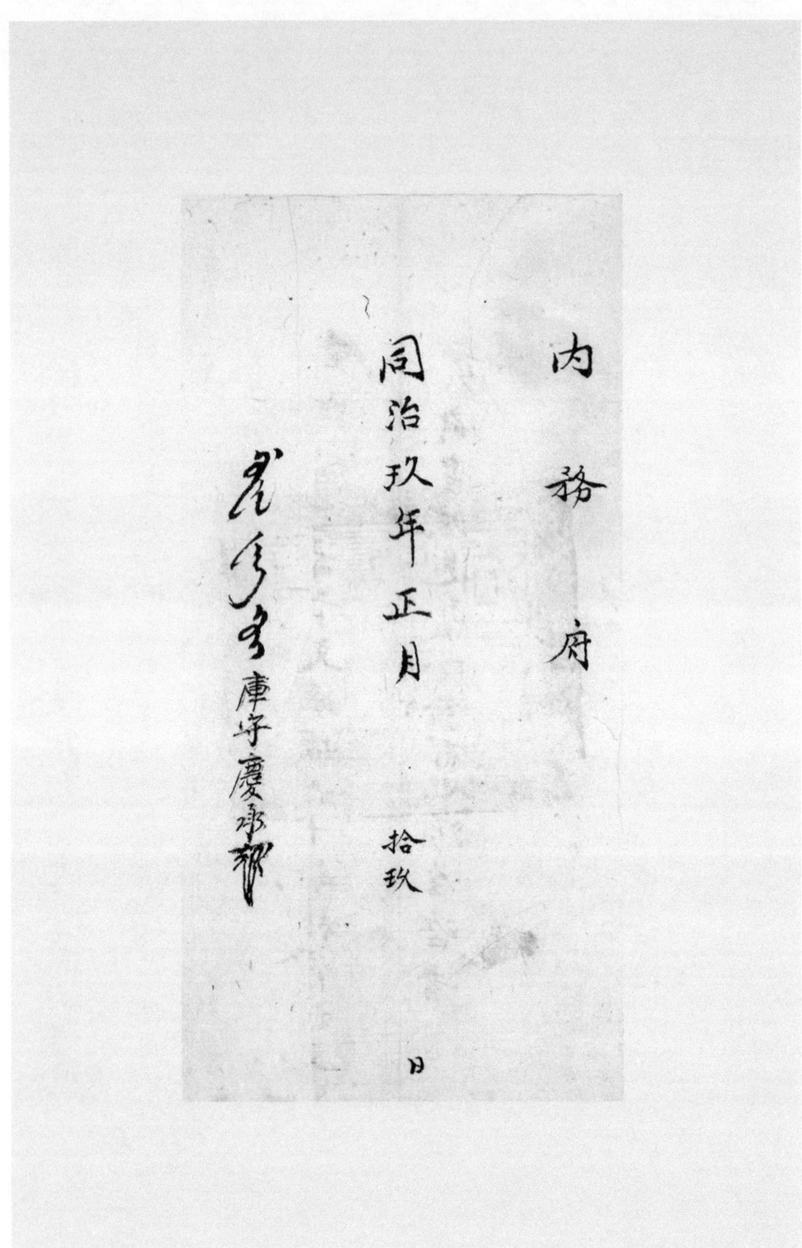

内務府

同治玖年正月　拾玖　日

郎中文山
員外郎長秀
庫守慶承都

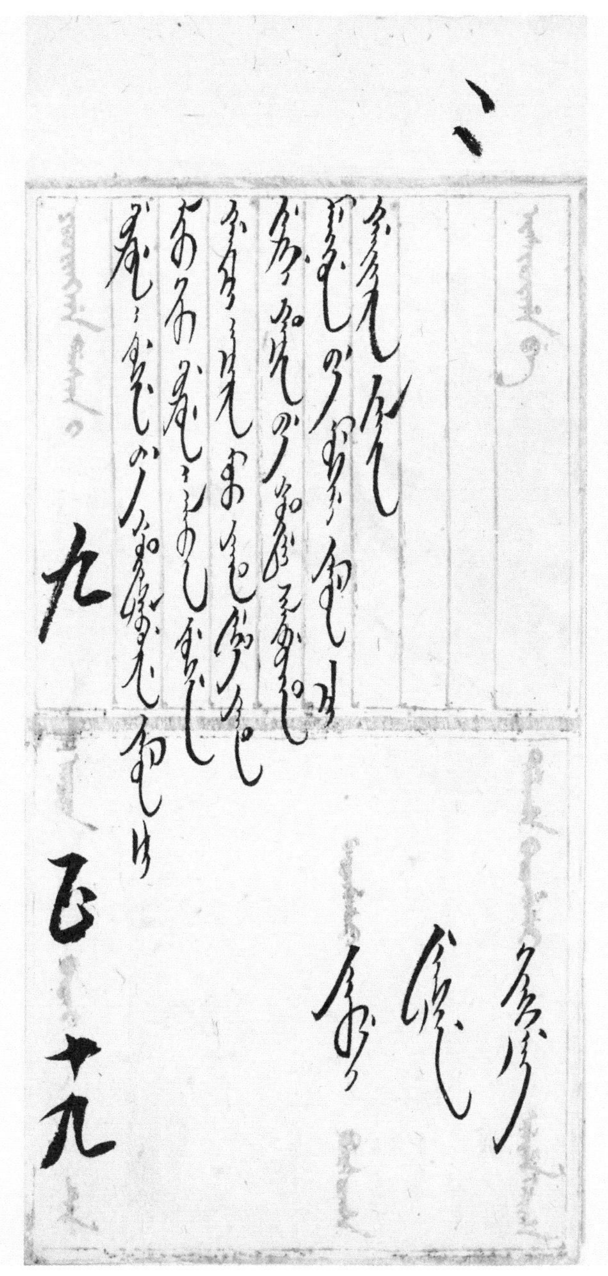

二四、國子監爲搭造凉棚事致内務府咨文

同治九年三月初七日（1870. 4. 7）

内容提要

國子監致内務府咨文：琉球官生在監讀書，溯查乾隆二十四年該國官生入監肄業節經内務府於該館院内前後高搭凉棚，每年四月初一日令匠役赴監搭造，至八月内自行拆回。今已届夏令，相應咨行貴府查照道光二十二年辦過成案，派令人役於四月初一日赴監搭造。

檔案來源：内務府來文

已編入《清代中琉關係檔案三編》第七三七頁

內務府

咨

國子監為咨取事查本監現有琉球官生在
監讀書溯查乾隆二十四年該國官生入監肄業節
經內務府在於該館院內前後高搭涼棚每年四
月初一日令匠役赴監搭造至八月內自行拆回今已屆
夏令相應咨行
貴府查照道光二十二年辦過成案派令人役於四
月初一日赴監搭造可也須至咨者

右　咨

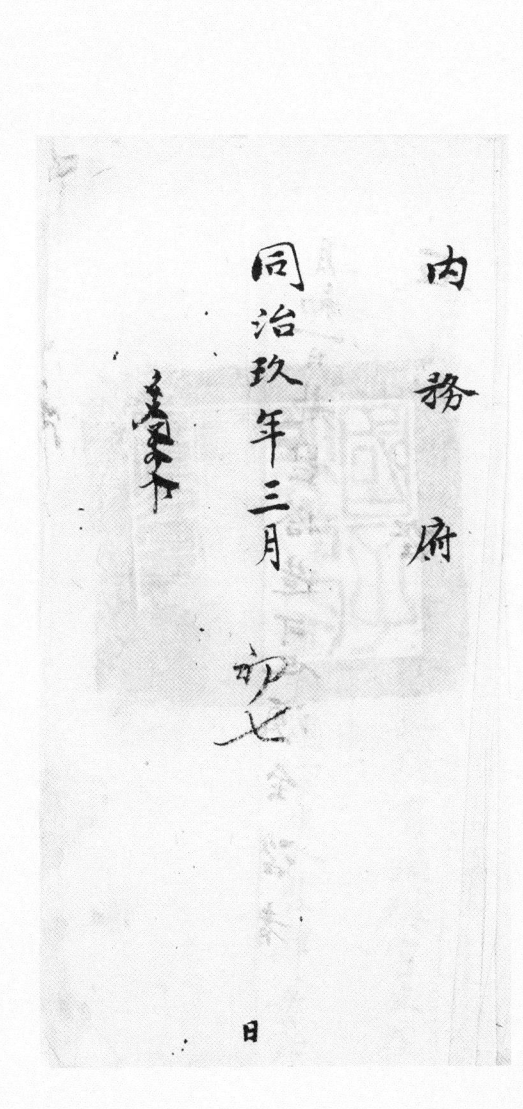

內務府

同治玖年三月初七日

奏過本

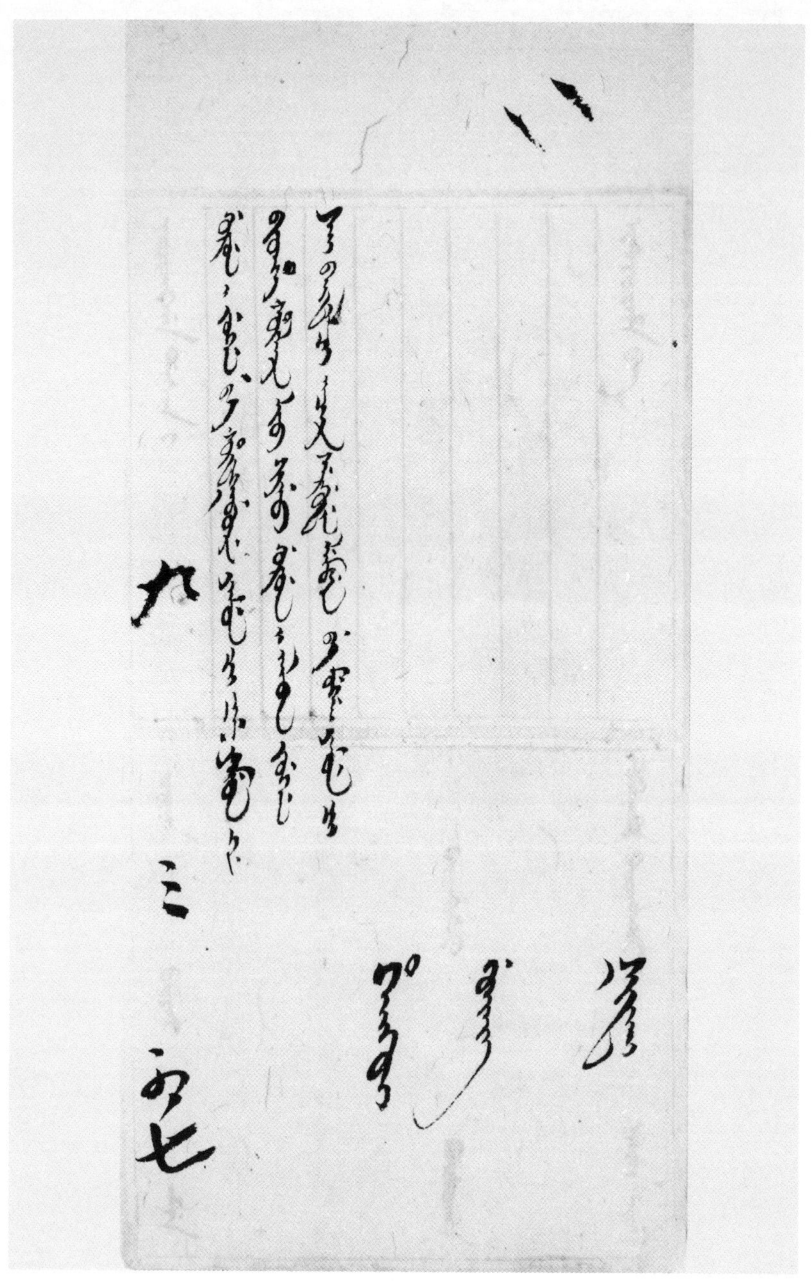

二五、國子監爲琉球官生應領煤炭燭事致内務府咨文

同治九年三月初七日（1870.4.7）

内容提要

國子監致内務府咨文：琉球官生入監讀書，每日應用硬煤十一斤四兩，木炭三斤十二兩，蠟燭二斤。自三月二十六日起至四月二十五日止共三十日，應領硬煤三百三十七斤八兩，折價銀四錢二分一厘八毫，錢一吊六百八十七文；炭一百十二斤八兩，共折價銀四錢零五厘，錢一吊六百二十文；蠟燭六十斤。相應行文貴府查照，送監給發。

檔案來源：内務府來文

已編入《清代中琉關係檔案三編》第七三八頁

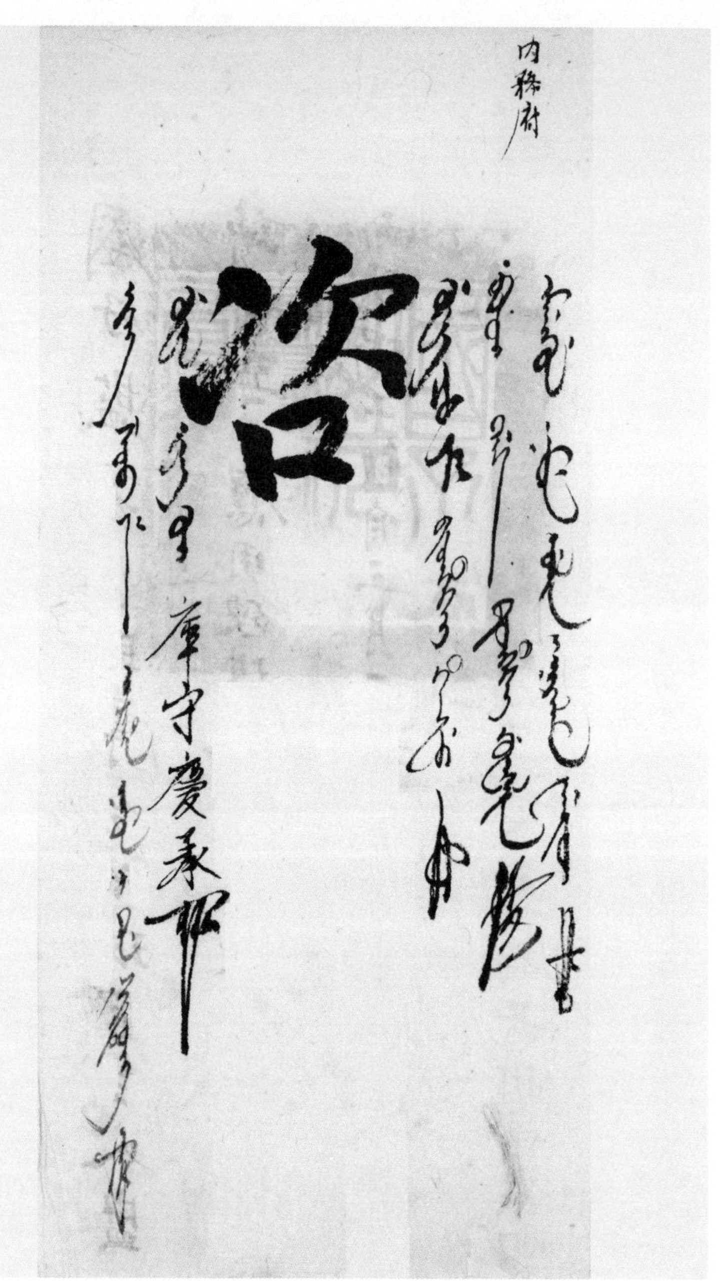

國子監爲咨取事今琉球官生入監
讀書每日應用硬煤十一觔四兩木炭三觔十二
兩蠟燭二觔自三月二十六日起至四月二十五日止共
三十日應領硬煤三百三十七觔八兩共折價銀四
錢二分一釐八毫錢一吊六百八十七文炭一百十二觔八
兩共折價銀四錢零五釐錢一吊六百二十文蠟燭
六十觔相應行文
貴府查照送監給發可也須至咨者

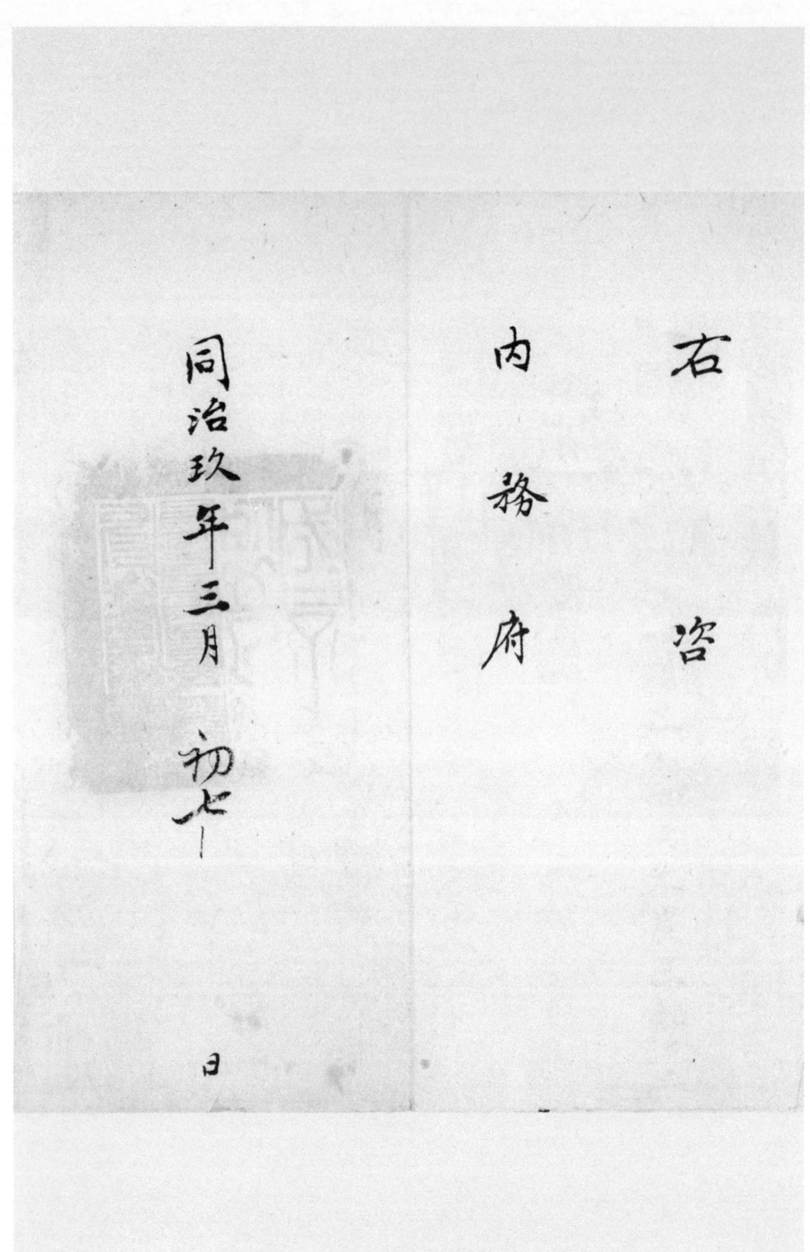

右咨

内務府

同治玖年三月初七日

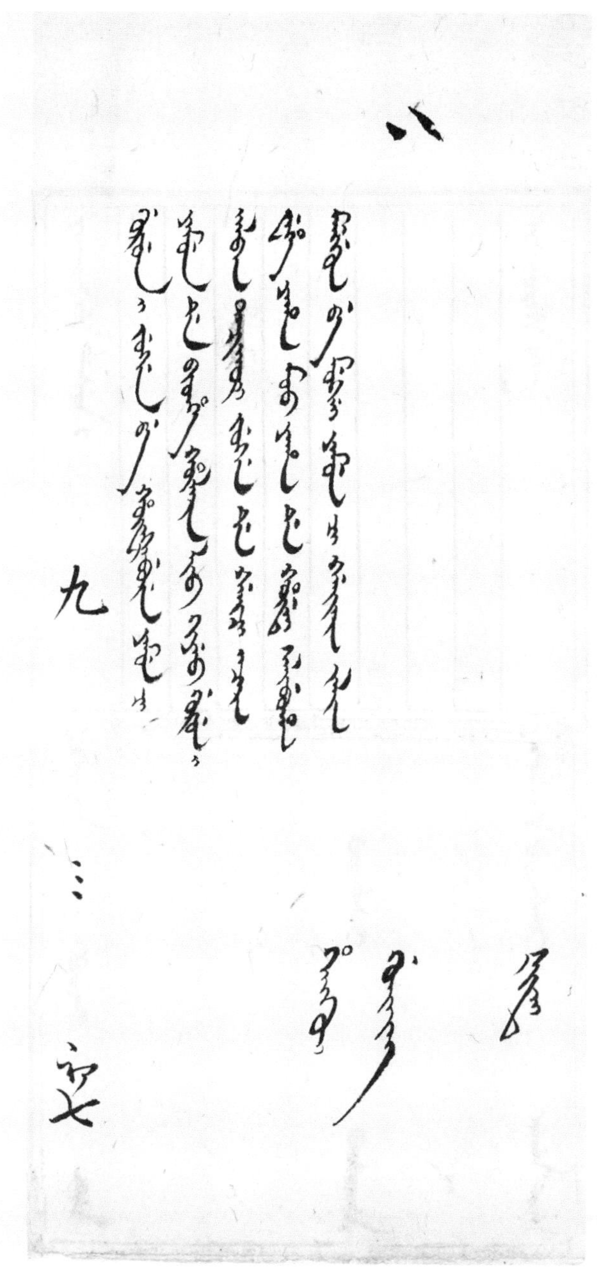
八

九

三

初七

二六、署理浙江巡撫楊昌濬爲琉球國入監讀書官生中途病故護送靈柩回國事奏片

同治九年三月初七日（1870. 4. 7）

内容提要

署理浙江巡撫楊昌濬奏報，琉球國貢臣向文光等起程回國，照例派委文武員弁前往江浙交界迎護。嗣於同治八年十二月初五日迎護該貢使等入浙行抵省城，即在司庫動官銀三百两給領并加以護送，以便携帶琉球國病故官生毛啓祥靈柩回國。據報上年十二月二十八日已護送出境，交閩省委員與地方官接護。復查無異，除咨禮部并福建督撫查明外，謹附片陳明，伏乞聖鑒。

檔案來源：軍機處録副奏摺

已編入《清代中琉關係檔案選編》第一〇七六頁

〇奏

楊昌濬片

再，案准禮部咨：琉球國貢使向文光等自京起程回國，飭令撥護；又前至浙江途次病故官生毛啓祥恩賞銀三百兩，由浙給發等因。當經飭司派委文武員弁前往江浙交界處所迎接護送。茲據該司遣把總一員撥護船於同治八年十二月初五日迎護該貢使等入浙，飭抵省城，即在司庫動支銀三百兩給領，并加給護照，以便飭赴江山

併攜帶病故官生毛啟祥靈柩回國，據報於
上年十二月二十八日護送出境，交閩省委員與
地方官接護前進等情，由署藩司興奎[illegible]
詳請具
奏前來。臣覆核無異，除咨禮部並福建撫[illegible]
以查照外，謹附片陳明，伏乞
聖鑒。謹
奏。
同治九年三月初七日軍機大臣奉
旨：知道了。欽此。

二七、國子監爲搭造凉棚事致内務府片

同治九年四月初七日（1870.5.7）

内容提要

國子監致内務府片：琉球官生在國子監讀書向來夏季於館院内前後高搭凉棚，此係朝廷加恩柔遠，歷届辦有成案，請飭匠赴監搭造凉棚两座。

檔案來源：内務府來文

已編入《清代中琉關係檔案三編》第七三九頁

國子監為咨行事查本監琉球官生在監讀書向來夏
季於該館院內前後高搭涼棚前經行文在案茲准
內務府文稱現因庫款支絀礙難搭蓋相應咨覆貴監
查照自行辦理等因前來查本監琉球學夏季涼
棚係
朝
廷加恩柔遠歷屆辦有成案非尋常營造可比礙難停止相應咨行
貴府查照前咨務即飭匠赴監搭造涼棚兩座萬勿
稍緩可也須至咨行者

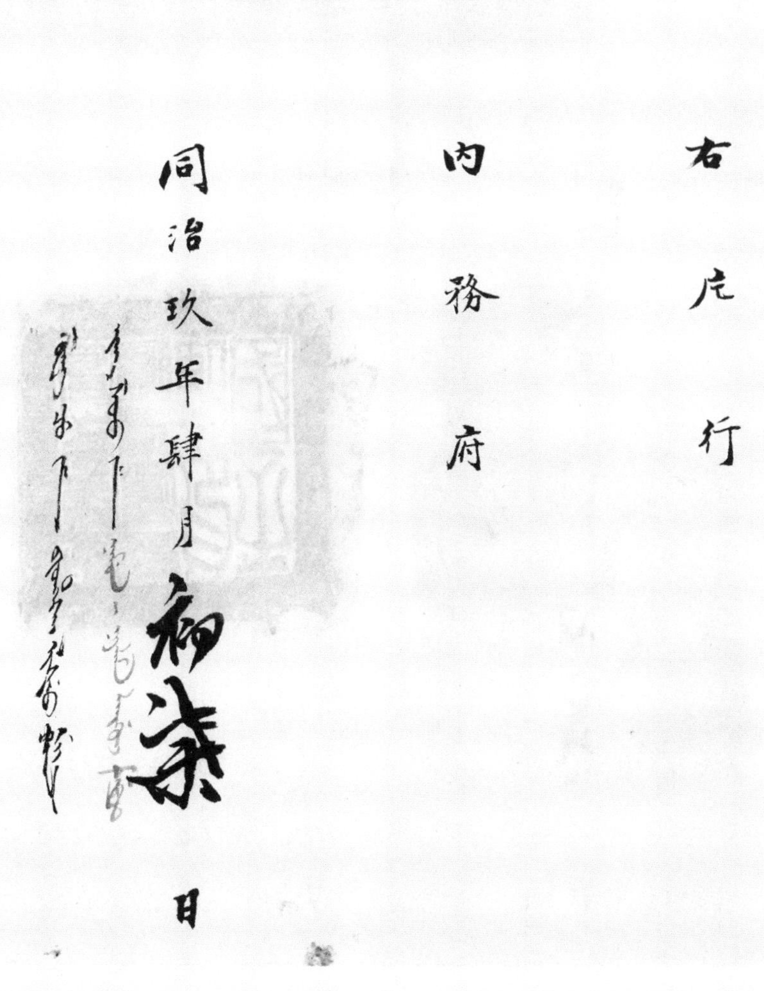
右庄行
內務府
同治玖年肆月 初柒 日

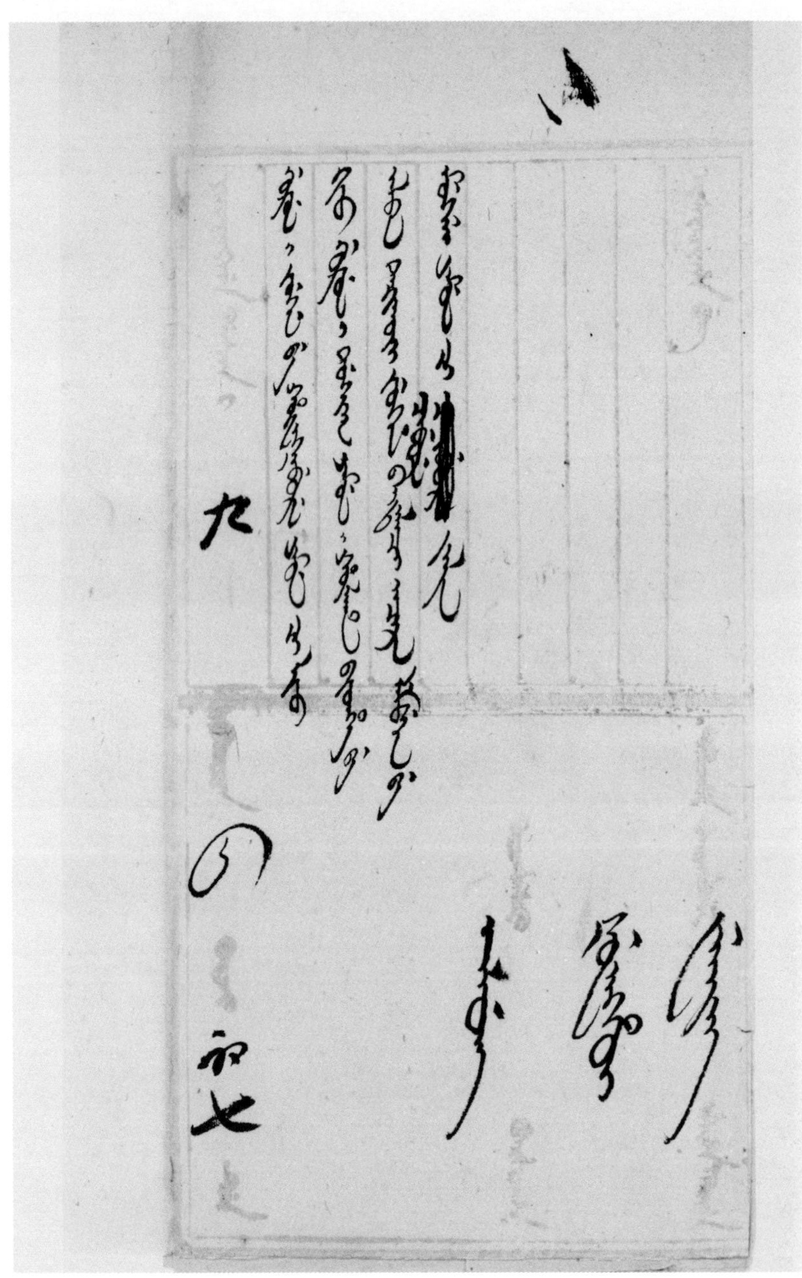

二八、國子監爲琉球官生應領煤炭燭事致内務府咨文

同治九年四月初七日（1870.5.7）

内容提要

國子監致内務府咨文：琉球官生入監讀書每日應用硬煤十一斤四兩、木炭三斤十二兩、蠟燭二斤。自四月二十六日起至五月二十五日止，應領硬煤三百二十六斤四兩，折價銀四錢零七厘八毫，折錢一吊六百三十一文；木炭一百零八斤十二兩，折價銀三錢九分一厘五毫，錢一吊五百六十六文；蠟燭五十八斤。相應行文貴府查照，送監給發。

檔案來源：内務府來文

已編入《清代中琉關係檔案三編》第七四〇頁

内務府

國子監為咨取事。今琉球官生入監讀書，每日應用硬煤十一觔四兩，木炭三觔十二兩，蠟燭二觔。自四月二十六日起至五月二十五日止，共二十九日，應領硬煤三百二十六觔四兩，折價銀四錢零七厘八毫，折錢一吊六百三十一文；木炭一百零八觔十二兩，共折價銀三錢九分一厘五毫，錢一吊五百六十六文；蠟燭五十八觔。相應行文貴府，查照送監給發可也。須至咨者。

右　咨

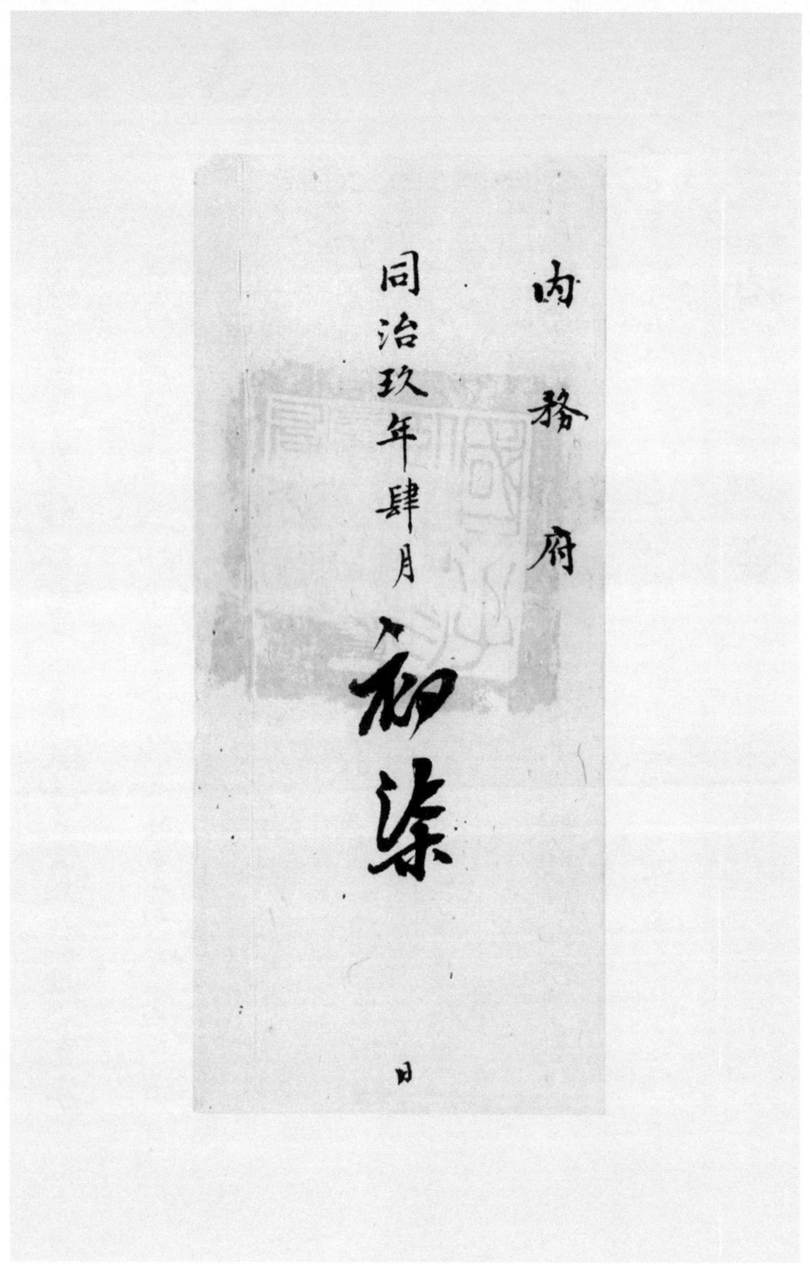

内務府

同治玖年肆月初柒日

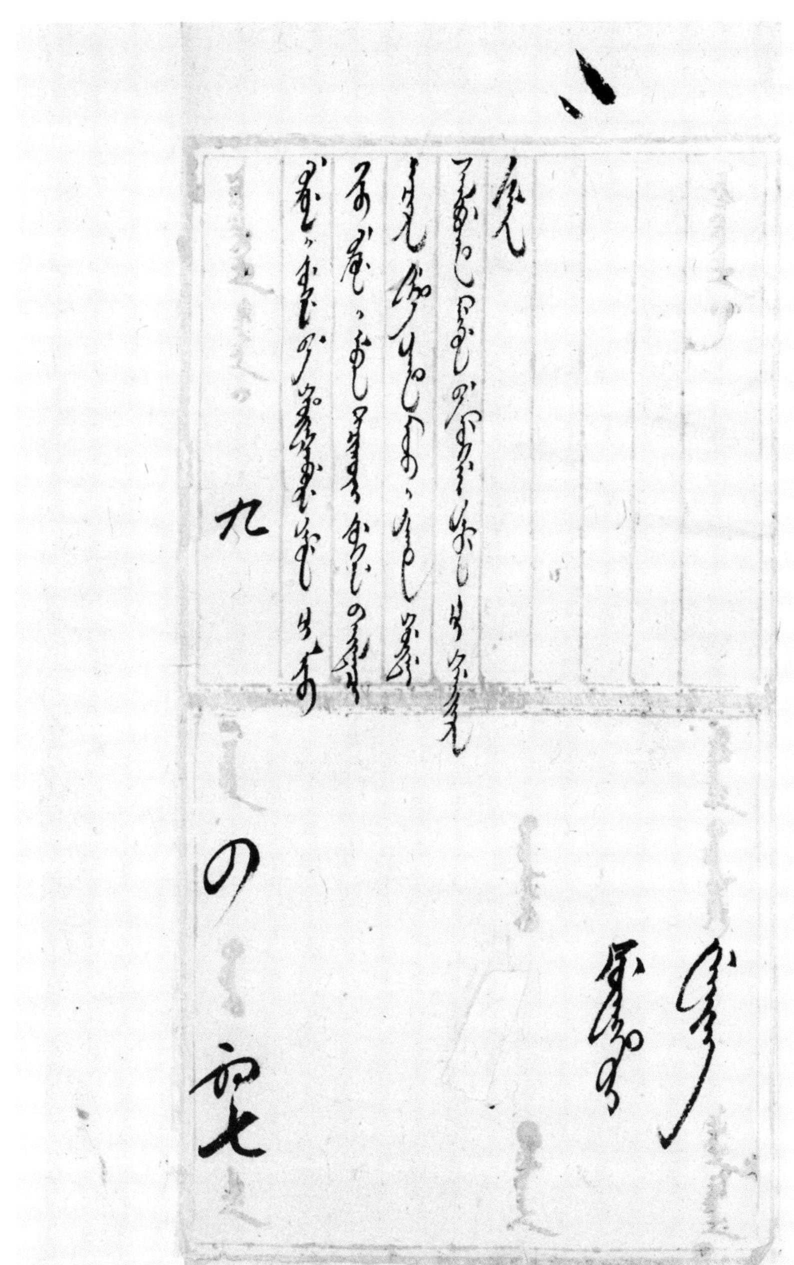

二九、國子監爲催發琉球官生及跟伴春季衣服等用品事致内務府片

同治九年四月二十五日（1870. 5. 25）

内容提要

國子監致内務府片：琉球官生葛兆慶等三名及跟伴三人應領春季衣服凉帽襪子等項，前經行文内務府備辦在案，迄今已交夏令，未准送監。相應片催貴府，務即剋期送監給發。

檔案來源：内務府來文

已編入《清代中琉關係檔案三編》第七四一頁

國子監爲片催事查本監琉球官生萬兆慶等三名及跟伴三人應領春季衣服凉帽襪子等項前經行文内務府備辦在案迄今已交夏令未准送監相應片催貴府查照前咨務即剋期送監給發萬勿遲延可也須至片行者

右片行

内務府

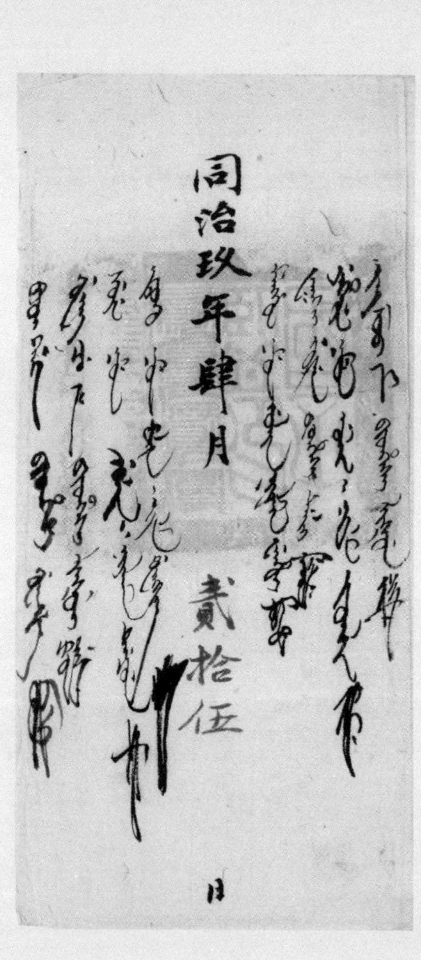
同治玖年肆月贰拾伍日

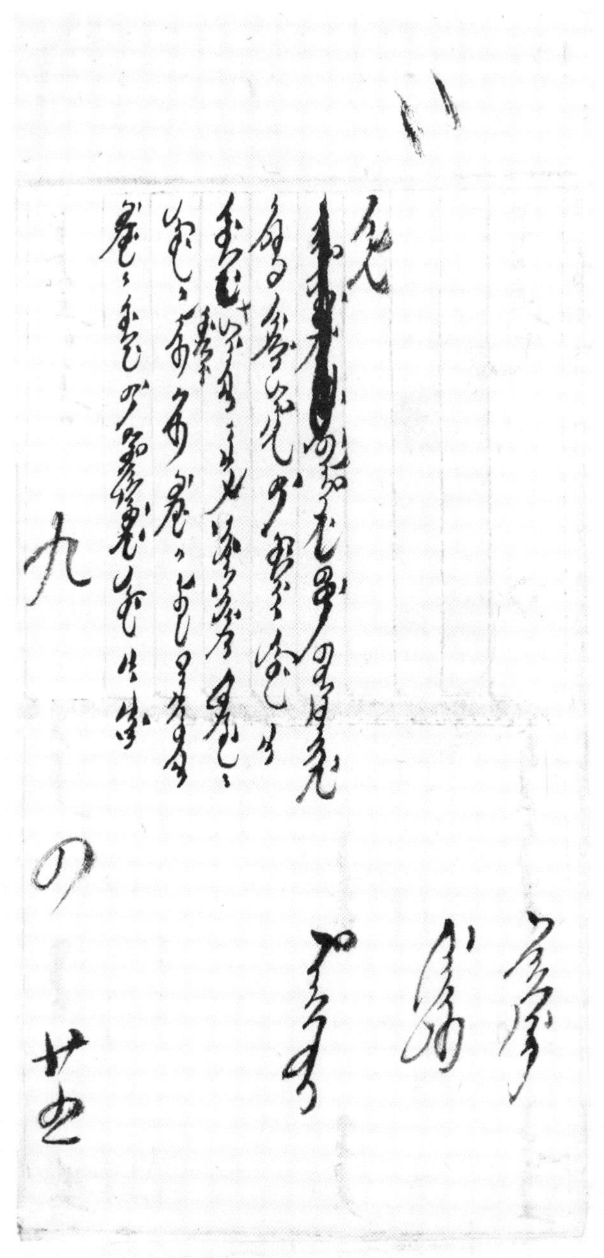

三〇、福州將軍文煜爲琉球國接貢船進口循例免税事奏摺

同治九年四月二十五日（1870. 5. 25）

内容提要

福州將軍文煜奏報，琉球國接貢船隻隨帶貨物清册按則核計，應徵税銀一百四十一两七錢八分三厘七毫五絲，查照向例批令免其輸納。除安頓館驛事宜由督撫衙門照例辦理外，所有免過税銀數目另繕清單恭呈御覽。

檔案來源：宮中朱批奏摺

已編入《清代中琉關係檔案選編》第一〇六九頁

奏

福州將軍兼管閩海關稅務奴才文煜跪

奏為琉球國接

貢船隻進口隨帶貨物循例免稅恭摺奏

聞仰祈

聖鑒事同治九年三月二十六日據南臺口委員協

領長慶稟稱琉球國接

貢船一隻進口據通事魏學熙開送該船隨帶貨

物清冊按則覈計應徵稅銀一百四十一兩七

錢八分三釐七毫五絲當即查照向例批令免
其輸納以廣
聖主柔遠深仁宣示洋使去後隨據該口委員協領
長慶報稱該通事魏學熈率領官伴水梢人等
赴闕望
闕叩謝
天恩稟報前來除安頓館驛事宜由督撫衙門照例
辦理外所有免過稅銀數目另繕清單恭呈

御覽伏乞

皇太后

皇上聖鑒謹

奏

軍機大臣奉

旨該部知道單併發欽此

同治九年四月

二十五

日

三一、國子監爲請即派匠役搭造凉棚事致内務府片

同治九年五月初三日（1870.6.1）

内容提要

國子監致内務府片：琉球官生在國子監讀書向例夏季於館院内前後高搭凉棚二座，内務府派匠役搭蓋後院凉棚，前院凉棚因庫款支絀暫緩搭蓋。查前院凉棚係講堂訓課之所，相應片行貴府查照，務即飭匠赴監搭造前院凉棚。

檔案來源：内務府來文

已編入《清代中琉關係檔案三編》第七四二頁

國子監為移行事查本監琉球官生在監
讀書內例夏季於該館院內前後高搭凉棚二座
前經行文在案茲准內務府文稱著將後院凉棚一
座派令匠役前赴搭蓋其前院凉棚現因庫款
支絀暫緩搭蓋等因前來查本監琉球學前院凉
棚係講堂訓課之所該官生等時常在前堂聽講
碍難從緩相應移行
貴府查照務即飭匠赴監搭造前院凉棚萬勿

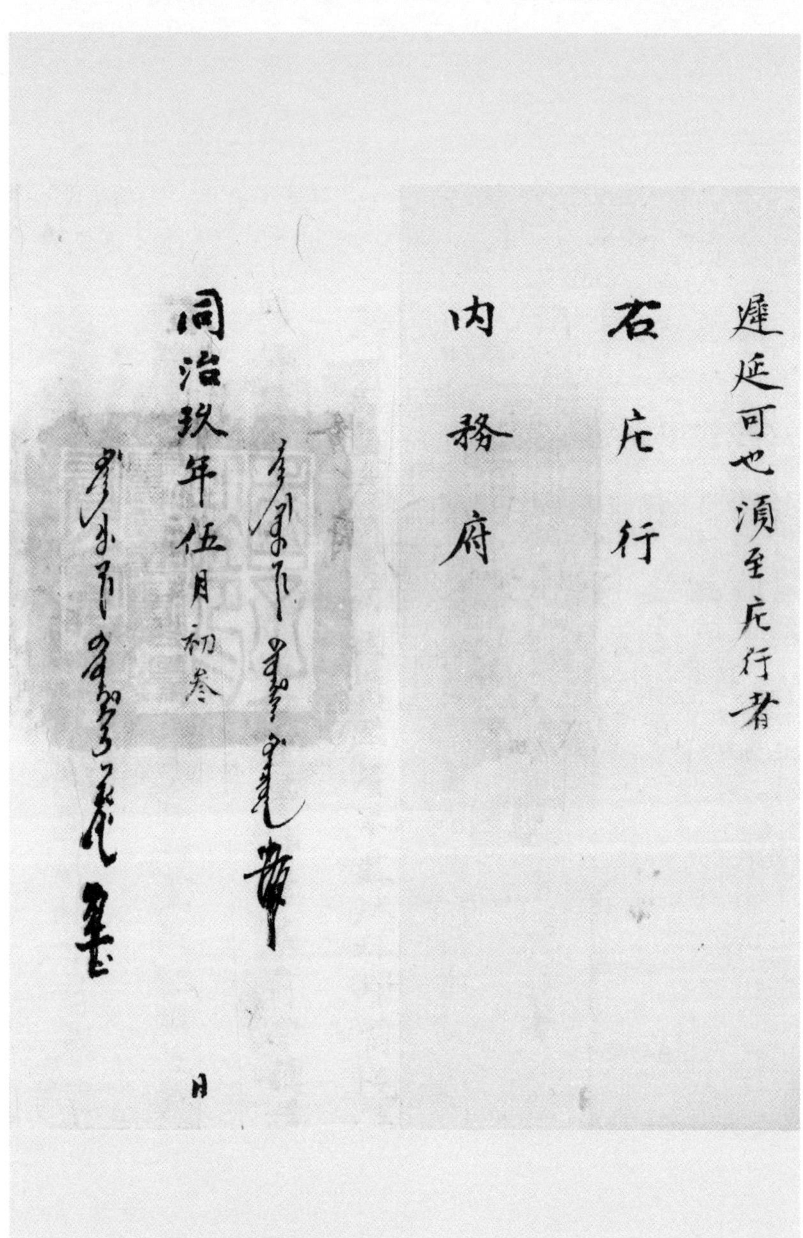

遲延可也須至牌行者

右牌行

内務府

同治玖年伍月初叁日

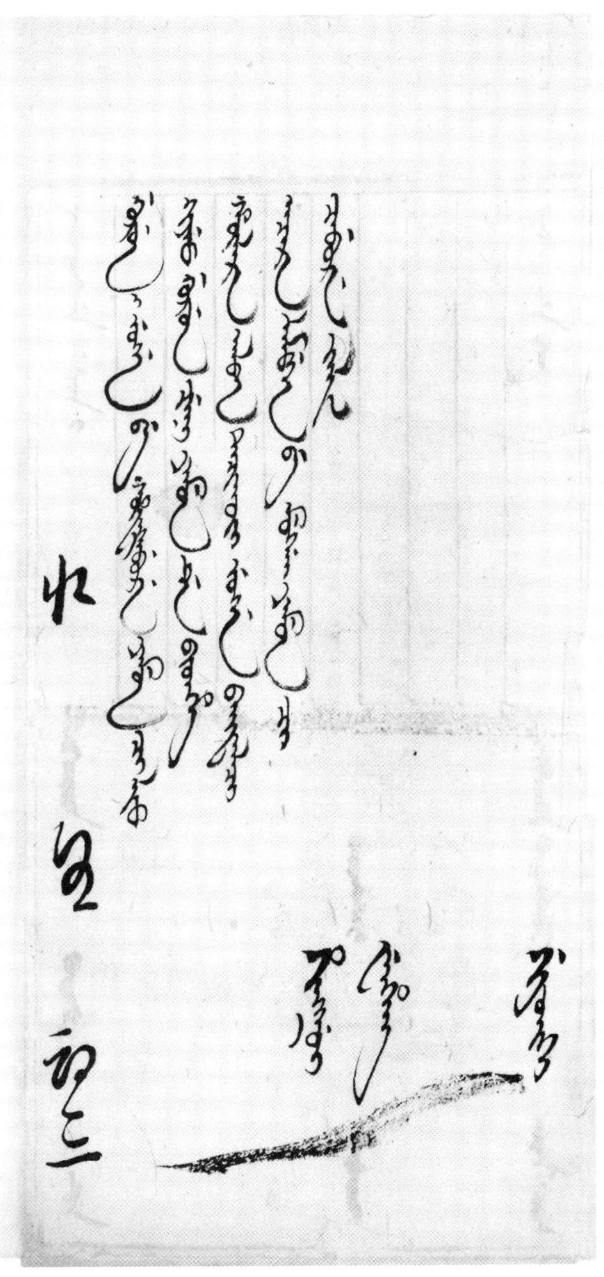

三二、國子監爲琉球官生應領煤炭燭事致内務府咨文

同治九年五月十四日（1870. 6. 12）

内容提要

國子監致内務府咨文：琉球官生入監讀書每日應用硬煤十一斤四兩、木炭三斤十二兩、蠟燭二斤。自五月二十六日起至六月二十九日止共三十四日，應用硬煤三百八十二斤八兩，折價銀四錢七分八厘一毫，折錢一吊九百一十二文；木炭一百二十七斤八兩，折價銀四錢五分九厘，錢一吊八百三十六文；蠟燭六十八斤。相應行文貴府查照，送監給發。

檔案來源：内務府來文

已編入《清代中琉關係檔案三編》第七四三頁

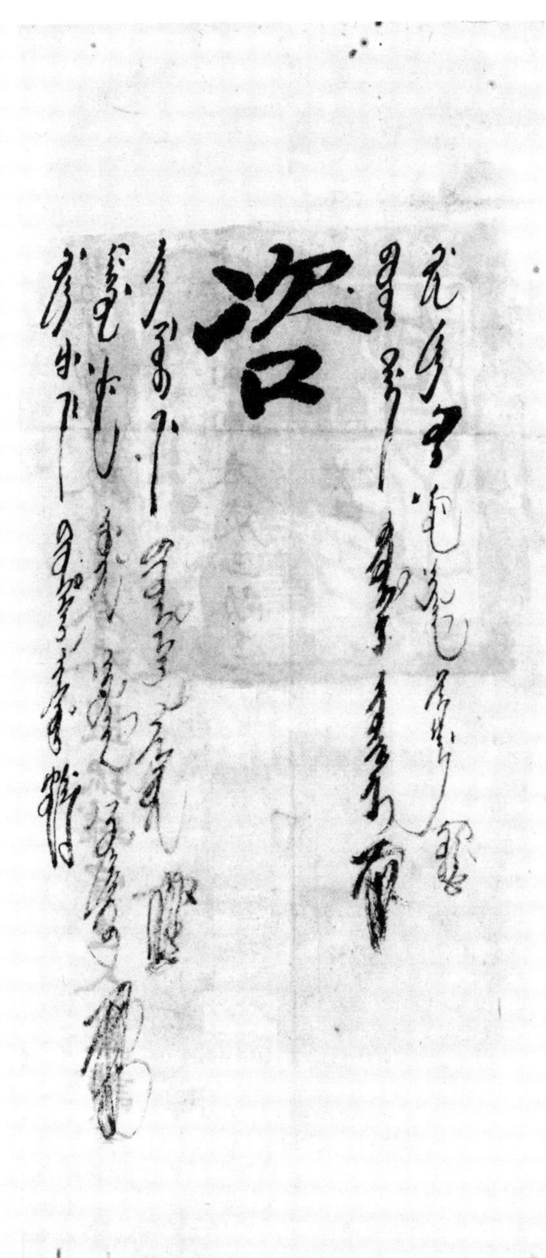

咨

國子監為咨取事今本監琉球官生入監讀書每月

應用

硬煤十一觔四兩木炭三觔十二兩蠟燭二觔自五月二十六日起

至六月二十九日止共三十四日應用硬煤三百八十二觔八兩折銀四

錢七分八釐一毫折錢一吊九百一十二文木炭一百二十七觔八兩折

銀四錢五分九釐錢一吊八百三十六文蠟燭六十八觔相應行文

貴府查照送監給發可也須至咨者

右咨

內務府

同治玖年五月十四

日

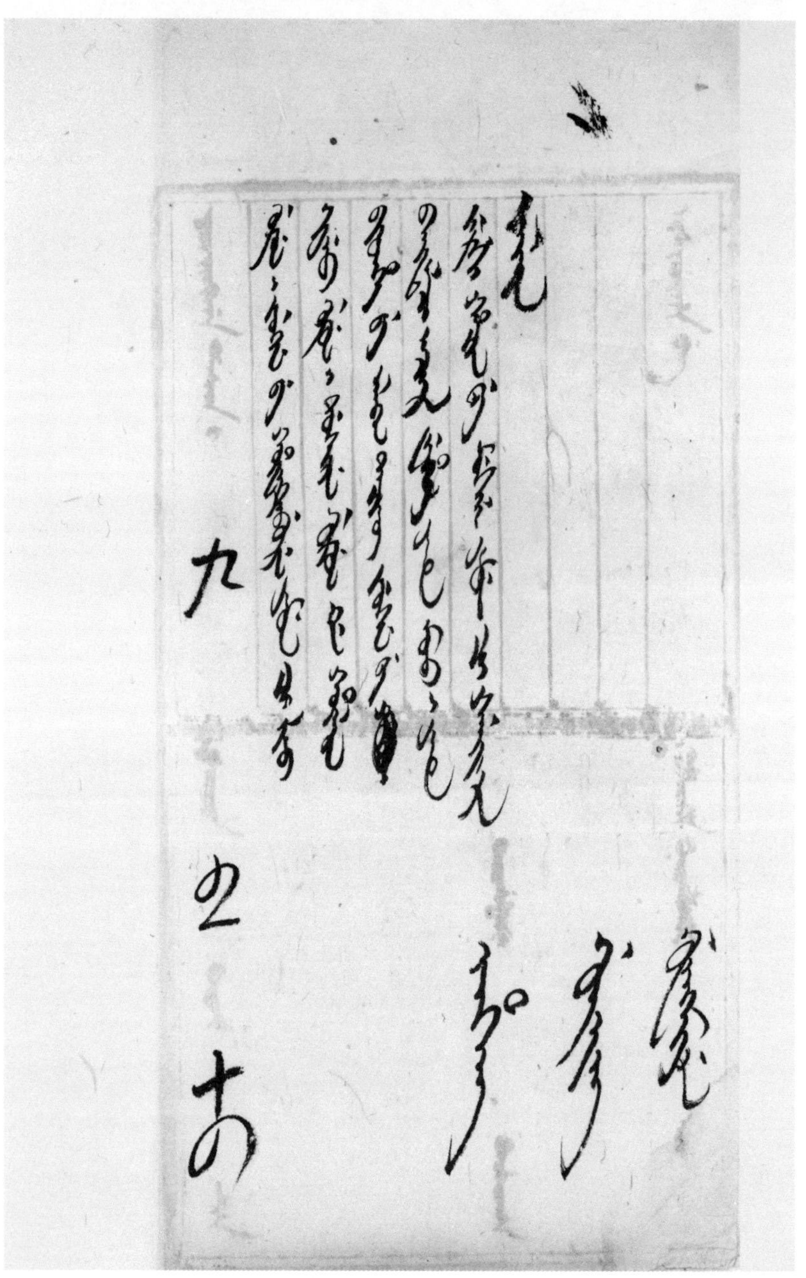

三三、管光禄寺事務載齡等奏聞給過琉球國官生葛兆慶等食物并廚役工價銀事黄册

同治九年五月二十七日（1870.6.25）

内容提要

琉球國官生葛兆慶等三名入國子監讀書跟伴三名於本年三月初一日起至三十日止，所有用過物品按依例價核算用實銀二十八两二錢三分，又廚役三十工，每工例價一錢五分，用實銀四两五錢。

檔案來源：内閣黄册
已編入《清代中琉關係檔案五編》第三五三頁

一據國子監來文琉球國官生葛兆慶等叁名入監讀書跟伴叁名
於本年叁月初壹日起至叁拾日止所有用過物品按依例價覈算
用實銀貳拾捌兩貳錢叁分又厨役叁拾工每工例價壹錢伍分用
實銀肆兩伍錢

三四、國子監爲琉球官生應領七月份煤炭燭事致內務府咨文

同治九年六月初七日（1870.7.5）

內容提要

國子監致內務府咨文：琉球官生入監讀書每日應用硬煤十一斤四兩、木炭三斤十二兩、蠟燭二斤。自七月初一日起至三十日止，領煤三百三十七斤八兩，折價銀四錢二分一厘八毫，折錢一吊六百八十七文；炭一百十二斤八兩，折價銀四錢五厘，錢一吊六百二十文；蠟燭六十斤。相應行文貴府查照，送監給發。

檔案來源：內務府來文

已編入《清代中琉關係檔案三編》第七四四頁

内務府
咨

國子監爲咨取事今琉球官生入監讀書每日應用
硬煤十二觔四兩木炭三觔十二兩蠟燭二觔自七月初一日起
至三十日止領煤三百三十七觔八兩共折價銀四錢
二分一厘八毫折錢一吊六百八十七文山炭一百十二觔八兩
折銀四錢五厘錢一吊六百二十文蠟燭六十觔相應行文
貴府查照送監給發可也須至咨者

右　咨

内　務　府

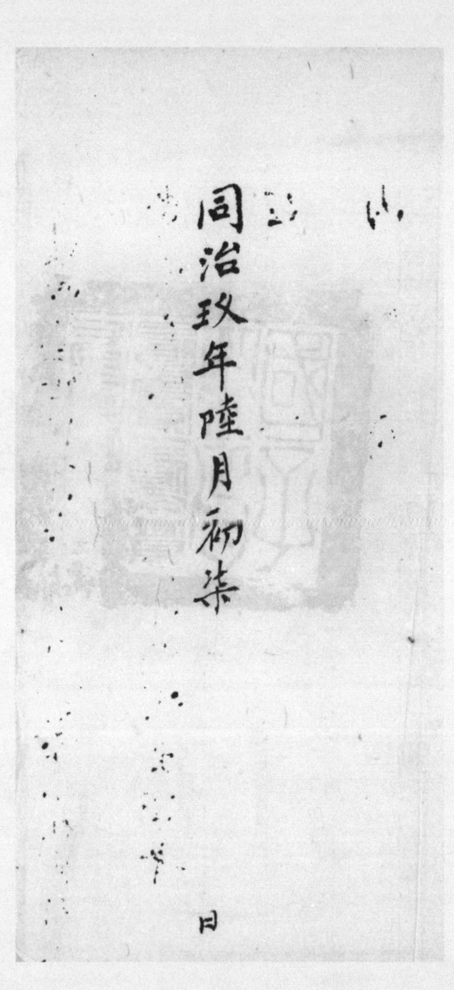

同治玖年陸月初柒　日

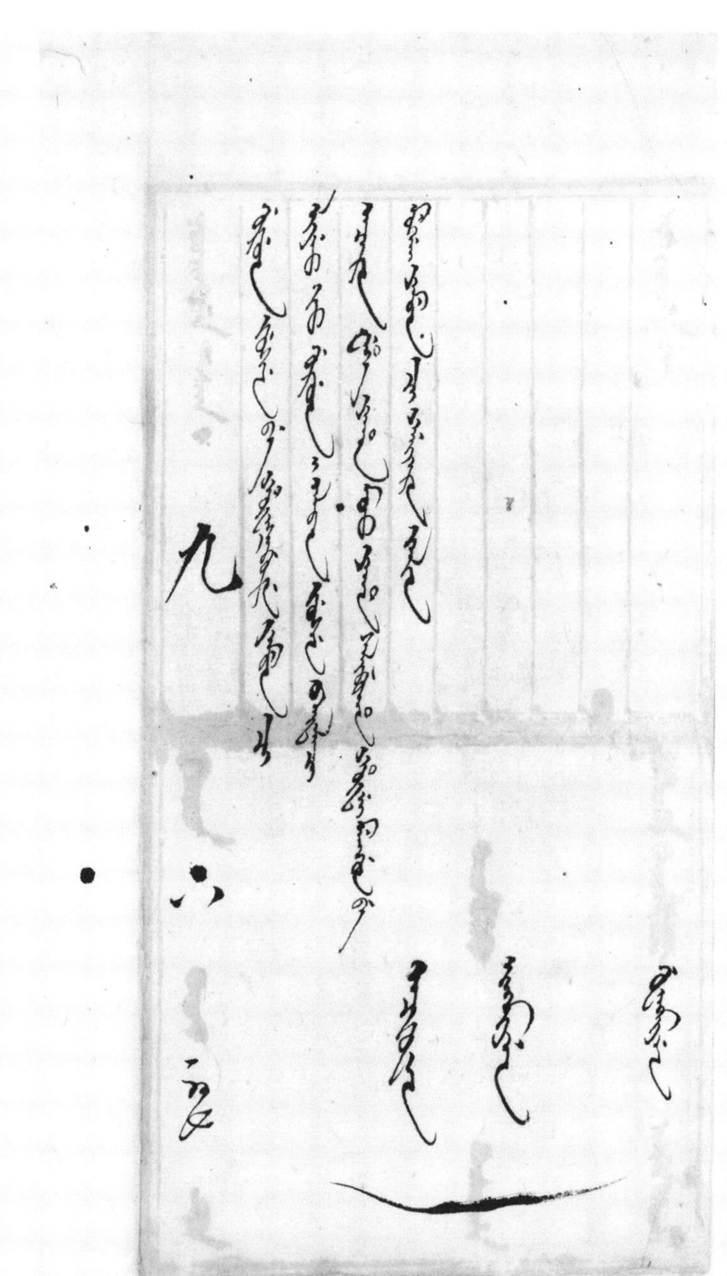

三五、管光禄寺事務載齡等奏鬧給過琉球國官生葛兆慶等食物并廚役工價銀事黄册

同治九年六月二十五日（1870. 7. 23）

内容提要

琉球國官生葛兆慶等三名入國子監讀書及跟伴三名於本年四月初一日起至二十九日止，所有用過物品按依例價核算用實銀二十六两六錢九分五厘，又廚役二十九工，每工例價一錢五分，用實銀四两三錢五分。

檔案來源：内閣黄册

已編入《清代中琉關係檔案五編》第三五三頁

一據國子監來文琉球國官生葛兆慶等叁名入監讀書跟伴叁名於本年肆月初壹日起至貳拾玖日止所有用過物品按依例價覈算用實銀貳拾陸兩陸錢玖分伍釐又廚役貳拾玖工每工例價壹錢伍分用實銀肆兩叁錢伍分

三六、國子監爲琉球官生領八月份煤炭燭事致内務府咨文

同治九年七月初十日（1870.8.6）

内容提要

國子監致内務府咨文：琉球官生入監讀書每日應用硬煤十一斤四兩、木炭三斤十二兩、蠟燭二斤。自八月初一日起至二十九日止，應領煤三百二十六斤四兩，折價銀四錢七厘八毫，折錢一吊六百三十一文；炭一百八斤十二兩，折價銀三錢九分一厘五毫，錢一吊五百六十六文；蠟燭五十八斤。相應行文貴府查照，送監給發。

檔案來源：内務府來文

已編入《清代中琉關係檔案三編》第七四五頁

國子監爲咨領事今琉球官生入監讀書每日應用硬
煤十一觔四兩木炭三觔十二兩蠟燭二觔自八月初一日起至
二十九日應領煤三百二十六觔四兩折銀四錢七厘八毫錢一吊
六百三十二文炭一百八觔十二兩折銀三錢九分一厘五毫錢一吊
五百六十六文蠟燭五十八觔相應行文
貴府查照送監給發可也須至咨者
右咨
内務府

同治玖年柒月 初拾 日

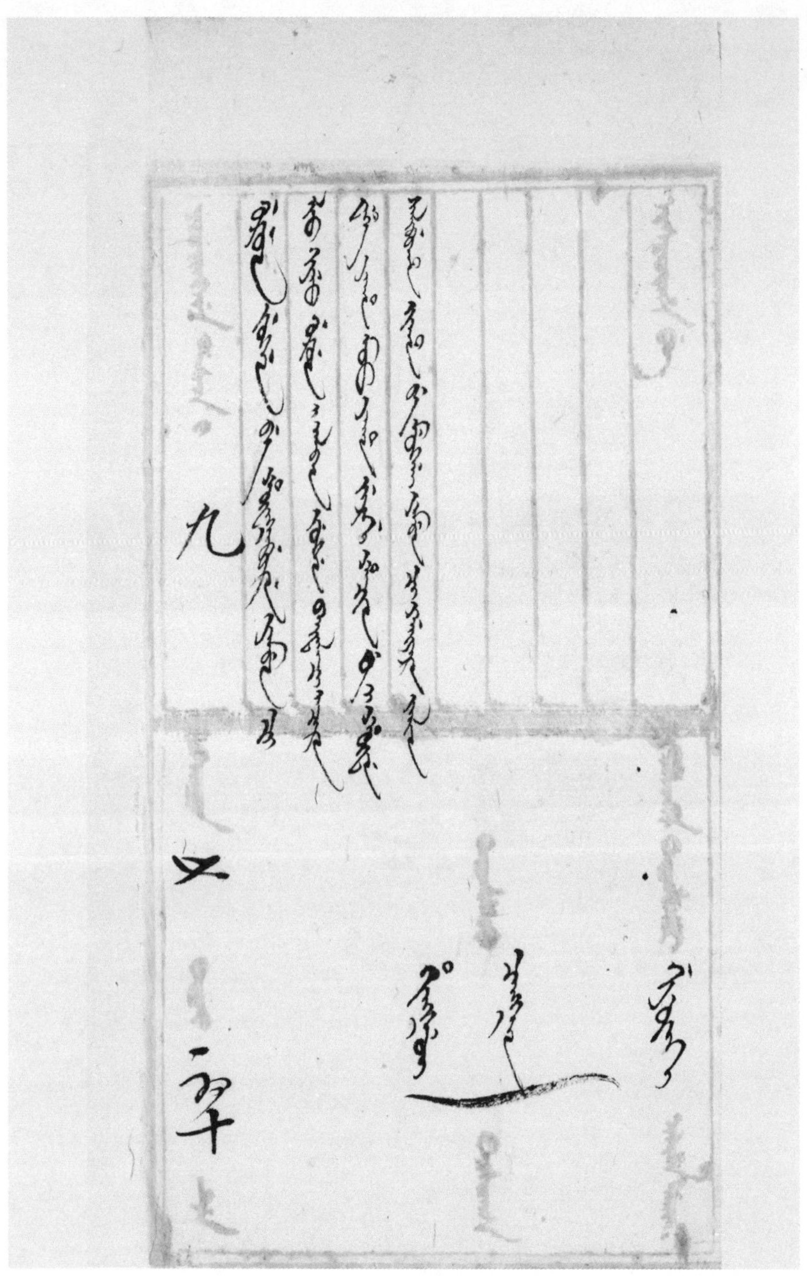

三七、閩浙總督英桂爲琉球國船回國日期事題本

同治九年七月十六日（1870.8.12）

内容提要

閩浙總督英桂題明，琉球國船回國日期。同治九年九月二十四日奉旨：該部知道。

檔案來源：内閣禮科史書

已編入《清代中琉關係檔案四編》第六四八頁

閩浙總督臣英桂謹

題為琉球國夷船長行回國日期具

題事同治九年七月十六日題九月二十四日奉

旨該部知道

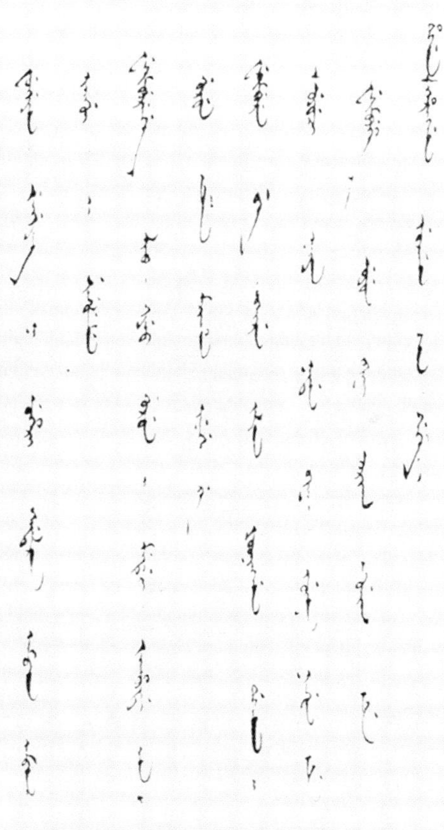

三八、閩浙總督英桂爲琉球國接貢船回國事題本

同治九年七月十六日（1870. 8. 12）

内容提要

閩浙總督英桂題明，上年琉球國王尚泰派船來閩恭迎皇上勅書并接使臣回國。接貢船内配官伴水梢共八十九名，除存館存留官伴六名及病故水梢一名外，附搭前年進貢京回官伴十八名和前年進貢存館存留官伴十八名，共一百一十八員名於同治九年五月初九日離驛登船，五月十六日乘風放洋長行回國。

檔案來源：内閣禮科題本

已編入《清代中琉關係檔案續編》第一四九八頁

該部知道
題
同治九年九月二十四日下礼

兵部尚書兼都察院右都御史總督福建浙江等處地方軍務兼理糧餉鹽課兼署福建巡撫臣英桂謹

題爲琉球國海船長行回國日期，詳請具

題事。據福建布政使鄧廷枏呈詳：竊照上年琉球

國王尚泰遣都通事蔡呈書等率領官伴水梢

共捌拾玖員名，坐駕海船壹隻，來閩恭迎

皇上敕書

欽賜物件，並接使臣歸國，當將到省安插日期分別

詳請

題咨在案旋據福防同知俞林詳報琉球國接
貢海船壹隻內配官伴水梢共捌拾玖員名除存
館存留官伴陸員名又報明病故水梢加你城
壹名外附搭前年進
貢京回官伴壹拾捌員名又前年進
貢存館存留官伴壹拾捌員名通船實共回國壹
百壹拾捌員名於同治玖年伍月初玖日離驛
登舟又經詳奉給咨遣發回國並飭取長行回

國日期去後茲據福防同知俞林具詳琉球國
接
貢海船壹隻於玖年伍月拾陸日乘風放洋長行
回國等由到司據此合就詳請察核具
題等情前來臣覆查無異理合具
題伏祈
皇上聖鑒勅部查照施行爲此具本謹具
題
聞

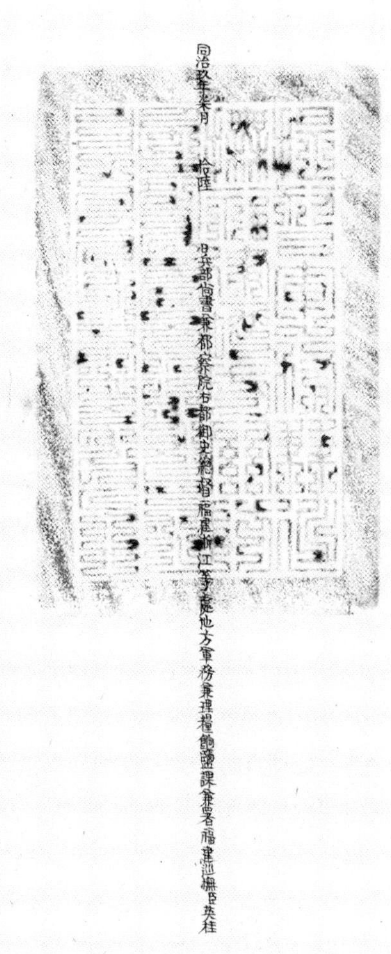

同治玖年柒月拾陸日兵部尚書兼都察院右副都御史總督福建浙江等處地方軍務兼理糧餉鹽課兼署福建巡撫臣英桂

兵部尚書兼都察院右都御史總督福建浙江等處地方軍務兼理糧餉鹽課兼署福建巡撫臣英桂謹

題爲琉球國海船長行回國日期詳請具

題事據福建布政使鄧廷枬呈詳竊照上年琉球

國王尚泰遣都通事蔡呈書等率領官伴水梢

共捌拾玖員名坐駕海船壹隻來閩恭迎

皇上勅書

欽賜物件並接使臣歸國當將到省安插日期分別

詳請

題咨在案旋據福防同知俞林詳報琉球國接

貢海船壹隻內配官伴水梢共捌拾玖員名除存

館存留官伴陸員名又報明病故水梢加你城

壹名外附搭前年進
貢京回官伴壹拾捌員名又前年進
貢存館存留官伴壹拾捌員名通船實共回國壹
百壹拾捌員名於同治玖年伍月初玖日離驛
登舟又經詳奉給咨遣發回國並飭取長行回
國日期去後茲據福防同知俞林具詳琉球國
接
貢海船壹隻於玖年伍月拾陸日乘風放洋長行
回國等由到司據此合就詳請察核具
題等情前來臣覆查無異謹具
題
聞

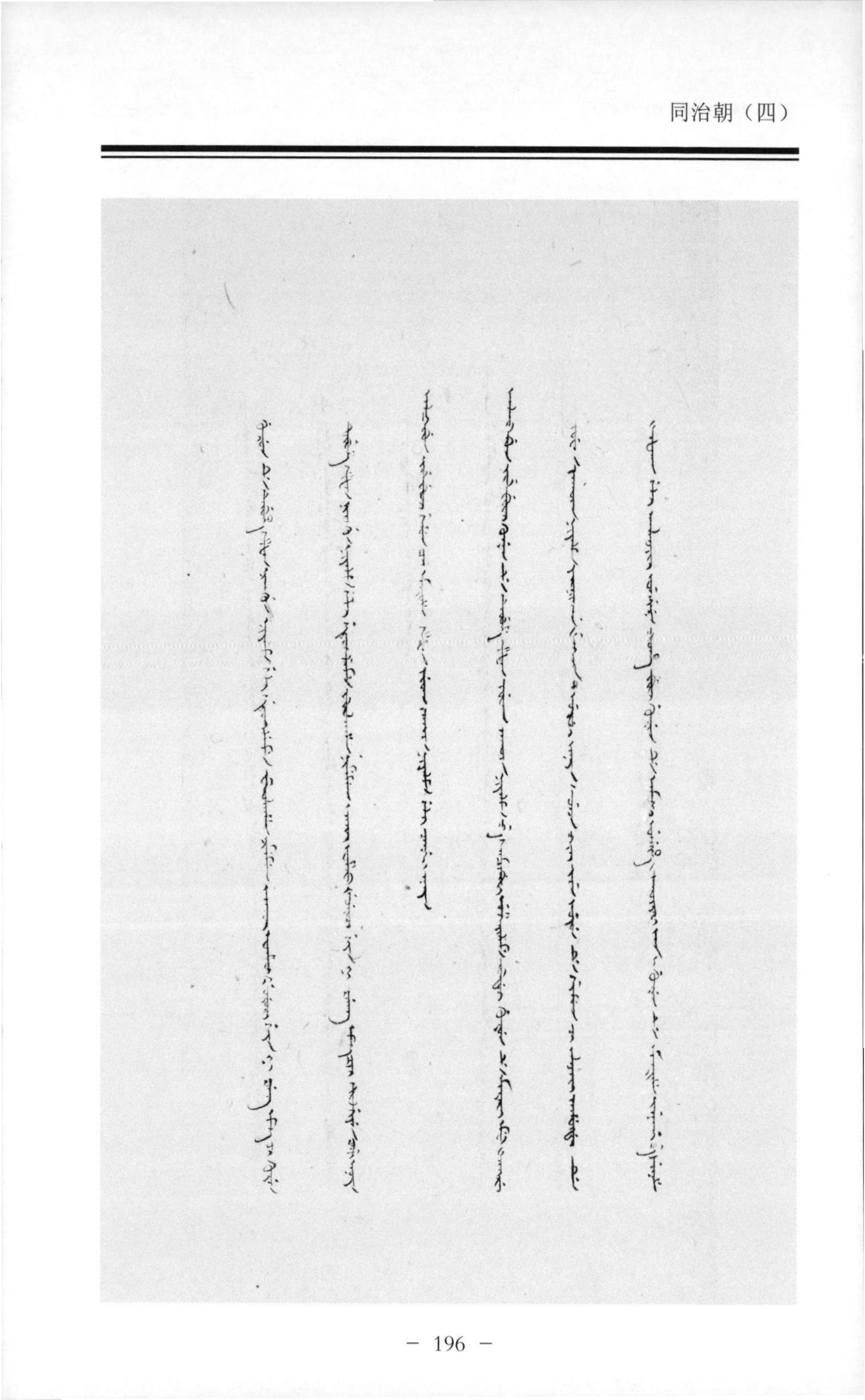

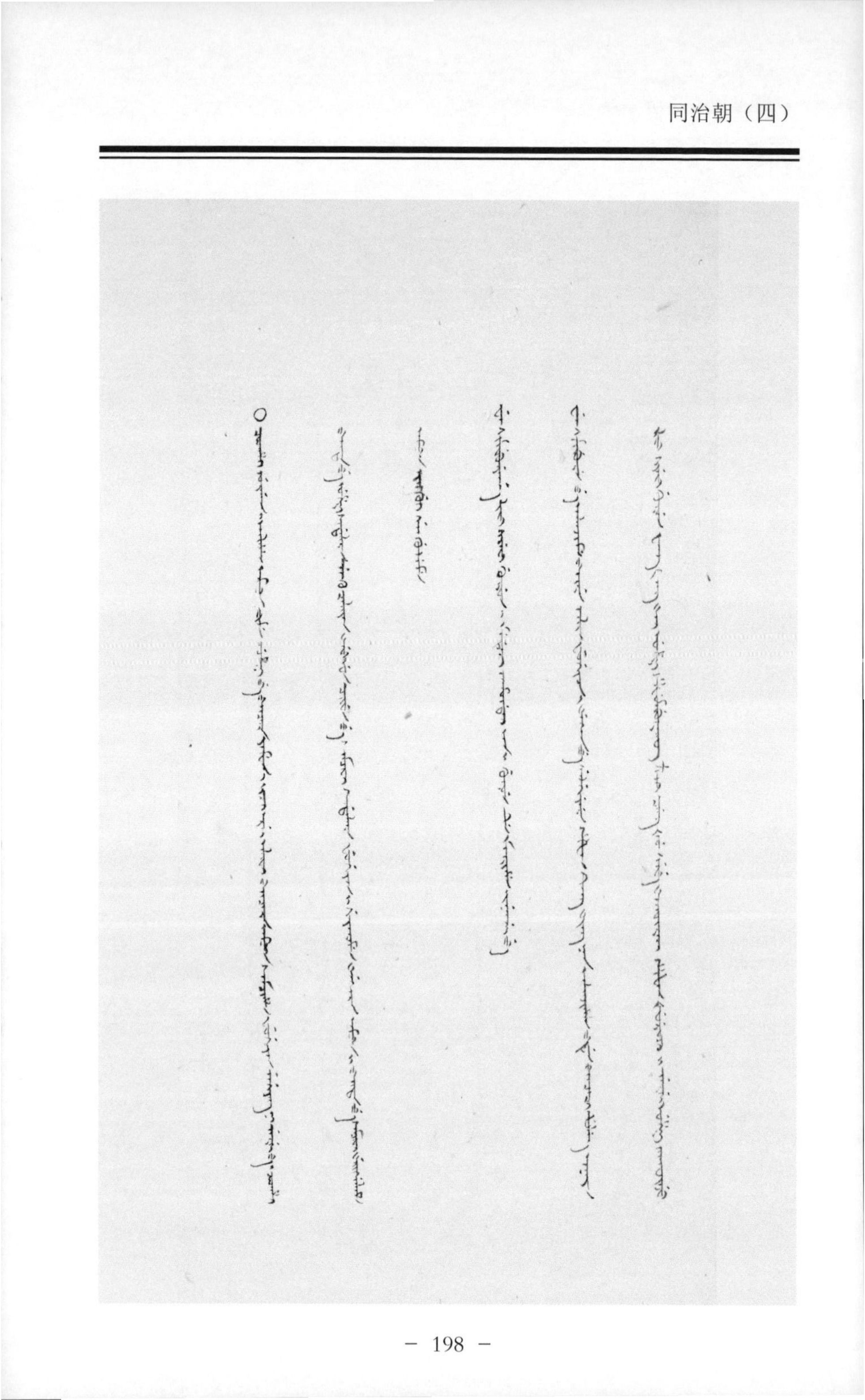

三九、管光禄寺事務載齡等奏聞給過琉球國官生葛兆慶等食物并厨役工價銀事黄册

同治九年七月二十四日（1870.8.20）

内容提要

琉球國官生葛兆慶等三名入國子監讀書及跟伴三名於本年五月初一日起至三十日止，所有用過物品按依例價核算用實銀二十五兩一錢一分五厘，又用厨役三十工，每工例價一錢五分，用實銀四兩五錢。

檔案來源：内閣黄册
已編入《清代中琉關係檔案五編》第三五四頁

一據國子監來文琉球國官生葛兆慶等叁名入監讀書跟伴叁名於本年伍月初壹日起至叁拾日止用過物品按依例價覈算用實銀貳拾伍兩壹錢壹分伍釐又用廚役叁拾工每工例價壹錢伍分用實銀肆兩伍錢

四〇、琉球國中山王尚泰爲謝恩事表文

同治九年八月初四日（1870. 8. 30）

内容提要

琉球國中山王臣尚泰謹奏，欽惟皇帝陛下仁洽撫綏，道隆參贊，兹值貢期，虔伸謝表，伏願璇國鞏固，實祚延洪。臣泰無任瞻天仰聖激切屏營之至，謹奉表稱謝以聞。

檔案來源：内閣外交專案

已編入《清代琉球國王表奏文書選録》第八六八頁

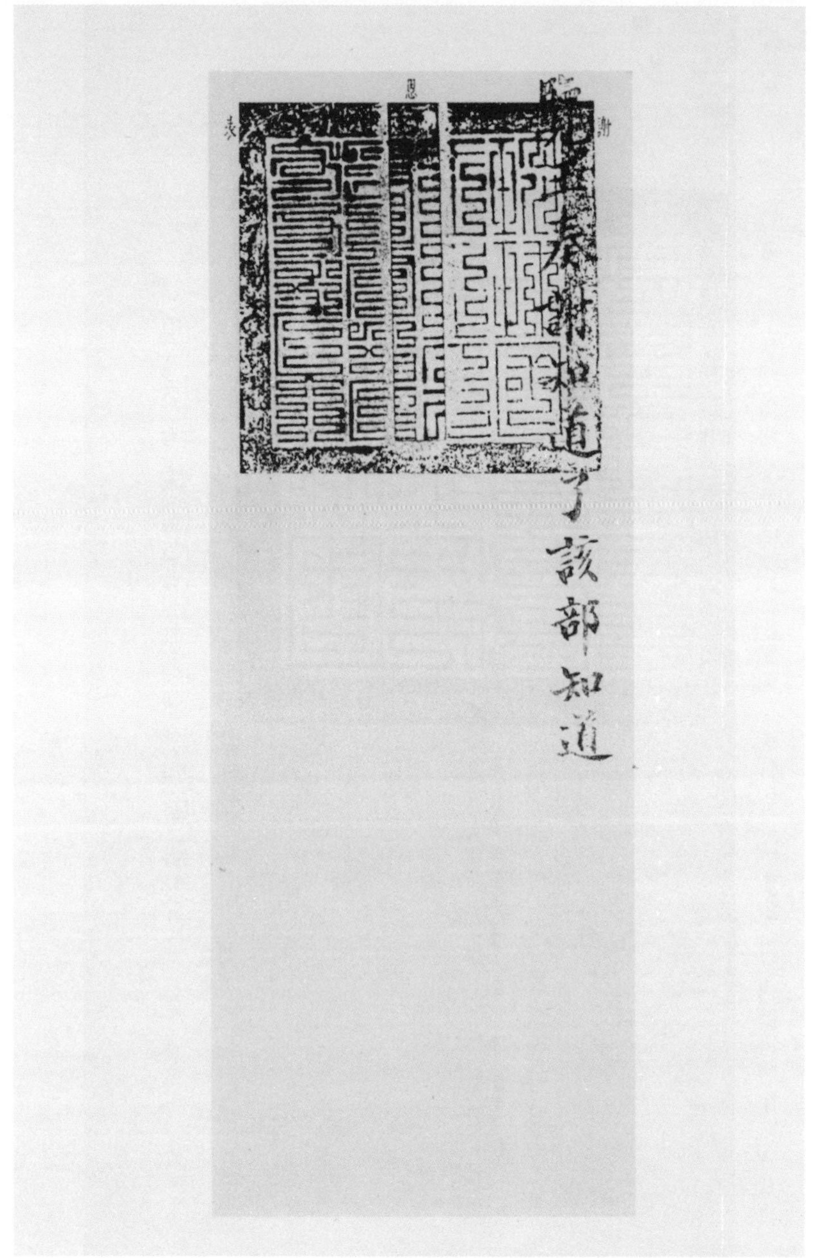
該部知道

琉球國中山王臣尚泰誠惶誠恐稽首頓首謹奉

表上言伏以

九天雨露碎靡聿廣夫招徠

三殿恩膏蓬蓽更叨夫軫恤

仰作人之雅化海嶠從風

擴養士之宏規瀛壖被澤照臨所及拜祝彌殷欽惟

皇帝陛下

仁洽撫綏

道隆參贊

丙曜啓文明之治覃村並切就瞻

庚郵昭惠恤之經小草亦蒙滋植不特

念遠游之跋涉利達津梁而且

矜生寄之星霜感深橋壤萬方悅服六字輸誠亞奉嗣守蝸居

祗承

屬梓荷

惓懷於驛路逵迎備沐

榮施
隆錫予於泉臺家室復膺
厚貺枯骨則銜
恩入地生靈則戴
德如天茲值貢期虔伸謝
表伏願
瀛國肇圖
寶祚延洪

浹髓淪肌孔邇善子來之詠歌功頌德無私竊支步之疆將見異瑞駢臻遠紹玉檢金泥之盛太和翔洽益徵珠囊銀甕之祥矣臣參無任瞻天仰聖激切屏營之至謹奉表稱謝以聞

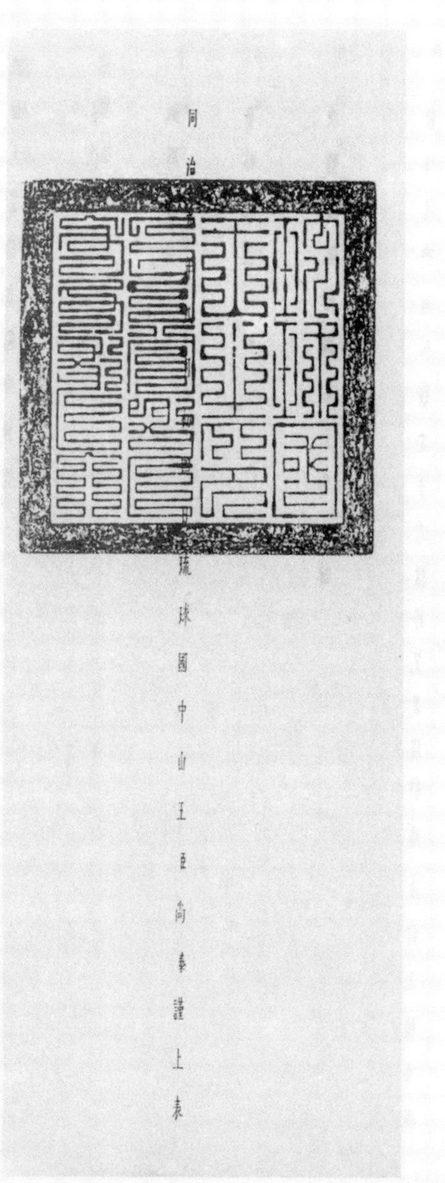

同治

琉球國中山王臣尚泰謹上表

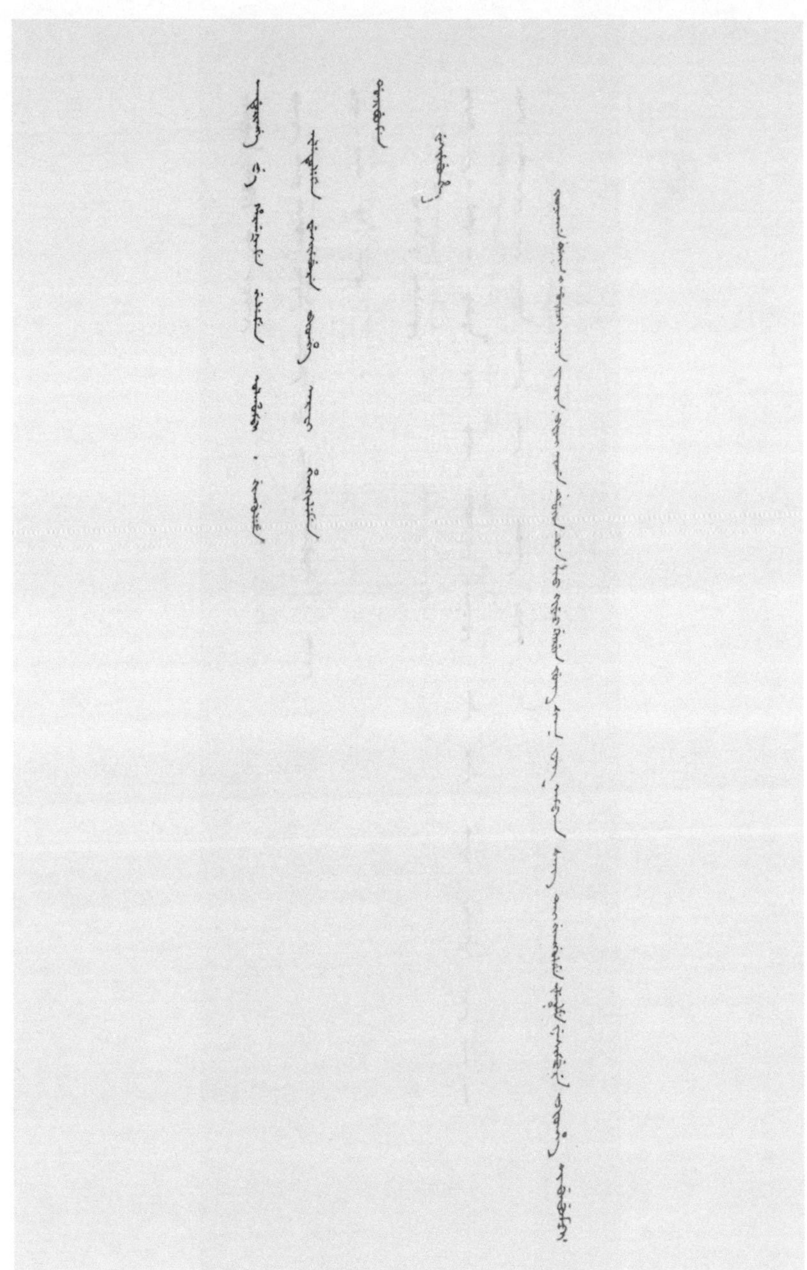

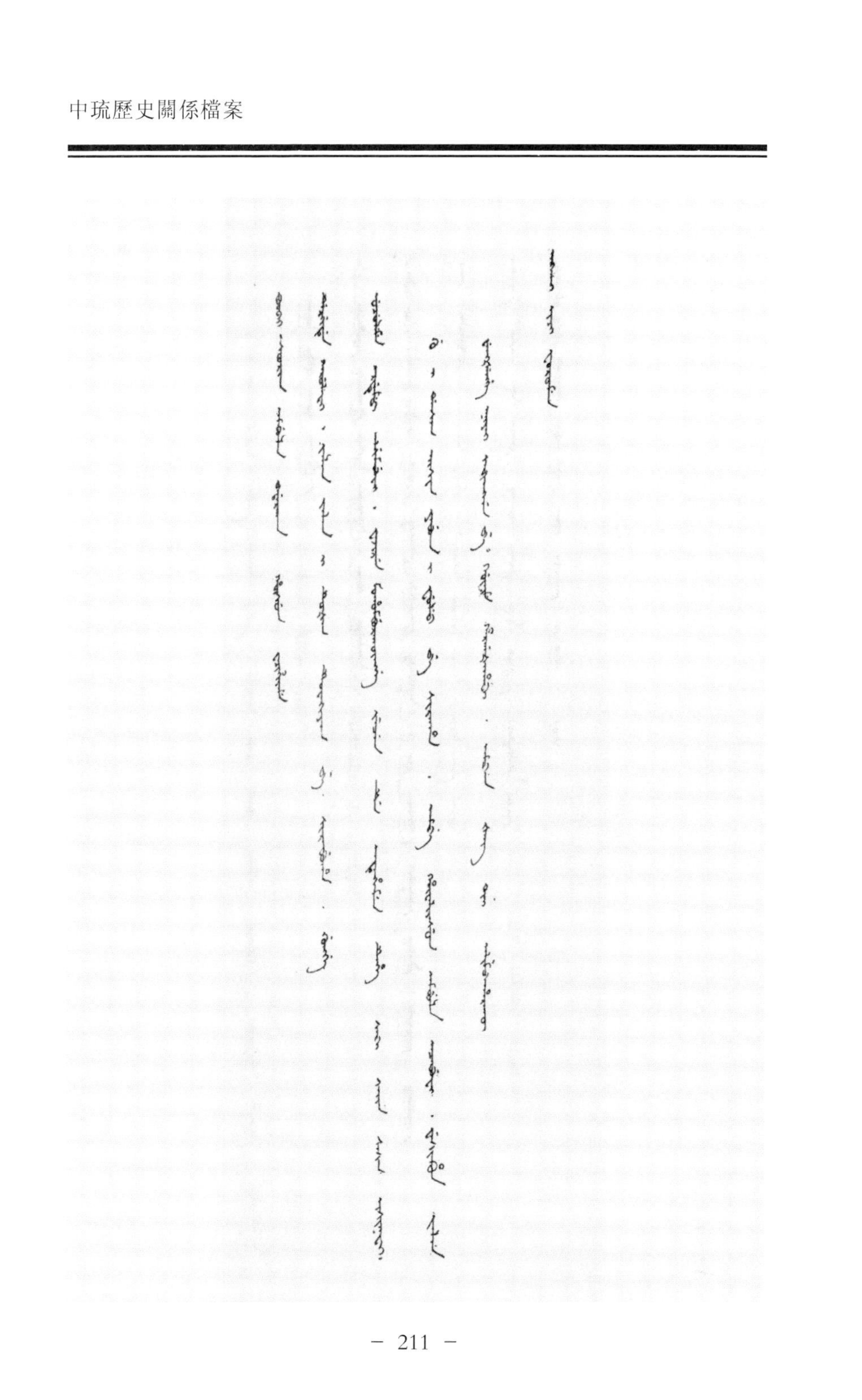

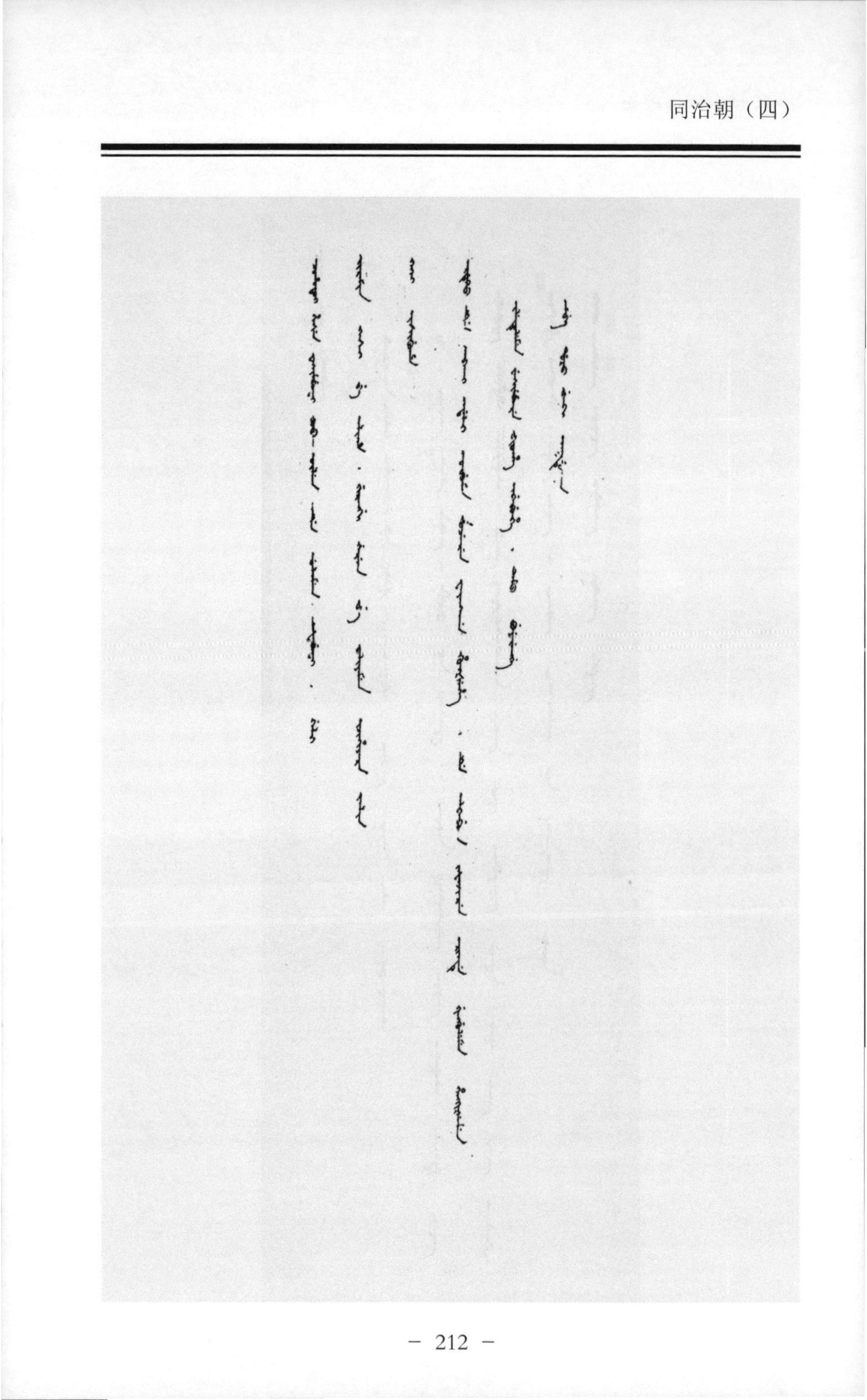

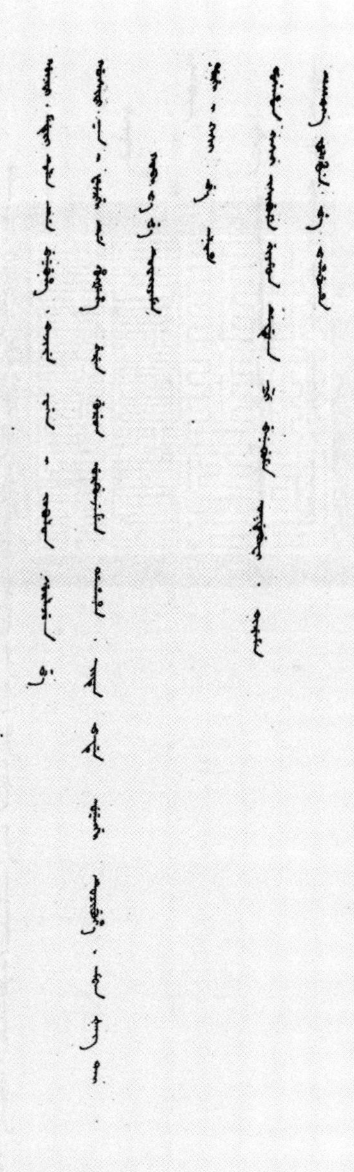

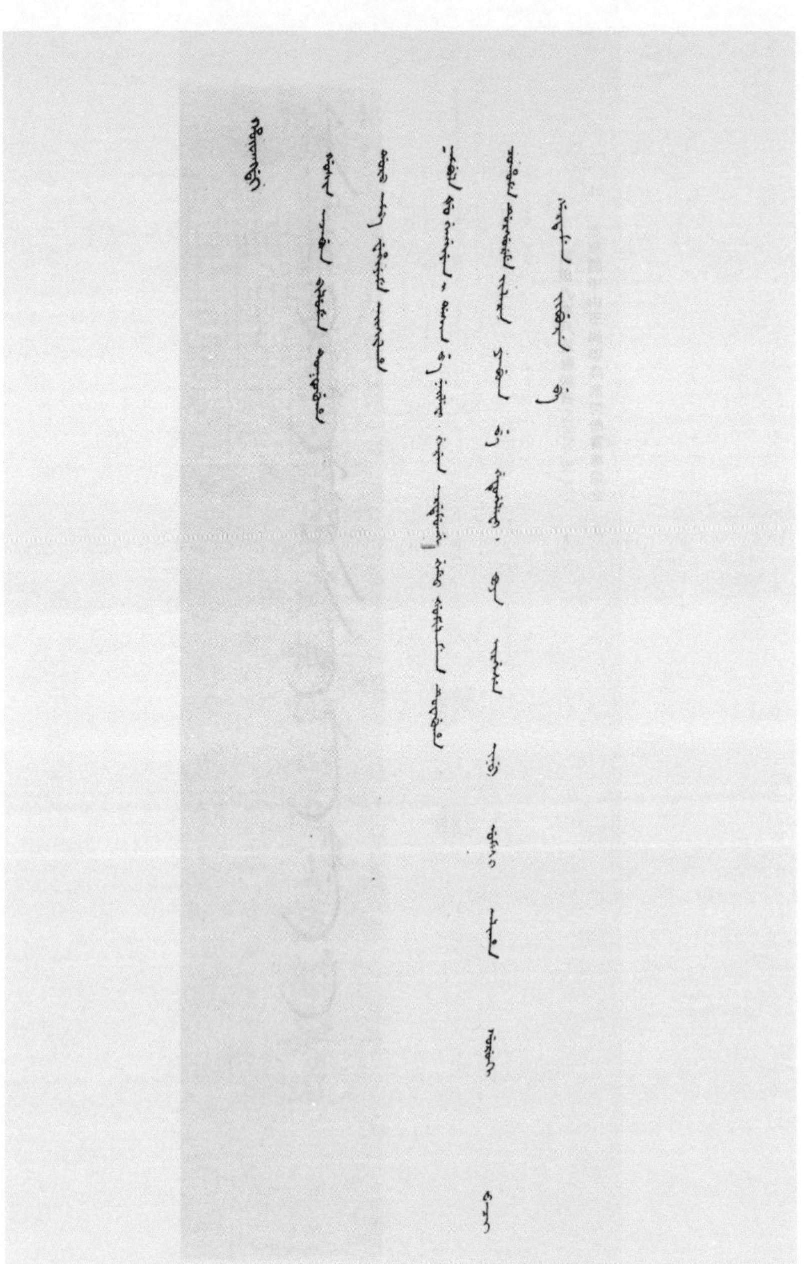

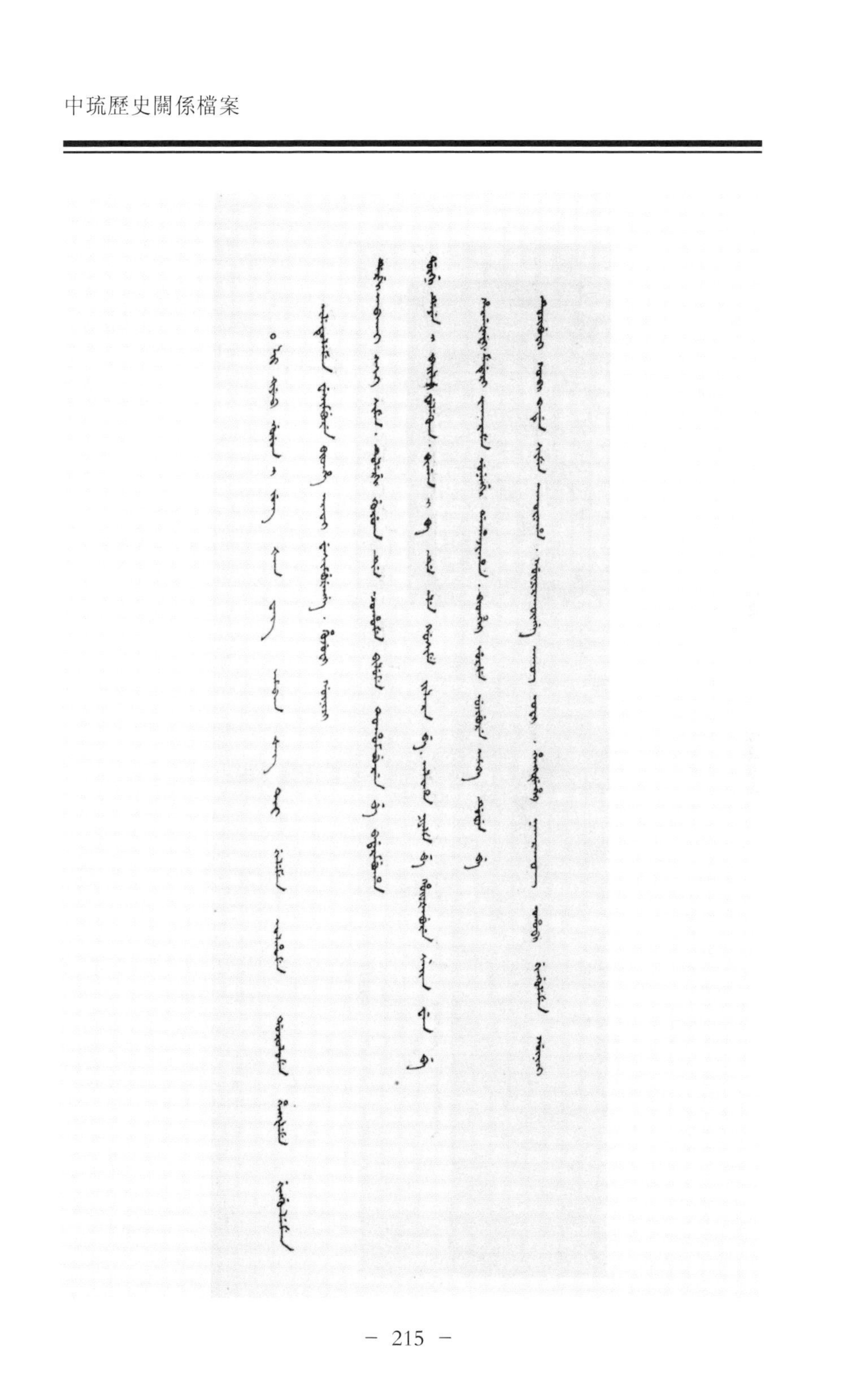

四一、琉球國中山王尚泰爲遣使進貢事表文

同治九年八月初四日（1870.8.30）

内容提要

琉球國中山王臣尚泰謹奉表上言，欽惟皇帝陛下經天緯地，奮武揆文，謹遣陪臣楊光裕、蔡呈楨等虔賫方物，趨叩丹墀，伏願文治彌光，淵修愈懋，臣泰無任瞻天仰聖激切屏營之至，謹奉表進貢以聞。

檔案來源：内閣外交專案

已編入《清代琉球國王表奏文書選録》第八七七頁

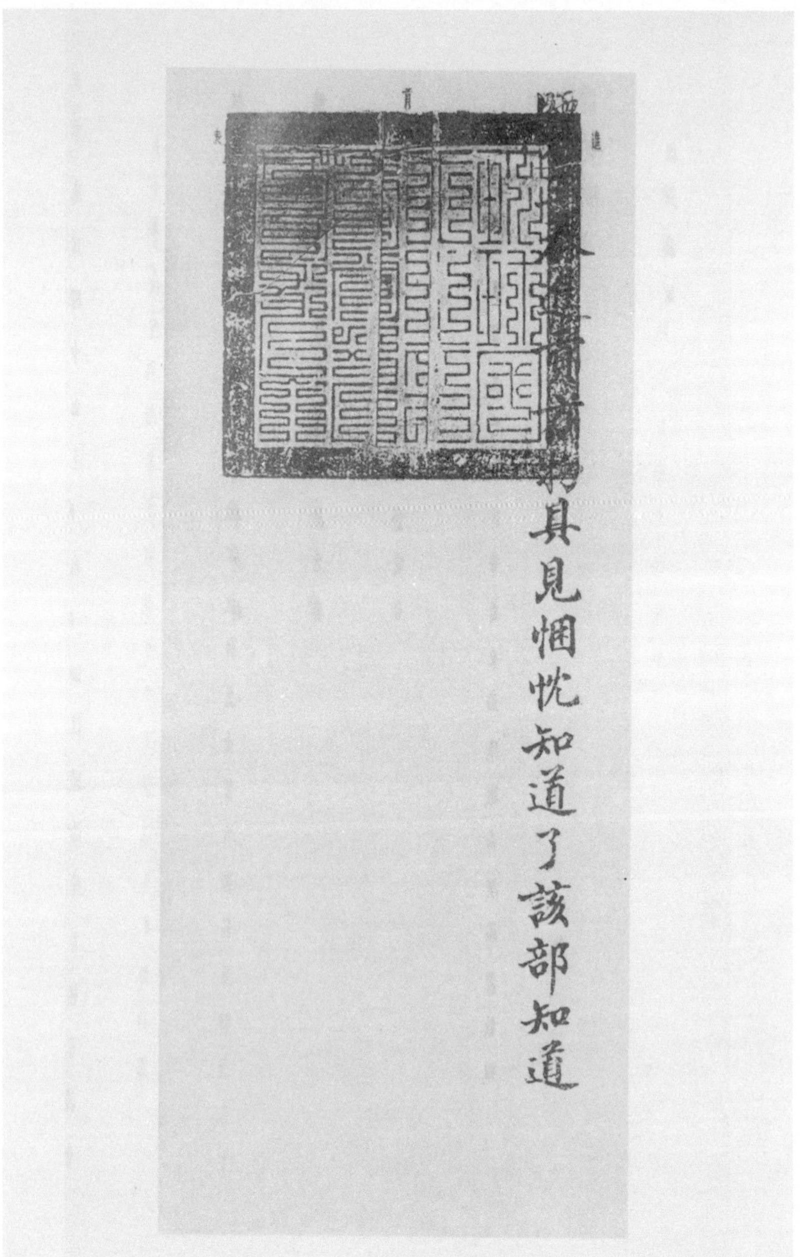

具見悃忱知道了該部知道

琉球國中山王臣尚泰誠惶誠恐稽首頓首謹奏

表上言伏以

駿業肇苞桑帶礪綿萬年之祚

鴻圖奠磐石車書集一統之庥

候甸要荒咸切就瞻於雲日

躬桓蒲穀聿思呼祝於華嵩東渤騰歡南溟溢慶欽惟

皇帝陛下

經天緯地

奮武揆文
聲教誕敷化洽梯山航海
仁風遠被澤浹陰火陽冰日本蕞爾波臣彈丸洋國累沐
聖朝樾蔭清晏揚休薄輪下國葵傾梯航效順謹遣陪臣揚光
裕蔡呈楨等慶賀方物趨叩
丹墀伏願
文治彌光
淵修愈懋

恩數帶礪滄溟之鼇浪永恬
澤被屏藩渤澥之鯨波常靖將見山皆貢瑞符兆祥於三十
六風海不揚波集共沫於千八百國矣臣奉無任瞻
天仰
聖激切屏營之至謹奉
表進
貢以
聞

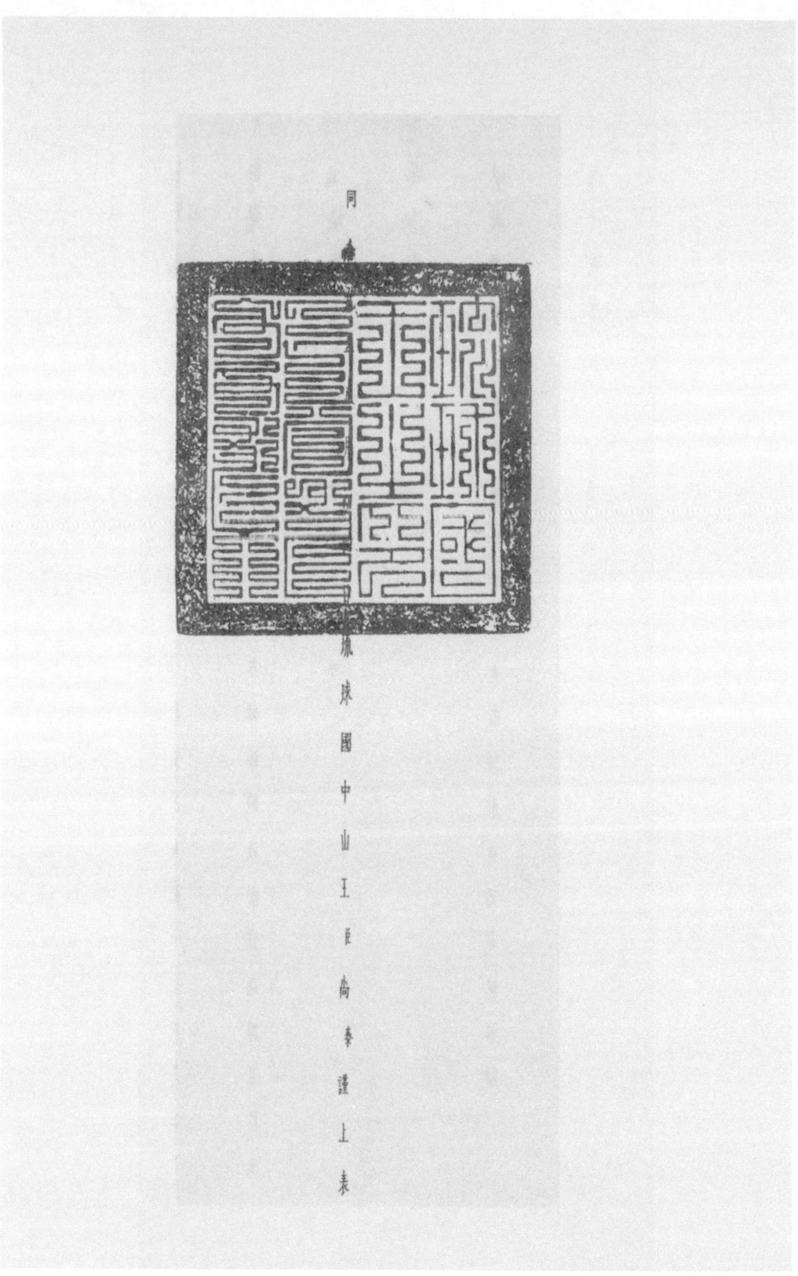
同
琉球國中山王臣尚泰謹上表

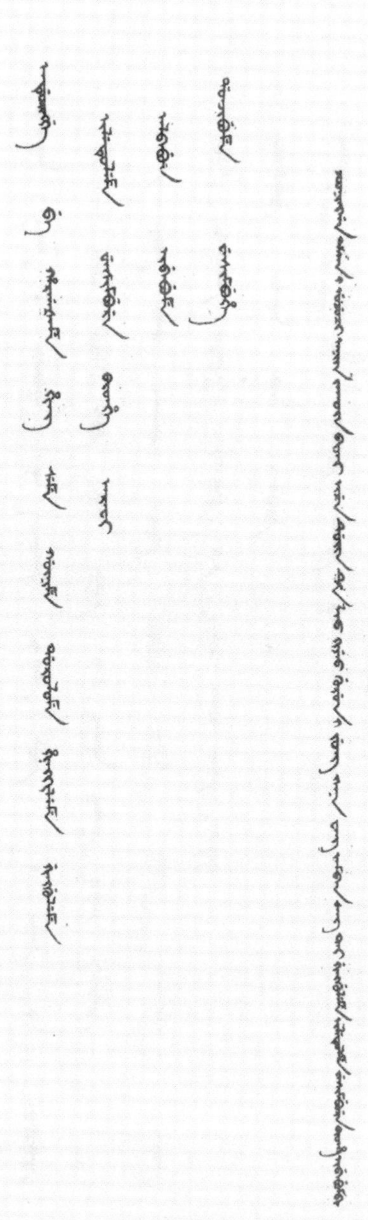

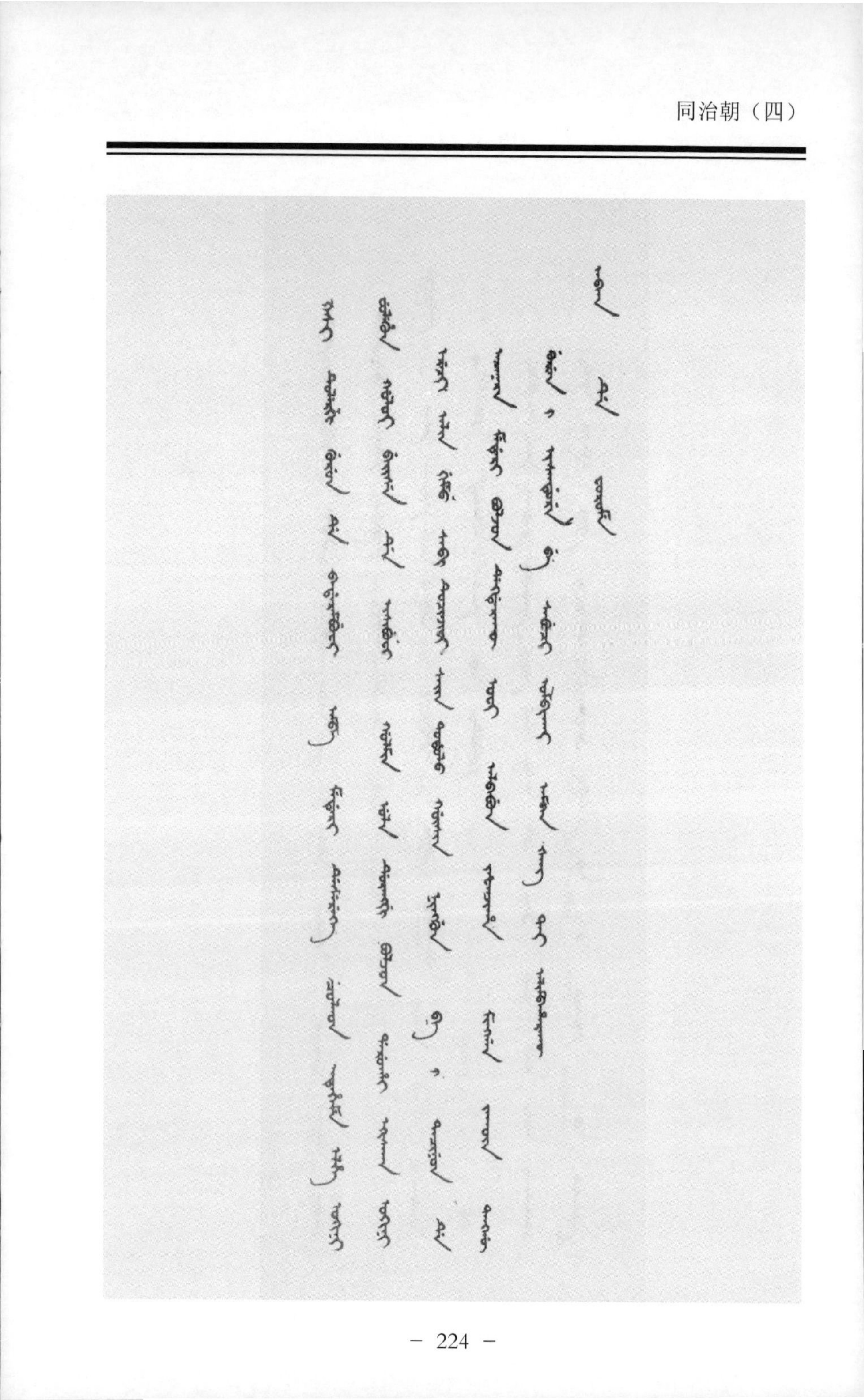

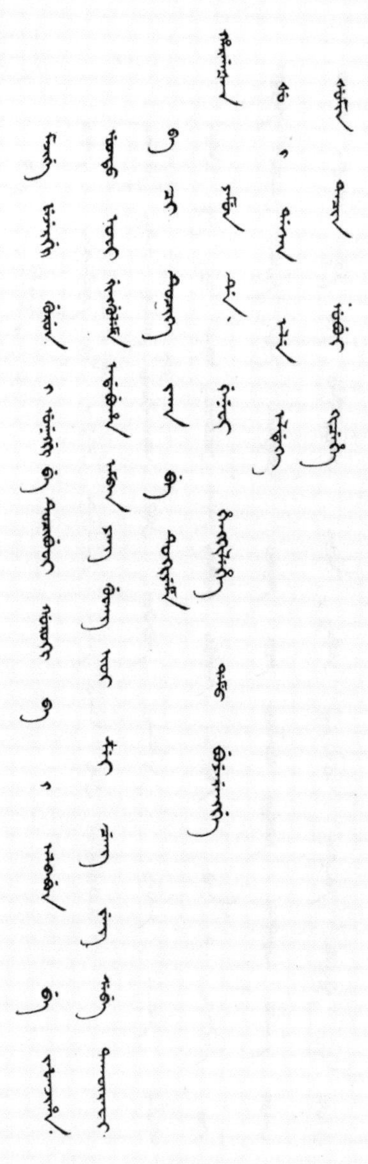

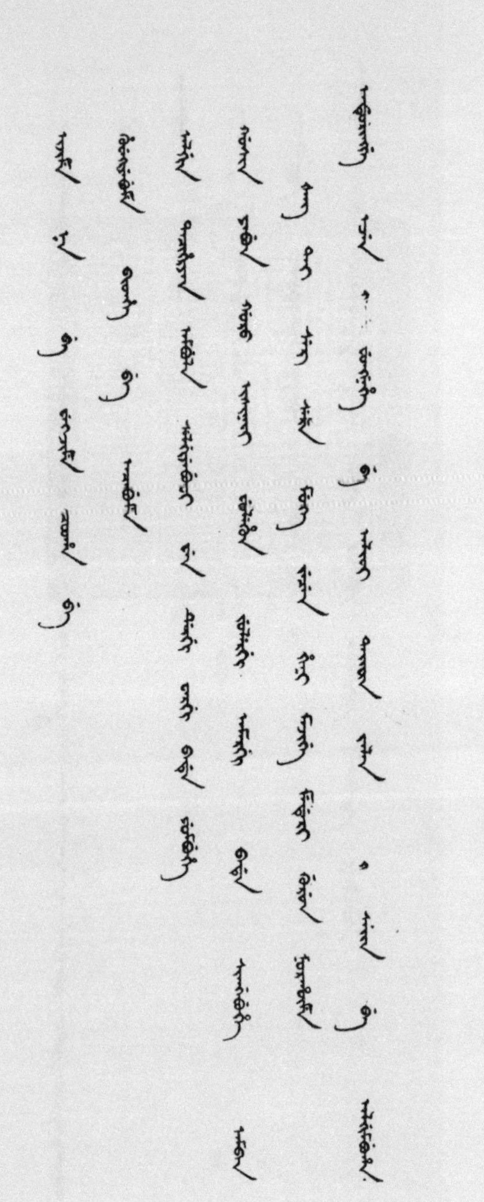

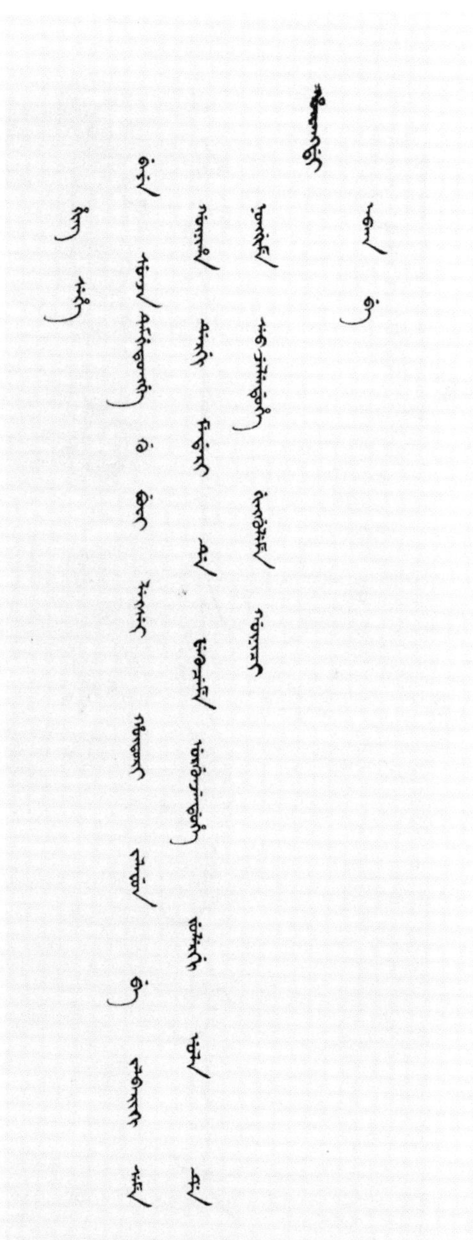

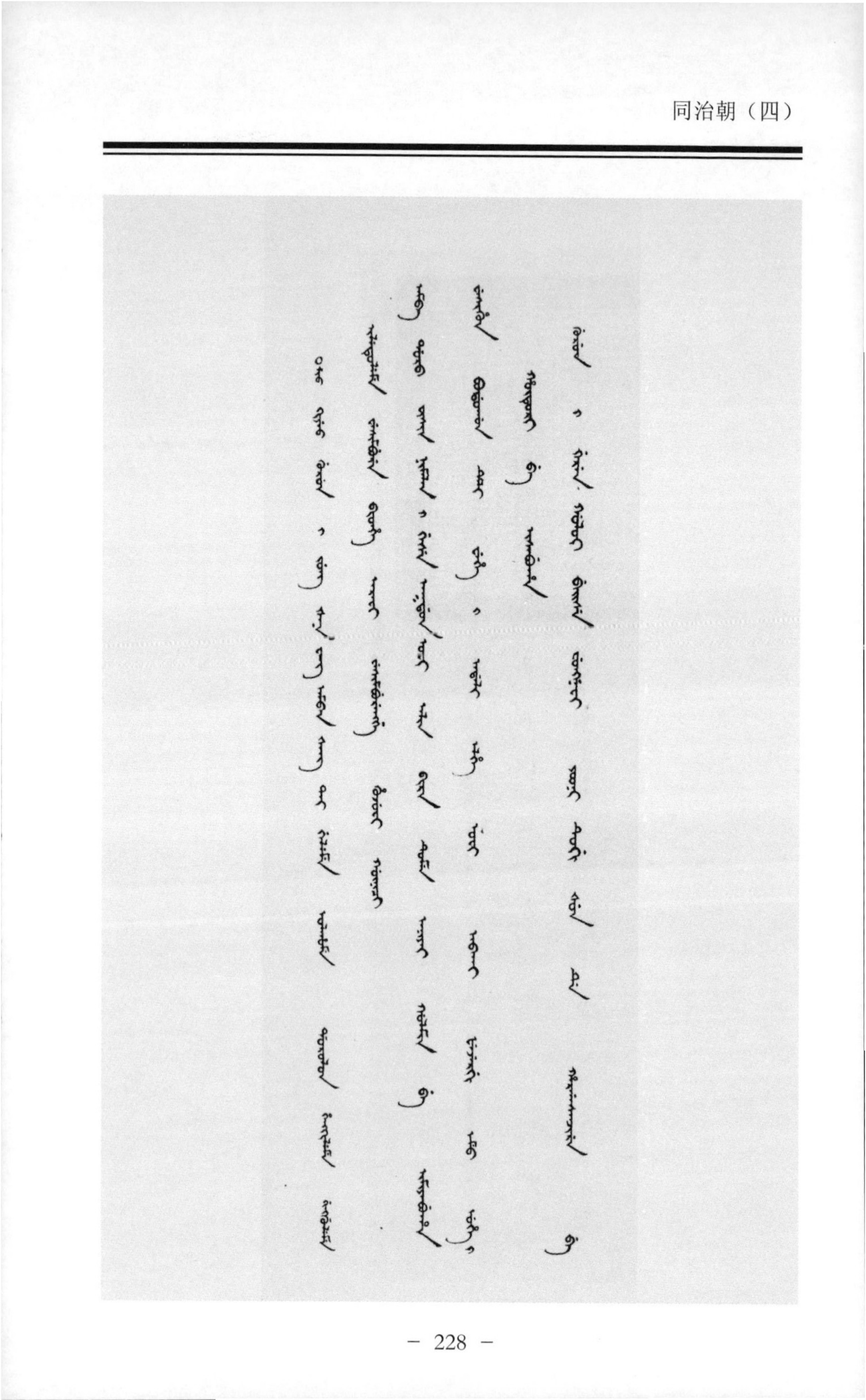

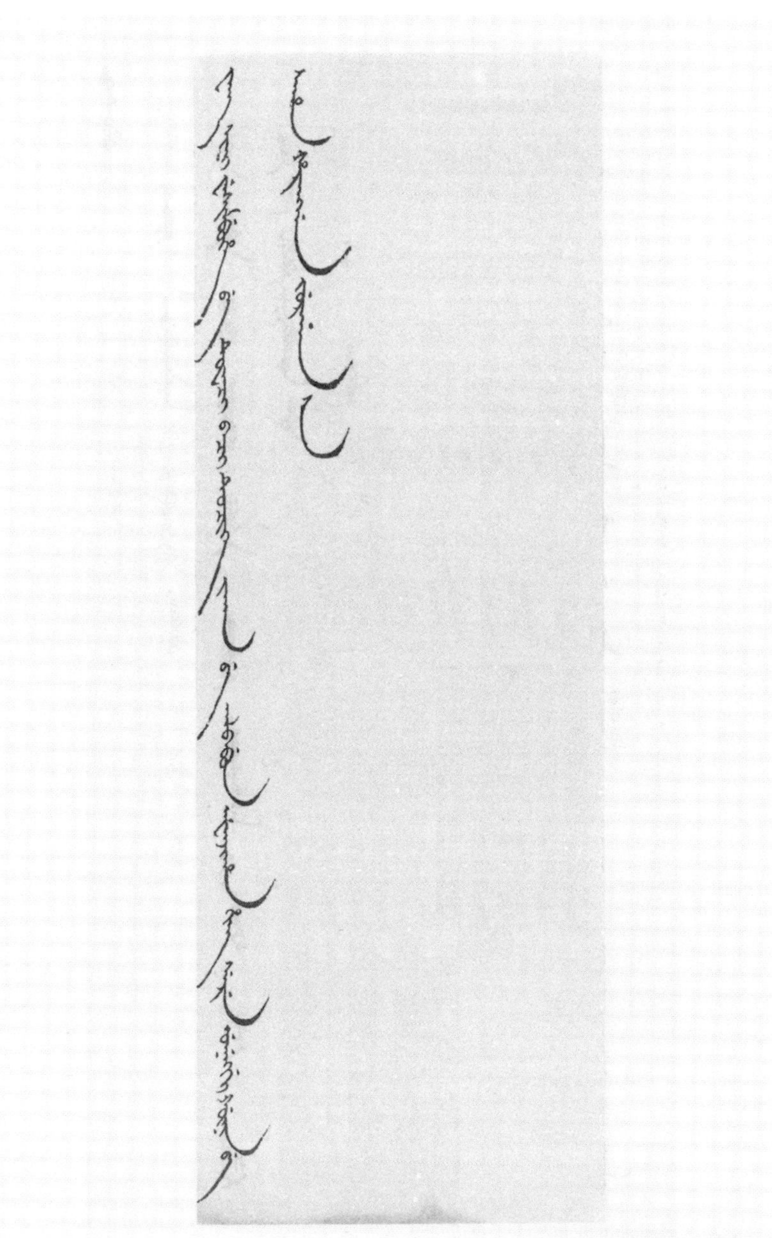

四二、琉球國中山王尚泰爲謝恩事表文

同治九年八月初四日（1870. 8. 30）

内容提要

琉球國中山王臣尚泰謹奉表上言，欽惟皇帝陛下兼三而治，抱一以臨，兹值貢期，虔修謝表，恭呈黼座，叩甸螭階，伏願大造無私，至仁廣運，臣泰無任瞻天仰聖激切屏營之至，謹奉表稱謝以聞。

檔案來源：内閣外交專案
已編入《清代琉球國王表奏文書選録》第八八五頁

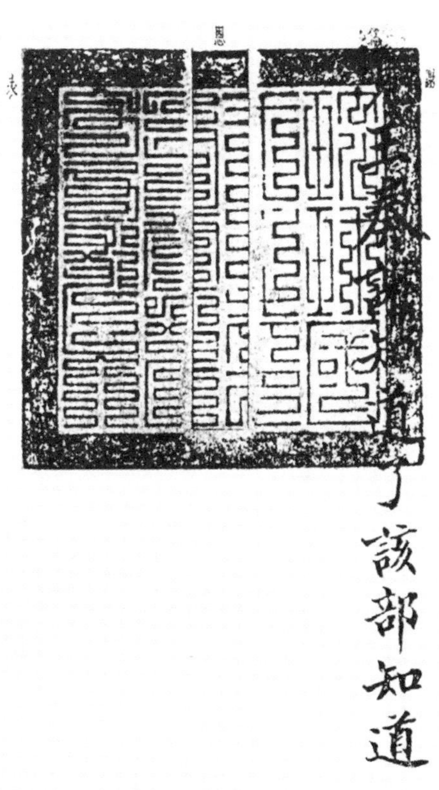
該部知道

琉球國中山王臣尚泰誠惶誠恐稽首頓首謹奉

表上言伏以

聖德覃敷六宇咸棫樸之量

皇恩優渥萬方霑雨露之施

錦綺盡頒爭雲霞而有爛

奇珍特賜射牛斗而生光喜溢寰中歡騰海外欽惟

皇帝陛下

參三而治

抱一以臨

德洽慈和被覲封之化日

歌傳解阜挾舜殿之薰風喜春雲外藩垣遠中澤國荷殊榮

而膺

寵眷圭璋特錫于

上方叩

異數而沐

恩施文綺均頒于

內府撫綏備至感激奚涯茲值貢期虔修謝

表恭呈

鑾座叩匐

墀階伏願

大造無私

至仁廣運

惠綏邦國奉玉帛以爭先

招徠要荒效梯航而恐後將見山河永固卜國祚之綿長龍

覲呈祥知太平之日盛矣臣泰無任瞻
天仰
聖激切屏營之至謹奉
表稱
謝以
聞

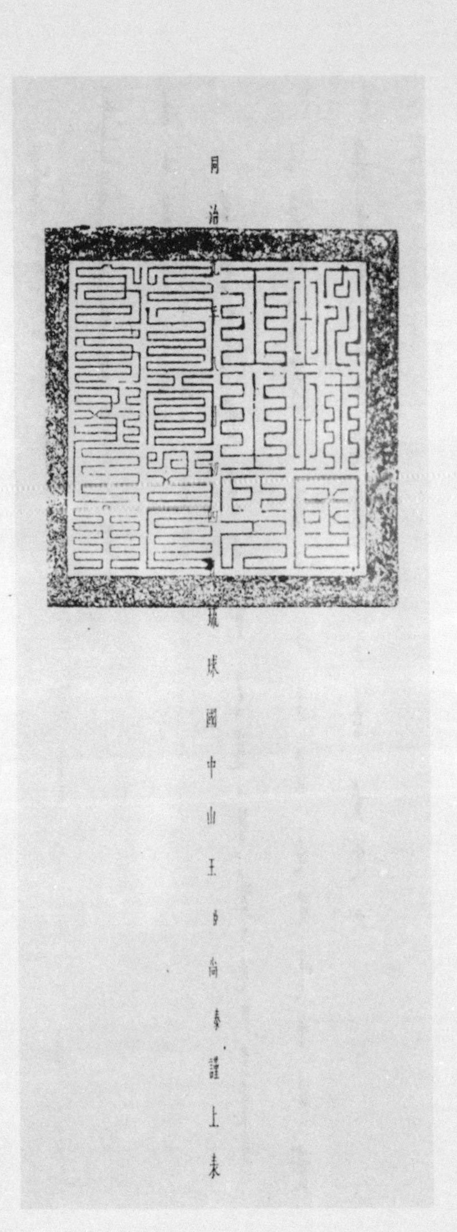

同治

琉球國中山王尚泰謹上表

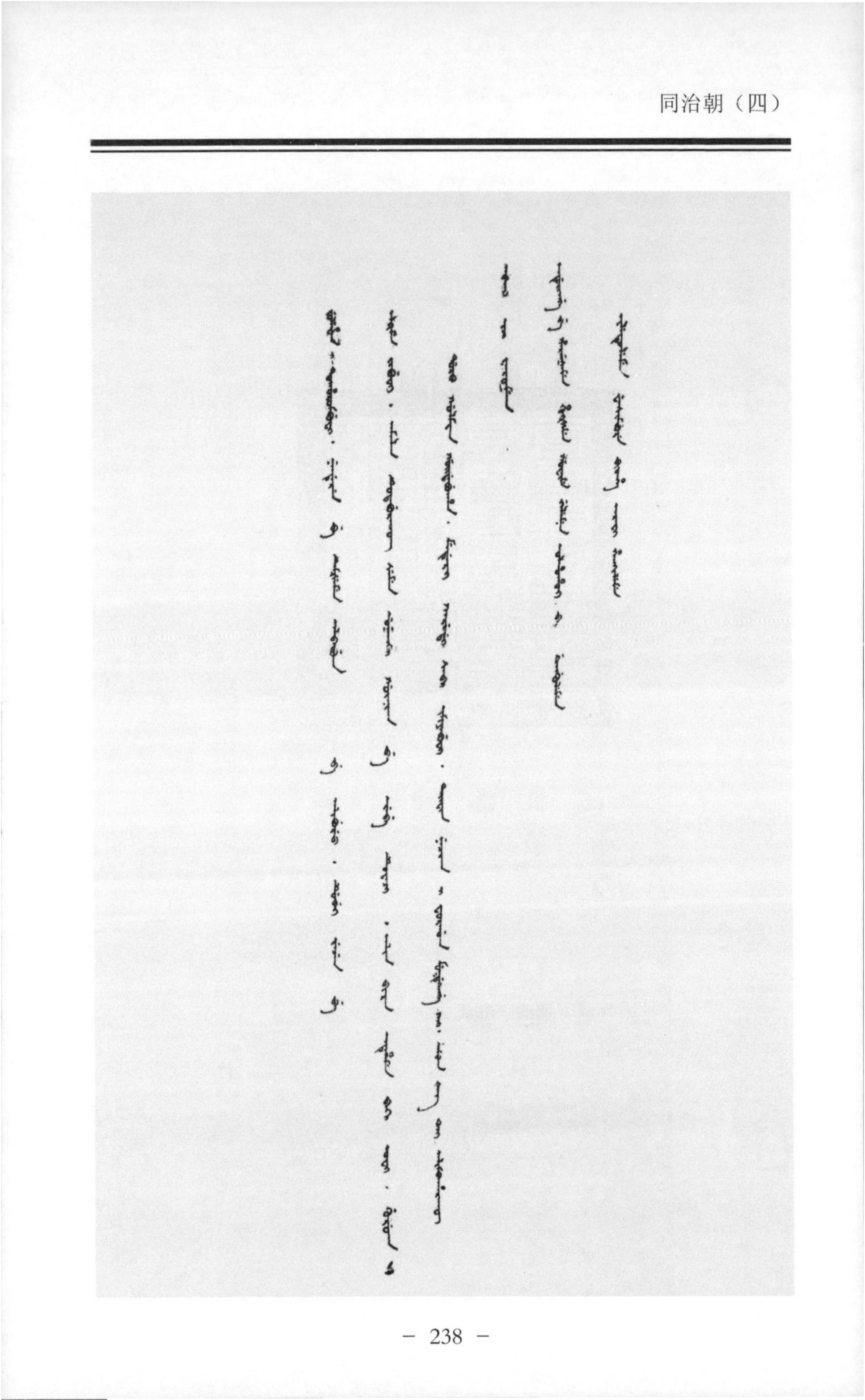

四三、琉球國中山王尚泰爲恩恤病故官生謝恩事奏本

同治九年八月初四日（1870.8.30）

内容提要

琉球國中山王臣尚泰謹奏，同治七年謹遣官生葛兆慶、林世忠、林世功、毛啓祥等四名進京。自閩起程之後，毛啓祥在浙江途次染病身故，嗣於貢使向文光等進京朝貢特賞恤毛啓祥白銀三百两，發交貢使順帶回國轉給該家屬祇領。玆值貢期，恭繕奏摺謹附陪臣恭呈黼座，叩謝天恩，仰祈聖慈，俯鑒下悃，謹奏。

檔案來源：内閣外交專案

已編入《清代琉球國王表奏文書選録》第八九二頁

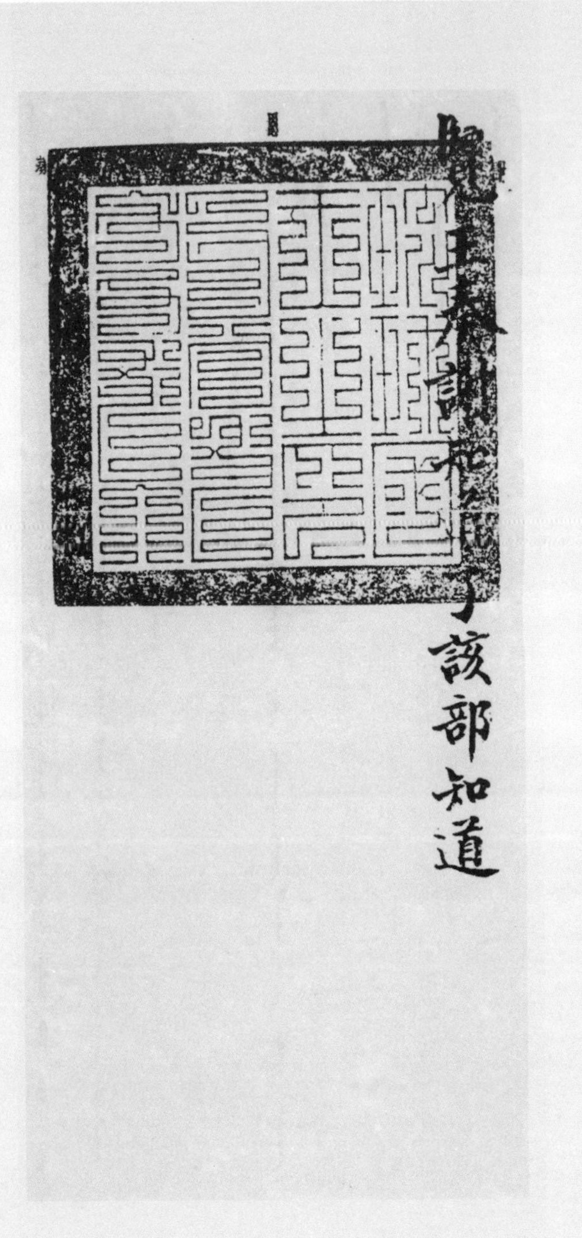
該部知道

琉球國中山王臣尚泰謹

奏為恭謝

天恩事竊臣泰遠居海外聞見寡陋仰沐

皇上隆恩准令陪臣入監肄業遵於同治七年謹遣官生葛兆

慶林世忠林世功毛啓祥等四名進

京適因自閩起程之後毛啓祥一名在浙江途次染病身故

稟蒙浙江巡撫照例

奏恤嗣於貢使向文光等進

京朝
貢荷蒙
特恩賞恤官生毛啓祥白銀三百兩發交貢使向文光等順帶
回國轉給該家屬祗領此誠
聖主軫恤遠人之至意伏惟
行仁施惠光榮下逮於九原
恤後矜生俯仰均蒙夫再造
帡幪所及纖悉不遺不特毛啓祥闔家銜結卽臣泰暨舉國士

民亦感戴無涯矣茲值貢期恭繕奏摺謹附陪臣耳目官

楊光裕正議大夫蔡呈楨等恭呈

黼座叩謝

天恩仰祈

聖慈俯鑒下悃謹

奏

自烏字起至悃字止共計二百四十五字紙一張

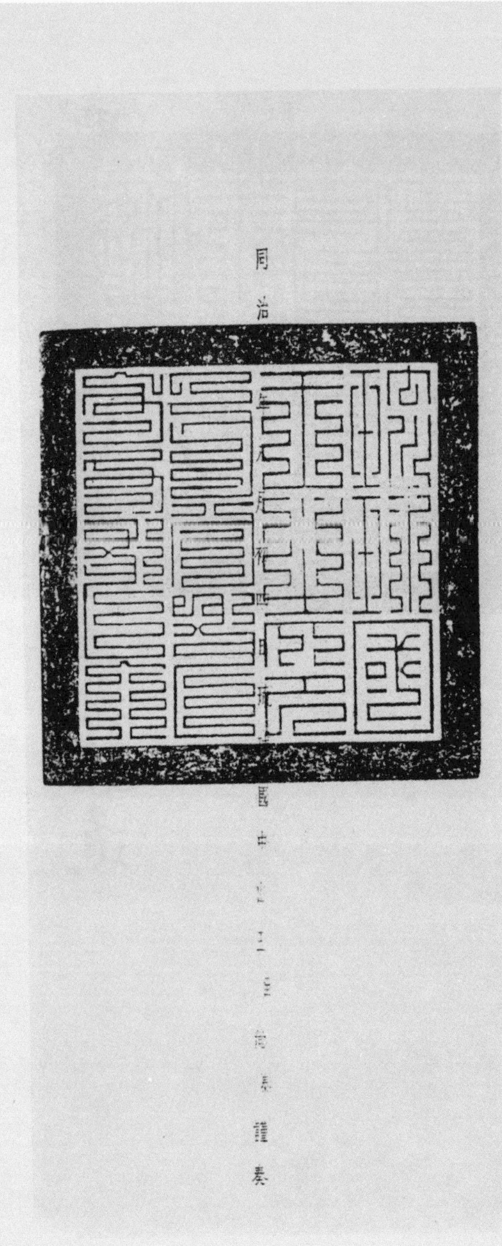

四四、琉球國中山王尚泰爲謝恩事奏本

同治九年八月初四日（1870.8.30）

内容提要

琉球國中山王臣尚泰謹奏，同治七年謹遣陪臣耳目官向文光、正議大夫林世爵等賫表朝京，叩蒙皇恩加賞臣泰蟒緞福字方絹、箋筆墨硯、雕漆器、玻璃器等件，并加賞正副使臣、官生、從人。使臣恭遇孟冬時，享太廟前朝一日，在午門前瞻仰天顔。臣泰感悚莫名，惟有盡職竭忠。兹值貢期，恭繕奏摺謹附陪臣順賫赴京叩謝天恩，伏祈聖鑒，謹奏。

檔案來源：内閣外交專案

已編入《清代琉球國王表奏文書選録》第八九六頁

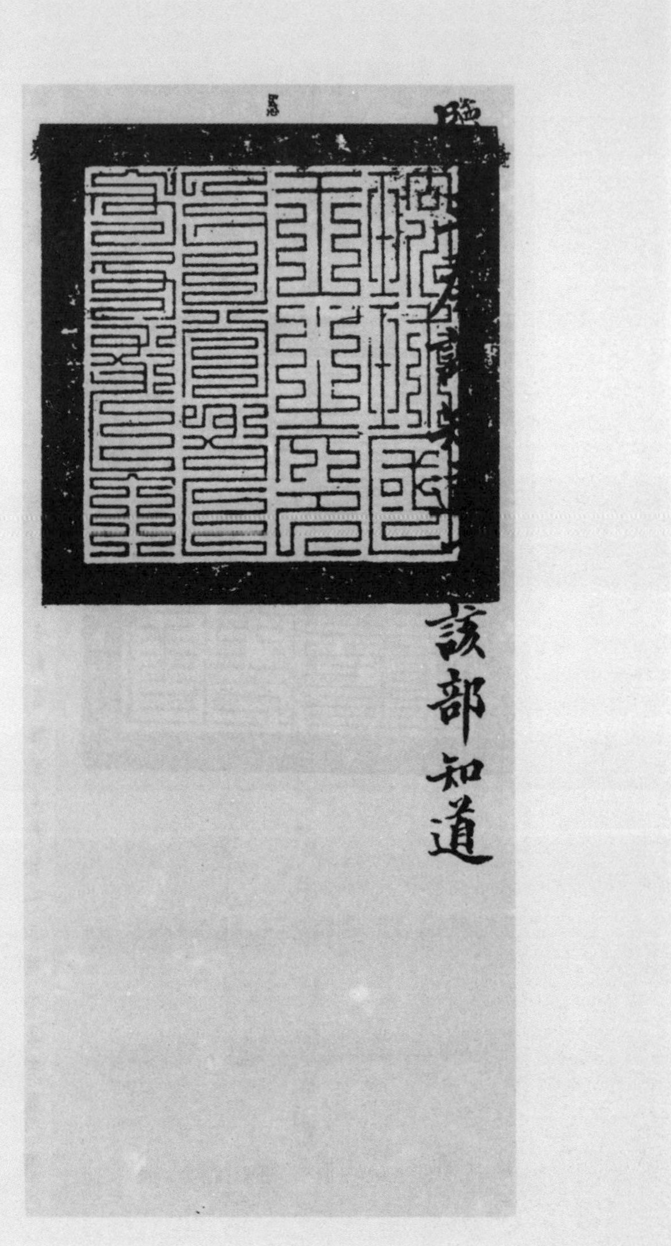
該部知道

琉球國中山王臣尚泰謹

奏爲恭謝

天恩事竊臣泰蟻垤藩封蝸居荒服疊蒙

聖恩毫無報荅同治七年謹遣陪臣耳目官向文光正議大夫

林世爵等齎

表朝

京叩蒙

皇恩加

賞臣李蟒緞福字方絹箋筆墨硯雕漆器琺瑯器等件並加

賞正副使臣屯絹紬緞圓金漳絨荷包等件又加

賞正副使臣都通事官生等綢皮袍緞綿襖綢綿褲綢綿套褲

綢綿襪皮領絲帶皮帽緞靴等件並加

賞從人等綢皮袍綢綿襖布綿褲布綿套褲布綿襪皮領絲帶

皮帽布靴等件又該使臣恭遇孟冬時享

太廟前期一日

皇上親詣行禮在

午門前瞻仰
天顏加
賞克食羊肉蒸糕奶餅饅首等件又在
午門前祗領
例賞跪請
聖安回國慶承
諭旨慰問臣躬此皆
皇上深仁厚澤有加無已者也同治九年五月二十日使臣向

文光等恭捧
勅書
欽賞並部咨到國臣泰躬率臣庶望
闕叩頭一一祗領訖復跪聆使臣宣揚
諭旨慰問臣躬並
命回國傳知臣泰仰惟
天語煌煌體恤備至臣泰撫衷自省感悚莫名惟有盡職竭忠
冀以仰酬

高厚鴻慈於萬一耳茲值貢期恭繕奏摺謹附陪臣耳目官楊
光裕正議大夫蔡呈楨等順齎赴
京叩謝
天恩伏祈
聖鑒謹
奏

自為字起至鑒字止共計三百八十六字紙一張

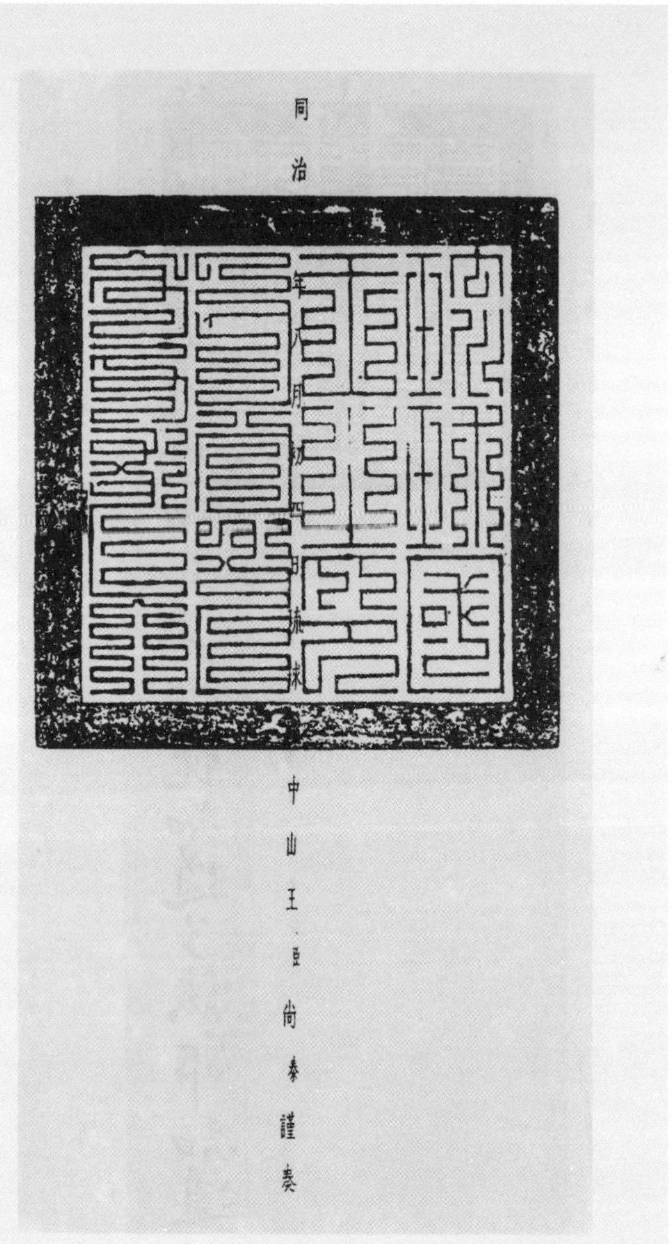
同治　年八月初四日琉球中山王臣尚泰謹奏

四五、福州將軍文煜爲琉球國接貢船回國循例免税事奏摺

同治九年八月十三日（1870.9.8）

内容提要

福州將軍文煜奏報，琉球國接貢船一隻事竣回國，置買内地貨物核計應徵税銀三百一兩八錢五厘，查照向例免其輸納。

檔案來源：宫中朱批奏摺

已編入《清代中琉關係檔案選編》第一〇七〇頁

奏

福州將軍兼管閩海關稅務臣文煜跪

奏爲琉球船回國循例免稅恭摺奏

聞仰祈

聖鑒事竊照琉球國接

貢船一隻於同治八年十一月間到閩已將隨帶

進口貨物循例免稅恭摺奏明在案今該船事

竣回國據南臺口委員長慶禀據在船使者向

良行開具該船置買内地貨物清冊前來覈計

四六、管光禄寺事務載齡等奏聞給過琉球國官生葛兆慶等食物并厨役工價銀事黄册

同治九年八月二十五日（1870. 9. 20）

内容提要

琉球國官生葛兆慶等三名入國子監讀書及跟伴三名於本年六月初一日起至二十九日止，所有用過物品按依例價核算用實銀二十六两六錢九分五厘，又厨役二十九工，每工例價一錢五分，用實銀四两三錢五分。

檔案來源：内閣黄册

已編入《清代中琉關係檔案五編》第三五五頁

一據國子監來文琉球國官生葛兆慶等叁名入監讀書跟伴叁
名於本年陸月初壹日起至貳拾玖日止所有用過物品按依例
價覈算用實銀貳拾陸兩陸錢玖分伍釐又廚役貳拾玖工每工
例價壹錢伍分用實銀肆兩叁錢伍分

四七、國子監爲琉球官生領十月份煤炭燭事致内務府咨文

同治九年九月初七日（1870. 10. 1）

内容提要

國子監致内務府咨文：琉球官生入監讀書十月份應領硬煤三百三十七斤八兩，折價銀四錢二分一厘八毫，折錢一吊六百八十七文；木炭一百十二斤八兩，折價銀四錢五厘，錢一吊六百二十文；蠟燭六十斤。相應行文貴府查照，送監給發。

檔案來源：内務府來文

已編入《清代中琉關係檔案三編》第七四六頁

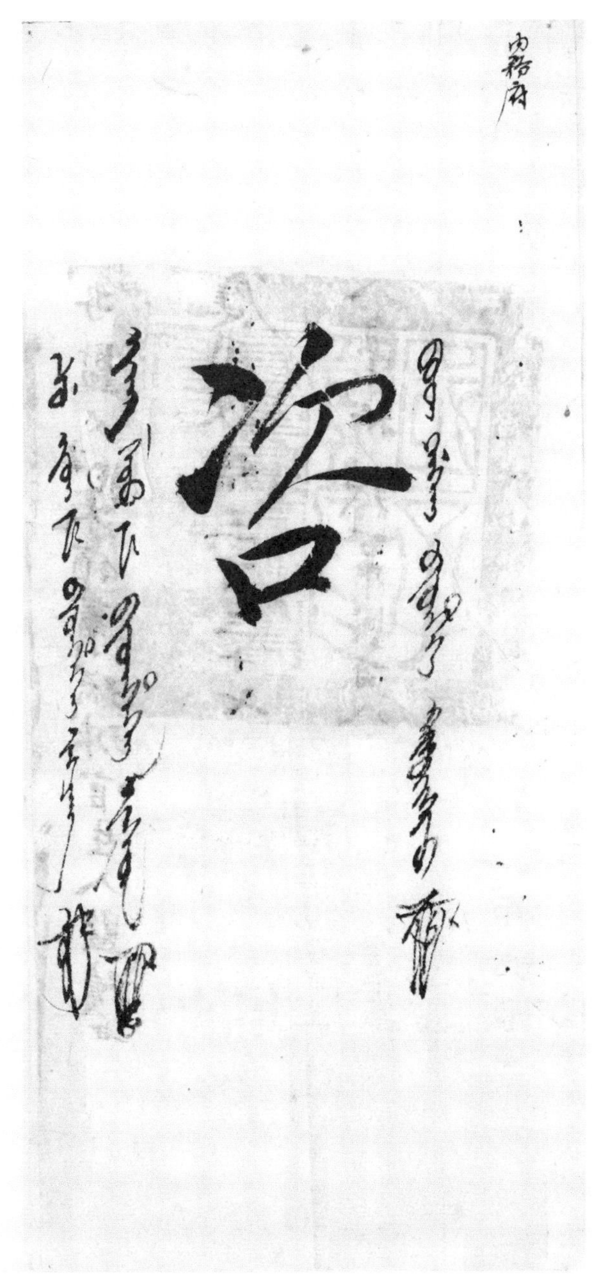
內務府

國子監為咨領事琉球官生入監讀書今領十月分
共應用硬煤三百三十七觔八兩折價銀四錢二分一
厘八毫折錢一吊六百八十七文 木炭一百十二觔八
兩折價銀四錢五厘 折錢一吊六百二十文蠟燭
六十觔相應行文
貴府查照送監給發可也須至咨者

右 咨

內務府

同治玖年玖月初柒日

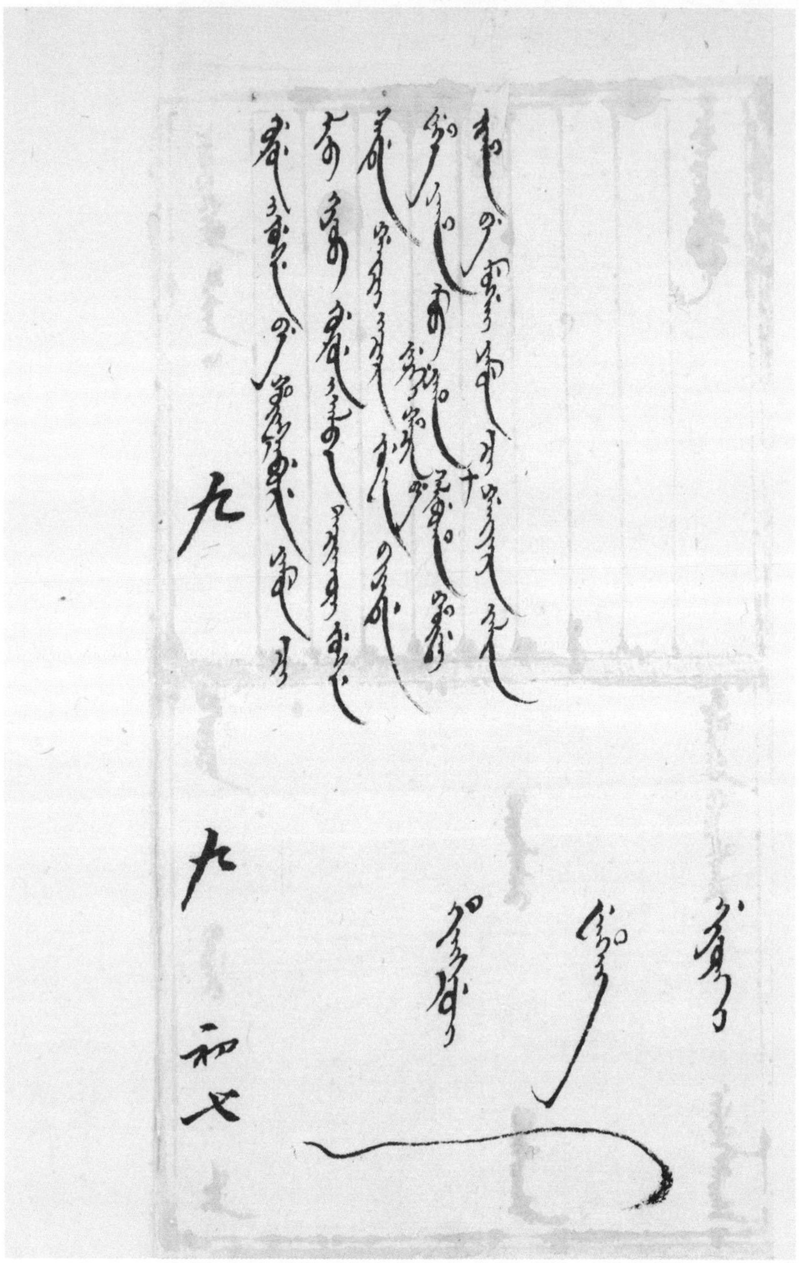

九

九

初七

四八、閩浙總督英桂爲琉球國遭風難民循例撫恤事奏摺

同治九年九月十四日（1870.10.8）

内容提要

閩浙總督英桂奏報，琉球國難民渡嘉敷、渡慶次二人在洋遭風，於同治八年八月十二日漂收臺灣府轄不識名之洋面地方，渡慶次染病身故，渡嘉敷經救護撫恤於同治九年五月二十日送至噶瑪蘭廳衙門。七月初三日護送至閩，安插館驛，照例撫恤，將來附搭琉球便船回國。

檔案來源：宫中朱批奏摺
已編入《清代中琉關係檔案選編》第一〇七一頁

奏

閩浙總督兼署福建巡撫臣英桂跪

奏為琉球國遭風難夷循例譯訊撫䘏恭摺奏祈

聖鑒事竊據署福防同知張夢元詳報同治九年七

月初三日准臺灣淡水廳撥役護送琉球國遭

風難夷一名到省當飭安頓館驛妥為撫䘏一

面飭傳該國留閩通事詳細譯訊據供該難夷

渡嘉敷是船主已死渡慶次是舵工俱係琉球

國那覇府人難夷等二人駕坐小海船一隻並

無牌照軍器船内裝載茶油二甕棉布七匹於
同治八年八月初六日在那覇府開船往姑米
山售賣不意是夜在洋遭風船隻隨風漂流至
八月十二日漂收臺灣府轄不識名之洋面船
隻冲礁擊破難夷等鳧水上岸十三日有該處
居民救護帶回給食收養舵工渡慶次忽染病
證於九月十一日身故收埋該處本年五月二
十日將該難夷渡嘉敷一名送到噶瑪蘭廳衙

門五月三十日轉送淡水廳衙門均蒙安頓公
所給發飯食六月十五日派撥差役配船護送
於七月初三日到省等語至該難夷並無隨身
物件無庸查造清冊詳由藩司鄧廷枏覈詳請
奏前來臣查琉球國世守外藩甚為恭順該難夷
在洋遭風情殊可憫應請自同治九年七月初
三安插館驛之日起每日給米一升鹽菜銀六
釐回國之日另給行糧一箇月仍照例加賞物

件折價給領統於存公銀内動支事竣造册報
銷至該難夷原船擊破應俟有琉球便船附搭
回國以仰副
聖主懷柔遠人之至意除咨部查照外臣謹恭摺具
奏伏乞
皇太后
皇上聖鑒再閩浙總督係臣本任毋庸會銜合併陳
明謹

奏
軍機大臣奉
旨知道了欽此
同治九年九月十四日

四九、國子監爲琉球官生領閏十月份煤炭燭事致内務府咨文

同治九年十月十一日（1870.11.3）

内容提要

國子監致内務府咨文：琉球官生入監讀書閏十月份應領硬煤三百三十七斤八兩，折價銀四錢二分一厘八毫，折錢一吊六百八十七文；木炭一百十二斤八兩，折價銀四錢五厘，錢一吊六百二十文；蠟燭六十斤。相應行文貴府查照，送監給發。

檔案來源：内務府來文
已編入《清代中琉關係檔案三編》第七四七頁

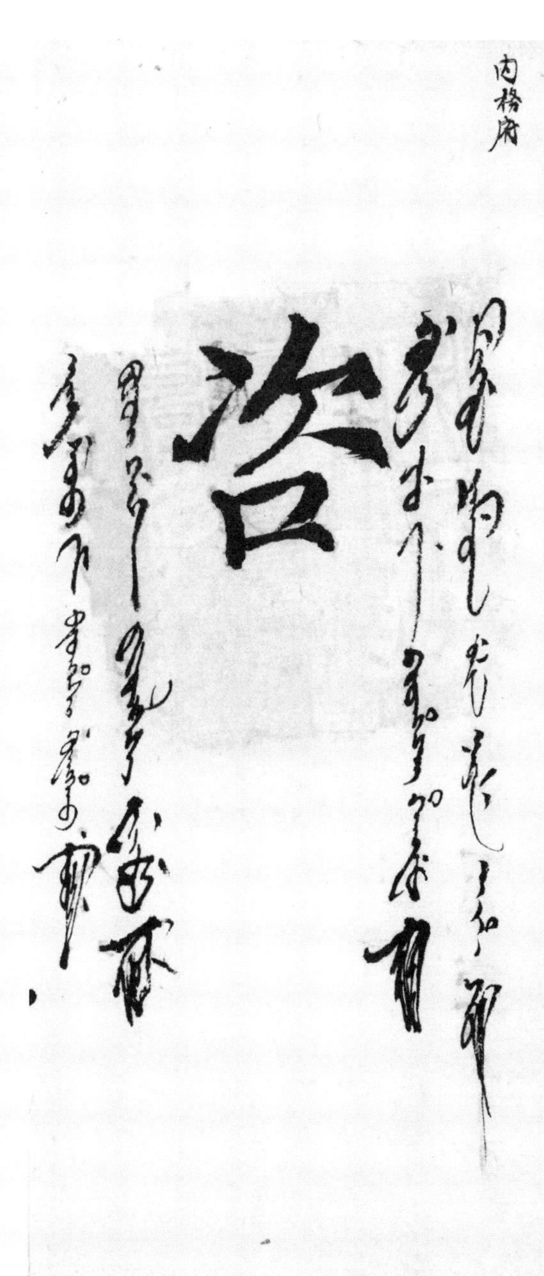

內務府

咨

國子監爲咨取事琉球官生入監讀書今閏十
月分共應領硬煤三百三十七觔八兩折價銀四錢二
分一釐八毫折錢一吊六百八十七文木炭一百十二觔
八兩折價銀四錢五釐折錢一吊六百二十文蠟燭
六十觔相應行文
貴府查照送監給發可也須至咨者
右　咨
內務府

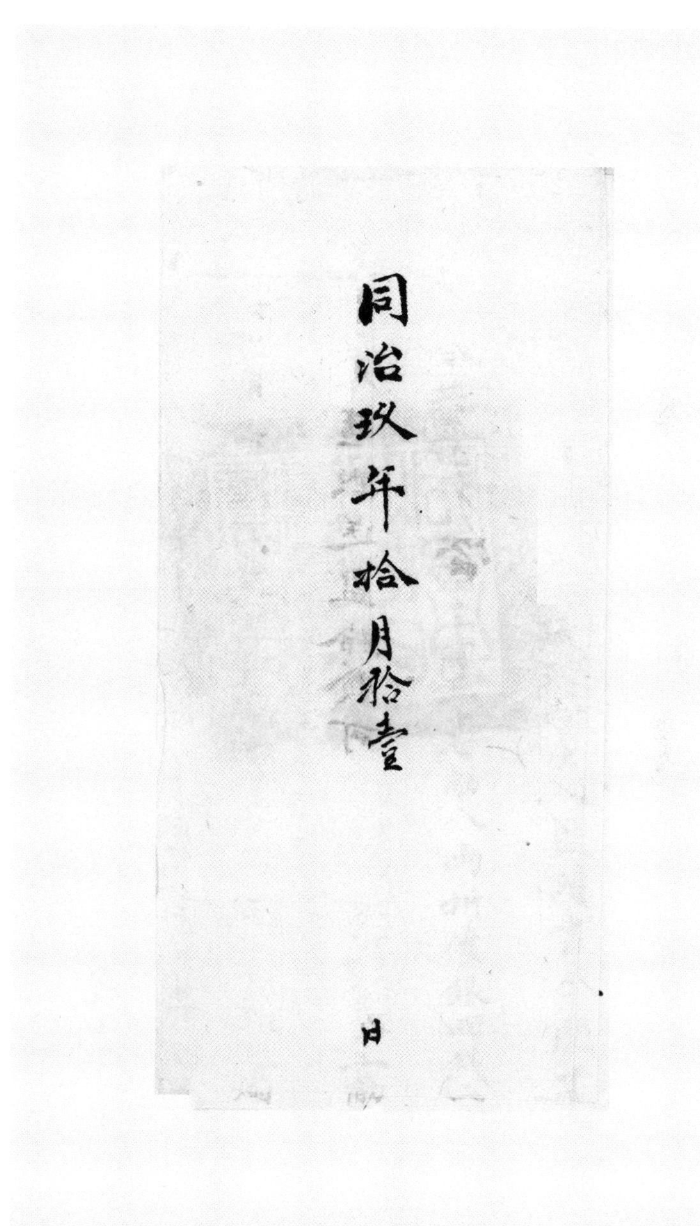
同治玖年拾月拾壹 日

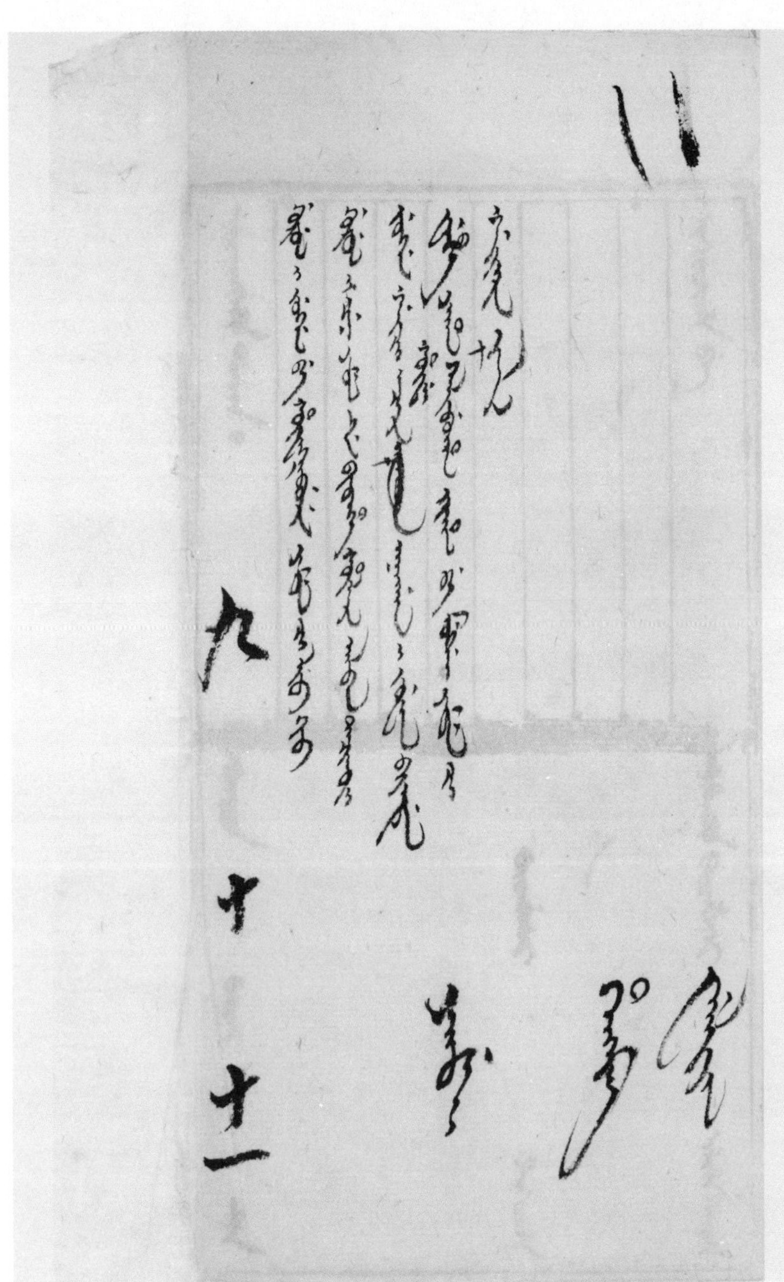

五〇、閩浙總督英桂爲浙省送到琉球國遭風難民循例譯訊撫恤事奏摺

同治九年十月十三日（1870. 11. 5）

内容提要

閩浙總督英桂奏報，琉球國難民仁克明等八人在洋遭風，於同治九年三月二十五日漂收浙江温州府轄不識名之洋面地方。經救護撫恤，將原船修葺堅固，除舵工一名患病身故外，其餘人等於七月二十二日護送至閩，安插館驛，照例撫恤。待該難夷更正供情舛錯後，選派熟諳閩洋舵水二名代爲引導其原船駕回。

檔案來源：宫中朱批奏摺

已編入《清代中琉關係檔案選編》第一〇七二頁

奏

閩浙總督兼署福建巡撫臣英桂跪

奏為浙省送到琉球國遭風難夷循例譯訊撫䘏

恭摺奏祈

聖鑒事竊據署福防同知張夢元詳報同治九年七

月二十二日准浙江温州府護送琉球國遭風

夷船一隻難夷仁克明等八名及隨身物件到

省當飭安頓館驛妥為撫䘏一面飭傳該國留

閩通事詳細譯訊據供該難夷仁克明係船主

西銘係舵工其仲間石嶺大銘宮城知花知念
同在浙病故之內間都是水手係琉球國那霸
府人駕坐小海船一隻並無牌照軍器船內裝
載煙草食鹽茶葉於同治九年三月初七日在
那霸府開船往八重山售賣二十日在洋忽遇
暴風漂出大洋折斷帆桅急將船內物件拋棄
下海船隻任風漂流二十五日至浙江温州府
轄不識名洋面遇漁船救護將難夷等送到温

州府衙門委員到船查驗並將難夷等安頓公
所日給飯食內間一名因病身故蒙給棺衾就
地收埋並將原船傕匠修葺堅固添補槓椇派
撥兵船給發行糧護送該難夷等八名到閩安
插等語由藩司潘霨覈詳請
奏前來臣查該難夷等在洋遭風情殊可憫應請
自同治九年七月二十二安插館驛之日起每
人日給米一升鹽菜銀六釐回國之日各另給

行糧一箇月並照例加賞物件折價給領統於
存公銀内動支事竣造册報銷該難夷原船經
浙省修葺堅固將來回國堪以駕坐仍選派熟
諳閩洋舵水二名代為引導駕回至此案尚未
接准浙省咨會該難夷等在浙書寫供情間有
舛錯兹已譯訊更正除咨部外臣謹恭摺具
奏伏乞
皇太后

皇上聖鑒再閩浙總督係臣本任毋庸會銜合併陳明謹

奏

軍機大臣奉

旨知道了欽此

同治九年十月十三日

五一、國子監爲琉球官生領十一月份煤炭燭事致内務府咨文

同治九年閏十月初八日（1870. 11. 30）

内容提要

國子監致内務府咨文：琉球官生入監讀書十一月份應領硬煤三百三十七斤八兩，折價銀四錢三分一厘八毫，折錢一吊六百八十七文；木炭一百十二斤八兩，折價銀四錢五厘，錢一吊六百二十文；蠟燭六十斤。相應行文貴府查照，送監給發。

檔案來源：内務府來文

已編入《清代中琉關係檔案三編》第七四八頁

内務府

洽

國子監為咨取事琉球官生入監讀書今自
十一月分共應領硬煤三百三十七觔八兩共折價銀四
錢二分一釐八毫折錢一吊六百八十七文木炭一百十
二觔八兩共折價銀四錢五釐折錢一吊六百二十文蠟
燭六十觔相應行文
貴府查照送監給發可也須至咨者
石　咨
内務府

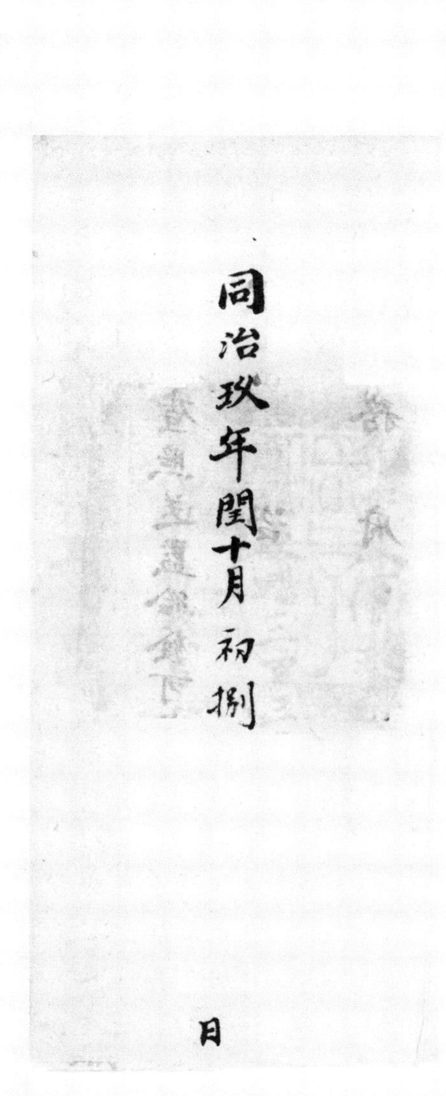
同治玖年閏十月初捌日

五二、國子監爲琉球官生領十一月份煤炭燭事致内務府咨文

同治九年閏十月初八日（1870. 11. 30）

内容提要

國子監致内務府咨文：琉球官生入監讀書每歲十一月起至次年正月止，應用烤炭例應行文内務府咨取。今自同治九年十一月起至次年正月止，官生三名及跟伴三人共應領烤炭二千九百三十七斤。相應行文貴府查照，送監給發。

檔案來源：内務府來文
已編入《清代中琉關係檔案三編》第七四八頁

内務府

國子監為咨取事查琉球官生入監讀書每歲十一
月起至次年正月止應用烤炭例應行文内務府
咨取給發今自同治九年十一月起至次年正月止計八十
九日官生三名每名每日給烤炭七觔及跟伴三人每人
每日給烤炭四觔二共應領烤炭二阡九百三十七觔相應行文
貴府查照數目希即送監給發可也須至咨者
右　咨
内　務　府

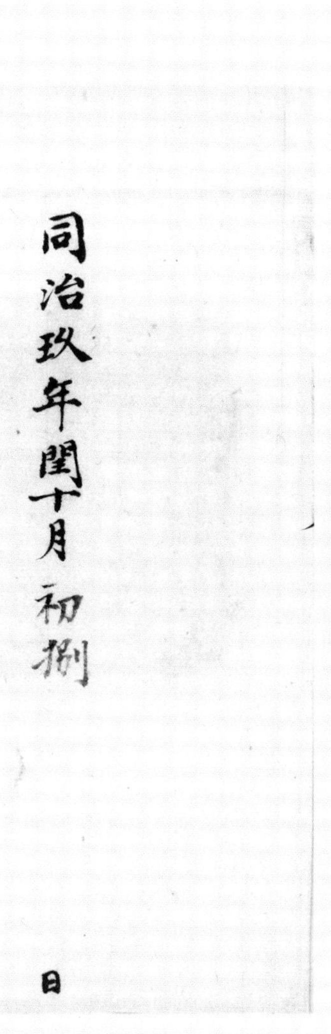

同治玖年閏十月初捌　　日

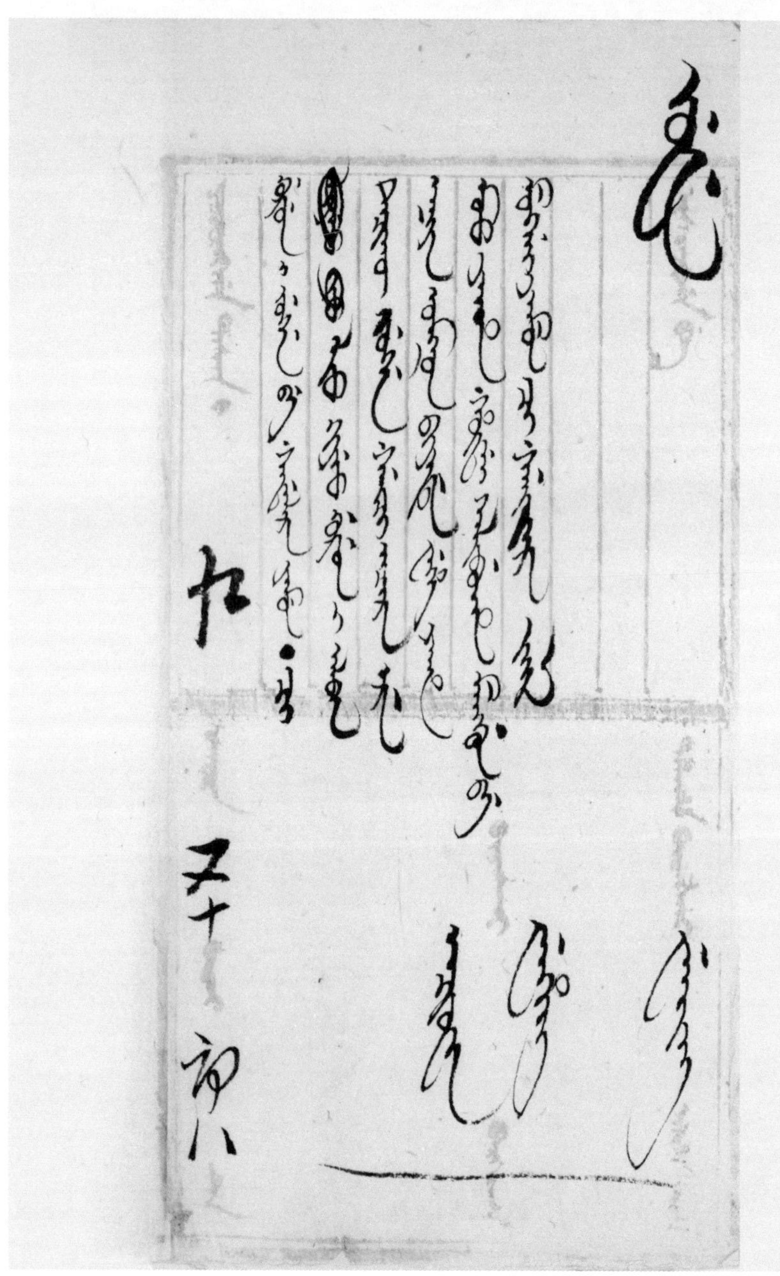

五三、閩浙總督英桂等爲琉球國使臣起程進京事奏摺

同治九年十一月初二日（1870. 12. 23）

内容提要

閩浙總督英桂等奏報，琉球國王尚泰遣使耳目官楊光裕、正議大夫蔡呈楨等分坐貢船二隻來閩。頭號貢船内載一半貢物於閏十月二十八日起程進京，二號貢船在洋遭風，已收入厦門港，俟修補完竣即可護送進省。其所載一半貢物除將硫磺一項照例留閩外，其餘紅銅白鋼錫二項暫存司庫，歸入下屆并進。

檔案來源：宫中朱批奏摺

已編入《清代中琉關係檔案選編》第一〇七四頁

奏

閩浙總督臣英桂
福建巡撫臣王凱泰跪

奏爲琉球國頭號貢船業已到閩先行委員伴送
使臣齎帶一半方物起程進京恭摺由驛奏祈
聖鑒事竊照琉球國間年一貢本年據該國王尚泰
遣使耳目官楊光裕正議大夫蔡呈楨等分坐
海船二隻恭載方物來閩頭號貢船内載正副
使臣及各官伴水梢共一百一十九員名并一
半貢物於同治九年十月二十日駛進福州省

港二十二日安插館驛其二號貢船在洋遭風
據報已收入廈門港蓬索桅椇不全由廈防同
知妥為照料添置一俟修補完竣亦可護送進
省該貢使例須趕於十二月二十日以前到京
以副
元旦
朝賀懇請先行齎奉
表文及一半方物於閏十月二十八日自閩起程

進京自應俯如所請以示懷柔當即遴委三品
銜候選道泉州府知府章倬標同知銜准陞惠
安縣知縣吳同盛閩浙補用總兵朱名登等沿
途妥為照料並飛咨經由各省一體派員接護
暨飭沿途地方官將照例應付之夫船車輛等
項預為備應俾免遲誤其二號船內所載一半
貢物俟到省後除將琉磺一項照例留閩外其
餘紅銅白鋼錫二項暫存司庫歸入下屆并進

據藩司潘霨具詳前來除咨明禮部外臣等謹
恭摺由驛具
奏伏乞
皇太后
皇上聖鑒謹
奏
軍機大臣奉
旨禮部知道欽此
同治九年十一月初二日

五四、閩浙總督英桂爲請伴送各員可否邀免議處事奏片

同治九年十一月初二日（1870. 12. 23）

内容提要

閩浙總督英桂奏報，琉球國貢使例限十二月二十日以前到京。本年該國二號貢船在洋遭風，現擬趕副元旦朝賀不及。如查照前辦成案先將一半貢物伴送北上，惟恐遇雨雪阻滯，不能依限入都。該伴送各員可否邀免議處，謹附片陳明，伏乞聖鑒訓示。

檔案來源：宫中朱批奏摺

已編入《清代中琉關係檔案選編》第一〇七五頁

再查琉球國貢使例限十二月二十日以前到
京如遲至二十日以外伴送文武各員均干嚴
議本年該國頭號貢船到閩尚未愆期因二號
貢船在洋遭風查探確信致稽時日現擬趕副
元旦
朝賀不及久候查照前辦成案先將一半貢物委員
伴送北上惟起程較遲瞬屆隆冬長途催趲若
遇雨雪不無阻滯誠恐未能依限入都該伴送

各員可否邀免議處出自
逾格鴻慈臣等謹附片陳明伏乞
聖鑒訓示謹
奏
軍機大臣奉
旨伴送各員著免其議處欽此

[illegible]英桂
同九年十二月六日

五五、國子監爲琉球官生領十二月份煤炭燭事致内務府咨文

同治九年十一月初七日（1870. 12. 28）

内容提要

國子監致内務府咨文：琉球官生入監讀書十二月份應領硬煤三百三十七斤八兩，折價銀四錢二分一厘八毫，折錢一吊六百八十七文；木炭一百十二斤八兩，折價銀四錢五厘，錢一吊六百二十文；蠟燭六十斤。相應行文貴府查照，送監給發。

檔案來源：内務府來文

已編入《清代中琉關係檔案三編》第七四九頁

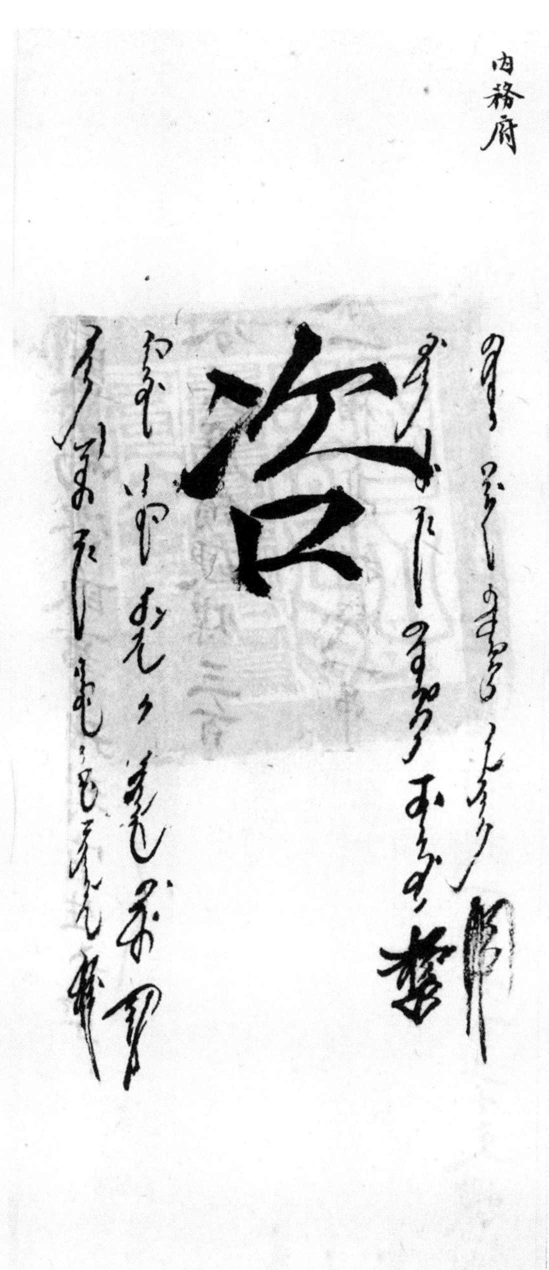

內務府

咨

國子監為咨取事琉球官生入監讀書今十二月分共應領硬煤三百三十七觔八兩共折價銀四錢二分一釐八毫折錢一吊六百八十七文木炭一百十二觔八兩共折價銀四錢五釐折錢一吊六百二十文蠟燭六十觔相應行文

貴府查照送監給發可也須至咨者

右咨

内務府

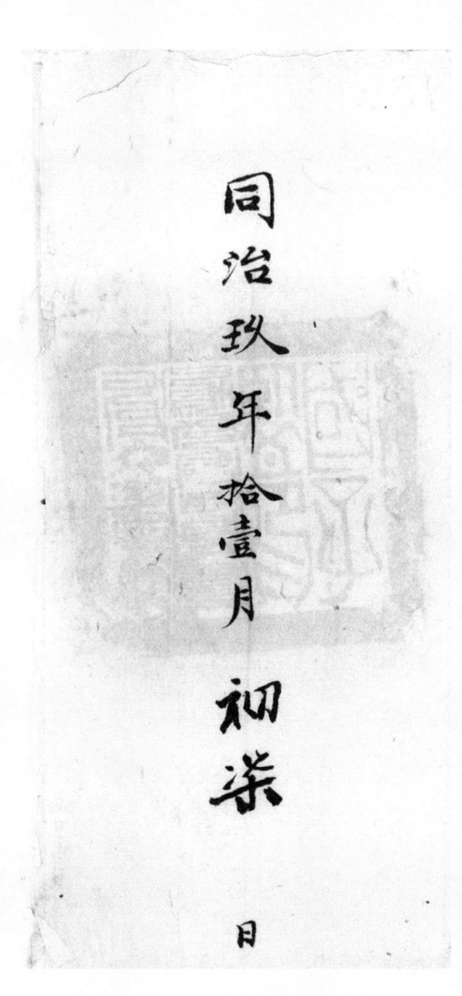
同治玖年拾壹月初柒日

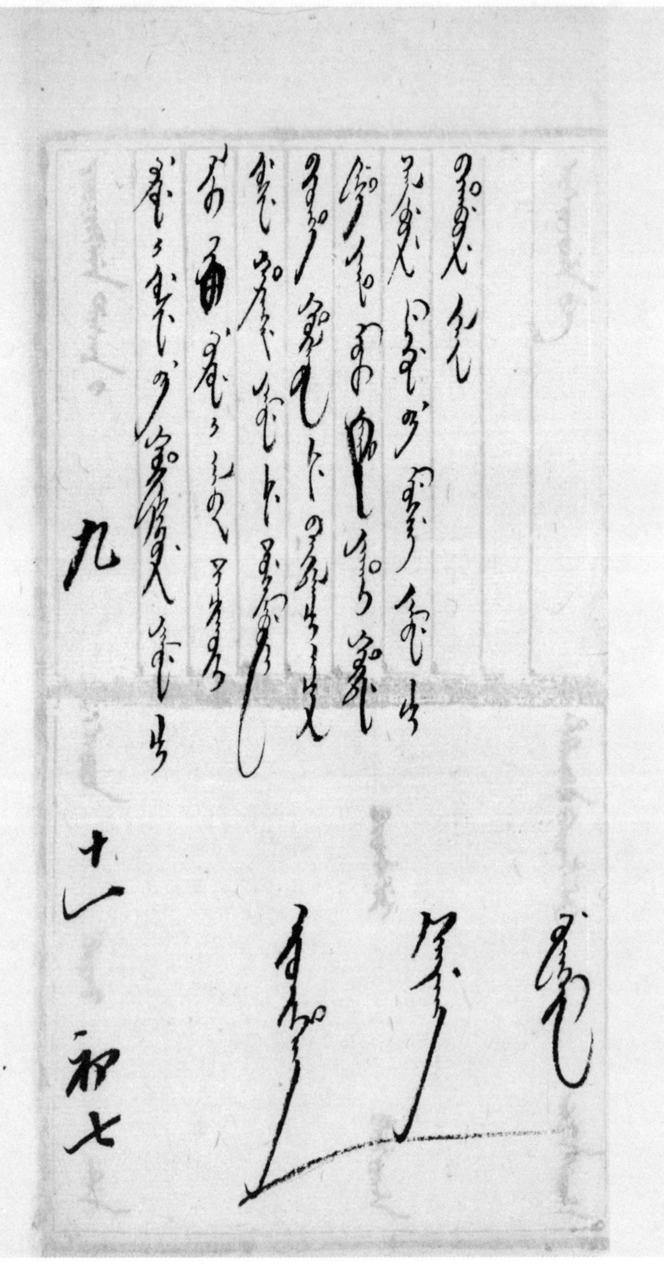
九 十一 初七

五六、福建巡撫王凱泰爲琉球國頭號貢船抵閩事題本（首缺）

同治九年十一月初九日（1870.12.30）

内容提要

福建巡撫王凱泰題明，琉球國國王尚泰遣耳目官率領官伴水梢附搭朝鮮國遭風難夷六名坐駕兩隻貢船，賫捧進貢表文并常貢方物來閩。頭號貢船於同治九年十月二十日護送進省，二十二日安插館驛。二號貢船因遭風收泊廈門港，俟修竣到省恐需時日。所有應行進京之正副使官以及官伴人等同表文暨一半貢物俱配載頭號貢船應即委員伴送北上。仍飭福防廳譯諭該夷官迅速定期起程，并到京日期另行詳請奏報。

檔案來源：内閣禮科題本

已編入《清代中琉關係檔案續編》第一五〇〇頁

伴送該貢使齎解進京以重

貢典而免躭延仍飭福防廳譯諭該夷官迅速定

期起程約計何時可以到京另行詳請

奏報至貳號貢船俟到省後再行分别辦理合就

詳請察核具

題等情前來臣覆查無異除冊送部外臣謹恭疏

具

題伏祈

皇上聖鑒勅部查照施行爲此具本謹

題請

旨

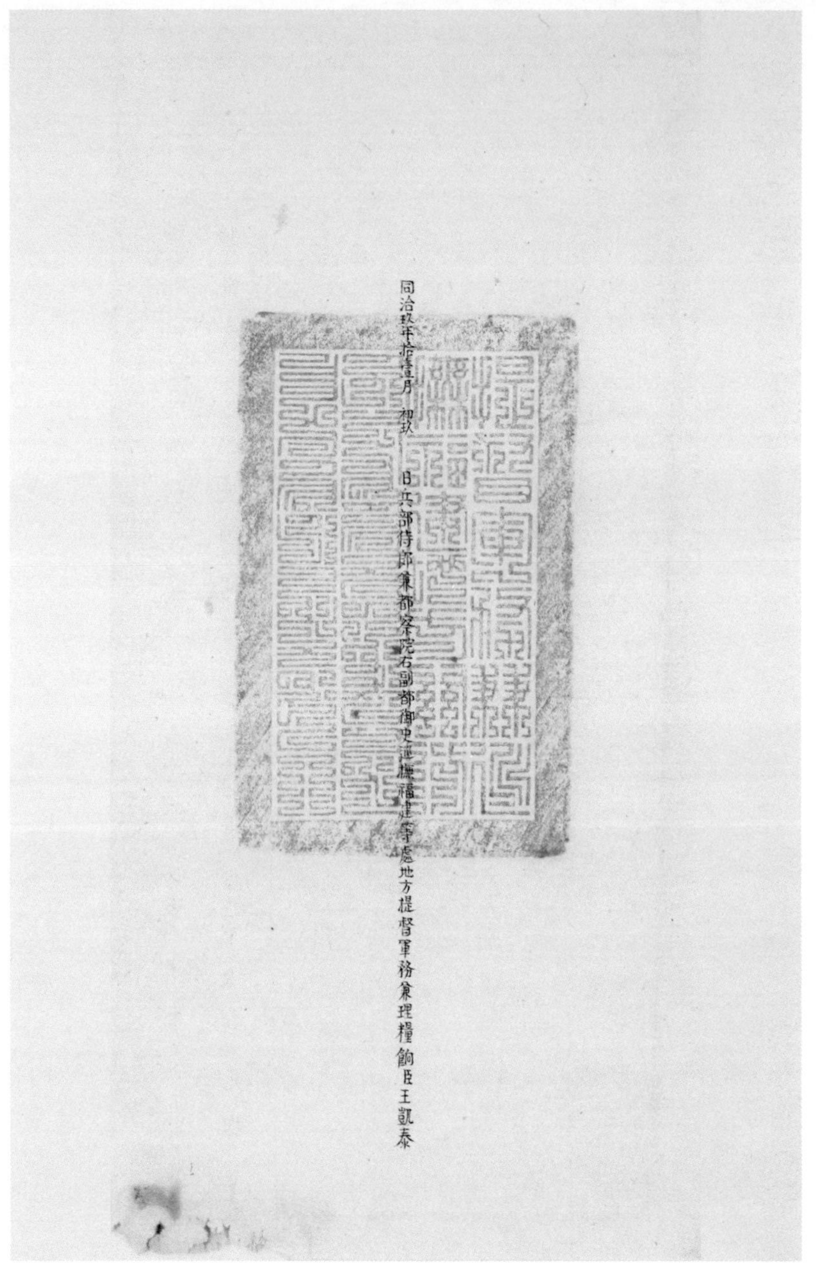

同治玖年拾壹月初玖日兵部侍郎兼都察院右副都御史巡撫福建等處地方提督軍務兼理糧餉臣王凱泰

兵部侍郎兼都察院右副都御史巡撫福建等處地方提督軍務兼理糧餉臣王凱泰謹

題爲循例具

題事竊查琉球國間年壹貢同治玖年貢期先據

福防同知詳報琉球國進

貢頭號壹船駕進省港經汎口文武會驗明白於

同治玖年拾月貳拾貳日安插館驛備造該船

官伴水梢花名貨物清冊詳送並准水師提臣

移咨暨據廈防同知具報琉球國貳號貢船在

洋遭風收入廈門港篷索槓具損失不全一俟

修理添置完備即行派撥舟師護送進省茲據

布政使潘霨詳稱伏查琉球國王尚泰遣耳目

官楊光裕正議大夫蔡呈楨都通事蔡呈祚等
率領官伴水梢不過貳百員名附搭朝鮮國遭
風難夷陸名坐駕頭貳兩號船齎捧同治庚午
年進
貢
表文并載運常貢方物煎熟硫磺壹萬貳千陸
百斤紅銅叁千斤煉熟白鋼錫壹千斤由該國
一同開船來閩今頭號貢船業經護送進省安
插館驛其貳號船因遭風收泊廈門港俟船隻
修竣到省恐需時日所有應行進京之正副使
臣以及都通事官伴人等同
表
文暨一半貢物俱配載頭號

貢船既已抵省應即委員伴送北上內硫磺壹項
照例留閩備用其已到一半紅銅壹千伍百斤
白鋼錫伍百斤飭委文武員弁備用勘合伴送
該貢使齎解進京以重
貢典而免躭延仍飭福防廳譯諭該夷官迅速定
期起程約計何時可以到京另行詳請
奏報至貳號貢船俟到省後再行分別辦理合就
詳請察核具
題等情前來臣覆查無異除冊送部外謹
題請
旨

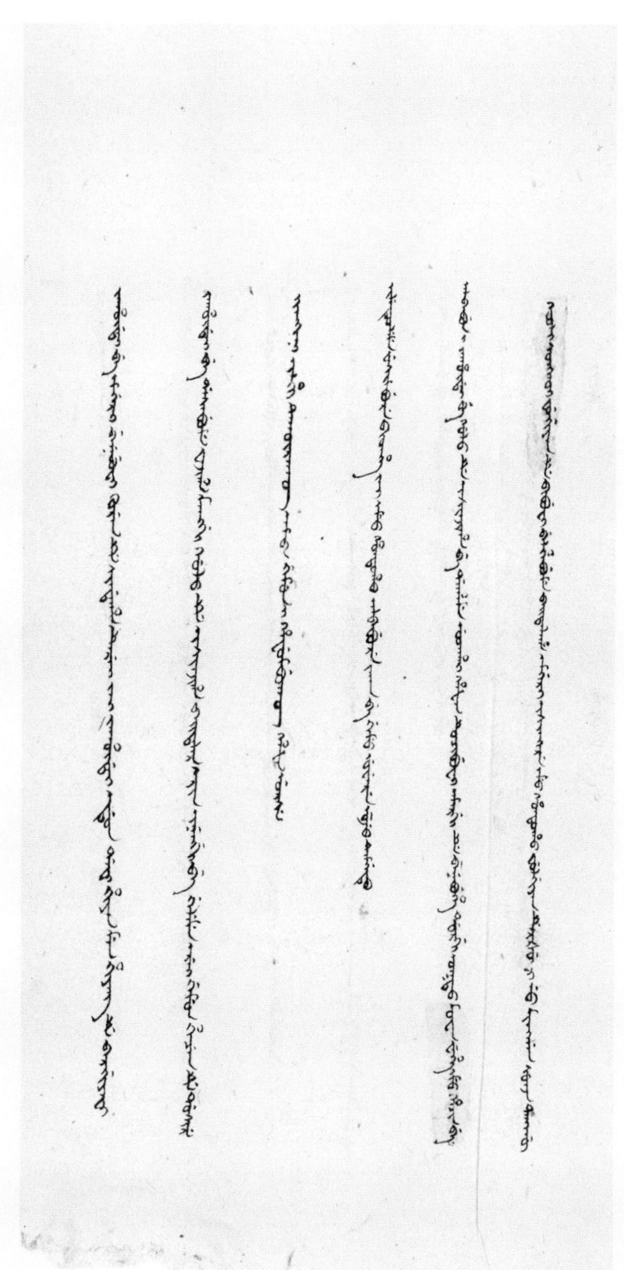

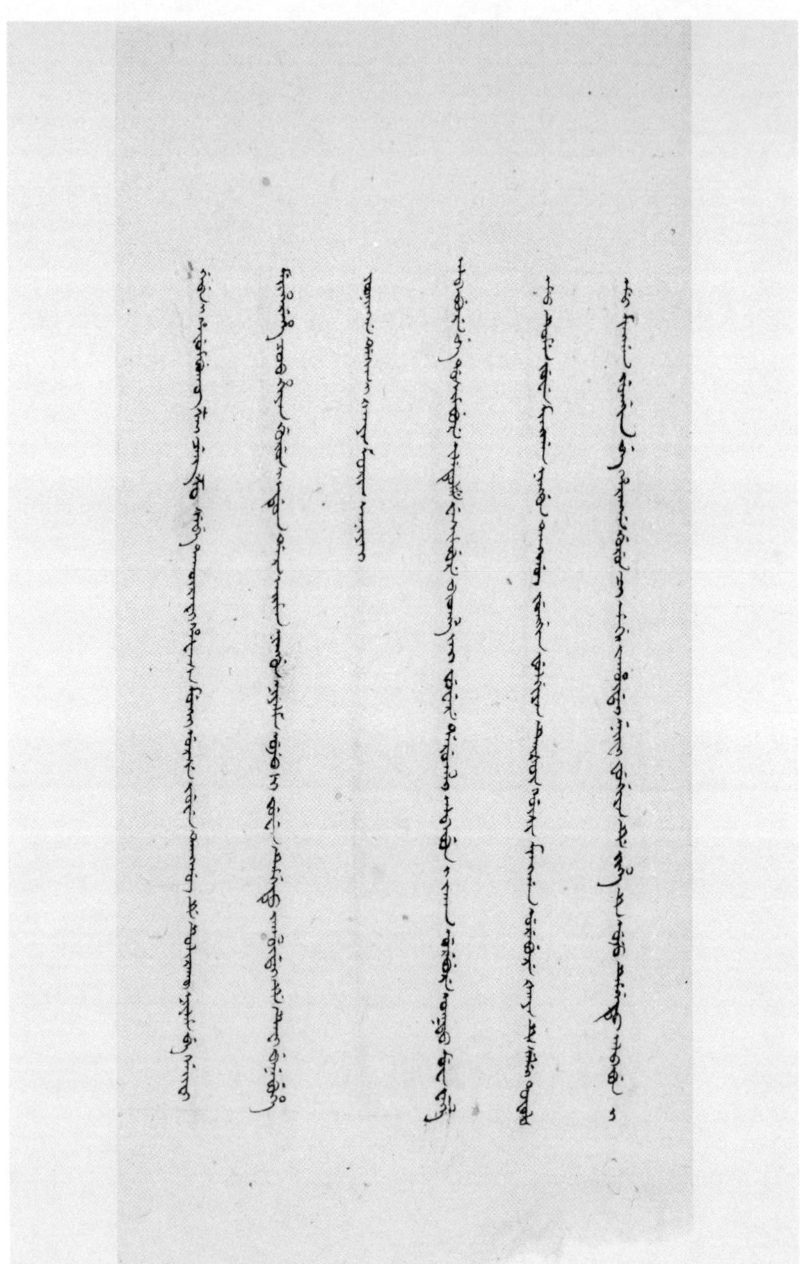

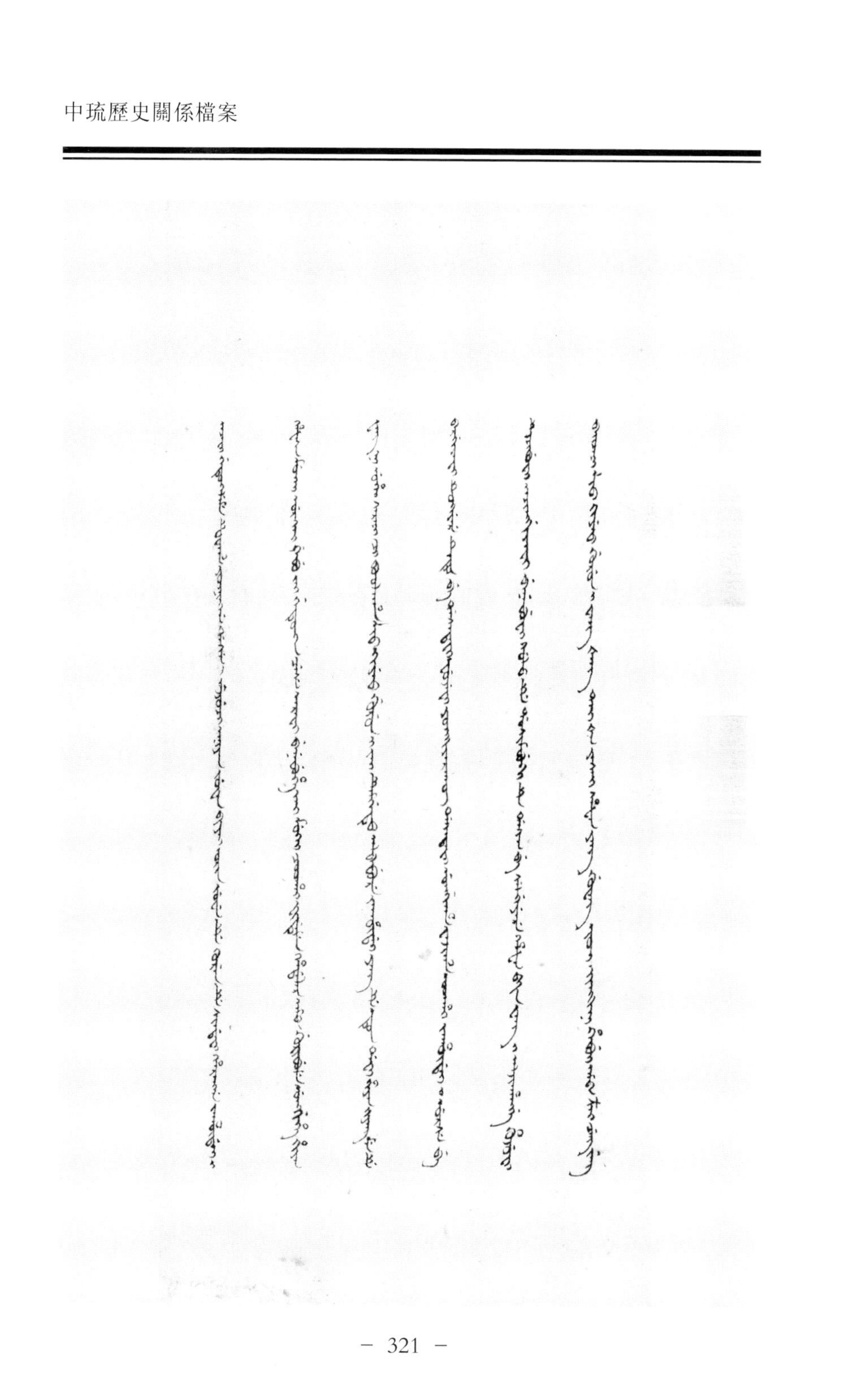

五七、禮部爲琉球國貢使起程進京日期事致内務府咨文　原奏一

同治九年十一月二十九日（1871. 1. 19）

内容提要

禮部致内務府咨文：主客司案呈内閣抄出閩浙總督英桂等奏，琉球頭號貢船到閩，先行委員伴送使臣賫帶一半方物起程進京日期一摺，同治九年十一月二十一日軍機大臣奉旨：禮部知道，欽此。欽遵到部，相應抄録原奏知照内務府。

原奏：閩浙總督英桂等跪奏，琉球國國王尚泰遣耳目官等分坐两隻貢船恭載方物來閩。頭號貢船内載一半貢物於同治九年十月二十日進港，安插館驛。二號貢船因遭風收泊厦門港，俟修竣亦可護送進省。該貢使例須趕於十二月二十日以前到京，以副元旦朝賀，懇請先行賫奉表文及一半方物於閏十月二十八日自閩起程進京。當即遴委官員沿途妥爲照料，并飛咨經由各省一體派員接護。其二號貢船内所載一半貢物，除將硫磺一項照例留閩外，其餘紅銅白鋼錫二項暫存司庫，歸入下届并進。

檔案來源：内務府來文

已編入《清代中琉關係檔案三編》第七五〇頁

禮部為知照事主客司案呈内閣抄出閩浙總督
英　等奏琉球國頭號貢船到閩先行委員伴送使臣
賫帶一半方物起程進京日期一摺同治九年十一月二十
一日軍機大臣奉
旨禮部知道欽此欽遵到部相應抄錄原奏知照内務府
可也須至咨者
右　　咨
計原奏壹紙
内務府

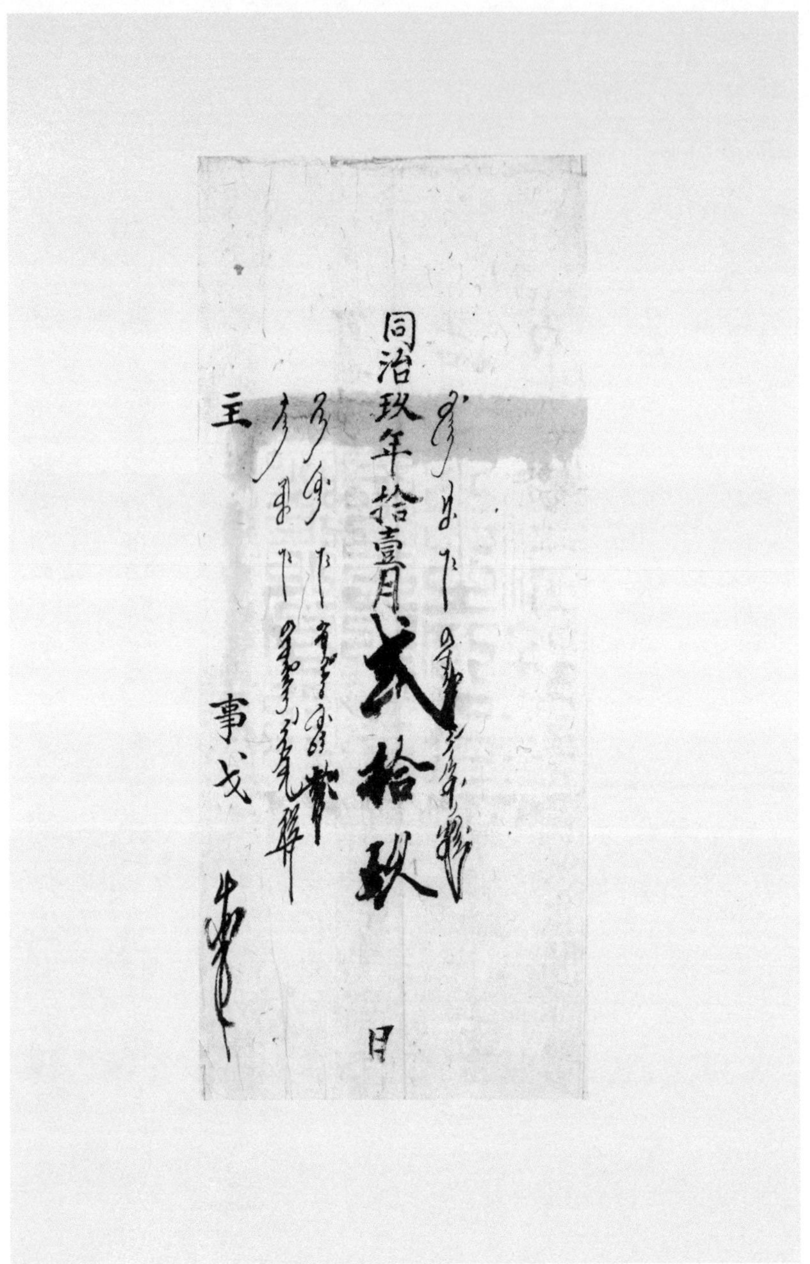
同治玖年拾壹月贰拾玖日

主事戈

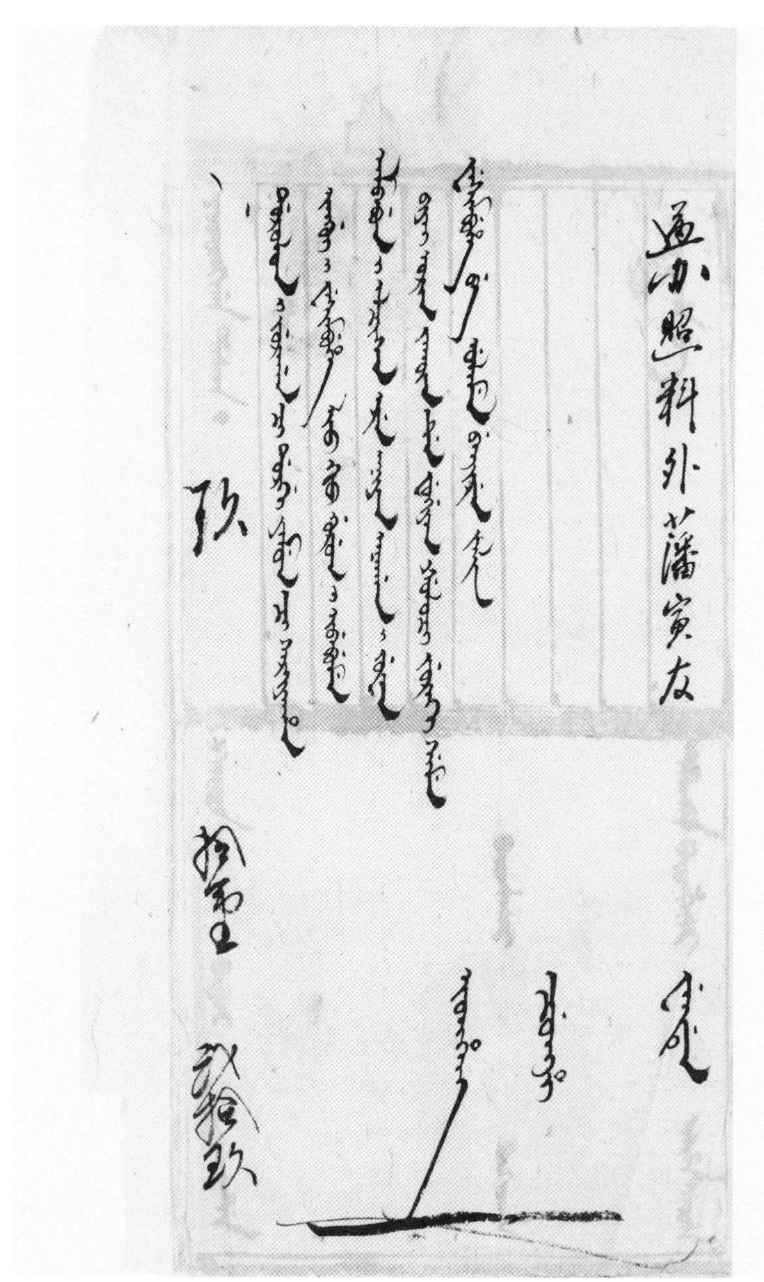

閩浙總督臣英桂
福建巡撫臣王凱泰跪
奏為琉球國頭號貢船業已到閩先行委員伴送使臣齎帶一半方物
起程進京恭摺由驛奏祈
聖鑒事竊照琉球國間年一貢本年據該國王尚泰遣使耳目官揚
光裕正議大夫蔡呈楨等分坐海船二隻恭載方物來閩頭號貢船
内載正副使臣及各官伴水梢共一百一十九員名並一半貢物于同治九
年十月二十日駛進福州省港二十二日安插館驛其二號貢船在洋遭
風據報已收入廈門港篷索槓具不全由廈防同知妥為照料添置

一俟修補完竣亦可護送進省該貢使例須趕于十二月二十日以前到京以
副元旦
朝賀懇請先行齎奉
表文及一并方物於閏十月二十八日自閩起程進京自應俯如所請以示懷
柔當即遴委三品銜候選道泉州府知府章倬標同知銜准升惠安
縣知縣吳同盛閩浙補用總兵朱名登等沿途妥為照料並飛咨
經由各省一体派員接護暨飭沿途地方官將照例應付之夫船車輛
等項預為備應俾免遲悞其二號船內所載一并貢物俟到省後除

將硫磺一項照例留閩外其餘紅銅白銅錫二項暫存司庫歸入下
屆並進撥藩司潘霨具詳前來除咨明禮部外臣等謹恭摺由驛具
奏伏乞
皇太后
皇上聖鑒謹
奏同治九年十一月二十一日軍機大臣奉
旨禮部知道欽此

五八、福建巡撫王凱泰爲琉球國貳號貢船抵閩事題本

同治九年十二月初五日（1871.1.25）

内容提要

福建巡撫王凱泰題明，琉球國國王尚泰遣派兩隻貢船來閩，業將頭號貢船所載一半方物同寄存司庫之同治元年未進方物委員先行伴送北上。二號貢船因遭風收泊厦門港修補，於同治九年十一月初二日駛進省港，初四日安插館驛。除硫磺一項照章留閩備用外，尚有一半紅銅一千五百斤、白鋼錫五百斤照數存儲司庫，彙入下届并進。

檔案來源：内閣禮科題本

已編入《清代中琉關係檔案續編》第一五〇三頁

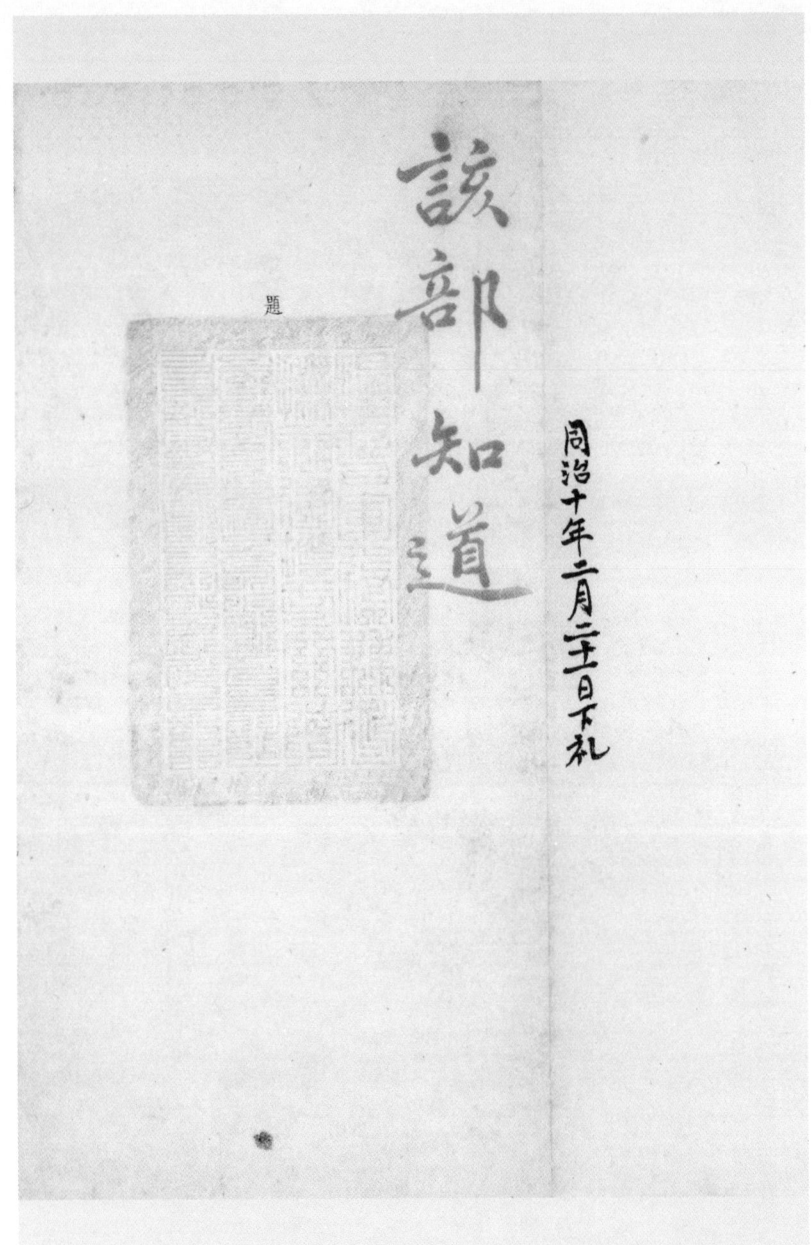
該部知道
題
同治十年二月二十日下札

兵部侍郎兼都察院右副都御史巡撫福建等處地方提督軍務兼理糧餉臣王凱泰謹

題爲循例具

題事竊查本年琉球國屆應進

貢之期該國遣派頭貳兩號海船配載官伴人等

齎送

貢物來閩所有頭號

貢船依期到省業將船内所載一半方物同寄存

司庫之同治元年分未進方物一并委員先行

伴送於同治玖年閏拾月貳拾捌日由省起程

北上分別

題奏並聲明貳號船裝運一半方物俟該船到省

後繳存司庫彙入下居并進在案茲琉球國貳

號貢船配坐官伴水梢共捌拾壹員名匀載常

貢一半方物因在洋遭風漂收廈門港將船修

補完好由廈派撥舟師護送來省經汛口文武

會驗明白於玖年拾壹月初貳日駛進省港即

於初肆日安插館驛除琉礦壹項照章留閩備
用外尚有一半紅銅壹千伍百斤白鋼錫伍百
斤照數存儲司庫彙入下屆并進據署福防同
知張夢元報由布政使潘霨造冊詳請具
題前來臣覆查無異除冊送部外臣謹恭疏具
題伏祈
皇上聖鑒勅部查照施行爲此具本謹
題請
旨

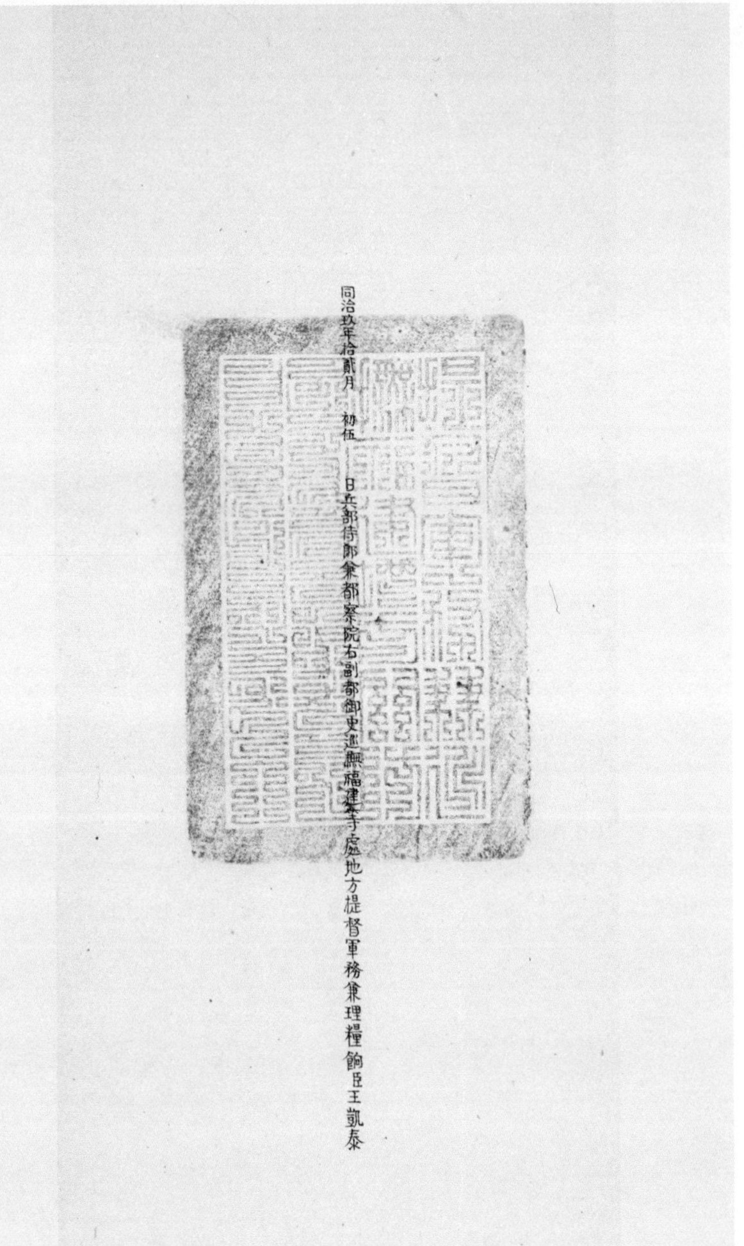

同治玖年拾貳月　初伍　日兵部侍郎兼都察院右副都御史巡撫福建等處地方提督軍務兼理糧餉臣王凱泰

兵部侍郎兼都察院右副都御史巡撫福建等處地方提督軍務兼理糧餉臣王凱泰謹

題爲循例具

題事。竊查本年琉球國屆應進

貢之期，該國遣派頭貳兩號海船配載官伴人等

齎送

貢物來閩。所有頭號

貢船依期到省，業將船內所載一半方物同寄存

司庫之同治元年分未進方物委員先行伴送

北上。茲琉球國貳號

貢船配坐官伴水梢共捌拾壹員名，匀載常貢一

半方物因在洋遭風漂收廈門港將船修補完
好由廈派撥舟師護送來省經汎口文武會驗
明白於同治玖年拾壹月初貳日駛進省港即
於初肆日安插館驛除琉磺壹項照章留閩備
用外尚有一半紅銅壹千伍百斤白鋼錫伍百
斤照數存儲司庫彙入下屆并進據署福防同
知張夢元報由布政使潘霨造冊詳請具
題前來臣覆查無異除冊送部外謹
題請
旨

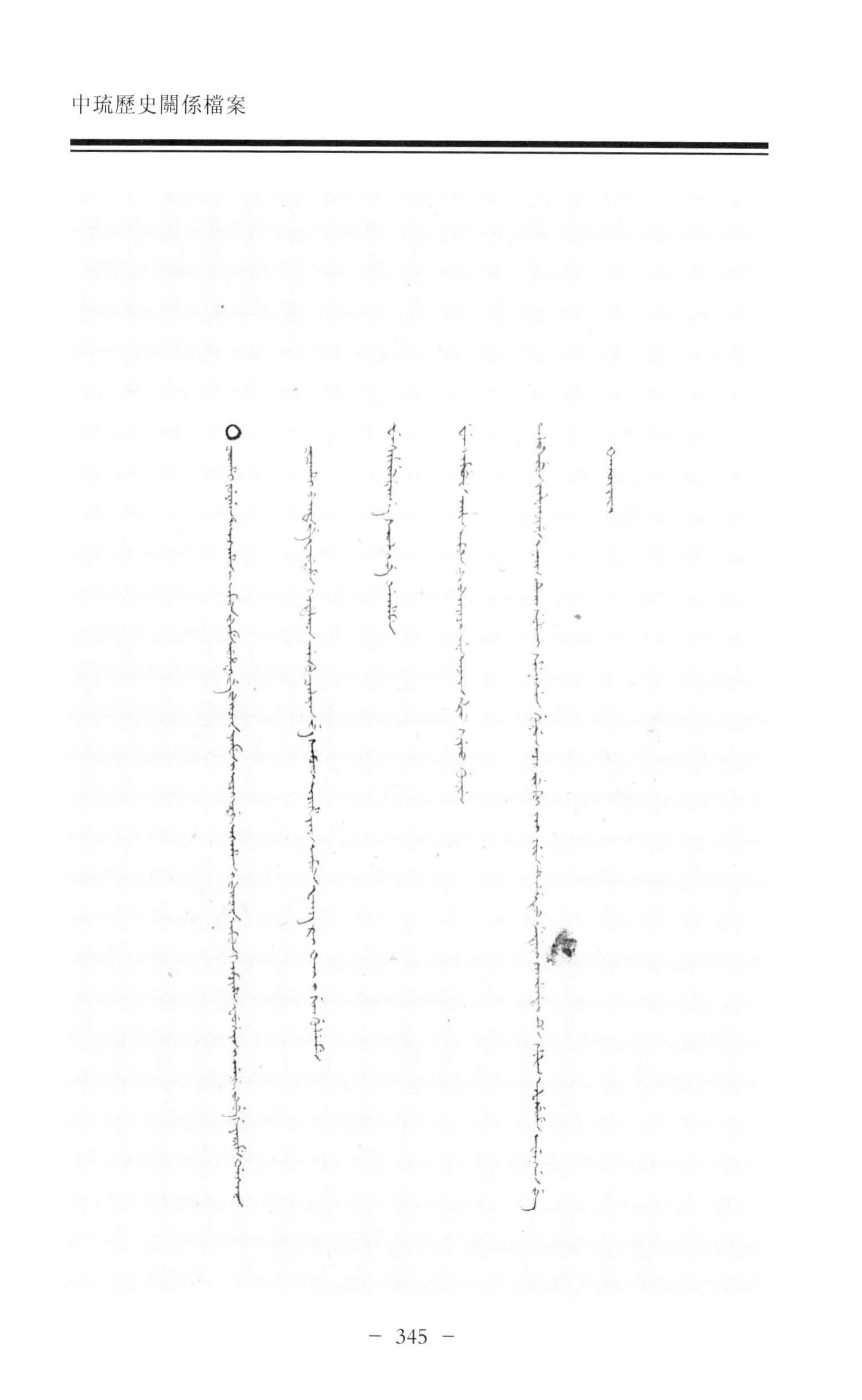

五九、國子監爲琉球官生領次年正月份煤炭燭事致内務府咨文

同治九年十二月初七日（1871. 1. 27）

内容提要

國子監致内務府咨文：琉球官生三名入監讀書應領次年正月份硬煤三百三十七斤八兩，折價銀四錢二分一厘八毫，折錢一吊六百八十七文；木炭一百十二斤八兩，折價銀四錢五厘，錢一吊六百二十文；蠟燭六十斤。相應行文貴府查照，送監給發。

檔案來源：内務府來文
已編入《清代中琉關係檔案三編》第七五二頁

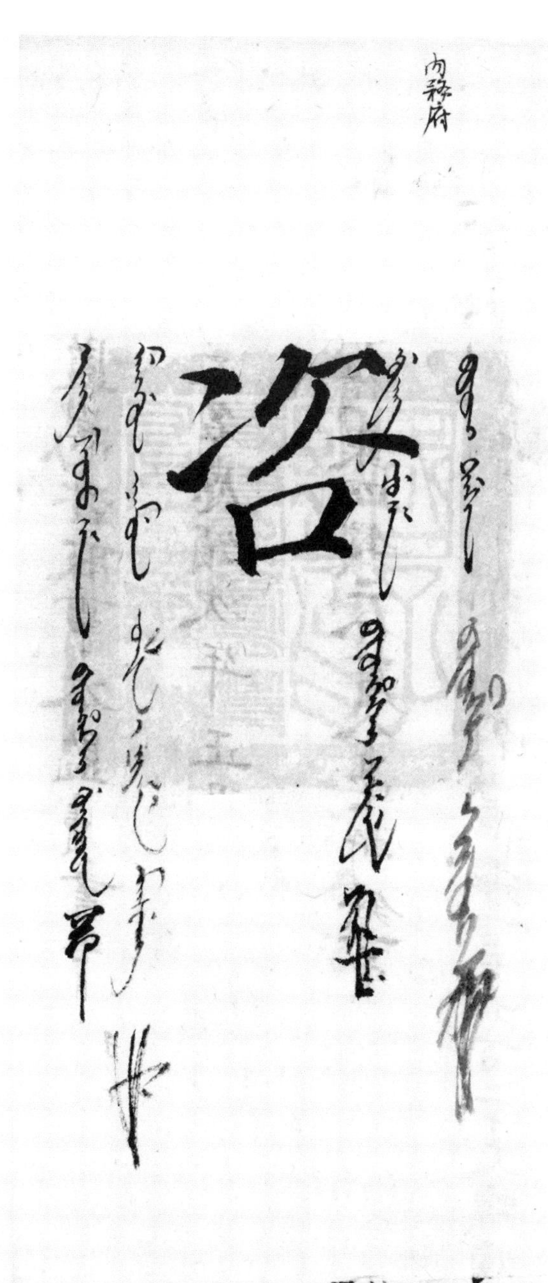
內務府
咨

國子監爲咨取事本監讀書之琉球官生葛兆
慶等三名應領次年正月分硬煤三百三十七觔八
兩共折價銀四錢二分一厘八毫折錢一吊六百八十七文木炭
一百十二觔八兩共折價銀四錢五厘錢一吊六百二十文蠟燭
六十觔相應行文
貴府查照送監給發可也須至咨者
右咨
內務府

同治玖年拾貳月初柒日

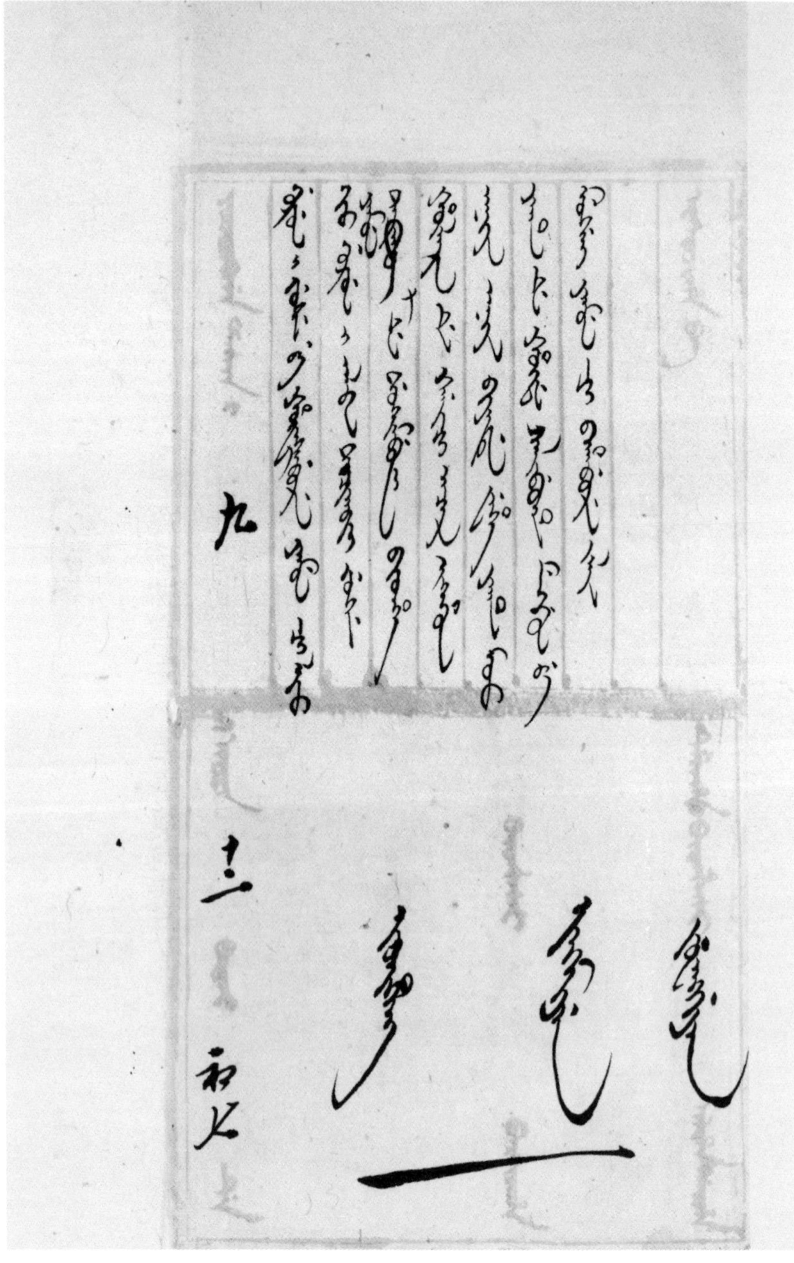

六〇、國子監爲琉球官生病危事致内務府片

同治十年正月初二日（1871. 2. 20）

内容提要

國子監致内務府片：監内琉球官生葛兆慶現病勢危篤，設或病故，其身後衣衾棺殮一切事宜應如何辦理之處，希即迅賜，聲復過監，相應片行内務府。

檔案來源：内務府來文

已編入《清代中琉關係檔案三編》第七五三頁

國子監為片行事本監琉球學

官生葛兆慶現在病勢危篤據

太醫云難以醫救設或病故其身

後衣衾棺殮一切事宜應如何辦理

之處希即迅賜聲覆過監幸勿

刻遲可也須至片者

右片行

内務府

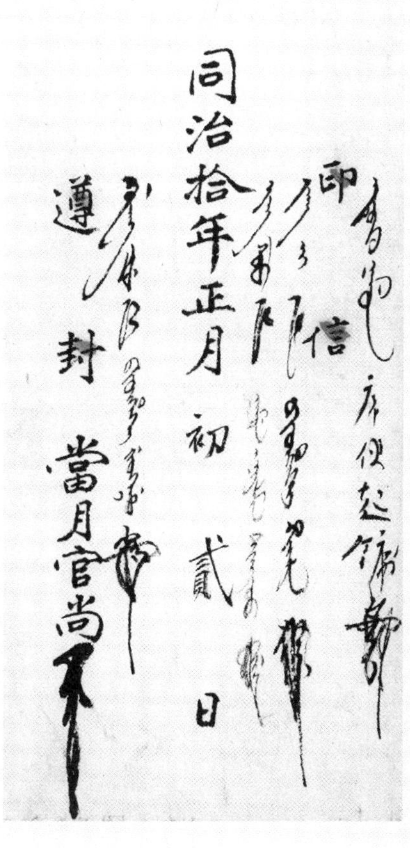

印　　信

同治拾年正月初貳日

遵　封　當月官尚

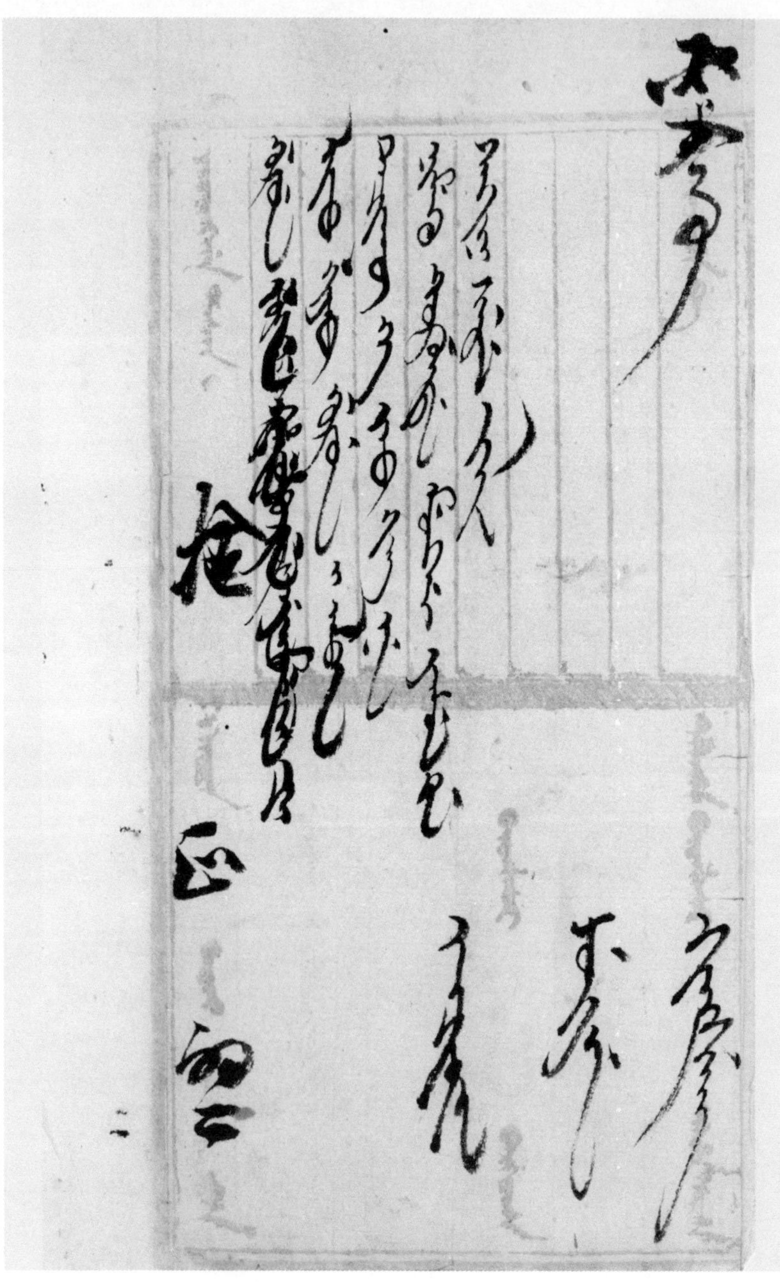

六一、營造司爲琉球官生病危身後一切并無預備事致内務府堂報文

同治十年正月初九日（1871. 2. 27）

内容提要

營造司致内務府堂報文：國子監琉球官生葛兆慶現病勢危篤，設或病故，其身後衣衾棺殮一切事宜并無預備，爲此報堂。

檔案來源：内務府來文

已編入《清代中琉關係檔案三編》第七五四頁

營造司爲報堂事國子監琉球學官生葛兆慶現在
病勢危篤據太醫云難以醫救設或病故其身
後衣衾棺殮一切事宜本司並無預備爲此報
堂

正月初九日

六二、國子監爲琉球官生應領二月份煤炭燭等事致内務府咨文

同治十年正月二十二日（1871.3.12）

内容提要

國子監致内務府咨文：琉球官生葛兆慶現已病故，林世功等二名當年二月分應領硬煤二百二十五斤，折價銀二錢八分一厘二毫，折錢一吊一百二十四文；木炭七十五斤，折價銀二錢七分，折錢一吊八十文；蠟燭六十斤。相應行文貴府查照，送監給發。

檔案來源：内務府來文

已編入《清代中琉關係檔案三編》第七五五頁

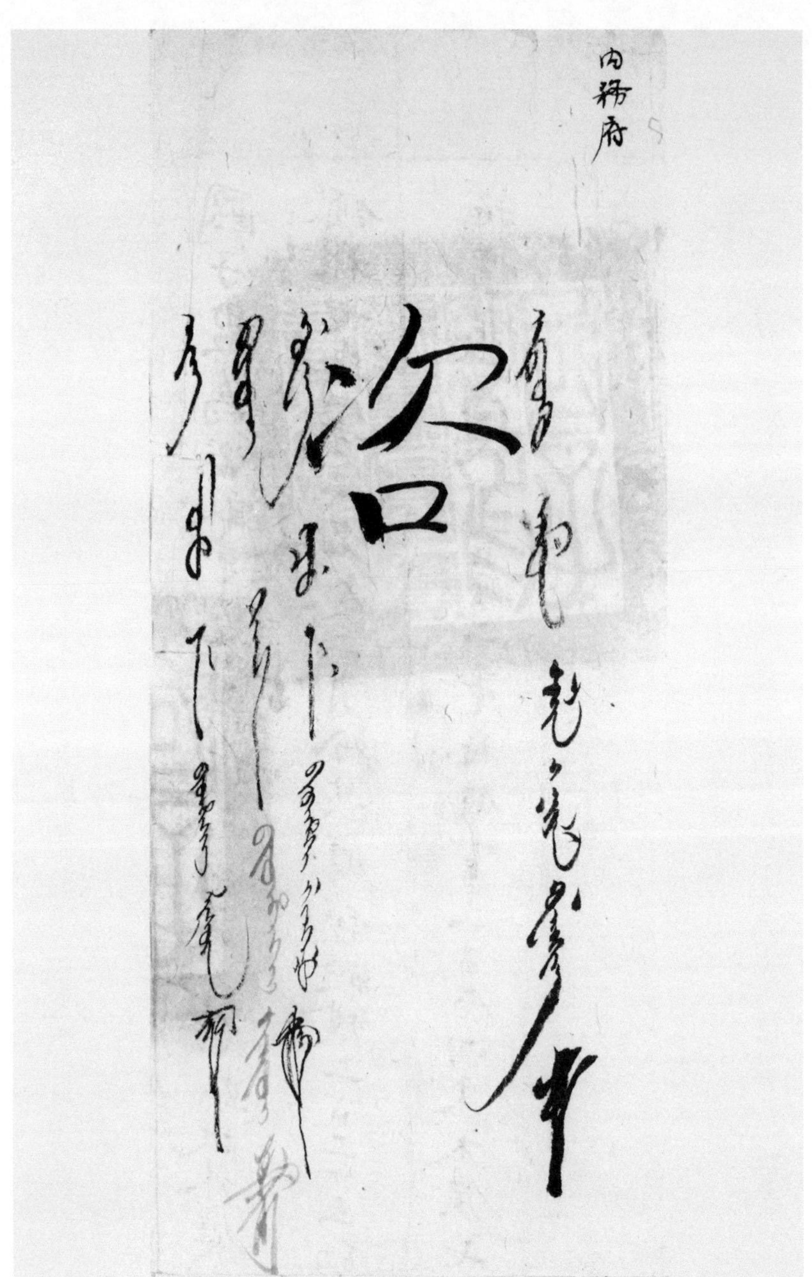

内務府

國子監爲咨取事。查琉球官生葛兆慶現已病故外，應領林世功等二名，今二月分共應領硬煤二百二十五觔，折價銀二錢八分一釐二毫，折錢一吊一百二十四文；木炭七十五觔，折價銀二錢七分，折錢一吊八十文；蠟燭六十觔，相應行文

貴府查照送監給發可也。須至咨者。

右咨

內務府

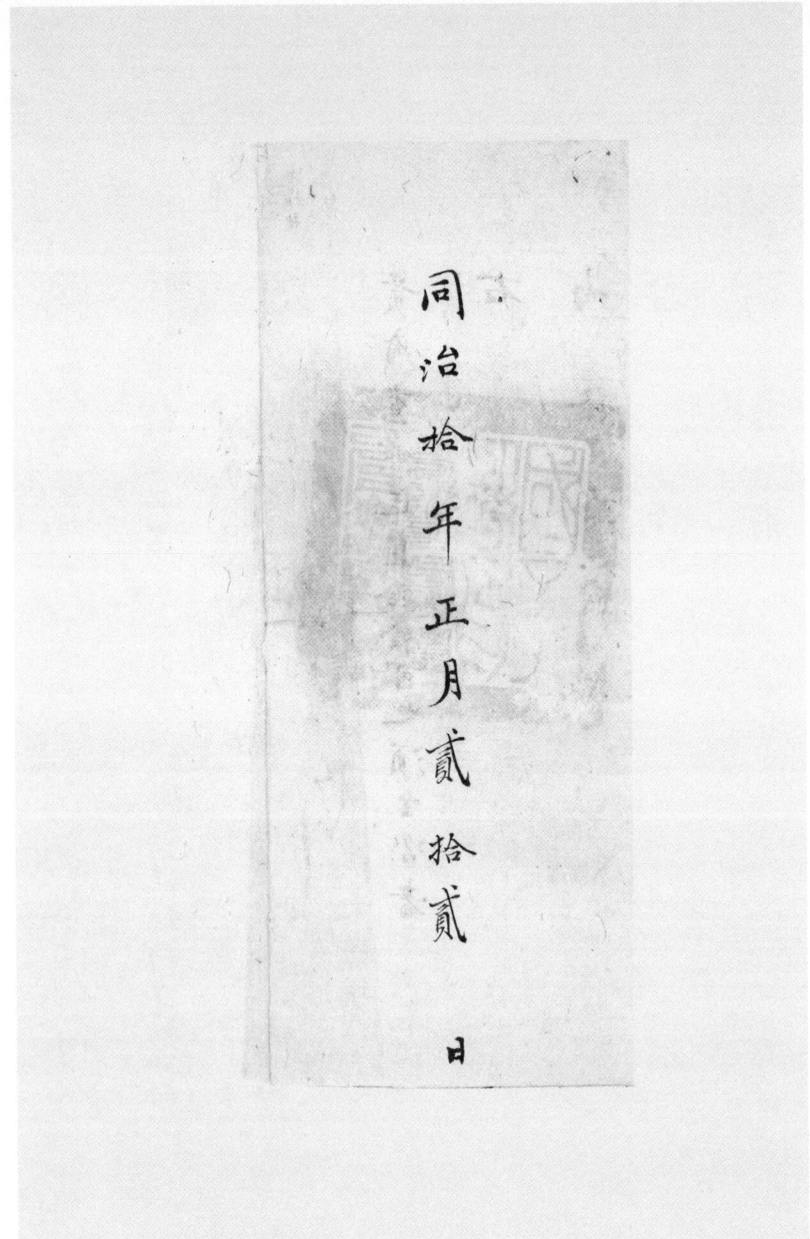
同治拾年正月贰拾贰日

六三、國子監爲琉球官生及跟伴應領四季衣服等事致内務府咨文

同治十年正月二十二日（1871.3.12）

内容提要

國子監致内務府咨文：琉球官生葛兆慶現已病故，林世功等二名及跟伴三人應領當年分四季衣服靴帽并鋪蓋等項，相應行文貴府查照，禮部奏定數目即照定例備辦齊全，飭令該處早爲賫送過監，以便給發。

檔案來源：内務府來文

已編入《清代中琉關係檔案三編》第七五五頁

國子監為咨取事查本監琉球官生葛兆慶現已
病故外應領林世功等二名及跟伴三人前經禮部奏
明每年給四季衣服靴帽並鋪蓋等項令該官
生等應領同治十年分衣服靴帽等項相應行文
貴府查照禮部奏定數目備辦齊全按季飭令
該處早為賫送過監以便給發可也須至咨者
右咨
内務府

同治拾年正月贰拾贰日

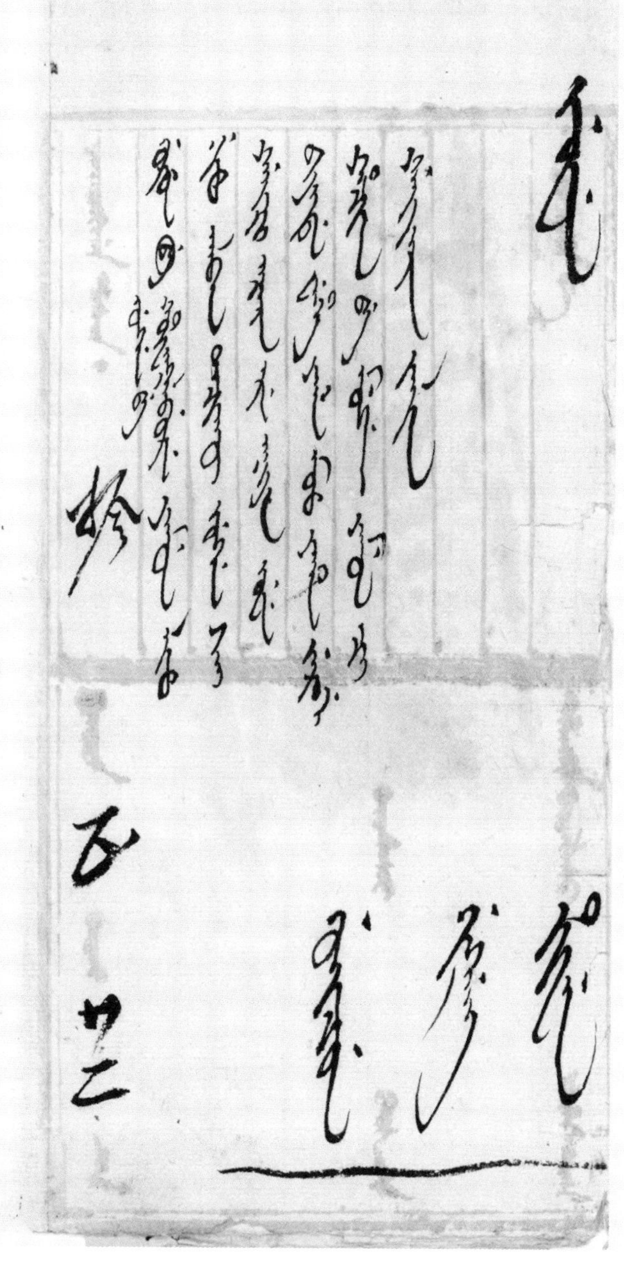

六四、禮部爲琉球使臣抵京日期事致内務府片

同治十年正月二十九日（1871. 3. 19）

内容提要

禮部致内務府片：據伴送琉球使臣福建委員章倬標等遣家丁報稱，琉球貢使約於二月初二日可以到京，相應片行内務府。

檔案來源：内務府來文

已編入《清代中琉關係檔案三編》第七五六頁

禮部為片行事據伴送琉球使臣福建委員章倬標等遣家丁報稱琉球貢使約於貳月初二日可以到京等因相應片行

貴府查照可也須至片者

右片行

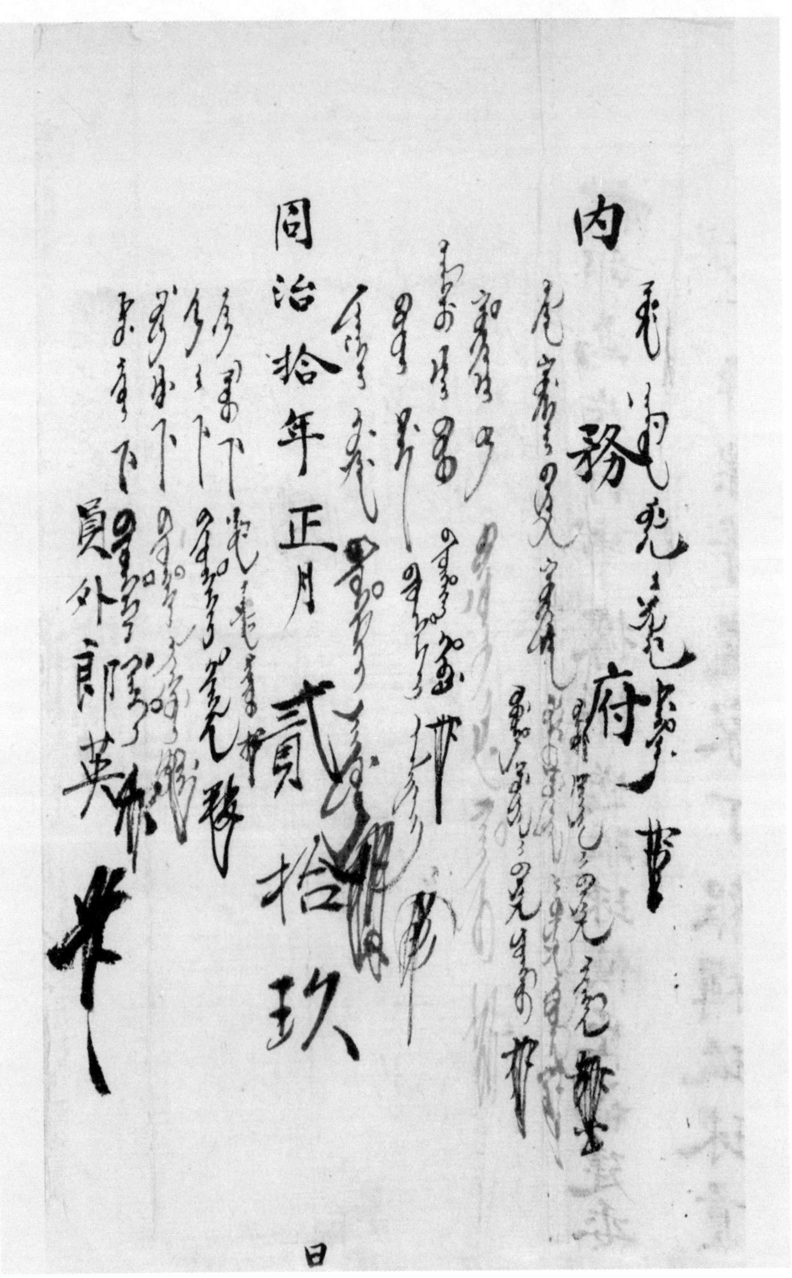

內務府

同治拾年正月貳拾玖日

員外郎英

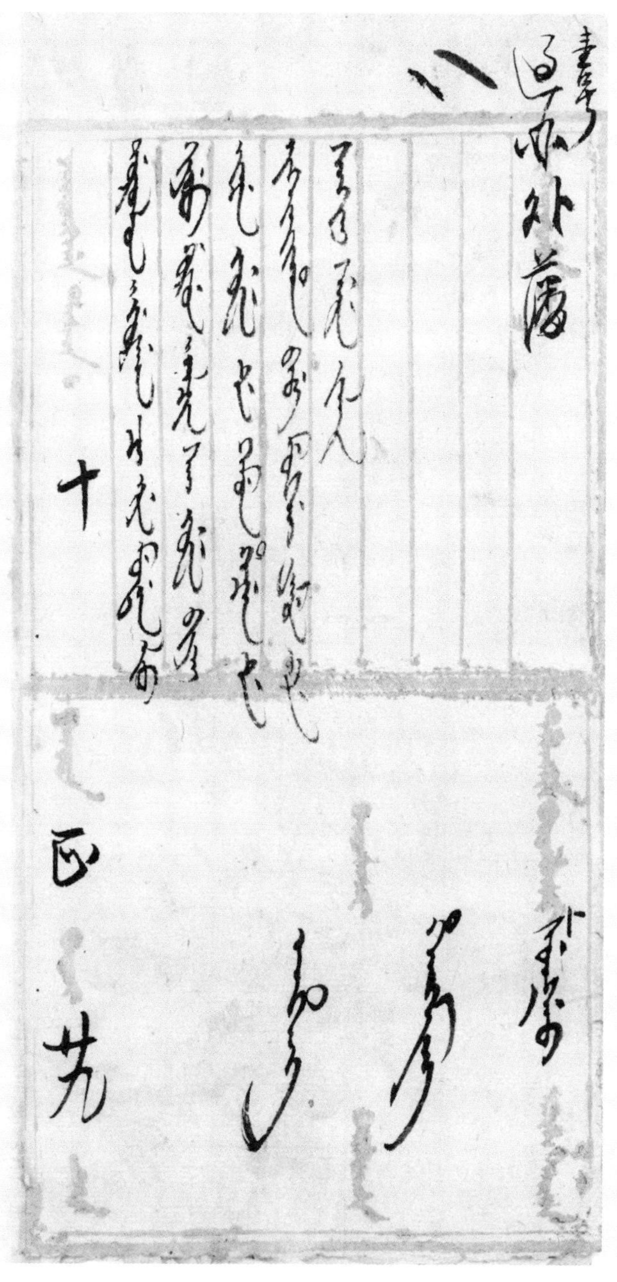

六五、福建巡撫王凱泰爲琉球國護送朝鮮國遭風難民到閩照例撫恤事奏摺

同治十年正月二十九日（1871. 3. 19）

内容提要

福建巡撫王凱泰奏報，朝鮮國難民高才淑等六人所駕貨船在洋遭風，漂至琉球國久來島遇救，搭附本届琉球國進貢船隻抵閩，循例安頓撫恤，并委員護送入京，再行遣發歸國。

檔案來源：宫中朱批奏摺
已編入《清代中琉關係檔案選編》第一〇七六頁

奏

福建巡撫臣王凱泰跪

奏爲琉球國送到朝鮮國遭風難夷照例安頓撫

恤委員護送進京籲懇

敕部遣發回國恭摺奏祈

聖鑒事竊照本屆琉球國進

貢二號船内附搭朝鮮國難夷高才淑等來閩當

飭地方官安頓撫恤一面譯訊詳辦去後兹據

藩司潘霨詳據署福防同知張夢元會同署閩

縣知縣向晝署侯官縣知縣馬騰駿詳稱遭風難夷到省應行譯訊供情省城現無通曉朝鮮國夷語之人惟查該難夷內有李大有一名略知漢字授以紙筆據書高才淑年二十五歲李大有年二十五歲趙斗衡年二十六歲金泰鎮年二十六歲李順行年二十四歲文致行年二十三歲俱係朝鮮國全羅道海南縣人高才淑是船主與李大有等一共六人於同治九年正

月十一日在海南駕坐小船一隻裝載錢文米
石駛往完島生理不幸途遇惡風急將錢物棄
擲下海任風漂流二十六日漂至琉球久來島
遇救得生送到琉球中山泊村設館安頓所坐
原船不堪修葺就地焚化於十月初七日附搭
貢船至十一月初三日到省等語並由司接准琉
球國王移咨轉詳請
奏前來臣查歷居朝鮮國夷人遭風來閩均係派

委文武員弁由陸路護送進京交由禮部轉交
該國使臣順帶回國此次朝鮮國難夷高才淑
等六名自應循照向例委員伴送入都再行遣
發歸國仍分咨經由各省飭屬一體撥護以示
聖朝柔遠深仁除飭將應需口糧等項銀兩在於存
公款內動支事竣造册報銷並咨明户禮兵各
部外臣謹會同閩浙總督臣英桂恭摺具
奏伏乞

皇太后
皇上聖鑒謹
奏
軍機大臣奉
旨禮部知道欽此
同治十年正月二十九日

六六、禮部爲琉球貢使一行到京日期事致内務府咨文

同治十年二月初四日（1871. 3. 24）

内容提要

禮部致内務府咨文：查琉球國進貢正使耳目官楊光裕、副使正議大夫蔡呈楨、都通事蔡呈祚與跟役、通事，及福建伴送來京之泉州府知府章倬標等人，俱於本月初二日到京，所有應行照料及供給口糧食物等事宜，相應知照内務府。

檔案來源：内務府來文

已編入《清代中琉關係檔案三編》第七五七頁

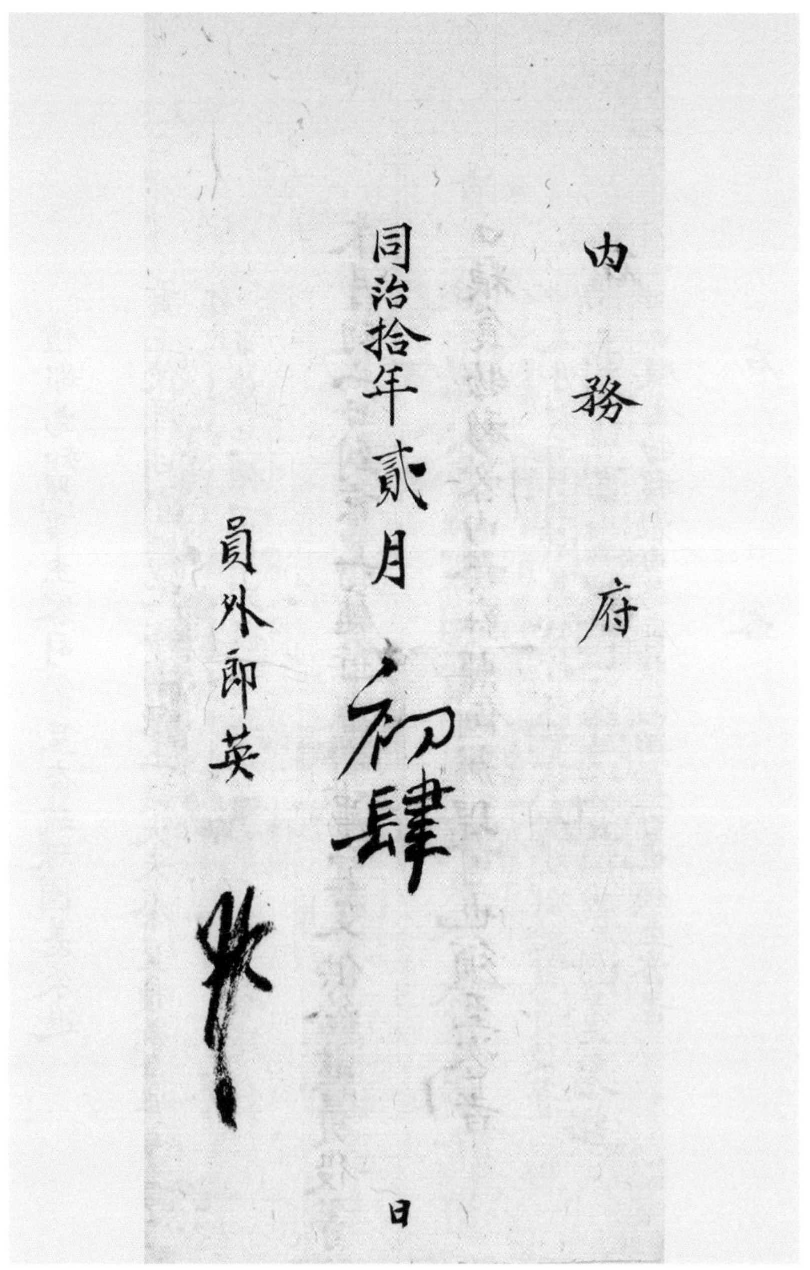
内務府
同治拾年貳月初肆日
員外郎英

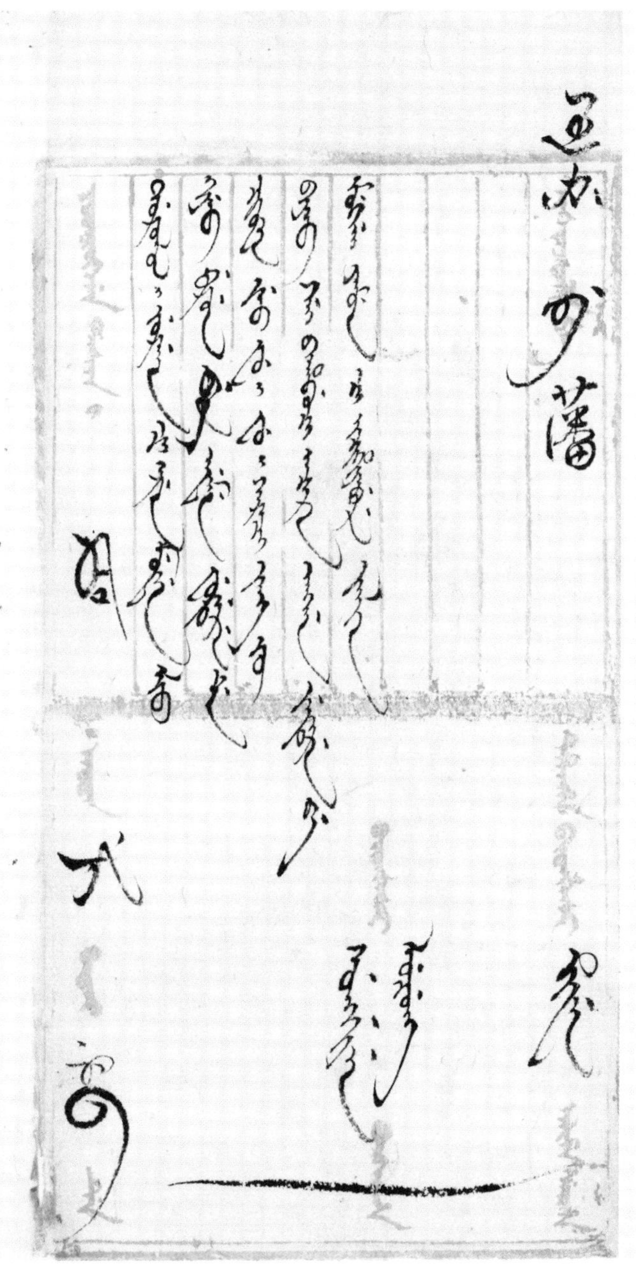

六七、爲琉球國使臣到京照成案擬賞單呈覽事

同治十年二月初五日（1871. 3. 25）

内容提要

查琉球國例貢使臣到京恭與紫光閣筵宴例有加賞物件，即到京在筵宴之後，亦仍照例頒賞。此次琉球使臣到京雖在筵宴之後，臣等謹查照同治八年成案擬寫賞單并開列該使臣銜名呈覽，候旨頒發。

檔案來源：軍機處上諭檔
已編入《清代中琉關係檔案五編》第七二五頁

查琉球國例

貢使臣到京恭與

紫光閣筵宴例有

加賞物件即到京在筵宴之後亦仍照例

頒賞此次琉球國使臣到京雖在筵宴之後臣等謹

查照同治八年成案擬寫

賞單並開列該使臣銜名呈

覽候

旨頒發謹

奏

次日

發下賞件錦改用圖金雕漆器四件改用紅漆盒洋漆盒各二件大卷八絲緞改用

彭緞小卷五絲緞改用羽綢餘俱照單

六八、擬加賞琉球國王物件清單

同治十年二月初五日（1871.3.25）

内容提要

擬加賞琉球國王物件清單。

檔案來源：軍機處上諭檔

已編入《清代中琉關係檔案五編》第七二七頁

擬

加賞琉球國王物件

蟒緞二疋

福字方一百幅

大小絹箋四卷

筆四匣

墨四匣

硯二方

雕漆器四件

玻璃器四件

六九、擬加賞琉球國使臣物件清單

同治十年二月初五日（1871. 3. 25）

内容提要

擬加賞琉球國使臣物件清單。

檔案來源：軍機處上諭檔

已編入《清代中琉關係檔案五編》第七二八頁

擬

加賞琉球國使臣物件

正使一員

錦三疋上屆抵用圖金

漳絨三疋

大卷八絲緞四疋上屆抵用毛絹

小卷五絲緞四疋上屆抵用羽綢

大荷包一對

小荷包四箇

副使一員

錦二疋上屆抵用圖金

漳絨二疋

大卷八絲緞三疋上居抵用此絹

小卷五絲緞三疋上居抵用羽綢

大荷包一對

小荷包四箇

七〇、琉球國貢使名單

同治十年二月初五日（1871. 3. 25）

内容提要

琉球國貢使名單。

檔案來源：軍機處上諭檔

已編入《清代中琉關係檔案五編》第七三〇頁

琉球國正貢使耳目官楊光裕
副貢使正議大夫蔡呈楨

七一、内務府堂主事文璧等爲暫領辦買琉球國貢使人等飯食銀兩事呈稿

同治十年二月初八日（1871. 3. 28）

内容提要

内務府堂主事文璧等呈報，職等備辦琉球國進貢來使人等飯食，每日應買所需猪鴨鷄魚菜蔬等項，請照案批領實銀四千兩，理合呈明。伏候堂臺批准，請交廣儲司銀庫發給。

檔案來源：内務府呈稿

已編入《清代中琉關係檔案六編》第九七九頁

號同治十年二月　日
呈
琉暫

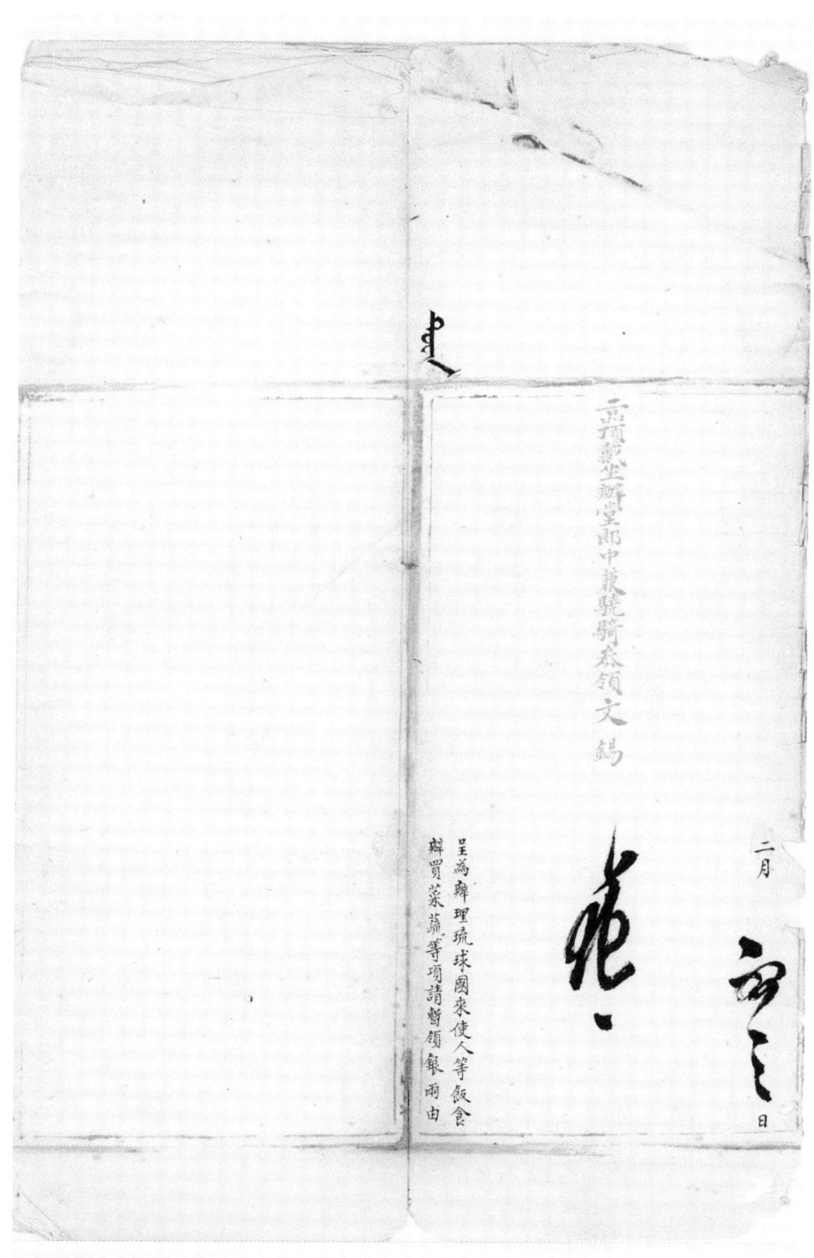

二月初三日

覽

兩翼總坐辦堂郎中兼驍騎叅領文錫

呈為辦理琉球國來使人等飯食辦買菜蔬等項請暫領銀兩由

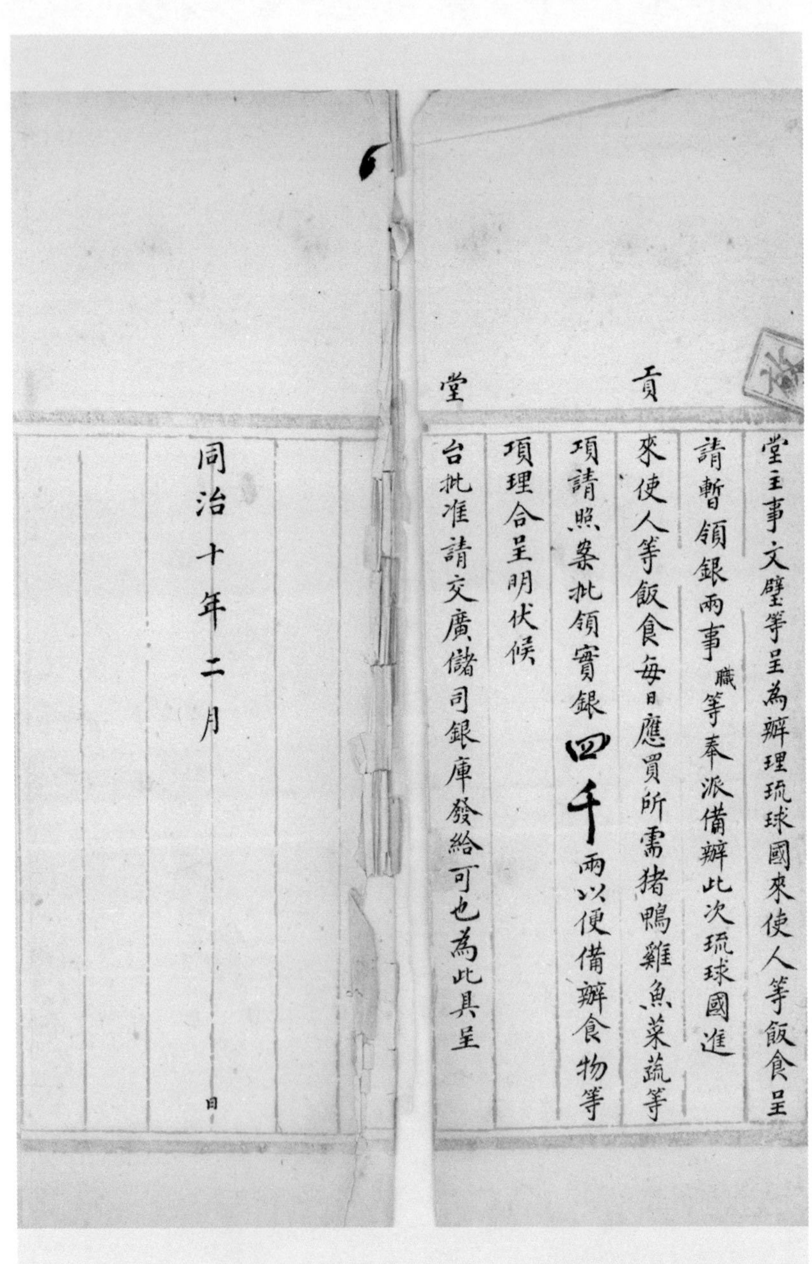

貢

堂

堂主事文璧等呈爲辦理琉球國來使人等飯食呈請暫領銀兩事職等奉派備辦此次琉球國進貢來使人等飯食每日應買所需猪鴨雞魚菜蔬等項請照案批領實銀四千兩以便備辦食物等項理合呈明伏候

堂台批准請交廣儲司銀庫發給可也爲此具呈

同治十年二月　日

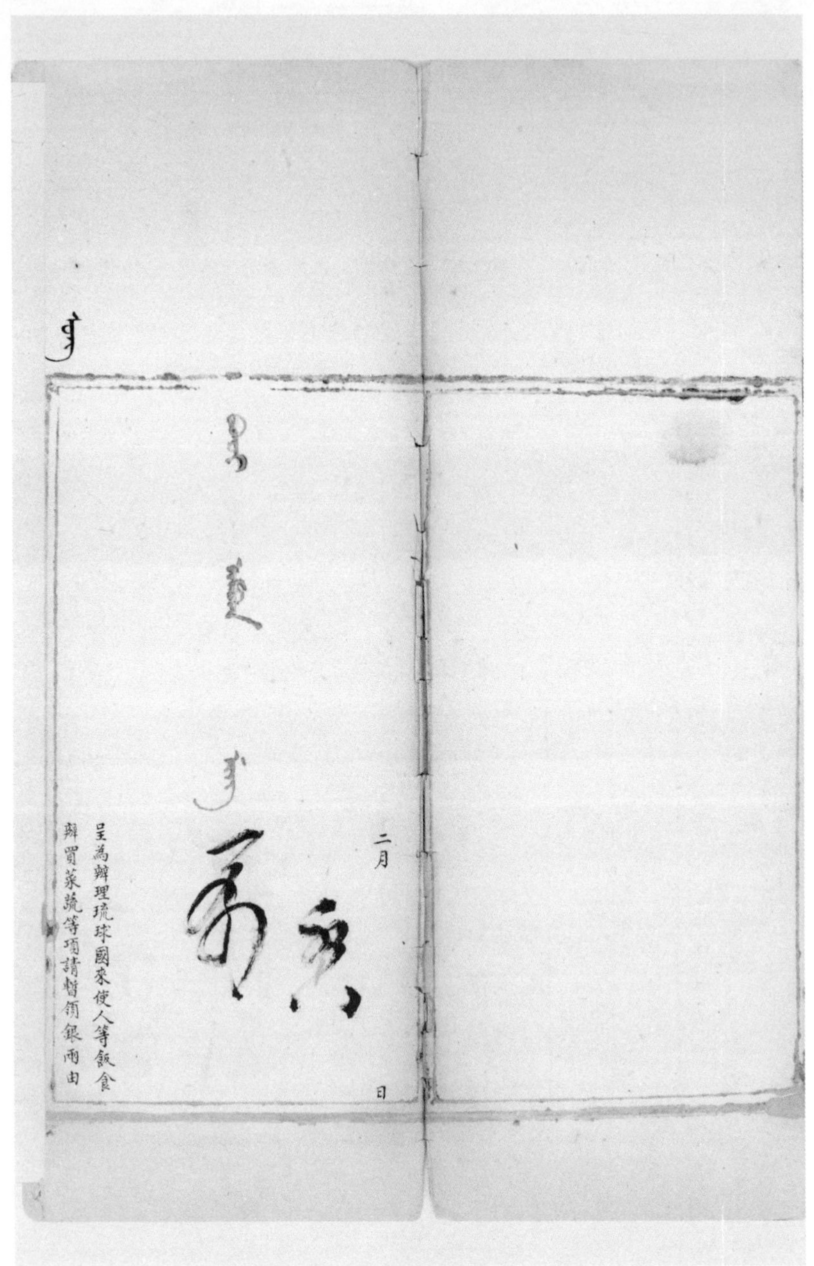
二月
日
呈為辦理琉球國來使人等飯食
辦買菜蔬等項請暫領銀兩由

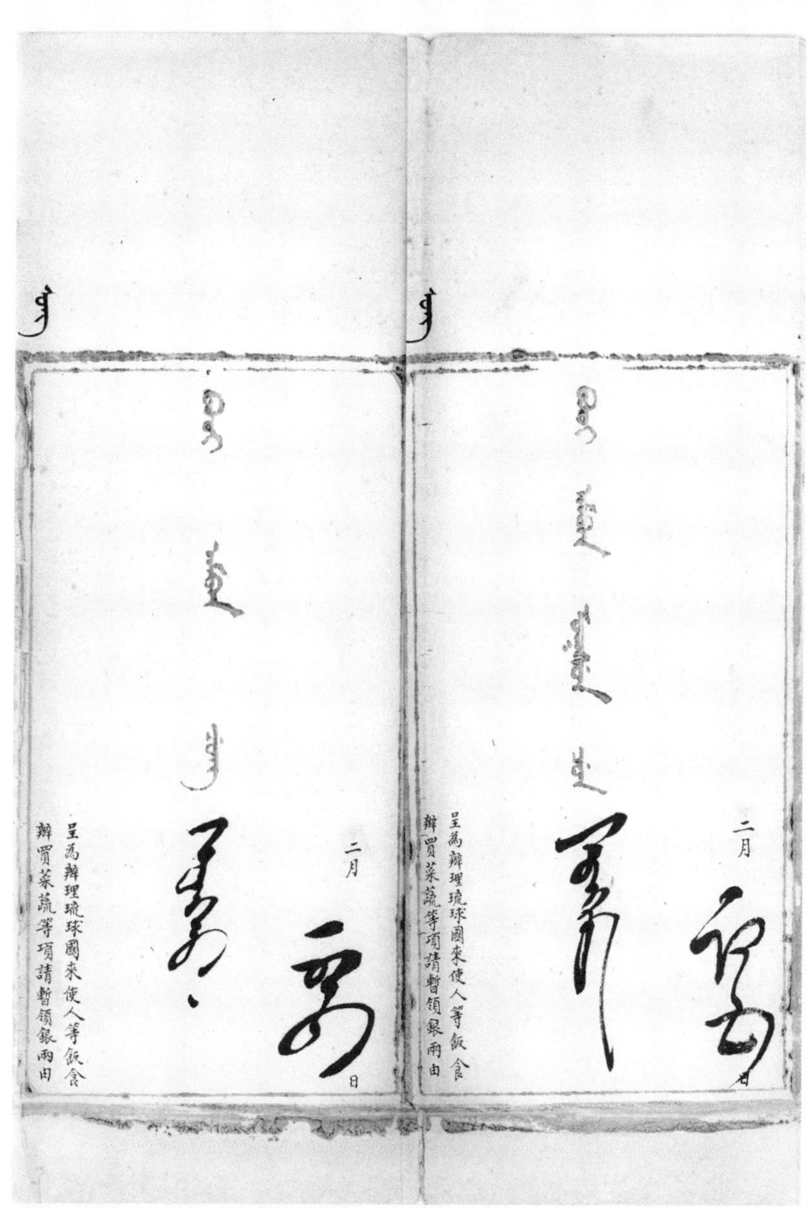

呈為辦理琉球國來使人等飯食
辦買菜蔬等項請暫領銀兩由

二月　日

呈為辦理琉球國來使人等飯食
辦買菜蔬等項請暫領銀兩由

二月　日

二月　日

呈為辦理琉球國來使人等飯食辦買菜蔬等項請暫領銀兩由

二月　日

呈為辦理琉球國來使人等飯食辦買菜蔬等項請暫領銀兩由

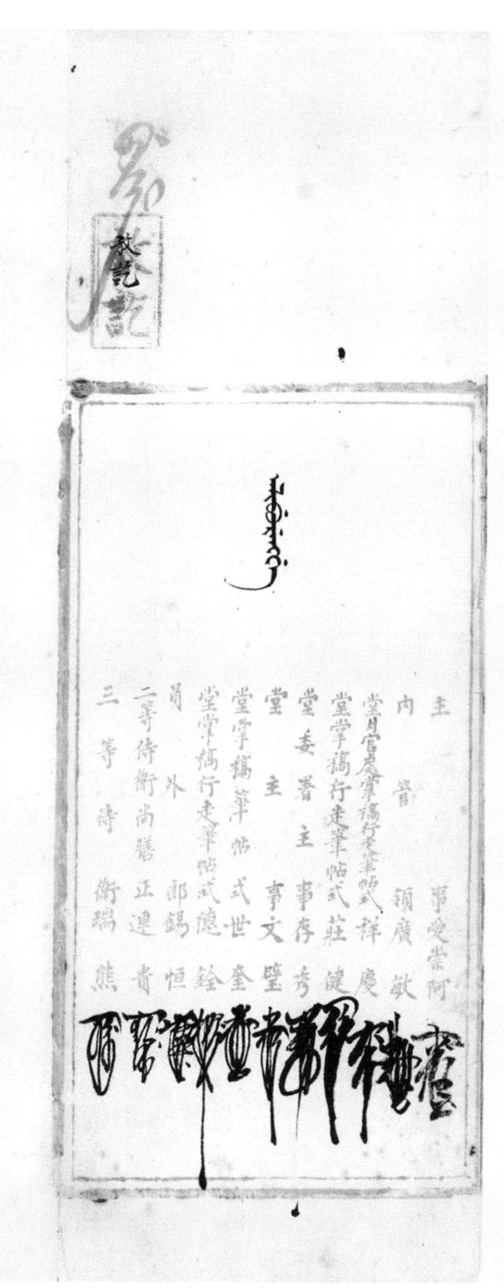

七二、總管内務府爲琉球國貢使楊光裕等到京請援案賞給棉夾等事奏片

同治十年二月十四日（1871. 4. 3）

内容提要

總管内務府謹奏，此次琉球國進貢使臣楊光裕等於二月初二日到京，所有應行賞給飯食等項已照例備辦，查例應每人賞給皮袍棉襖靴帽等物，現值天氣融和，擬請援照同治六年五月成案，賞給棉夾衣服等項。爲此謹奏。

檔案來源：内務府奏案
已編入《清代中琉關係檔案六編》第三七二頁

八号

同治十年二月十四日

奉書

奏為賞給琉球国來使衣服事

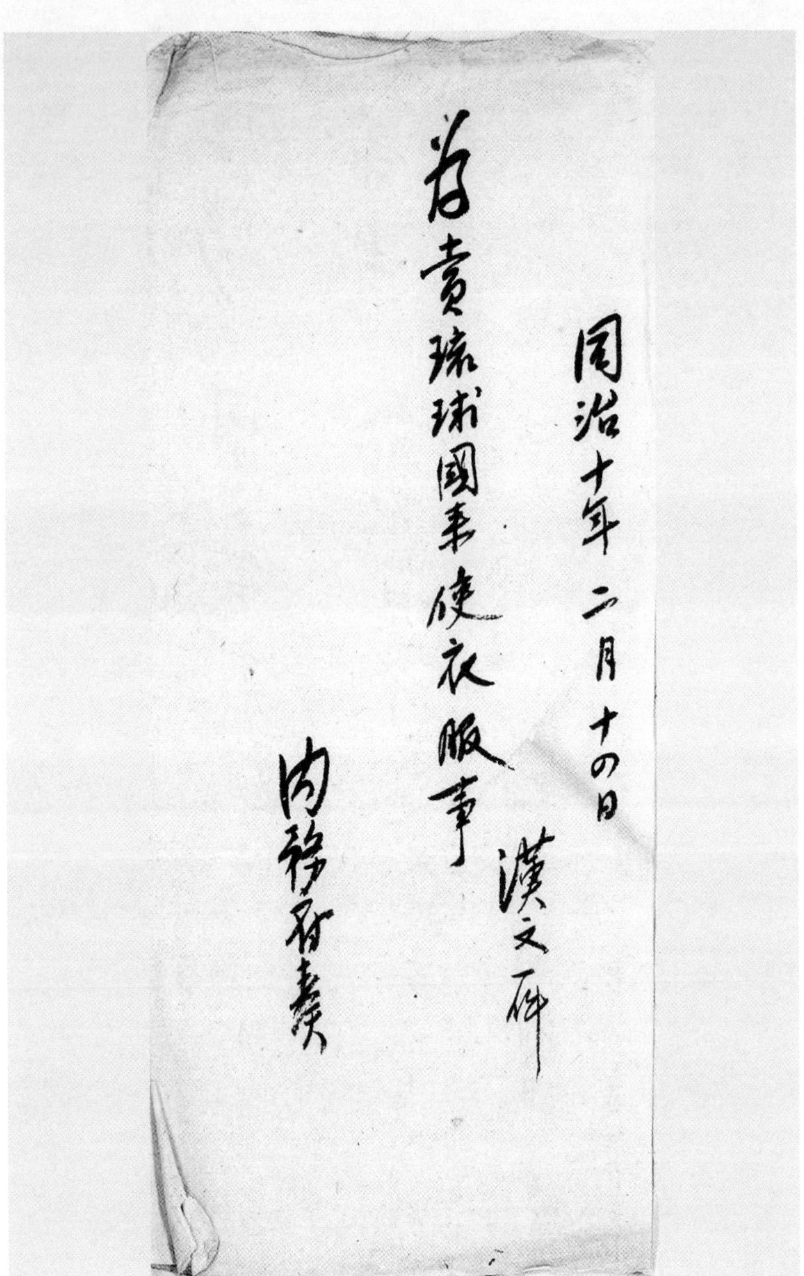
同治十年二月十四日

漢文件

為賞琉球國來使衣服事

內務府奏

總管內務府謹

奏為奏

聞事此次琉球國恭進例

貢使臣楊光裕等共二十員名於二月初二日到

京安置館舍居住所有應行

賞給飯食等項已由臣衙門照例備辦查向來該

國貢使等到京例應奏請每人

賞給皮袍棉褀靴帽等物各一分溯查同治六年

五月間琉球國使臣到京因天氣已暖曾經臣
衙門奏明每人
賞給棉袷衣服等項各在案今該使臣於二月初
二日抵京現值天氣融和擬請援照同治六年
五月間成案
賞給棉袷衣服等項為此謹
奏

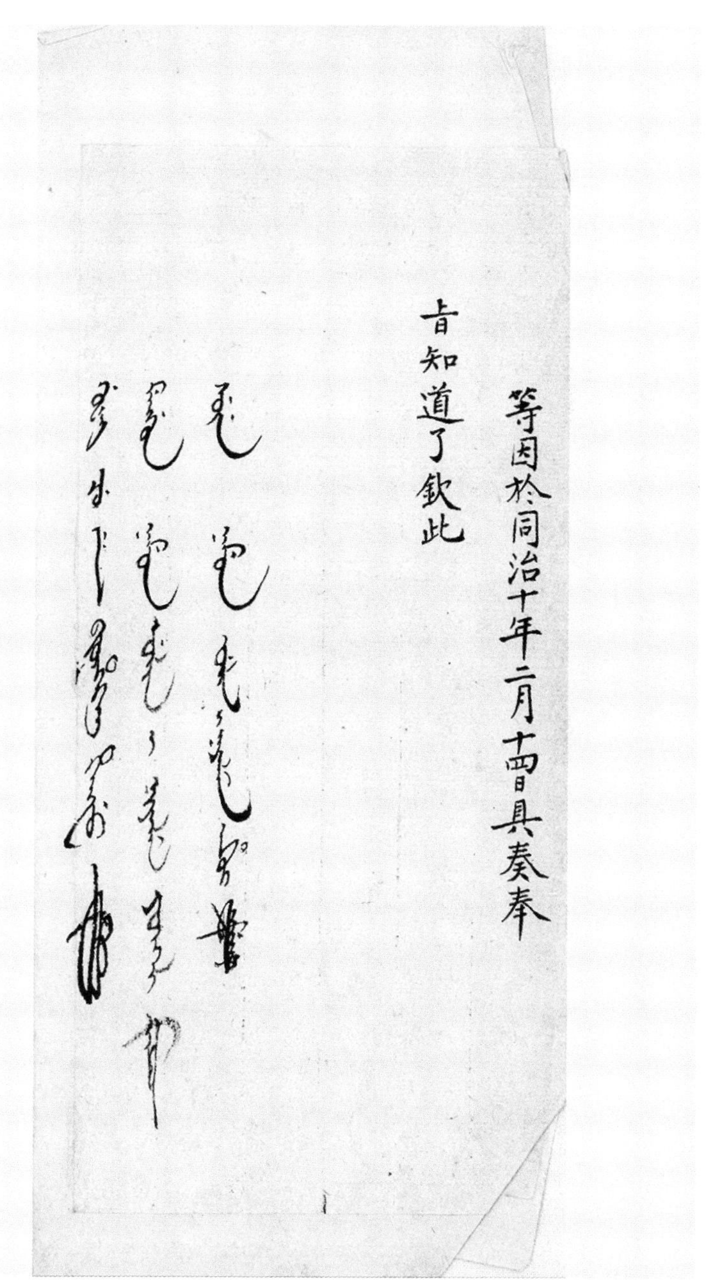
等因於同治十年二月十四日具奏奉
旨知道了欽此

七三、禮部爲琉球貢使賚送方物到京事致内務府咨文　原奏一　片一　貢單一

同治十年二月十六日（1871.4.5）

内容提要

禮部致内務府咨文：琉球國恭進同治九年例貢一半方物一摺，又附片奏該國前進同治元年貢物留存福建藩庫，現一并附帶到京，均應請賞收。等因。於同治十年二月十四日奏，本日奉旨：着賞收。欽此。相應抄録知照内務府。

原奏：禮部謹奏，查琉球國王遣使恭進同治九年例貢，經上年十一月福建巡撫奏准，二號貢船在洋遭風，收入厦門港修補完竣後送省，所載貢物留省及歸入下届并進。現頭號貢船所載一半貢物除硫磺一項照例存儲該省外，已賚送到京，理合恭摺具奏，請旨賞收。謹繕具貢物清單恭呈御覽，伏候命下。

片：查琉球國王恭進同治元年例貢，前因道路梗阻暫存福建藩庫，現由同治九年該國進貢使臣附帶到京，理合附奏請旨賞收，恭候命下。

貢單：琉球國王恭進同治九年例貢頭號貢船所載一半貢物數目。

檔案來源：内務府來文

已編入《清代中琉關係檔案三編》第七五八頁

内務府

咨

禮部為知照事主客司案呈本部具奏琉球
國恭進同治九年例
貢平方物一摺又附片奏琉球國前進同治元
年貢物因道途梗阻存儲福建藩庫今
貢使附帶元年貢物紅銅壹千斤白鋼錫壹
千斤到京均應請
賞收等因於同治十年二月十四日奏本日奉
旨着賞收欽此相應抄錄原奏附片貢單知

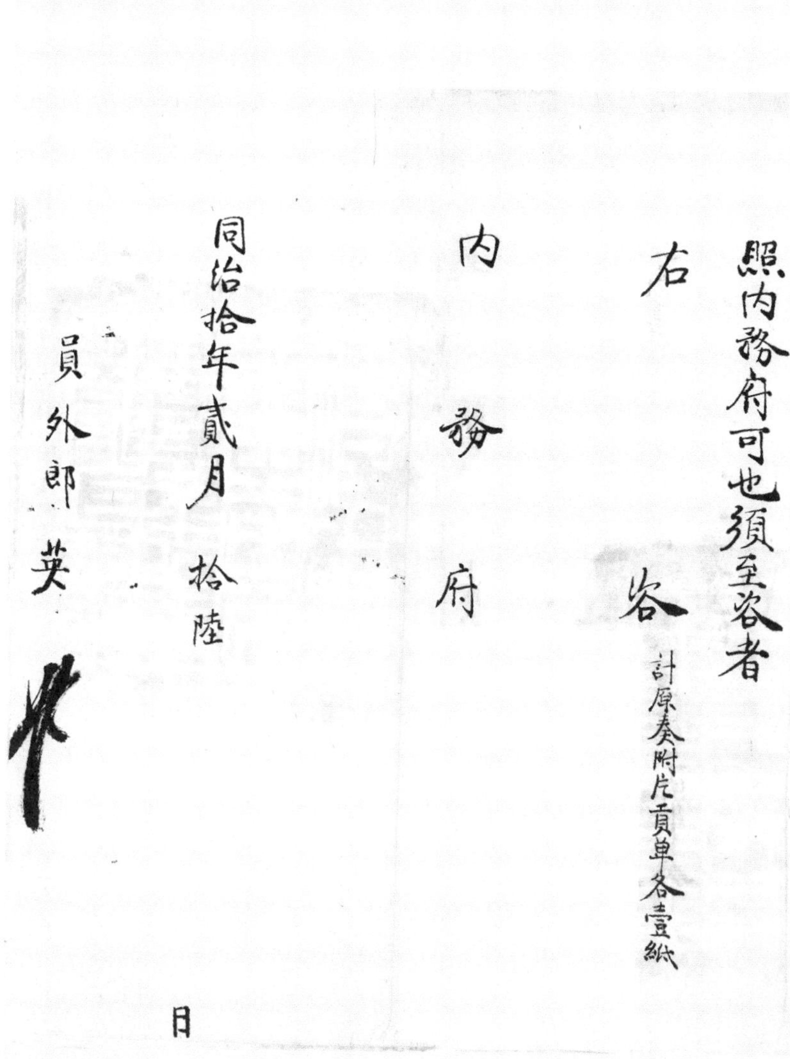

照內務府可也須至咨者

右　咨

計原奏附片貢單各壹紙

內　務　府

同治拾年貳月　拾陸　日

員外郎英

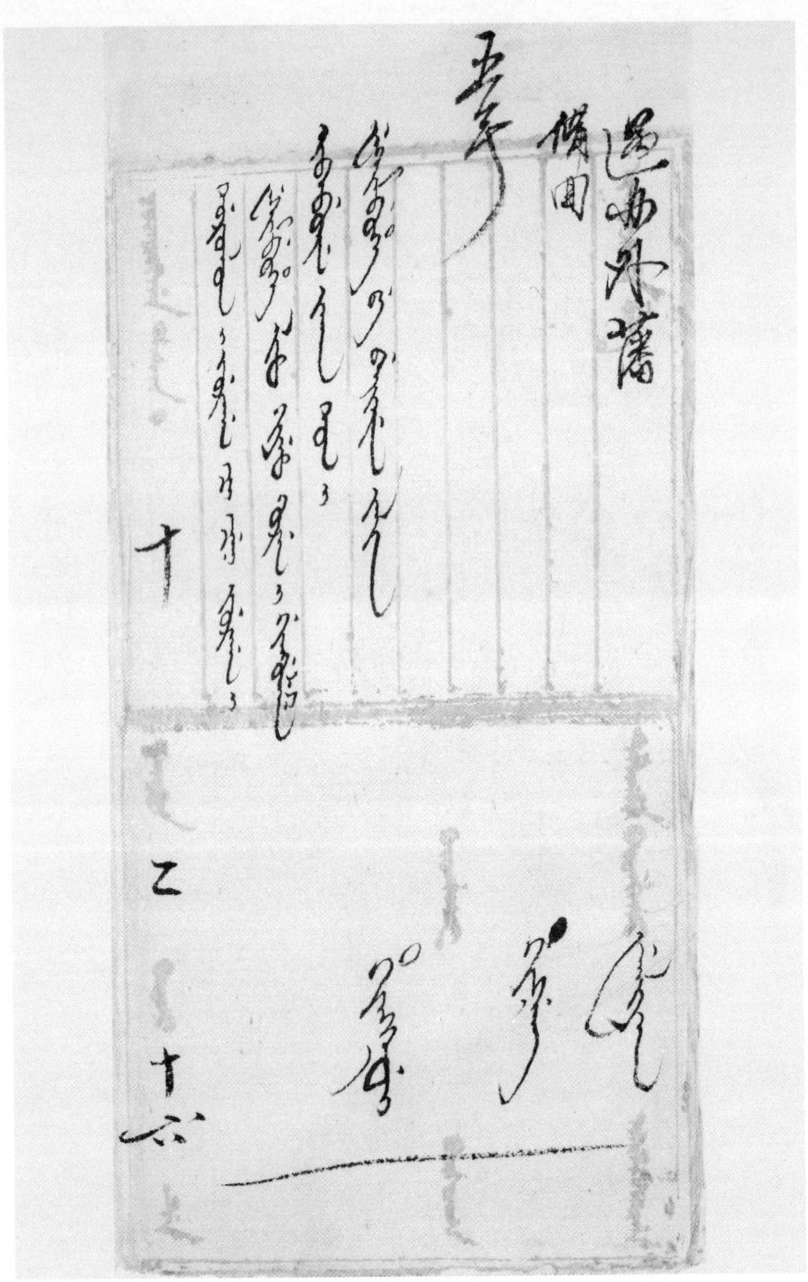

禮部謹
奏為請
旨事竊照琉球國王尚泰遣使恭進例
貢使臣等於同治十年二月初二日到京前經臣部奏
聞在案查該國例貢方物硫磺壹萬貳千陸百斤紅銅叁千斤白銅錫
壹千斤分裝頭二號貢船恭進上年十月經福建巡撫奏准二號
貢船在洋遭風收入厦門港蓬索損具不全應俟修補完竣
護送進省其船內所載一半貢物俟到省後除將硫磺一項照例

留閩外其餘紅銅白鋼錫暫存司庫歸入下屆並進等語所有該
國頭號貢船所載一半貢物除硫磺一項照例存儲該有備用外其
紅銅白鋼錫二項現據該國陪臣正使耳目官楊光裕副使正議大夫
蔡呈楨等賫送到京理合恭摺具
奏請
旨賞收謹繕貢物清单恭呈
御覽伏候
命下臣部移咨內務府查收為此謹

奏請
旨

再查同治元年琉球國王恭進例
貢前經福建巡撫以使臣到閩逾期道路梗阻將方物暫存藩庫俟下
屆貢使到閩彙同恭進等因奏明在案今據該國恭進同治九年例貢使臣將元年進貢白鋼錫壹
千斤紅銅壹千斤附帶到京理合附奏請
旨賞收恭候
命下移咨内務府查收謹附片具
奏

謹將琉球國王恭進同治九年例貢其頭號貢船所載一半貢物開
单恭呈
御覽
煎熟硫磺陸千叁百斤　例存福建藩庫
紅銅壹千伍百斤
煉熟白鋼錫伍百斤

七四、内務府堂主事文璧等爲支領成做賞琉球國貢使人等衣物用綢布銀兩事呈稿　清單一

同治十年二月二十一日（1871. 4. 10）

内容提要

内務府堂主事文璧等呈報，此次琉球國進貢來使人等共二十員到京，援案奏准賞給衣服鞋帽等物，需用綢布請向廣儲司緞庫領用，買辦靴帽絛帶等物并成做工價需用實銀請向廣儲司銀庫領取。伏候堂臺批准，請交各該庫如數發給，照例核銷。

清單：辦理琉球國貢使人等衣服靴帽需用綢布銀兩數目。

檔案來源：内務府呈稿

已編入《清代中琉關係檔案六編》第九八〇頁

琉衣帽
朱同治十年二月　日
呈

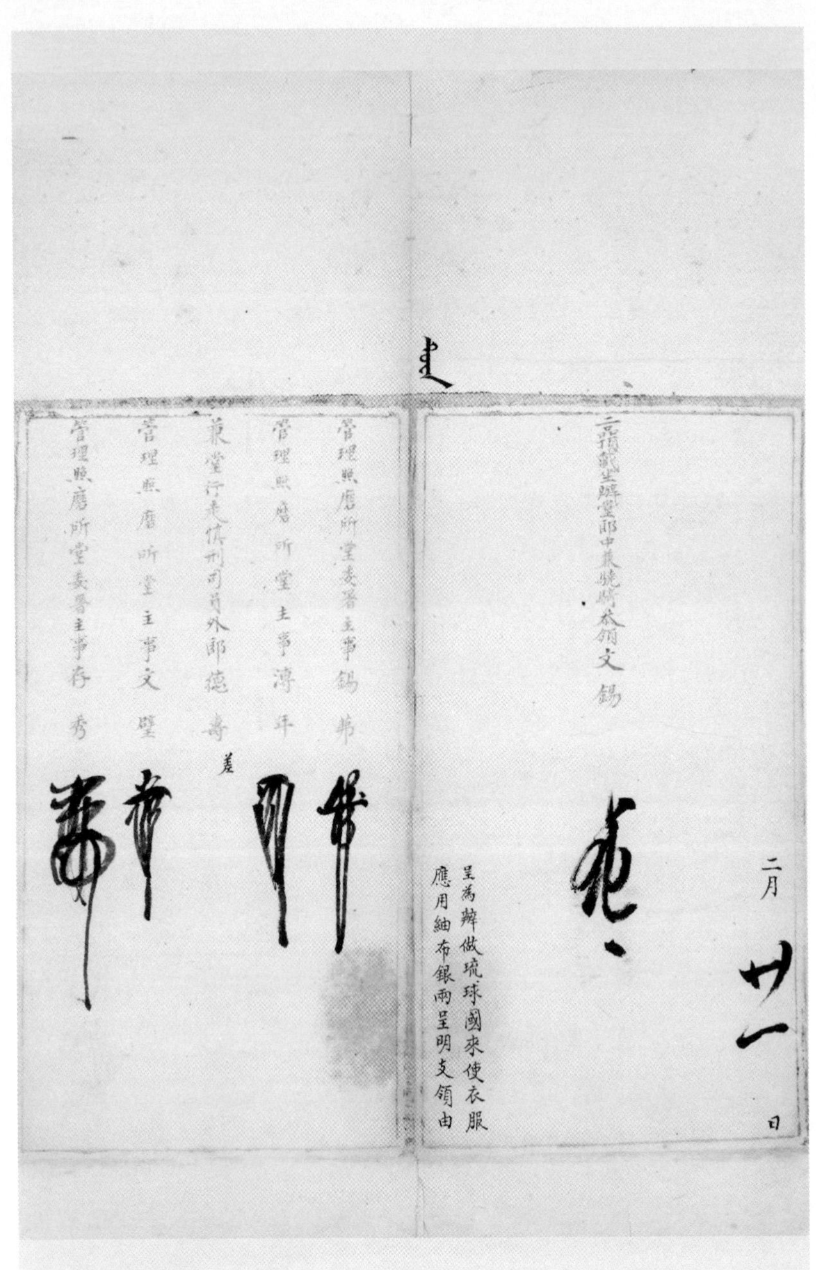

二月廿一日

三品頂戴坐辦堂郎中兼驍騎校領文錫

呈爲辦做琉球國來使衣服
應用紬布銀兩呈明支領由

管理照磨所堂委署主事錫弟

管理照磨所堂主事溥年

兼堂行走慎刑司員外郎德壽　差

管理照磨所堂主事文璧

管理照磨所堂委署主事存秀

駐廣州領班筆帖式舒海

駐廣州領班筆帖式祥旺

駐廣州領班筆帖式德寬

駐廣州領班筆帖式麟春

副領班筆帖式安順

副領班筆帖式福瀛

副領班筆帖式祥英

副領班筆帖式明海

承辦筆帖式奎昌

派出辦理琉球國來使人等飯食堂主事文璧等
呈為呈明支領紬布銀兩事竊照此次琉球國進
貢來使等到京經本府援案奏准每人
賞給棉袷衣服靴帽等物各一分職等應照數成做
賞給查該來使人等共二十員名應做給棉袷衣服等物
計二十分需用紬布請向廣儲司緞庫領用其辦買靴
帽絲帶等物並成做工價共需用實銀貳百捌拾陸兩陸
錢請向廣儲司銀庫領取其文領知會借用廣儲司印
信咨行謹將成做衣服應用紬布及辦買靴帽等物應
用銀兩數目分繕清單附稿呈明伏候
堂台批准請交各該庫如數發給照例覈銷可也為此具呈

同治十年二月　　日

辦理琉球國貢使人等衣服靴帽需用紬布銀兩數目

正貢使一員副貢使一員都通事一員通事一員副通事一員共五員 每員

江紬面紡絲裡棉袍各一件 計用 江紬五疋 紡絲五疋

縐紬面紡絲裡袷襖各一件 計用 縐紬五疋 紡絲五疋

紬面布裡袷褲各一件 計用 縐紬二疋半 布二疋半

紬面布裡袷套褲各一雙 計用 縐紬二疋 布二疋

紬面布裡袷領衣各一件 計用 縐紬一疋 布一疋

布包袱各一塊 計用布五疋

從人十五名 每名

宮紬面布裡棉袍各一件 計用 宮紬十五疋 布十五疋

紬面布裡袷襖各一件 計用 縐紬十五疋 布十五疋

布裡面袷褲各一件 計用布十五疋

布裡面袷套褲各一雙　計用布七尺半
布裡面袷領衣十五件　計用布二尺
布包袱各一塊　計用布十五尺
以上用大卷江紬五尺大卷宫紬十五尺綿紬二十五尺
半紡絲十尺高麗布八十尺
辦買領帽靴襪等項價銀數目
正貢使一員副貢使一員都通事一員通事一員副通事一員共五員　每員
月白緞領各一條　每條價銀八錢　計用銀四兩
呢帽各一頂　每頂價銀一兩八錢　計用銀九兩
杭纓各一頭　每頭價銀二兩　計用銀十兩
緞靴各一雙　每雙價銀二兩八錢　計用銀十四兩
緞襪各一雙　每雙價銀二兩二錢　計用銀十一兩

絲線帶各一條 每條價銀二兩 計用銀十兩
月白素緞挖杭二尺半 每尺價銀一兩八錢 計用銀四兩五錢
共用銀六十二兩五錢
從人十五名 每名
月白緞領各一條 每條價銀六錢 計用銀九兩
呢帽各一頂 每頂價銀一兩六錢 計用銀二十四兩
線纓各一頭 每頭價銀一兩八錢 計用銀二十七兩
布靴各一雙 每雙價銀二兩 計用銀三十兩
布襪各一雙 每雙價銀六錢 計用銀九兩
棉線帶各一條 每條價銀一兩六錢 計用銀二十四兩
月白素緞挖杭七尺半 每尺價銀一兩八錢 計用銀十三兩五錢
共用銀一百三十六兩五錢

成做棉袍二十件每件工線棉花鈕扣銀一兩八錢　計用銀三十六兩
成做袷襖二十件每件工線鈕扣銀一兩二錢　計用銀二十四兩
成做袷褲二十件每件工線銀六錢　計用銀十二兩
成做袷套褲二十件每件工線銀四錢　計用銀八兩
成做領衣二十件每件工線銀二錢　計用銀四兩
成做包袱二十件每件工線銀一錢八分　計用銀三兩六錢

共用銀八十七兩六錢

以上三款共用銀二百八十六兩六錢

七五、總管内務府爲頒賞琉球國王等緞綢將庫貯現有并抵用采辦數目繕單呈覽事奏片　清單一

同治十年二月二十三日（1871. 4. 12）

内容提要

總管内務府謹奏，現據禮部來文，此次應賞琉球國王等緞綢等項是否名目相符及有無抵用別項之處聲復過部，咨行前來，當經檢查庫款，諸多不敷，謹將庫存現有并抵用款項及采辦緞綢數目敬繕清單，恭呈御覽，伏候訓示遵行。爲此謹奏。

清單：應賞琉球國王等緞綢庫存現有并抵用款項及采辦數目。

檔案來源：内務府奏案

已編入《清代中琉關係檔案六編》第三七五頁

十二号 同治十年二月二十三日

廣儲司 奏為賞給琉球国王等紬緞採辦抵用事

總管內務府謹

奏為奏

聞事現據禮部來文此次應

賞琉球國王等緞綢等項是否名目相符有無抵

用別項之處聲覆過部洛行前來當經檢查庫

款諸多不敷事關外國

賞需臣等公同商酌謹將庫存現有並抵用款項

及採辦緞綢數目敬繕清單恭呈

御覽是否有當伏候
訓示遵行為此謹
奏請
旨等因於同治十年二月二十三日具
奏奉
旨知道了欽此

賞琉球國王等用

錦八匹採辦蟒緞抵用

織金緞八匹採辦粧緞抵用

織金紗八匹採辦圓金抵用

織金羅十四匹採辦圓金抵用

緞三十九匹採辦

紗十二匹現有

羅三十三匹採辦

絹五十八匹用庫存綿綢

裏綢四匹用庫存紡絲

布一百二十二匹現有

七六、禮部爲琉球使臣赴國子監瞻仰文廟事致内務府咨文

同治十年二月二十六日（1871. 4. 15）

内容提要

禮部致内務府咨文：琉球國使臣楊光裕等呈請瞻仰文廟一摺於同治十年二月二十一日具奏，本日奉旨：知道了。欽此。今定於三月初一日令該使臣楊光裕等前赴國子監瞻仰文廟，相應知照内務府。

檔案來源：内務府來文
已編入《清代中琉關係檔案三編》第七六〇頁

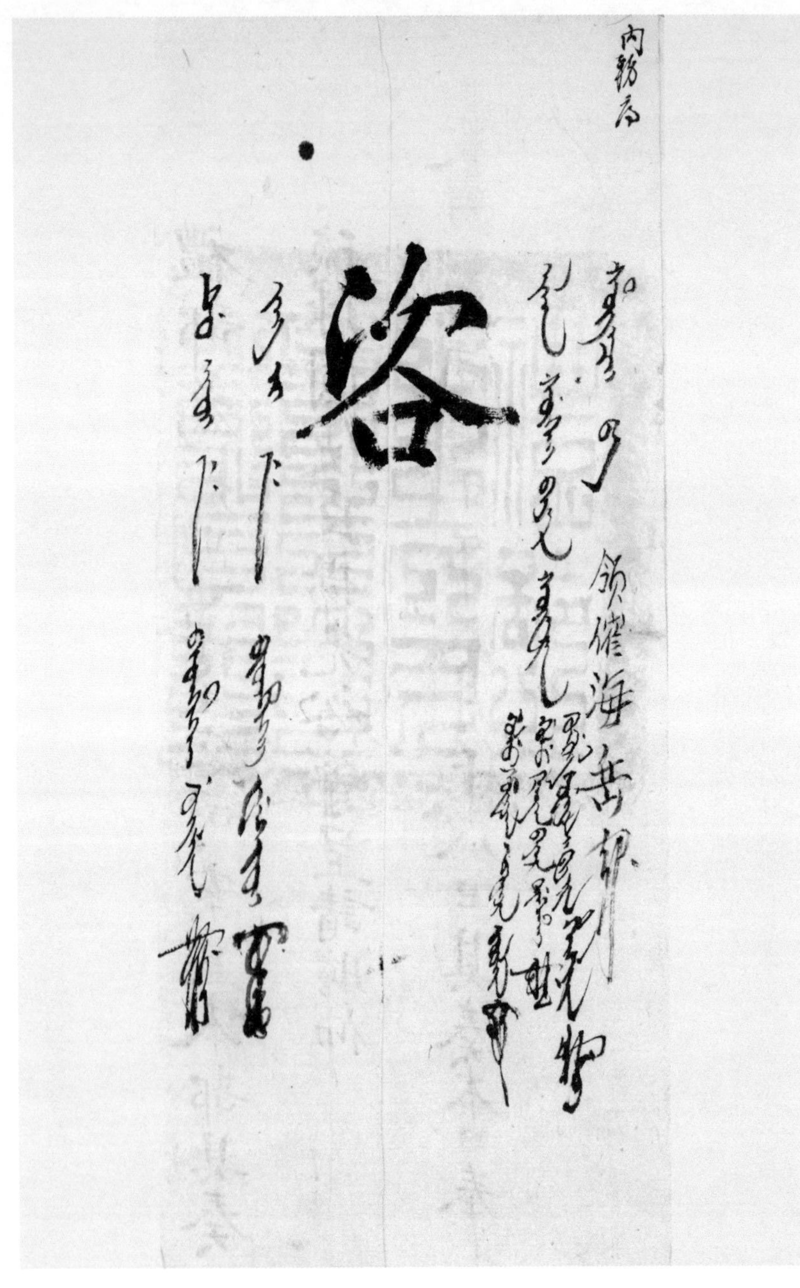

禮部為知照事主客司案呈本部具奏
琉球國使臣楊光裕等呈請瞻仰
文廟一摺同治十年二月二十一日具奏本日奉
旨知道了欽此今定於三月初壹日令該使臣楊
光裕蔡呈楨蔡呈祚等前赴國子監瞻仰
文廟相應知照內務府可也須至咨者
右　咨
內　務　府

同治拾年贰月贰拾陆　日

員外郎英

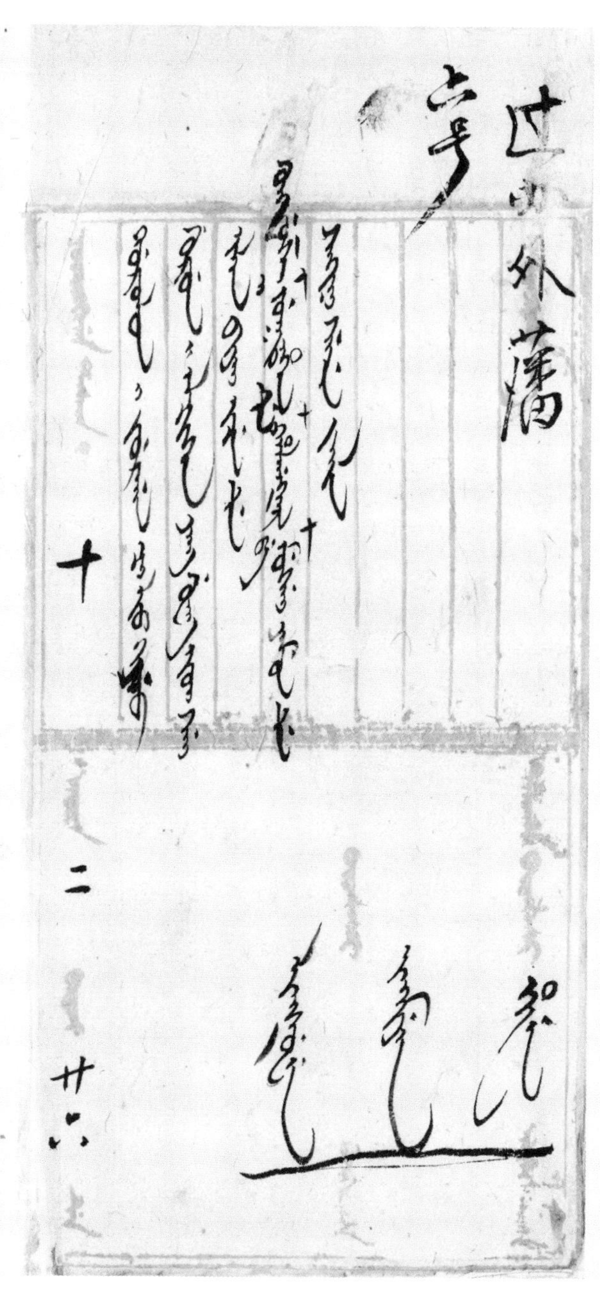

七七、禮部爲已故琉球官生跟伴回國恩賞事致内務府片

同治十年二月二十七日（1871. 4. 16）

内容提要

禮部致内務府片：國子監咨稱已故琉球官生葛兆慶之跟伴衡向輝因貢使來京，懇請附便歸國，查例開應恩賞毛青布六匹、緞一匹等件，應由内務府備辦，除俟頒賞定有日期再行知照外，相應片行内務府。

檔案來源：内務府來文

已編入《清代中琉關係檔案三編》第七六一頁

禮部為知照事准國子監咨稱已故琉球官生葛兆慶跟
伴衛向輝現因貢使來京懇請附便歸國等情應咨部
查照等因前來查例開入監官生歸國從人每名
賞毛青布陸疋並
加賞緞壹疋又官生遇有事故其從人在京者仍照例
賞給等語今已故官生葛兆慶從人懇請附便歸國所有應
給該從人
恩賞各件應由

貴府備辦除俟頒賞定有日期再行知照外相應片行
貴府查照辦理可也須至片者
右片行
内務府

[Manchu script] 庫使文榮

同治拾年貳月　　日

[Manchu script]
員外郎王

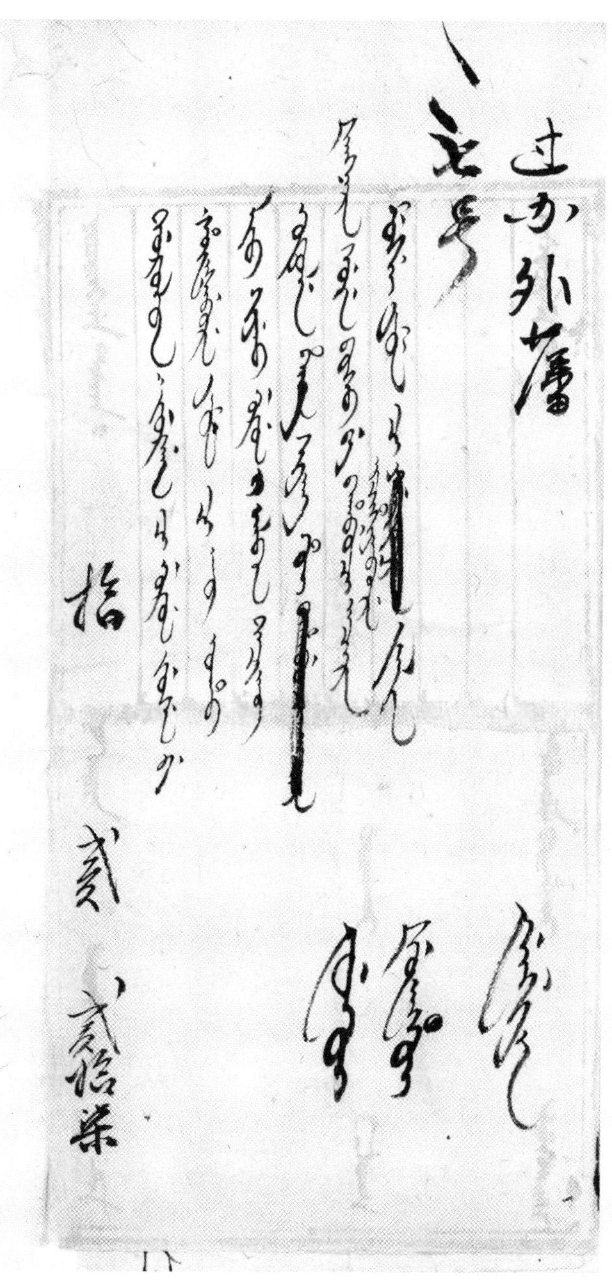

七八、總管内務府爲查收琉球國頭號貢船進到一半貢物存庫備用事奏片

同治十年三月初一日（1871. 4. 20）

内容提要

總管内務府謹奏，禮部將同治九年琉球國頭號貢船所載一半貢物，附帶同治元年貢物，一并解交内務府查收，移送前來，臣等謹將收到貢物存庫，以備各處支領。爲此謹奏。

檔案來源：内務府奏案

已編入《清代中琉關係檔案六編》第三七九頁

同治十年三月五日

廣儲司　奉為琉球國進到貢物事

總管內務府謹

奏為奏

聞事准禮部咨稱琉球國遣使恭

進同治九年例貢其頭號貢船所載一半貢物紅

銅一千五百觔煉熟白鋼錫五百觔附帶同治

元年貢物紅銅一千觔白鋼錫一千觔解交內

務府查收等因移送前來臣等謹將收到貢物

存庫以備各處支領應用為此謹

奏

等因於同治十年三月初一日具

奏奉

旨知道了欽此

中國第一歷史檔案館 編

中琉歷史關係檔案

同治朝（六）

國家圖書館出版社

中琉歷史關係檔案

總 主 編：孫森林
副總主編：李國榮

中琉歷史關係檔案

同治朝（六）

主　編：伍媛媛
編　輯：王　徵　郭　琪　朱瓊臻　郭子梦

目録

一、琉球國中山王尚泰爲遣使進貢事表文

同治十三年八月初四日（1874.9.14）

内容提要

琉球國中山王尚泰奉表上言，謹遣陪臣毛精長等虔賫土物，薄展芹私，伏願立中生正，執冲含和，泰運長亨，聿著至誠之化，乾行不息，宏敷徧覆之恩，則水鰈山鶼共效梯航之順，金甌玉燭常徵帶礪之休。臣無任瞻天仰聖，激切屏營之至，謹奉表進貢以聞。

檔案來源：内閣外交專案

已編入《清代琉球國王表奏文書選録》第九〇二頁

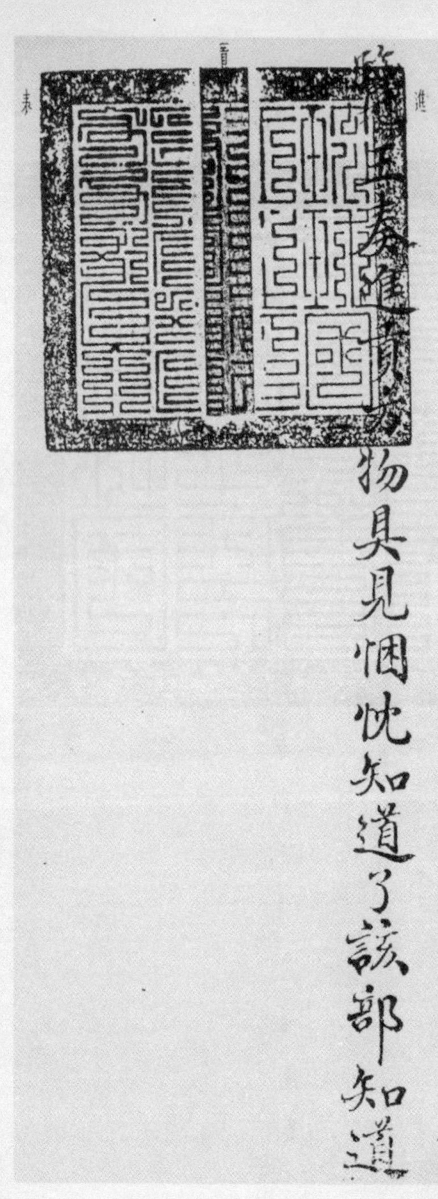
覽王奏進貢方物具見悃忱知道了該部知道

琉球國中山王臣尚泰誠惶誠恐稽首頓首謹奏

表上言伏以

宸衷淵默萬邦共仰夫冠裳

聖德高深六宇咸沾夫雨露

恩沛遐方之域來享來王

咸翫重譯之鄉同文同軌歡騰中外慶溢寰區欽惟

皇帝陛下

文武聿賚

聖神廣運

舜琴解慍芸生惠被栟櫚

禹磬調鐘海澨無虞波浪臣泰蟻封下國蚊島微藩深叨

寵既之恩敢缺輸將之典特遣陪臣毛精長蔡呈祚等虔齎土

物薄展芹私伏願

立中生正

執沖含和

泰運長亨聿著至誠之化

乾行不息宏數徧覆之恩則水陸山鞠共效梯航之順金甌

玉燭常徵帶礪之休矣臣泰無任瞻

天仰

聖激切屏營之至謹奉

表進

貢以

聞

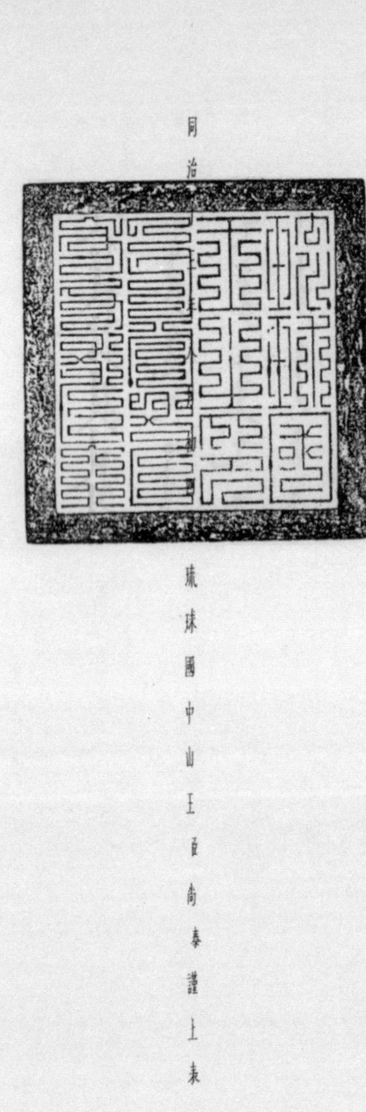
同治
琉球國中山王臣尚泰謹上表

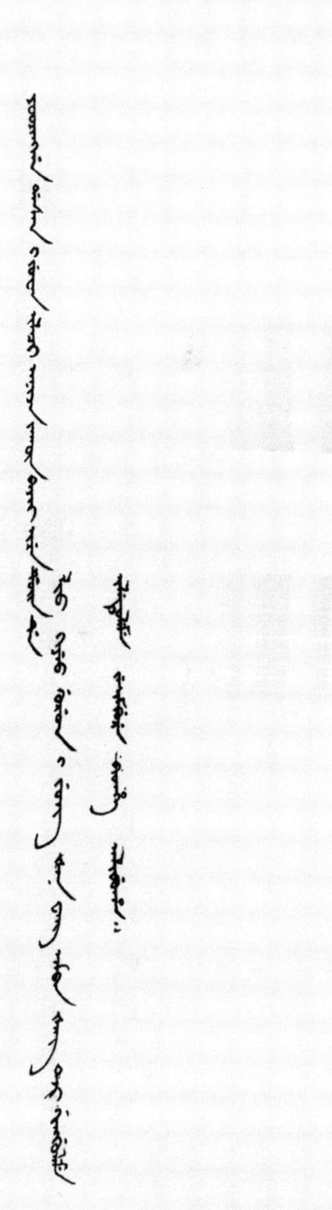

[illegible]

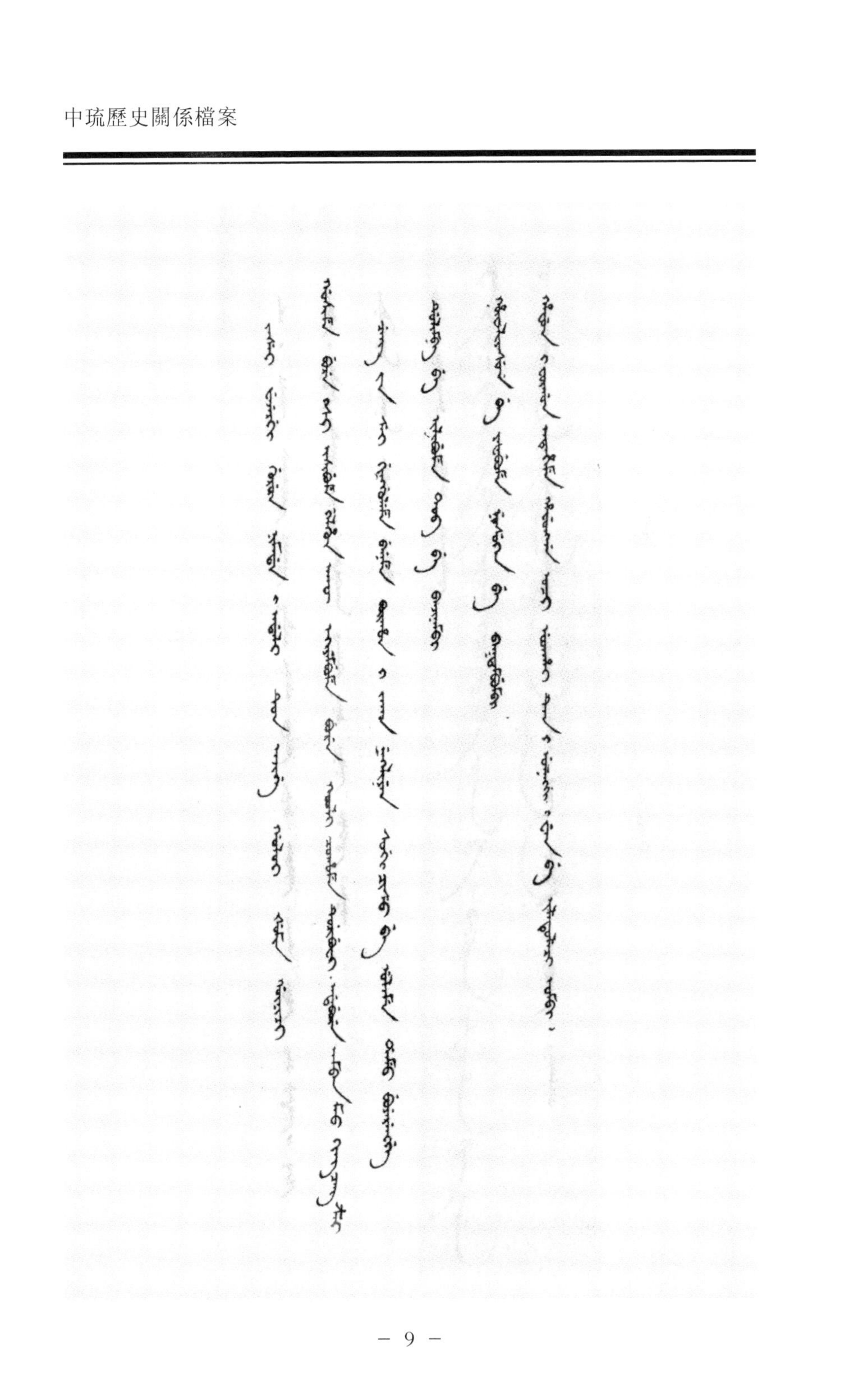

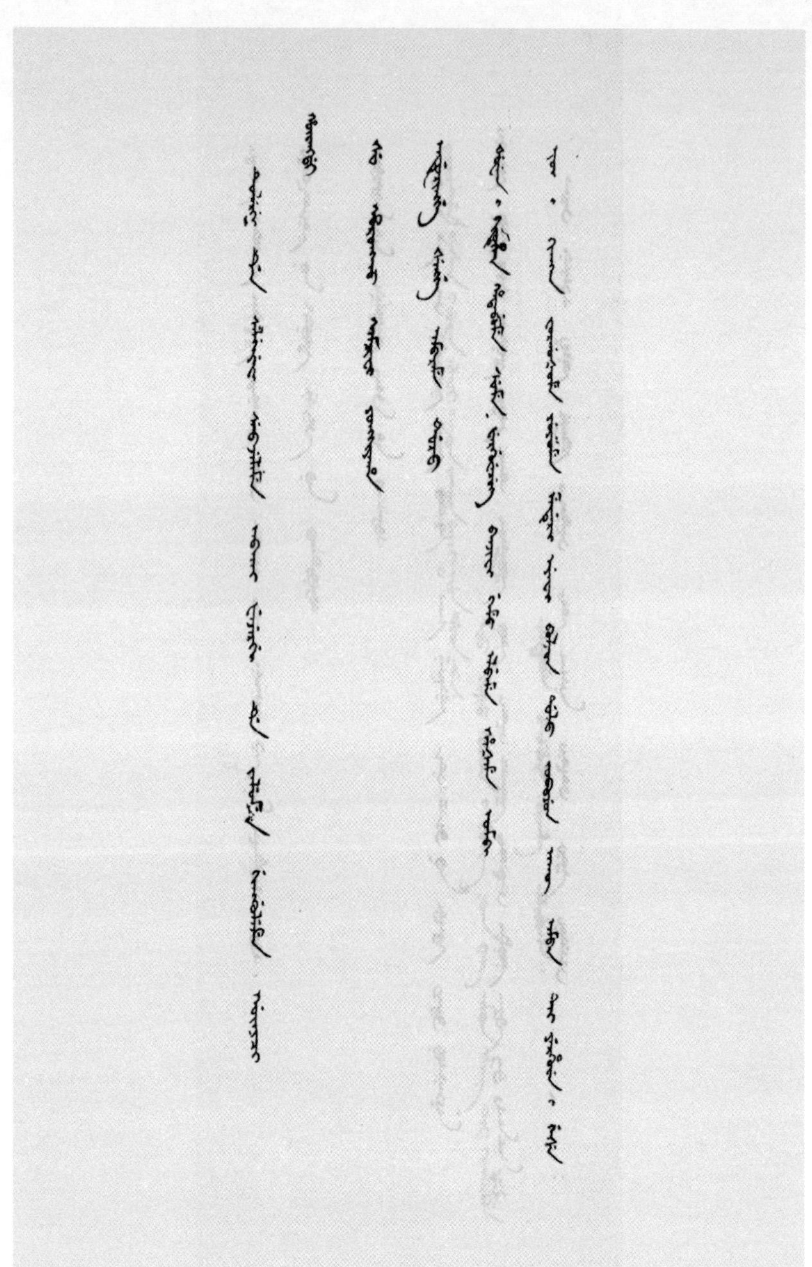

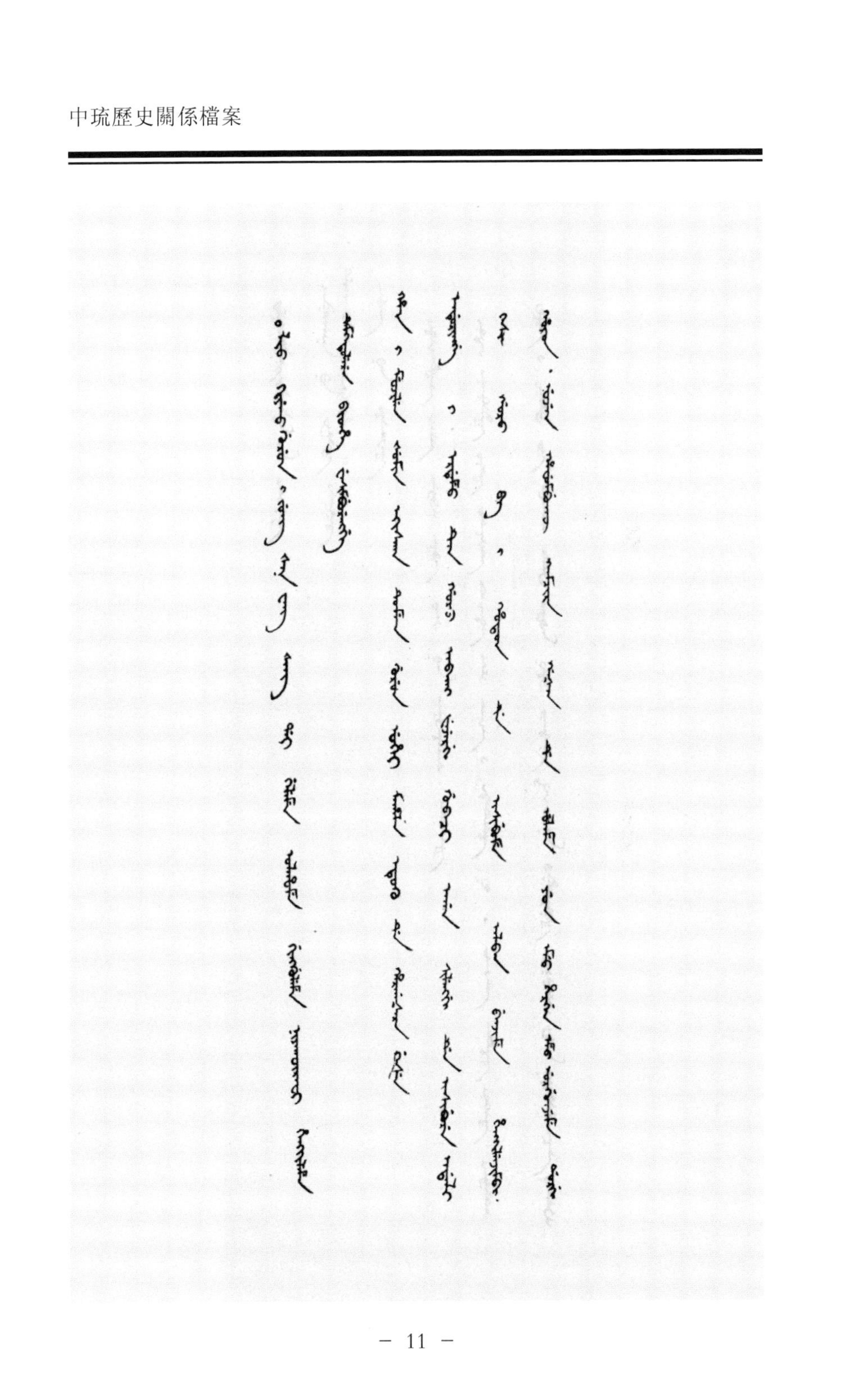

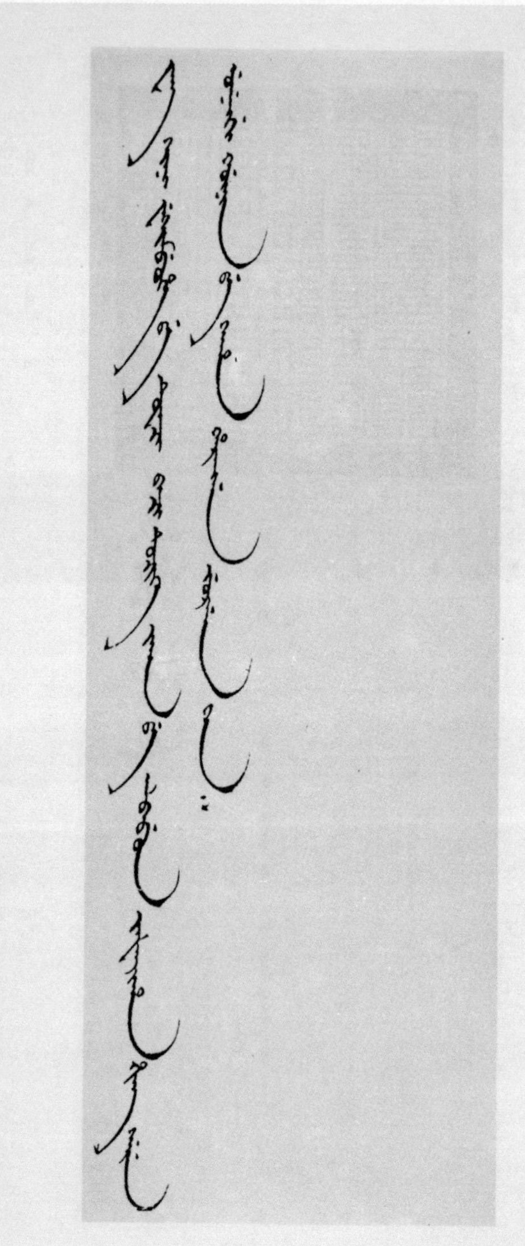

二、琉球國中山王尚泰爲謝恩事表文

同治十三年八月初四日（1874.9.14）

内容提要

琉球國中山王尚泰奉表上言，茲值貢期，虔修表疏，謹遣陪臣毛精長等躬趨殿陛叩謝聖恩，伏願堯蓂揚仁，舜絃解愠，綸綍宣九重之命衣被群生，金玉懋一德之修甄陶庶彙，將見山河永固，卜國祚之緜長，麟鳳迭呈，迓天休之滋至。臣無任瞻天仰聖，激切屏營之至，謹奉表稱謝以聞。

檔案來源：内閣外交專案

已編入《清代琉球國王表奏文書選録》第九一〇頁

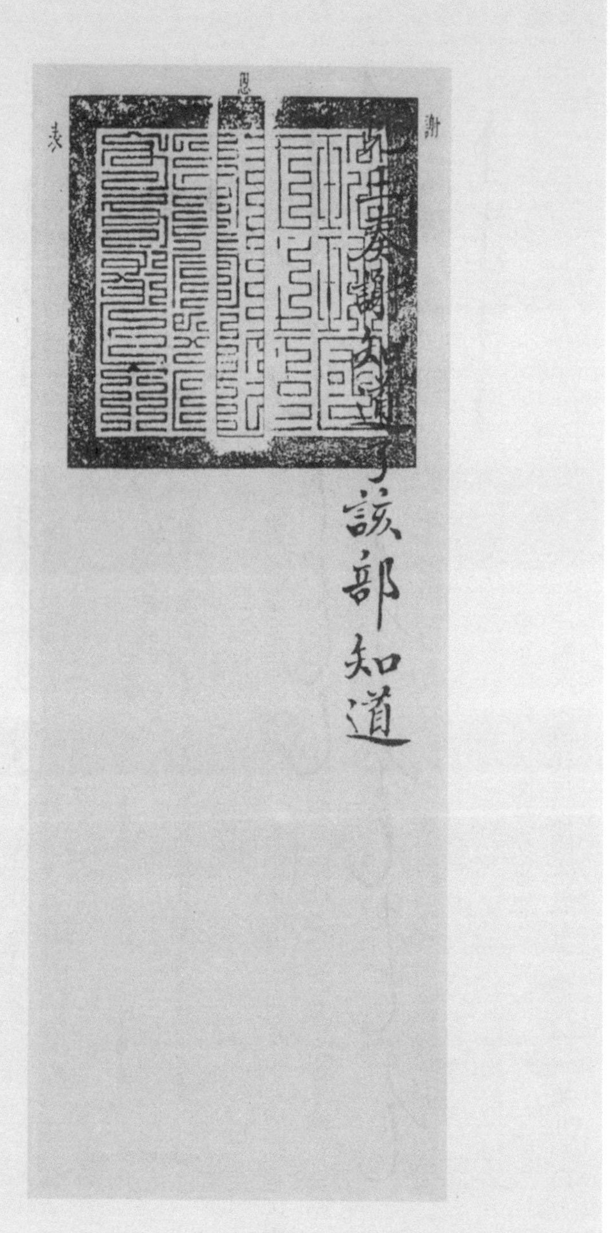
謝
恩
表
該部知道

琉球國中山王臣尚泰誠惶誠恐稽首頓首謹奏

表上言伏以

露晃升華竊島沛恩膏之潤

雲壇輯瑞荒陬徧愷澤之垂

絺繡生輝光映來庭之琛賮

瓊瑤煥彩色分在笥之縹緗率土輸誠寰區向化欽惟

皇帝陛下

經文緯武

履中蹈和
瑞拱而美著山龍垂裳生理
槃敦而榮昭蒲穀搢笏來朝臣奉世守東藩僻居絕域叨蒙
寵眷欣文綺之頻頒屢沐
洪恩羨圭璋之特錫撫綏備至感激無涯茲值貢期虔修
表疏謹附陪臣毛精長蔡呈祚等賫趨
殿陛叩謝
聖恩伏願

堯蓂揚仁
舜桂解慍
綸綍宣九重之命永被羣生
金玉懋一德之修甄陶庶彙將見山河永固卜國祚之綿長
麟鳳迭呈遝
天休之溢至矣臣泰無任瞻
天仰
聖激切屏營之至謹奏

表稱

謝以

聞

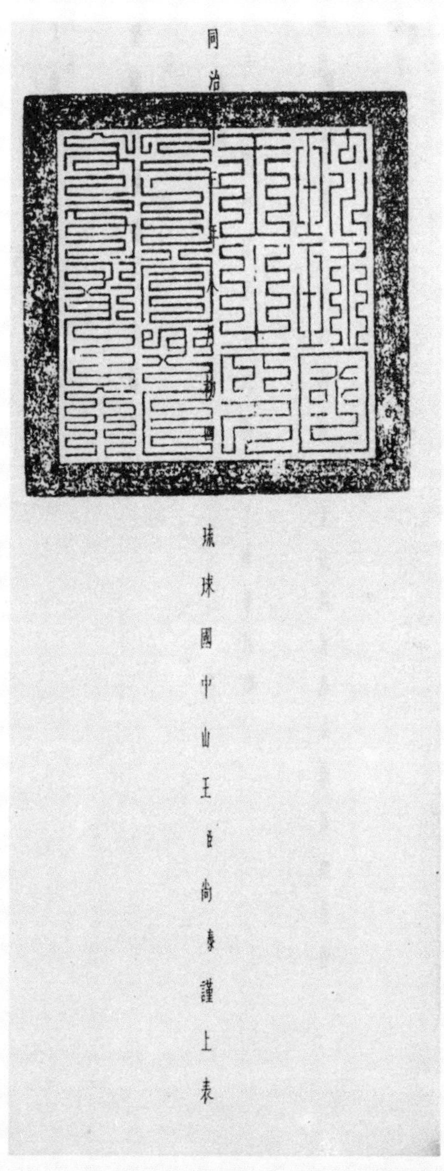

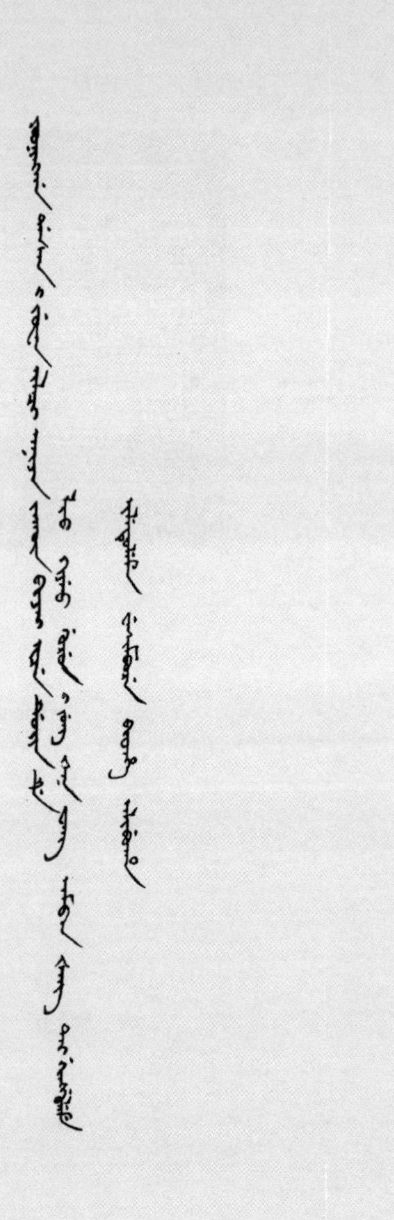

[illegible]

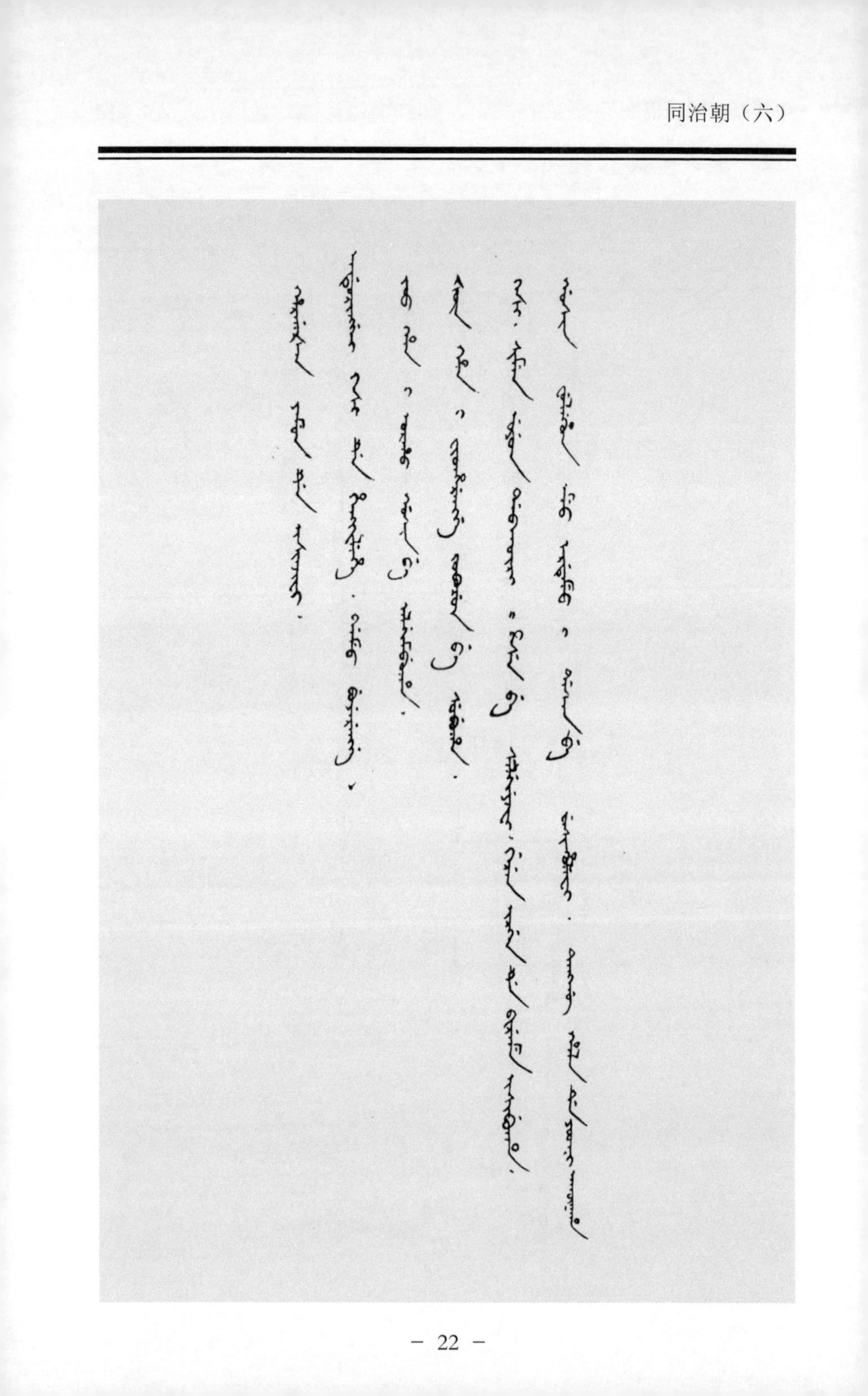

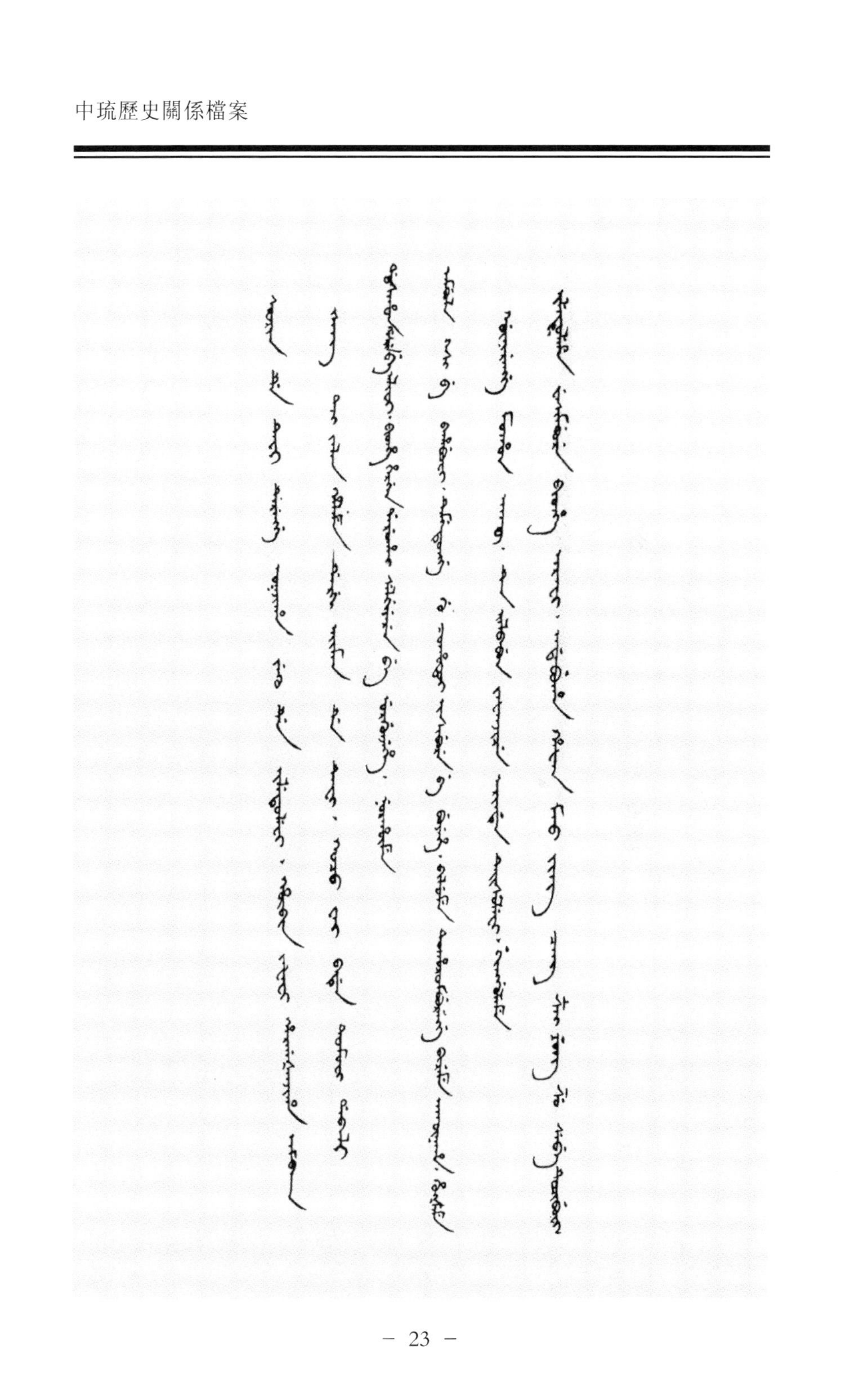

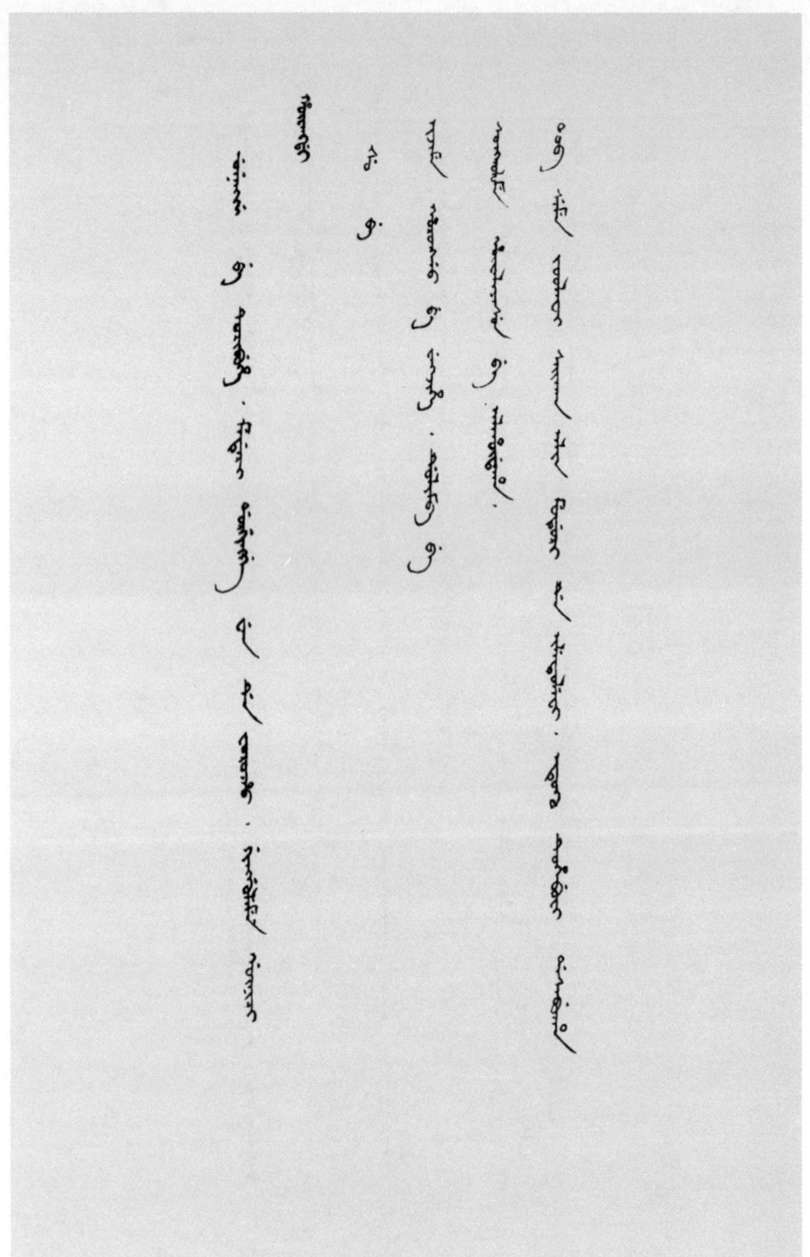

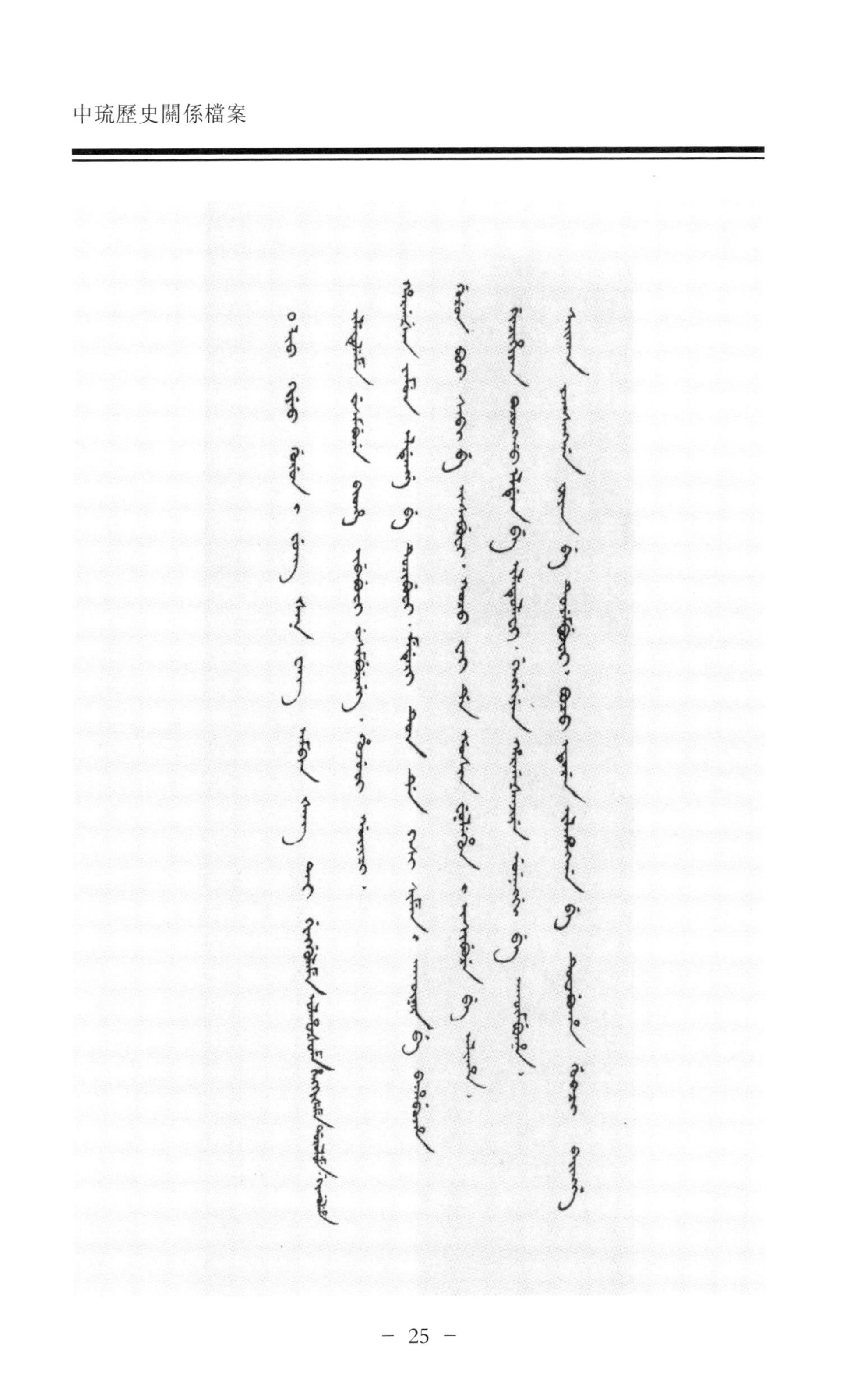

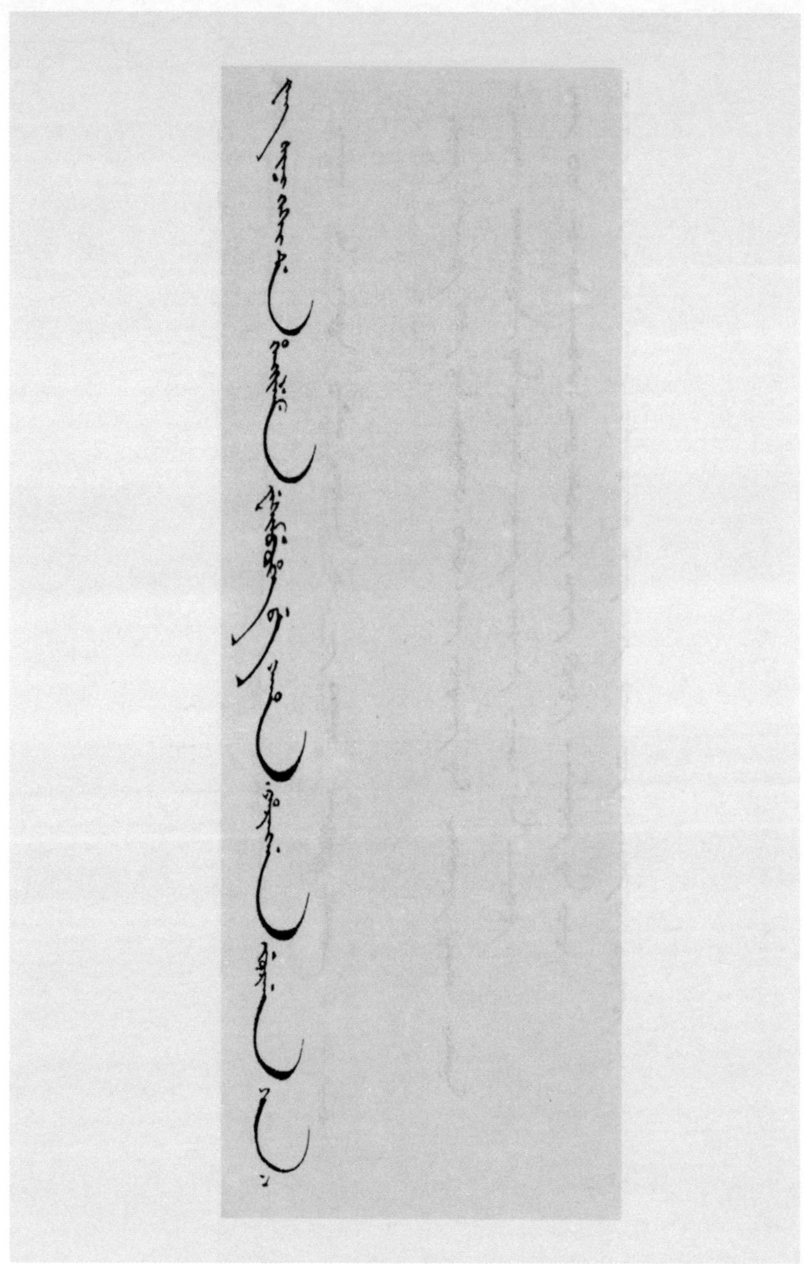

三、琉球國中山王尚泰爲官生歸國謝恩事表文

同治十三年八月初四日（1874. 9. 14）

内容提要

琉球國中山王尚泰奉表上言，伏以育賢建學成均宏造士之恩，釋奠習儀軫恤沛愛人之澤。惟皇帝陛下治媲唐虞，功隆文武，闡經筵之緒論，群材悉荷栽培。兹值梯航之便，虔附表章，恭伸謝悃，伏願金甌永固，玉燭常調，臣無任瞻天仰聖，激切屏營之至，謹奉表稱謝以聞。

檔案來源：内閣外交專案

已編入《清代琉球國王表奏文書選録》第九一一九頁

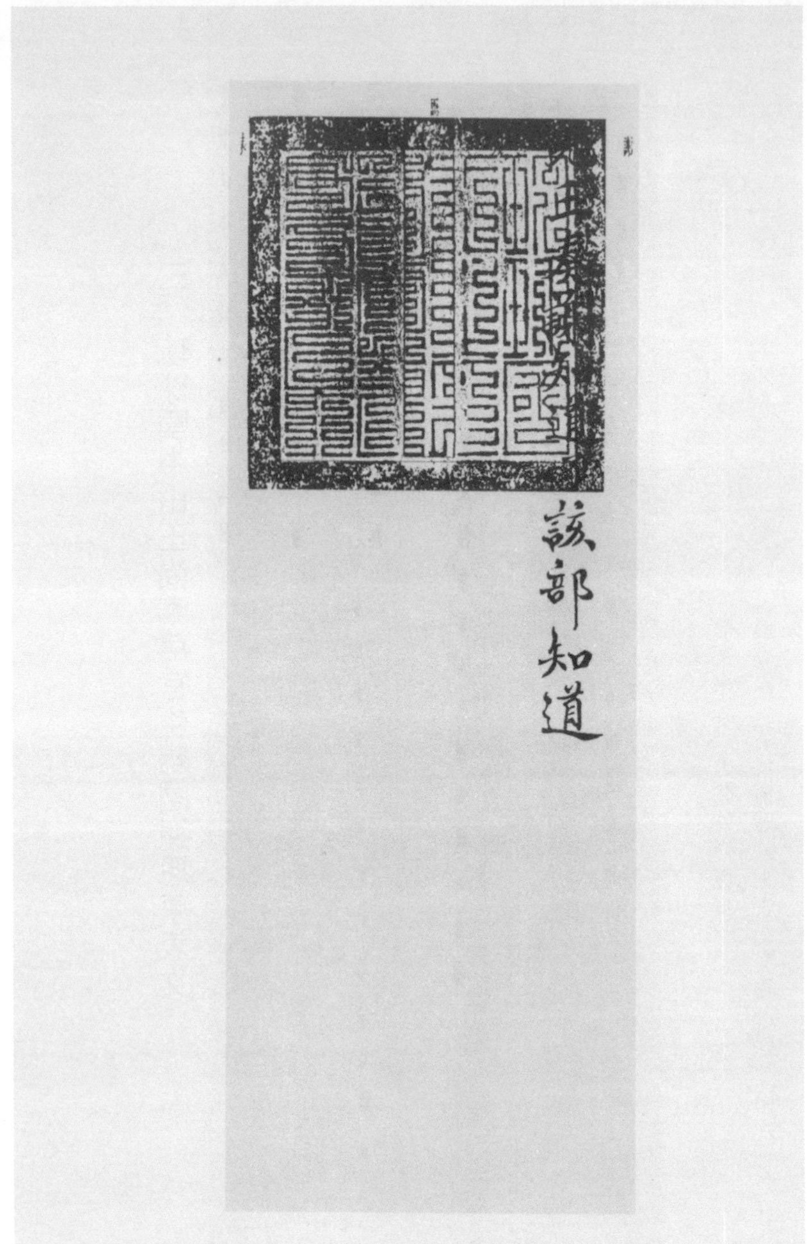
該部知道

琉球國中山王臣尚泰誠惶誠恐稽首頓首謹奏

表上言伏以

育賢建學成均宏造士之恩

釋奠習儀軫恤沛愛人之澤

奉丹鉛於三載訓樸橫經

頒白鏹於九重仁深浹髓寰區向化溥海傾心欽惟

皇帝陛下

治媲唐虞

功隆文武

闢經筵之精論章材悉荷栽培

播綏掖之遺徽弱植優叨贍恤況復

矜其生寄聿邀泉壤之光途使

惠及遠人恪如室家之戚臣泰僻居鯨島疊被

鴻慈飲食教誨大其施莫不銜

恩入地中外遐邇聯其體斯負戴

德如天凡屬帡幪彌殷拜祝茲值梯航之便敢抒葵藿之誠虔

附

表章恭伸謝悃伏願

金闕永固

玉燭常調

戶誦家絃嘉氣旁溢夫夏甸

民康物阜歡聲徧溢於春臺將見福備箕疇叶日月升恒之

頌圖緜曆籙卜河山帶礪之安矣臣泰無任瞻

天仰

聖激切屏營之至謹奉

表稱

謝以

聞

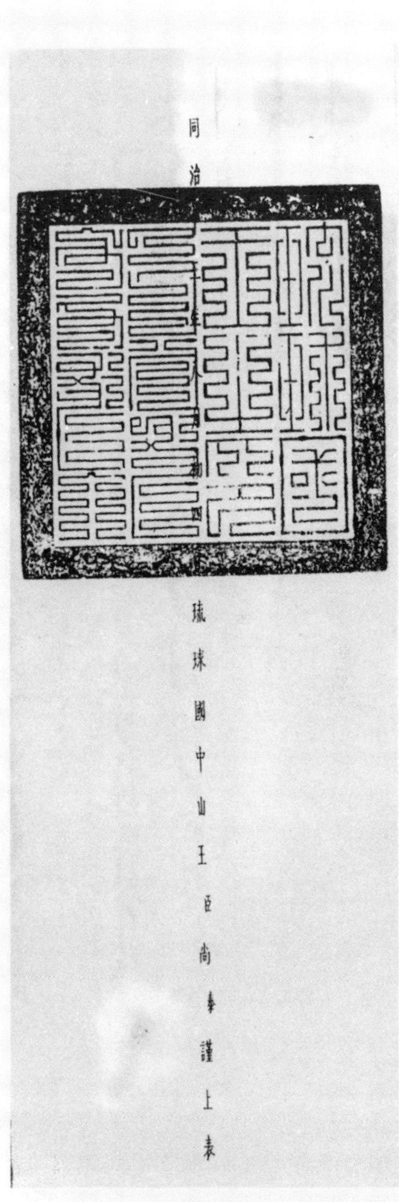

同治十年八月初四

琉球國中山王臣尚泰謹上表

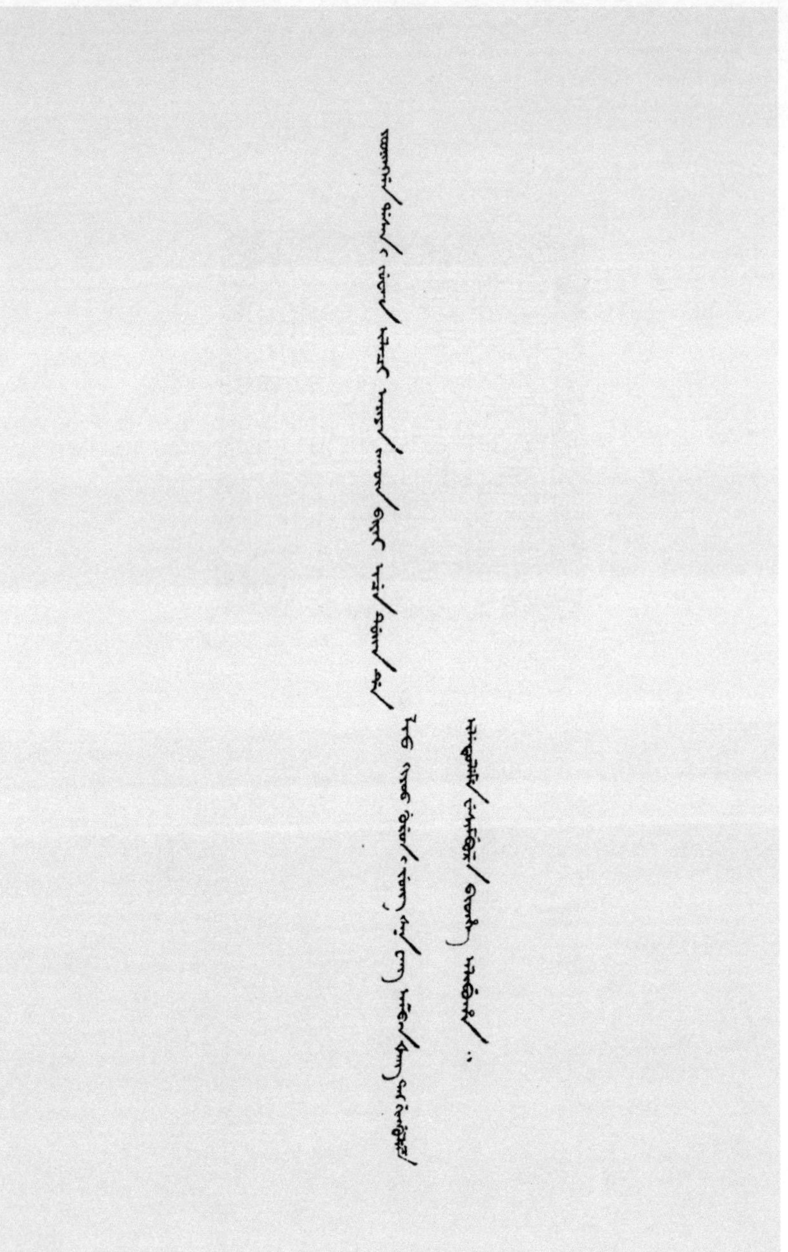

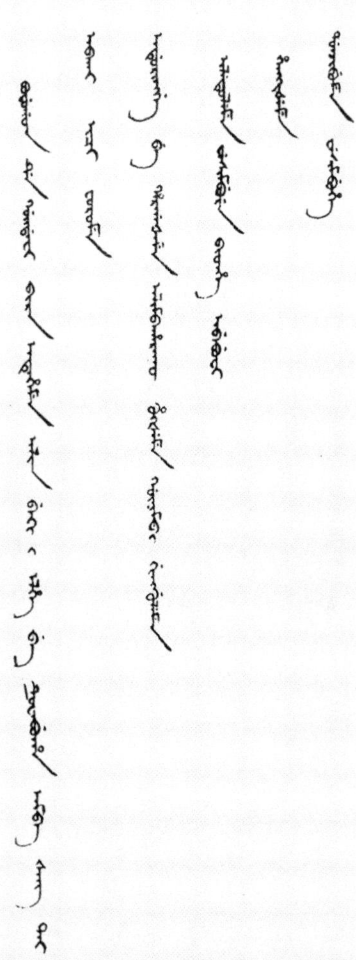

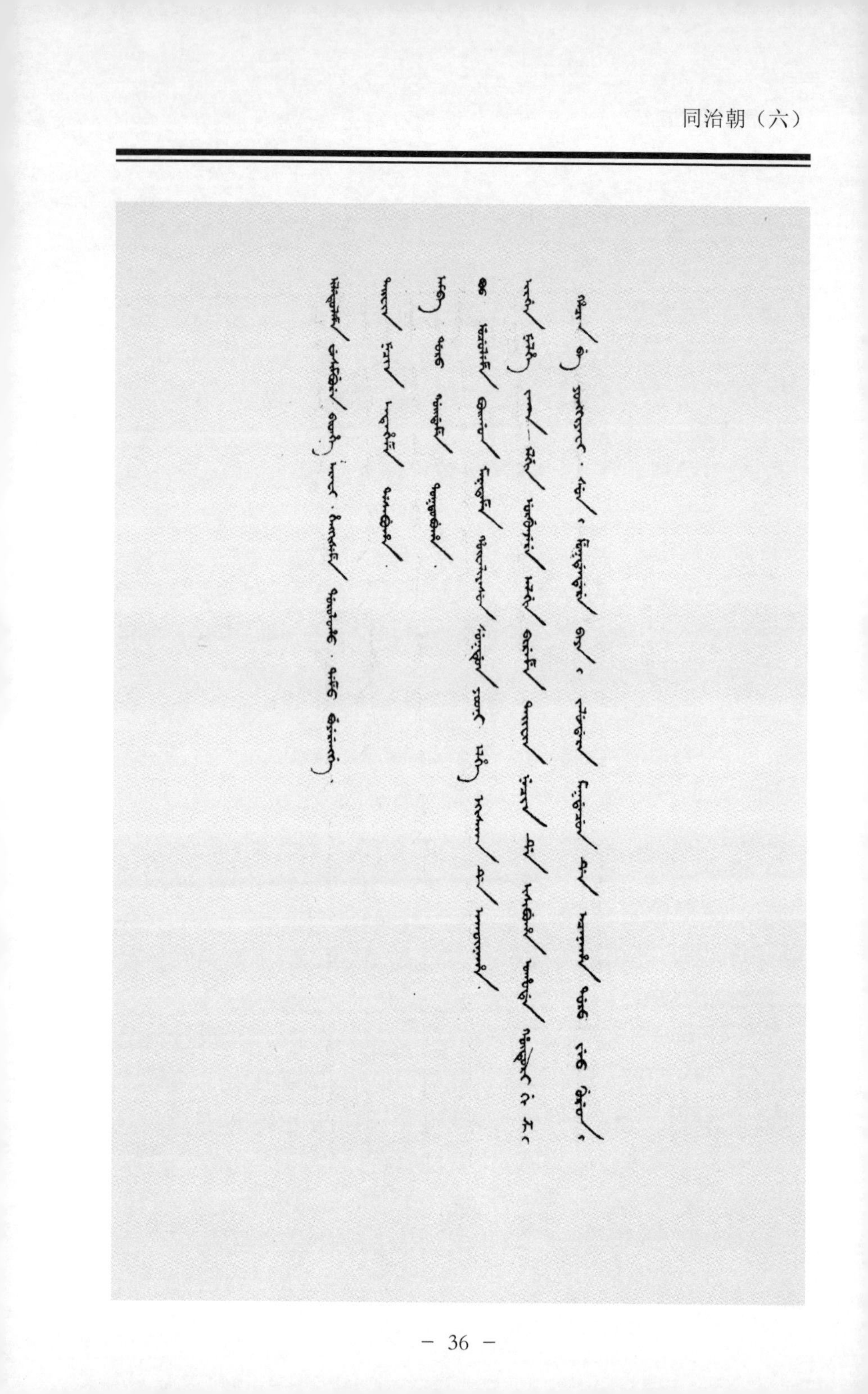

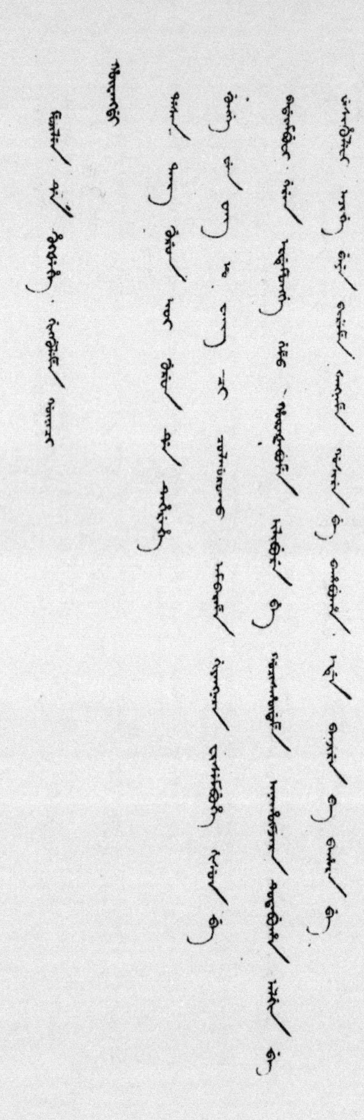

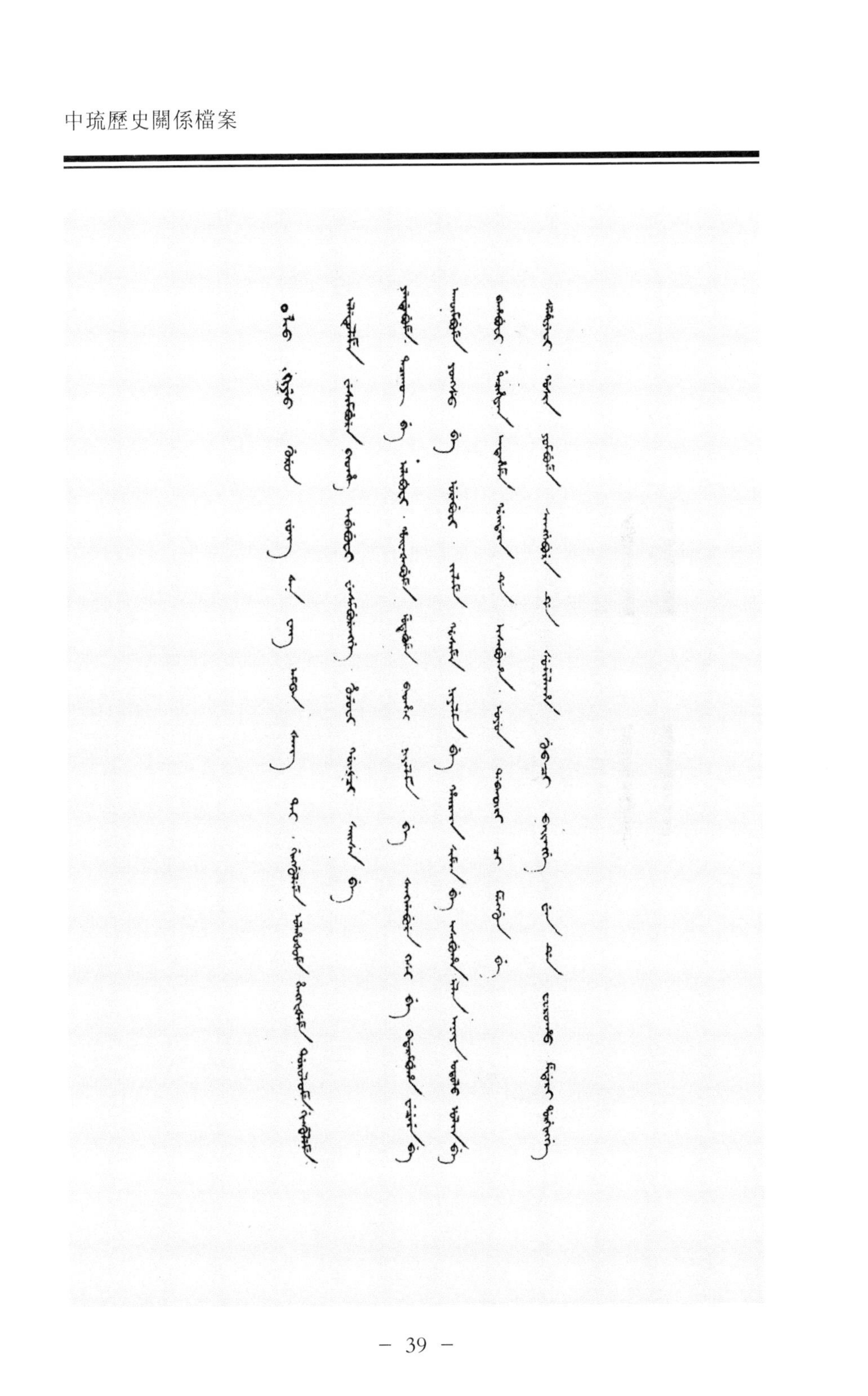

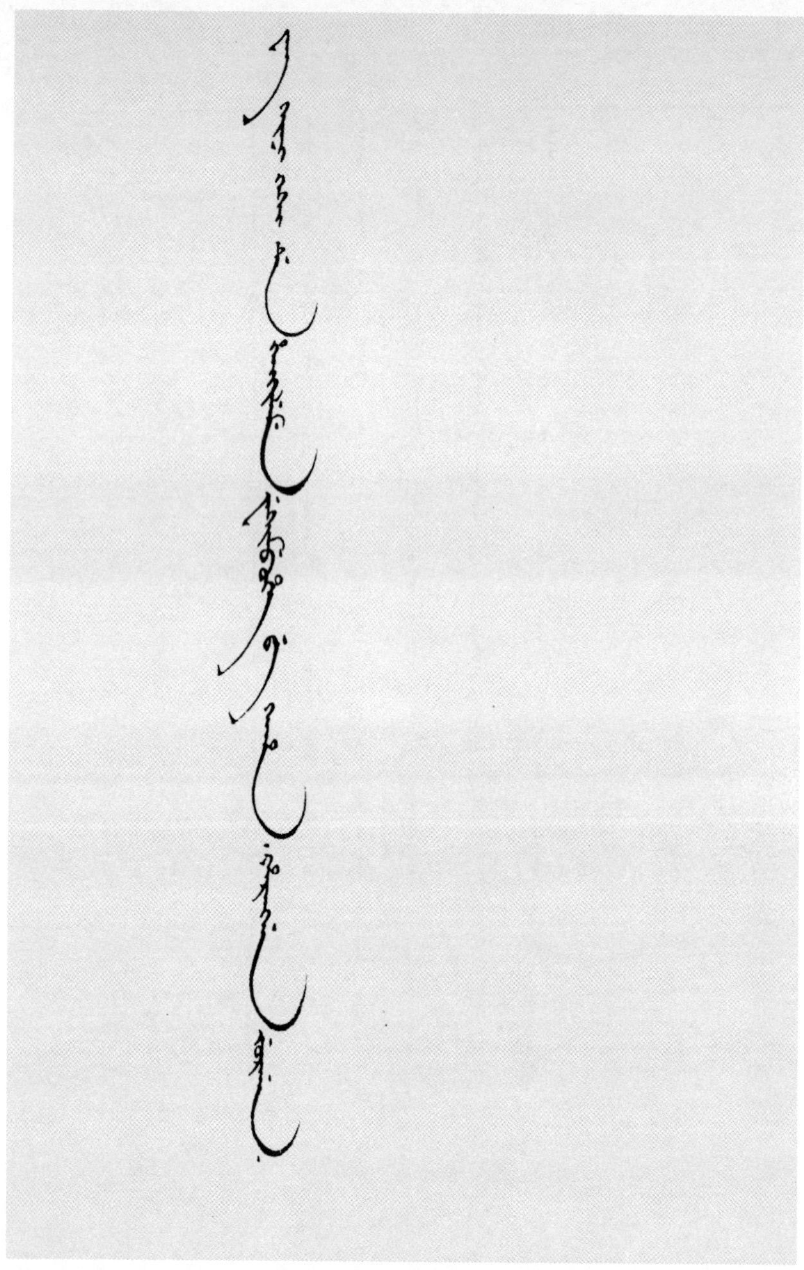

四、琉球國中山王尚泰爲謝恩事表文

同治十三年八月初四日（1874.9.14）

内容提要

琉球國中山王尚泰奉表上言，伏以文治覃敷鳳翽之梧桐焕彩，仁聲遠播鸞旂之芹藻流香。惟皇帝陛下菁莪造士，棫樸作人，恩深似海難忘推解之隆，澤沛如天莫報裁成之大。臣無任瞻天仰聖，激切屏營之至，謹奉表稱謝以聞。

檔案來源：内閣外交專案

已編入《清代琉球國王表奏文書選録》第九二八頁

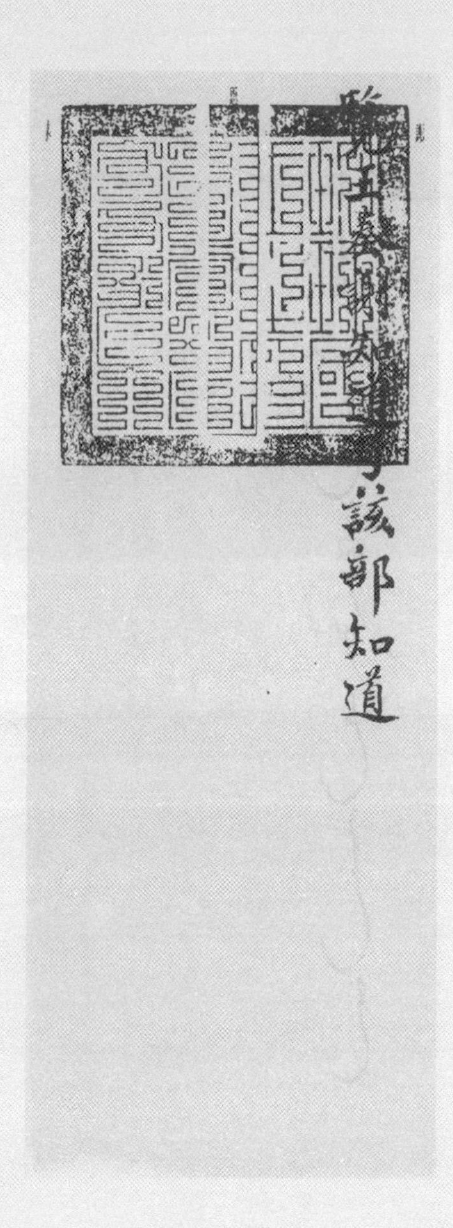
該部知道

琉球國中山王臣尚泰誠惶誠恐稽首頓首謹奉

表上言伏以

文治覃敷鳳翽之梧桐煥彩

仁聲遠播鸞旂之芹藻流香

賚序擁青氈受業沐及時化雨

膠庠垂絳帳執經拂函丈春風慶洽書田歡騰學海欽惟

皇帝陛下

菁莪造士

棫樸作人

巽域樂觀光廣植公門之桃李

寰區資講業獲親滿座之芝蘭臣奉觀海有懷望洋徒嘆春

中山而頌印綬蟻封久叨帶礪之榮入國學而奉典章虎

觀不遺駑駘之選況夫冬裘夏葛授衣盡

內府之藏兼之朝饔夕飧賜食悉

天廚之饌

恩深似海難忘推解之隆

澤沛如天莫報栽成之大雖三年國子敢云得列聖之精而一
介豎儒猶幸聞六經之旨歸而言忠言孝咸知君父之尊
因茲獻藻獻芹聊表臣子之悃虔修
表奏叩謝
天恩伏願
咸五登三
風同道一
人文霞蔚海宇增楩楠杞梓之材

英俊雲蒸山陬聚麴蘖鹽梅之器時見輝煌廊廟皆文經武

緯之猷黼黻休明悉內聖外王之學矣臣奉無任瞻

天仰

聖激切屏營之至謹奉

表稱

謝以

聞

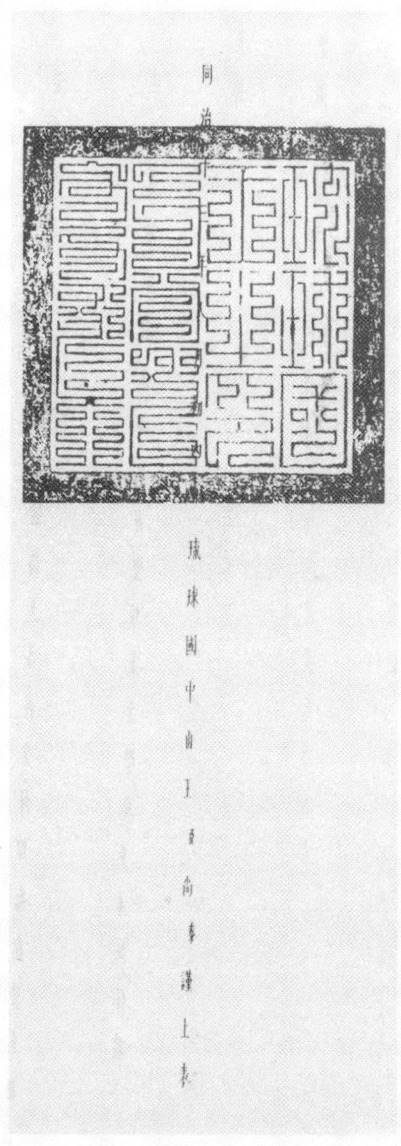
同治[illegible]

琉球國中山王臣尚泰謹上表

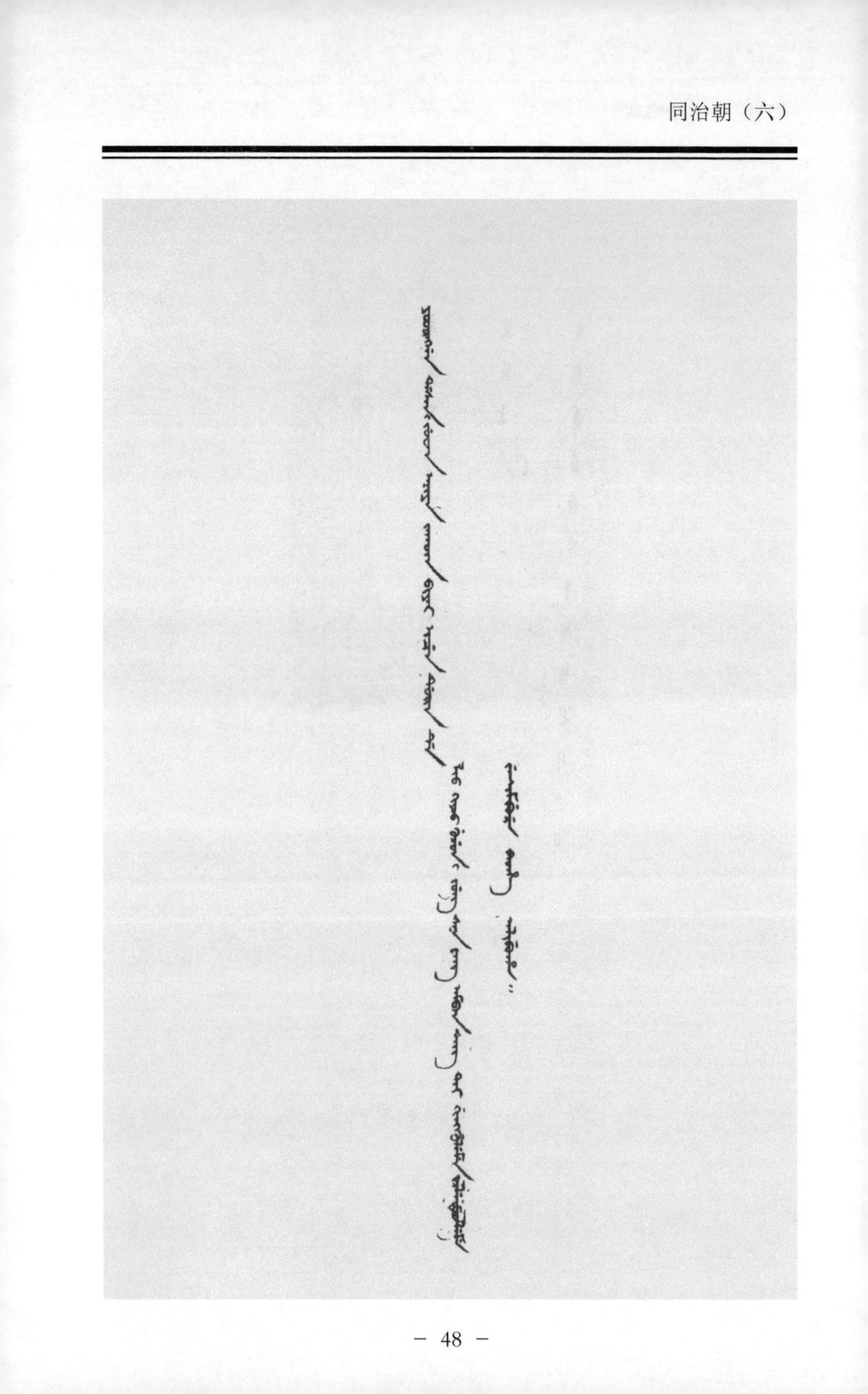

[illegible]

[illegible]

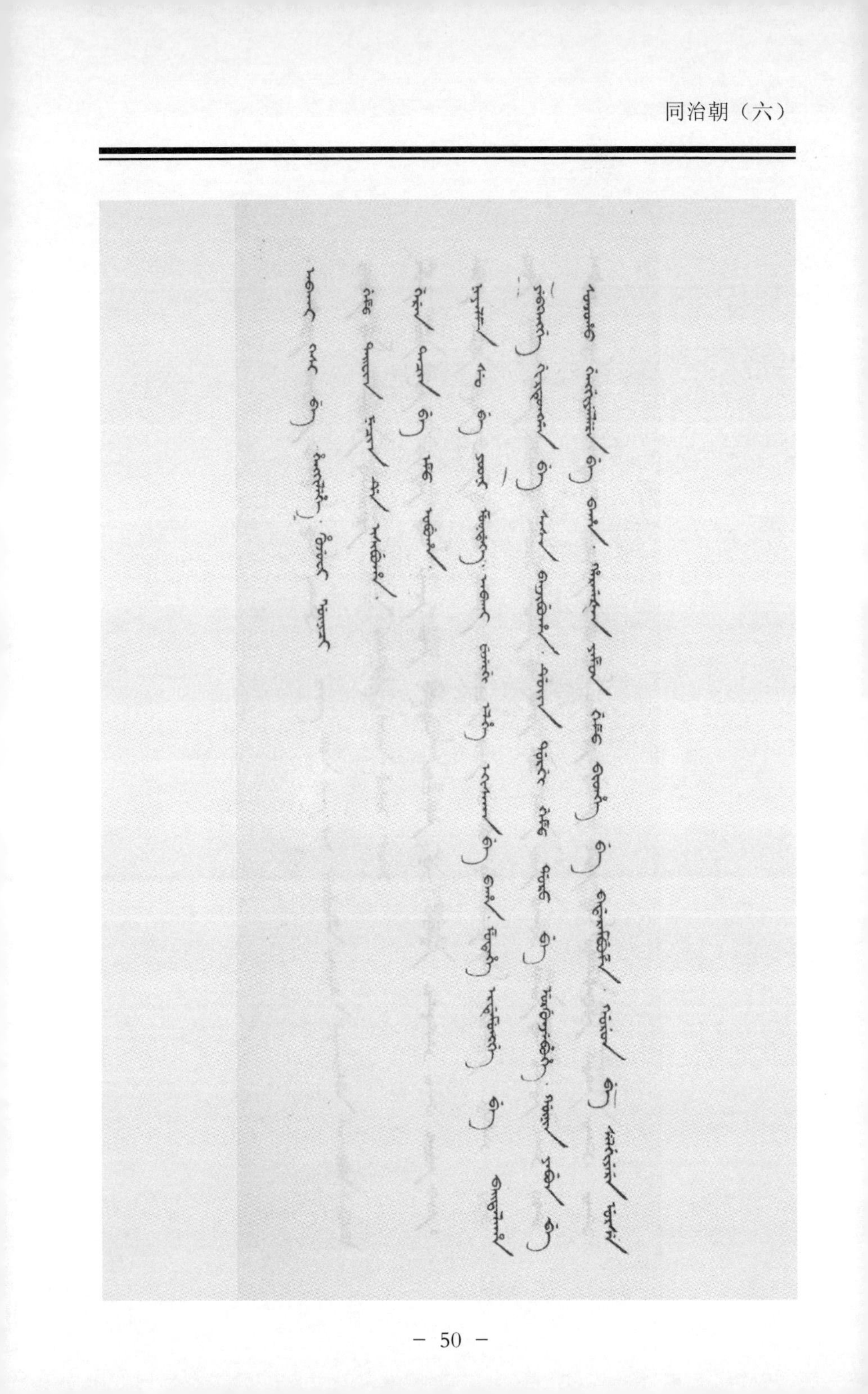

[illegible]

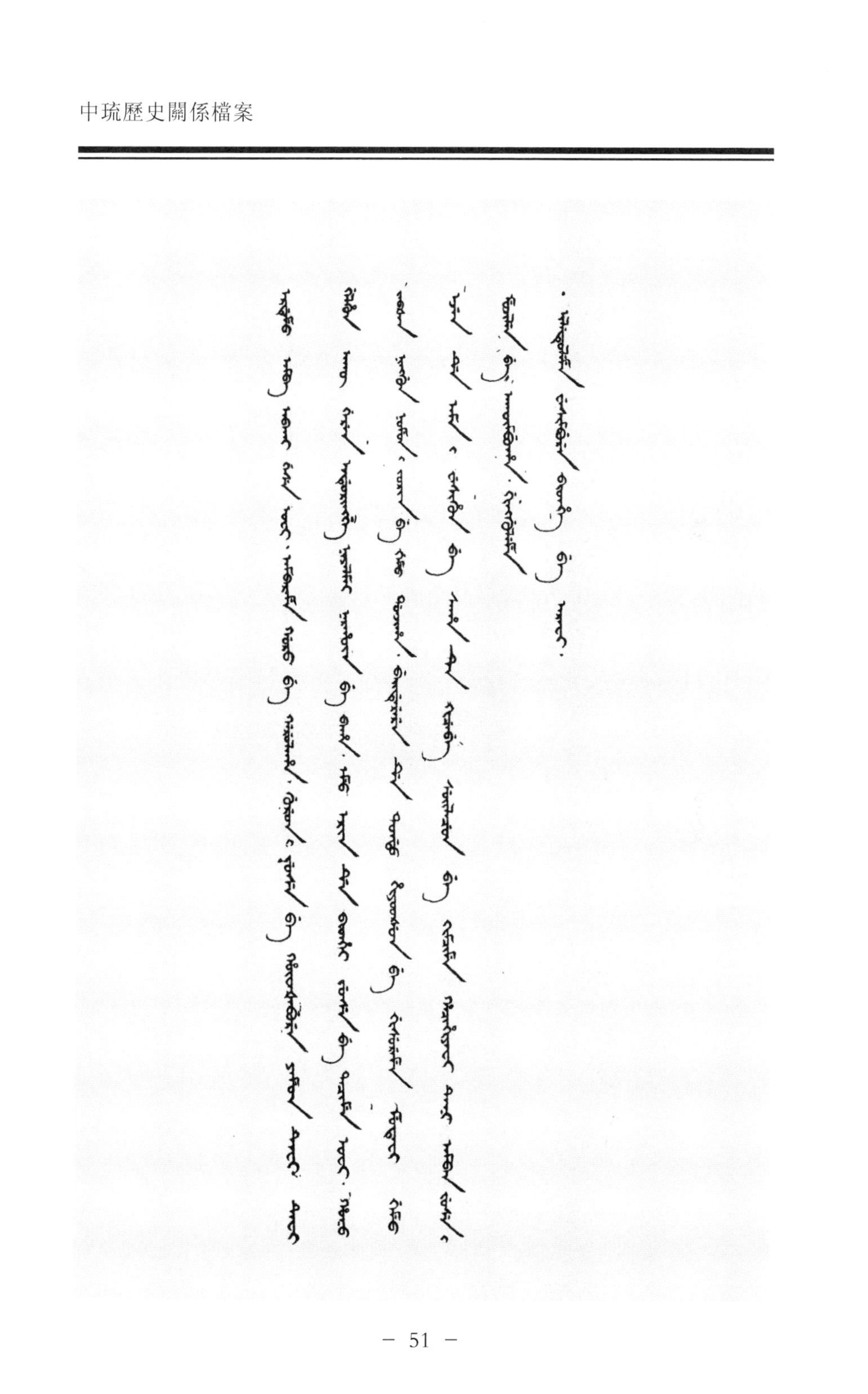

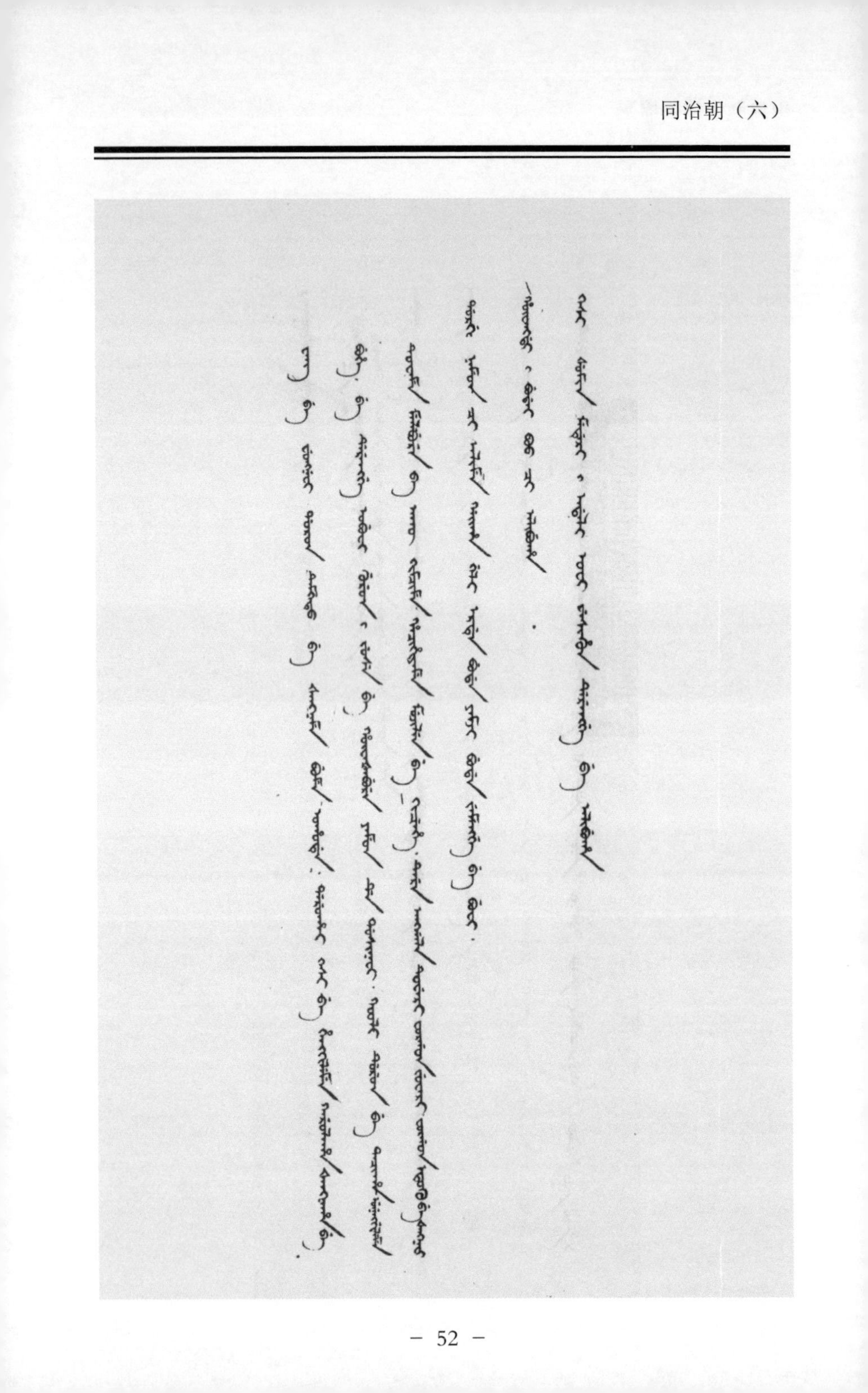

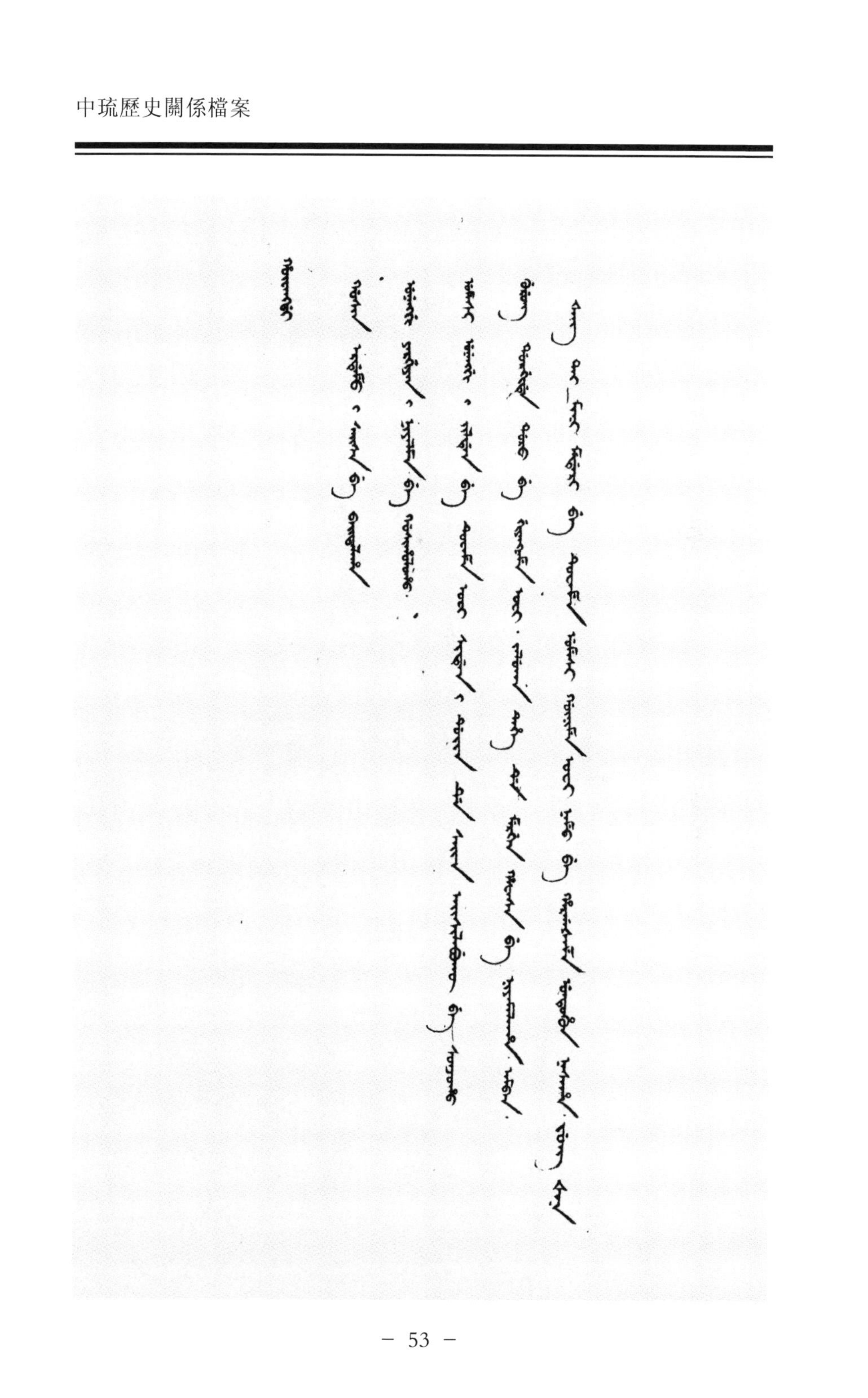

[illegible]

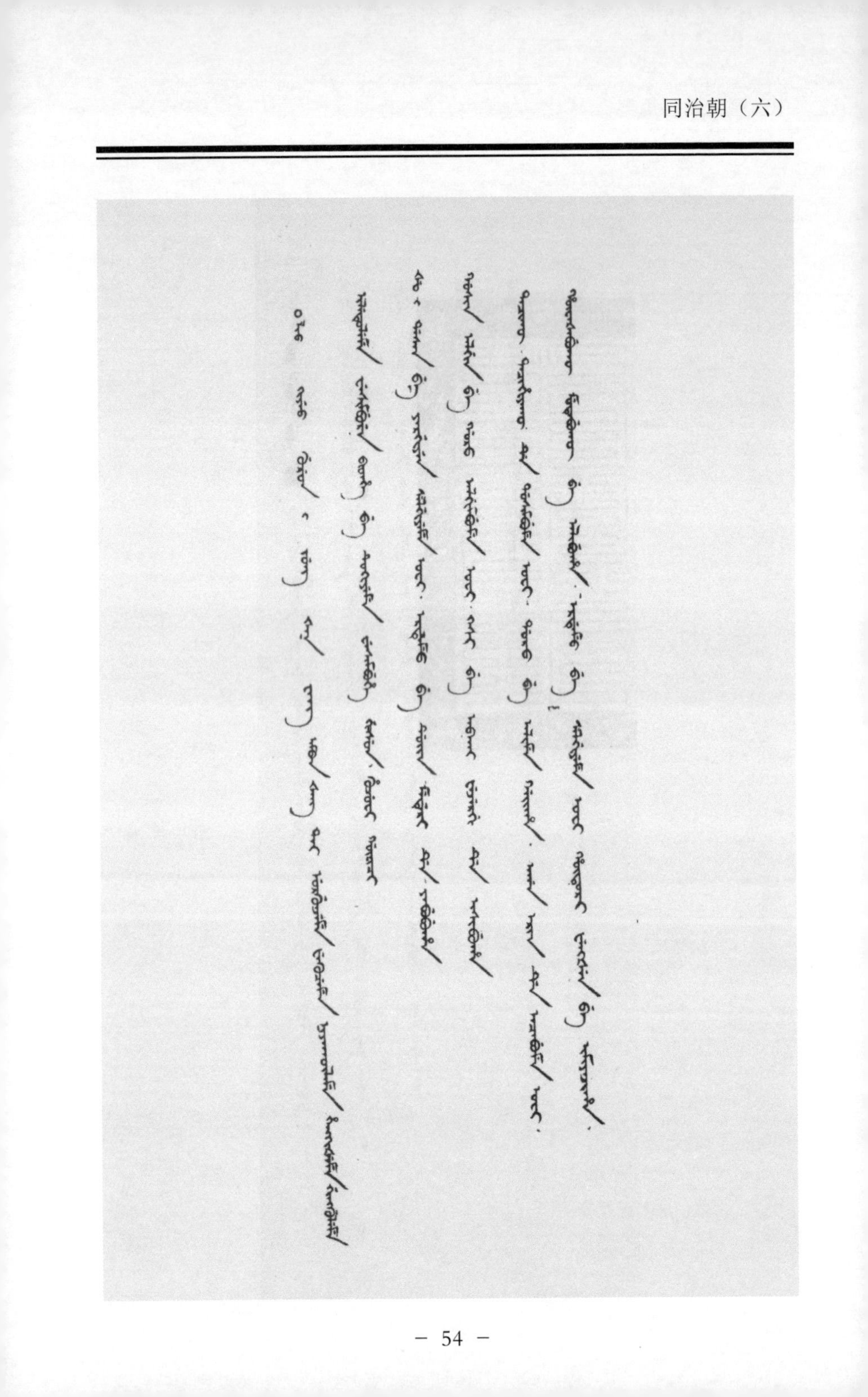

五、琉球國中山王尚泰爲恩恤病故官生謝恩事奏本

同治十三年八月初四日（1874.9.14）

内容提要

琉球國中山王尚泰奏報，琉球國於同治七年遣官生四名進京，其中三名先後病故，仰蒙聖恩給發棺木圍綢并抬夫扛繩等物，特恩賞恤營葬之資。伏惟皇上矜生寄於海國游庠，廣推恩於葦門待哺，以慰幽魂。茲值貢期，恭繕奏摺謹附陪臣耳目官毛精長等恭呈黼座，叩謝天恩。

檔案來源：内閣外交專案

已編入《清代琉球國王表奏文書選録》第九三七頁

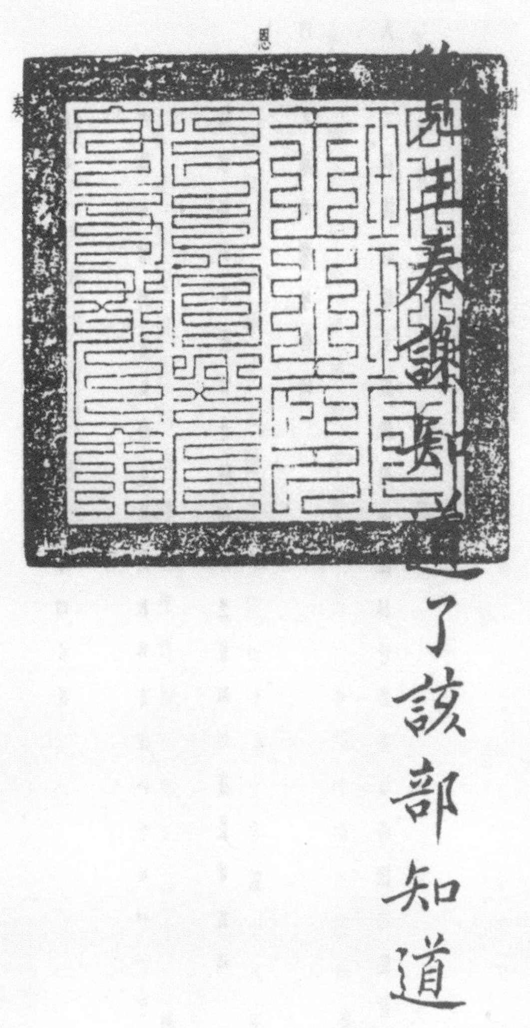
了該部知道

琉球國中山王臣尚泰謹

奏為恭謝

天恩事竊臣泰遠居海外眇見寡聞仰沐

皇上隆恩准令陪臣入監肄業遣於同治七年謹遣官生葛兆

慶林世功林世忠毛啓祥等四名進

京內除毛啓祥葛兆慶先後病故外當經林世功林世忠等

絳帳摳衣立夜雪青氈肄業坐春風矧復裘葛盡頒

內府之藏而饔飧仰給

天庚之賜撫綏備至感激靡涯詎林世忠亦染病證在監身故

仰蒙

聖恩給發棺木圍綢銜撞夫扛繩等物令其祔葬張家灣埜地

復荷

特恩賞恤白銀三百兩以一百兩爲營葬之資以二百兩附賜

其家屬祇領此誠

聖主柔惠遠人之至意伏惟

皇上矜生寄於海國游庠廣推恩於華門待哺以慰幽魂而深

存恤不特林世忠闔家銜結即臣泰暨舉國士民亦感戴
無涯矣茲值貢期恭繕奏摺謹附陪臣耳目官毛精長正
議大夫蔡呈祚等恭呈
黼座叩謝
天恩仰祈
聖慈俯鑒下悃謹
奏

自烏字起至悃字止共計二百九十四字紙一張

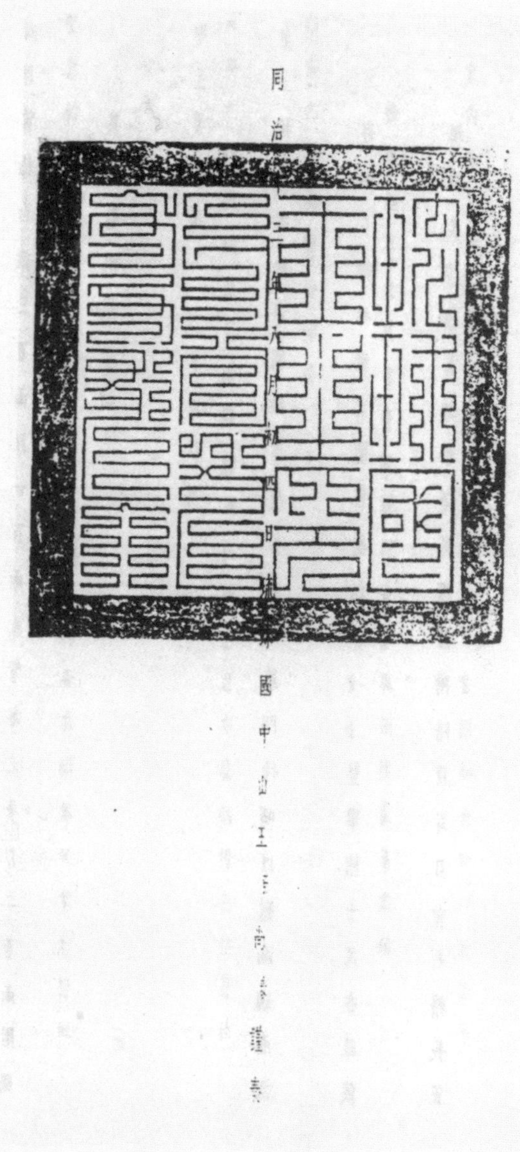

同治[illegible]年六月初四日琉球國中山王[illegible]尚泰謹奏

六、琉球國中山王尚泰爲官生肄業歸國謝恩事奏本

同治十三年八月初四日（1874.9.14）

内容提要

琉球國中山王尚泰奏報，琉球國官生林世功入監三載有餘，荷蒙聖澤優渥，賞給飲食衣服器用虚糜無數，恩深似海，難忘樂育之隆。又蒙於歸國之時皇上賞給官生及跟伴絲緞，令隨貢使向德裕等一同回国，臣泰謹於常貢外另具㛹熟蕉布一百匹圍屏紙五千張，順附陪臣耳目官毛精長等賫捧表章，叩謝天恩。

檔案來源：内閣外交專案

已編入《清代琉球國王表奏文書選録》第九四一頁

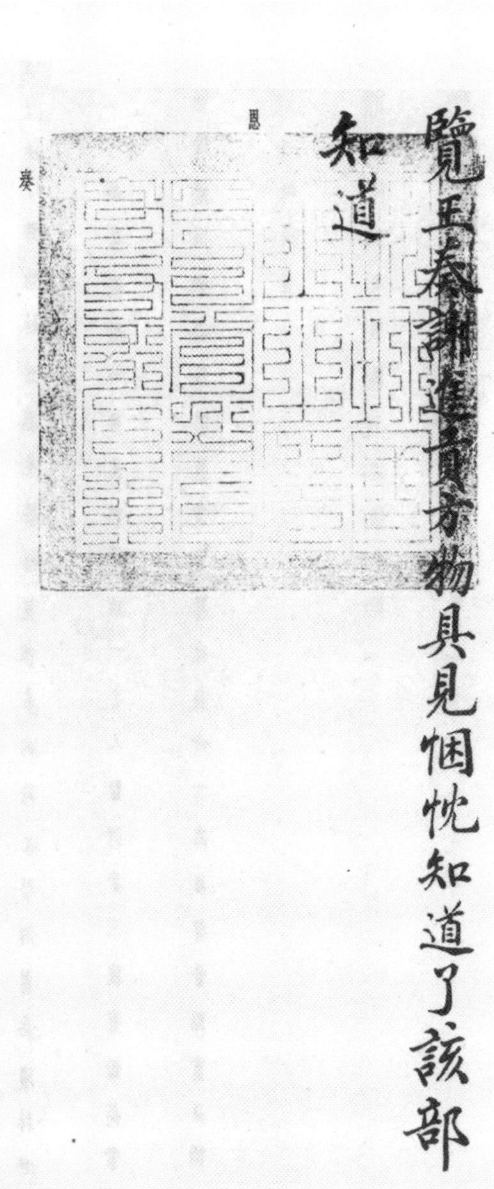

覽王奏謝進貢方物具見悃忱知道了該部

知道

琉球國中山王臣尚泰謹

奏爲肄業官生奉

旨歸國恭謝

天恩事竊臣泰僻處海澨國小人愚幸荷

皇上怙冒之恩許陪臣入監遵于同治七年遣送官生葛兆慶

林世功林世忠毛啓祥等四名內除毛啓祥葛兆慶林世

忠先後病故外其林世功一名入監肄業三載有餘荷蒙

聖澤優渥敎之以節義文章耳提面命一之以聲音點畫口誦

心維又
賞給飲食衣服器用虛糜無數
恩深似海難忘樂育之隆
澤厚如山莫報栽培之大又蒙于歸國之時
皇上以仁孝之性宏錫類之風照道光二十三年之例
賞給官生一名大絲緞二疋裏二疋毛青布六疋
賞給跟伴二名毛青布各六疋並
加賞官生緞二疋裏二疋一

加賞跟伴緞各一尺共蒙筵宴一次行抵閩省今隨貢使向德
裕等一同回國伏惟
皇上覆育之仁照臨之德豈惟官生一入監肄業視臣一國臣
民俱感
天朝曲成不遺之化矣臣泰謹於常貢外另具謝敬蕉布一百
疋圖屏紙五千張順附陪臣耳目官毛精長正議大夫蔡
呈祈等齋捧
表章叩謝

天恩理合具疏

奏明伏祈

皇上聖鑒勅部施行謹

奏

自爲字起至行字止共計三百五十六字紙一張

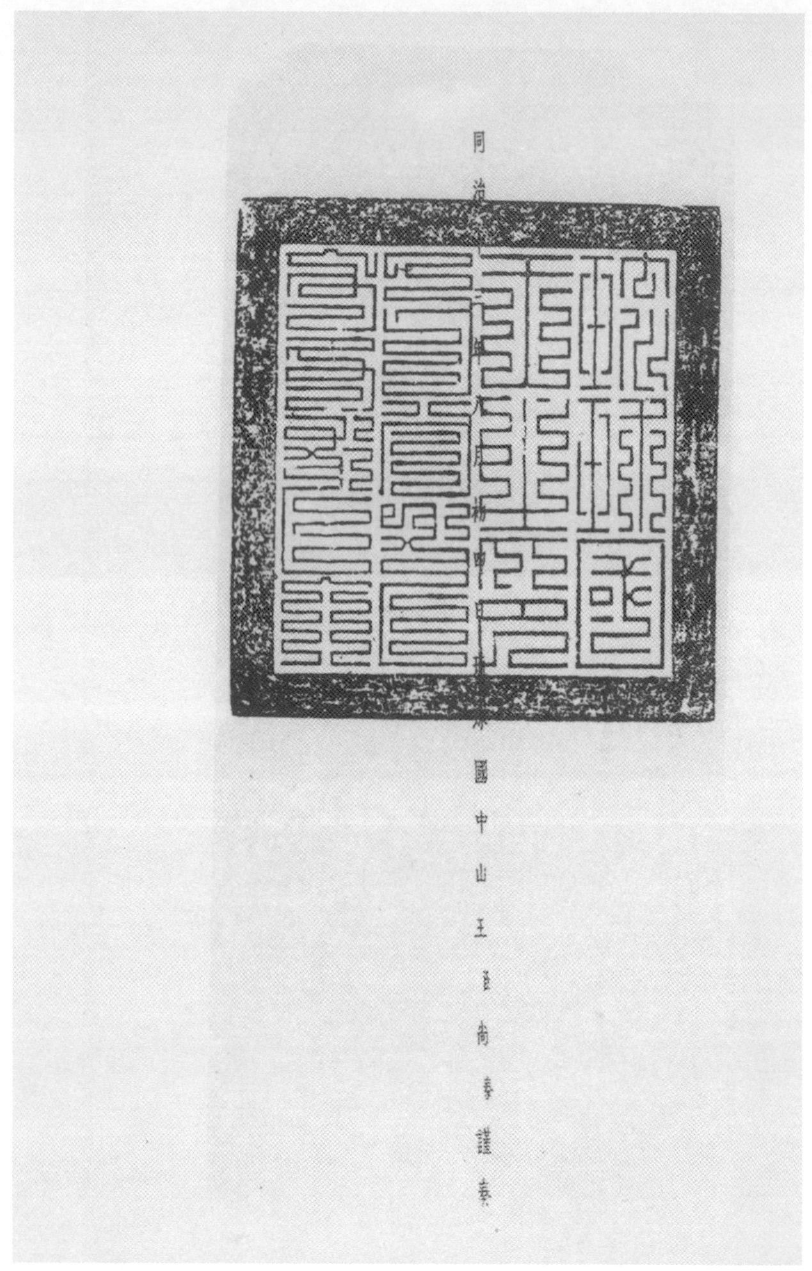

同治[illegible]年六月初四日琉球國中山王臣尚泰謹奏

七、照録總理衙門王大臣與日本特使大久保爲臺灣生番歸屬事會晤問答節略

同治十三年八月初四日（1874.9.14）

内容提要

總理衙門王大臣與日本特使大久保會晤，大久保詢問關於臺灣生番地方歸屬中國的憑據，并將日本駐厦門領事福島九成與土番問答筆記呈各大臣閲覽，王大臣以有志書可考、生番向州縣納糧，台灣道考试生員等情分别答復。

檔案來源：外務部檔案

已編入《清代中琉關係檔案七編》第八八頁

八月初四日問答節畧

寒暄一

王爺問大久保大臣走了多少日子荅云到中

國三十一天

大久保起立請

大清國

大皇帝安

王爺答問　日本皇帝好

王爺問柳原病答云好了鄭云承

中堂王爺大人惦記大久保大臣來京昨請定期今來拜望

答云既然來京急欲晤面談談

寶中堂問柳原大人瘡已平復答云平復了

文中堂問太田何衙門答以工部省

王爺向天時寒暖兩國不相上下鄭云兩後稍
涼如今稍熱云云
王爺向大久保大臣到過何國荅以歐羅巴各
國均到過
文中堂向是修約去麽荅以是拜望
文中堂云便是通好的意思又問大久保是參

議官荅云如内閣兼内務省向岩倉官荅云是
右大臣又云日本尊左
王爺向柳原太田是姓麽荅曰先是地名後即
以為姓從前只有四姓藤原平橘
沈大人向橘字鄭荅云是果中橘子之橘又云
日本稱握姑博譯云大久保稱副島譯云校依西麻

鄭云大久保此番來要說話答以狠好

鄭云此番日本兵到生番因彼處與中國台灣府鳳山縣毘連恐傷和誼故派柳原來及至柳原到京後聞有許多議論朝廷不放心恐鬧出不好的事來故又特派大久保來京說箇明白把此事辦好了以後更要和好

王爺答以此是貴國朝廷好意鄭云今日他與

王爺　大人們說的話即如朝廷的話

王爺云這便是代國

鄭云本來派柳原來辦事不必另派實在開有

種種異同故又派大久保來以先中國照會信

函內的話大久保均曉得了

又云柳原先有全權如今大久保到了柳原仍
有全權
王爺中堂云那箇自然連鄭老爺說話的權亦仍是有的
又云柳原從前與
王爺各位大人說的話大久保已知道了此次朝廷派他
來他亦有箇主意要說答以大久保既來自然

有話我們要請教

鄭云朝廷原來的主意與柳原從前說過的話

如今不必再說他要請教貴國有何主意他亦另

有箇主意以便彼此熟商荅云請大久保大臣先說

鄭云他此番來聽柳原告訴他的話人人都曉得

了然許多的話要緊者亦只一二句柳原的話

看生番為無主野蠻中國以生番為中國的版
圖是以分開了合攏不來
王爺中堂答云是大久保大臣有自己的主意説來
看看
鄭云大久保大臣看貴國話以生番是中國地
方不知中國有多少工夫用在生番地界上

文中堂答以台灣生番是中國一處中國如生
番者内外各地不一而足用過工夫深淺及一
切分別之處其意甚深一時説不盡即如廣東
瓊州内有黎子如同台灣生番一樣各國議在
彼通商皆是知道的此不過略舉一處餘者尚多
鄭云生番在台灣界内如黎子在瓊州界内是

知道的了問貴國可曾設官設兵

文中堂答以已有設官設兵之處所有內山設官設兵須斟酌時候

鄭云中國有生番地方有何憑據

文中堂云中國地方甚大處處要問憑據一時

亦說不清有誌書可考

王爺云誌書即是憑據書是舊時印的

鄭云他今日此來意思想要
王爺中堂詳詳細細將生番事情回答出來答以我
們中國辦事各衙門辦各衙門公事一人不能周知
鄭云他說從前的照會都看見過了都說生番
是中國的地方不知有何確實憑據答以適已
言過中國有志書為憑書籍甚多一時如何能詳說

鄭云他說的道理從前來往照會貴國定見生番是中國地方自然有確實的憑據荅以從前照會上已詳細說過了又云照會是看見過了究竟有何工夫在生番地方

沈大人荅以生番向中國納粮便見得是中國地方

鄭云大久保要請教他完糧交給何人

沈大人答由頭目交州縣　又向如牡丹社交與何縣

崇大人云交與鳳山縣

又問大久保大臣到過生番地方向過生番並不納稅

答以莫說生番即内地百姓亦有不納稅的或遇荒

年豁免或自己隱匿地方官不知都是有的

文中堂云大久保從天津來京路過我們的村

莊那能一一都設官

鄭云大久保說台灣志上雖有完糧的話實無

交糧的事

文中堂答以此係你在番地所聞譬如內地百

姓你要執一村民問之每年交納若干他亦有

說不出者原有承總之人各國辦法不同

又云大久保不是問的百姓是問的彼處土人

隨進福島九成筆記一本呈閱內敘與土番問答大意謂彼處田園由其自主及有人願為協力之意

寶中堂沈大人云節略內有生員二字生員者秀才也即歸台灣道考試即是我們作工夫之處

董大人云這些是大久保大臣問他的話我們

沈欽差要問他他當另有一番話

文中堂云節略内你問他園子是他自己開的不是台灣

府官的一節或是他自己開的荒地故説不是官地

譬如我自己的房園地基亦是自己置的不是

官給的無論官私產都不能説不是中國地方

又如你們現在住的飯店亦是房主自己的產

租與人的惟外國人只能租不能買諸如此類
不得謂非中國地方又你們帶兵官問他園子
肯租否他答以願租如日本帶兵到內地問內
地百姓租地大約亦不敢說不租
鄭又云大久保的意思這些說話是不曉得詳
細的緣故如此說来道理總是不同

文中堂答以我們雖是同文之國風俗政治原各有不同

文中堂又云鄭老爺我說一箇比方你聽從前

英國笑話我們中國各處地方稅租各口稅銀

均有偷漏不如英國辦得整齊我當時答以貴

國地方不大所以易於辦理我們中國幅員太

廣故有疏漏之處

鄭云大臣保大臣意思今日彼此問答的話均

要寫出備看

文中堂云仍是我從前的話好不要辯論要辯

事

鄭云他亦是此意不要辯論的

王爺云要合攏來纔好

鄭又云如今有話請教
因送上節畧二件內敘第一條貴國既以生番
之地謂為在版圖內然則何以迄今未曾開化
番民夫謂一國版圖之地不得不由其主設官
化導不識貴國於該生番果施幾許政教乎第二
條現在萬國已開文友人々互相往來則於各
國無不保護航海者之安甯況貴國素以仁義道
德聞于全球然則憐救外國漂民固所深求而見
生番屢害漂民置之度外曾不懲辦是不顧憐
他國人民唯養生番殘暴之心有是理乎
王爺
中堂看完節畧荅云有人報我們必辦不能任

聽他如此這些話問得很是是要斟酌的此節
略連那一本都留下我們要回答的
王爺中堂問房子够住麽答以兩處分住够用的又
問喫食一切方便否我們可以送去鄭云多謝
美意
又云貴衙門回答的話一兩天有了方好

王爺云可見同文之國來往仍以筆墨

中堂又云所以要格外親近

王爺云唇齒相依如不相依非兩下的便宜

鄭筴領之

以上凡鄭云者皆鄭永甯譯大久保之言

八、照録日本特使大久保面遞駐厦門領事福島九成與臺灣土人筆話

同治十三年八月初四日（1874.9.14）

内容提要

日本特使大久保面遞駐厦門領事福島九成與臺灣土人車城人林明國、生員廖周貞在軍營談話，因前有日本邊民被牡丹生番所殺之事，日方欲買當地田園數頃，築軍營以便起兵，詢問二人買賣土地事宜并尋求幫助。

檔案來源：外務部檔案

已編入《清代中琉關係檔案七編》第一〇一頁

照錄大久保大臣面述福島領事與番地土人筆話 八月初四日

車城人林明國同生員廖周貞來營筆談

福 我們為我國邉民為牡丹生番所横殺率兵到此地更煩
所在人民善為我幫助此役

廖 若有貴事該總理生員意要協力盡心幫辦未知大人
等意如何耳

福 我到所地唯怕多少兵士恐赫本地人民嚴戒重兵不敢
蕪人田園驅人家蓄你們更毋疑之若有事爾協本地人

15

心等事就來商議可也

廖啟者此近日早晚大人之大兵若要山脚出入須著子細

宜應預知其大人所囑咐之事我們應當鳩集各莊頭

人相議聽大人取裁

福

我要買本地數頃田園築軍營未知此地是本地人民自

開領之的或是台湾府之的果本地人民所的地即與你們

面議買之可也

廖

此田園乃是本地人民自開墾並無借納

朝廷國輸

正供可問園主對買明白或是對園主明瞙過可也
福
我始到此地不識甚麼人是頭人不識田園是屬甚麼
人但是因一個通事見車寮人綿仔者托他運致諸般事唯
怕事或亘踈漏來本地人恐怖
林海國大人嚴吩 貴軍士道途不可與婦女喜戲恐民家目
其不平反同冰炭
不是衆工人懶惰情因爾通事同社寮綿子者貪財伏
思 大人為國憂民如子那一人不用助你們

福我要此地造一個軍營安住兵士逐次入于番 地戕 那兇徒
誅之想應費半年工夫因托你們善幫助我門事体使諸
用度無欠乃我所據土地所索財畜照價給若干錢更說你
們諸人民毋做狡猾詐謊事又云我要為你們設一個閒地
張罔幕容之夫夫於我營中商議事煩你吉那相幫人早
上到我營晚上回去我應給午飯充具飢苦俸錢則對面商
議可也
林大人若不嫌陋才我門須當奉命

福島叅謀到車城成明　姓董兄弟六人　煥興　煥瑞　煥榮　煥瓊　煥彩　煥瑶

此日筆話須要人註意者録左

左枋寮清國官人姓郭的未知收此田園租錢麽此地田園是你們的不是台湾府的麽

車城人林海國答以下同　此地田園是我本地人自開的

倘我要買此地田園同你們商議好麽不要　托台湾府買的

你們所領田園有幾許所出租税納于那人

我們與重田園之主共商不是一人自得斷不敢主意

照錄大久保大臣面遞福島領事與番地土人筆話八月廿四日

車城人林明國同生員廖周貞來營筆談

福

我們為我國邊民為牡丹生番所橫殺率兵到此地更煩所在人民善為我帮助此役

廖

若有貴事該總理生員意要協力盡心帮辦未知大人等意如何耳

福

我到所地唯怕多少兵士恐赫本地人民嚴戒重兵不敢蕪人田園驅人家蓄你們更毋疑之若有事爾協本地人心

等事就來商議可也

廖 啟者此近日早晚大人之大兵若要山脚出入須著子

細宜應預知其大人所囑咐之事我們應當鳩集各莊頭

人相議聽大人取裁

福 我要買本地數頃田園築軍營未知此地是本地人民自

開領之的或是台灣府之的果本地人民所的地即與你們

面議買之可也

廖 此田園乃是本地人民自開墾並無借納 朝廷國輸

正供可問園主對買明白或是對囤主明贌過可也
福
我始到此地不識甚麽人是頭人不識田園是屬甚麽
人但是因一個通事見車寮人綿仔者托他運致諸般事唯
怕事或亘踈漏來本地人恐怖
林海國大人嚴吋　貴軍士道途不可與婦女喜戲恐民
家目其不平反同冰炭
不是衆工人懶惰情因爾通事同社寮綿子者貪財伏
思　大人為國愛民如子那一人不用助你們

福
我要此地造一個軍營安住兵士逐次入於番地戕那兇
徒誅之想應費半年工夫因托你們善帮助我們事體使諸
用度無欠乃我所據土地所索財畜照價給若干錢更說你
們諸人民毋做狡猾詐譌事又云我要為祢們設一個閒地
張円幕容之夫夫於我營中商議事煩你吉那相帮人早
上到我營晚上回去我應給午飯充其飢苦俸錢則對面商
議可也

林大人若不賺陋才我們須當奉命

福島參謀到車城成明姓董兄弟六人 煥興 煥瑞 煥榮 煥瓊 煥彩 煥瑶

此日筆話須要人註意者錄左

左枋寮清國官人姓郭的未知收此田園租錢麽此地田園是你們的不是台灣府的麽

車城人林海國答以下同 此地田園是我本地人自開的

儻我要買此地田園同你們商議好麽不要托台灣府買的

你們所領田園有幾許所出租稅納於那人

我們與重田園之主共商不是一人自得斷不敢主意

九、照録查復日本駐厦門領事福島九成與臺灣土人筆話

同治十三年八月初六日（1874.9.16）

内容提要

查復日本駐厦門領事福島九成與台灣土人筆話内容，中國民人自行開墾之房園地基等均不納税，且應納税而偷漏者各處均屬難免；又民間自置私産如兩造皆中國人，非違禁約買賣准由自主，外國人在通商處所只准租不准買；番民所稱不足爲憑，田園爲民人所開，雖准中國人賣買，而田園坐落地方却是中國朝廷的。

檔案來源：外務部檔案

已編入《清代中琉關係檔案七編》第一〇五頁

照錄查覆福島領事與番地土人筆話另條 八月初六日

查中國政尚寬大凡民人自行開墾之房園地基及已開墾而未定則外科之田均不納稅此外應納稅而偷漏者各處均屬難免又民間自置私產如兩造皆中國人非違禁約買賣准由自主外國人在通商處所只准租不准買該處番民所稱不足為憑至田園為民人所開雖准中國人賣買而田園坐落地方却是中國朝廷的再欲為協力之說以孤弱之民見有兵至威脅之下何求不得乎又總理生員云云生員者中國之廩膳生增廣生附學生由府縣錄送並由兼學政之台灣道考取者也身列中國膠庠其所居之地謂非中國而何

一〇、照録總理衙門王大臣與日本特使大久保爲臺灣生番歸屬事問答節略

同治十三年八月初六日（1874.9.16）

内容提要

總理各國事務衙門王大臣於同治十三年八月初六日與日本特使大久保及駐華公使柳原前光就之前生番一事的問答節略進行商議，日方對節略中關於生番的歸屬和納税問題提出疑問，其中尚有請教之處，遲日再備文書親到總理衙門。

檔案來源：外務部檔案

已編入《清代中琉關係檔案七編》第一〇六頁

八月初六日

崇沈董崇大人回拜日本大久保大臣章京周家楣方汝翼隨往到彼館大久保接見柳原太田鄭永甯均在座

鄭云大久保多謝前日到貴衙門承

中堂王爺大人費心答以簡褻鄭又云昨日承饋送多物大久保同柳原均道謝答以不足爲敬

沈大人云

王爺這兩天有差使遲兩日尚要回拜大久保大人 [不克分身] [來]

文中堂因有病未能答拜鄭云

文中堂是甚麽病

沈大人云答以夜裏睡不着痰喘尋甚交秋更利害 [多秋令後便易]

鄭云大久保前交節暑未知已登覆否

董大人當將節略等件交與鄭永甯指兩條節略云
此是登覆的指另本云此是送還的後面亦粘有登
覆的話鄭即送大久保同柳原詳為閱看看畢鄭云
貴國以生番為中國地方僅據納税一事為憑麽
沈大人云不僅納税如學校一節亦是中國教養〔化〕生
番之事

董大人云即納税一事亦不一樣有完税應差的有完税不應差的亦有不完税不應差的

沈大人云從前生番艱苦並減過他們税銀均有憑據

鄭云登覆節畧內有瓊州生黎之說是譬喻的話麽

沈董大人云是譬如喻的話中國似生番之類不止一處

大久保同柳原又將節畧看了一番鄭云大久保已

将登霞的話細細看過了尚有請教之事遲日再備

文書去或大久保親到貴衙門

沈董大人云狠好此事總要説個明白此處僅待[illegible]嗣［越説自然越明白 日後詳細］

另讓至一處設有酒果入座後彼此閒談未及公事

瀕行時

沈大人對鄭永甯云大久保如有話説要到本衙門或給我們[illegible]來

我派兩下來説的是不可（總署）

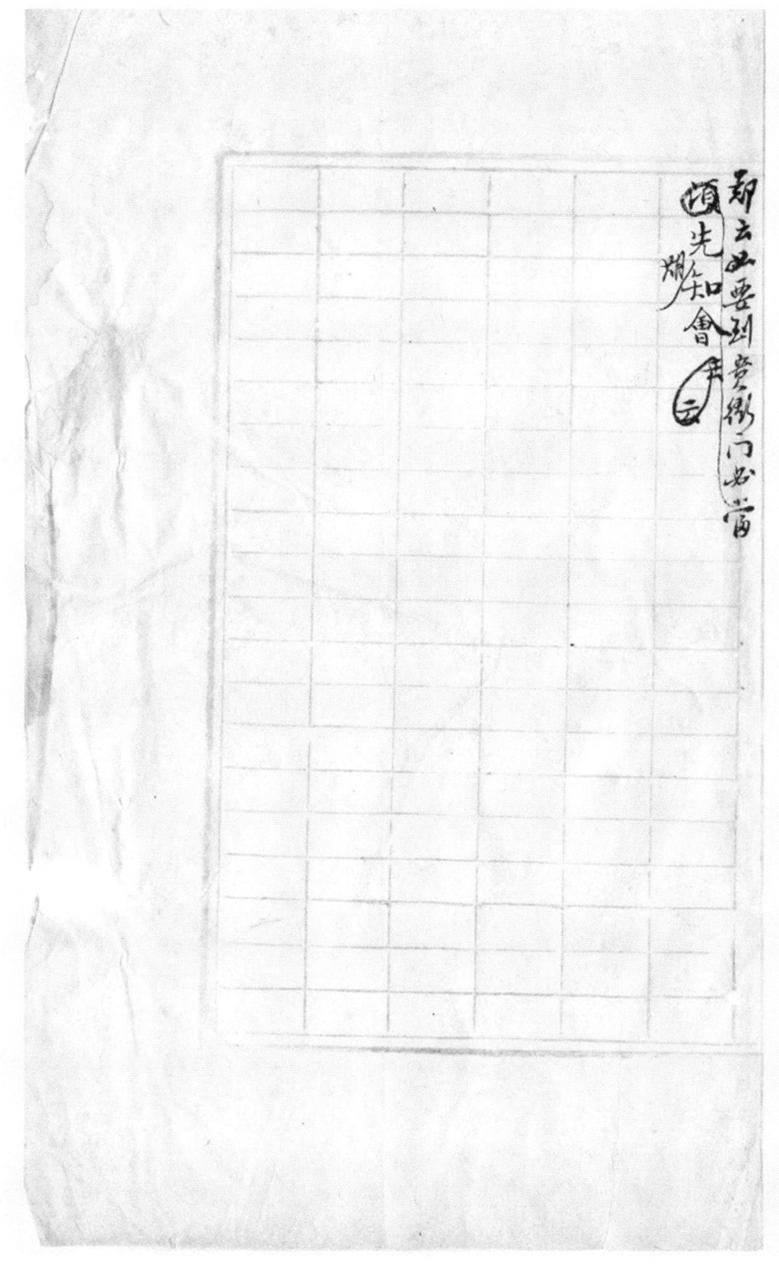
郭云如要到貴衙門必當須先知會云

一一、照録答復日本特使大久保爲臺灣生番歸屬事條説節略

同治十三年八月初六日（1874.9.16）

内容提要

日本特使大久保爲臺灣生番歸屬事致問兩條，總理各國事務衙門於同治十三年八月初六日答復。第一條就生番開化問題答曰中國政教由漸而施，毫無勉強，況需因地制宜，且兩國政事各有異同不能相提并論；第二條就日本漂民在生番遇害一事答曰中國向來與各國通商交好，若有需交涉案件，定會查明妥辦，辦理有難易，遲速不同而已。

檔案來源：外務部檔案

已編入《清代中琉關係檔案七編》第一一〇頁

大久保來往條說

18

八月初六日落後大久保初四日所來節略

第一條

貴國既以生番之地謂爲在版圖内然則何以迄

今未曾開化番民夫謂一國版圖之地不得不由

其主設官化導不識

貴國於該生番果施幾許政教乎

查臺灣生番地方中國宜其風俗聽其生聚其力

能輸餉者則歲納社餉其質較秀良者則薦送入社學即寬大之政以為教養之意各歸附近州縣學

並非不謂宜特中國政教由漸而施甚忌勉強急遽之心且臺灣向未與各國往來邀

且分轄專設理番同知二缺未於各社另行設

聽其自生自育暫希與較物俗應巡

官設兵即內地州縣各鄉鄉察之地亦有未設縣丞巡檢等官者

若廣東瓊州府生黎民方情亦不止於臺灣也

中國從此地方甚多瓊州生黎等是也

聞英國所屬新日倫敦及澳大利亞兩島情形亦可互證

第二條

現在萬國已開交友人々互相往来則于各國無

不保護航海者之安甯況

貴國素以仁義道徳聞于全球然則憐救外國漂

民固所深求而見生番屢害漂民置之度外曾不

懲辦是不顧憐他國人民唯養生番殘暴之心有

是理乎

查中國與各國通商之約，遇有各國官商民人船隻意外遭風人事及交涉案件，各國商民定歸華

事一經各國大臣將詳細情形照會本衙門，必事由

為立即行文查明妥辦，雖辦理尚難易遲速之不同，卻從之未置擱不辦之件，即如

國如詳晰

口貴國商民出事告來本衙門，無不查辦

此案生番如何查辦，復如何辦理，詳細照覆

且本衙門甚不願有生番情事，此後尚須設法妥籌保護，以善將來

另奉

查中國政尚寬大凡民人自行開墾之處地及已開墾業之則升科起租納稅此外應納稅者倍

各處均聽租內地亦因雖免民間自置產業由中國民人而送諸中國人又非

違禁買賣均准由自主該處田民所存不足為憑其外國人只准在通商口岸租不准買

賣買西田園生該地方都歸中國朝廷的由西國為民人永歸中國人

聽為致力之說以孤弱之民見有兵威脅之下

何求不得乎又統理生員之生及其中國之庠膳生增廣生附學生也

身列中國膠庠其所居之地祖於中國而

一二、照録中日爲臺灣事問答二條

同治十三年八月初六日（1874.9.16）

内容提要

同治十三年八月初四日日本爲臺灣事致問二則，中國於八月初六日答復。一問生番之地謂爲在版圖内爲何迄今未曾開化番民，答曰中國政教由漸而施，毫無勉強，況需因地制宜，且兩國政事各有異同不能相提并論；二問日本漂民遭生番殺害爲何不曾懲辦，不顧憐日本人民，答曰中國向來與各國通商交好，若有需交涉案件，定會查明妥辦，辦理有難易，遲速不同而已。

檔案來源：外務部檔案

已編入《清代中琉關係檔案七編》第一一四頁

照錄問答二條　八月初四日問初六日答

第一條

貴國既以生番之地謂為在版圖内然則何以迄今未曾開化番民夫謂一國版圖之地不得不由其主設官化導不識

貴國於該生番果施幾許政教乎

查台灣生番地方中國宜其風俗聽其生聚其力能輸餉者則歲納社餉其質較秀良者則遴入社學即寬大之政以寓教養之意各歸就近廳州縣分轄並非不設官也特中國政教由漸

而施毫無勉强急遽之心若廣東瓊州府生黎亦然中國似此地方甚多亦不止瓊州台灣等處也況各省各處辦法均不相同而番黎等屬辦法尤有不同此即條約中所載兩國政事禁令之各有異同之義

第二條

現在萬國已開交友人人互相往來則於各國無不保護航海者之安甯況

貴國素以仁義道德聞於全球然則憐救外國漂民固所深求

而見生番屬害漂民置之度外曾不懲辦是不顧憐他國人民唯
養生番殘暴之心有是理乎
查中國與各國通商交好遇有各國官商民人船隻意外遭風
及交涉案件各國商民受虧等事一經
各國大臣將詳細事由情形照會本衙門必為立即行文查明
妥辦辦理有難易遲速之不同卻從無置擱不辦之件即如此
案生番
貴國如有詳晰照會前來本衙門無不查辦且本衙門甚不願
有此等情事此後尚須設法妥籌保護以善將來

一三、照録總理衙門王大臣與日本駐華公使柳原前光爲臺灣事會晤問答節略

同治十三年八月初八日（1874.9.18）

内容提要

總理各國事務衙門王大臣於同治十三年八月初八日與日本駐華公使柳原前光會晤，日本派遣欽差來華呈遞國書至今未准覲見，是以催辦。王大臣答復台灣之事有礙兩國和好，待台灣之事辦有頭緒，再行覲見之事。

檔案來源：外務部檔案

已編入《清代中琉關係檔案七編》第一一七頁

八月初八日

寒温畢　王爺曰昨日所接照會當有照覆來　鄭述柳原云日本皇帝派欽差到貴國來實真和好凴據至今未辦是以照會催辦　王爺曰日本欽差到京已經奏聞

大皇帝問台灣之事辦到如何我無以回答終須將台灣事情辦有頭緒方可奏請　覲見恭候

大皇帝裁斷　鄭述柳原云遞國書是為和好一件事台灣另是一件事若把台灣事夾擠這件事是台灣之

事未辦即不辦覲見之事豈非中國輕拒日本欽差乎　王爺曰並非不辦亦非擠柳原大臣中國辦事向有次序台灣事早完早辦晚完晚辦我說的是真話若說假話來尃衍柳原到那時辦不動我不說那樣的話　鄭述柳原云台灣的事經日本國先派柳原後派大久保議辦此事早晚之間當有眉目保全兩國和好若如此說法是中國輕國書拒柳原

寶中堂云並非輕拒亦非有意耽延實在奏

大皇帝時必須云覲見專為和好台灣這件事明明於和
好二字有關係難於奏對　毛大人云進國書是和
好憑據把台灣事辦有頭緒那才是真正和好憑據
成大人云　王爺意思並非不辦亦不是不肯辦是
台灣之事無有眉目爾要請覲王爺於
大皇帝前說不下去　王爺云譬如寫扇子須從頭一行
寫到末行不能從中間寫一个字再從別行寫是這
个道理　鄭云方才王爺中堂大人兩說這些話都

向柳原細說過了他的意思總說是進國書與台灣是兩件事請中國將此事即予照覆　王爺曰即日就有照會來　鄭述大久保云覲見之事非我所問惟此來為兩國和好為台湾的事赶緊辦理更加和好且恐因台湾之事兩國有不和好之處所以來赶緊辦的今聽此番議論心亦不服亦疑是拒而不納了　王爺曰並非拒而不納就有照會來　鄭述大久保又問昨日去信請訂日期因前日貴國所復兩條尚

要請教　王爺曰總在明後兩日我有事不能見文
中堂還可以見各位大人總有在衙門者　鄭述大
人保云還是等信来

一四、照録總理衙門大臣與日本特使大久保爲臺灣事會晤問答節略

同治十三年八月初九日（1874.9.19）

内容提要

總理衙門大臣文祥與日本特使大久保爲臺灣事件進行會晤，大久保認爲臺灣生番野蠻，定要懲服。文祥辯論道，這是中國自己的事，日本不得過問。

檔案來源：外務部檔案

已編入《清代中琉關係檔案七編》第一二〇頁

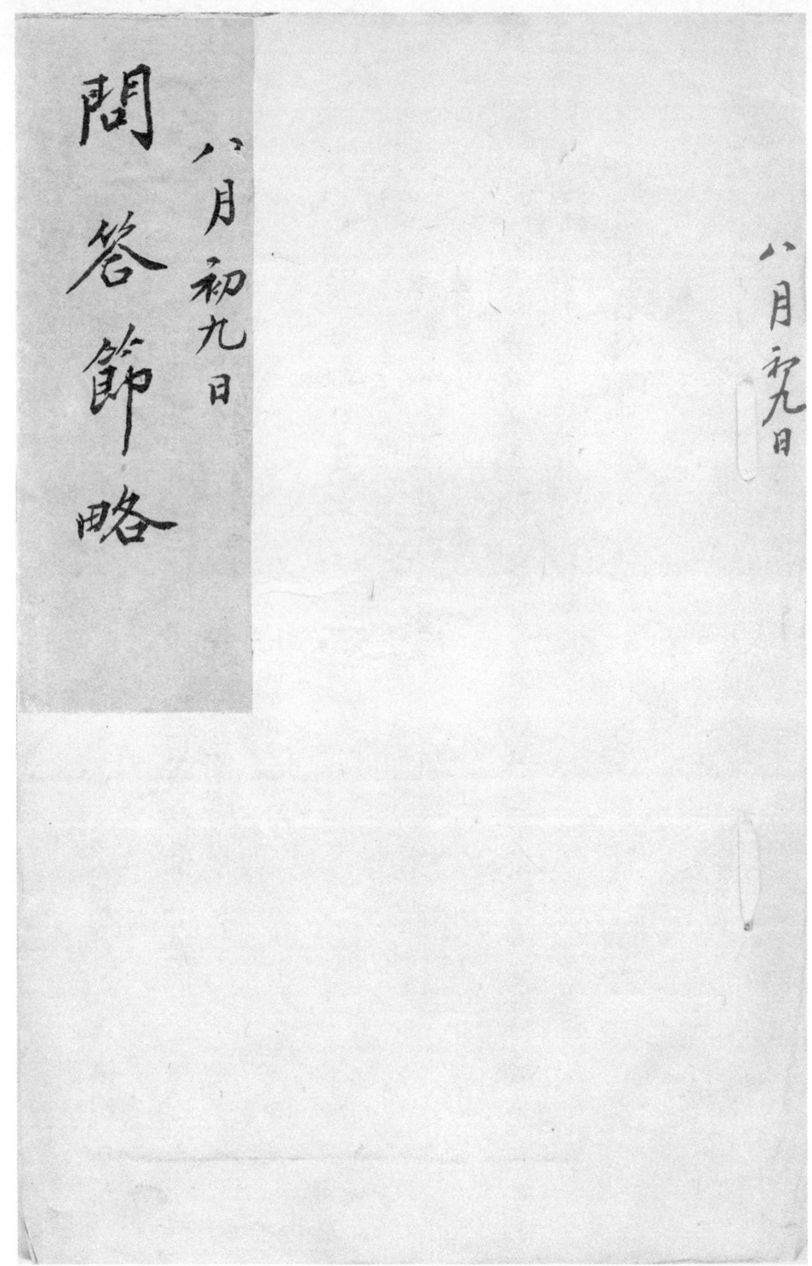

問答節略

八月初九日

八月初九日

八月初九日

鄭云大久保問　中堂這兩日好　答以不見好動輒

恭動喘又云未得好答　鄭答云豈敢

鄭云近日甚涼

文中堂問大久保好　答以託福

中堂又問柳原好了　答以已收口了

文中堂云此是外症容易好我這是內症極不易好

中堂問大久保係在京城住得慣天時一切相宜否

答以沒有不便之事

中堂云西洋人不喜人問年歲答以日本是問年歲

的

中堂問大久保高壽答以日本按西洋歷算四十四

年零八月按貴國說是四十五歲

中堂云中國遇一年日即为一歲
董大人云初生幼孩落生即为一歲
中堂问日本有説學否鄭荅以民间有的隨问中堂
年歲荅以五十七歲
又云我们崇大人八十三歲人甚健壯鄭云崇大人
膂力甚好貴國從先有買跤荅以如今還有

二

鄭問有多少手段答以多得很他們講拿法那樣氣
力大
又云貴國講刀法答以講究
中堂云有一定法子麼答以手段亦多得很
中堂云我們中國有拳腳技藝
鄭云講究鎗法否

答以兵器有十八般我們崇大人都會他向不服老

中堂問貴國有車否答以有

中堂云車子到南省就少

鄭云大久保到中國沒坐過車子坐不慣

董大人云南邊人多是如此黃河以南即無車子

鄭云大久保在通州下船坐轎子甚舒服日本轎子

三

不是這樣如今改用西洋四輪馬車甚穩當但路要
平坦纔好
中堂云西洋車子恐不能避風雨答以遇雨有油布
篷子可以隨时隨时支起
鄭云此位是井田讓隨大久保来的
中堂問大久保帶什麼答以甲东

中堂云我们中国素識者相呼以號

又问御原號什麼答以青卿又云太田資政號耕煙

中堂云貴国此时正是秋收时候麼答以將熟未收

收要九月每歲一熟五月插秧

中堂云我北人不知南边事

沈大人问云種麥子否

四の

鄭云亦有

沈大人問這仍是兩熟否了

鄭云大久保於前日兩条節畧均已看過了其中有疑惑之處現又另具節畧請教隨將節畧遞交

中堂沈董崇大人同閲畢

中堂云我們說一时說不盡只好再登覆回去大久

係還有什麼說沒有
鄭云起先諸義意思大久保向貴國在生番地方作過什麼工夫如今登覆節略內並未說出什麼工夫大久保他看生番地方中國亦沒有親切工夫所說是中國版圖都是空話与萬國公法不合
中堂答以我有一句穩話我們所定條約內有彼此

不得干預政令一條如今大久保說我們政令不好豈非是干預麼至大久保所說公法萬國公法並無中國在內不能以此責備中國我們不能說貴國辦事快貴國亦不能笑我中國辦事慢我們彼此總要按定條約辦事不可空費議論且此事並不是我們先指出一處強說是我們地方與貴國辯論的

中堂云我還有兩句話你再說與大久保聽𠄌語未畢

鄭又云大久保說此番來原是爲和好來日本朝廷爲有生番事情恐傷和誼故派大久保來總將此事說個明白此事關大兩國民命故要說個明白中國既以爲生番是中國地方必定有何憑據在那裡大

久保意思日本朝廷以生番為野蠻定要征服他大久保遲傷和好所以要向中國為什麼不將生番地方办好

中堂答以此是我们自己的事日本不得過問如貴國有办不好的事中國亦可過問否耶如要定向中國不办好的不好豈不是責備麼我们、麼中國國办的好無須各國捨

揚亦不好亦毋庸各國責備
鄭云不是責備大久保是要問生番既屬中國管轄
自然有个办法好回覆朝廷
中堂云此即是從先說過的如瓊州黎子一樣各國
知問我們黎子界內為何不設官我們亦不能說且
中國雲貴四川等處似生番者甚多均向不設官各

六

國有多國辦法我們原説以後設法要辦大久保遂
要追向以前為何不與這話就難説了請向大久保
應當如何
鄭云內地有設設官地方他領教過了但生番不同
內地一樣生番與外國有滋擾情事日本視生番雖
屬中國管轄其人兇頑毫無禁令故要帶兵去辦他

不是干預中國公事且因生番在海邊不同內地番子等一樣日本所以要去辦他

中堂云我適才的話說的是各處有各處樣子亦得好不好他國不必過問不是說內地番子亦要辦到同生番一樣如同這桌子中國不如貴國漆得好不能一定要漆得同日本一樣彼此和好不必辯論日

七

本不責備中國不是中國亦斷不責備日本不是
毛大人云彼此要商量好辦法纔是
中堂云此時如要我們辯論我氣力雖不能多說話
可以寫出且各位大人均能說但彼此不必辯論中
國斷不肯許日本認錯日本亦不得使中國認錯即
前所謂己所不欲勿施於人如說認錯亦有錯要是

地方官未將傷人兇手拿其究不是中國朝廷的錯然地方官他亦有說日本並未與照会無從亦起日本看得起中國總與中國換約大久保信得過據理衙门總來與我們辦事何必多事辯論

鄭云他的主意他是為和好來既為這件事來要請教貴國必待人民受了害總出爲不像朝廷禁令無

八

一切实办法大久保不好回复朝廷如琼州黎子他並無傷害外国人的事生番他在海面且有傷外国人的事所以要去办他

中堂云你要办法甚好因你先儘来辯論業說到办法来說你要问以後办法前文内以善將来即是此意

鄭云大久保於中堂的話都明白了

中堂云從前我們亦與柳原說過了以後必有办法

我們中國不肯多殺人所以遲遲未办今我們定要

办到不准他傷害外國人至以後如何办法無論我

們如何為難花費多少定要办出个光景来如起先

大久保所說豈不是罰中國麼

鄭云不敢

九

鄭云又云他要求中堂明明白白回答他中堂何以答不出

中堂云我不是答不出我不肯說不和好的話

鄭云中國如何不征伐生番

中堂云如此說來仍是因中國辦的不好日本來問罪麽

鄭云大久保再説一句話語未畢

中堂云我不是若不出這句話你要説告知大久保

鄭云從先日東視生番為無主野蠻所以纔來的如

今説是中國管轄究竟有無施授有何政教

中堂云政教是中國政教禁令是中國禁令如日本

兵不來我不能先告外人説生番是我們地方如日

十一

东有長崎島不能先告知中國此島是日东地方中
國不可帶兵来
鄭云大久保意思仍是看生番為無主野蛮
又云大久保意思貴國看日东長崎島無政令麽
中堂云此句話你聽错了
董大人云中堂的話是這台灣生番是我們的無事

無时不能〔必〕先告訴人此地是我们的如貴国各島亦不
能於無事时告訴人此島是我们的不能因有事时
須告知此地是我的即說我们說遲了
鄰至如日本長崎島係中国人日本朝廷必要亦他
不必〔待〕別国来问如今生番把外国難民傷害中国何
以不办

十二

中堂云如中国人在贵国地方被害日本不办我们亦必先出会知再不办我们亦必有辩论断无就带兵到日本之举

郑云又特到去年的话了日本朝廷因生番昆達台湾府故副岛於上年与各位大人说过

中堂云毛董大人在此你们说过带兵麽

郑云实没说过带兵的话因视生番为无主野蛮所以未说

中堂云既视生番为无主野蛮因何又要混扰

沈大人云不必辩论就说一年生番亦是中国地方

鄭云去年春天貴國就該有办法
沈大人交与鄭永甯节略一節云不必往事辨論容将
所问各條答復今日彼此辨論之話不足為憑恐繙
譯傳语有误
董大人将户部册档付鄭永甯閱看　鄭云此憑據
请抄去一阅
中堂云如此厚本如何抄得完且不止户部一處各
部都有憑據何能全抄

沈大人讓　太田指碗中菓子云認得否　太田云

認得叫地梨

沈大人云此是上海話　太田云官話叫什麽

沈大人云學著隨寫出二字付閲

太田云中堂說今日的話不足為憑據大久保說他

的話即是朝廷的話可以為憑據何以說不足為憑

沈大人云今日說得話多恐有傳得舛錯之處故說

不可為憑非句句話不足為憑也　太田向沈大人

何霱人　若以蘇州人我寄居順天所以懂得上海

話　太田云到此没有朋友

沈大人向太田昰久駐京昰暫駐　答以事情办完

即要走的

沈中堂大人向方緣戶部冊档何不讀一二行与大久保

听　答以已說過了

沈大人云明日我们登覆亦本冊档說

鄭又交节略一紙云前送来第一第二条答覆的話

今已另具節略至另本内荅覆的话似可無須
沈大人云有應说的话我们亦要说的　又云柳原
意思生員所住之地如何就是中國地方如中國生
員到美國住外國亦是中國地方麽隨據鄭永甯筆
稱福島領事筆談書後所荅來文内有生員是中國
生員故該住處即為中國之地等語此亦張詞不能
奉教
沈大人云生員是社學所取因福島九成所问廖生

員筆談是以將生負一層詳說
文中堂云生負是中國生負地是生負的地然則無
可辨論矣　鄭云生番之稅向不須納
中堂以其所稱飯店喻之　鄭云生負一層不要請
教請教的是稅~~即起身辭去~~又云今日所逓節略二條請早見
覆即起身辭去

不必往事辯論容將所問各條答後
今彼此辯論之話不足爲憑悉繙譯傳語
省誤

福島領事
筆談書後所答來文內有生員是中國
生員故該住處即爲中國之地等語此亦
强詞不能率教

沈大人筆記

一五、照録日本特使大久保條問臺灣事面遞節略摘要

同治十三年八月初九日（1874.9.19）

内容提要

日本特使大久保條問臺灣事，其一爲生番境内宜其風俗聽其生聚，致戕害漂民一事習以爲常，僅有設官之名，并無設官之實；其二爲中國既已設官分轄番地，遇土番行凶，當由地方速行查究，申請正法，何待各國大臣詳細照會，然後行文查辦？

檔案來源：外務部檔案

已編入《清代中琉關係檔案七編》第一三六頁

照錄八月初九日大久保面遞節略点字一百〇七字

摘錄（照鈔大久保）第一二五條答覆內數句爲問

八月初九日

摘錄第一條答覆内數句為問

宜其風俗聽其生聚

國之於新附邦土也如其人民風俗無害治紀者置而弗易謂為寛大之政亦可抑審訟斷罪兇賊必懲為國大律其俗從私其律從公故無律是無國也此二語奚足以為屬土之徵

貴國於土番果有立法治民之權則其俗必不可縱者有一焉曰戕害漂民是也此事土番習

以為常無所畏憚
貴國以為當有法治之實歟
力能輸餉者歲納社餉
夫國之征稅起于君民相約者也所稱社餉者
稅之類歟抑餽獻之類歟如弱者而餽獻于强
者不得稱為稅也其或不出於民獨出於酋目
或有往來兩間貿易私壟斷者獻其所獲藉名
社餉以圖混冒願聞其詳

質較秀良者遴入社學
天下無有教而不化之民其教養土番之法行
于實際者果有多少何其狼心久而不化耶如
取二三番兒入學未足以為教養之徵
各歸就近廳州縣分轄並非不設官也
山内山後地土懸絶人跡罕至今之府縣遙為
分轄者果足以理訟獄制兇殘也歟夫地方官
司例須就地設置今使遙轄人跡不到之地尚

得謂之設官之實乎況訟獄不理兇殘不制設
官果何為哉本大臣所問者在實不在名也
中國政教由漸而施毫無勉强急遽之心
凡征服邦土名之為義者必須繼以政教今
貴國於臺方既以版圖自居則此事責在
貴國是非獨為土番亦須為各外國之民不可
一日忽諸者也何獨無勉强急遽之心耶且政
教由漸而施者其開導必有端緒可覩今臺灣

建設府縣以來二百有餘歲山内山後之民未見開導之端何其太慢耶

此即條約中所載兩國政事禁令各有異同之義政事禁令遵俗制宜有小異而懲惡勸善是各國之所大同今殘暴不制兇惡不殛事涉兩國豈可置而不問本大臣所欲知者不在政令異同惟在政令有無以便確定臺地之案非敢妨害

貴國自主之權也所引條約之義此無涉

第二條

查中國與各國通商遇有商民受虧云云

貴國既云設官分轄番地則遇土番行兇當由地方速行查究申請正法是為其責何待各國大臣詳細照會然後行文查辦夫犯而後罪不如先事教化之便告而後辦不如未告先究之捷既不教化于未然又不查究于已發而反責他人不詳晰照會此非置擱不辦而何雖云設法

妥籌以善將來本大臣未便據信況前日晤談時所付筆記亦有向不設官設兵之語今云設官分轄前後不符未知何從本大臣所問意在開拓番地教化番俗以便于東西各國航海者何如耳非欲知照會之辦法也

一六、照録總理衙門王大臣答復日本特使大久保條問臺灣事節略

同治十三年八月十二日（1874. 9. 22）

内容提要

總理衙門王大臣答復日本特使大久保條問，第一條，生番戕害漂民一事，中國處理辦法爲因地制宜，不得以此爲非屬之地之證。第二條，各國交涉事件，必有各國大臣領事照會信函可憑，然土番行凶事宜，實因照會未來，無憑查辦。

檔案來源：外務部檔案

已編入《清代中琉關係檔案七編》第一四一頁

卜

八月十二日

答覆日本大久保條問各節

八月十二日

我兩國修好條規第十八條所載原為預防偶生嫌隙以盡講信修好之道今台灣一事本王大臣屢與柳原大臣晤談及往來照會信函並節畧中均切言不必辯論但求辦事妥速以保和好之誼貴大臣晤時並言從前均經彼此各件閱悉現在專為保全和好之誼而來當經開列兩條下問本衙門

不得不據實答覆以為此後當悉心同商辦法矣乃

貴大臣昨交條說又復於本衙門答覆中逐一詢詰

歐洲政教實據本衙門查修好條規第三條所載兩

國政事禁令各有異同并言政事應聽己國自主云云

今承此第二次詢詰各條開及政教實據本王大臣

若於國政中條分縷晰纖悉無遺不獨筆秃唇焦更

僕難數且恐有背己國自主之條若竟置不答又恐
未悟所以不答之意甚或如前日面談時有誤稱答
不出語是以此次姑按所問答覆夫台灣之事
貴國之兵涉吾土地中國並未一矢加遺
貴大臣開列條款逐層詰問本衙門僅止逐條答覆
并未另條轉詰原望妥洽辦事曲全和好若如此詰

責幾等問官訊供矣政事應聽其國自主之謂何

貴大臣設身處地其何以堪此後倘再在此刻本衙門不敢再為領教以

免徒滋辯論致傷睦誼若

貴大臣所稱教化番俗以便東西各國航海云云

貴大臣以此規善中國此正中國原有此土者之職

貴大臣有此規善之意本王大臣深荷

教言總之我兩國唇齒相依理應倍加親睦
貴大臣既因保全和好而來所有本王大臣肺腑之
言已於本年七月十九二十等日面交及致送
柳原大臣三件節略之內九以深顧兩國非同煙[illegible]仍
願
貴大臣檢出再爲惠覽庶以和好之心辦和好之事

俾可歸結前件並善將來兹將各條開列於左

第一條

來詢前次答復第一條內宜其風俗聽其生聚一節

所問其俗從私其得從公並詢我官漂民之不

可從等語查中國於我官漂民之案如係中國

所處之人由地方官查辦如係各國由各國大

臣照會本衙門行令地方官查辦或由領事照

會就近向並查辦中國究有查辦之權是未嘗以私害公以得徇依也且其因地制宜義務有至於嘗謂之不公不得以此為非屬土之徵

又詢力能輸納生番納社餉一節

所問社餉者係之類抑餽獻之類等語社餉之供有原定征實銀有原征土產及土產折銀其中

二

本色於本色隱昧酌量情形並歷年蠲緩外除載
在戶部冊籍又誌書中並有乾隆年間併恤番
民酌減番餉
諭旨。此等各項分別不獨終身不到城市不見官府
之山僻貧民無從解曉即不親理其事之人亦
難素其間患在出於不經之談及訛傳之語大

與徵實記載迥殊戶部冊籍如某番社徵若干
項昨經
奏國朝書記甚悉此係納社餉之實在情形也
如來文所稱弱獻於強不出於民出于酋目贌
易獻其所獲等語此等疑詞不足為向
又詢虞錢來良者遊入社學一節

二二

所聞教養實際等語夫教而即化在上之心也
教而未即化民質之不齊也上教而未即化者
納國藩王其教而化者教之証其教而未即化
者不得執爲未教之証即不得藉此爲地能毋地人能
其人之証如謂臺番狼心皆久而不化則
吳國漂民剝八等前在番地係假授饗者能台

每日官出十八日下午出
於前上

番耶教養之徵固未嘗執二三番兒入學爲授
然亦不能因爲未入學之番民即爲無教之徵
也
又詢爲歸就近廳州縣分轄並非不設官也一節
所問地方官須就地設置等語查山内山後皆
台灣内山也台灣爲中國地方台灣之内山非

の

中國地方手義流中國一村一社隱在設官即應添設數手司黨之官而手所轄理訟獄尚先諸等語如斯事不止害民而關涉外國應行查辦此已在前條所述由地方官開送查辦之內矣毋庸復贅

又中[詢]國設官由漸而施毫無勉強急遽之心一節

所聞各國之民不可一日忽及開導太慢等語
夫台灣番民誠如來文所云責在中國若開導
太慢非友邦之所宜代謀他國不能責中國諸
事太慢猶之中國不能責他國諸事太速也然
謂各外國之民不可一日忽中國自與各國立
約以來無論何地遇有中外交涉事務一經知

否

又爲一字

無自應查辦並未嘗一日忽也

又詢此即條約中所載兩國政事禁令各有異同之節

所問等係屬宜懲惡勸善及事涉兩國豈可置

而不問等語中國治生番之政令誠爲等係屬

宜懲惡勸善理之大同屬暴極宄斷無置而

不問之理前條所云一經知照自應查辦可見

中國並非置而不問也

英大臣謂非敢妨害中國自主之權誠如

英大臣所云之修好條規第三條所載該事應

歸己國自主彼此不得代謀干預各等語本王

大臣能不敢不永遠遵守也

第二條

來詢前次答復第二條內查中國與各國通商並有

商民受虧云云

所開土番行兇當行查究各等語夫行兇必究毫

無疑義然辦事必有案據可憑中國之於各國交

涉事件亦必有各國大臣領事照會行查可憑非

至今○與
貴大臣論事殆爲此說也即如利八等遭風一案
貴國領事官致上海道行文但云番地假館接餐
並無一字言及被戕即利八等華供亦稱並無受
害而事後領事官引貴國外務省文書稱謝亦未
提及受害地方官即無可辦理夫犯而後罪不如

以下引外務文即前致上海道行文與英語翻譯原文擬上即下三字

11

先事教化告而後辦不如未告先究立論不為不
高然各國皆有刑律豈設此律遂無犯此律者乎
至於辦案之法有告發然後能辦此辦事之所憑
也無憑何辦本王大臣並非責
貴國不詳晰照会正因照会未来無憑查辦豈得
謂為置閣

貴大臣謂設法妥籌以善將來未便援行等語

貴大臣既未信本王大臣所言則將來如何商辦

事務此豈推誠相與之道乎至面晤時所言亦有

不設官設兵變係指生番各社如內地之各鄉村

不能一鄉一村各設一官也前送去第二條所言

設官分轄係（各社細務）指生番如內地之各鄉各村雖非各

設一官而無不轄於官也前後並無不荷台灣生
番係中國地方所謂開拓番地敎化番俗以便於
東西各國航海一節本王大臣自當設法籌辦以
盡中國自主之權不待
貴大臣諄囑也

一七、照録日本特使大久保爲臺灣事致總理衙門照會

同治十三年八月十七日（1874. 9. 27）

内容提要

日本特使大久保照會：政化不逮之地不得以爲所屬，是爲理之公者。中國不論化之内外、政之有無、未繩以法律之民、未設立郡縣之地，而稱該地在版圖内，抑亦有説也歟？

檔案來源：外務部檔案

已編入《清代中琉關係檔案七編》第一五三頁

同治十三年八月十七日

照錄　日本大久保照會　八月十七日

為照會事明治七年九月二十二日接准

貴王大臣答覆函文俱已閱悉查台番一事前經柳原大臣與

貴王大臣屢次公文往來及面商一切今本大臣又奉

旨諭來議無非以釋

貴國嫌疑以保兩國和好茲所辯論兩相抵牾而不合者由台番屬

否之實未判也要判其實不得不徵該地有無政教本大臣所以兩次

詢質者職此之由詎料來文所答與本大臣請問之意不適至如

幾等問官訊供倘再如此本衙門不敢領教等語本大臣大惑焉
夫不直則道不見兩相論質固應不嫌其直不然則莫以釋其疑
疑之不釋而囫圇了事豈足以保和好耶故本大臣不憚煩瀆再
攄前問之意以釋
貴王大臣之疑夫歐洲諸名公師所論公法皆云政化不逮之地不
得以為所屬是為理之公者
貴王大臣每援以為証者係台灣府志一書府志所引諸書往
往敘台番獝㺜狼心嗜殺之狀甚悉而今既征之於實地又見台番

之家髑髏累累以相誇燿朝之相剽夕之相殺而無捕之之吏無

懲之之官是謂有政令教化乎

貴王大臣既不欲筆秃脣焦本大臣亦不願聯牘累簡今只要請

教一言曰不論化之內外政之有無未繩以法律之民未設立郡縣

之地而稱該地在版圖內抑亦有説也歟此是兩國議事吃緊

公案此案未了所謂悉心同商辦法者將從何處説起其將何

以善將來乎是本大臣所以不得已於再三也附呈公法彙抄一册以

便照閲幸垂熟思抑

一八、照録日本特使大久保附送公法彙抄

同治十三年八月十七日（1874.9.27）

内容提要

日本特使大久保附送公法彙抄之第一卷第十八章第二百零八條、第二卷第一章第三十七條第三十八條、第七十條第三部、第二百七十八條，一國雖有掌管邦土之名，而無其實者，他國取之不爲犯公法。

檔案來源：外務部檔案

已編入《清代中琉關係檔案七編》第一五五頁

ㄏ

照錄日本大久保附送公法彙抄八月十七日

發得耳氏曰第一卷第十八章第二百零八條一國新佔曠地非實力佔有即就其地建設館司而獲實益公法不認其主權發得耳氏法蘭西國人

麻爾丹氏曰第二卷第一章第三十七條第三十八條佔有者須有佔有之實又曰一國徒宣告佔有意嚮者不足以為佔有雖尋覓一島固屬創獲非有實力掌管之跡不足以為佔有麻爾丹氏英吉利國人

又曰第三十八條一國專管之權行于接近地土及島嶼不容他國攙越者不得出于實地開墾佔有部外

葉非德耳氏曰第七十條第三部凡有掌管地土之意嚮者必要繼以實力佔有又証以永遠制治之措置葉非德耳氏獨逸國人

貌龍西利氏為公師出于最近時而推重于世者其言曰一國主權被于無屬之地者因佔有而得之但有佔據之意嚮或標識或宣文而已者與暫時佔有旋又遺棄者均不足為有主權又曰凡稱佔有者尋覓新域已有佔據之意嚮而施以實政之謂也若夫植立國旂及他表識徒宣示佔有之意嚮者不足以得佔有實地之權第二百七十八條貌龍西利氏獨逸國人

又曰各國得有權兼并無人之境及蠻夷之地者必由開疆闢土教化其民創造其政凡國之主權非施于實地則無得焉又曰佔有之義起于生聚相合自然之理也若一國廣畧蠻土自稱執主權而其實不能開拓管理者已非生聚之誼而又阻他國使不得開其地也凡非有實力永久施行者不得正真佔有之權若初佔後遺或止虛張表識謂之唯假其權可也故一國雖有掌管邦土之名而無其實者他國取之不為犯公法

一九、照録日本特使大久保附送有關臺灣事節略

同治十三年八月十七日（1874. 9. 27）

内容提要

日本特使大久保就『中國既有查辦之權，是未嘗以私害公、以律徇俗』『社餉之供有原徵實銀』『中國與各國立約以來，無論何地遇有中外交涉事務，一經知照，自應查辦』『利八等遭風一案』諸條提出疑問。

檔案來源：外務部檔案

已編入《清代中琉關係檔案七編》第一五八頁

以

照錄　日本大久保附送節畧八月十七日

前本大臣請問兩條所來答覆甚辨無如論與問意不適本大臣已

備文聲明今又就所答覆逐節置辨如左要見大意不事文飾

第一條内

中國既有查辦之權是未嘗以私害公以律徇俗也一節

本大臣始未問中國有無查辦之權而問台番有無政治之實蓋台

番以剽爲俗此豈可徇之俗苟徇其俗則是無律也無律無政治謂之

非屬地之徵亦無不可

社餉之供有原徵實銀一節
答覆頗悉然於往來貿易私壟斷者冒名餽獻或不出土民一問竟
欠細答不免嘆然大有令人疑其掩飾者
貴王大臣辨論台事往往援府志為証查續修府志載贌社之稅在紅
夷即有之其法每年五月初二日主計諸官集於公所願贌衆商亦至其
地將各社港餉銀之數高呼於上商人願認則報明承應隨即取商人姓
名及所認餉額書之於冊就商徵收分為四季商人已認之後率其夥伴
至社貿易凡番之所有與番之所需皆出於商民之手台灣南北番社

以捕鹿為業贌社之商以貨物與番民貿易肉則作脯發賣皮則交
官折餉而淡水廳志所引鄧傳安紀番俗云輸商之社歸化番也不輸
餉之社野番也生番何能輸餉惟是社丁以贌社所得納稅於官耳其冒
險趨利與野番交易之番割官不過而問焉據此二者即與本大臣所言
者相符
貴王大臣証生番服化每援府志而以輸餉為言而府志等所稱又有如
上者未知府志亦足為據耶歷年徵餉簿册在戶部者
貴王大臣謂皆可覆案是固不害其名之如此而又不妨其實之如彼也要

之非親周歷不能核實紙上之談未足為確

化者教之證而未即化者不得執為未教之證一節二百餘年教而未化今一朝

撫而服之有三年有成之期有土者不無政治之實二者孰有其實

中國與各國立約以來勿論何地遇有中外交涉事務一經知照自應查辦

一節

有國者義所當然況此事載在修好條規自是

貴國分內之事本大臣前有太慢之問非此之謂也且

貴王大臣既欲以此自任前年英美等國船客為番民所剽殺者何以

任其自辦又我副島欽差奉使之際告以懲辦番民之事而何不引以為

貴國之責而諉以化外此非以番民為在中國之外者而何

中國治生番之政令誠為導俗制宜一節

本大臣所問在政之有無不在異仝已論列在案故不必辨

第二條内

即如利八等遭風一案一節

利八遭風被刼實在昨春其回國也即副島欽差奉使之後當時我國既

認台番為

貴國化外則何須瀆告請辦也惟
貴國官弁厚遇難民救護備至是領事所以稱謝也
貴王大臣云云此非責
貴國不詳晰照會則本大臣不必辨明然事乖其實不得不一言也其他
所覆之論本意既乖宜其末之不相合也本大臣既倦論辨不欲再覼
縷切祈
貴王大臣即將此次照會熟慮一番煩為明答其本俾本大臣得從辨
妥此事為幸

二〇、照録日本駐華公使柳原前光爲請即日奏定覲見日期事致總理衙門照會

同治十三年八月十八日（1874. 9. 28）

内容提要

日本駐華公使柳原前光照會：恭奉國書來京請覲，因伐番一事未及妥辦，致使稽擱國書。現土番一事，經大久保與總理衙門大臣悉心商辦，特再照會總理衙門大臣，務冀即日奏定展覲時期，以便昭述所職。

檔案來源：外務部檔案

已編入《清代中琉關係檔案七編》第一六三頁

日本萬連次修改了

照錄日本柳原照會 八月十八日

為照會事明治七年九月二十二日接准

貴王大臣覆文稱本大臣請

覲一事

貴王大臣並無以別外事故曠延時日稽擱

國書之意唯願彼此事事妥速辦理永結唇齒愈敦和好等

因前來夫本大臣恭奉

國書來京請

同治十三年八月十八日

覲者是遵通使常典述吾職任而講信修好也故一日未親進
國書則一日曠吾職任辱莫大焉所以到任以來汲汲籲請不
意乃將伐番之事責本大臣妥速辦理致使稽擱
國書無以述職實不堪也至於土番一事現在經
大久保大臣與
貴王大臣悉心商辦無非保固兩國唇齒和好之意何所為
難今
貴王大臣必欲俟本大臣事事妥辦然後延

見是緣別外事故以簡常經大典也本大臣
君命所在職分攸繫萬難廢置為此特再照會
貴王大臣務冀即日
奏定展
覲時期以便昭述所職力當斯任是所切屬須至照會者

二一、照録日本特使大久保爲臺灣版圖歸屬事致總理衙門照會

同治十三年八月二十四日（1874. 10. 4）

内容提要

日本特使大久保照會：臺番未繩以法律、未設立郡縣，向不設官設兵，是貴國政教之實未及臺番，鑿鑿可據。總理衙門王大臣獨揭版圖虛名推論，以不事辯論傷和好藉口，俾此案莫從歸結。所以不憚煩陳瀆告，複申前説。

檔案來源：外務部檔案

已編入《清代中琉關係檔案七編》第一六六頁

同治十三年八月廿

照錄　日本大久保照會　八月二十四日

為照會事明治七年九月三十日接准

貴王大臣照覆俱已閲悉

貴王大臣稱各國所屬邦土不得以臆度之詞任意猜疑各國

禁令亦不得以旁觀意有不足經相詰難仍引修好條規第一第二

條並舉前者聲明不必再事辨論徒傷和好及中國並未另條[illegible]

此後若再若此不敢領教本大臣自應按照前次聲明之言辦理[illegible]

因夫友邦相接其議事之際固宜公平協同悉心論質豈容推諉

誼

回護有所隱秘
貴王大臣此次答覆不獨論與問意不相符合又有大傷兩國交
者案查
貴王大臣從前照會晤談有稱台番未繩以法律未設立郡縣
向不設官設兵且據台灣府志淡水廳志所載社餉之說其有名
之處又明著如此而前年英美等國船客為番民剽殺者
貴國已任其自辦至我國難民一案曾經我國使臣告知
貴國亦不引以為己責是就前事俱足為証故於日前經已聲明在

案安敢以臆度之詞任意猜疑耶要之
貴國政教之實未及台番鑿鑿可據今
貴王大臣獨揭版圖虛名推論夫萬國林立島嶼星散彼此得指所
屬名為己國版圖者將何以為保焉必也其掌管之實明而版圖之
名從苟遺其實而取其名雖云兼臨宇內可也本大臣特欲引公法
以斷此案不據修好條規者意實在是詎料
貴王大臣於本大臣請問之意不詳晰剖覆以不事辯論傷和好
藉口俾此案莫從歸結是非公平協同悉心論質之道況偏[illegible]

徒引條規加人以侵越邦土違犯條約是豈友邦所宜出於口

直則道不見本大臣既已言之所以不憚煩陳瀆告復申前說爲

所懷此即深念兩國交誼之意如其曲折情由當俟下次踵

貴衙門晤談可也爲此照會須至照會者

二二一、照録總理衙門王大臣與日本特使駐華公使爲臺灣事會晤問答節略

同治十三年八月二十五日（1874.10.5）

内容提要

總理衙門王大臣與日本特使駐華公使爲臺灣事會晤，雙方圍繞臺灣生番是否爲中國屬地展開辯論。

檔案來源：外務部檔案

已編入《清代中琉關係檔案七編》第一六九頁

與日本大久保柳原公使等問答節略

毛文寶藎

崇沈夏

各坐

八月二十五日

八月二十五日

鄭云來晚了、中堂大人云昨承費心謝謝、鄭云不過土儀、文中堂云我們係地主應該的、這是禮從外來了、寶中堂云柳原大人清瘦的很、鄭云現在已好了、又云今日轎班忙的很、不知什麼日子、答以係屬吉日、嫁娶的多、鄭云中堂這幾日好些麼、中堂云蒙

大皇帝不准開缺、故我亦只好強勉、又云這裡天氣乾的很、鄭云近幾日是一年最好日子、中堂云

貴國亦係如此。中堂又云：這些日子係重陽，貴國亦係節令否。鄭云：八月十五不比貴國這樣好，只有正月初一、三月三、五月五、七月七、九月九，均是佳節。中堂云：三月三亦叫上巳麽。鄭云：七月七叫叫七夕。中堂云：九月九登高否。答云：是。鄭云：大久保大臣説前日貴國八月十七日接到回文，均已閲悉。他的意思要照他的來文一一回復，如今回文看不清楚，彷彿中國看日本有些疑心，他看不明白、不将回复，故要将回文上的话说的详细方能洞晓、中堂云我病、说话也性急、也怕说不清、大久保大臣要说的详细，在我们也算详细了、大久保大臣说我们疑心、我们倒不疑心、是你们疑心从前照会内所有不相信的话、我们均相信我们的话、我们那些话上算详细的了、我们係为国家办事的、不是债务的说要想出办法、因中堂云大久保大臣说我们所说不详细、我说所说已详细了、说我们疑惑、我们亦不

二

疑惑、是貴國大臣照會內說本大臣之言不能相符、我們所說既不相符、無論如何詳細、亦是徒然、不必再說、我們是爲兩國辦事、不是債事、　鄭云大久保大臣總有大臣第一疑惑、　中堂云不相符之言、是貴大臣來文所說的、我們何嘗疑惑、　鄭云大久保前日相問的意思、要將生番上收從苐事、從實力上說、今從虛處說、本中堂已說盡說、本有確實憑據要問、無奈貴大臣不肯詳說、　中堂云既不相符、更無從說　大久保云本意要問的說話、明白

二

說才將不言是不說、　中堂云後一切話不相近便問不
相外何說去、　英大人云從前所說已詳細了、　大
久保今將指所據一事向沈大人指說要問、又云大
久保有確實見據要問、從前不似有生番地方的光
景生番收的稅很多、台灣生番存志不同、此節并未回覆、
沈大人大久保云已說過了、我們都是有見據的　大久
保云總是所問的話、沒有回覆、要一切一切的詳
說、又云總以所答話有沈大人答話都說過了確實見據、久大臣所說

三

是賬皮〻問、怎麽樣、沈大人云話都說過了、明〻是我的賬皮

〻問豈亦不相信、差大人云與如一桃、指盤中桃、此盤

或我自己樹上結的、係向我是何處買或買的多少錢買

的、或送的、再問我說結的不代說是買的不代到底

是如何說、中堂云、那也無可說、我也不向你桃〻

是誰桃核、是誰說、那是心腹話、亦嘉不能說假

說、無論如何不能說生番不是中国地方、大久保說

保全和好、應办和好的了、中堂又云我所說的都是

真實話、沒一句虛假、說到萬〻年、若想把生番地方

的何人送的何那

一顆樹上結的我

已一〻確切詳明

細說明可相信

矣猶如向我此一

桃皮上〻毛共計有多

少根、如此請問有是

理乎、明不說出此桃

皮上〻毛數目即

因此不算，我的本是瑕乎

撤論了法是斷不能的，彼此的事要自行了結，不

中國的我們可令外人笑話，如要由

我同辦事，我便是這樣說。鄭云現在各位大人已

詳細說了，他說從先日本朝廷看生番是無主野蠻，

後來中國說是中國邦土，柳原回覆本國，故總治大

久保前來，要向中國在生番地方有如何辦法，作為

憑據，他才好回覆本國，如今貴衙門沒有明白回覆，

他亦不好回覆本國。沈大人向要如何回覆。鄭

云他說從先外國人告說生番傷害人民，中國如

9

仍查办，方是退换。乃中国係统查办，何以至今并无办过。贵衙门并未将此層详细察他，所以不能相信。沈大人云：此有[被]接告者，必有办法。郑云：空查有办的话，实在并无查办着，起湛先光景，所以他不能深信。董大人云：你们太久係不相信，仍因湛先答应办，没未没有办，所以要向。但此事如详细照会昔诸过我们，我们答应去办才能向我们，现在此事，[仍]我们并无照会，我们並無答应不办之事。中堂云：如举别人事来引证，亦要靠实。照中

國有不办的事、方纔可不相干、不能以別人的事來
硬作比樣、譬如此碟子、是我買的、不能必定告訴人
倘是我買的、人家亦不能因我沒告訴、便說不是我
的、　鄭說他說從先回文中、並有不繩以法律及台
灣諸書、而有置而不問的話、英貴衙門現在所說的
話不一樣、所以他要詳細還他　沈大人云俱已還
過了、　董大人云有怎搜不相干、亦是徒說、至如設
官不能寡寡俱有、即如法律、不能以方犯法的、即說無

法律、譬如此桃子不能向我這个桃子有多少毛、內中是怎麼樣核子、如我說不出、就不算是我的桃子、鄭云他因為要衙門回答的話說、生番是中國版圖、而台灣誌有不相符的話、並有外國人被害中國許查办、以後、沒有办的事、這事他都有憑據所以他總不相信生番是中國地方、當即交出節略一紙注明 中堂云這是一件、以後還有呢、誠似不知道、 鄭云他看此件事、他總不相信的、 中堂云是因這件事

總不相介的麼，我們甚先說過，有四会，我們總能要
此案是地方官推搪不辦，我們已經[illegible]處、[illegible]
[illegible]此案以後仍是中國官辦的，李讓禮為
生番講情、總結的、並立有章程十條、地方推搪事情
不但生番即地方、即內地亦有、但朝廷知道、後有不
參的、譬如人家有不好兒子、須去管他、不能因他滋
事、即說不是此人之子、李讓禮只說前半截事、為何
不說後半截的話、前將前面節略付閱　中堂[illegible]

上

此不可先有成見、如先有不相信的心、以沒事就作好了、如實心要和好、你須想辦法、不論多少年、不能退辯論以定生番是否中國地方、如你要辯論、我便不答了、不是我答不出、亦不是我有脾氣、緣是先前柳原大臣說過的話、說以沒事情並沒向貴國告知過、既是兩國相好、要自己商議、不便令外人干預、我的氣話、話雖說得不詳細、想老卿可以領會了、鄭云也不是以此事為疏據、寔憑據他、不過是因貴大

臣不詳細寫他、〻才寫出來請看的、　中堂云以汝 十二
辦事是日本國事、方可為憑、他國之事不可為憑、
鄭云他說日本憑據、便是傷五十四人的事、　中堂沈大人
問是那年的事　若以是去年的事、　中堂云那時
立約否、如那時並未立約、即應先說明此事再立約、
近至副島大臣來京、亦應先繪照會、不應空口說、中
國辦事憑照會、不憑口說、緣空口至無詳細情形、如何
能辦、貴國辦事想來亦應如此、辦事憑兩造、如心一

造如何能承，且一造尚無處去找、　鄭云前年副島大臣派柳原到貴處來說此話、　柳大人因貴國沒有回話、即算說了、　董大人云柳原來者時那時因覲事未議完是以未詳答、沒來副島瀕行時尚有別的話　毛大人云說話口音不同亦許彼此誤聽、　中堂云我們說查辦、你們有帶兵的話麼、　鄭答云無　中堂云無論如何、你們總應有照會來不能去說　鄭云他說有生番是中國地方一島、副島故令柳原告说一句副島回國因中國没有别的话是以認生番不是中國管轄　中堂云譬如我們比时派一人到貴國去好不好你們必说是好我便派人帶兵去、因你們當初说好並没攔我你們答应不答应　鄭云只口说便可以辦　中堂云我們中國不能　鄭云有權位人说了便可辦、鄭又云是憑毛董大人的話、中堂云大人們如此说且勁不有一位王爺於副島瀕行时曾说两國邦土不可侵

越那都是因你们有向毛大人说的话、我於筵宴时
亦曾说过两國邦土云云。鄭老爺傳副島的話因所
願也有的没了、鄭荅云有、

鄭云今日不是議論些件事、那時日本朝廷要到生番去办事、副島因与中國和好、故說一由、其實可以不必說、　董大人云、你們說的話不必說明白、即可算話了、我們說的話、我們說的話必須說明白、才能算話了、我們与副島說兩國邦土云云、那時副島并無生番不在其內之語、　鄭云大久保說去年副島令柳原說的話、是日本朝廷看生番不是中國地方、此話亦不必論了、文中要說些和好話、如今要

隐根本上说话、大久保以生番不是中国地方、贵国（是無主野蛮）
既以生番为管辖之地、必有切实凭据、他才能相信
亦将田丰本国、不能将此事说明白、才是和好、不是
凭点说和好、所以他才来请教。　中堂云一切凭据
的话、必会信函内均经说明、此时亦不必再说　中
堂云、即董大人后所说桃子的话、譬如我这树桃子
我的岂能图问我多少根、因我答不出、便说不是我的（郑云不知　中堂云你答不出数目我能说此树桃子是我的）
郑老爷你能知你的胡须多少么　郑云他今日该修（主野毛）

簽、是因貴衙門說生番是中國的、並無實實的憑據、他要問箇子細、文中堂便說不必辯論、這是令他不能說話、為何辦不呢、沈大人云我們並未不叫大久保大人不說話、因以先的話、均已說過了、此時何必再說、鄭云他說從先貴大臣等說外國有告報、即可去辦、他見並無查辦、是以他要請簽、去年副島大臣來貴署、貴大臣等說去查辦、並沒別的話、日本故看生番為無主野蠻、中堂云這話是你們以美國不來說、

你但知起初文件、以后安亦李讓札尚有申呈致謝
你如要看、我不难抄阅、况美國事不能向日本說、
各國有各國條約、動輒云不相信、我們說話便難說、如
大久保大臣一來、我們便說不相信、彼係說話庶必然以
我們為得罷大久保、如今你們不相信、我們仍然如此、亦算講和好的
了、中堂又問你願看李讓札信案
伸呈函、答以不在看、此是他們自辦的、中堂云
不是、是我們辦的係彼處申謝鄭云李讓札的事不在看、尚有

地方上的实在懸擬公文内已说过、中堂云是公文上的话、我们都覆了、鄭云他说贵國有無派兵設官各位大人所引誌書的话、有与誌書不符之處、他是以不相信 中堂云各國的書、不能無相矛盾之處、即如今日所说的话、亦有矛盾之處 鄭云大久保说台湾没水所納税一項代办的人亦不是生番、何以为中國管轄、這又不是懸擬、沈大人云不是懸擬、中國本何以載在誌書、毛董大人前与副島

十

说的话、彼时回过王府、我同中堂送行去当面告知
副島、两國邦土云〻、因两國和好、不好说破、[illegible]是擱
阻的意思、 鄭云去年副島令柳原来貴署说的话、
不过是告訴〻〻、其实日本朝廷一定要办到此等
地步、大久保因和好而来、故要详問、各位大臣不肯
回覆、他只没得说了、 沈大人云我们并不是不回
覆、说了不美、只無法、 鄭云必旧是副島所说看生
番为無主野蛮、中國並無回話、 沈大人云两國邦

土云云、即是回话、　郑云条约　是与贵国互换的、

但（两国邦土云、）他谓生番为无主野蛮，与条约无干系、　中堂云

何以他国条约内无此款、　沈大人云、所以本大臣

等与副岛大臣再四谆嘱此款内、副岛答以固所愿

也、如说与条约无干系、岂不将副岛看轻了、　郑云

副岛[崔]先说查办、各位大臣无有别的话、即谓生番

为无主野蛮、　中堂云、即英美两国（国所愿也）[?]先亦（是）由中国（所置一副岛大臣于何地）

查办的、　苏大人云、如副岛所说的话、不美[?]（副岛答）

十二

已有侵佔生番之心、何以又云固所願也、　鄭云固所
願心、是副島的話、不是余们上話、　董大人云副島
究竟說过生番為無主野蛮的話没有　鄭答以無、
中堂云貴國不願与我们和好、即說失和的話、如与
中國與貴國和好、即說和好的話、若如此說、豈是和好、
老鄭爷今日你辛苦的狠了、台灣的□還我、你们請貴國　中堂又云我们因和
点算相讓、又係与西洋各國辯論若
好不肯請貴、於西洋各國說不相信、便是失和了、
又云我上次与柳原大人节略、不知大久保看見过

否、答云見过了、中堂又云鄭大爺你說我那是真話、是假話、鄭云這些話說的点不妥、恐說过頭倒不好、去年副島說生番是無主野蠻、貴信大人並無別的話、沈葆楨大人云副島並無無主野蠻的話、鄭云大久保的意思如此、情理莫盡了、点鈥要回去了、中堂云多住久我们不敢勉強、但我们[illegible]大久保点要親認道

二三、江蘇巡撫張樹聲爲琉球國遭風難民循例撫恤事奏片

同治十三年八月二十九日（1874. 10. 9）

内容提要

江蘇巡撫張樹聲奏報，琉球國難民内間等十二人在洋遭風，於同治十三年六月十二日漂收崇明縣洋面。經救護撫恤，并將原船修葺，所需工料銀三百九十五兩八錢五分，先由道庫墊款支給。待船隻修竣，該難民坐原船回國。爲此謹奏。

檔案來源：宫中朱批奏摺

已編入《清代中琉關係檔案選編》第一〇八九頁

再據崇明縣知縣曹文煥先後稟報同治十三年六月十二日有外國船一隻在洋遭風漂流至崇當經會營詣勘查訊語言不通給以紙筆據書均係琉球國那霜府人船主内間船頭安里筆者饒平名水主内間西銘並里山城石川玉城並里西銘西銘共十二人裝載薪苫千擔於六月初三日在那霜港開船欲到太平山銷賣初五日不知何處洋面陡遭風浪大檣斫斷

薪苫抛棄僅存十擔至十一日漂至十滧外口隨同漁船駛進十二日至崇願求修理原船送回本國各等語即給予扇席米肉等物優加撫卹令其仍住原船並派差役妥為照料應否將人船就近解滬以便購覓料工修理原船資遣回國稟請核辦並准蘇松鎮總兵臣滕嗣林函致前因各等情據此均經分別札飭司道查明例案籌議詳辦去後茲據署蘇藩司應寶時會

同署臬司衛榮光蘇松太道沈秉成詳稱琉球國遭風難番内間等十二名人船已飭據崇明縣知縣曹文煥於七月二十八日解送到滬由道飭令上海縣點收撫邮督匠估修船隻實需工料銀三百九十五兩八錢五分先由道庫墊款支給於八月十二日開工尅期一月修竣酌給口糧資遣該難番等仍坐原船回國應俟開行有期另行詳咨沿海經過各省派撥師船妥

為護送出境所需修船撫卹一切經費由司照
例動支移還歸款彙案造報等情會詳請
奏前來臣查琉球國商民遭風漂至各省例應由
地方官動用存公銀兩賞給衣糧修理舟楫將
貨物查還候風遣歸本國今該難番内間等十
二名既願仍坐原船回國核與定例相符除飭
將原船趕緊修整賞給衣糧並將在船原剩薪
苫衣物等件一併查點交還候風遣歸本國以

示懷柔暨咨禮部查照仍俟開行有期分別咨
行沿海經過各省妥為護送出境外理合附片
陳明伏乞
聖鑒謹
奏
知道了

江蘇巡撫張樹聲
同治十三年八月廿九日

二四、照録總理衙門王大臣爲日本出兵臺灣事致日本特使大久保照會

同治十三年九月初二日（1874. 10. 11）

内容提要

總理衙門王大臣致日本特使大久保照會：日本難民一案，如應辦理，必須將詳細情節照會中國，始能查辦。日本出兵臺灣，既不遵守修好條規，亦未能詳悉泰西公法。日本應公平協同詳求妥策，中國必不推諉以全彼此和好之大局。

檔案來源：外務部檔案

已編入《清代中琉關係檔案七編》第一八三頁

照錄給　日本大久保照會　九月初二日

為照覆事同治十三年八月二十四日接准

貴大臣照會一件旋於二十五日

貴大臣來署面談一切本王大臣查

貴大臣稱友邦相接其議事之際固宜公平協同悉心論質豈容

推諉回護有所隱秘等語前此

貴大臣所問各節及台番未繩以法律於各社未設官設兵仍兼

分轄各官並社餉等事均於照覆及條復中詳晰言之毫無推諉

回護有所隱秘之處乃

貴大臣來文中於本王大臣所言中國政令謂為非實謂為滋惑

又謂本王大臣之言未便據信此次照會則謂論與問不相符是

本王大臣無論如何詳論概以為不相信則又何從詳論况所論

並無不相符之處亦於前節略中言之矣

貴大臣謂台灣府志淡水廳志所載有名無實不知唯中國地方

始載中國志乘從未如

貴大臣所謂萬國林立島嶼星散皆可指謂已國版圖也所云從前

英美等國之案無論他國案件難於牽引況他國案件係與中國
換約以後之事英國之案不知係何所指無可晰述即以美國之
案而論亦係
美國大臣按約與本衙門往返照會辦理皆由中國自辦商明完
結共見共聞有案可據並非如
貴國難民一案事在未經訂換條規之先及訂換之時未經議論
訂換之後又未經照會請辦而自以兵船前往辦理者也亦並未因
此地有滋事未辦之案即指此地不為中國所屬也本王大臣曾云

貴國如有應辦之案中國非不欲辦而必須將詳細情節照會始
能查辦之故已於歷次文函及條復中再再言之何嘗不引為已
責耶本王大臣本不願再事辯論因
貴大臣重複言及不得不重複申論耳我兩國相交以訂換兩國修
好條規為始彼此自應以條規為遵守本王大臣篤念和好是
以引修好條規為証豈當日著為令典者今日可棄之如遺乎
貴大臣謂欲引公法不據修好條規云云即以萬國公法言之
貴國舉動是否與公法中一一相合自有公論本王大臣未能詳悉

泰西公法全書精義不敢據以問難而修好條規則所深悉其應否以條規為據亦自有公論總之中國於

貴國兵赴台灣一事自始至今所以待

貴國者未有絲毫失禮之處可以對

貴國可以對各國矣

貴大臣若欲公平協同詳求妥策以完此案以善將來凡中國分所應盡之端必不推諉以全彼此和好之大局以符從前訂盟結好之初心

貴大臣亦同有此責當亦同存此心也須至照會者

二五、照録總理衙門王大臣爲日本出兵臺灣事致日本特使大久保照會

同治十三年九月初七日（1874. 10. 16）

内容提要

總理衙門王大臣致日本特使大久保照會：日本出兵臺灣，貴大臣以法律不能盡繩，郡縣官兵不能遍設，文教不能即通，民質不能即齊等由屢屢駁詰。兩國大臣辦事各有保全和好之責，應妥結此案，不再辯論。

檔案來源：外務部檔案

已編入《清代中琉關係檔案七編》第一八七頁

同十三年九月七日

照錄給　日本大久保照會　九月初七日

為照覆事本月初二日備具照會知經

貴大臣詧閱先於九月初一日接到

來照會一件本王大臣詳細查閱因思台番一事自

柳原大臣來京本王大臣即告以東兵赴台之事不必再事辯論應

商一妥當了結辦法以全和好並面交所談節畧數語皆係關繫

兩國脣齒肺腑沈痛之言而

柳原大臣不以為意及

貴大臣 初晤時亦云前致
柳原大臣節畧等件均已閱悉並稱係專為此事保全和好而來將此
事辦好以後更要和好本王大臣方謂彼此意見相同可以商定完
案辦法不意
貴大臣屢次詢問節畧及照會等件不獨仍事辯論且令人難堪之詞
不一而足本王大臣若不一一相答不特如
貴大臣前此或以為不肯答或以為答不出且直如此次
來文所謂有曲徇顏情糊塗含忍之咎矣今

貴大臣又復一一相詰試問中國所說法律不能盡繩郡縣官兵不能遍設文教不能即通民質不能即齊凡此皆治國之恆情豈得因此即為不入版圖之實據歟且不獨中國版圖如此類者甚多即各國所屬版圖如此類者亦恐不少

貴大臣能概以萬國公法徵之歟志書所載各語或係追述從前非一人一時一地所撰自難字字脗合亦難盡括全體本意豈能揀擇一二餘盡抹煞謂不足徵歟若不屬中國何以列入府志戶部冊籍於輸餉一節蠲緩升除本有各項分別且前曾面談社餉有由頭目代各番彙交者

中國似此之類尚多豈局外未悉者可强以臆度為名實不符歟
（若不屬中國何以輸餉）美國漂民一案當時美領事駁覆華官生番不入版圖一語
彼已切指番地寔係中國所屬並於中國辦完此案兼籌日後保
護辦法另有照會稱謝
貴大臣既見初次華官給美領事之文獨未見美領事照覆及申
謝華官之文歟且當日誤論之華官本王大臣曾經面談彼時已經
申儆責令將此案辦理完結矣豈得執往年向他國一語之誤輒以為
終始有違之據歟所引英法各國條約無論與

貴國條約是否相同即以英法各國而論無非遇案彼此往返照
會其事之小而且易者間或有不待照會一經聞之立即查辦之
事若遇必須有詳細情節可憑始能查辦者則無不專候照會何
能以中國之靜候照會即謂之違約歟辦理中外交涉事務無不憑照會者事之小者即無照會亦有信函甚至酬酢往來尚藉文函將意亦貴國所行者也謂告於刕縣而刕縣不辦事在何年何月所告何刕何縣皆
有文牘可憑歟謂告於總理衙門而衙門不理請問是否因告
知刕縣不辦特催本衙門辦理歟果爾則去年
副島大臣在京何以不將此情節照會請辦歟倘照會本衙門而本衙門置之不理本王大臣今日亦

決不回護然亦何至遽爾加兵若謂台番不遵約束中國不為保護何以
貴國利八由番目救護而假館授餐由關道接收資送回國豈非
番民尚知遵守約束章程為中國保護
貴國商民之寔驗歟從前奉告以番地在我版圖政教未遽及民
質未遽化各節均係寔情而
貴大臣仍頻以政令無寔相責詰甚至以無律無國為誚似此迫
我情寔難堪得不引修好條規以相質要豈本王大臣之初願哉
夫侵越疆土一言誠如

來文所云豈兩國所樂聞特無如
貴大臣駁詰無已不得不援去歲與
副島大臣贈别請念之言以相告並非今日與
貴大臣議論始將此語拈出指摘也然當初與
副島大臣言之係預防嫌隙之意則今日與
貴大臣言之亦仍是初心豈可疑為遽予人以不容之罪耶且使
今日而不言又何解於
來文所謂不責者亦為無重條規之念乎本王大臣謂不可再事

辯論者原係惧妨和好非窮於詞不能辯論也番地屬中國中外皆知　兩大臣來京所詢問本王大臣所答復亦均詳且盡矣即再加千百萬言不過
是中國地方一語何情事漸露之可言乎而
貴大臣仍屢屢駁詰及本王大臣據寔答復而
貴大臣又謂不可據信並以為訑訑聲音本王大臣亦能無憮然
哉總之本王大臣凡與
貴大臣及
柳原大臣始終所言無非肝胆流露毫無不欲曲全之心即
柳原大臣請

覲一事本王大臣亦只待台番之案定議得有和好真據即為辦理若

遂謂不以好意待

貴國或

貴大臣反言以試我耳及如來文以為中國未加討責為糊塗含忍並謂不以一矢相加為自詡之語是始終未解中國不肯有礙和好之心無怪謂中國不以好意相待也

兩國大臣辦事各有保全和好之責則成此兩國之好仍在人而

不在天

來文謂翻然改圖別有兩便辦法本王大臣原係惟、 人圖歷次

皆告以妥結此案不再辯論者即係兩便辦法自始[illegible]並無他

意唯

貴大臣察之須至照會者

二六、照録重陽日總理衙門王大臣與日本特使駐華公使爲臺灣事會晤問答節略

同治十三年九月初九日（1874. 10. 18）

内容提要

重陽日，總理衙門王大臣偕章京至日本特使大久保寓館見大久保、柳原前光、鄭永寧、太田資政，辯論解决臺灣事件辦法。日本提出退兵，但須賠償費用。中國認爲可以恩典予以酌量撫恤，但兩國并未開仗，不能言及償費，此事關體制，有礙於中國。

檔案來源：外務部檔案

已編入《清代中琉關係檔案七編》第一九五頁

重陽面談節略

一

重陽日兩點鐘

成董沈夏大人偕周方章京至日本國大久保寓館見大久

保柳原鄭永寧太田資政在座寒温畢鄭譯大

久保之言曰昨日照會信函均看過了

中堂來信提及

各位大人光降有兩便辦法相告甚為樂聞即要

請教
董大人日以大久保大臣來照會有兩便辦法的
話正與本處意見及從前與柳原大臣面談肺
腑之語相符是以前來面商貴大臣有兩便辦
法我等極是樂聞請大久保大臣明告大久保
云是

中堂與

各位大人來信與照會内兩便辦法之意相符所

以要請教還請

各位大人先說

況大人曰先說後說總無不可大久保欲問兩便

辦法如果貴大臣亦思兩便用意自必相同儘

二

可由大久保大臣先説大久保曰現有辦法較

從前所説已轉了一灣

董大人曰請大久保大臣自己忖量所説辦法是

否實係兩便如實係兩便我等亦必有兩便辦

法相告

成大人曰早間有

三

文中堂致大久保大臣一信已看過否答曰看過

成大人曰信中以貴大臣有兩便辦法方可商辦

若專顧一面便難辦了

況大合如專顧中國一面非兩便辦法中國必不

爾爾貴大臣若專顧貴國一面亦非兩便辦法總以兩便

為是大久保云現在所擬辦法是開坦的話自

已看來已是兩便了中國所謂兩便辦法是否

與

文中堂前致柳原信内所説相同如係一樣仍非

兩便辦法問以前信那一句答曰是叫日本將

兵退回本國由中國自辦以善將来的話

董大人云從前之話是柳原大臣不願詳聽是以但言

四

大畧尚未說完大久保云今日所說是否如此
沈大人云前後的話總不相背唯當日柳原大臣
又復辨論未曾說完今日大久保大臣既商兩
便辦法自當詳說大久保云本大臣所說辦法
可行與否今日要
各位大人說定請問有此權否

沈大人曰事之可行與否貴大臣自忖亦必明白
如實係兩便本大臣等自必以為可行一面再
告知
王爺及
各堂如非兩便辦法本大臣却有此權可以定奪
往返相擠至七八次大久保曰日本以人命甚

五

重是以決意往辦生番以生番爲無主野蠻要一
意辦到底是本來的用意旋因中國說該處是
中國地方往返文函面論已過本大臣以一意
辦去究非和好辦法我兩國並未失和只得轉
了一灣另思辦法方不失兩家和好日本此舉
非貪土地非爲錢財總是爲人命至重費多少

力量辦去數月以來費用多少傷亡兵勇多少

病歿多少此數月中有許多事體且伐木開路

費多少財力實是我國開闢的地方此時須有

名目方可使本國兵回去所有費用理應由生

番償給但生番無此力量目下急欲定局亦不

能多延時日中國必有應酬我國辦法可以送

云

本國兵回去亦非中國做不到之事此即本大

臣所擬兩便辦法也

沈大人曰大久保大臣用意欲保和好中國亦欲

保和好唯須兩家都下得去若辦法於中國不

便何謂兩便今將中國所謂兩便辦法一一告

知大久保云請教

董大人云日本從前兵到台灣番境因係認台番
為無主野蠻並非明知是中國加兵我想不知
中國地方加兵與明知中國加兵不同此一節
可以不算日本的不是今既説明地方中國於
貴國退兵之後中國亦可不再提從前加兵之
事大久保云中國之政教實不實此後亦不再

七

提又告以此事由漂民而起日本兵退之後仍
由中國查辦如有案内漏網之人查出仍為懲
辦大久保云是叫日本兵退豈由中國来查否
董大人云並不是叫你退去是貴國兵退後中國
盡自己的道理雖案是未換條規以前之案因
貴國看得此事甚重兩次派大臣來辦中國亦

不便看輕是以如此大久保云非欲中國查辦
現在所問者是日本原意是要將生番辦到底
今想如此辦法非和好之道但日本兵不能空
手而回中國必有應酬送他回去的辦法此事
如允即一切乾乾淨淨請問可否即要定准
沈大人云我們所說尚未說完案中人犯如有漏

綱固須查辦其被害受苦之人倘經詳細照會
開明若何情形中國查明屬寔必有辦法大久
保云現在急欲定局如何能待查明詳細情形
再為辦理是以現在只問前議允否耳
各位大人復商明為之説破撫卹二字遂告之曰
還有案中被害之人或其家屬查明實情

八

大皇帝恩典予以酌量撫卹撫卹此係我中國格外
美意至於費用一層不應向中國議及中國寔
有不便也此時大久保柳原鄭永寧孫士吉相商許久大久保曰被害民人及其家屬
大皇帝恩典撫卹但現在不日回國即須定局何能
再待查辦且事至於此查辦之說亦不知如何
去辦總期將前議一層辦理使日本兵不至徒

九

勞可以回去實係中國力量能辦之事非强中
國以所難即望定奪可否
沈大人曰我兩國俱在東土歷来史册所載貴大
臣豈不知之古來兩國用兵但分勝敗而已無
所謂兵費也賠給兵費係泰西各國規矩然亦
兩國開仗勝負既分負者始給勝者兵費今我

兩國並未失和並未開仗如何能講償費中國不在錢之多寡而事關體制有碍於中國實為不便豈得謂兩便辦法貴大臣試設身處地思之有此辦法乎大久保躊躇久之答曰所擬辦法只有前議一層一經了當諸事乾淨究竟可否望於明日商之

十

王爺中堂祈於後日見復

董沈大人曰貴大臣所說一切原須告知

王爺中堂我們亦必從速作復但難辦之事彼此所見

必當日內必有回復也言畢分手鄭永甯向周章

京如有何話說可叫小弟前来吩咐答曰諾

二七、照録總理衙門王大臣與日本特使大久保爲臺灣事面談節略　清單一

同治十三年九月十一日（1874. 10. 20）

内容提要

日本特使大久保爲臺灣事面見總理衙門王大臣，商討臺灣事件解决辦法，議定四條辦法。即日本兵到臺灣，係認爲臺番爲無主之地，退兵後中國仍爲查辦，并酌量撫恤。

清單：辦法四條。

檔案來源：外務部檔案

已編入《清代中琉關係檔案七編》第二〇六頁

沈文董成堂九月十一日面諭並節畧 附四條

九月十一日大久保等来署面談節略

寒温畢大久保曰（係鄭永甯譯言以下同）前日蒙四位

大人光降所議一切当與

王爺

中堂细〻商量過了要求回音昨日回信説有碍難

已会意了今日再来請教此事到底怎樣着落

中堂云云前日　大人們的話就是

王爺及我們的話我們的話已商量盡了不留話么

無假話所想的法不是一面想是兩面想大久保所

說尚有不便心上点必明白現在講辦事不講是辯論

要兩便要平心靜氣想到底與我們便不便譬如於

貴國不便儘管說於我們不便亦要說總要彼此有

益大久保云前日對四位　大人說的話自己心裡

以為兩便

中堂王爺大人以為不便以為碍難既有碍難不好勉强但我

國於生番之事累次說過因為人命有關係要办

到底而今既有貴國的話自然和好為重商量好了

永遠和好若一直办到底於兩國和好云何是以要

有名目方好回去貴國亦好辦理生番之事如今的
意思以我國說先辦生番的事已費許多工夫今中
國要自己辦要我國此刻撤兵回去應由生番代出
從前許多費用生番怎有此氣力貴國自辦的意
思要從此太平無事前說既謂礙難如何辦法請教
中堂云要辦事不諱從前的話我要請問大久保我

們所說碍難的話大久保究以為何如是真的抑是假的到底替我們想過否還有一的話昨日各位大人們所說办法大久保大臣为難之處都想過了心想出這名目來大久保亦為我們想大久保曰領教了本来相信各位　大人的話都是真的但所謂碍難不過是一个題目不知怎樣碍難之處

中堂云可請各位　大人細說我们有心上話不要
藏貴國有為難不可說儘管討論大久保云前天同
各位大人商量說那話便是兩便办法想本國朝廷
可以顧長不如此恐办不下去
中堂云昨日諸位　大人與大久保大臣的話俱說
過了大久保的話俱是心腹的話至中國碍難之故

可以細說總而言之貴國以爲榮我國必以爲恥我國以爲恥榮貴國亦必以爲恥不要爭榮纔能办其實此理貴大臣亦必知道我說的還是一個字那些不好办事我兩國要永遠相交萬萬年相交大久保云我國所礙難者請詳陳之現在生番地界之兵原來之的时候朝廷既派他出去已經拚个不顧生死办到

底不是朝廷本々要派是日本的百姓都要去関係
通國的百姓的心如今要兩國和好若々名目朝廷
不能回覆百姓亦不能回覆
董大人云我們前日的話所想兩便還是為貴國的
分上多大久保大臣説那々衣為々生番野蠻所以用兵
我即説是不知中國地方与所知者殊不算不是々

替日本想的此後永再不提日本此事不是可以然者亦爲日本想再若論中國一邊此話已有爲難了人將說日本不知彼處爲中國地方雖道總理衙門亦不知之任日本隨便兵來兵去我們百姓亦都可責問我們何以如此辦法我們所以於對

朝

廷能對百姓者就爲日本是仗勢而來可算[illegible]不

是要若説别的人將話仗義之説云何
沈大人云仗義而來亦必仗義而去
中堂云大久保所説非貪土地亦爲錢財要办得乾
乾淨淨這三的話我們最佩服大久保云前日
大人們説貴國查办生番之後有办法要請教查一办之
詳

中堂飭書節略以示之大久保云已明白了今是要

問貴國查办如何結局

中堂云中國生番要叫人家去办中國恥不恥要向

大久保又書數語以示之大久保曰明白了說到這

地步又像初五那一天的話一樣不必如此講只要

請教貴國查办之法礙難之說已明白了實情實理

現要請教查辦之法如何退日本兵回去之法

沈大人云退兵後查辦是要待貴國退兵之後中國方去查辦、、之法要向宍戶談大久保云如日本退兵後若何要辦法放心不下

沈大人云是必有為凶之人查出要辦他被害之人要撫卹他大久保云要求寫一詳細明白辦理法

沈大人云已經繕寫之畢當妥閱大久保云有三件碍難事如今回去要兵退他們本來拚命不顧生死滿心要办成功如今要他回去要明明白白說與他聽天朝這回報不出又不能對百姓所以要明明迴

答如不明白是難回去如今貴國為難的事已說過了我國為難之處亦求體諒如沒有明白的話便不

能回復人從前和好的話都白說了

沈大人云我們所計原因大久保為難所以想出辦

法為要寫出來看大久保大臣亦要為我們想

中堂又說書數語示之大久保云看過了貴國所教

他（日本）退兵是退回去的只因要向明白回音不然不會

因是要可以對朝廷百姓兵丁現在所說的話並非

不相信

中堂云日本肯退兵已说过了我所争者是虚的兵

要日本先说退兵我就说办法大久保云各位

大臣的意思都晓得了相信了是本国裡的人不能

如此所以要说其大略可以回去说并非本人不信

沈大人云大久保不肯代中国想再大久保云不说

明不好退

中堂云是以兵挾我也

董大人云　中堂的意思要說明才退兵此話實不

仍要說兵是退的再說辦法不是今日說大久保云

各大臣的話都相信所要本國人不信在此而貴國

的便回去是本國的不便不能辦

董大人又將

中堂之意詳細曉之鄭記言向　董大人背面指大久保曰他要回明數日　董大人曰今日必不能定兵等辦法西國有之我東土不應如此周章係向鄭永寧曰我明告你兵費斷之不行大久保大臣已明白了即換一名目而其費數亦近乎兵費誰看不出亦

萬萬不能為此自騙騙人之事必不能如此亦接郵

真是接郵非一日所致中國必有道理時的四條約

就一時所說未能記載至的四條交鄭手持遞大久

保柳原閱看大久保云四條都看過了要號高之求

請伍大臣辯論在此原極相信此時看兩邊誰話極

好將來或亦不足以此回報頗難轉負貴國美意又

丁韋來告鄭永寧曰現在說說和好的話你們可以退兵但不可說中國有辦法總退中國自有辦法但不能你們不退兵先向美連兩國一对中堂大人的話均不好說鄭似有解意

云一二三四條都明白都相信但將來作之文常回
不能取信於人
況大人云文書都不相信何者相信大久保云不是
不相信之文既有之文可作照文字局但本來日本以
人命之故要兩國商議辦理此他不要害人說去不怕死
是以如此現在要回去銷貴國要查辦接鄉唯他人

語此事徒夢夢幻幻以叫人相信這樣的事說好了
將回去不是本人一定要如此免於貴國不便之處
已明白了
沈大人云如此又要說回來了是更難了
董大人云此事係爲被害之人而起今被害之人有
恩
典撫卹名可以告訴他們了大久保曰貴國必不肯

說出名目乎

沈大人云四條即是名目此後大久保等四人彼此

播主意商量許久大久保云實為佳

大臣的心已明白在心裡究竟兩便的語說不攏可

惜四條照人不相信美要為佳

大臣說詳細的。語又不便讀只得求之為佳

大臣細細想免得东大臣又想别的法兒

況大人去我們想到這个地位已極盡心了極不容易

如今說不攏我們不以為可惜不知四條中到底有

何不詳細由薛永甯多照會（大久保大臣之意思）公文上只要如此但多住

大臣有何傳諭可否叫薛永甯來說孫是要第四條

下要有一个註解的意思是大約數目不在公文上寫目

已知道有了這一張大久保可以告人了
沈大人云又要說
中堂的話萬不可說如何方退兵大久保云退兵是
退兵不過是大久以外另有一張信就是了如要請回明
王爺及各位
大臣商量請大久保亟于回國請再早兩傳諭
中堂云要速容易只在大久保自己要速就速了

各位大人答曰我們今日的話回明王爺並稟告。各大臣明日兩點鐘鄭老爺先來面談，再定期請大久保大臣來晤。大久保云要請速示惠定奪日子請教。中堂云大久保要緊，我們更要緊，速了與否，其權仍在大久保大臣耳。遂辭去。

將面交節略各條及辦法四條按面交之前後次序續錄于後，除四條辦法交大久保帶回外，其餘節略各條均已收回。

面交節略共五條

我们原係代貴國想出碍難之處、使貴國下得場、總想出前日所説辦法、使貴國可以對得起本國、對得起天下人、我们因貴國兵丁到臺、本衙门並不較量、此事、在中國已難以對天下人矣、幸而貴國從前有義舉之説、此時作爲貴國先不知番土係中國地方、故爲復仇仗義而來、今日既知係中國地方、中國又允爲自辦、又爲修好仗義而去、有此名目、在中國爲有説以解、總之天下事、只有一榮、只有一勝、你若極

力求榮抑勝、豈非中國兵有一勝一負、如此必難以

對天下、

貴國仗義而來、已為榮矣、仗義而去、則更榮矣、豈況

一榮再榮、而可使中國一辱再辱、

中國地方之番民、竟被他國帶兵來查辦、請問中國

辱乎不辱、　一辱豈肯再辱、

若貴兵不先退、而中國去查辦、倒像貴國以兵脅中

國前往查辦了、豈非中國之辱、又請之曰、若貴兵不去、先向中國如何查

辦、倒係以兵費中國說
如何查辦了、如何使得、
貴大臣所說為難之處、已明白了、但所說皆是貴國
為難之處、而中國為難之處、亦要請貴大臣代為想
之、如何方不為難、
貴國不便先退兵、試問中國如何具

奏

西交辦法四條

一

貴國從前兵到台灣番境既係認台番為無主野蠻

並非明知是中國地方加兵夫不知中國地方加

兵與明知中國地方加兵不同此一節可不算日

本的不是

二

今既說明地屬中國將來中國於
貴國退兵之後中國斷不再提從前加兵之事
貴國亦不可謂此係情讓中國之事

三

此事由台灣傷害漂民而起
貴國兵退之後中國仍為查辦

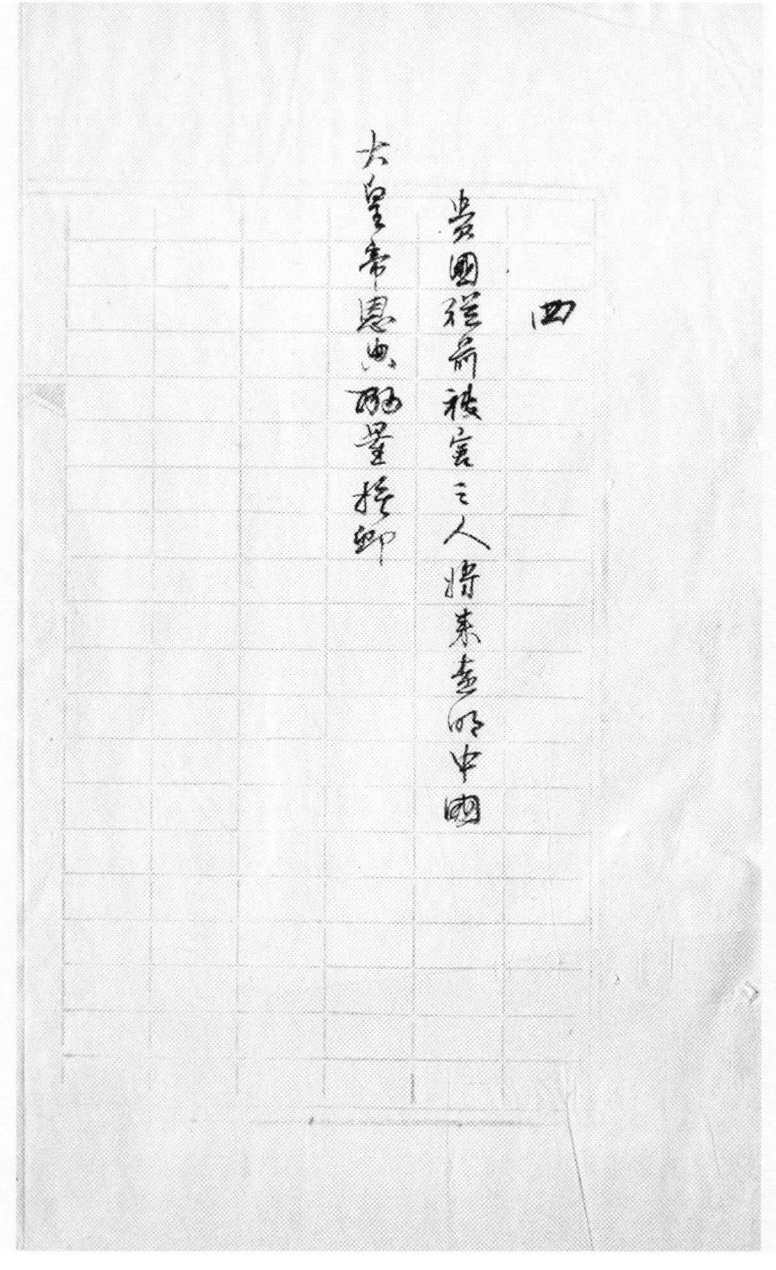

四

貴國從前被害之人將來查明中國

大皇帝恩典酌量撫卹

二八、照録總理衙門王大臣赴法國使館爲熱大臣送行并爲臺灣事與日本特使大久保會晤問答節略

同治十三年九月十四日（1874. 10. 23）

内容提要

總理衙門王大臣赴法國使館爲熱大臣送行，并爲臺灣事與日本特使大久保會晤，雙方就此前議定辦法四條并圍繞撫恤數目進行辯論。

檔案來源：外務部檔案

已編入《清代中琉關係檔案七編》第二一三頁

毛大人
文中堂與大久保問答節略
沈大人

九月十四日

沈毛大人云董大人五位赴法馆与热大臣送行

中堂问贵国外务省终日为事忙闲郑云来文多的

狠

沈大人问大臣几位郑答只一位卿其馀皆帮办

中堂问官职表是一年一换郑答调动的多即换又

问贵国缙绅多少日一换答以一季一换

郑云大久保柳原的

中堂大人们法帖字多好喜欢的狠

中堂大人問柳原先生畫必好若云喜歡寫字寫來不見好

中堂問貴國亦用對聯若以日本國亦與

中堂云西洋不講究字講究畫鄭云他們喜歡的畫亦兩樣喜歡畫玻璃

毛大人云他們不喜歡寫意多是工筆

鄭云今日過來与

中堂各位大人商量四条上的話大久保要以文說明以為

過授等語昨日中堂、王爺、兩位大人說過今天所以要請教如何定見大久保將回去

中堂云東林今日我要告罪精神不好有話兩位大人可說我在旁聽之可耳又云夜間不能睡鄭云大久保說為此事多有勞動

中堂云不為此事我是病久了鄭云中堂可以隨便

中堂云去年閣下見我時精神已來不及了鄭云日

前大久保的意思說過了貴國意思如何沈大人云
日前與東林來時均已說過大久保大臣所說數目
太重從前說過並非兵費亦不是以撫郵換兵費名
目是我
大皇帝格外優待貴國之意因不妨從豐於大久保所說
之數實在太重
鄭云前日四条大久保看過了他的意思日本兵到
番界辦理今貴國說是中國地方日本兵回去必要

有個名目令貴國為條制不宜云兵費故有四条相議的話貴國大皇帝雖有接郎之意在他處仍屬無寔援他不能回答本國再四思維沒奈何今日故來請教以求兩便辦法

沈大人云四條上的話都是為貴國下的主意後一条是格外條是大久保之意好下的台並數目实在不能定如大久保所說豈非掩耳盜鈴乎前日与茶

親王說道甚怪我們從前既說明何以又提兵費我們說大久保意思只說撫卹之一好不是兵費說太錯與兵費無异已告知鄭明日大久保署如何如此辯難照辯於事仍無益

中堂毛大人云不止一國如此辯法恐他人效顰

鄭云大久保說這一番事情可笑兩國一件大事從前日本不知生番是中國地方兵到番界係為人命起見如今大久保到此聽了許多的議論心非木石

豈不明白惟先他到中國來辦理此事如今要把日（且再兩次查所向）
本要辦的事歸在中國辦理（僅）說了接郵四十恐怕
對不住眾人貴國伴制要緊他自己的事亦要緊大
久係所說數目實係兩便之言各位大人要給接郵
尚須查明而又無數目他實在不能四十
毛沈大人云（但）雖大久係此番話（彷彿）我們不替大久係伴
是惟我們亦有難處此事將來必有文書即是過（從前亦均說過）
（此時）使大久係的意思不獨數目太重且名目上亦不相

符此定要数目（如此辦理）好像大久保衹為錢財起見我們所說生要大久保四去的有名目為妄鄭五大久保說他們要辦生番的事不怕花費千萬銀子不能不辦如今貴國要歸中國辦所以有要償費用的話今貴國不喜歡費用二字要用撫卹其意亦好惟從先日本兵到生番去的時候朝廷吩咐他們實力去辦如今叫他們四去也得有個名目貴國要自己辦生番的事給日本撫卹他因要它个數目

蓋日本原來要辦理生番的事如今貴國要去查辦
故也
沈大人云請問大久保此事是應該中國辦的不是
應該中國自己辦的呢
鄭云說到這箇話起先議論日本辦生番的事是為
民命辦到半途中國說是中國地方大久保來華後
來亦就不說生番是無主野蠻了如今
大人們問該辦不該辦豈不是又說回去了

況大人云大久保是為和好而來從先說的話我們都明白了不過辦事要兩面下得去如果為中國體制不合此項錢不獨中國不能出貴國亦不好算回去若說要中國拿出此款總須於兩國體制無礙方算兩面均辦得到我們接卿一層實在係体量大久保的意思兩國体制均要緊故有此辦法

中堂云如我們只顧中國的体不顧日本的國体還不說這些話呢

鄭云他再説道理貴國各位大人説揔要兩國好看
他也明白這箇意思惟是生番以先不服中國教化
日本故視為無主野番如今雖説是貴國管轄然尚
未辦得好何爲辦得好要叫他們歸教化不再傷害
外國的人日本到番界辦理生番即是此意自日本
兵到番界後打仗死的也有病死的也有日本朝廷
不惜費用日本兵不顧生死揔要　把　生
番辦得好中國如自己去辦是要辦到如此地步或

有誤

日本办我中國办均是一樣他要請教中國究竟去

办否

中堂云生番的事從先已經办过利八之案亦由中

國办理

鄭云如說办过來办过的話是又說回去了大久保

意思为和好起見想兩便办法故要簡數目事情終

办得過去既然與中國有碍如此商量不明白四條說

只得送还貴總門另外有說這幾天所說兩便办法說

不成功以後不必再說了日本視生番為無主野蠻
總要辦到的
沈大人云兩便不兩便原出大久保意上中國格外
和好所以有四條辦法大久保只在經費上說我們
又不辦到四條之說不能勉強只得不說了還有一句
話貴國要歸到無主野蠻的話中國亦應告訴台番
實中國地方所屬
中堂云不但中國自己如此說各國亦如此說

大久保云欽差遍了各位大臣以生番為中國所屬
沈大人云本來是中國地方東西各國亦均知道有
案亦由中國办的
大久保云西使办法貴國亦使日本亦使故才能回
去如今他是没奈何貴國
大皇帝要撫䘏又無实在的話他实在不能回去只得仍
視生番為無主野蛮
中堂沈大人云撫䘏不是空話是撫䘏的數目不能說原被

难的亦准数设接师亦难定数目

二九、照録總理衙門王大臣與日本駐華公使柳原前光爲覲見事會晤問答節略

同治十三年九月十五日（1874.10.24）

内容提要

日本駐華公使柳原前光、鄭永寧來署，柳原認爲中國不准覲見是拒絕來使，總理衙門大臣認爲臺灣之事辦妥即爲覲見之本。

檔案來源：外務部檔案

已編入《清代中琉關係檔案七編》第二三一頁

沈成大人

九月十五日面談節略

十五日三點鐘柳原前光鄭永寧來署

沈大人接見據柳原稱臺灣之事先經柳原來京

成說來說去又經大久保續來說到如此光景毫

無成就大久保將日前所示四條交還

沈大人云是大久保不肯為中國設想耳不然有

何事辦不了柳曰大久保本擬於二十五日回

國因欲商辦法躭擱多日今既無成只得回國

柳原奉國書來請

覲辦兩國交涉之事原與臺事無礙乃歷次商請中

國不准

覲見只能同大久保回國了

沈大人云並非不准

覲見正是要將台事商量辦妥即可奏請柳云現在

並非請

覲不過説明用意從前照會有輕侮中國之語不敢

再提唯該使奉命而來至今不准

覲見是中國不認為公使甚為恥辱只好回國將情

形奏知

沈大人曰柳大臣一面想固是如此試為中國想台灣番境係中國地方被貴國兵來踞劄豈非恥辱中國總是為和好起見所以委曲商量辦

法柳云中國不肯

覲見總是拒絕來使

沈大人曰並非不肯亦何曾拒絕試問中國如此

相待柳大臣何異於待各國欽差乎柳云款待

是末

覲見是本

沈大人云柳大臣説本末二字我却説名實二字

欲全和好之名須践和好之實台事辦妥便是

和好實據了

成大人曰柳大臣當思中國是否恥辱本末則台事辦妥即為覲見之本柳云中國不為奏請總是拒絕日本以臺事係另一事通使是循例事何不可奏請之有今既不能是明明拒絕來使也

沈大人曰我們奏摺怎能如此說法至於拒絕實

非拒絶周章京云設我們奏陳
大皇帝申飭下來亦能云台番為無主野蠻乎柳云
其意已決所説拒絶來使之語必有主意方敢
説出自己看來定是拒絶來使
大人們無論如何説亦不聽了辭去

三〇、總理各國事務王大臣奕訢等爲密陳緊要應辦海防事宜請飭詳議事奏摺　清單一

同治十三年九月二十七日（1874. 11. 5）

内容提要

總理各國事務王大臣奕訢等奏報，日本尋釁生番，大局萬不可緩。臣等悉心公同商酌，將緊要應辦事宜撮敘數條，請飭下南北洋大臣、濱海沿江各督撫將軍詳細籌議，將逐條切實辦法限於一月内奏復。

爲此謹奏。

清單：緊要應辦海防事宜。

檔案來源：軍機處録副奏摺

已編入《清代中琉關係檔案七編》第二三六頁

總理衙門摺

○

九月二十七日

臣奕　等跪

奏為海防亟宜切籌武備必求實際謹將緊要應

辦事宜撮敘數條請

飭詳議以期振作恭摺密陳仰祈

聖鑒事竊查日本兵踞台灣番社之事明知彼之

理曲而苦於我自備虛接沈葆楨來函謂現在兵

端未開澎湖雖能要彼以避風為辭宜防而

未宜遽阻然現為籌防之計購買鐵甲輪船未

咸李鴻章函述曾致沈葆楨信并令提督唐
定奎只自整暑操練勿遽開仗實以一經決裂
濱海沿江處處皆應設防無口之防難情亦傳
不慎於發端雖屢經奉
旨嚴飭各疆臣實力籌備而自問殊無把握今日
而始言備識病其已遲今日而再不修備則更不
堪設想矣溯自庚申之變創鉅痛深當時姑
可羈縻在我可亟圖振作人人有自強之心亦人

人之自强之言而迄今仍无自强之实从前情
事几于日久相忘臣等承办各国事务于练兵裕
饷习机器制轮船等议屡经奏陈筹办而歧
于意见致多阻格者有之绌于经费未能扩
充者有之初基已立而无以继起久持者有之
同心少异议多局中之委曲局外未能周知切
要之经营移时视为恒泛以至敌警猝乘仓皇
无备有鉴于前不得不思毖于后现在日本之

尋鮮生番其患已見其也以一小國之不馴而
備禦亦已苦無策西洋各國之覬覦而動患之頻
見而未見其也僥倖一朝之猝發而彌救更何所
憑及今亟事綢繆已屬補苴之計到此仍寡準
備更無求艾之期惟有上下一心內外一心局中而
一心自始至終堅苦貞定且歷之永久一心人人皆
洞悉底蘊力爭講求為實在可以自久之計為
實在能禦外患之計庶幾自強有實而可俾潛消著

人云能守而後能戰能戰而後能和此人所共知
而今日大局之萬不緩者也臣等悉心公同商酌
謹將緊要應辦事宜撮叙數條請
飭下南北洋大臣濱海沿江各督撫將軍詳細籌
議將逐條切實辦法限於一月內奏覆再由在
廷王大臣詳細謀議以臣等所擬各條僉議權衡即
應難切籌辦以允條外別具良策亦可一並奏陳
會議均於議定後請

為通行摠期實備雖求務臻有濟以符目前當務之急以裕國家久遠之圖臣等幸甚天下幸甚所有請旨詳議緣由謹繕摺密陳並錄臣等擬議各條恭呈御覽伏乞皇上聖鑒訓示謹奏

同治十三年九月二十七日奉

硃批

欽此

九月二十七日

○

謹將緊要應辦事宜擬列數條恭呈

御覽

一練兵一事始於撫議和成即有練兵之請嗣於直隸請設六軍業經定議開辦至今所有兵之名無練兵之實即董事者力加整頓亦驟難轉弱為強若求實在可禦外患又較辦髮捻諸賊為更難兵亦較辦髮捻諸賊宜更精陸之兵固須益加訓練外海水師尤當亟求精求各口岸固須

設防然並非恃海洋重兵可迎剿可截擊可尾追彼即可肆然無忌隨處登岸襲我之空虛疲我以更調使我有防不勝防之苦應如何飭水師原額挑選精壯及曾經剿勝之洋鎗隊練習水戰並酌募嫻於駕駛熟押[狎]風濤之得力兵士迅速成軍陸續擴充之處由各大臣詳議辦法勸捐務能對症有備無虞

一聞器仍軍即[既]尚火攻水戰尤難徒手無器先

與人勝負可不戰而決外國船情均在船砲之得
力日出日精明知敵彼之長已居於後然俟再
年此然更諳西情自庚申以後臣等屢與曾國藩
李鴻章左宗棠沈葆楨丁日昌諸臣及臣崇厚
在三■口通商係由商明奏辦在津滬閩分設
船廠機器局令兵弁籌肄習亦漸有成效雖
較外國之技未逮然有力求精進斷不可廢格
半途現在各營陸軍不能不備之外國凡砲名

及水砲各所需巨砲應如何購辦水陸各軍所
用洋槍應如何一律購用最精之品及所設廠
如何自行鑄造精益求精之處均須切實
詳設籌辦
一造船自各國有輪船而中國所用舊式戰艦
笨拙抵禦人人知之且若擬閩省製造輪船一
事實因籌款不容緩與歐皆將往返籌商來取
設局由船政大臣經理逢來中國匠工亦已略具

規矩可以自行製造駕駛所需費用浩繁及許
製不及西人之精而於兵數有餘異甚且欲行停
亦不知一經停止則從前所費俱歸虛擲且停
此以後更何從別求精進以資防禦西人之侮
我正切勢又不能不如是以定見堅持未即所
議究竟中國海面緝捕有恃盜氣久靖及
此次台灣番社倭人肆起狡賴此輪有準備
我兵得以迅集不可謂非造輪船之效惟即

創立外海水師現有之船不敷應用應如何
添購兵船及鐵甲船並以後自行製造擴充之處均
宜詳議辦法實係切要至鐵甲船為屏衛全軍
衝擊敵軍之具與所謂水砲台一軍中應用若干
艘隻此項船隻價值最鉅購買之資如何籌
集應用如何用兵處應修船塢如何添設船
廠該船吃水最深係為海口何處宜於駐泊外國
如用此項船隻乘我又如何抵禦英國新

製鉅砲能於數里外攻破鐵船此項砲位如

何購備如何演放並購能載此項砲位之船

隻及陸路安放此項砲位之砲台亦宜逐一

詳議喻多籌諸度徒執舍短用長之說以爲推諉

之據非可藉詞轉諉空談搪以詳細條會商實際宜

一籌餉以上各層此項時創立之需日後久遠之

費及一切薪水教練之須加給口糧之類購船造

船修船及軍械廠砲火藥駕駛工食日用煤斤

該項爲數浩繁，雖有大宗巨款不能開支，雖有不竭餉源無以持久。茲於同治五年奏明提出罰款洋稅，由戶部另款存儲，原以備不虞之用。無如歷年以來陸續借撥，所存無多，計開辦所需已不敷十之二三，且慮破除既見紛著。大局權衡利害，孰重孰輕，先籌目前開辦經費應用若干，即速集若干，以濟急需之用也。再經一切開源節流之計，悉力設法，凡可盡

人力因地利以裕
国计苟能以悉意切实经营如储泄淹抢之患需求
充永逸之支应此经久可用如稍有须应详筹
确凿筹法厚备坚持不致半途而废庶几应
妥为资而历久可恃
用人以是为要一不得人均归虚费然其误在
於用於其人而不在於法之未善不得谓是之不应
为应

簡派熟知兵事軍實忠勇不撓熟悉洋情之大員爲之統帥，責成經理，及遣派得力提鎮將領爲之分統，均由各大吏實舉所知，公議會推，奏請

欽定。

蓋天下之事，以爲無可爲而不爲者，其弊無及；及之已過，又激而因循，終其形見之無益，而稍用兵狀，爲尤甚。方今大局，俄、日、英、法均思染指，莫若自強於局中局外，同心切籌，堅持定見，產

能否济如此时果有明立截易办之法原属至快之说不能则凡属内外臣工皆知此之为

国家切要之也即应皆知此乃为分内当尽之也自当博采舆论集思广益期臻美全设既未能详审佥同驻阅时不免安计若半途中止转不如不办之为愈果若揆时度势众见相同均以为不能不办则经设宜阅办之后应如何一一分为历久坚持之处尤宜自长远虑以维大局

同治十三年九月二十七日奉

硃批覽欽此

三一、閩浙總督李鶴年等爲琉球國遭風難民循例撫恤事奏摺

同治十三年九月二十八日（1874.11.6）

内容提要

閩浙總督李鶴年等奏報，琉球國難民宫平筑登之等十名駕船一隻在洋遭風，於同治十三年六月十二日漂至浙江温州府轄洋面，經救護安頓，將原船修葺，派雇舵工護送至閩，安插館驛，循例每日給發口糧、鹽菜銀，待查原船是否堪駛回國後，分别辦理。爲此謹奏。

檔案來源：宫中朱批奏摺

已編入《清代中琉關係檔案選編》第一〇九〇頁

奏

頭品頂戴閩浙總督臣李鶴年
福建巡撫臣王凱泰跪

奏為琉球國遭風難夷循例譯訊撫卹恭摺仰祈

聖鑒事竊據署福防同知孫壽銘詳報同治十三年

七月三十日准閩安協副將移浙江玉環同知

派護琉球國遭風難夷宮平筑登之等十名及

船一隻由亭頭汎轉送到省當飭安頓館驛安

為撫卹一面飭傳通事譯訊據供該難夷宮平

筑登之是船主米須是舵工宮城等是水手一

共十名俱琉球國那霸府人坐駕小海船一隻
内裝靛青蔴斤往宮古島售賣本年六月初三
日由那霸府開船初四日在洋遭風漂出大洋
折斷帆桅急將船上靛蔴搬棄十二日隨風漂
至浙江温州府轄洋面經該處師船救至玉環
廳署蒙官日給飯食並每人各賞衣褲一套銅
錢三千文原船修葺堅固另給行糧派雇舵工
壯勇護送於七月十九日開行二十八日抵福

州省港三十日到驛安插等情由署藩司葆亨
覈詳請
奏前來臣等查該難夷等在洋遭風情殊可憫應
請自同治十三年七月三十安插館驛之日起
每人日給口糧米一升鹽菜銀六釐回國之日
各另給行糧一箇月統於存公銀内動支事竣
造册報銷該難夷已由浙江賞卹閩省毋庸加
賞所坐原船一隻是否堪駛回國飭查分别辦

理浙省前寫供情間有未符現已訊明更正除

分咨外臣等謹合詞恭摺具

奏伏乞

皇上聖鑒謹

奏

知道了

同治十三年九月 二十八 日

三二、福州將軍文煜爲琉球國接貢船回國循例免税事奏摺

同治十三年九月二十八日（1874.11.6）

内容提要

福州將軍文煜奏報，琉球國進貢船一隻事竣回國，該船置買内地貨物按則共應徵收税銀二百八十三兩一錢九分八厘，查照向例批令免税。

檔案來源：宫中朱批奏摺

已編入《清代中琉關係檔案選編》第一〇九一頁

奏

福州將軍兼管閩海關税務奴才文煜跪

奏為琉球船回國循例免税恭摺奏

聞仰祈

聖鑒事竊照琉球國接

貢船一隻於同治十二年十月間到閩已將隨帶

進口貨物循例免税恭摺奏明在案今該船事

竣回國據南臺口委員成基禀據在船使者東

式憲開具該船置買内地貨物清冊前來覈計

共應徵稅銀二百八十三兩一錢九分八釐奴才
查照向例批令免其輸納以廣
聖主柔遠深仁並宣示洋使去後隨據委員成基稟
報該使者東式憲率領官伴水梢人等歡欣感
激赴闕望
闕叩謝
天恩開行出口所有琉球船回國出口免過稅銀數
目理合恭摺具

奏並繕清單敬呈

御覽伏乞

皇上聖鑒謹

奏

知道了

同治十三年九月　二十八　日

三三、總理各國事務衙門爲日本兵駐扎臺灣并近日與該國使臣辯論議定結案一摺録旨抄奏知照事致山東巡撫咨文

同治十三年九月二十九日（1874.11.7）

内容提要

總理各國事務衙門致山東巡撫咨文：日本國兵擾臺灣一案，并近日與該國使臣辯論議定結案一摺，於同治十三年九月二十二日具奏，同日軍機大臣奉朱批，依議，欽此。相應抄録原奏，恭録諭旨，知照貴撫。

檔案來源：外務部檔案

已編入《清代中琉關係檔案七編》第二四六頁

咨
甲戌十月初二日巳刻到

欽命總理各國事務衙門　爲
密咨事所有本衙門密奏日本國兵擾台灣番社
一案並將近日與該國使臣辨論議定結案一摺於
同治十三年九月二十二日具奏同日軍機大臣奉
硃批依議欽此相應抄錄原奏恭錄
諭旨知照

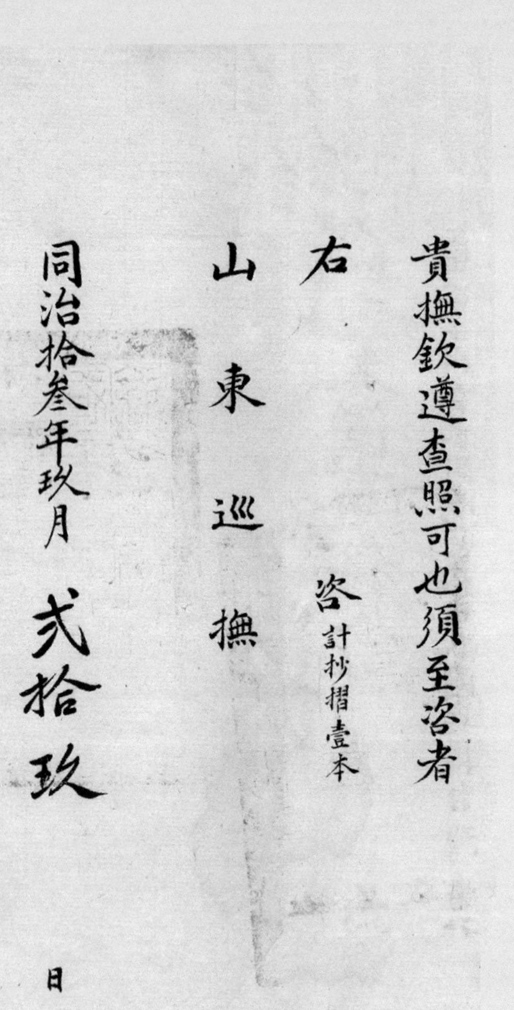
貴撫欽遵查照可也須至咨者

右　　　咨　計抄摺壹本

山東巡撫

同治拾叁年玖月　貳拾玖　日

三四、日本署理欽差駐扎中華便宜行事大臣爲日本國在臺灣退兵一切公文彼此撤回注銷事致總理衙門照會

同治十三年十月初五日（1874.11.13）

内容提要

日本署理欽差駐扎中華便宜行事大臣致總理衙門照會：同治十三年九月二十八日接到照會，稱日本國兵往臺灣番社之事，已議明退兵結案，所有從前一切公文彼此撤回注銷，永爲罷論。

檔案來源：外務部檔案

已編入《清代中琉關係檔案七編》第二四九頁

大日國一千八百七十四年十一月十二日

大清國同治十三年十月初五日

三五、福建巡撫王凱泰爲琉球國貢船抵閩事題本

同治十三年十月二十六日（1874. 12. 4）

内容提要

福建巡撫王凱泰題明，琉球國王遣耳目官毛精長等率官伴水梢二百名，坐駕海船二隻，賫捧同治甲戌年貢品暨附搭肄業官生歸國謝恩方物，於同治十三年九月二十一日護送進口。其進貢方物内硫磺照例留閩備用，其紅銅白鋼錫同官生謝恩禮物，飭委員弁伴送貢使賫解進京。

檔案來源：内閣禮科題本

已編入《清代中琉關係檔案續編》第一五二三頁

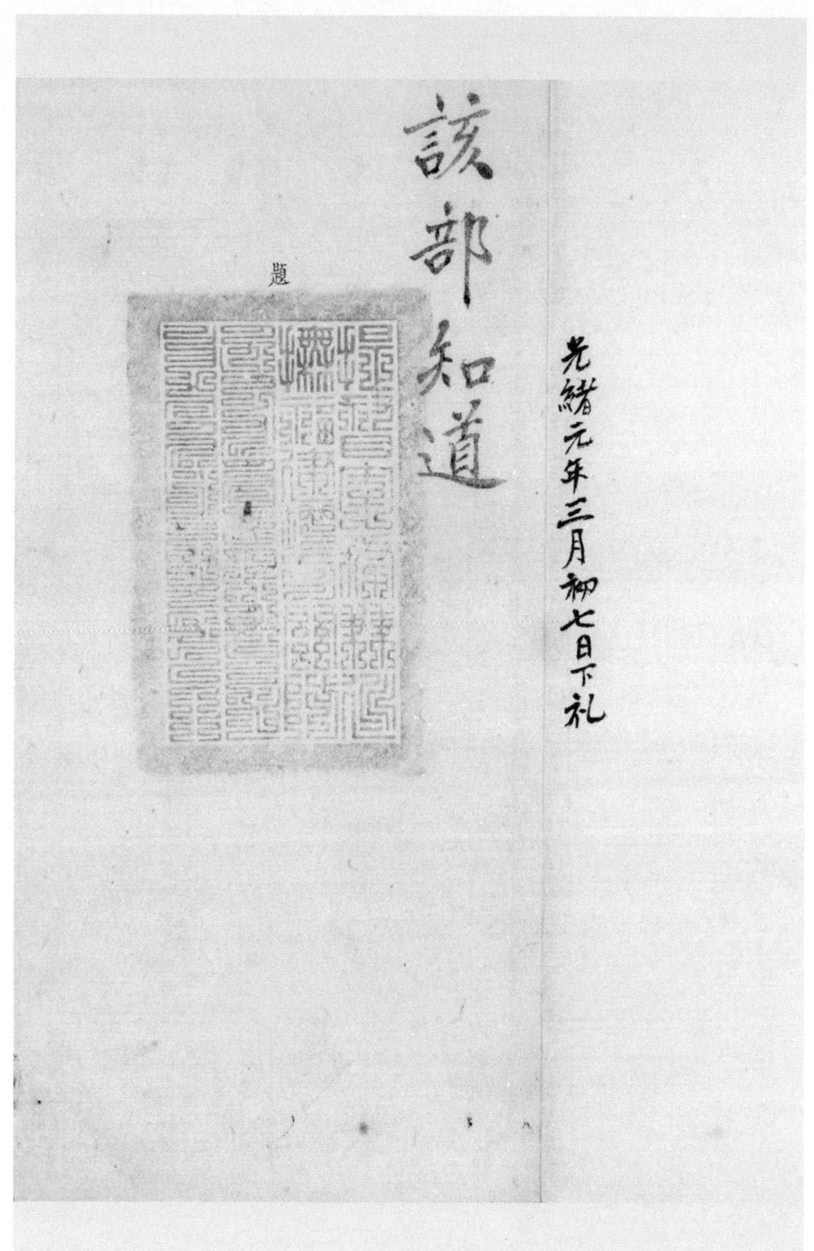

光緒元年三月初七日下礼

該部知道

題

兵部侍郎兼都察院右副都御史巡撫福建等處地方提督軍務兼理糧餉臣王凱泰謹
題爲詳請具
題事據署福建布政使葆亨呈詳據署福防同知
孫壽銘詳稱琉球國進
貢頭貳號船隻於同治拾叁年玖月貳拾壹日護
送進口經會督閩安協副將閩安鎮巡檢赴船
驗明玖月貳拾陸日船抵林浦停泊復經照例
會同城守協副將閩安關委員前赴泊船處所

查驗該船内所載方物執照土産銀兩并防船
軍器以及官伴水梢人數即於貳拾捌日安插
館驛備造花名貨物清冊詳送到司據此又准
琉球國中山王尚泰咨開照得本爵僻處海隅
世沐
天朝鴻恩遵依會典貳年壹貢欽遵在案茲當同治
拾叁年貢期特遣耳目官毛精長正議大夫蔡
呈祚都通事蔡德昌等齎捧

表
章方物率領官伴水梢共不過貳百員名坐駕
海船貳隻分載煎熟硫磺壹萬貳千陸百斤紅
銅叁千斤煉熟白鋼錫壹千斤前詣投納乞爲
轉詳督撫兩院具
題將貢使毛精長等委員護送赴
京叩祝
聖禧并乞查照歷貢事例除留閩員役外其餘兩船
官伴水梢待事務完竣准於來夏早(+凡)同在閩

存留官件均令遣發回國則不特航海末員得
免風濤之虞而將來
貢典亦無愆期矣合就移知查照又准另咨竊泰
僻處海澨國小人愚幸荷
皇上怙冒之恩許陪臣入監遵於同治柒年遣送官
生葛兆慶林世功林世忠毛啓祥等肆名內除
毛啓祥葛兆慶林世忠先後病故外其林世功
壹名入監肄業叁載有餘荷蒙

聖澤優渥教之以節義文章耳提面命一之以聲音

點畫口誦心維又

賞給飲食衣服器用虛糜無數

恩深似海難忘樂育之隆

澤厚如山莫報栽培之大又蒙於歸國之時

皇上以仁孝之性宏錫類之風照道光貳拾伍年例

賞給官生壹名大綵緞貳疋裏貳疋毛青布陸疋

賞給跟伴貳名毛青布各陸疋並

加賞官生緞貳疋裏貳疋
加賞跟伴緞各壹疋共蒙筵宴壹次行給驛馬令隨
貢使向德裕等一同回國伏維
皇上覆育之仁照臨之德豈惟官生一人闔門項祝
卽一國臣民俱感
天朝曲成不遺之化矣泰謹於常貢外另具嫩熟蕉
布壹百疋圍屏紙伍千張順附陪臣耳目官毛
精長正議大夫蔡呈祚等齎捧

表章叩謝

天恩等因具疏

奏明外理合移知查照各等因到司准此該署福

建布政使葆亨查得琉球國王尚泰遣耳目官

毛精長正議大夫蔡呈祚都通事蔡德昌等率

領官伴水梢共不過貳百員名坐駕海船貳隻

齎捧同治甲戌年

貢品暨附搭肄業官生歸國謝

恩方物各
表文分載頭貳兩號船隻由該國一同開船於同
治拾叁年玖月貳拾壹日進口該口文武赴船
會驗護送於玖月貳拾陸日船抵林浦停泊貳
拾捌日安插館驛委員監督該夷盤運入館據
署福防同知孫壽銘備造花名貨物清冊申送
察轉前來查琉球國進
貢方物內琉磺壹項照例留閩備用其紅銅白鋼

錫同官生謝
恩禮物應飭委文武員弁備用勘合件送該貢使賫
解進京以重
貢典合就詳請察核具
題等情前來臣覆查無異除冊送部外謹恭疏具
題伏祈
皇上聖鑒勅部查照施行爲此具本謹
題請
旨

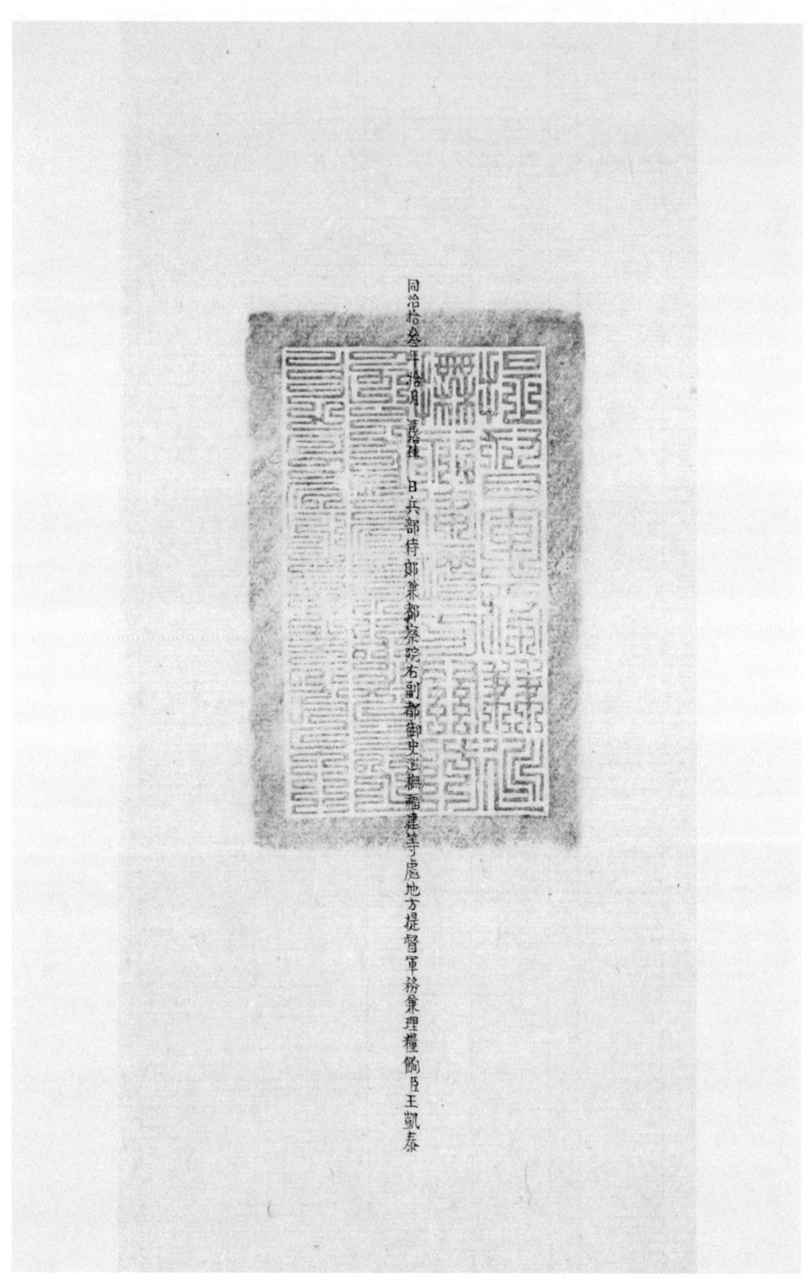

同治拾叁年拾月貳拾陸日兵部侍郎兼都察院右副都御史巡撫福建等處地方提督軍務兼理糧餉臣王凱泰

兵部侍郎兼都察院右副都御史巡撫福建等處地方提督軍務兼理糧餉臣王凱泰謹
題為詳請具
題事該臣查得琉球國王尚泰遣耳目官毛精長
正議大夫蔡呈祚都通事蔡德昌等率領官伴
水梢共不過貳百員名坐駕海船貳隻賫捧同
治甲戌年
貢品暨附搭肄業官生歸國謝
恩方物各
表文分載頭貳兩號船隻由該國一同開船於同
治拾叁年玖月貳拾壹日進口該口文武赴船
會驗護送於玖月貳拾陸日船抵林浦停泊貳

拾捌日安插館驛委員監督該夷盤運入館茲
據署福建布政使葆亨詳據署福防同知孫壽
銘備造花名貨物清冊申送察轉前來查琉球
國進
貢方物內琉磺壹項照例留閩備用其紅銅白鋼
錫同官生謝
恩禮物應飭委文武員弁備用勘合件送該貢使齎
解進京以重
貢典合就詳請察核具
題等情前來臣覆查無異除冊送部外謹
題請
旨

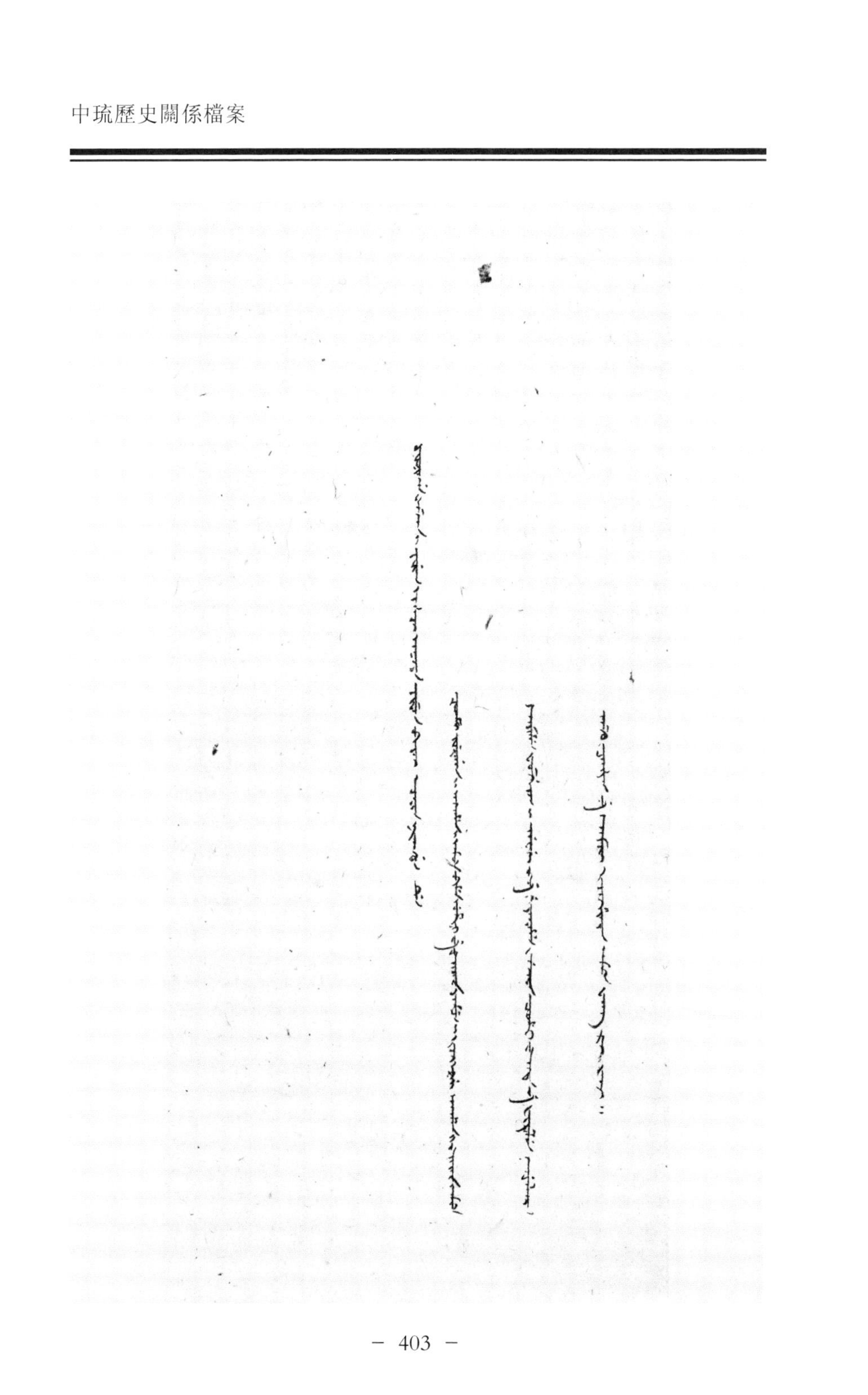

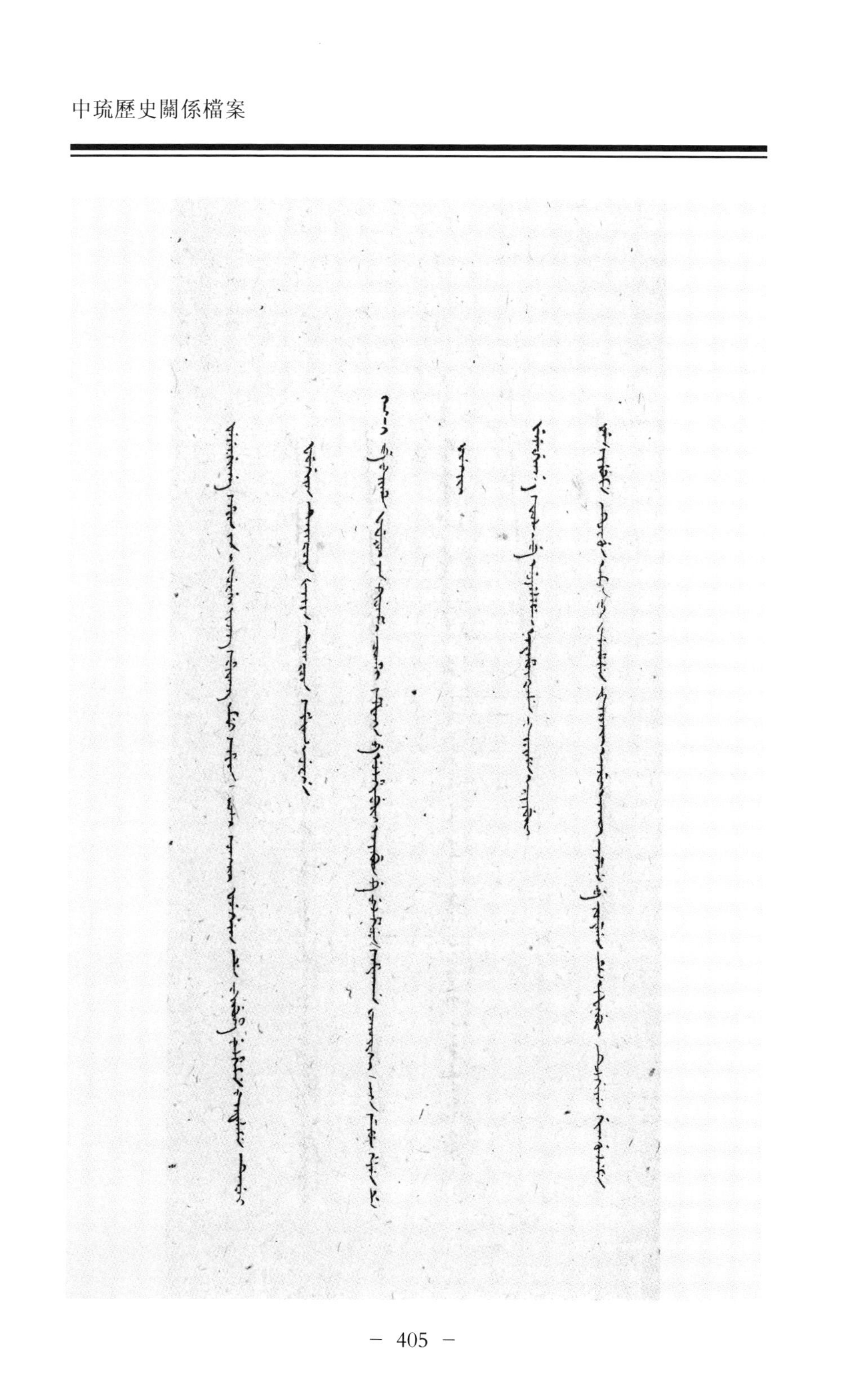

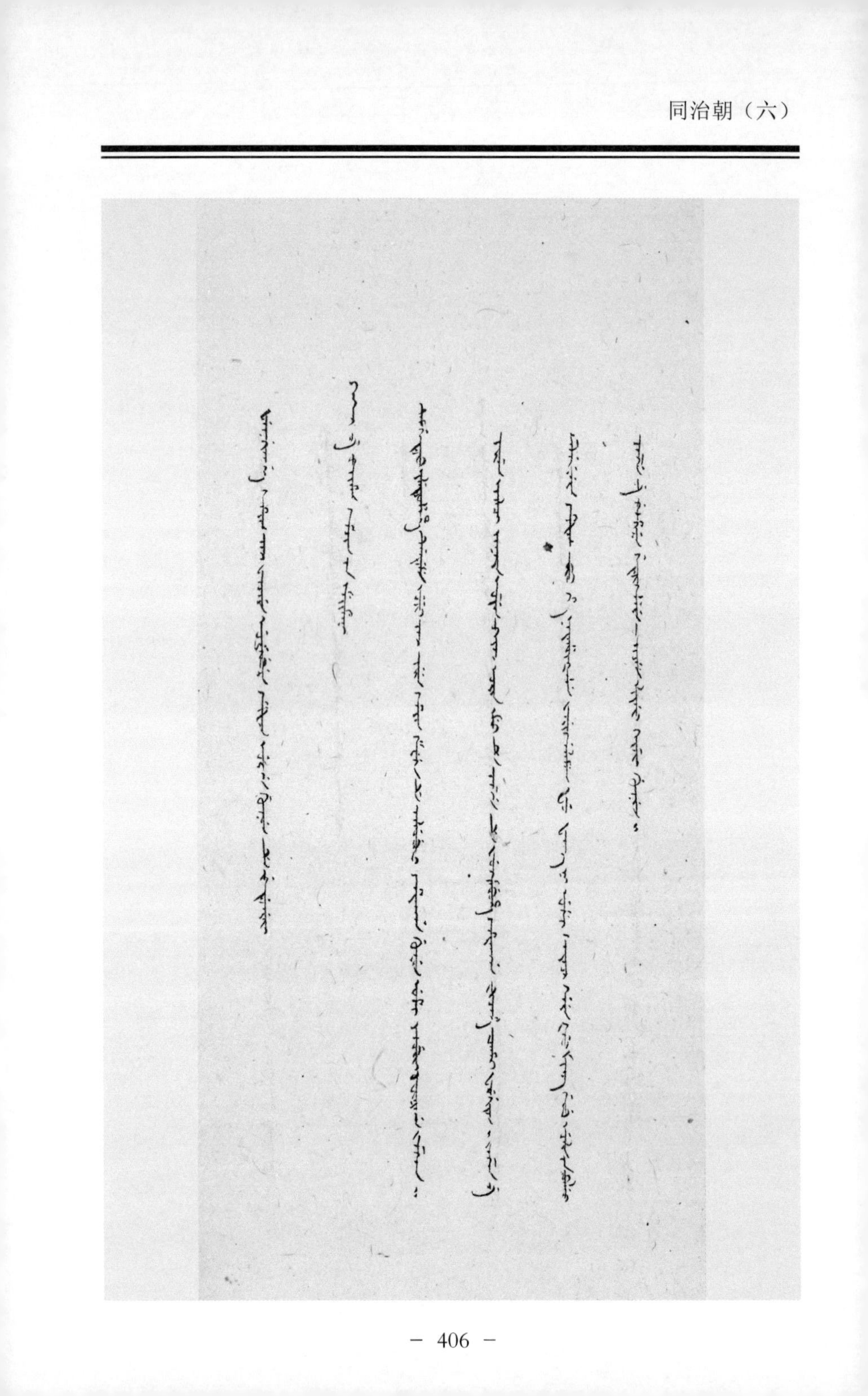

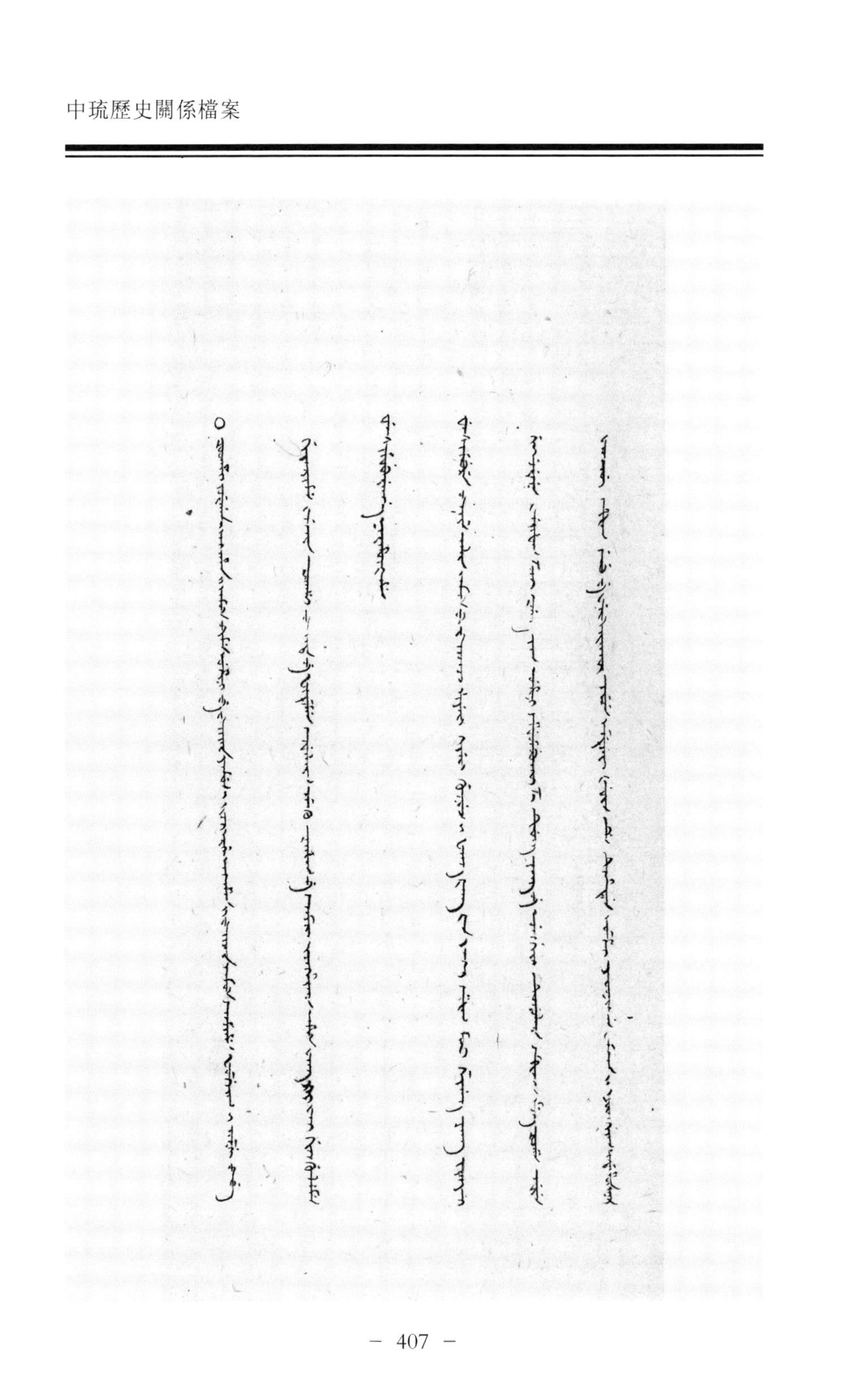

三六、閩浙總督李鶴年等爲委員伴送琉球國進貢使臣起程進京日期事奏摺

同治十三年十月二十九日（1874. 12. 7）

内容提要

閩浙總督李鶴年等奏報，琉球國間年一貢，本年該國王尚泰遣使耳目官毛精長等恭賫表文方物并肄業官生謝恩禮物到閩。該使臣等賫解表文方物，并附搭九年份一半貢物，於十一月初三日自閩起程，即委候補知府蔣鳳藻等沿途照料，并飛咨經由各省一體派員接護。爲此謹奏。

檔案來源：宮中朱批奏摺

已編入《清代中琉關係檔案選編》第一〇九二頁

奏

頭品頂戴閩浙總督臣李鶴年
福建巡撫臣王凱泰跪

奏為委員伴送琉球國進
貢使臣由閩起程日期恭摺仰祈
聖鑒事竊照琉球國間年一貢本年該國王尚泰遣
使耳目官毛精長等恭齎
表文方物並肄業官生謝
恩禮物到閩已將安插館驛日期
題報在案茲該使臣等齎解

表文方物並附搭九年分一半
貢物據報於十一月初三日自閩起程即委候補
知府蔣鳳藻候補知縣費蓋臣擬補同安營參
將鍾芝貴等沿途妥為照料並飛咨經由各省
一體派員接護暨飭沿途地方官將例給夫船
車輛等項預為備應俾免遲誤據署藩司葆亨
具詳前來除咨部外臣等謹合詞恭摺具
奏伏乞

皇上聖鑒謹

奏

軍機大臣奉

旨知道了欽此

同治十三年十月二十九日

三七、閩浙總督李鶴年等爲請伴送各員可否邀免議處事奏片

同治十三年十月二十九日（1874. 12. 7）

内容提要

閩浙總督李鶴年等奏報，琉球國貢使例限十二月二十日以前到京，如遲至二十日以外，伴送各員有干嚴議。此次委員伴送該國貢使入京，因所用夫馬較多，沿途盤運裝扎均需時日，恐難依期趕到，可否邀免議處。爲此謹奏。

檔案來源：宮中朱批奏摺

已編入《清代中琉關係檔案選編》第一〇九三頁

再琉球國貢使例限十二月二十日以前到京
如遲至二十日以外伴送各員有干嚴議此次
委員伴送該國貢使入都並附搭九年分一半
貢物所用夫馬較多沿途盤運裝紮在在均需時
日瞬屆隆冬雨雪堪虞該委員等恐難依期趕
到可否邀免議處出自
逾格鴻慈臣等謹附片陳明伏乞
聖鑒訓示謹

奏

軍機大臣奉

旨著照所請該部知道欽此

閩浙總督李鶴年

福建巡撫王凱泰

同治十三年十月二十九日

三八、欽差辦理臺灣等處海防大臣沈葆楨爲送具奏臺灣善後事宜摺稿事致總理衙門咨呈　摺稿一

同治十三年十一月十五日（1874. 12. 23）

内容提要

欽差辦理臺灣等處海防大臣沈葆楨致總理衙門咨呈：同治十三年十一月十五日會同幫辦臺灣事宜福建布政使恭摺，由輪船送至上海，發驛六百里馳奏全臺善後事宜，并請旨移駐巡撫一摺，相應抄録摺稿咨呈總理衙門。

摺稿：欽差辦理臺灣等處海防大臣沈葆楨奏報，十月二十七日業將日兵盡退，收回草房營地，臺地善後勢當漸圖番境開荒，請旨移駐巡撫以專責成。

檔案來源：外務部檔案

已編入《清代中琉關係檔案七編》第二五一頁

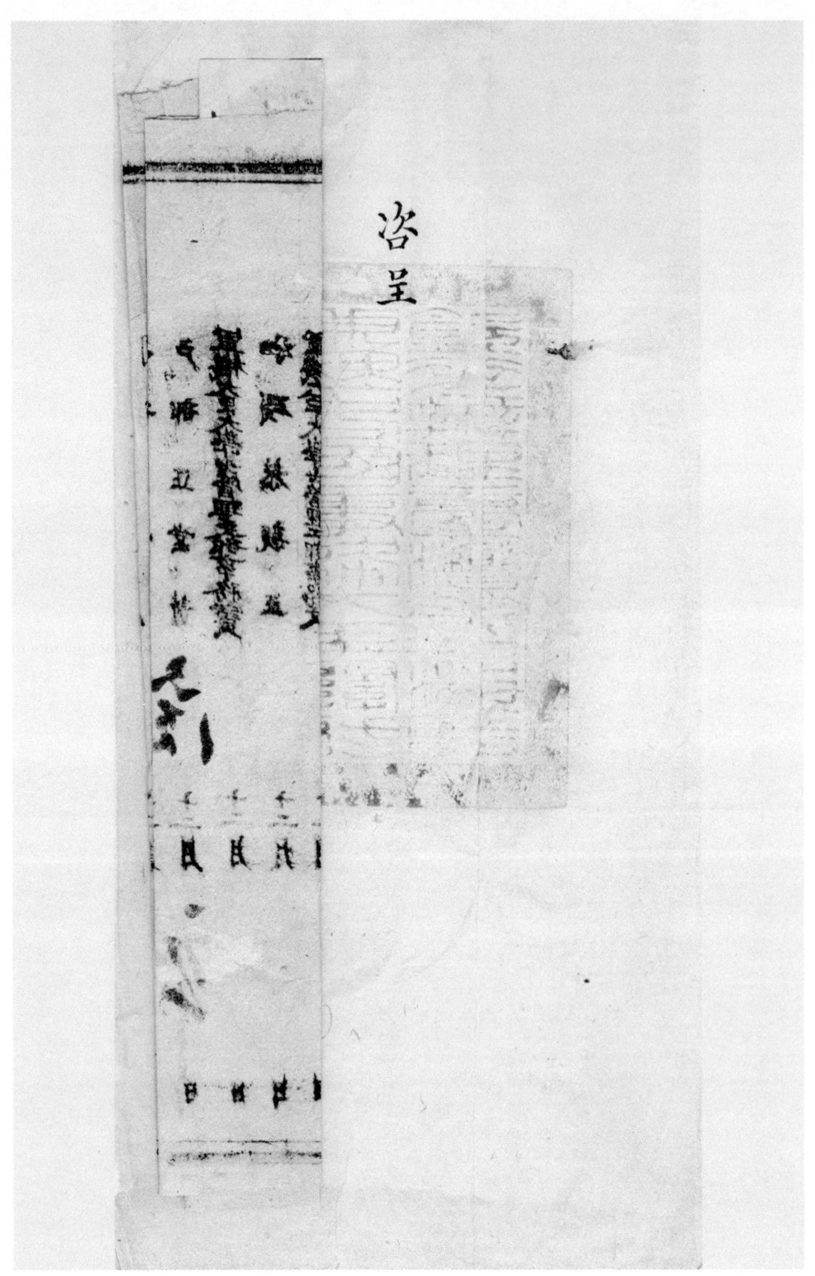

欽差辦理臺灣等處海防兼理各國事務大臣總理船政沈　為
鈔錄摺稿咨呈事竊照本大臣於同治十三年十一月十五日會同
幫辦臺灣事宜福建布政使潘　恭摺專弁由輪船賫赴上海
縣發驛六百里馳
奏全臺善後事宜並請
旨移駐巡撫一摺相應抄錄摺稿咨呈為此咨呈

欽命總理各國事務衙門謹請察照施行須至咨呈者

計呈揭稿一紙

右　咨　呈

欽命總理各國事務衙門

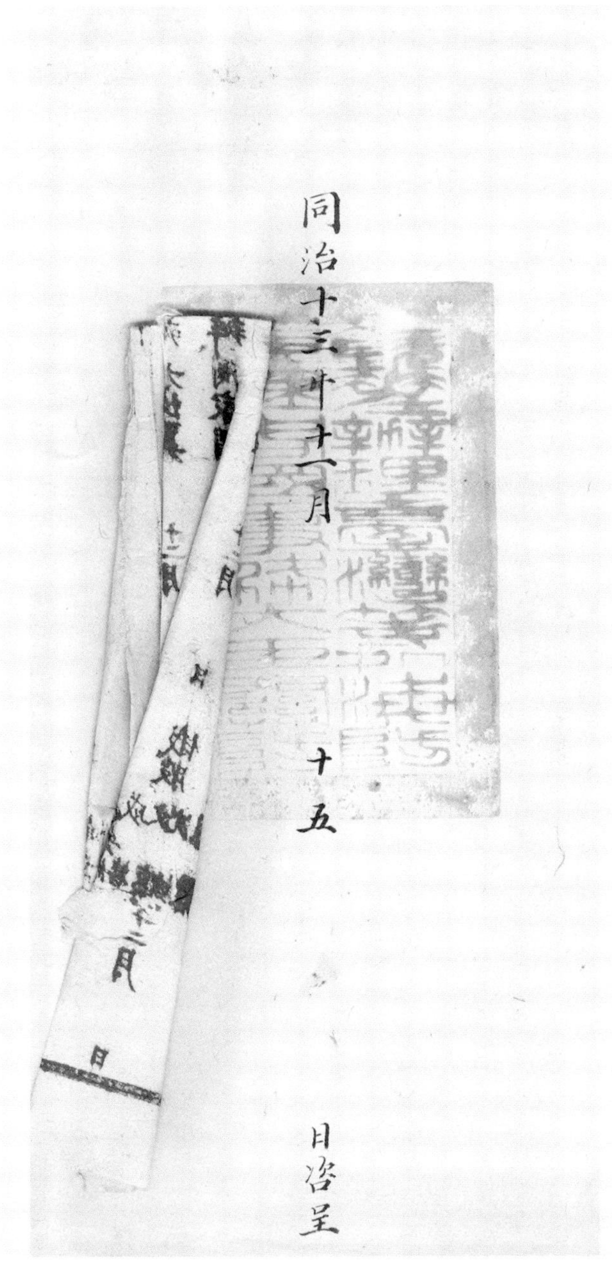
同治十三年十一月十五日咨呈

抄摺稿

奏爲臺地善後勢當漸圖番境開荒事關剏始請

旨移駐巡撫以專責成以經久遠事竊臣等於十月二十七日業將

倭兵盡退收回草房營地各情形

奏明在案因思洋務稍鬆即善後不容稍緩惟此次之善後與往

時不同臺地之所謂善後即臺地之所謂剏始也善後難以剏

始爲善後則尤難臣等曩爲海防孔亟一面撫番一面開路以

絕彼族覬覦之心以消目前肘腋之患固未遑爲經久之謀數

月以來南北諸路縋幽鑿險斬棘披荊雖各著成效卑南奇萊
各處雖分列軍屯祇有端倪尚無綱紀若不從此悉心籌畫詳
定規模路非不已開也謂一開之不復塞則不敢知番非不已
撫也謂一撫之不復疑則不敢必何則臺地延袤千有餘里官
吏所治祇濱海平原三分之一餘皆番社耳
國家並育番黎但令薄輸土貢永禁侵陵意至厚也而奸民積匪
久已越界潛踪驅番佔地而成窟穴則有官未開而民先開者
入山既深人跡罕到野番穴處涵育孳生則有番已開而民未

開者臺灣外包平埔中擴鹿豕遊竄草木蒙茸地廣番稀棄而弗處則有民未開而番亦未開者是但言開山而山之不同已若此生番種類數十大概有三牡丹等社恃其悍暴劫殺為生習不畏死若是者曰兇番卑南埔裏一帶居近漢民略通人性若是者曰良番臺北阿史等社雕題剺面向不外通屯聚無常種落難悉獵人如獸雖社番亦懼之若是者曰王字兇番是但言撫番而番之不同又若此夫務開山而不先撫番則開山無從下手欲撫番而不先開山則撫番仍屬空談今欲開山則曰

屯兵衛曰刊林木曰焚草萊曰通水道曰定壤則曰招墾户曰給牛種曰立村堡曰設隘碉曰致工商曰設官吏曰建城郭曰設郵驛曰置廨署此數者孰非開山之後必須遞辦者今欲撫番則曰選土目曰查番户曰定番業曰通語言曰禁仇殺曰教耕稼曰修道塗曰給茶鹽曰易冠服曰設番學曰變風俗此數者又孰非撫番之時必須竝行者雖然此第言後山耳其繁重已若此山前之入版圖也百有餘年一切規制何嘗具備就目前之積獘而論班兵之惰窳也蠹役之盤踞也土匪之横恣也

民俗之惂淫也海防陸守之俱虛也械鬭紮厝之迭見也學術之不明庠序以容豪猾禁令之不守烟賭以為饔飧官斯土者非無振作有為正己率屬之員始苦於事權之牽制繼苦於毀譽之混淆救過不遑計功何自使不力加整頓一洗浮澆但以目下山前之規模推而為他日山後之風氣雖多一新闢之區適多一藏奸之藪臣等竊以為未可也臣等嘗綜前後山之幅員計之可建郡者三可建縣者有十數固非一府所能轄欲別建一省又苦器局之未成而閩省向需臺米接濟臺餉留省城轉

輸彼此相依不能離而為二環海口岸處處宜防洋族教堂漸
漸分布居民向有漳籍泉籍粤籍之分番族又有生番熟番屯
番之異氣類既殊撫馭匪易況以剏始之事為善後之謀徒靜
鎮之非宜欲循例而無自使臣持節可暫而不可常欲責效於
崇朝兵民有吾京兆之見尚逾時而久駐文武有兩姑為婦之
難臣等再四思維必仿江蘇巡撫分駐蘇州之例移福建巡撫
駐臺而後一舉而數善備何以言之鎮道雖有專責事必稟承
督撫而行重洋遠隔文報稽延率意遲行又嫌專擅駐巡撫則

有事可以立斷其便一鎮治兵道治民本兩相輔也轉兩相妨
職分不相統攝意見不免參差上各有所疑下各有所恃不賢
者以為推卸地步其賢者亦時時存形迹於其間駐巡撫則統
屬文武權歸一尊鎮道不敢不各修所職其便二鎮道有節制
文武之責而無遴選文武之權文官之貪廉武弁之勇怯督撫
所聞與鎮道所見時或互異駐臺則不待采訪而耳目能周黜
陟可以立定其便三城社之巨姦民間之冤抑覩聞親切法令
易行公道速伸人心帖服其便四臺民烟癮本多臺兵為甚海

疆營制久壞臺兵為尤良以弁兵由督撫提標抽取而來各有恃其本帥之見鎮將設法羈縻只求其不生意外之事是以比戶窩賭如賈之於市農之於田有巡撫則考察無所瞻徇訓練乃有實際其便五福建地瘠民貧州縣率多虧累恆視臺地為調劑之區不肖者骫法取盈往往不免有巡撫以臨之貪黷之風得以漸戢其便六向來臺員不得志於鎮道及其內渡每造蜚語中傷之鎮道或時為所挾有巡撫則此技悉窮其便七臺民游惰可惡而戇直實可憐所以常聞蠢動者始由官以吏役

為爪牙吏役以民為魚肉繼則民以官為仇讐詞訟不清而械
鬬棼厝之端起奸宄得志而豎旂聚衆之勢成有巡撫則能預拔亂
本而塞禍源其便八況開地伊始地殊勢異成法難拘可以因
心裁酌其便九新建郡邑驟立營堡無地不需人才丞倅將領
可以隨時札調其便十設官分職有宜經久者有屬權宜者隨
事增革不至廩食之虛糜其便十有一開煤煉鐵有第資民力
者有宜參用洋機者就近察勘可以擇地而興利其便十有二
夫以臺地向稱饒沃久為異族所垂涎今雖外患暫平旁人仍

眈眈相視未雨綢繆之計正在斯時而山前山後其當變革者
其當剏建者非十數年不能成功而化番為民尤非漸漬優柔
不能渾然無間與其苟且倉皇徒滋流弊不如先得一主持大
局者事事得以綱舉目張為我
國家億萬年之計況年來洋務日密偏重在於東南臺灣海外孤
懸七省以為門戶其關係非輕欲固地險在得民心欲得民心
先修吏治營政而整頓吏治營政之權操於督撫總督兼轄浙
江移駐不如巡撫之便臣等明知地屬封疆事關更制非部民

屬吏所應越陳而夙夜深思為臺民計為閩省計為沿海籌防
計有不得不出於此者敢不據實上
聞以為芻蕘之獻謹將全臺善後情形及請移駐巡撫緣由恭摺
由輪船到滬付驛六百里馳
奏伏乞
皇上聖鑒訓示遵行謹
奏

三九、閩浙總督李鶴年等爲琉球國遭風難民循例撫恤事奏摺

同治十三年十一月二十八日（1875.1.5）

内容提要

閩浙總督李鶴年等奏報，琉球國難民安里等十一人在洋遭風，漂至江蘇洋面，經救護并修整原船後，派撥舵工并輪船牽帶，於十月二十六日抵閩，安插館驛，循例每日給發口糧、鹽菜銀，待查原船是否堪駛回國後，分别辦理。爲此謹奏。

檔案來源：宫中朱批奏摺

已編入《清代中琉關係檔案選編》第一〇九四頁

奏

頭品頂戴閩浙總督臣李鶴年
福建巡撫臣王凱泰跪

奏為琉球國遭風難夷循例譯訊撫卹恭摺仰祈

聖鑒事竊據署福防同知孫壽銘詳報同治十三年

十月三十日准閩安協副將移江蘇崇明縣派

護琉球國遭風難夷安里等十一名及船隻行

李由亭頭汛轉送到省當飭安頓館驛妥為撫

卹一面飭傳通事譯訊據供難夷安里是船主

饒平名是舵工內間等是水手現共十一名俱

琉球國那霸府人坐駕小海船一隻往該國太平山販運糧食本年六月初三日由那霸府開船初四日在洋遭風折斷帆桅十一日隨風漂至江蘇洋面經該處師船救至崇明縣署蒙官賞給飯食布褲轉送至上海縣署復賞衣食暨將原船修整派撥舵工併輪船牽帶十月二十六日船抵閩浙交界洋面並蒙浙江玉環同知賞給食物薪米二十九日抵福州省港十一月

初一日到驛安插等情由署藩司葆亨覈詳請
奏前來臣等查該難夷等在洋遭風情殊可憫應
請自同治十三年十一月初一安插館驛之日
起每人日給口糧米一升鹽菜銀六釐回國之
日各另給行糧一箇月統於存公銀内動支事
竣造册報銷該難夷已由江浙二省賞䘏閩省
毋庸加賞所坐原船一隻是否堪駛回國飭查
分别辦理江蘇省前寫供情間有未符現已訊

明更正除分咨外臣等謹合詞恭摺具

奏伏乞

皇上聖鑒謹

奏

軍機大臣奉

旨知道了欽此

同治十三年十一月　二十八　日

四〇、江蘇巡撫李宗羲等爲日本在臺灣退兵議給恤銀等事奏片

同治十三年十二月初五日（1875. 1. 12）

内容提要

江蘇巡撫李宗羲等奏報，日本在臺退兵，總理衙門議定，由江海關撥付撫恤銀十萬兩及該國在臺修道建房銀十萬兩。查江海關税收本屬入不敷出，僅能於六成項下凑銀五萬兩，其餘十五萬兩在截留款内暫行挪用。爲此謹奏。

檔案來源：外務部檔案

已編入《清代中琉關係檔案七編》第二六五頁

交總理
衙門

李宗羲等片

再日本在臺退兵議給撫卹等銀，係由總理衙門議定撫卹銀十萬兩，由江海關先行撥付；其留用該國在臺所修道建房給銀四十萬兩，除粵海各關撥銀三十萬兩外，應由江海關撥銀十萬兩，共計兩項江海關應撥銀二十萬兩。業經江海關道沈秉成先行撥銀十萬兩送交江海關稅務司吉羅福轉交日本領事品川忠道查收。旋知日本在臺弁兵全數退去，復由該稅務司將各

關撥到銀三十萬兩連同江海關續撥銀十萬兩
送交品川領事查收均取有該領事漢洋文
收據存案備查惟查江海關六成洋稅向有奉撥
京協等餉及額支各款本屬入不敷出此次該關
先後撥給日本撫卹等銀二十萬兩數鉅時迫僅
能於六成項下湊銀五萬兩其餘銀十五萬兩一時
無可設措祗可先其所急在於奏留解部二成款內
動給此項二成洋稅本係截留一年以作買礮建

壹萬兩應自五十六結起扣至五十九結方能
截止刻下臺事雖竣而防務仍應認真籌辦
通盤計算需用浩繁所有現給日本之銀既在
閩截留款內暫行挪用十五萬兩擬仍在於六十等結
解部二成銀內提還以符截留一年之數除咨總
理衙門户部查照外理合附片密陳伏乞
皇上聖鑒謹
奏。

同治十三年十二月初五日奉

硃批該衙門知道欽此

四一、欽差辦理臺灣等處海防大臣沈葆楨爲呈遞隨員海防及臺灣善後等條陳 附圖三

同治十三年十二月初十日（1875.1.17）

内容提要

隨員條陳臺灣善後事宜。其一，海口先宜嚴防。其二，戰守兩項必以火器爲先。其三，海面師船最關緊要，宜特派四號輪船專駐臺灣。其四，水師操演宜認真。其五，臺鎮總兵宜議移駐以便居中調度。其六，北路一帶宜添設二縣。其七，民間續墾田地宜丈量升科。其八，石炭、硫磺宜弛禁開采。

圖一：俄國圓炮船圖。

圖二：擬配鐵甲船式圖。

圖三：擬配鐵甲船式圖。

檔案來源：外務部檔案

已編入《清代中琉關係檔案七編》第二六八頁

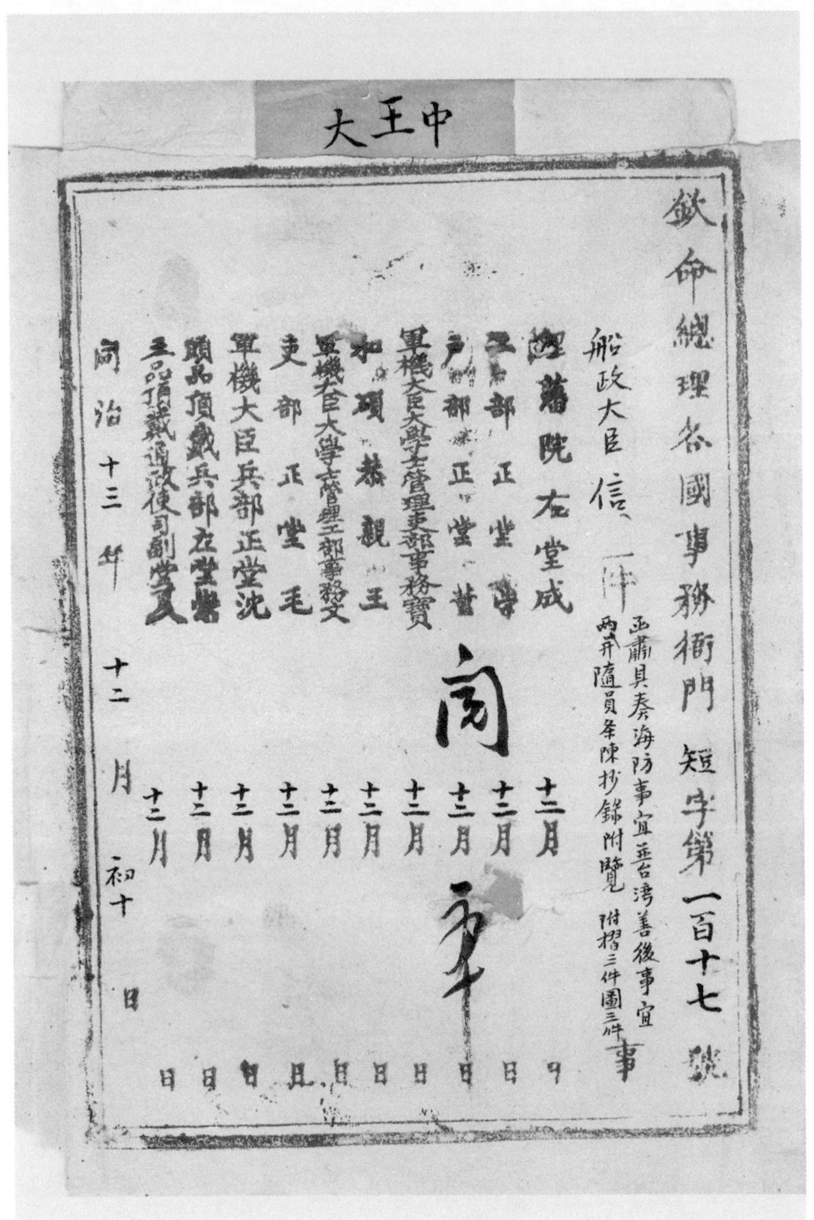
大王中

欽命總理各國事務衙門 短字第一百十七號

船政大臣 信 一件 函肅具奏海防事宜並台湾善後事宜 两弁隨員条陳抄錄附覽 附摺三件圖三件 事

閲

理藩院左堂成 十二月 日

工部正堂李 十二月 日

户部正堂董 十二月 日

軍機大臣大學士管理吏部事務寶 十二月 日

軍機大臣大學士管理工部事務文 十二月 日

和碩恭親王 十二月 日

吏部正堂毛 十二月 日

軍機大臣兵部正堂沈 十二月 日

頭品頂戴兵部左堂崇 十二月 日

三品頂戴通政使司副堂夏 十二月 日

同治十三年十二月初十日

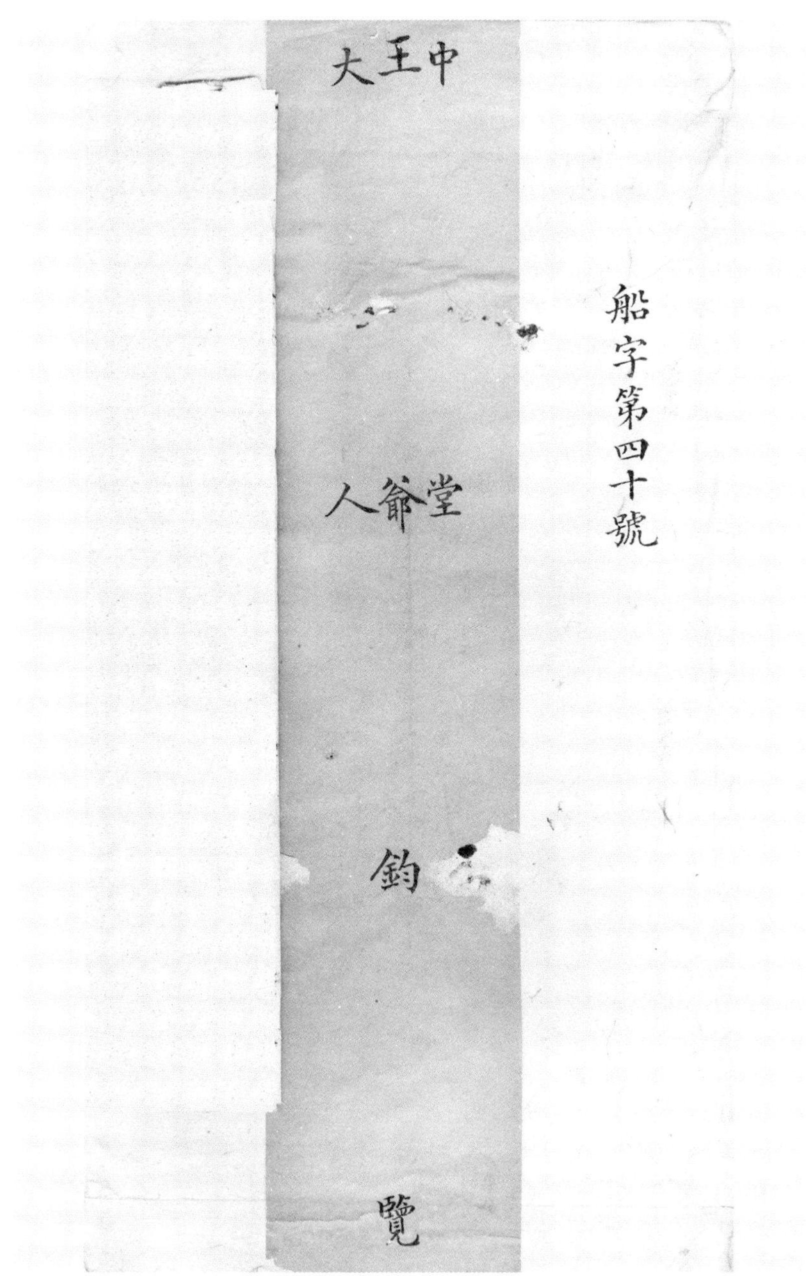
船字第四十號

中王大

堂爺人

鈞

覽

彼字三百六十二號

謹陳臺灣事宜

臺灣海外巖疆治亂安危關係東南甚鉅其地高山百重平原萬頃民生庶富物產豐饒外則日本琉球呂宋噶囉吧安南西洋荷蘭諸國一葦可杭内則福建廣東浙江江南天津山東遼陽不啻比鄰而處門戶相通曾無藩籬之限非若尋常郡邑島嶼介在可有可無之間以前各國未經通商患不在外侮而在奸民今則外洋兵船屢來窺伺其處心積慮垂涎臺地久矣於此而不速籌通變之方自强之計誠恐環海

一隅非復
國家有也提督前蒙知遇調補臺鎮總兵涖任兩年搜捕盜賊
輯和洋番幸獲乂安無事正擬因地因時稍為布置適奉文
交卸遂不果行今承憲臺詢於芻蕘謹就昔所知者逐一陳之
一海口先宜嚴防也查臺灣各口以鹿耳門打狗雞籠為最
要其次莫如鹿港蘇澳瑯嶠該處礮臺久已傾圮間有存
者亦宜重新修整無者添之每處安放二千觔或三千觔
後膛大礮數尊以資防守如能改造鐵礮臺更為堅固第

恐工本浩大經費無所出耳

一戰守兩項必以火器為先也臺地各營雖有例配鎗礮然較之洋人實屬十不及一似宜每營各配小號後膛礮數尊無売擡鎗數十桿按期操演臨時庶堪一用

一海面師船最關緊要也以前臺地水師各營共設大小同安梭船九十六號均已朽爛無存即存亦不合用提督前在臺鎮任內曾造龍槽師船數十號運掉如飛甚覺輕便然以之巡緝內港則有餘以之施放外洋則不足現聞閩

方其鎮標左營遊擊一員亦宜改駐臺鳳交界之羅漢門
内以扼南中二路之吭上可控制大武壠下可兼顧岡山
若府城仍留城守參將一營兼有新設道標一營足資彈
壓似此棋布星羅於形勢最為稱便
一北路一帶宜添設二縣以便分理也查淡水一廳所轄地
方縱横七百餘里地極平坦港汊分歧遇有詞訟命盗事
件恒苦鞭長莫及似宜將廳轄之新庄縣丞彰化所屬之
南投縣丞改為知縣均歸淡水管轄淡水亦宜改為直隸

同知以符體制其埔裡社生番事件仍歸鹿港撫番同知
管理
一民間續墾田地宜丈量升科也查北路之埔裡社內山及
南路枋藔以下以前皆屬番地嗣經臺地居民逐漸開墾
良田萬頃沃野平疇其中未曾升科者比比皆是溯查道
光年間經
前督憲劉　奏請將埔裡社收入版圖雇民開墾以裕國
賦

廷議因係番地格而未行迨同治五年又經憲臺奏請開闢適
因西北軍務喫緊
聖命移督陝甘未遑辦理不知天地自然之利有日開無日蹙
生番穴居野處射獵為生從不知耕種為何事棄此膏腴
之地殊為可惜現聞閩粵庄民遷其中者不下數千人其
地有田可耕有水可汲而王化所不及難免為逋逃之藪
此宜責成地方官前往丈量逐漸升科即將南投縣丞改
為知縣移駐其地以資治理是國家每年可增數千帑金

不無小補緣臺灣多增一分賦稅即內地少撥一分兵餉也第清丈之法最易擾民是在良有司潔己奉公認真體察庶可行之無弊耳

一石炭硫磺似宜弛禁開採也查北路之金包里八芝蘭等處素產硫磺磺油磺苗極旺澎湖雞籠等處均產石炭現惟雞籠所產石炭准民開採以供閩省上海船政之用其澎湖石炭及產琉磺磺油之處照舊封禁恐其偷漏出洋接濟奸匪也不知天地生物原供生人之用利之所在官

雖示禁而小民趨之若鶩似不若准其開採石炭可供民
間之需而硫磺磺油官為収買亦可作軍火之用使臺地
無業遊民衣食有資不至流而為匪未始非撫字之一道也
以上數條皆管見所及率臆妄談尚祈憲臺進而教之幸甚幸甚

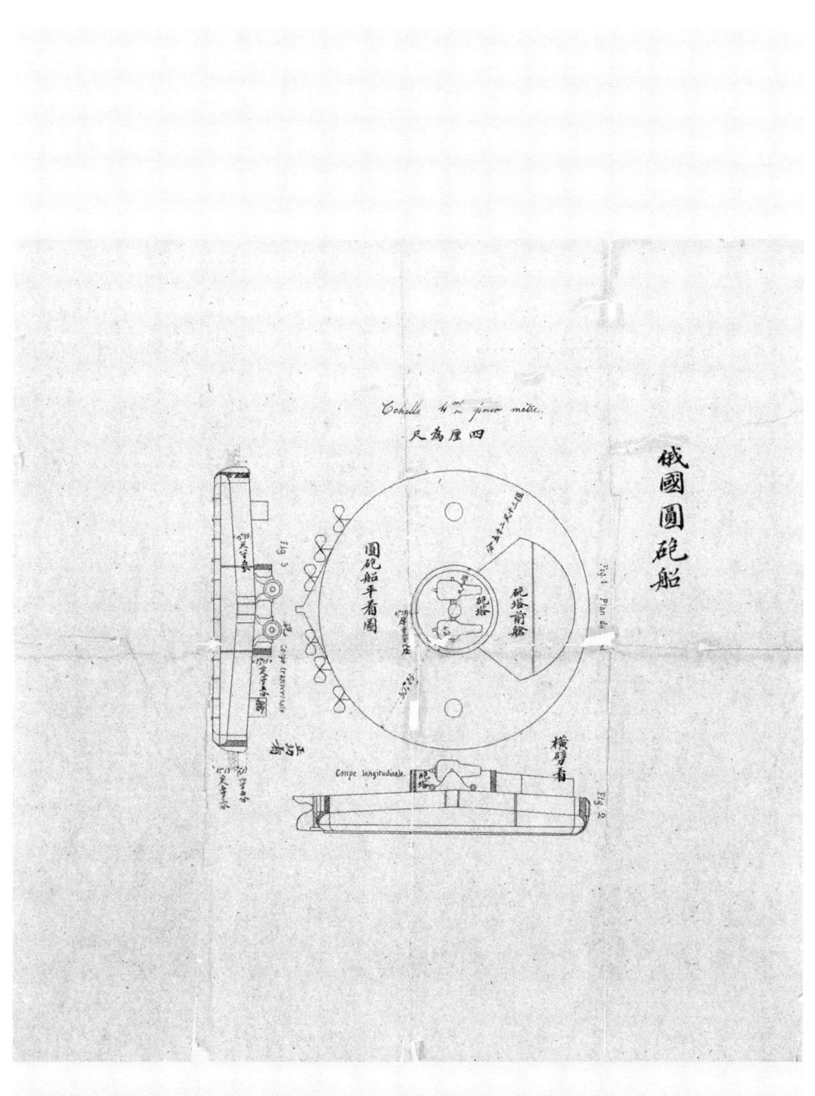
俄國圓砲船
Echelle 4mm pour mètre
四厘為尺
圓砲船平看圖
砲塔前艙
砲塔
Fig 1
Fig 2
Fig 3
Coupe transversale
Coupe longitudinale
橫劈看
直切看

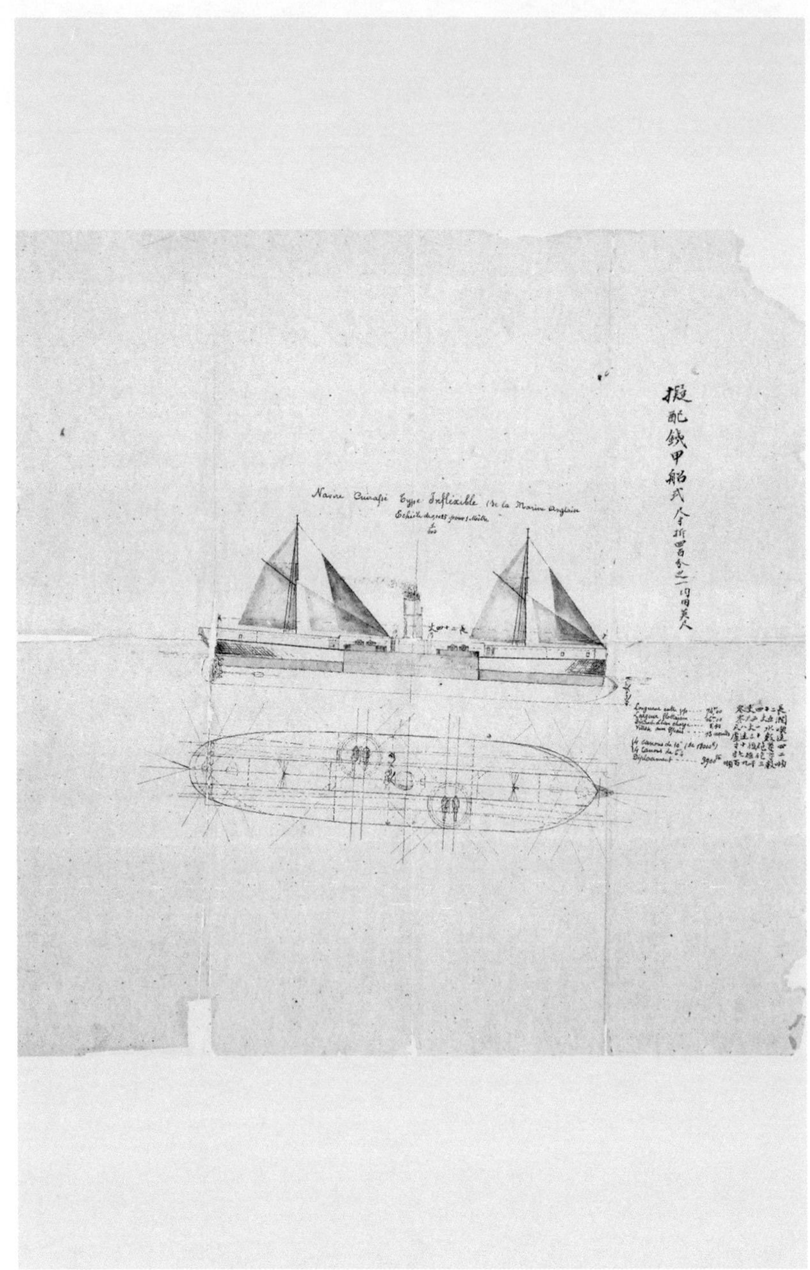
擬配鐵甲船式 今折四百分之一
Navire Cuirassé Type Inflexible (de la Marine Anglaise

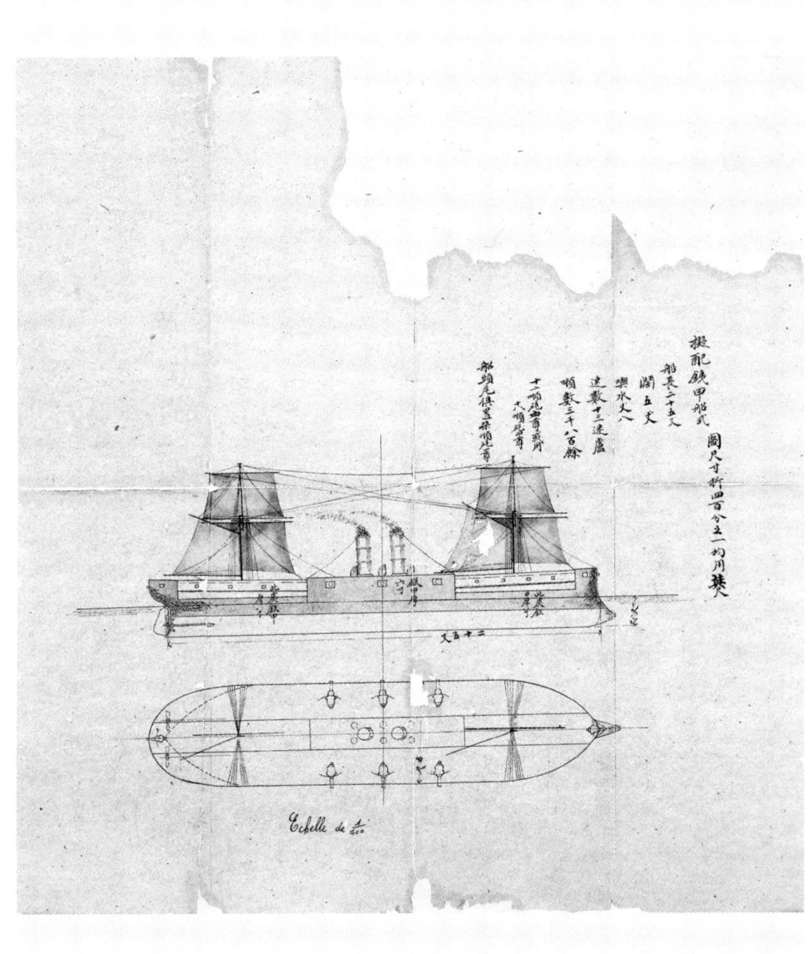
擬配鐵甲船式
圖尺寸折四百分之一均用英尺
船長二十五丈
闊五丈
喫水丈八
速數十三迷盧
噸數三十八百餘
十二噸炮四尊或用
二十五丈
Echelle de 1/400

四二、禮部爲琉球貢使自閩起程日期事致内務府咨文　原奏一

同治十三年十二月十九日（1875.1.26）

内容提要

禮部致内務府咨文：閩浙總督李鶴年等奏，委員伴送琉球國進貢使臣恭賫表文方物暨附搭九年份一半貢物，自閩起程。相應抄録原奏知照内務府。

原奏：閩浙總督李鶴年等奏報，琉球國間年一貢，本年該國王尚泰遣使耳目官毛精長等恭賫表文方物，并肄業官生謝恩禮物到閩。該使臣等賫解表文方物，并附搭九年份一半貢物，於十一月初三日自閩起程，即委候補知府蔣鳳藻等沿途照料，并飛咨經由各省一體派員接護。爲此謹奏。

檔案來源：内務府來文

已編入《清代中琉關係檔案三編》第七八二頁

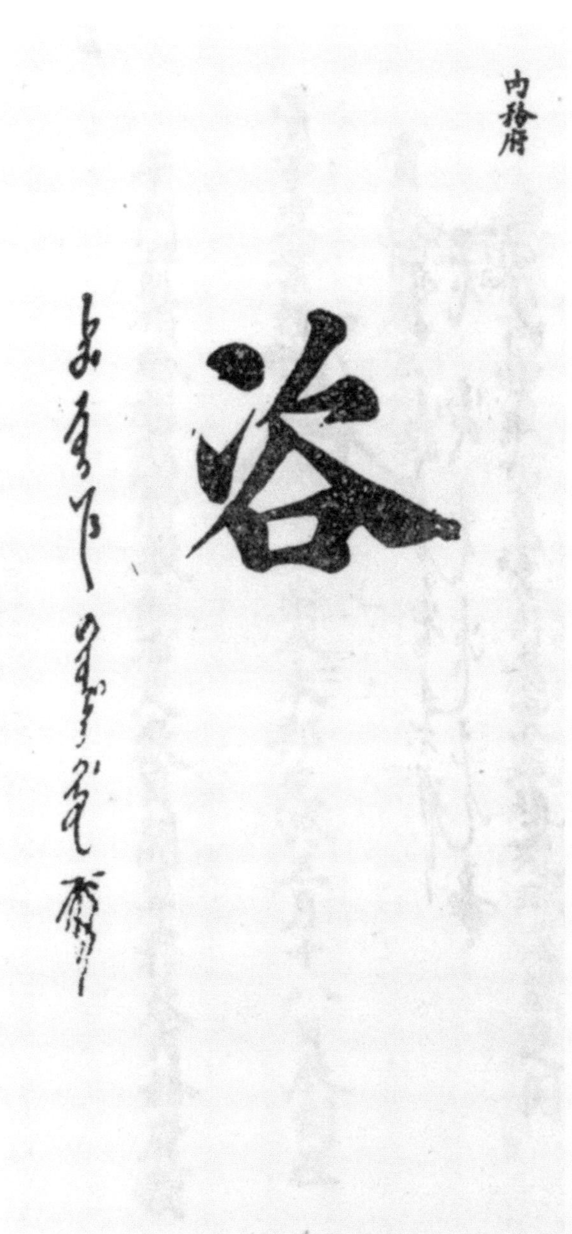

内務府
洛

禮部爲知照事主客司案呈内閣抄出閩浙總督李等

奏委員伴送琉球國進

貢使臣恭賫

表文方物暨附搭九年分一半貢物自閩起程等因

一摺同治十三年十二月十一日軍機大臣奉

旨知道了欽此欽遵到部相應抄錄原奏知照内務府

可也須至咨者

右　　　咨　計原奏壹紙

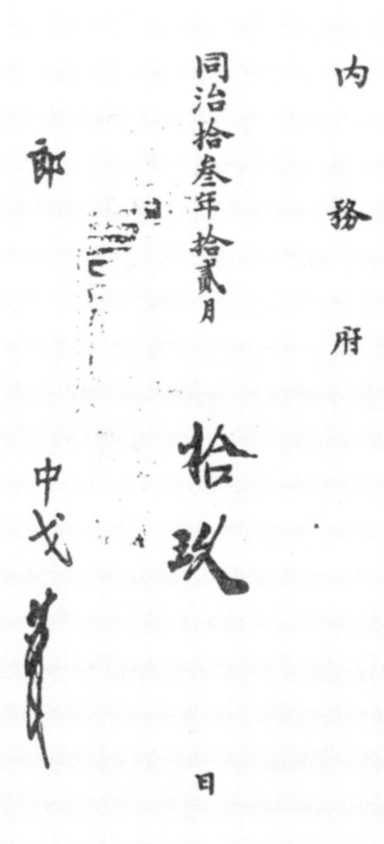

内務府

同治拾叁年拾貳月拾玖日

郎中戈[illegible]

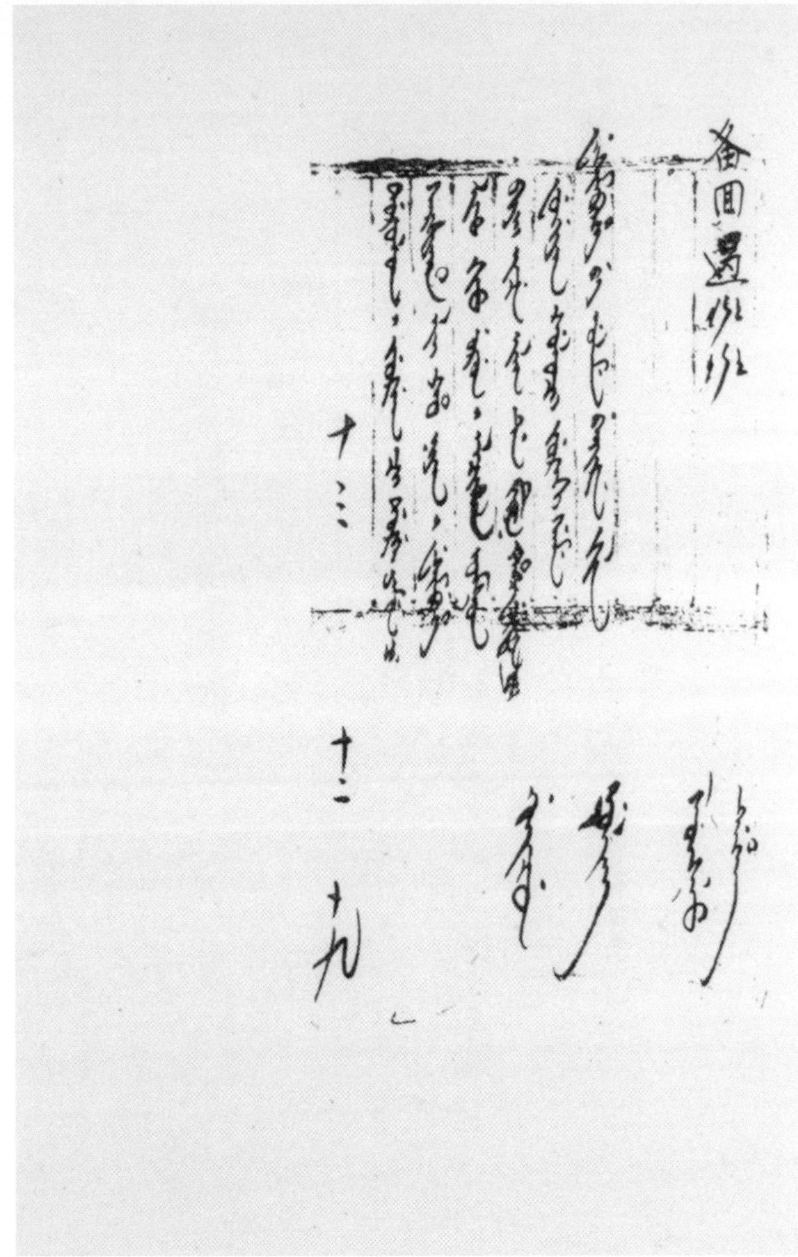

頭品頂帶閩浙總督臣李鶴年

福建巡撫臣王凱泰跪

奏為委員伴送琉球國進

貢使臣由閩起程日期恭摺仰祈

聖鑒事竊照琉球國間年一貢本年該國王尚泰遣使耳目官毛精長等

恭賫

表文方物並肄業官生謝

恩禮物到閩已將安插館驛日期題報在案茲該使臣等賫解

表文方物並附搭九年分一半
貢物撥報于十一月初三日自閩起程即委候補知府蔣鳳藻候補知縣黃萱
臣擬補同安營參將鍾芝貴等沿途妥為照料並飛咨經由各省一体派
員接護暨飭沿途地方官將例給夫船車輛等項預為備應俾免遲
悞據署藩司葆亨[illegible]詳前來除咨部外臣等謹合詞恭摺具
奏伏乞
皇上聖鑒謹
奏

四三、照録總理衙門王大臣與日本特使大久保爲臺灣事宜會晤問答

同治朝

内容提要

總理衙門王大臣與日本特使大久保會晤，日本將派柳原辦理臺灣事宜，并就臺灣是否爲中國屬地進行議辨。

檔案來源：外務部檔案

已編入《清代中琉關係檔案七編》第二八二頁

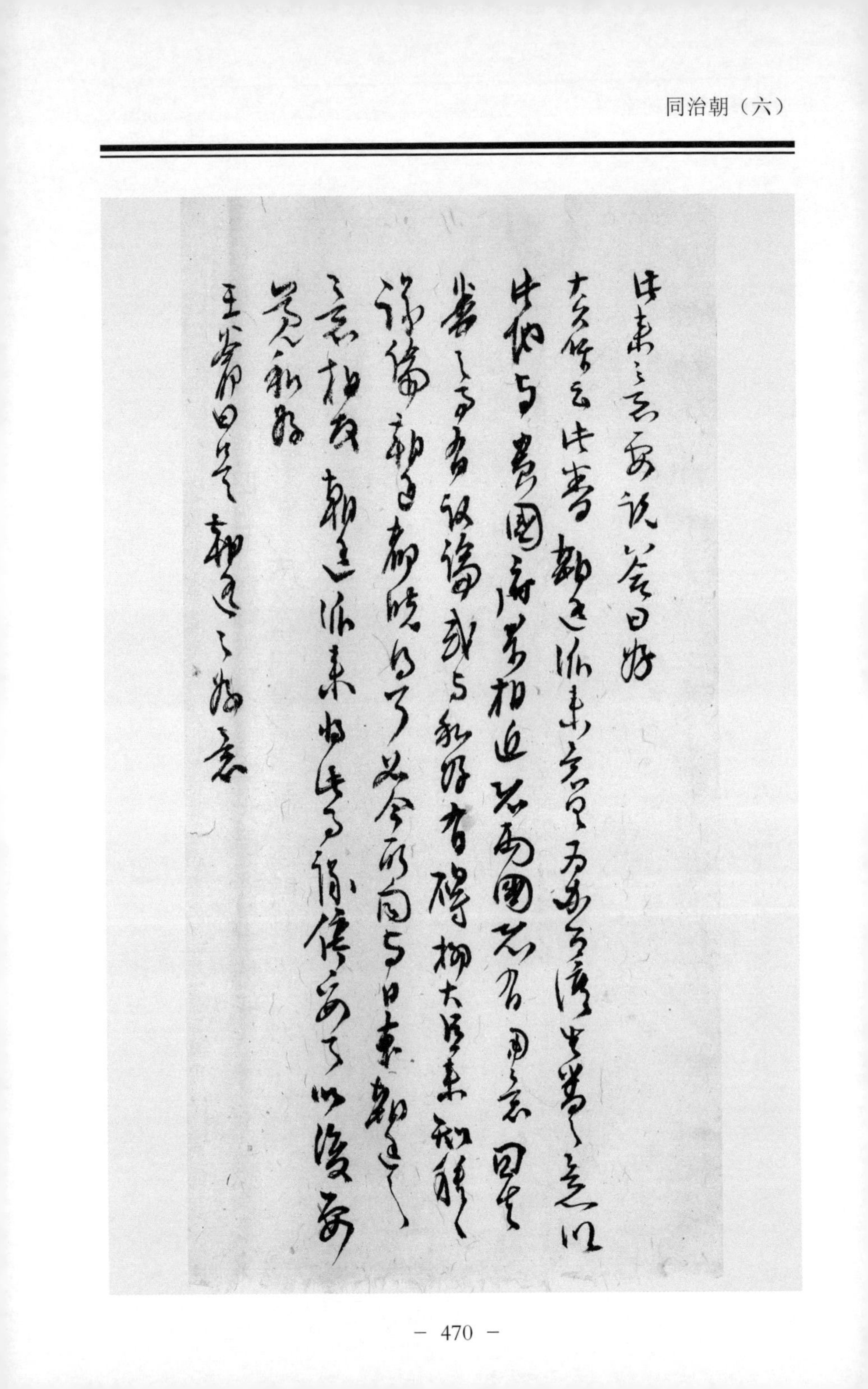

李傅曰：如今日王爺中堂大人詳知渠所說中朝

退的話。

又曰：本年東京已經柳大人來，我也不太知道他因開議

罷，因為他不曾朝鮮之事，我不知此事，今見柳大臣東京代

之後，他說，都說過的了。

又曰：柳原本年六月已據回去書說給你全據。

今來柳原仍照合全據，人合回去條。

又曰：柳原得前說的話，都說過了。如今朝之

四四、照録總理衙門王大臣赴英法使館與威妥瑪熱福理晤談節略

同治朝

内容提要

八月二十九日及九月初一日，總理衙門王大臣分别赴法英使館與熱福理、威妥瑪晤談，言及臺灣之事由日本先起波瀾，中國毫無失和之意。若日本肯退兵，中國仍以和好相處，并量爲撫恤。

檔案來源：外務部檔案

已編入《清代中琉關係檔案七編》第二八五頁

八月二十九日

崇毛董成各堂赴法英館

與熱威使晤談節略

崇毛董成大人赴法英俄与威热使晤谈略节　附威使来晤数语

八月二十九日未刻崇毛董成大人同至法馆回拜热使见面寒暄毕　毛大人云前日热大人在敝署言愿为中间人调处中国及日本台湾事件昨日至南苑面见恭亲王一一转达　恭亲王云调处一事须两边愿意台湾之事由日本先起波澜中国毫无失和之意如

日本願意請中國間人調處除於理有礙於中國體
制有傷如李中堂所言佔據地方討索兵費二事之
類萬難應允外其餘原可商議辦法今日特來相告
熱使云調處稽遲了看日本光景未必甘於此居人
沒基大人云中國但願持平定議原無隨聽日本意
思前數日在英俄與威大臣談論此事威大臣言近

見日本大久保及柳原大臣再三問其主意如何始終未得一確實語威大人問本大臣昔因威大人相問自係好意告知和盟托出因告威大人云日本為未經換約以前之事兵至台灣中國仍以和好相處此相讓者一也此時如肯退兵中國並不追來稱兵之事此相讓者二也生番舊案雖係未經換約以前

之事日本退兵從中國所許為查辦此相讓者三也
台番雖已受創中國仍許俟前案情節如已到日查
實被害情形由中國量為撫卹此相讓者四也至設
法嚴束生番不令滋事外國經過台灣之船不至再
有慘殺之案此係中國應辦之事貴大臣以為何如
趙使云爾與威大臣商議辦理諸位今日至英使館

与威妥大臣言明，以便会商。又言及与田墨思所议之事，请之相商，热使照会言定办理，此事之权未曾置一词。紫成大人拟定初三日同至北堂，开导田墨思。是日酉刻至英馆，晤威使与梅辉立同见，并将与热使所谈之话一一告之。威使言今日梅巴大臣自日本来，又述及日本外务省不肯退兵，且添调队伍不止

有事台灣且有遍擾各海口之意一片恐嚇之詞當答以若果如此中國無論力量何如只好儘力量辦理而已

九月初八日未刻威使來署言昨日所論之事難再說確有把握已有頭緒二日再備信來並即求見

文中堂 寶中堂 沈王兩堂陪談將及二刻而去

文中堂与威使在署谈节略

除寒暄外谈及日本事威大人问中堂是否办理此事答云因病无力只将随同办理随去台湾之事我中国相议已至极处日本仍力逼迫令人难受中国只有竭力是视威大臣劝云不必动气此事自然有人办理答云我深知贵大臣关切中国其如日本不

聽人言何威大人又聞昨日彼曾有信來否答言大久保今日有照会來仍係亦論並勸限五日回復又聞文內曾言五日外即起身否答云未言便去似是五日後即定行止威云不要忙一二日內我与熱大臣有信來詢即起身出送至階下言病軀短神疲崇系念日本事又崇閣切不安云云至子完已提鐘刻

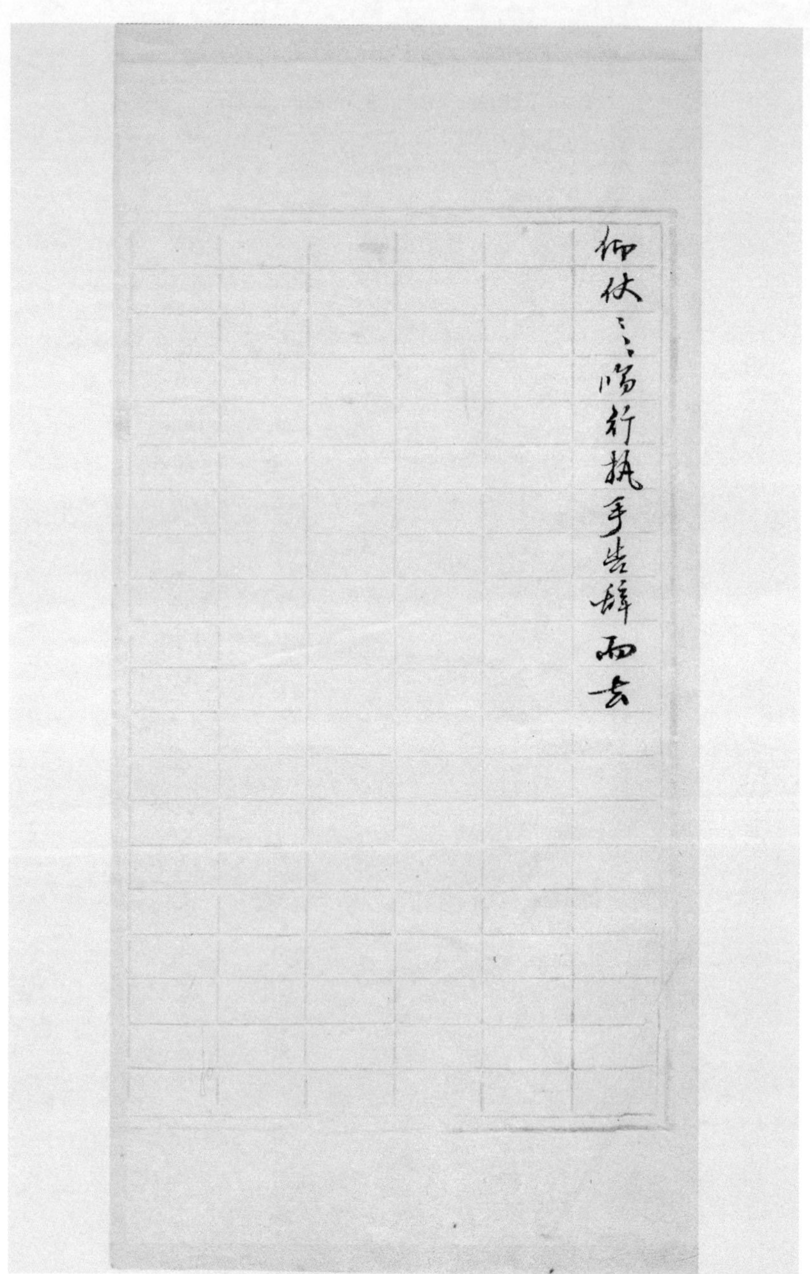
御伏〻〻臨行執手告辭而去

四五、照録總理衙門王大臣與日本駐華公使柳原前光會晤記略

同治朝

内容提要

中日兩國比鄰，若有交涉案件，兩國官員按其事由照約秉公持平查辦，遇有應辦之端，詳細議辦，商妥辦法，即爲兩國全交之道。至於日兵至臺灣番社一事，其詳細細目由鄭少丞與總理衙門總辦各員面議，有成局再由兩國大臣面定，各用公文彼此照會結案。

檔案來源：外務部檔案

已編入《清代中琉關係檔案七編》第二九一頁

貴國與我中國同居地球之東二百數十年來從無絲毫嫌
隙當彼此未經立約時已有然矣自同治十年十一年間
貴國派員前來議約我中國大臣頗有異議經李中堂及
本衙門王大臣商酌意見相同謂兩國為切近隣邦正宜
益修睦誼遂即力持允議奏准辦理而兩國修好條規
於是乎成則有約之後其誼必益篤於未經立約時者
情理之固然也兩國大臣交涉辦事將日增敦睦以為當日
在事主議之大臣光而免為局外異議之人誚且責者尤情

理之必然也自
貴國伊達大臣議約以來
貴國之於中國如禁阻啤嚕國商船販賣中國人口並將華
人資遣回國一事誠
貴國之義舉而待我中國之盛情我中國雖未有以報此
心未嘗一日忘也我中國與
貴國往來酬酢之間情文周浹之處覺有獨異於尋常
者即凡中國官民遇

貴國遭風之商船則相與扶持閒
貴國畔臣之潛逃則相與查緝何嘗不體
朝廷之用心盡友助之本分蓋同文之誼比鄰之情良有
相喻於無言者矣至於兩國既經通商商民聚處難保
無大小案件甚而命盜重案出於不及防者在本國亦
所時有於兩國交涉亦難於必無若謂一有案件便為
有碍交情兩國交誼萬無能全之理唯有由兩國官員按
其事由照約秉公持平查辦即為兩國全交之道既經

查辦交涉事件偶有意見未符之處勢必各盡所任詳

細辨論辨之既久自得事之真際真際既得方得事之辨

法即漢學論經宋學說理彼此共業同心之友亦不免往

復駁辨再四持論其在本國案件亦有上下衙門互駁彼此

衙門互駁且於朝審會審在事人員意見不同彼此互駁以

期於當理而後止者若遇事相為隱忍不言既非辦事之

道若謂彼此一經駁辨便為有碍交情兩國交誼亦無能全

之理唯有由兩國官員遇有應 辨之端詳細議辨辨無遺義

彼此平心商妥辦法以求了結即為兩國全交之道凡此

不易之理中國如是

貴國亦必如是我兩國相交如是即推之萬國及自古

迄今凡為國全交者無不如是也現在

貴國兵至台灣番社一事自閩省大吏與

貴國帶兵官往來公文及李中堂與

柳原大臣面談至本王大臣與

柳原大臣往來公文信函及屢次面談業已彼此明辯

詳盡矣所切求而亟商者在此事究竟辦法我兩國輔車
脣齒之義本王大臣與
柳原大臣切言之
柳原大臣亦深韙之兩國大臣均以和好爲心兩國共喻之
即在局外亦人人知之其未能合同畫一者在辦法耳揆
情度理推己及人若論辦法總無以易乎兩家均下得去
之一言既求兩家均下得去則若者曲若者直及若者是
與非不必執一是之詞而在求兩全之道中國當代

貴國設想
貴國亦當代中國設想在昔日或以同文字未同言語於
未用文字止有言語之處臨時未及詳悉辦理難免參
差在今日既同具和好之心即同籌和好之策唯有
貴國期所以善收中國期所以善處彼此一心計議其究
必有良方至何以善收何以善處辦法其大綱由兩國
大臣綜之其詳細由
貴大臣派鄭少丞與本衙門總辦各員面議商之至議

有成局再由兩國大臣面定各用公文彼此照會結案以
昭憑信則辦理易於就緒痕迹由此兩融
高明之見諒以為然此案既結之後總期彼此相安無
事即遇有交涉之事同照前論所及兩國全交之道平
心商辦共守兩國修好條規我兩國永結無疆之好而無
絲毫形迹之嫌地久天長視此睦誼神明鑒之緣此次
面談或有遺漏未罄衷懷用具清單詳論如右唯
貴大臣詳察焉

圖書在版編目(CIP)數據

中琉歷史關係檔案. 同治朝四、同治朝五、同治朝六/中國第一歷史檔案館編.—北京:國家圖書館出版社, 2021. 3

ISBN 978 - 7 - 5013 - 7106 - 8

Ⅰ. ①中… Ⅱ. ①中… Ⅲ. ①中外關係 - 國際關係史 - 檔案資料 - 琉球 - 清後期 Ⅳ. ①D829. 313

中國版本圖書館 CIP 數據核字(2020)第 212748 號

書　　名　中琉歷史關係檔案(同治朝四、同治朝五、同治朝六)
著　　者　中國第一歷史檔案館　編
責任編輯　梁　盼
封面設計　程言工作室

出版發行　國家圖書館出版社(北京市西城區文津街 7 號　100034)
(原書目文獻出版社　北京圖書館出版社)
010 - 66114536　63802249　nlcpress@ nlc. cn(郵購)
網　　址　http://www. nlcpress. com
印　　裝　北京科信印刷有限公司
版次印次　2021 年 3 月第 1 版　2021 年 3 月第 1 次印刷

開　　本　880 × 1230　1/32
印　　張　46. 75
書　　號　ISBN 978 - 7 - 5013 - 7106 - 8
定　　價　480. 00 圓